Rodney Huddleston
Geoffrey K. Pullum

「英文法大事典」シリーズ

【編集委員長】畠山雄二
【監訳】藤田耕司・長谷川信子・竹沢幸一

2

The Cambridge Grammar of the English Language

補部となる節，付加部となる節

木口寛久
船越健志
船越さやか
後藤亘
瀧田健介
[訳]

開拓社

The Cambridge Grammar of the English Language

by Rodney Huddleston and Geoffrey K. Pullum

Copyright © Cambridge University Press, 2002
Japanese edition © Yuji Hatakeyama et al., 2018

Japanese translation rights arranged with
the Syndicate of the Press of the University of Cambridge, England
through Tuttle-Mori Agency, Inc., Tokyo.

『英文法大事典』の刊行にあたって

　英語をネタにして生計を立てている人の間で 'CGEL' といったら 2 つのものが思い浮かべられるであろう．*A Comprehensive Grammar of the English Language* (Quirk et al. (1985)) と *The Cambridge Grammar of the English Language* (Rodney Huddleston and Geoffrey K. Pullum (2002)) である．'CGEL' と聞いてこの 2 つが思い浮かべられないような人はモグリの英語ケンキュウシャといってもいいであろう．それぐらい，この 2 つの CGEL は英語をネタにして生計を立てている人（すなわち英語の教育者ならびに研究者）の間ではバイブル的な存在になっている．ちょうど，ちゃんと受験英語をやった人にとって『英文法解説』（江川泰一郎）が受験英語のバイブル的参考書であるように．

　さて，この 2 つの CGEL であるが，*The Cambridge Grammar of the English Language* は，*A Comprehensive Grammar of the English Language* を踏み台にしてつくられている．踏み台とされた *A Comprehensive Grammar of the English Language* であるが，これはすでに一定の，そして非常に高い評価を受けており，英文法の「標準テキスト」となっている．しかし，*The Cambridge Grammar of the English Language* の編者の 1 人である Huddleston が，*Language*, Vol. 64, Num. 2, pp. 345–354 で同書を評論しているように，*A Comprehensive Grammar of the English Language* (Quirk et al. (1985)) には少なくない，しかも深刻な問題がある．

　Huddleston のいうことをそのまま紹介すれば，*A Comprehensive Grammar of the English Language* (Quirk et al. (1985)) は 'It will be an indispensable sourcebook for research in most areas of English grammar. Nevertheless, there are some respects in which it is seriously flawed and disappointing. A number of quite basic categories and concepts do not seem to have been thought through with sufficient care; this results in a remarkable amount of unclarity and inconsistency in the analysis, and in the organization of the grammar. (CGEL (Quirk et al. (1985)) は英文法を学ぶにあたり，ほとんどの分野において，今後なくてはならない，そして何か調べたいときはまず手にしないといけないものとなるでしょう．でも，CGEL (Quirk et al. (1985)) には看過できないミスや読んでいてガッカリするところがあります．かなり多くの基本的な文法範疇や概念が精査された上で使われていると

iii

は思えないところがあるのです．そして，その結果，分析にかなり多くの不明瞭さや不統一が見られ，英文法全体の枠組みもぼんやりして一貫性のないものになってしまっているのです）' なのである（同評論 p. 346 参照）．

　A Comprehensive Grammar of the English Language (Quirk et al. (1985)) を批判した Rodney Huddleston が Geoffrey K. Pullum といっしょにつくった本，それが *The Cambridge Grammar of the English Language* (Rodney Huddleston and Geoffrey K. Pullum (2002)) である．このような経緯からもわかるように，*The Cambridge Grammar of the English Language* は *A Comprehensive Grammar of the English Language* を凌駕したものとなっている．*The Cambridge Grammar of the English Language* がまだ刊行されていない段階で *A Comprehensive Grammar of the English Language* が世界最高峰の英文法書であったように，*The Cambridge Grammar of the English Language* が刊行され，それを凌駕する英文法書がいまだ出ていない今日，*The Cambridge Grammar of the English Language* が今ある世界最高峰の英文法書であるといっても過言ではない．

　さて，そのような世界最高峰の英文法書 *The Cambridge Grammar of the English Language* (Rodney Huddleston and Geoffrey K. Pullum (2002)) であるが，編者の Rodney Huddleston と Geoffrey K. Pullum は，ともに，広い意味での生成文法学派の研究者である．ただ，Huddleston はもともと Halliday 派の機能文法の研究者であったし，Pullum は一般化句構造文法（GPSG）の創始者の 1 人でもある．このことからわかるように，*The Cambridge Grammar of the English Language* は生成文法系の編者によってつくられてはいるものの，言語をさまざまな観点から眺められる，そういったバランスのとれた編者によってつくられている．誰が読んでも，そしてどんな立場の人が読んでも，さらに素人ばかりでなくプロが読んでもいろいろ学べる世界最高峰の英文法書，それが *The Cambridge Grammar of the English Language* なのである．

　上で触れたように，*The Cambridge Grammar of the English Language* は生成文法的なバックボーンとツールを用いて書かれている．しかし，あくまで英語という言語の記述がメインでテクニカルな説明はなされていない．生成文法や機能文法，そして認知言語学や一般化句構造文法などすべての現代言語学の文法理論を通してどれだけ英語を記述できるか，そしていかにして英語の真の姿に向き合えるか，そのような目的をもって書かれたものが *The Cambridge Grammar of the English Language* だともいえる．

　The Cambridge Grammar of the English Language では，これまで生成文

法などで等閑視されてきた言語事実がたくさん紹介されている．たとえば，いわゆる破格文がいろいろ紹介されているが，文法から逸脱したこのような文をいかに分析したらいいか，生成文法をはじめ認知言語学や機能文法，そして一般化句構造文法 (GPSG) の後継者である主辞駆動句構造文法 (HPSG) にとって大きな課題となるであろう．このように，*The Cambridge Grammar of the English Language* では破格文をはじめ，いわゆる規範文法を否定する例がたくさん紹介されているが，その意味でも，*The Cambridge Grammar of the English Language* は規範文法だけでなく理論言語学にも非常にチャレンジングなものとなっている．

　本気で英語を勉強したり，真摯に英語に向き合ったり，さらには英語学を極めようと思っている人にとって避けては通れない本，それが *The Cambridge Grammar of the English Language* であるが，原著を読んだことがある人ならわかるように，かなり骨の折れる本である．骨が折れる理由は 2 つある．1 つは分量である．1860 ページあり，しかも重量が 3.1kg もある．これだけの分量を読むのは文字通り骨が折れる．

　残るもう 1 つの骨が折れること，それは，*The Cambridge Grammar of the English Language* の英文と内容のレベルの高さである．*The Cambridge Grammar of the English Language* が英語ネイティブを読者として想定していることもあり，英語非ネイティブのためにやさしい英語を使って書かれてはいない．さらに内容もいっさい妥協せずクオリティの高いものになっている．ことばをことばで説明するというメタ言語的な内容も多いだけに，高度な英文読解力と論理的思考力が読み手に要求される．

　骨を 2 つ折らないと *The Cambridge Grammar of the English Language* は読むことができない．暇人ならともかく，そしてかなり高い英語力がある人ならともかく，英語にあまり自信のない人が膨大な時間をかけて骨を 2 本も折るのはかなり酷なことである．そもそも，骨を 2 本折ったところで正しく読めていないのであればそれこそ骨折り損というものである．

　そこで，皆さんの代わりに骨を折ってやろう！ということで刊行されたのが本シリーズ『英文法大事典』全 11 巻である．本シリーズを刊行するにあたり，合計 104 本の骨が折られることになった．つまり，本シリーズ『英文法大事典』全 11 巻を刊行するにあたり，総勢 52 名の方に参戦していただくことになった．

　The Cambridge Grammar of the English Language を完訳するという無謀とも思えるプロジェクトに参加して下さった 52 名の方々には心から感謝する次第である．まず，監訳者の藤田耕司氏と長谷川信子氏，そして竹沢幸一氏の

3 氏に心から感謝申し上げる．各氏の厳しい原稿チェックがなければこれほど
ハイクオリティのものを世に出すことはできなかった．ちなみに，本シリーズ
はどの巻も 10 回以上のチェックを経た後に刊行されている．

　各巻の責任訳者にも感謝申し上げたい．各巻のタイトルならびに責任訳者は
次のとおりであるが，各巻の共訳者をうまくとりまとめていただいた．

> 第 0 巻『英文法と統語論の概観』（本田謙介）原著 1 章と 2 章の翻訳
> 第 1 巻『動詞と非定形節，そして動詞を欠いた節』（谷口一美）原著 3 章
> 　と 14 章の翻訳
> 第 2 巻『補部となる節，付加部となる節』（木口寛久）原著 4 章と 8 章の
> 　翻訳
> 第 3 巻『名詞と名詞句』（寺田寛）原著 5 章の翻訳
> 第 4 巻『形容詞と副詞』（田中江扶）原著 6 章の翻訳
> 第 5 巻『前置詞と前置詞句，そして否定』（縄田裕幸）原著 7 章と 9 章の
> 　翻訳
> 第 6 巻『節のタイプと発話力，そして発話の内容』（松本マスミ）原著 10
> 　章と 11 章の翻訳
> 第 7 巻『関係詞と比較構文』（岩田彩志）原著 12 章と 13 章の翻訳
> 第 8 巻『接続詞と句読法』（岸本秀樹）原著 15 章と 20 章の翻訳
> 第 9 巻『情報構造と照応表現』（保坂道雄）原著 16 章と 17 章の翻訳
> 第 10 巻『形態論と語形成』（今仁生美）原著 18 章と 19 章の翻訳

いうまでもなく，各巻の訳者の方たちにも心から感謝申し上げる．根気と集中
力と体力と知力のいる翻訳作業，本当にご苦労さまでした．そして，この巨大
プロジェクトに参加してくださり，ありがとうございました．

　最後になるが，開拓社の川田賢氏に心から感謝申し上げる次第である．訳者
の人選など，そして本つくりのプロセスなど，すべて私のやりたいようにやら
せてもらった．気持よく仕事をやらせてくれた川田氏の懐の深さに感謝する次
第である．

　なお，本シリーズ『英文法大事典』は *The Cambridge Grammar of the
English Language* の完訳ということもあり，読者の利便性を考えて意訳しな
がらも，原著を忠実に訳している．原著の例文には，ところによって，タブー
語やののしり語などの表現が含まれている場合もあるが，これも英語という言
語の特徴的な部分でもあり，それらも忠実に訳している．読者諸氏にはこの点
どうかご理解いただければと思う．

　読者諸氏には，ぜひ，本シリーズ『英文法大事典』全 11 巻を通読していた

だき，世界最高峰の英文法書 *The Cambridge Grammar of the English Language* （Rodney Huddleston and Geoffrey K. Pullum （2002）） を堪能していただきたい．そして，英語の教育と研究に大いに役立てていただきたい．

編集委員長　畠山 雄二

第2巻 補部となる節，付加部となる節

ま え が き

本巻は，The Cambridge Grammar of the English Language（CGEL）の4章
（The Clause: complement）および8章（The Clause: adjuncts）を翻訳したも
のである．本巻のタイトルからも明白であるが，complement とは補部のこと
であり，adjunct とは付加部のことである．さて，補部とはいったいどんなも
ので，付加部とはいったいどんなものであろうか．

　そもそも句構造はその中心となる要素（主要部）に依存要素が結びつけられ
て成り立っていると考えられるが，補部とはその依存要素の中でも，主要部と
の結びつきが強固なもの，付加部はそれほど強固でないものと大まかに分類す
ることができる．たとえば She read the report before breakfast. において，
動詞句 read the report before breakfast では動詞 read がこの句の主要部であ
り，その目的語である名詞句 the report は補部である．一方，前置詞句 be-
fore breakfast は付加部と考えられる．ここで，少しでも英文法に覚えがある
方であれば「補部とは目的語や主語，あるいは This orange smells good. の
good のような文の主要素で，付加部とは時間や場所などを表す修飾要素のこ
とだな」と見当がつくのではないだろうか．では，もう少しだけ詳しくみてい
こう．上の例文 She read the report before breakfast. で，前置詞句の before
breakfast のような修飾要素は，あってもなくてもよい随意的な要素，いうな
れば"脇役"である．それでは，目的語である the report のほうはどうであろ
うか．She read before breakfast. が文法的であることから，なんとこちらも
随意的な要素と考えられてしまう．もちろん，原著者はこの点だけで the re-
port が補部ではないと考えるのは早計であると主張する．She read the report.
を，それと意味的に非常に近い She perused the report. と比較すると，peruse
の目的語の the report は（She perused. とはいえないことから）必要不可欠な
義務的な要素であり，明らかに補部である．そして，read の目的語の the re-
port はたしかに随意的であるものの，The report was read / perused by her.
のように，peruse の目的語の場合と同じく受動化に際して主語に繰り上げら
れること，さらに What did she read / peruse? のように，やはり同じく目的語
の部分を what で疑問詞化できることがわかる．このことから2つの例文は同
一の統語構造をもつものとみなされ，read の目的語の the report もやはり補
部であると考えられる．よって，補部には義務的な補部と随意的な補部という

ix

区別が必要であると原著者は結論づけている．

「『英文法大辞典』の刊行にあたって」にもあるように，CGEL の原著者は英語ネイティブスピーカーであり，生成文法をバックグラウンドとする言語学者である．ここではほんの一例だけ，かいつまんで紹介したが，彼らによってもたらされた英語の言語事実はどれもこれも，考察対象として適切かつ興味深いデータとなるように趣向を凝らし選定されたものばかりである．補部と付加部のそれぞれの特徴について細部にわたって分析された本巻を熟読いただき，節を構成するさまざまな要素の働き，ひいてはそれが積み上げられた文全体の構造への深い理解につながれば，責任訳者としてこれ以上の喜びはない．

この『英文法大辞典』シリーズは，基本的に各巻がそれだけで完結して読めるようにとの方針で翻訳されている．そのため，原著では前出の章で言及されているが本巻では初出になる内容や概念については，逐一訳者注を挿入するとともに，本シリーズの他巻で詳細が述べられている場合にはリファレンスをその都度示している．興味があれば是非ともそちらも参照していただきたい．英文法ひいては英語そのものに対する興味がさらに深まること請け合いである．

本巻でも本シリーズ他巻と同じく，場合によっては，いわば原文の行間を読みつつ意訳を施したため，原文を直訳したものとはかけ離れたパートも存在する．これらは読者が内容をより容易に理解できることを念頭に置き，共訳者と責任訳者が議論を重ねつつ工夫をこらして訳出を試みた結果である．もちろん，訳者による全訳は 3 名の監訳者と編集委員長による精査を受けたのち，修正に修正を重ね，ここに出版に堪えるものとして仕上がっている．それでも本巻の訳文に何かしらの不備があれば，その一切の責めは責任訳者が負うものである．

第 2 巻責任訳者　木口　寛久

第 2 巻　補部となる節，付加部となる節

目　　次

『英文法大辞典』の刊行にあたって　　iii
まえがき　　ix
例の提示に関する但し書き　　xvi

第 I 部　補部となる節
Rodney Huddleston

第 1 章　節構造の要素：概要 ･････････････････････････････････････ 2

　1.1　補部の種類と基本節の構造 ･････････････････････････････ 3
　1.2　補部と付加部 ･･･ 11

第 2 章　意味役割 ･･ 29

　2.1　はじめに ･･･ 29
　2.2　主要な意味役割 ･････････････････････････････････････ 33
　2.3　標準的な他動詞節における主語と直接目的語の選択 ･････････ 40

第 3 章　主　　語 ･･･ 45

　3.1　主語の特殊な文法特性 ･･･････････････････････････････ 46
　3.2　非標準的な節の主語 ･･････････････････････････････････ 53
　　3.2.1　受動文と前置構文 ････････････････････････････････ 53
　　3.2.2　外置構文と存在構文 ･･････････････････････････････ 56
　　3.2.3　主語-助動詞倒置と主語の後置 ･････････････････････ 63

第 4 章　直接目的語と間接目的語 ･･･････････････････････････････ 67

　4.1　標準的な単一目的語他動詞節での目的語 ･･････････････････ 68
　4.2　目的語と外置目的語 ･･････････････････････････････････ 72
　4.3　二重目的語構文 ･････････････････････････････････････ 73

xi

xii

第5章　述部とそれに関連する要素 ･･････････････････････ 83

5.1　叙述補部の主な特徴 ････････････････････････････････ 86
5.2　場所，着点と起点 ･･････････････････････････････････ 93
5.3　義務的な述部と随意的な述部 ････････････････････････ 100
5.4　叙述補部をとる動詞の分類 ･･････････････････････････ 105
5.5　連結詞節 ･･ 112
　　5.5.1　属性 (ascriptive) 用法の be と指定 (specifying) 用法の be ･･････ 112
　　5.5.2　属性連結詞節と指定連結詞節の形式的な相違 ････････････ 115

第6章　動詞と前置詞の特殊な組み合わせと関連する補部パターン
　　　の種類 ･･ 124

6.1　前置詞付き動詞 ････････････････････････････････････ 128
　　6.1.1　指定前置詞と無指定前置詞をともなう構文の比較 ････････ 129
　　6.2.2　前置詞付き動詞を含む構文 ････････････････････････ 135
6.2　「動詞-不変化詞-目的語」構文 ････････････････････････ 141
6.3　自動的前置詞を含む動詞イディオム ･･････････････････ 147
　　6.3.1　語彙化と化石化 ････････････････････････････････ 147
　　6.3.2　動詞＋自動的前置詞の組み合わせのイディオム ････････ 153
6.4　NP＋他動的前置詞を含む動詞イディオム ････････････ 158
6.5　そのほかの動詞イディオム ･･････････････････････････ 161

第7章　軽動詞 ･･ 164

7.1　一般的な問題 ･･････････････････････････････････････ 164
7.2　主な軽動詞 ･･ 170

第8章　複数の補部パターンをもつ動詞 ････････････････ 177

8.1　他動詞／自動詞の交替 ･･････････････････････････････ 180
　　8.1.1　タイプ I：They shot him と They shot at him ･･････････ 180
　　8.1.2　タイプ II：The sun radiates heat と Heat radiates from the sun ････ 184
　　8.1.3　タイプ III：He drank some water と He drank ････････････ 185
　　8.1.4　タイプ IV：He broke the vase と The vase broke ･･････････ 197
8.2　二重目的語他動詞／一項他動詞の交替 ････････････････ 204
　　8.2.1　タイプ I：I gave her the key と I gave the key to her ････････ 204
　　8.2.2　タイプ II：I envied him his freedom と I envied him for his
　　　　　freedom ･･ 213
　　8.2.3　タイプ III：They offered us $100 と They offered $100 ････････ 214

8.2.4　タイプ IV：They fined us $100 と They fined us ·················· 216

8.3　中核的補部と非中核的補部の交替 ································· 217

8.3.1　タイプ I：He supplies arms to the rebels と He supplies the rebels with arms ································· 217

8.3.2　タイプ II：Bees are swarming in the garden と The garden is swarming with bees ································· 228

8.3.3　タイプ III：I wiped the marks off the wall と I wiped the wall ···· 230

8.3.4　タイプ IV：We filled the bucket with water と Water filled the bucket ···································· 231

8.4　分離した補部と結合した補部の交替 ························· 234

第 II 部　付加部となる節

Anita Mittwoch, Rodney Huddleston and Peter Collins

第 1 章　序　論 ······································· 238

第 2 章　様態，手段，道具 ··························· 249

2.1　様態 ····································· 250
2.2　手段と道具 ································· 256

第 3 章　行為関連付加部 ····························· 261

第 4 章　場所と空間上の場所の変化 ·················· 270

4.1　範疇についての概観 ························· 270
4.2　場所 ····································· 272
4.3　場所の変化：着点，起点，経路，方向 ··········· 279
4.4.　場所から他の領域への比喩的拡張 ·············· 289

第 5 章　空間的範囲と尺度変化 ······················ 292

5.1　全体的範囲と末端点による範囲 ················ 292
5.2　さまざまな領域における範囲 ·················· 293
5.3　非時間的な範囲：さらなる統語的問題と意味的問題 ········ 295
5.4　尺度変化における場所 ······················· 298

xiv

第6章　時間的場所 ··· 300

6.1　付加部と補部 ··· 300
6.2　意味的類型 ··· 302
6.3　時間的場所表現の形 ··· 306
6.4　そのほかの重要事項 ··· 312

第7章　時間の範囲：期間 ·································· 320

7.1　時間の領域と空間の領域の類似点と相違点 ·············· 320
7.2　期間を表す要素の有界性と非有界性 ····················· 323
7.3　期間を表す有界的な要素 ······································· 325
7.4　継続期間を表す非有界的付加部 ····························· 336

第8章　極性に左右されるアスペクト解釈に関する付加部 ········· 339

第9章　頻度を表す付加部 ································ 347

第10章　連続順序を表す付加部 ························ 360

第11章　程度を表す付加部 ······························ 363

第12章　原因と結果 ·· 377

12.1　原因を表す付加部の2つの下位群 ························· 379
12.2　目的 ··· 381
12.3　理由 ··· 389
12.4　結果 ··· 393

第13章　譲歩を表す付加部 ······························ 397

13.1　譲歩的な意味 ·· 397
13.2　統語的に重要な点 ·· 399
13.3　譲歩と意味的に関連のある構文 ···························· 402

第14章　条件を表す付加部と条件構文 ·············· 405

14.1　開放条件構文 ·· 407
　14.1.1　開放 if 条件構文の意味と推意 ························· 407

14.1.2　時・法性・極性の問題 ································· 416
　　14.1.3　if と only および even との組み合わせ ············· 421
　14.2　隔たり条件構文 ·· 426
　　14.2.1　意味と推意 ·· 426
　　14.2.2　隔たり条件構文の形式 ······························ 432
　14.3　Unless ··· 441
　14.4　そのほかの明示的もしくは明示的でない条件構文 ············· 444
　14.5　作用域，焦点および積み重ね ····························· 451
　14.6　網羅的条件構文 ·· 454
　　14.6.1　統率型網羅的条件構文 ································ 454
　　14.6.2　非統率型網羅的条件構文 ······························ 457
　　14.6.3　さらなる論点 ······································· 462

第 15 章　領域付加部 ··· 465

第 16 章　法に関する付加部 ······································· 468

第 17 章　評価を表す付加部 ······································· 478

第 18 章　発話行為関連の付加部 ··································· 482

第 19 章　連結付加部 ··· 487

第 20 章　付加部の位置 ··· 497

　20.1　前部位置，中央部位置，後部位置 ························· 497
　20.2　助動詞を含む構文での中央部位置 ························· 500

文献情報：もっと知りたい人のために ································ 505

参考文献 ··· 515

索　　　引 ··· 525

原著者・編集委員長・監訳者・訳者紹介 ······························ 533

例の提示に関する但し書き

太字イタリック体：屈折形態素を取り除いた語彙素を表している．
　例）動詞 *go*

二重引用符：意味や命題を表している．

一重下線・二重下線と角カッコ：例文の一部を強調している．

スモールキャピタル：焦点ストレスを表している．
　例）I DID tell you.

矢印：↗は上昇ピッチのイントネーションを示し，↘は下降ピッチのイント
ネーションを表している．
　例）Is it a boy ↗ or a girl ↘ ?

＿＿：文中の空所を表している．
　例）Kim bought ＿＿.

・：語中の形態論的な区切りないし構成素を表している．
　例）work・er・s，接尾辞・s

下付き文字：照応語とその先行詞の関係を表している．
　例）Jill$_i$ said she$_i$ would help. では，she は Jill を指していること表してい
　　る．

例文を解釈するにあたっての文法性を以下の記号で表している．
　* 非文法的　　　　　　　　　例）*This books is mine.
　# 意味的ないし語用論的に変則的　例）#We frightened the cheese.
　% ある方言でのみ文法的　　　例）%He hadn't many friends.
　? 文法性が疑わしい　　　　　例）?Sue he gave the key.
　! 非標準的　　　　　　　　　例）!I can't hardly hear.

xvi

スラッシュ記号：選択肢の区切りを表している．

例）The picture seemed excellent / distorted. は The picture seemed excellent. と The picture seemed distorted. の 2 例をまとめた書き方となっており，I asked you not to leave / *to don't leave until tomorrow. は I asked you not to leave until tomorrow. と *I asked you to don't leave until tomorrow. をまとめた書き方になっている．選択肢が 1 語である場合を除き，スラッシュの前後にはスペースを置いている．

丸カッコ：随意的な要素を表している．

例）The error was overlooked (by Pat). は The error was overlooked by Pat. と The error was overlooked. の 2 例をまとめた書き方になっている．

会話中の A や B：異なる話者を示している．

例）A: Where's the key?　B: It's in the top drawer.

専門家向けの解説：

　研究者向けの解説はフォントをゴシック体にして網をかけている．この部分は本文の分析を支持する言語学的な議論となっている．読み飛ばしても本文の流れを理解する上で支障はない．

第 I 部

補部になる節

本シリーズ『英文法大事典』の第 2 巻にあたる本巻では節構造について扱う．まずはじめに動詞の補部になる節についてとり上げ，その後で付加部になる節について説明していく．また，従属節となっている動詞の補部については，本シリーズの第 1 巻で扱われているため，本巻では扱わない．

第1章　節構造の要素：概要

節構造内の要素は，**述語動詞**（**predicator**: P と表記する）と述語動詞の**補部**（**complement**: C と表記する）と**付加部**（**adjunct**: A と表記する）の 3 つの機能に大別される．

(1)　He | always | reads | the paper | before breakfast.
　　　 C　　　A　　　P　　　C　　　　　　A
　　　（彼はいつも朝食前に新聞を読む）

述語動詞は節構造内の要素を決定する特別な機能をもった主要部である．[1] 述語動詞の補部は，付加部よりも述語動詞との結びつきが強く，統語的な特徴によってはっきりと細分化される．たとえば，(1) の例中の述語動詞の補部である he と the paper は，それぞれまったく異なった統語的な機能をもっており，前者が主語，後者が目的語に分類される．一方，付加部は主に意味的な特性によって分類される傾向がある．たとえば，always（いつも）は頻度を表す付加部，before breakfast（朝食前）は時間的場所を表す付加部というように，意味内容に基づいて分類される．また，主語や目的語といった補部は動詞に依存して節中に現れる要素であるが，付加部は (1) の always や before breakfast のように動詞（句）を修飾している依存要素（もしくは修飾要素（modifier））の場合もあれば，節中に挿入句として付け加えられた挿入部（supplement）の場合もある．[2]

---

[1] 訳者注：主要部は，統語構造に義務的に現れる要素で，どのような句がどのような場所に現れるかを決定するのに重要な働きをしている．

[2] 訳者注：依存要素と挿入部は，それらが関与する節の統語構造との親密性においても違いがみられる．依存要素は節中の統語構造にとり込まれているが，挿入部は当該の統語構造から

2

第 1 章　節構造の要素：概要　　　　3

[専門的解説]
主語は目的語やそのほかの補部とは異なる特別な機能をもっているため，文法
理論の中では，主語を「補部」ではないとみなすものが多い．しかし，その一
方で，主語は目的語やそのほかの補部と共通した重要な機能ももっているた
め，本巻では，主語も補部であると考える．
　一般的に，節構造内の要素の機能を表す際，述語動詞は P ではなく V と表
記されることが多い．この場合，V は節中の機能を表すと同時に，その統語範
疇も示している．本シリーズでは，節中の機能名と統語範疇名とを区別してお
きたいので，節中の機能に言及する際には P を，統語範疇に言及する際には
V を使うこととする．
　文法理論の中には，She may like it.（彼女はそれが好きかもしれない）のよ
うな助動詞を含む例では，助動詞と語彙動詞がひとまとまりとなり，[may
like] のような「動詞群」を形成し，1 つの述語動詞として機能していると分析
するものがある．しかし，本シリーズでは，このような例では主節と従属節が
存在すると仮定し，may は主節の述語動詞であり，like は may の補部とし
て振る舞う従属節の述語動詞であると考える．これら 2 つの分析の比較につ
いては，とくに本シリーズではとり上げず，ここでは助動詞を含まない例のみ
を扱うこととする．

1.1　補部の種類と基本節の構造

■ 中核的補部と斜格

補部は**中核的**補部（**core** complement）と**非中核的**補部（**non-core** comple-
ment）に細分化される．一般的に両者は名詞句（noun phrase: NP と表記する）
であるか否かによって区分され，NP の場合は中核的補部，前置詞句（preposi-
tional phrase: PP と表記する）の場合は非中核的補部となる．（2）の例中で下
線が引かれているものが中核的補部である．

(2)　i.　<u>Kim</u> ｜ gave ｜ <u>Pat</u>　　｜ <u>the key</u>.（キムはパットにそのカギを渡した）
　　　ii.　<u>Kim</u> ｜ gave ｜ <u>the key</u> ｜ to Pat.　（キムはそのカギをパットに渡した）
　　　　　C　　　P　　　C　　　　C

は独立している．これは話し言葉で音律上，挿入部が分離して発音されたり，書き言葉ではし
ばしばカンマやダッシュなどで区切られて表記されることからも理解できる（さらなる詳細は
第 8 巻『接続詞と句読法』を参照）．

(2i) では，3つある補部のうちすべてが中核的であるが，(2ii) では，はじめの2つのみが中核的である．

　中核的補部である NP は動詞と直接関係づけられているが，非中核的補部である PP 内の NP は前置詞を通して間接的に動詞と関係づけられている．後者のような，前置詞によって動詞と関係づけられる非中核的補部内の NP を**斜格 (oblique)** 名詞句とよぶ．(2ii) では，PP である to Pat は動詞 give の非中核的補部であり，その中の NP である Pat は斜格名詞句である．

　斜格名詞句がもつ意味役割は，直前の前置詞を手掛かりに特定することができる．たとえば，(2ii) の斜格名詞句 Pat は受領者 (recipient) の意味役割をもっている．受領者は give の意味に含まれているのだが，Pat の直前にある前置詞 to をみれば Pat が受領者であることがわかる．

■外部補部と内部補部

主語 (subject: S と表記する) は，中核的補部の中でも特別な地位にある．基本節を構成素に分解する時には，まずはじめに主語と述部にわけられる．[3] このことからわかるように，主語は動詞句 (verb phrase: VP と表記する) の構成素の一部ではなく，VP の外部に存在する．よって，主語については**外部**補部 (**external** complement) とよぶことができる．

　言語類型論的に，英語は主語卓立言語 (subject-prominent language) であると分類されている．主語が節内のほかの要素とは統語的にはっきりと異なった特性を示し，主語卓立言語特有の特徴がすべてみられるからである．(2) では，主語である Kim が外部補部である一方，主語以外の補部である the key と Pat，そして to Pat は VP の内部に存在しているので，これらを**内部**補部 (**internal** complement) とよぶことができる．[4]

■他動性

VP 内部にある中核的補部でもっとも一般的なものが目的語 (object: O と表記する) である．基本節にはすべて主語が存在するが，目的語は動詞の性質に

---

　[3] 訳者注：構成素とは，文を構成する部分のことであり，語や動詞句，名詞句などの句がそれに当たる．構成素の中でもっとも小さい単位は語で，構成素はほかの構成素と結合することで，さらに大きな構成素を構成する．

　[4]「内部」や「外部」といった用語は，統語的な要素よりも意味的要素（つまり「項」）に多く適用されるわけだが，意味論と同様に統語論でも，Pat took the key.（パットはカギを取った）では，Pat が外項 (external argument) であり，the key が内項 (internal argument) であると考える．

応じて存在する場合と存在しない場合がある．目的語の有無によって決まる対比のことを**他動性**（**transitivity**）とよび，目的語をともなう節は**他動詞節**（**transitive** clause），目的語をともなわない節は**自動詞節**（**intransitive** clause）とよぶ．

(3)　i.　I fainted.　　　　　　　　　　　　　　　　　［自動詞節：S-P］
　　　　　（私は気絶した）
　　ii.　They destroyed all the evidence.　　　　　　　［他動詞節：S-P-O］
　　　　　（彼らは証拠を隠滅した）

自動詞，他動詞といった他動性に基づいた区分は，節にも動詞にも適用される．たとえば，(3i) の I fainted. という節は目的語が存在しないので自動詞節であり，動詞 faint は依存要素として目的語をとっていないので自動詞である．faint は常に自動詞であるが，多くの動詞は目的語をとったりとらなかったりできるので，より正確にいえば，他動性とは動詞の**使用法**（**use**）に適用される区分である．たとえば，read という動詞は She read.（彼女は読書した）では自動詞であるが，She read the letter.（彼女は手紙を読んだ）では他動詞である．同様に，open は，The door opened.（そのドアが開いた）のように自動詞として用いられる場合もあるし，She opened the door.（彼女はそのドアを開けた）のように他動詞として用いられる場合もある．このような動詞は，**二面他動性動詞**（**dual-transitivity** verb）とよばれる．

　また，他動詞や他動詞節は目的語を 1 つとるか 2 つとるかによって，さらに**一項他動詞（節）**（**monotransitive verb / clause**）と**二重目的語他動詞（節）**（**ditransitive verb / clause**）とに分類される．(4) に例示されるように，目的語が 1 つの場合，それは**直接**目的語（**direct** object: O^d と表記する）であり，2 つ存在する場合，一方は直接目的語であり，もう一方は**間接**目的語（**indirect** object: O^i と表記する）である．

(4)　i.　She wrote a novel.　　　　　　　　　　　　［一項他動詞節：S-P-O^d］
　　　　　（彼女は小説を書いた）
　　ii.　She told him the truth.　　　　　　　　　　［二重目的語他動詞節：S-P-O^i-O^d］
　　　　　（彼女は彼に真実を話した）

■ 複雑自動詞と複雑他動詞

内部補部のもう 1 つの主要なものとして，**叙述補部**（**predicative complement**: PC と表記する）があげられる．(5) の例中の quite competent がそれ

6 　第Ⅰ部　補部になる節

に当たる.

(5) i. Ed seemed quite competent. 　　　　　［複雑自動詞節：S-P-PC^S］
　　　　 (エドはかなり有能なようだった)
　　ii. She considered Ed quite competent. 　［複雑他動詞節：S-P-O-PC^o］
　　　　 (彼女はエドをかなり有能だと思っていた)

　意味的な側面からみると，PC は主語や目的語といった通常の補部に比べると
より述語に近い．たとえば (5) では，主語である Ed や she は特定の人物を
指示したり選出したりする働きをしている．一方，PC はそのような働きはし
ておらず，述語のように Ed によって指示されている人物の属性となっている
特性（property）を示す働きをしている．これらの要素が統語的には補部であ
るものの意味的には述語のような働きをするということが「叙述補部」とよば
れる所以である.^{5} また (5) の例中では，PC が形容詞句（adjective phrase:
AdjP と表記する）であるが，Ed seemed a decent guy.（エドはまともな男そう
だ）などの例にあるように PC が NP の場合もある．いずれの場合でも，PC
は，ある特定の人物を指示するのではなく，ある人物に関して叙述された特性
を示している.

　seem や consider が述語動詞として使われている (5i) と (5ii) のような構
文は，それぞれ**複雑自動詞構文**（**complex-intransitive**），**複雑他動詞**構文
（**complex-transitive**）とよばれる．他動性という側面からみると，(5i) は目
的語をともなっていないので自動詞節であり，(5ii) は目的語をともなってい
るので他動詞節である．また，どちらの構文でも PC 内にさらなる述語的要素
が含まれており，そこで Ed に関する特性が表現されている．それゆえ，これ
らの構文の構造は，(3) でみられるような通常の自動詞構文や他動詞構文より
も複雑になっている．(5) の 2 つの例では，PC はどちらも Ed と関係づけら
れる（つまり，Ed に関する特性を示している）が，(5i) では主語である Ed
と，(5ii) では目的語である Ed と関係づけられる．このように，PC には主
語と関係づけられる**主語指向的**（**subject-oriented**／**subjective:** PC^S と表記
する）なものと，目的語と関係づけられる**目的語指向的**（**object-oriented**／
objective: PC^O と表記する）なものがある.

　主語／目的語指向性は，通常，他動性という観点から判断することができ
る．つまり，目的語をともなう他動詞節では PC は目的語指向的となってお

---

^{5} あまり一般的ではないが，Ed quite competent?（Ed はかなり有能なの）のように，動詞
を欠いた節中で PC が主語と直接結びつくような構文もある.

り，目的語をともなわない自動詞節では主語指向的となっている．したがっ
て，(5ii) の場合と比べて受動文である Ed was considered quite competent.
（エドはかなり有能であると思われていた）では，もともと他動詞である consider
が受動態になり，(5ii) で目的語であった Ed が主語になっているため quite
competent は自動的に主語指向的として機能するようになる．

(5i) の例では，PC である quite competent が Ed の特性を叙述しており意
味的に述部的な働きをしているが，統語的には quite competent の主語は Ed
ではない．Ed は seemed（もしくは seemed quite competent）の主語であり，
(5ii) では主語でなく（considered の）目的語となっている．このように，意
味的には PC によって自身に関する特性が示されているものの，統語的にはそ
の PC の主語にはなっていないもののことを PC の**意味上の主語**（**predicand**）
とよぶことにする．

また，(5) の例や Ed seemed a decent guy.（エドはまともな男のようだった）
のような例中の PC（つまり quite competent や a decent guy）は中核的であ
るが，She regarded him as quite competent.（彼女は彼をかなり有能であると思っ
ていた）や She regarded him as a decent guy.（彼女は彼をまともな男であると思っ
ていた）などのように，PC が非中核的である場合もある．つまり後者の場合，
AdjP の quite competent や NP の a decent guy は動詞 regard ではなく前置
詞 as の補部であり，PC は非中核的となっている．[6]

・定形節補部を含む構文との比較
seem や consider という動詞を用いた (5) の例は，定形従属節をともなった
(6) のような例への言い換えが可能である．

(6) i. It seemed that Ed was quite competent.
         （エドはかなり有能なようだった）

    ii. She considered that Ed was quite competent.
         （彼女はエドをかなり有能だと思っていた）

(5i, ii) の言い換えとなっている (6i, ii) をみてみると，2 つの述語的要素

---

[6] He wrote most of his poetry drunk.（彼はほとんどの詩を酔っぱらった状態で書いた）と
いう例中の drunk のように，述語的要素が付加部となっている場合もある．したがって，述
語的であるか非述語的であるかを分ける境界は，補部であるか付加部であるかを分ける境界と
は別のところにある．しかし，述語的であれ非述語的であれ，付加部の場合は補部に比べると
文法的にあまり重要な働きをしていない．

8 第 I 部　補部になる節

seemed／considered と quite competent がそれぞれ主節と従属節に分かれて現れており，それぞれの節で，主語，もしくは意味上の主語に関する特性を叙述している．このことから，(6i, ii) と同じ意味をもつ (5i, ii) においても，(意味上の) 主語との叙述関係が 2 つ表現されているということがよくわかる．[7] しかし，(6) の構文は従属節を含んでいるが (5) の構文は含んでおらず，両者は統語的に非常に異なっている．たとえば，(5) では Ed と quite competent がそれぞれ seem と consider の補部になっているが，(6) では Ed も quite competent も，どちらも seem と consider の補部ではない．[8] また seem や consider のように (5) と (6) の両方の構文を許すような動詞はそれほど見当たらず，多くの動詞が stay や make のように (5) の例のような従属節をともなわない構文のみに現れることができるか，あるいは happen や know のように (6) の例のような従属節をともなう構文にのみ現れることができる．

(7) i. a.　Ed stayed silent.
　　　　　（エドは静かにしていた）
　　　b. *It stayed that Ed was silent.
　　ii. a.　She made Ed angry.
　　　　　（彼女はエドを怒らせた）
　　　b. *She made that Ed was angry.
　　iii. a. *Ed happened diabetic.
　　　b.　It happened that Ed was diabetic.
　　　　　（エドは糖尿病になってしまった）
　　iv. a. *I knew Ed diabetic.
　　　b.　I knew that Ed was diabetic.
　　　　　（私はエドが糖尿病であることを知っていた）

・連結詞節

もっとも一般的な複雑自動詞構文は，(8) のように述語動詞に be が使われたタイプのものである．

(8)　Ed was quite competent.（エドはかなり有能だった）

---

[7] 従属節をともなう (6) の例でも，従属節の述語動詞は was であり，quite competetnt は叙述補部である．

[8] 現代の文法理論では，(5ii) の Ed quite competent を動詞を欠いた節（専門的には「小節」）と分析するものもある．

第1章 節構造の要素：概要　　9

このように be が述語動詞として使われている構文は，そのほかの複雑自動詞構文とは統語的にも意味的にも多くの点で異なっているため**連結詞節**（**copular clause**）という別の用語を用いて扱うことにする．この連結詞節という用語は，be が主語と PC を統語的に連結する連結詞であるという考えに基づいている．連結詞の be は，場合によっては多少の意味内容をともなうこともあるが，通常は特定の意味をもつことはなく，主に述語動詞位置を統語的に埋めて時制の屈折を示す働きをするだけである．[9]

■5つの基本節

これまでの内容をまとめると，節構造は PC をともなうかともなわないかという点で通常型か複雑型かの2つのタイプに分けられ，それらがさらに目的語の数によって自動詞節，一項他動詞節，二重目的語他動詞節の3つのタイプに分けられる（ただし，複雑型の二重目的語他動詞構文は存在しない）．

(9)	通常型	複雑型
自動詞節	I left. (S-P)	I got better. (S-P-PC)
	（私は出発した）	（私は体調が良くなった）
一項他動詞節	I took the car. (S-P-O)	I kept it hot. (S-P-O-PC)
	（私は車に乗った）	（私はそれを冷めないようにした）
二重目的語他動詞節	I gave Jo a key. (S-P-O-O)	
	（私はジョーにカギを渡した）	

■結合価

(9) に示されている5つのタイプは，目的語と PC という2種類の内部補部の分布に基づいて分類されている．それ以外にも，単に述語動詞がとる補部の数に基いて分類を行う，より一般的な分類法がある．述語動詞がとる補部の数のことを**結合価**（**valency**）とよぶのであるが，この分類法に従うと，(9) の例中の leave のような補部を1つだけもつ動詞は単一結合価動詞，take のような補部を2つもつ動詞は二重結合価動詞，give のような補部を3つもつ動詞は三重結合価動詞であると分類される．他動性の観点から動詞を分類したもの

---

[9]「連結詞」という用語は，be が述語動詞として使われている (8) の場合だけでなく，be 以外の動詞が使われている (5i) のような場合にも，一般的に広く用いられている．本巻では，(5i) と (5ii) の類似性を明らかにするためと，be 以外の複雑自動詞は単に統語的に連結詞の働きをしているだけではなく意味的に叙述を表しているということから，「連結詞」という用語は be のみに用い，それ以外の構文には「複雑自動詞」という用語を用いることとする．

10　　　　　　　　　第 I 部　補部になる節

と結合価の観点から分類したものの比較を（10）にあげておく．また，例中の
下線は補部を表している．

(10)　　　　　　　　　　　　　　　　　　他動性　　　　　　結合価
　　i.　He died.　　　　　　　　　　　自動詞　　　　　単一結合価動詞
　　　　（彼は死んだ）

　　ii.　This depends on the price.　　　自動詞　　　　　二重結合価動詞
　　　　（これは値段にかかっている）

　iii.　Ed became angry.　　　　　　　自動詞（複雑型）　二重結合価動詞
　　　　（エドは怒った）

　iv.　He read the paper.　　　　　　　一項他動詞　　　二重結合価動詞
　　　　（彼は新聞を読んだ）

　　v.　He blamed me for the delay.　　一項他動詞　　　三重結合価動詞
　　　　（彼はその遅延を私のせいにした）

　vi.　This made Ed angry.　　　　　　一項他動詞（複雑型）三重結合価動詞
　　　　（これが原因でエドが怒った）

　vii.　She gave him some food.　　　　二重目的語他動詞　三重結合価動詞
　　　　（彼女は彼に食料を与えた）

ここで，on the price を非中核的補部とする（10ii）と angry を叙述補部とす
る（10iii）は，他動性という観点からみるとどちらも（10i）と同じタイプに分
類されるわけだが，結合価という観点からみるとどちらも（10iv）と同じタイ
プに分類されるということに注目されたい．[10] また，（10）にあげられている
例のほかに，I bet you $10 that it rains.（雨が降ることに（君に）10 ドルかけるよ）

---

[10] 単一結合価，二重結合価，三重結合価は，英語では，それぞれ monovalent, bivalent,
trivalent という専門用語が使われる．ここで注目したいのが，接頭辞 mono- はギリシャ語由
来，bi- はラテン語由来，tri- はギリシャ語及びラテン語由来ということである．これらはギ
リシャ語由来とラテン語由来のものが混ざった用語ではあるが，結合価数を表す際の英語の専
門用語として非常に便利であり広く用いられている．また，「結合価」という用語は，ここで
定義されているものとは異なった概念で用いられることがある．たとえば，「結合価」といっ
た時，それは単に述語動詞がとる補部の数を表すだけではなく，補部の種類までも表す場合が
ある．つまり，1.2 節で紹介されている補部パターン（complementation）と同じ概念で用いら
れており，この場合，（10）の例中のすべての動詞が，それぞれ異なった結合価をもっている
と分析される．またそのほかにも，統語的な補部の数ではなく意味的な項の数を表す際に用い
られる項数（adicity）と同じ概念で「結合価」が使われることもある．この場合，（10i）と
（10ii）で用いられている動詞は，それぞれ一項動詞（monadic verb），二項動詞（dyadic
verb）と分類される．

第 1 章　節構造の要素：概要　　11

や I'll trade you this bicycle for your binoculars.（この自転車と君の双眼鏡を交換しよう）といった例のような補部を 4 つもつ四重結合価動詞も存在する.

1.2　補部と付加部

上述したように，補部は付加部よりも動詞との関係が緊密である．一般的に中核的補部は非中核的補部よりも付加部との違いがより顕著である．また，どのような要素を補部に分類するかに関しては，文法家の間で意見が分かれるところである.[11] 以下では補部と付加部を区別する主な要因を概観する．(a)-(e)では統語的な違いを，(f)-(h) では意味的な違いをとりあげる.

(a)　認可
節中に現れる補部のもっとも重要な特徴は，特定の動詞によって**認可 (license)**される必要があるということである．つぎの例を比較してみよう.

(11)　i. a.　She mentioned the letter.

　　　　　　（彼女はその手紙に言及した）

　　　b.　*She alluded the letter.

　　ii. a.　She thought him unreliable.

　　　　　　（彼女は彼を頼りなく思った）

　　　b.　*She said him unreliable.

(11i) が示しているように，動詞 mention は O (the letter) を認可するが，allude（それとなく言及する）は O を認可しない．同様に，(11ii) からわかるように，think は O + PC$^\circ$ を認可するが，say は O + PC$^\circ$ を認可しない．これとは対照的に，for this reason（このような理由で），at that time （あの時に），however（しかし）といった付加部は，特定の動詞と共起しなければならないわけではない.

　　補部と主要部動詞との間に成立するこのような依存関係を，一般的に**下位範疇化 (subcategorisation)** という．動詞はその**補部パターン (complementation)** によって下位範疇化される．動詞はそれが認可する補部の種類や，その

---

[11] 前置詞 to の存在を根拠に，He alluded to her letter.（彼は彼女の手紙にそれとなく言及した）のような例の to her letter を付加部とみなし，中核的補部だけを補部とみなす研究者もいる．このような考えに基づけば，補部と付加部の線引きは容易になるが，これ以降の本巻の考察から明らかなように，このような分類は不適切であると考えられる.

組み合わせによって下位範疇化されるので，逆にいえば同一の下位範疇に属する動詞群には共通の補部パターンが存在することになる．このような点から，自動詞や一項他動詞といった用語は動詞の下位範疇の名称であると捉えることができる．(11i) において allude が生起できないのは，それが O を認可する動詞（一項他動詞）に属さないからである．また，(11ii) において say が生起できないのは，それが O＋PC° を認可する動詞（複雑他動詞）に属さないからである．

　ここで，自動詞や一項他動詞といった名称に関して強調したいことが2つある．第1に，動詞の下位範疇の多くは，その動詞の補部パターンによって決まるが，そのうち少数のごく一般的なものにしか確立した名称がつけられていないという点である．たとえば，inquire（尋ねる）や wonder（だろうかと思う）といった**疑問節（interrogative clause）**を補部としてとるような動詞には名前が付いていない（例：He inquired/*believed/*wanted whether it was ready.（彼は準備ができたかどうか尋ねた／*信じた／*欲しかった））．第2に，ほとんどの動詞が複数の補部パターンをもつということである．たとえば，think の補部パターンは複雑他動詞節に限定されるわけではなく，それ以外にも自動詞（例：Let me think for a moment.（少し考えさせてください））や一項他動詞（例：She was obviously thinking uncharitable thoughts.（彼女は明らかにひどいことを考えていた））として生起したり，補部として of-PP をとったり（例：I was thinking of someone else.（私はほかの人のことを考えていた）），平叙節（declarative clause）をとったり（例：She thought that he was unreliable.（彼女は彼が頼りにならないと思っていた））する．

　補部の認可には認可される句や節のタイプを統語的に決定することがかかわってくる．以下では，前置詞の選択と従属節の選択に関する問題を別々にとり上げる．

・前置詞の選択
非中核的補部として機能する PP における前置詞は，動詞によって指定されることが多い．具体例を以下にあげる．

(12) i. It consists of egg and milk.（それは卵とミルクからできている）
　　　He didn't look at her.（彼は彼女をみなかった）
　　　It depends on the cost.（それは値段による）
　　ii. He gave it to Pat.（彼はそれをパットにあげた）
　　　He supplied them with sufficient food.

（彼は彼らに十分な食料を提供した）

I blame it on Kim.（私はそれをキムのせいにする）

このような場合，前置詞をとり替えると，非文法的になるか（例：*It consists with sugar and water.），あるいは予測不可能な意味変化が起こる．たとえば，He didn't look at them.（彼は彼らをみなかった）と He didn't look for them.（彼は彼らを探さなかった）との意味の違いを at と for の意味の違いから完全に予測することはできない．

　（12i）では前置詞が動詞のすぐ後ろにくるが，（12ii）では前置詞と動詞の間にほかの補部（O）が介在する．しかしながら，どちらの場合も特定の動詞と一緒でなければ，これらの PP は現れることができない（例：*It contains of egg and milk. や *He bought it to Pat. など）．したがって，認可という基準から考えると，このような PP は明らかに補部とみなされるべきである．（12ii）の最初の 2 つの例とは対照的に，He threw it to/towards/past Pat.（彼はパットに／に向かって／の向こう側にそれを投げた）や He set out with/without sufficient food.（彼は十分な食料をもって／もたずに出発した）のような例では，前置詞をとり替えることができる．with/without sufficient food は付加部であるが，to/towards/past Pat は throw によって認可されているので依然として補部と考えなければならない．しかしながら，（12）の PP と比べると典型的な補部とはいえない．つまり，（12）と比べて付加部との違いが比較的不鮮明といえる．

・従属節の選択

どのような種類の従属節が許されるかは，上位節の動詞によって決まる．たとえば，平叙節，疑問節，感嘆節（exclamative）は許されるか，あるいは定形節，非定形節（infinitival），動名分詞（gerund-participial）は許されるかなどは，上位節の動詞によって決まる．[12] 具体例を以下にあげる．

(13)　i.　a.　Whether we go abroad depends on the cost.
　　　　　　（我々が海外にいくかどうかは費用による）
　　　 b.　*That we go abroad depends on the cost.
　　 ii.　a.　He tends to be lazy.（彼は怠けがちだ）
　　　 b.　*He tends being lazy.

---

[12] 訳者注：原著においては，現在分詞と動名詞の両方について gerund-participle と一括してよんでいる．

c. *He tends that he is lazy.

(13i) が示しているように，depend（依存する）は外部補部として疑問節を認可するが，平叙節は認可しない．また，(13ii) からわかるように，tend（傾向がある）は内部補部として非定形節を認可するが，動名分詞節や定形節は認可しない．このような場合も，補部は特定の動詞を必要とする．たとえば，*Whether he wins counts on the weather. や *He enjoys to be lazy. は非文である．[13]

　　(14) のように，PP と同様，節は補部にも付加部にもなることができる．

(14)　i.　He doesn't know whether or not she likes him.　　　　　［補部］
　　　　（彼は彼女が彼のことを好きかどうか知らない）
　　　ii.　I'm inviting him, whether or not she likes him.　　　　　［付加部］
　　　　（彼女が彼のことを好きかどうかにかかわらず，私は彼を招待する）

(14i) の従属節は補部である．なぜなら，それがたとえば intend（意図する）のような動詞ではなく，know（知っている）のような動詞を要求するためである．一方，(14ii) の従属節は付加部だが，それはそのような制限がないからである．それぞれの従属節の意味は明らかに異なる．(14i) は "He doesn't know the answer to the question 'Does she like him or not?'"「彼女が彼のことが好きかどうかという疑問に対する答えを彼は知らない」という意味であるが，(14ii) は "It doesn't matter whether she likes him or not: I'm still inviting him."「彼女が彼のことを好きかどうかは問題ではない．それでも私は彼を招待する」という意味である．

(b)　義務性
補部の重要な特徴の 2 つ目は，その生起が義務的な場合があるということである．一方で，付加部の生起は常に随意的である．以下の例を比較してみよう．

(15)　i. a. She perused the report.　　　b.*She perused.　　　［義務的補部］
　　　　（彼女はそのレポートを精読した）
　　　ii. a. She read the report.　　　　b. She read.　　　　　［随意的補部］

---

[13] 上位節が複合自動詞の場合，外部補部を認可するのは PC である（Whether we go abroad is dependent on many factors（我々が海外に行くかどうかはさまざまな要因に左右される）/ *That we go abroad is dependent on many factors）．これは PC が通常の補部よりも述部に近い性質を示す一例である．

第 1 章　節構造の要素：概要　　　　　　　　　　　　　　　15

　　　（彼女はそのレポートを読んだ）　　　　　（彼女は読んだ）
　iii. a. She left because she was ill.　　b. She left.　　　　　［随意的付加部］
　　　（病気のため彼女は帰った）　　　　　（彼女は帰った）

　義務性は，動詞による前置詞の選択の場合と同じように考えることができる．
つまり，ある要素が義務的であるというのは，非文法的になったり体系的に関
連づけられない意味変化を引き起こしたりすることなしには，その要素が省略
できないということを意味する．(15ib) は補部を省略すると非文法的になる
例である．体系的に関連づけられない意味変化を引き起こす例としては，She
ran the business. (彼女は会社を経営していた) と She ran. (彼女は走った) という
例における ran の意味の違いがあげられる．また，PP や従属節が義務的補部
である例としては，It consists of egg and milk. (それは卵と牛乳でできている)，
He blamed the accident on me. (彼はその事故を私のせいにした)，This proves
that it's possible. (それが可能であることはこのことが証明している)，He tends to
be lazy. (彼は怠けがちだ) などがある．
　このような義務性の基準は，認可の基準よりも制限が厳しい．認可は，ある
動詞が特定の補部パターンを**容認する**かどうかという問題であったが，義務性
の場合は，動詞が特定の補部パターンを**要求する**かどうかが問題になるのである．
　義務的補部と付加部の違いは随意的補部と付加部の違いよりも顕著である．
義務的補部は，動詞が主要部である構造（つまり動詞句）を完成させるために
必要不可欠であるという，補部のなかでももっとも典型的なものである．ま
た，補部を認可するということと補部を要求するという概念は，上述した下位
範疇化という概念によって捉えることができる．たとえば peruse （精読する）
と read （読む）の違いは，前者は一項他動詞にのみ分類されるが，後者は一項
他動詞にも自動詞にも分類される二面他動性動詞であるということによって捉
えることができる．
　(15i, ii) の (a) はどちらも一項他動詞節である．(15ia) の補部は義務的で
あるが，(15iia) の補部は随意的であるという事実をもってして，これらが異
なった構文であるということはできない．なぜなら，これらの例はほかの観点
からみると共通の特徴を示すからである．たとえば，どちらも，The report
was perused / read by her. (このレポートは彼女に精読された／読まれた) のように
受動化できたり，What did she peruse / read? (彼女は何を精読した／読んだので
すか) のように補部を疑問詞化できたりする．ある要素がある動詞にとって義
務的（つまり補部）である場合，反例がない限りにおいてその要素が随意的で
ある時も，付加部ではなく補部とみなす．

16　　　　　　　　　　第 I 部　補部になる節

非中核的補部の例を以下にあげる.

(16)　i.　She put / deposited the money in her bank account.
　　　　　（彼女はお金を自分の銀行口座に入れた／預けた）
　　　ii.　Lunch was followed / spoilt by the President's annual speech.
　　　　　（昼食の後に社長の年次スピーチが行われた／昼食が社長の年次スピーチに
　　　　　よって台無しにされた）

in her bank account（彼女の銀行口座に）と by the President's annual speech
（社長の年次スピーチによって）はそれぞれ put と follow にとって義務的であり,
したがって補部である. 一方で, 同じ要素が deposit（預金する）と spoil（台無
しにする）にとっては随意的であるが, やはりここでも put 文および deposit
文は同種の構文であり, follow 文および spoil 文も同種の構文であると考えた
い.（16i）において in her bank account はどちらの動詞の場合も, into her
bank account と交替可能であるが, into her bank account は認可の基準に従
うと補部である. なぜなら, それが特定の動詞の存在を要求するからである
（例：She deposited the money into her bank account.（彼女はお金を自分の銀行
口座に預けた）/ *She found the money into her bank account.）.（16ii）の by
句のほうがより難しい問題をはらんでいる.（16ii）において by 句が生起する
ためには, 何よりもまず受動文でなければならないが, この要請は動詞による
認可の問題とは異なる. しかしながら by 句の場合に認可が常に問題にならな
いかというとそうではない. たとえば, How successful we are will be deter-
mined by how hard we all work.（どれほど成功するかはどれほど努力するかによっ
て決まるだろう）のような場合は, 認可が問題になる. 従属疑問節 how hard
we all work はこの例に対応する能動文 How hard we all work will deter-
mine how successful we are.（どれほど努力するかがどれほど成功するかを決める
だろう）の主語の中に生起した場合, determine（決める）によって認可されて
いるが, それと同じように受動節の by 句の中に生起した場合も determine に
よって認可されている. したがって,（16）の最後の要素（下線部の要素）は,
それが義務的であろうが随意的であろうが補部とみなされる. ただし, 随意的
な場合は補部の中でも周辺的な例といえる.

　一方, ある要素が義務的な場合があるため, その要素が随意的な場合も補部
と見なす考え方が当てはまらないケースも存在する. be 動詞は内部補部を要
求する場合がほとんどであり, さまざまな種類の表現が内部補部になることが
できる. しかしそのうちの多くが常に補部として振る舞うというわけではな
い. 具体例を以下にあげる.

第 1 章　節構造の要素：概要　　　17

(17) i.　補部

    a.　Jill is <u>in her study</u>.（ジルは勉強部屋にいる）

    b.　The meeting was <u>on Monday</u>.（その会議は月曜日だった）

  ii.　付加部

    a.　Jill signed it <u>in her study</u>.（ジルは勉強部屋でそれにサインした）

    b.　We signed it <u>on Monday</u>.（我々は月曜日にそれにサインした）

(17i) における場所の表現と時の表現は義務的であり，したがって補部である．しかし，(17ii) においてそれらは随意的であり典型的な付加部である．もう 1 つの例は，様態副詞の場合である．treat（扱う）のような動詞にとって，様態副詞は義務的であるが，通常，様態副詞は随意的であり，そのような場合の様態副詞は補部であるとは考えられない（その理由は次の (c) でとり上げる）．

(18) i.　She treated us <u>remarkably well</u>.　　　　　　［義務的：補部］

    （彼女は我々を非常に丁寧にもてなしてくれた）

  ii.　She carried out all the duties <u>remarkably well</u>.　［随意的：付加部］

    （彼女はすべての仕事を非常に丁寧に行った）

ただし，それでも義務性は補部と付加部を区別する重要な要因の 1 つである．もしある従属部が義務的であるなら，それを補部とみなすのに十分な根拠になる．そして，O や PC といった明らかに補部とみなされる要素は，be を含むさまざまな動詞にとって義務的である．

(c)　照応 (anaphora)

付加部よりも補部の方が動詞とより緊密な関係にあるという事実は，ある種の**照応表現 (anaphoric expression)**，とりわけ do so のような照応表現の振る舞いに反映される．照応表現とは解釈を**先行詞 (antecedent)** に依存するような表現のことである．たとえば，Jill signed the petition and Pam <u>did so</u> too.（ジルは嘆願書にサインしたし，パムもそうした）と Jill visited my mother and Pam <u>did so</u> too.（ジルは私の母を訪ねたし，パムもそうした）のような例を比べてみよう．最初の例において did so は "signed the petition"「嘆願書にサインした」と解釈されるが，2 番目の例では "visited my mother"「私の母を訪ねた」と解釈される．do so と補部／付加部の区別との関連はつぎのような例の中でみてとれる．

(19) i. a. *Jill keeps her car in the garage but Pam <u>does so</u> in the road.

    b.　Jill washes her car in the garage but Pam <u>does so</u> in the road.

（ジルはガレージで自分の車を洗うが，パムは道路でそうする）

  ii. a. *I didn't read all the reports but I did so most of them.

     b. I didn't cover this topic last time but I shall do so Tuesday.

（私は前回このトピックを扱わなかったが，火曜日にはそうする）

  iii. a. *She rode her bicycle and she did so to school.

     b. She performed all the tasks and she did so remarkably well.

（彼女はすべての仕事を行ったし，非常に上手くそうした）

do so の先行詞は動詞の内部補部をすべて含まなければならない．したがって，do so 自体を内部補部と結合させることはできない．(19ia) では in the garage（ガレージで）は keep の補部である（keep の意味が変わらなければ in the garage は義務的である）．したがって，do so の先行詞に含まれなければならない．これは Pam does so を "Pam keeps her car in the garage"「パムは自分の車をガレージに置いている」と解釈しなければならないということである．しかし，第 1 文の in the garage と対比するために，第 2 文に in the road（道路で）をつけ加えようとすると，Pam does so を "Pam keeps her car"「パムは自分の車を置いている」と解釈する必要がある．(19ia) の非文法性はこのような対立に起因するのである．一方，(19ib) で in the garage は第 1 文の付加部であるから，does so の先行詞に含まれる必要はない．[14] したがって，第 1 文の in the garage と対比させるために in the road をつけ加えて，Pam does so を "Pam washes her car"「パムは自分の車を洗う」と解釈できるのである．(19iia) において all the reports（すべてのレポート）は，随意的ではあるが，read の補部である．したがって，did so は "read all the reports"「すべてのレポートを読んだ」と解釈されなければならないので，most of them（これらのうちほとんど）を別の O としてつけ加えることができないのである．これとは対照的に，(19iib) では do so が "cover this topic"「このトピックを扱う」と解釈されなければならず，これは last time（前回）が付加部であるということを意味する．(19iii) では，最後の句 to school（学校へ）と remarkably well（非常に上手く）が第 1 文の何かと対比的に用いられているわけではない．しかし，do so に補部をつけ加えることができないという規則はここでも有効である．to school は She rode her bicycle to school.（彼女は自分の自転車に乗っ

---

[14] なぜ「必要ない」といういい方をしたかというと，Jill washes her car in the garage and Pat does so too.（ジルはガレージで自分の車を洗うし，パットもそうする）のような例においては，付加部が先行詞に含まれてもよいからである．

て学校に行った）のような例では補部であるが，remarkably well は She per-
formed all the tasks remarkably well.（彼女はすべての仕事を上手く行った）のよ
うな例では付加部である．(19) のデータは (b) で上述した立場に支持を与え
る．つまり，ある種の要素は補部である場合もあれば付加部である場合もあり
うるという立場である．たとえば，in the road のような場所句は，(19ia) で
は補部だが，(19ib) では付加部である．

　以上みてきたように，do so は有益な統語テストになる．（主語以外の）あ
る従属部が do so と結合できる場合，その句を付加部とみなす十分な根拠に
なる．しかしながら，do so と結合できないからといって，ある句を付加部で
はないと結論することはできない．なぜなら，どのような VP が do so の先
行詞になりうるのかに関しては，意味的な制約が存在するからである（本シリー
ズ第9巻『情報構造と照応表現』を参照）．たとえば，*Kim died in 1995 and Pat
did so last year. ということはできないが，ここから in 1995 と last year が補
部だと結論することはできない．この例の容認度が低いのは，do so が意味的
に先行詞になりえない VP とともに用いられているからであって，補部が do
so と結合しているからではない．このことは，この例から時間表現をとり除
いてもその容認度に変化がないことから明らかである（例：*Kim died and
Pat did so too.).

(d)　統語範疇
補部となるもっとも典型的な範疇は NP であり，付加部については副詞
(adverb: Adv と表記する）あるいは副詞句 (adverb phrase: AdvP と表記する)
である．

(20)　Unfortunately, Kim often reads things too quickly.
　　　A:Adv　　　　　C:NP A:Adv P:V　　C:NP　A:AdvP
　　　（残念なことに，キムはあまりにも急いでものを読むことが多い）

以下では，節構造内の機能に議論を限定して，主な統語範疇について概観する．

・NP
補部はほとんどの場合 NP であり，逆に NP は通常補部である．NP が付加部
として現れる場合もあるが，そのような NP は，意味タイプが時間や様態な
どに限定される．

(21)　i.　They saw her <u>this morning</u> / <u>last week</u>.　　　　　　　　［時間の付加部］

（彼らは今朝／先週彼女をみた）

ii. You should hold them this way.　　　　　　　　　[様態の付加部]

（あなたはこれらをこのようにしてもつべきだ）

このような NP の特徴は，人称代名詞（personal pronoun）と置き換えができないことである（例：They saw her then.（彼らはその時彼女をみた）/ *They saw her it, You should hold them so.（あなたはそれらをそのようにもつべきだ）/ *You should hold them it.）．また，これらの NP に相当する，代名詞 what を使った疑問文や which を使った関係節が存在しないということも，このような NP の特徴である（例：When did they see her?（彼らはいつ彼女をみたのですか）/ *What did they see her?, How should you hold them?（あなたはそれらをどのようにしてもつべきですか）/ *What should you hold them?, the time when they saw her（彼らが彼女をみた時）/ *the time which they saw her, the way that you should hold them（あなたがそれらをもつべきやり方）/ *the way which you should hold them）．

・AdvP

AdvP の特徴的な機能は動詞を修飾することである．一般的には AdvP は付加部であるが，treat（扱う）のようにごく少数の動詞にとっては，（生起が義務的であるので）AdvP が補部とみなされるということはすでに指摘したとおりである．さらに AdvP は be 動詞の補部としても生起する．

(22) i. She writes exceptionally clearly.　　　　　　　　[付加部]

（彼女は並外れてきれいな字を書く）

ii. They treat us quite abominably.　　　　　　　[treat の補部]

（彼らは我々を極めてひどく扱う）

iii. The only way to do it is very, very slowly.　　　[be の補部]

（それを行う唯一の方法はとてもとてもゆっくりと行うことだ）

・PP

典型的には P は NP を補部としてとる．この種の PP は付加部としても補部としても現れる．

(23) i. 付加部

a. She did it [without difficulty].（彼女はそれを易々と行った）

b. I slept [on the floor].（私は床の上で寝た）

ii. 補部
    a. He relied [on his mother]. (彼は自分の母親に頼っていた)
    b. I put it [underneath the mat]. (私はそれをマットの下に置いた)

PP が明らかに補部として断定できるケースは，(23iia)（と (12)）のように動詞によって前置詞の種類が指定される場合である．しかし，(23iib) のように前置詞がそれだけで完結した意味をもつ場合もある．本シリーズでは前置詞の範囲を伝統的な文法よりも広く考える．たとえば，前置詞のみによって構成されている場合も，PP であるとみなす．この種の PP も典型的な PP と同じように，付加部としても用いられるし（例：We slept downstairs. (我々は下の階で寝た)）補部としても用いられる（例：We took the bed downstairs. (我々はそのベッドを下の階にもっていった)）．一方，前置詞と平叙節によって構成される PP は付加部である場合がほとんどであり，補部の用法はほとんどの場合，連結詞節に限定される．以下に具体例をあげる．

(24) i. You'll catch him [if you run].
        (もし走れば，君は彼を捕まえられるだろう)
        They left [because the baby was sick].   [付加部]
        (赤ちゃんが病気だから彼らは帰った)
    ii. It's [because you eat so fast] that you get indigestion.
        (そんなに急いで食べるから消化不良になるんだ)
                                                                   [補部]
    iii. That was [long before we were married].
        (それは我々が結婚するよりもずいぶん前のことだ)

・従属節

定形の従属節は内容節とよばれることもあり，一般的に補部となるが，付加部として現れることもある．

(25) i. I hadn't noticed that she was looking so worried.
        (私は，彼女があんなに心配そうにしているのに気づかなかった)
                                                                   [補部]
    ii. Whether or not I give my approval depends on mamy factors.
        (私が承認するかどうかは多くの要因に依存している)
    iii. What had happened, that she was looking so worried?
        (何があったの，彼女があんなに心配そうにしているなんて)
                                                                   [付加部]
    iv. He'll do it, whether or not I give my approval.
        (私が承認するかどうかにかかわらず，彼はそうするだろう)

(25i, ii) の補部は，それぞれ (25i) では notice，(25ii) では depend のような動詞を要求しており，これらの認可条件は満たされているためこれらは文法的である．

　定形の従属節は付加部としてより補部として現れることが多いのに対し，不定形の従属節にはそのような違いはなく，補部としても付加部としてもよく用いられる．

(26)　i.　He tried to please his mother.
　　　　　（彼は自分の母親を喜ばせようとした）
　　ii.　I regret having lived here so long.　　　　　　　［補部］
　　　　　（私はここに長く住んでいることを後悔している）
　　iii.　He did it to please his mother.
　　　　　（彼は自分の母親を喜ばせるためにそうした）
　　iv.　I understand the problem, having lived here so long.　　［付加部］
　　　　　（ここに長く住んでいるので，私はその問題を理解している）

・AdjP

AdjP の特徴的な機能は，述部の中心を担うことである．(27i) では be 動詞の補部であり，一方 (27ii) では付加部であるが，いずれの場合も述部として主語の属性・特徴を表している．

(27)　i.　She was disgusted at his betrayal.　　　　　　　［述語的補部］
　　　　　（彼女は，彼の裏切りに愛想をつかした）
　　ii.　Disgusted at his betrayal, she went back to Paris.　［述語的付加部］
　　　　　（彼の裏切りに愛想をつかして，彼女はパリに帰ってしまった）

(e)　統語的位置

補部は，大部分の付加部にくらべると節の中で現れることができる位置が制限されている．一般に，補部の種類によって基本的，あるいは規定の位置が決まっており，そのほかの位置に現れることは一定の条件下でしか許されない．たとえば，以下の例において下線が引かれている補部の位置をみてみよう．

(28)　　　　基本的（規定）位置　　　　　　　非基本的位置
　　i. a. She will accept the proposal.　　b. Will she accept the proposal?
　　　　　（彼女は提案を受け入れるだろう）　　（彼女は提案を受け入れるだろうか）
　　ii. a. An old badger lived in the　　　　b. In the garden lived an old

第 1 章　節構造の要素：概要　　23

garden.	badger.
（老いたアナグマが庭に住んでいた）	（庭に老いたアナグマが住んでいた）
iii. a. He gave the beer to Kim.	b. To Kim he gave the beer.
（彼はビールをキムにあげた）	（キムに彼はビールをあげた）

(28ia, iia) にみられるように，主語の基本的位置は述語動詞の直前であり，ほかの補部はその両者の間に生じることはできない．(28ib) では，主語が助動詞の後ろにきており，このような構文は一般に主節の疑問文と，ある特定の要素が文頭に現れる場合の平叙文（Only then／*Because she is desperate will she accept the proposal.（その時に限り／彼女が自暴自棄になっているので，彼女は提案を受け入れるだろう））に限られる．(28iiia) の例は，PP 補部である to Kim の基本的位置を示している．(28iiib) のように，この PP 補部を前置して文頭に置くこともできるのだが，この構文が適切に使われうる談話的文脈は限られている．たとえば，(28iiib) は What happened next?（つぎに何が起こったの），What did Ed do with that beer?（エドはあのビールで何をどうしたの）のような疑問文に対しては適切な答えにならない．それに対して，一般に付加部は現れる位置が自由である．たとえば however（しかし），fortunately（幸運にも）のような付加部は文中のさまざまな位置に生じることができるため，基本的位置と非基本的位置といった区別が適用できない．このような区別が適用できる付加部の場合でも，それらは補部の場合と比べて非基本的位置により自由に現れることができる．たとえば In the afternoon we played tennis.（午後に私たちはテニスをした）のような構文は，To Kim he gave the beer.（キムに彼はビールをあげた）よりも幅広い談話的文脈において自然に用いられることができる．

(f)　項性

時制に関する部分を除けば，節の命題的意味は**意味的述部（semantic predicate）**とそれがとる**項**によって記述することができる．[15] 意味的述部は属性，

---

[15] 訳者注：「命題（proposition）」は真理値を担う抽象的なものであり，その点で「文（sentence）」と区別される．たとえば (i) の文は，誰がいつ発言したかなどの場合と条件によって真であったり偽であったりする．(i) の文は，ある命題（proposition）を特定の状況において断定する（assert）ために用いられているといえる．

(i)　I have just had a letter from the tax inspector.

現在・過去・未来といった時制に関する部分以外の命題的意味は，意味的述部である語彙動詞 have がその項である I と a letter from the tax inspector の間の一定の関係を表すことによって記述される．よって，I が指す人物が誰であれ，その人が「その税務調査官からの手紙」を

24　　　　　　　　　　第 I 部　補部になる節

関係，過程，行為などを表し，項はそれに参与する事物，たとえば意味的述部
が表す属性の担い手や，意味的述部が表す関係によって結びつけられる要素な
どを表す．典型的には，意味的述部は統語的述語動詞に相当し，その項は補部
に相当する．[16] この章の最初の例である He always reads the paper before
breakfast.（彼はいつも朝食前に新聞を読む）では，補部である he と the paper は
read の項だが，付加部の always と before breakfast は項ではない．意味的に
は，これらの付加部は「読む」という出来事・行為に関与するのではなく，そ
れが起こっている状況（それぞれ頻度と時間的場所）を表しているのである．
　通常，統語的補部は意味的項に対応しているが，そうでないものも存在す
る．この対応関係が崩れている場合として，以下の 2 つがあげられる．

・ダミー要素 (dummy)
ダミー要素は，意味内容をもたない代名詞からなる NP であり，純粋に統語
的な機能しかもたないため，統語的補部と意味的項の対応が崩れていることは
明白である．

(29) a.　It upset me that she didn't write.
　　　　　（彼女が執筆しないことが私を困らせた）
　　 b.　She finally made it to the shore.
　　　　　（彼女はついに海岸までたどりついた）

(29a) では，me と that she didn't write は upset の項だが，it は項ではなく，
主語位置を占めているダミー代名詞である．この it は文の意味に対して何の
貢献もしておらず，よってこの例の意味は That she didn't write upset me.（彼
女が執筆しないことが私を困らせた）と同じである．(29b) では，目的語の it は
慣用句の一部であり，(29a) の it と同様にそれ自身の独自の意味をもたない．

受け取っていればこの命題は真となるのである．文と命題に関するさらなる詳細については本
シリーズ第 0 巻『英文法と統語論の概観』を参照．
　[16] 統語論においては，**述語動詞**（動詞の機能）と**述部**（VP の機能）の区別があるが，意味
論における類似したものには，**単純述部** (**simple predicate**) と**複雑述部** (**complex
predicate**) の区別がある．Kim loves Pat.（キムはパットを愛している）という例には，Kim
と Pat の間にある関係を記述する love という単純述部がある．しかし，love Pat を，キムが
もつ属性を意味する複合述部とみなすこともできる．したがって，複合述部は項を編入する
（ここでは love に Pat を編入する）ことによっても形成されうる．しかし，ここでは意味的述
部を単純なものとみなし，その意味で意味的述部は統語的述語動詞に対応していると考えるこ
とにする．

この例の意味は, "She finally (after some effort) reached the shore." 「彼女は (いくらかの努力の末) ついに海岸までたどりついた」とほぼ同じである.

・繰り上げられた補部
ある句が, 意味的には従属節の述部の項でありながら, 統語的にはより上位の節の補部になっているという種類の構文が存在する.

(30) a. Pat seems to have misled them.
   (パットは彼らを誤った方向に導いたようだ)
 b. They intended Kim to see it.
   (彼らはキムがそれをみることを意図した)

(30a) では, Pat は seem の統語的補部 (主語) だが, その項ではない. この例の意味は It seems that Par misled them. (パットは彼らを誤った方向に導いたようだ) と同じであり, この場合の Pat は, 明らかに統語的にも意味的にも seem ではなく mislead に関連づけられている. 同様に, (30b) において, Kim は intend の補部 (目的語) だが, 意味的には intend ではなく see の項となっている (They intended that Kim should see it. (彼らはキムがそれをみることを意図した) と比較のこと). この種の補部を**繰り上げられた** (**raised**) 補部とよぶことにしよう. これらの補部は, それが意味的項になっている述語を含む節のさらに上位にある (構成素構造においてより高い) 節の統語的補部になっている.[17]

(g) 選択
意味的述語は通常その項に**選択制限** (**selection restriction**) を課す. たとえば (31) にみられるように, 通常, enjoy の最初の項, そして frighten の 2 番目の項は有生物 (animate beings) を表さなければならない.

---

[17] とくに (30a) のような構文について, 実際に現れる文の背後に抽象的な分析のレベル, つまり目にみえない構造を仮定し, その段階においては当該の補部は従属節に属しているが, その後, 統語的変形によってより上位の節に繰り上げられるという分析がある. 'raised' 「繰り上げられた」という用語はもともとこのような分析に関して用いられていた. しかし, ここでのこの用語の定義はそのような含意は含まず, たとえば He drank himself to death. (彼は死ぬほど酒を飲んだ) にみられる, himself が意味的には death に結びつけられていて, drink とは直接結びついていないような場合も含めることにする.

(31)　　　制限を順守している場合　　　　制限に違反している場合
　　i. a. Kim enjoyed the concert.　　b.#The cheese enjoyed the cool
　　　　　　　　　　　　　　　　　　　　　breeze.

　　　　（キムはコンサートを楽しんだ）　（チーズは冷たい風を楽しんだ）
　　ii. a. They frightened the cat.　　b.#They frighented the ironing-
　　　　　　　　　　　　　　　　　　　　　board.

　　　　（彼らは猫を怖がらせた）　　　（彼らはアイロン台を怖がらせた）

（31ia）や（31iia）のような例はまったく問題ないが，選択制限に違反している（31ib）や（31iib）は意味的に不自然である．

　選択制限は意味的述部の項にかかわるものではあるが，上の（f）で述べた意味的項と統語的補部の対応関係から，これらの制限は補部に適用されることになる．したがって，たとえば enjoy は有生物の主語を選択し，frighten は有生物の目的語をとるということになる．[18]

(h)　意味役割（role）

意味的述語の項は，節の表す状況におけるさまざまな**意味役割**，たとえば動作主（agent）（おおよそ，ある行為の実行者）や被動作主（patient）（ある行為の受け手）などのような役割を担う．伝統的な学校文法においては，主語と直接目的語はこれらの意味役割によって定義されてきた．つまり，主語は行為の実行者，直接目的語は行為の受け手であるというように定義されてきたのである．しかしこれは，主語と直接目的語のそれぞれが，必ずある特定の意味役割と結びついているとしている点であまりに単純すぎるものである．実際のところ，そのような特定の結びつきは存在しない．主語と直接目的語がそれぞれどのような意味役割を担うかは動詞の意味的性質によって異なるからである．たとえば，以下の例を比べてみよう．

---

[18] ここでは「選択制限」というよく使われる用語が用いられているが，（31ib, iib）のような例を意味的に不自然であるという理由で排除するといった否定的な意味で解釈すべきではない．選択制限は，項がある特定の種類のものであることを含意し，これによって NP の解釈をさらに指定する役割をはたす．たとえば He ate everything we had in the house. （彼は家にあるものをすべて食べた）では，eat がその 2 番目の項に課している選択制限によって，everything が文字どおりの「すべてのもの」ではなく "all the food"「すべての食べ物」と解釈されるのが自然であるということになる．

第 1 章　節構造の要素：概要　　　　27

(32)　i.　<u>Kim</u> shot <u>the intruder</u>.　　　　　　　［S：動作主，O：被動作主］
　　　　　（キムは侵入者を撃った）

　　　ii.　<u>Kim</u> wrote <u>the letter</u>.　　　　　　　　［S：動作主，O：作成物］
　　　　　（キムは手紙を書いた）

　　　iii.　<u>Kim</u> heard <u>an explosion</u>.　　　　　　　［S：経験者，O：刺激］
　　　　　（キムは爆発音を聞いた）

(32i) の例は，主語の Kim が目的語の侵入者に何かをしたという状況を表している．この例には，上述の主語と直接目的語はそれぞれ動作主と被動作主として定義されるという伝統的な考え方が当てはまる．しかし，(32ii) が表しているのは，主語のキムが目的語の手紙に何かをしたということではない．このことは，I wrote it.（私がそれを書いた）は，What did you do to the letter?（あなたはその手紙に何をしましたか）に対する適切な返答でないことからも明らかである．つまり，Kim が書くまでその手紙は存在していないのであるから，Kim はその手紙に何かをすることはできないのである．したがって，(32ii) で表されている状況においては，被動作主は存在しない．このような，動詞が表す過程そのものによって生み出されるような目的語が担う意味役割を「作成物 (factitive)」とよぶことにしよう．さらに，(32iii) において Kim は爆発音に対して何もしていないのであるから，この 2 つの補部がそれぞれ動作主と被動作主という役割を担っていないことは明白である．この例は，Kim によって行われた行為ではなく，Kim が何かを知覚したという出来事を表している．このような場合，知覚したほうの役割を「経験者 (experiencer)」とよび，知覚されたほうの役割を「刺激 (stimulus)」とよぶことにしよう．種々の意味役割を紹介し分類することは次章に譲るとして，ここで大切なことは，主語や目的語といった補部の種類によって一義的に割り当てられる意味役割は存在しないということである．補部が担う意味役割は，その語句自体の意味からではなく，動詞の意味によって決定される．このことは，一般的な付加部の場合とは対照的である．もし，たとえば at that time（その時に）や certainly（確かに）を (32) の各例につけ加えたとして，これらの付加部は，どの例においてもそれ自身がもつ意味内容によって同じ解釈をもつことになる．

　つぎに補部が PP である場合を検討してみよう．まず They pushed it <u>to</u>/<u>towards</u>/<u>past</u> their house.（彼らはそれを家へ／に向かって／を越えて押した）のように意味によって前置詞が変わる場合と，This gave a big advantage <u>to</u> their house.（これにより，彼らの家に大きな利益がもたらされた）のように動詞によって特定の前置詞が選択される場合を区別する必要がある．動詞が push の

場合には，どの前置詞が現れるかが意味役割の決定に重大な役割をはたす．たとえば，They pushed it to their house.（彼らはそれを家へ押した）では，their house は「着点（goal）」を表すが，They pushed it from their house.（彼らはそれを家から押した）では「起点（source）」を表す．しかし，動詞が give の場合には，補部のもつ意味役割を決定するのに動詞が中心的な役割をはたしている．ここでの to の用法は They pushed it to their house.（彼らはそれを家へ押した）における to の用法とよく似ているが，別の意味役割をもっていると考えられる．なぜなら，This gave a big advantage to their house.（これにより，彼らの家に大きな利益がもたらされた）において，their house は単なる着点ではなく「受領者（recipient）」と解釈されるべきであり，それはこの例で動詞に give が用いられているからである．ここでは give によって to が選択されていると考えられ，to の意味からだけで補部がもつ受領者という意味役割を決定できるわけではないのである．

　意味役割についてはより細かい分析が必要であり，次章はこのトピックを中心に扱う．

第2章　意味役割

1.2 節で，意味的述語の項は述語動詞に応じてさまざまな意味役割を担うということに言及した．ここでは，それらの意味役割をより具体的に紹介することにする．1.2 節でも少し触れたように，意味役割は述語動詞のとる意味的項が担うものであるが，ここでは統語上の枠組みから，節の統語的補部が意味役割を担うと考えることにする．つまり，たとえば Pat objected.（パットは反対した）においては，統語的補部（主語）としての NP である Pat が動作主の意味役割を担うというように考えるということである．

2.1　はじめに

■一般性

まず，たとえば Kim loves Pat.（キムはパットを愛している）のような例において，Kim と Pat の意味役割をそれぞれ「愛する人」と「愛される人」のような，love という動詞特有のものとして区別してみよう．しかし，ここでの意味役割と，たとえば adore（憧れる），fear（恐れる），hate（嫌う），like（好む），respect（尊敬する）のような感情を表すほかの動詞の項にみられる意味役割との間には明らかな類似性がみられる．そこで，Kim のもつ意味役割を「感情の経験者」，Pat のもつ意味役割を「感情の刺激」としてみよう．さらにこれを一般化して，感情を表す動詞と，feel（感じる），hear（聞く），see（みる），smell（嗅ぐ），taste（味わう）のような知覚動詞とをまとめて，これらの動詞が「経験者」と「刺激」という意味役割をもつとしてみよう．

　しかし，このような一般化には限界がある．意味役割を**すべて**の動詞について一般化し，標準的な節の主語が常に担う意味役割および直接目的語が常に担うような意味役割を見いだすことは到底できないということである．この点

29

は，1.2 節において，主語と直接目的語をそれぞれ動詞によって表される行為の実行者とその受け手とみなす伝統的な学校文法による定義の問題点を指摘した時にみたものである．このような意味役割と補部との一義的な結びつけ方は，Kim shot the intruder.（キムは侵入者を撃った）のような例には当てはまるが，たとえば Kim heard an explosion.（キムは爆発音を聞いた）のような場合には当てはまらないことはすでに指摘した．以下の考察からもわかるとおり，この伝統的な定義には一定の重要性はあるものの，主語と直接目的語にそれぞれ一義的に結びつけられた意味役割をみいだそうとすることには無理がある．

　限られた数の（おそらく十数個の）一般的な意味役割のみを仮定し，さらにすべての項がそのいずれかを担い，また同じ節の 2 つの項が同じ意味役割をもつことがないというようなことを仮定している研究も時折あるが，そのような仮定が真に成り立つかどうかは議論の余地がある．

　したがって，ここでは意味役割の観点からの体系的で包括的な節構造の記述を目指すことはせず，主に，主語と直接・間接目的語といった補部に割り当てられる意味役割について検討する．そして，さまざまな前置詞に統率される斜格に割り当てられる意味役割についてもとりあげる．[1] ここであげる意味役割がどの程度一般的なものであるかは，そこで議論される内容に依存することになる．たとえば Kim gave the key to Pat.（キムは鍵をパットにあげた）における Pat の役割は，広くいえば着点，より細かくいえば受領者であると記述できるだろう．すなわち，一般的に前置詞 to がどのような意味役割をその補部に割り当てるかというと，それは着点であるということができる．その一方で，Kim gave the key to Pat. を，それに対応する Kim gave pat the key.（キムはパットに鍵をあげた）という間接目的語をともなう構文との関連で論じる時には，受領者のようなより限定的な意味役割が必要になる．なぜなら，着点のなかでも後者の構文には現れることができないものもあるからである（たとえば，He sent the culprit to the back of the room.（彼は被告人を部屋の後ろへいかせた）は文法的であるが，*He sent the back of the room the culprit. は文法的ではない）．

---

　[1] 訳者注：ここでの「統率する（govern）」は，生成文法のいわゆる「統率・束縛理論（Government and Binding Theory）」における統率の概念とは異なる．本シリーズでは，統率の定義としてより伝統的な，「主要部（動詞や前置詞）が補部の格を決定する」というものが採用されている．しかし，現代英語においては斜格と対格の形態的区別は代名詞にもみられないことに注意されたい（本シリーズ第 5 巻『前置詞と前置詞句，そして否定』も参照）．

第 2 章　意味役割　　31

■意味役割と提示ステータス (presentational status)

意味役割は，述語動詞がとる意味的項のうちどれが主語になり，どれが目的語になるかなどの統語的機能を決定する主要因である．しかし，それのみによって統語的機能が決まるわけではない．以下のような例文のペアを考えてみるとそれは明らかである．

(1)　i.　a.　Kim shot Pat. (キムはパットを撃った)

　　　　 b.　Pat was shot by Kim. (パットはキムに撃たれた)

　　 ii.　a.　Kim married Pat. (キムはパットと結婚した)

　　　　 b.　Pat married Kim. (パットはキムと結婚した)

　 iii.　a.　Kim's writing resembles Pat's. (キムの筆跡はパットのに似ている)

　　　　 b.　Pat's writing resembles Kim's. (パットの筆跡はキムのに似ている)

　 iv.　a.　Kim's promotion preceded Pat's.

　　　　　 (キムの昇進はパットより先だった)

　　　　 b.　Pat's promotion followed Kim's.

　　　　　 (パットの昇進はキムより後だった)

　　 v.　a.　Kim bought the car from Pat. (キムはパットから車を買った)

　　　　 b.　Pat sold the car to Kim. (パットはキムに車を売った)

(1ia) は能動文であり，(1ib) はそれに対応する受動文である．どちらも同じ状況を表しており，それゆえどちらの例においても Kim と Pat はそれぞれ動作主と被動作主という同じ意味役割を担っている．したがって，この 2 つの例にみられる違いは，節が表す状況において項が担う意味役割ではなく，ここで**提示ステータス**とよぶものに起因している．つまり，ほかの条件が同じなら，(1ia) は Kim について述べたものとして解釈され，(1ib) は Pat について述べたものとして解釈されるのである．能動文は受動文よりも統語的により基本的な構文といえる．したがって，意味的項と統語的機能の基本配列は，動作主を主語に配置し，被動作主を目的語に配置するものであると考えられる．受動文はこの基本配列から逸脱しており，被動作主を主語に配置し，動作主を前置詞 by の補部として配置するものである．

　ただし，提示ステータスとは，能動文あるいは受動文のように統語的に異なる構文のうちどれを選ぶのかということばかりを問題にしているものではない．なぜなら，(a) と (b) のペアの間で統語的な複雑さに違いがない (1ii-v) のような場合にも，項の統語上の配列を決める中心的役割をはたしうるからある．たとえば，(1ii-v) の (a) と (b) はそれぞれ同じ状況を表しており，一方が他方よりも統語的に複雑だということはない．(1ii) において，marry は (こ

こでの意味では）意味的に**対称的**（**symmetric**）である．つまり，X married Y.（X が Y と結婚した）が真であれば Y married X.（Y が X と結婚した）も必ず真であるというように，お互いを含意する．したがって，2 つの項のもつ意味役割の間にとり立てて大きな違いはなく，両方とも動作主であるということになる．どちらの項も統語的な違いなしに主語として現れることができるのだが，どちらが選ばれるかは，その出来事が Kim の視点から提示されるか，Pat の視点から提示されるかに依存している．（1iii）における resemble（似ている）も同様に対称的であり，したがって，（1iiia）と（1iiib）の間のどちらが選択されるかは意味役割ではなく視点に依存している．[2]（1ii）との唯一の違いは，2 つの項に共通する意味役割が，行為者ではなく「主題（theme）」に含められるであろうということである．

　（1iv）の例は，（a）と（b）でそれぞれ precede と follow という別の動詞が用いられている点で（1ii, iii）とは異なっている．これらの動詞は，（ここでの用法のように）X precedes Y.（X が Y に先んずる）と Y follows X.（Y が X に続く）がお互いを含意するという点で**逆意的**（**converse**）である．この場合も，表されている状況自体ではなく，その状況が提示されている方法に違いがあり，（1iva）では Kim が昇進したということ，（1ivb）では Pat が昇進したということが，それぞれ話者が提示したいことなのである．[3] よって，提示ステータスにおける違いによって，どの項が主語と目的語のそれぞれに配列されるかが決まるだけでなく，どの動詞が選択されるかも変わりうるのである．precede と follow はいずれも marry（結婚する）のような対称的な動詞ではないので，異なる動詞が用いられなければならない．これは，すなわち precede と follow がとる 2 つの項がそれぞれ異なる意味役割を担っているということである．それらの意味役割を「先行物（prior）」と「後続物（subsequent）」のよ

---

　[2] ここでの視点の違いは，Kim's hand writing is as bad as Pat's is.（キムの筆跡はパットのと同じくらい汚い）と Pat's hand writing is as bad as Kim's is.（パットの筆跡はキムのと同じくらい汚い）にみられるものと同じであるが，これらの例における統語的な違いはどの項が主語と目的語としてそれぞれ現れるかではなく，どちらが上位節の主語と従属節の主語としてそれぞれ現れるかということである．

　[3] （1iva, b）にはそれぞれ対応する受動文が存在する（Pat's promotion was preceded by Kim's.（パットの昇進はキムのに先んじられた）および Kim's promotion was followed by Pat's.（キムの昇進はパットのに続かれた））ので，（1iva）と（1ivb）の間の提示ステータスに関する違いは（1i）におけるものとは異なっている．しかし，ここで大切なのは，その違いが，表されている状況に内在する性質によるものではなく，その提示の仕方に関するものであるということである．

うに分類することもできるが，このような区別は，より一般的な観点からすると意味役割の分類には重要ではない．それゆえ，これらの意味役割も主題に含まれるものと考えることにする．

(1v) にみられる buy と sell も，(1va) と (1vb) はお互いを含意しているので逆意的である．どちらも同じ状況を表しているが，やはり視点が異なっている．この点について，buy と sell はいずれも，買い手と売り手のどちらが取引を始めたかという点についてはとくに言及していないことを強調しておこう．つまり，買い手と売り手のどちらが先に行動を起こしていたとしても，(1va) と (1vb) はどちらも問題なく使用することができるのである．通常は取引を開始したほうの視点がとられることが多いが，ほかの要因によって視点が逆転することもある．したがって，(1ii) の marry（結婚する）を含む例と同様に，(1v) において Kim と Pat はどちらも動作主であると考えることができる．しかし同時に，売買によって車が Pat から Kim の元へ移動しているので，これらの項は明らかに別々の意味役割を担っていると考えることもできる．(1iv) とは対照的に，ここでの意味役割の違いはより高いレベルでの一般性を有しており，Kim は**着点**（**goal**），Pat は**起点**（**source**）を担うものとして分析される．また，(1va) と (1vb) の対比から，どちらも選択された動詞の語彙的特性に応じて，能動文の主語として配置できることがわかる．

2.2 主要な意味役割

この節では，主要な意味役割を簡単に紹介する．典型的なものだけを扱い，項の意味役割を決定するための厳密な基準を設けることはしない．上の (1)の考察で明らかになったように，以下では，1つの動詞がとる2つの項は，ある特定の状況では同じ意味役割をもつことができると考える（例：Kim married Pat.（キムがパットと結婚した）では，Kim と Pat の両方が動作主（agent）の意味役割をもつ）．また，1つの項が2つ以上の意味役割をもつこともできると考える（例：Kim bought the car from Pat.（キムがパットからその車を買った）では，Kim が動作主と着点（goal）の2つの意味役割もち，Pat が動作主と起点（source）の2つの意味役割をもつ）．

(a) 使役者（causer）
使役者という意味役割は，ある行為や事態を直接引き起こす意味役割になる．したがって，Kim signed the letter.（キムがその手紙に署名した），The dog snarled.（その犬がうなった），The rain ruined the crop.（雨が作物をダメにした）

などにおける主語項（Kim, The dog, The rain）が担う意味役割がそれに当たる．ここで「直接」という意味は，連鎖的な使役関係をともなうケースを考察してみるとよくわかる．以下の例をみてみよう．

Pat made Kim sign the letter. (パットがキムにその手紙に署名させた)

この例では，Pat と Kim の2つの主語項が登場しているが，署名するという行為の直接的な使役者はあくまでも Kim であり，Pat はそのような行為を間接的に引き起こしている項にすぎない．すなわち Pat は sign の項ではないので sign に関係した意味役割をもつことはないのである．したがって，sign が与える使役者の意味役割は，あくまでも標準的な文の Kim signed the letter. と同様に Kim に対して付与される．

(b)　動作主 (agent)

動作主という意味役割は，使役者の下位に分類されるもので，上でみた Kim signed the letter. (キムがその手紙に署名した) と The dog snarled. (その犬がうなった) の主語項（Kim と The dog）は担えるが，The rain ruined the crop. (雨が作物をダメにした) の主語項（The rain）は担えない類いの意味役割である．典型的に，動作主という意味役割は，生きていてかつ意識的に行動するものが担う意味役割で，ある使役者が動作主になるかならないかは，ある程度は動詞の意味に依存するものの，そのほかの要因に依存する場合もある．たとえば，動詞 murder (殺す) は動作主の主語を必要とするが，多くの動詞は動作主の主語をとってもとらなくてもよい．以下の例を比較してみよう．

(2)　i.　動作主
- a. My uncle returned. (私のおじが戻った)
- b. I coughed to remind them I was waiting.
  (私が待っているということを彼らに気付かせるために咳をした)

ii.　非動作主
- a. My headache returned. (頭痛が再発した)
- b. I coughed. [involuntarily] (私が咳をした [無意識に])

今述べたように，動作主はふつう生命のある少なくとも生き物のようなものと考えられるので，(2ia) の主語項（My uncle）は動作主として解釈されるが，(2iia) の主語項（My headache）は動作主としてはもちろん，使役者としても解釈されず，主題 (theme) としてだけ解釈される．また，主語が動作主になるかならないかは，単に主語固有の特性だけでは決まらないこともある．たと

えば，(2iib) では非動作主（non-agentive）の解釈（すなわち，無意識に咳をする解釈）が容易に許されるが，(2ib) では目的を表す付加部（to remind them I was waiting）により，そのような無意識的な解釈は排除され，わざと咳をするという解釈が要求される．同様に，以下の例の（可視的な，あるいは，暗黙の主語の）you もそれ自体は生命のある生き物だが，動作主になるかならないかは，それが生じる節のタイプに応じて異なる．

> You've broken the window.（あなたがその窓を割った）［非動作主］
> I suggest you break the window.
> （あなたがその窓を割ったほうがよいと思います）［動作主］
> Break the window.（（あなたが）その窓を割れ）［命令文］［動作主］[4]

つまりここでは，割るという行為に関して，最初の例の you は，あなたが意図せず窓を割ったという状況も考えられるので，非動作主的な使役者（non-agentive causer）の意味役割を担えるが，2 番目や 3 番目の例の you は，動作主の意味役割しか担えないのである．[5]

---

[4] 訳者注：命令文の主語が you だということは，命令文の付加疑問の形をみてみるとよくわかる．

  (i) a. 命令文：Close the door.（そのドアを閉めなさい）

        b. 命令文の付加疑問：Close the door, will you?（そのドアを閉めてね）

また，命令文の暗黙の主語（you）が，動詞 suggest の that 節内の主語と同様に，動作主として解釈される可能性があるということは，suggest が「提案」と「必要性」の意味に加えて，そもそも「命令」の意味をもっているという事実を考慮するとわかる．

[5] They advised the twins not to be photographed together.（彼らがその双子に一緒に写真を撮られないように忠告した）のような例では，動詞の advise が the twins に対して動作主性（agentivity）を間接的に与えており，(a) の「使役者」のところで説明したような暗黙的で連鎖的な使役関係が存在している．ここで注目すべきは，動詞 photograph の動作主を担う（直接的な）主語がそもそも現れていないということである．ここで実際 the twins は，photograph の主語の位置に現れているが，これはもともと photograph の直接目的語であり，受け身の結果，主語に「昇格し」，間接的に advise から動作主性を与えられているのである．このような動作主性の間接性（indirectness）は，以下のような明示的で連鎖的な使役関係をともなう例をみてみるとよりはっきりする．

The twins wouldn't let themselves be photographed together.

（その双子は自分たちの一緒の写真を撮らせないようにするだろう）

The twins had him photograph them separately.

（その双子は彼に自分たちの写真を別々に撮らせた）

これらの例では，let と had がそれぞれ themselves と him に対して動作主性を間接的に与

(c) 道具 (instrument)

典型的には，道具の意味役割は動作主が行動を起こすときに使う物に対して付与される．以下の例の with the knife (ナイフで) がそれに当たる．

(3) I cut the lace <u>with the knife</u>.　　　　　　　　　　　　　　　[道具]
　　 (私はそのナイフでレースひもを切った)

道具と使役者の2つの意味役割には密接な関係があり，これらの意味役割をどちらももつことができる要素もある．たとえば，The knife cut the lace. (そのナイフがそのレースひもを切った) の主語 the knife は，使役者の意味役割を担うが，ここで注意すべきことは，誰かがナイフを使ったということは含意されていないということである (すなわち，ここで得られる解釈は，可能性としては低いが，ナイフが偶然テーブルから落ち，レースひもに触れ，その際にレースひもが切れてしまった，というような解釈である)．本巻では，道具を使用している明示的な，あるいは暗示的な動作主が存在している場合にのみ道具という意味役割を用いることにする．

(d) 被動作主 (patient)

被動作主は，使役者，特に動作主の行為の影響を受けるものが担う意味役割で，動作主 (あるいは使役者) が被動作主に対して何かをするという関係が成り立つ．したがって，以下の例における下線部の要素が，被動作主の意味役割を担うことになる．

(4) i.　被動作主
　　　　They hit <u>me</u>. (彼らが私をぶった)
　　　　They kissed <u>us</u>. (彼らが私たちにキスをした)
　　　　They did cruel things to <u>him</u>. (彼らが彼に対して残酷なことをした)
　ii.　非被動作主
　　　　They like <u>me</u>. (彼らが私を好きだ)

えている．最初の例と同様に，themselves は，意味的には photograph の直接目的語であるが，受け身化されることで主語に「昇格」し，その結果，間接的に let との結びつきが強くなり let から動作主性を与えられているのである．次の例でも，him はもともと意味的には photograph の主語であるが，had との結びつきが強くなり，had から動作主性を与えられているのである．him が had との結びつきが強いということは，それが主格の he ではなく目的格の him の形をしているということからもわかる．

第 2 章　意味役割　　37

They remember us. （彼らが私たちを覚えている）
They listened to him. （彼らが彼に耳を傾けた）

(e)　経験者 (experiencer) と刺激 (stimulus)

これらの意味役割は，それぞれ主語と内部補部に関係づけられる．以下の例を
比べてみよう．

(5)　i.　He hates me. （彼が私を嫌っている）
　　　　We heard a bang. （私たちがドカンという音を聞いた）
　　　　The thought of being alone scares me.
　　　　（1 人でいるという考えが私を怖がらせる）
　　ii.　They believe me. （彼らが私を信じている）
　　　　We know the reason. （私たちはその理由を知っている）
　　　　She realises that it's impossible. （彼女はそれが不可能だと気づいた）

経験者と刺激の意味役割は，感情を表す動詞（(5i) の hate）や感覚的な知覚
を表す動詞（(5i) の hear や scare）が使われる際に典型的に現れる．経験者
は，感じたり知覚したりする項（(5i) の He, We, me）になり，刺激は，その
ような感情を招いたり知覚されたりするもう 1 つの項（(5i) の me, a bang,
The thought of being alone）になる．ここでは，これらの意味役割を，(5ii)
のような認知を表す動詞にも拡張して用いることにする（なお，(5ii) の最後
の例の従属節 that it's impossible は刺激を表している）．しかし，認知の場合，
経験者や刺激といった呼称は，直感的にはそれほど適切ではないということも
ここではつけ加えておく．というのも，(5i) のように，感情や感覚的知覚を
経験・体感するということは当然できるが，(5ii) において，なんらかの認知
状態を経験・体感するということは不自然に思われるからである．それでも，
ここではこれらの意味役割は認知に関する動詞にも適用され，感情，知覚，そ
して認知の 3 つの領域において，有生物（および有生のようにたとえられる
物）の意識的に操作できない内的状態に言及するものと考える（ただし，経験
者が動作主の意味役割を担えるとき，内的状態をコントロールすることは可能
かもしれない．たとえば，Hear what I have to say before making up your
mind. （決心する前に私がいうことを（あなたは）聞け）のような命令文における暗
黙の主語 (you) は，(b) の「動作主」で言及したように，動作主の意味役割を
もつことができるため，その内的状態を意識的にコントロールすることができ
るとも考えられる）．

(f) 主題 (theme)

以下の例からもわかるように，主題は頻繁に用いられる意味役割である．

(6) i. <u>She</u> fell off the balcony. (彼女がバルコニーから落ちた)
<u>She</u>'s on the balcony. (彼女がバルコニーにいる)
<u>She</u> ran home. (彼女は走って家に帰った)

ii. He gave me <u>the key</u>. (彼が私にそのカギを渡した)
<u>The key</u> is mine. (そのカギは私のものだ)

iii. She went <u>mad</u>. (彼女が怒った)
It made <u>her</u> angry. (そのことが彼女を怒らせた)
<u>She</u> was in a happy frame of mind. (彼女は楽しい気分だった)

基本的に主題という意味役割は，(6i) のように，空間における移動 (movement) と場所 (location) に関係し，移動したり位置づけられたりするものが担う意味役割になる．なお，She ran home. (彼女は走って家に帰った) の主語 She は，主題のほかに動作主の意味役割ももっている．多くの表現は，(1iv) の precede (先行する) と follow (後続する) のように，空間領域だけでなく時間領域にも適用されるため，主題には空間的な主題と時間的な主題の両方があると考える．また，空間における移動と場所に類似した状況として，(6ii) のような転移 (transfer) と所有 (possession) があげられ，ここでの the key は，どちらも主題の意味役割をもつと考える．さらにここでは，(6iii) のように，ある特徴を変えたりもっていたりする項，そして，(1iii) の resemble (似ている) と一緒に現れる項なども主題の意味役割をもつと考える．[6]

(g) 第1主題 (primary theme) と第2主題 (secondary theme)

転移の状況では，いわば反対方向への移動をともなうような2つの主題が現れることがある．以下の例をみてみよう．

(7) i. I swapped <u>two of my records</u> for <u>one of Ed's compact discs</u>.

[主題＋主題]

(自分のレコード2枚をエドのCD1枚と交換した)

---

[6] 意味役割を表す'theme'「主題」という用語は，日常的な意味とは関係ないものの，十分確立されている．一方で，現在一般的に普及しており (日常的な意味より直接的に関係している) 馴染みある概念のほうは，ここで 'topic'「話題」とよばれているもの，すなわち，提示ステータスと関係がある概念にかなり近く，意味役割とは関係がない．

ii. Ed swapped one of his compact discs for two of my records.

［主題＋主題］

（エドが自分の CD1 枚を私のレコード 2 枚と交換した）

iii. I bought the car from Ed for $1,000.　　　［第 1 主題＋第 2 主題］

（私はその車をエドから 1000 ドルで買った）

(7i) と (7ii) の違いは基本的に視点の違いだけなので，2 つの主題の意味役割は何も変わらない．しかし (7iii) のようになると，2 つの主題間に状況的な違いが生じ，この場合，The car が**第 1 主題**となり，$1,000 が**第 2 主題**となる．第 2 主題は（典型的に金額や価格で）第 1 主題を前提とするが，第 1 主題が第 2 主題を前提とすることはない．したがってたとえば，I obtained the car from Ed (for $1,000). （私はその車をエドから（1000 ドルで）入手した）で，第 2 主題に相当する for 句が省略された場合，お金が支払われたというようなことは含意されないが，He charged me $1,000. （彼が私に 1000 ドルを請求した）のように第 2 主題に相当する $1,000 が現れると，必ず第 1 主題に相当するもの（ここでは me）が必要になる．

(h)　作成主題 (factitive theme)

以下の例の下線部 a hole （穴）は，特殊な主題の意味役割をもっている．

(8)　They made a hole in the roof. （彼らが屋根に穴をあけた）

A hole appeared in the roof. （穴が屋根にできた）

ここで a hole がもっている主題は**作成**主題とよばれる．これは，ある出来事の一連の過程から生じるもので，動作主や被動作主の意味役割を同時にもつことはできない．

(i)　経路 (path)，起点 (source)，着点 (goal)，場所 (location)

これらの意味役割は主題がかかわる状況で現れる．以下の例をみてみよう．

(9)　i.　She ran from the post office via the railway station to the bus-stop.

（彼女は郵便局から鉄道の駅を抜けてバス停留所まで走った）

ii. a.　Kim gave the key to Pat. （キムがそのカギをパットに渡した）

b.　The light went from red to green. （信号が赤から青になった）

iii. a.　She is on the balcony. （彼女がバルコニーにいる）

b.　The meeting is at noon. （会議が正午にある）

(9i) のような主題の移動がともなう基本的な例では，出発点 (the post of-fice)，終末点 (the bus-stop)，中間地点 (the railway station) のそれぞれが，**起点，着点，経路**の意味役割を担う．ここでも，(f)「主題」の時と同様に，これらの意味役割を空間領域だけでなく所有や特性／状態に関する領域にも拡張することができる．したがって，(9ii) では the key と the light が主題となり，そして Kim と red が起点，Pat と green が着点になる（なお (9ii) の Kim は動作主にもなる）．(9i) と (9ii) の節は動的 (dynamic) だが，(9iii) の節は静的 (static) なので，起点から着点に動くものは存在せず，下線部に現れているのは単に場所を指定する主題，具体的には，空間的な主題 (on the balcony) もしくは時間的な主題 (at noon) である．

(j)　受領者 (recipient)

この意味役割は所有領域での着点の一種として分類される．したがって，上でみた (9ii) の Kim gave the key to Pat. (キムがそのカギをパットに渡した) の着点 Pat は，厳密には**受領者**の意味役割をもっている．

(k)　受益者 (beneficiary)

受益者という意味役割は，たいてい人をはじめとする生物で，何かを手に入れてもらったり，何かをやってもらったりする項が担う意味役割になる．したがって，I've bought you a present. (私があなたにプレゼントを買った) や I'll open the door for you. (私があなたのためにドアを開けます) の下線部 you は，受益者の意味役割をもつ．基本的に受益者という意味役割は，文字どおり利益を得るということが意図されているが，You poured me a drink laced with arsenic. (あなたが私にヒ素を混入した酒を注いだ) や I'll break your neck for you. (俺がお前をひどい目にあわせてやる) の下線部 me と you が示すように，反対の意図が成り立つ場合にも用いられる．

2.3　標準的他動詞節における主語と直接目的語の選択

標準的な節で，項の統語機能上の配列を決定している主な要因は意味役割である．以下では，他動詞節に焦点を当て，どの項が主語として表され，どの項が直接目的語として表されるかを考える．重要な原理を (10i) にあげ，その具体例を (10ii) にあげる．

第 2 章　意味役割　　41

(10) i. 1つの動作主と1つの被動作主からなる標準的な節では，動作主が S になり，被動作主が O^d になる．

　　 ii. Kim shot Pat.　　[S (Kim) ＝動作主，O^d (Pat) ＝被動作主]
　　　　（キムがパットを撃った）

基本的に（10i）の例外はない．この原理に基づくと，主語は行為を行う人で目的語はその行為の影響を受ける人と定義されるが，これは，伝統的な学校教科書の基礎になっている．しかし，このような特徴づけは，すべての節は動作主–被動作主型（agent-patient type）になるということを意味する．よって，受動態のような非標準的な節に対して誤った特徴づけをすることになるため，不十分な記述であるということをすでに述べた．とはいえ，ほかの標準的な節をみると，動作主と被動作主に酷似した項配列をもち，動作主–被動作主型の派生形といって差し支えないものも存在する．以下では，それを表す3つのケースを簡単にみていく．

(a)　潜在的な動作主性（potential agentivity）

多くの動詞は，ほかの意味役割の特徴を維持したまま動作主か非動作主によって埋められる位置をもっており，どちらの場合も S と結びつけられる．

(11)　　　動作主としての S　　　　　　　非動作主としての S
　　 i. a. Kim destroyed the flowers.　　b. The rain destroyed the flowers.
　　　　 （キムが花をダメにした）　　　　 （雨が花をダメにした）
　　 ii. a. Kim overtook me.　　　　　　b. The rock overtook me.
　　　　 （キムが私を追い越した）　　　　 （岩が私を追い越した）

（11ia）と（11iia）で得られる顕著な解釈は Kim を動作主とする解釈である．一方，（11ib）と（11iib）では，the rain と the rock は動作主とはいえないが，Kim のもつ意味役割と似た特性を示している．具体的には，（11ib）の the rain は使役者として，（11iib）の the rock は主題として機能している（（11iib）では，崩れた岩が丘の斜面を転がり落ち，自分の脇を通り過ぎたような状況を表している）．

(b)　経験者＋刺激の節

感情や心理状態を表す動詞は，経験者と刺激が S と結びつくか O と結びつくかで2つのクラスに分けられる．以下の例をみてみよう．

(12)　　　経験者：S　刺激：O　　　　刺激：S　経験者：O

　　i. a. We enjoyed the show.　　　b. The show delighted us.
　　　　（私たちがそのショーを楽しんだ）　（そのショーが私たちを喜ばせた）

　　ii. a. We deplored their decision.　b. Their decision appalled us.
　　　　（私たちが彼らの決断を遺憾に思った）（彼らの決断が私たちをぞっとさせた）

このように２つのパターン配置が存在していることは，経験者と刺激はどちらも典型的な動作主と類似した性質をもっていることを示している．(12ia)と (12iia) の経験者（We）は，動作主のような生命をもち，感覚をもったものと特徴づけることができるし，(12ib) と (12iib) の刺激（The show と Their decision）は，使役者のような特徴をもっているといえる．また，enjoy タイプのほとんどの動詞は，経験者に対して動作主性を与える構文，たとえば，命令文（とくに否定の命令文）や try のような動詞の補部に比較的現れやすい．

　　Don't despise / hate / pity me.
　　（私のことを軽蔑するな／嫌うな／気の毒に思うな）
　　I'm trying to like / to enjoy / not to resent it.
　　（私がそれを気に入ろうとしている／楽しもうとしている／怒らないようにしようとしている）

同様に，delight タイプの動詞は，一般的に刺激に対して動作主性を与えるが，実際には以下に示すように，かなり広範囲の構文に現れる．[7]

　　Don't annoy / humiliate / intimidate him.
　　（彼をいらいらさせるな／侮辱するな／脅迫するな）
　　I'm trying to amuse / encourage / shock them.
　　（私が彼らを楽しませようとしている／励まそうとしている／ぎょっとさせようとしている）
　　He deliberately frightened / offended / unnerved them.
　　（彼は彼らをわざと怖がらせた／怒らせた／動揺させた）

また，動的な状況では，刺激と使役者のもつ意味が比較的類似しているため，

---

　　[7] abhor（嫌悪する）と deplore（遺憾に思う）は enjoy タイプに属し，appal（ぞっとさせる）と concern（心配させる）は delight クラスに属するが，これらの動詞が動作主性を与える動詞とみなされることはほとんどない．ただし，delight タイプに属する動詞の中には，Don't be intimidated / offended / unnerved by his behavior.（彼の行動に怖がるな／腹を立てるな／動揺するな）のように，経験者に対して「間接的な」動作主性を与えるものはある．

delight タイプの動詞のほうが enjoy タイプの動詞よりも現れやすい．最後に，
agitate（動揺させる），crush（打ち砕く），depress（落胆させる），disarm（やわら
げる），floor（びっくりさせる），move（感動させる），repel（不快にさせる），
wound（傷つける）などのような delight タイプに属する動詞には，物理的・身
体的な動きをともなう意味がもともと含まれるものも多い．

　感情を表す動詞の場合，経験者を S とする enjoy よりも刺激を S とする
delight と同じパターンを示すもののほうが多いが，それとは対照的に，知覚
を表す動詞の場合，刺激を S とする delight よりも経験者を S とする enjoy
と同じパターンを示すもののほうが多い．

　I saw / heard / felt / smelled / tasted them.
　（私がそれらをみた／聞いた／感じた／嗅いだ／味わった）

経験者を O とする配置は，以下のような例でみられる．

　It dazzled / deafened me.
　（それが私の目をくらませた／耳を聞こえなくした）

ここでの経験者（O）の me は，ほぼ被動作主のような意味役割を担っている
が，これは deafen（耳を聞こえなくする）が文字どおり使役的な意味をもってい
るということに起因している．認知を表す動詞の場合も，知覚を表す動詞の場
合と同様，たいてい S と結びつけられるものは経験者である．

　I know / forget / remember the answer.
　（私はその答えを知っている／覚えていない／覚えている）

2.2 節の（e）で述べたように，ここでの O の意味役割が刺激として分類され
るかどうかははっきりしないが，使役者とは異なるということは間違いない．
そのため，認知の領域においてこの意味役割が S として現れるべき正当な理
由はまずない．ただ実際のところ，刺激が S で経験者が O になる配置もある
のだが，そのような場合は，動詞の意味が拡張されたものであり，そのもとも
との意味は基本的には物理的なものである．

　The answer eludes / escapes me.
　（その答えは私には理解できない／思い浮かばない）
　A worrying thought struck me.
　（不安な考えが心に浮かんだ）

(c) 決定要因としての提示ステータス

ここでの議論を締めくくるにあたり，この章の最初で紹介した（1ii–v）の例に戻ろう．

(1) i. a. Kim shot Pat.（キムはパットを撃った）
    b. Pat was shot by Kim.（パットはキムに撃たれた）
   ii. a. Kim married Pat.（キムはパットと結婚した）
    b. Pat married Kim.（パットはキムと結婚した）
  iii. a. Kim's writing resembles Pat's.
       （キムの筆跡はパットのに似ている）
    b. Pat's writing resembles Kim's.
       （パットの筆跡はキムのに似ている）
   iv. a. Kim's promotion preceded Pat's.
       （キムの昇進はパットより先だった）
    b. Pat's promotion followed Kim's.
       （パットの昇進はキムより後だった）
    v. a. Kim bought the car from Pat.（キムはパットから車を買った）
    b. Pat sold the car to Kim.（パットはキムに車を売った）

（10）の観点から（1ii–v）の例を考えてみると，どの例にも主語に配置するにあたり同等な資格をもつ項が2つあることがわかる．すなわち，marry の例（1ii）と buy/sell の例（1v）に出てくる2つの主語（Kim と Pat）はどちらも動作主的な特徴をもった項とみなすことができるので，どちらも動作主として主語の位置に現れる資格がある．逆に resemble の例（1iii）と precede/follow の例（1iv）に出てくる2つの主語（Kim's writing/promotion と Pat's writing/promotion）のどちらも主題であると同時に非動作主的な特徴をもった項とみなすことができるので，どちらが主語になろうが（10）の原理には抵触しないことになる．したがって，ここでどの項を主語に置くべきかを決定しているものは，意味役割ではなく提示ステータスである．そして，この場合の主語は，状況を捉える視点をもった項を表しているということになる．

第3章 主語

一般的に主語は，(i) 動作主の意味役割と (ii) 話題の提示ステータスの2つの特徴をもった機能的な要素として定義される．英語の標準的な節では，動作主の意味役割を担う主語が1つ現れるが，その主語は，発話文の話題，すなわち，その発話文で主に語られる対象になる傾向が強い．

　標準的な節とそれに対応する非標準的な節は，主語の選択に関して異なった特徴を示す．以下の例を比べてみよう．

(1) 　　標準的な節　　　　　　　　　　　　非標準的な節

　i. a. Kim opened the parcel.　　　b. The parcel was opened by Kim.

　　　　(キムが小包を開けた)　　　　　　　(小包がキムによって開けられた)

　ii. a. One nurse is here.　　　　　b. There is one nurse here.

　　　　(1人の看護師がここにいる)　　　　(ここに1人の看護師がいる)

(1ia, b) のペアと (1iia, b) のペアは，それぞれ同じ状況を表している．このように，同じ状況を表すのに，対になる2つの文が存在しているということは，主語には上述したような2つの側面，すなわち，意味役割に関係する部分と，提示ステータスに関係する部分があるということを示している．主語は，これら2つの特徴を同時にもって現れる時もあれば，そうでない時もある．たとえば，(1ia) でも (1ib) でも Kim が動作主になるが，(1ia) のように Kim に焦点を当てた形で状況を述べた場合は，主語の Kim が動作主の意味役割をもっていると同時にその発話文の話題にもなっているのに対して，(1ib) のように the parcel に焦点を当てた形で状況を述べた場合は，主語の the parcel がその発話文の話題として現れることになり，主語の選択において，意味役割よりも提示ステータスのほうが優先されているということになる．(1ii) では，動作主を表す項は現れておらず，主題を表す one nurse と場所を

45

表す here の2つの意味役割が現れている。この場合，one nurse のほうが here よりもはるかに動作主的であるため，標準的な (1iia) の例では one nurse が主語として位置づけられている（なお，be 動詞は，Be here if you possibly can.（できればここにいなさい）のような命令文でみられるように，ほかの要因で主題の意味役割をもつ要素に動作主性を与える場合もある。命令文の暗黙の主語（you）が動作主性をもつということに関しては第2章を参照）。ただし，(1ii) の状況は，話題-コメントの提示型に合っていない。とくに (1iib) の one nurse は話題としての機能もはたしておらず，主語ではない位置に現れている。概していえば，標準的な節では，どの要素が主語になるかを決定している主な要因は意味役割であるといえる。そして，提示ステータスは標準的な節と非標準的な節のどちらを用いるかを決定している。

　すべての標準的な節には主語があり，主語がない非標準的な節を解釈する際にも常に，「暗黙の主語」(understood subject) がかかわっている。たとえば，命令文の Speak up.（もっと大きい声で話せ）の主語と Kim was ordered to leave.（キムは出ていくように命じられた）の下線部の不定詞節の主語はそれぞれ you と Kim になり，表出されない主語として解釈される。このようなことは，ほかのいかなる補部にもみられないことなので，主語を「主要な」(primary) 補部とみなすこともできる。このように考えると，(1) のような構文の (a) と (b) の関係を述べる際，「昇格」(promotion) とか「降格」(demotion) といったメタファーを使うこともできるかもしれない。たとえば，(1i) の (a) から (b) への変換は，Kim を主語ではない位置へ降格させ，the parcel を主語位置に昇格させているといえるし，(1ii) の (a) から (b) への変換は，ダミー代名詞の一種である意味をもたない要素 there を，主語位置に挿入することによって one nurse を主語ではない位置へ降格させているといえる。

　上の1.1節で述べたように，英語の主語は，あらゆる文法特性に関して，節内のほかの要素とはかなり異なった様相を呈する。以下では，節内の主語の特殊性を検証する。3.1節で主語の特性をリストアップし，3.2節では，そのリストに基づいて非標準的な構文について考察する。

3.1　主語の特殊な文法特性

(a)　範疇
一般的に主語は NP の形をしている。この基準に基づけば，以下の (2) の例においてどれが主語であるかはすぐにわかる。

第 3 章 主 語　　　　47

(2)　i.　The moral objections are more important.
　　　　（道徳的な反対はより重要である）

　　ii.　An upturned seat lay across the path.
　　　　（ひっくり返った椅子が通り道にあった）

(2i) には NP が 1 つだけあり (the morel objections)，(2ii) には 2 つある (an
upturned seat と the path)．(2ii) の the path は across the path という PP 内
の補部位置にあるので，節内で直接的な機能をはたす NP とはみなされない．
また，これらの例は，主語を変えずに語順を変えることもできる (More im-
portant are the moral objections. (より重要なのは道徳的な反対だ)，Across the
path lay an upturned seat. (通り道にひっくり返った椅子があった))．

　That he was guilty was obvious to everyone. （彼が有罪だということは誰に
とっても明らかだった）のように，従属節も主語になれる場合があるが，従属節
が主語になるパターンはあまり一般的ではない．このような場合，（非標準的
ではあるが），It was obvious to everyone that he was guilty. のようにダミー
の NP （意味をもたない NP）の it を主語にして，従属節を外置化するやりか
たのほうがより一般的なパターンになる．また，非常に限られた状況ではある
ものの，NP や従属節以外のほかの範疇も主語として現れることがある．以下
では，主語 NP と節内で別の働きをしている NP （とくに目的語 NP）との相
違をみていく．

(b)　位置

一般的に主語は，述語動詞 (P) の前に現れ，統語上は VP 構成素の外側に位
置する．他動詞節では，語順が主語と目的語を区別するもっとも重要な要因に
なる．その場合，目的語が現れる基本的な位置は述語動詞の後ろであり，統語
上は VP 構成素の一部と分析される．

　you が主語 (S) で their arguments が目的語 (O) になっている以下の例を
比べてみよう．

(3)　　　　S が P の前　　　　　　　　　　O が P の前 [非文法的]

　　i.　a.　You heard their argument.　　　b. *You their arguments heard.
　　　　　（あなたが彼らの議論を聞いた）

　　ii.　a.　Their arguments you heard.　　b. *Their arguments hear you.
　　　　　（彼らの議論をあなたは聞いた）

(3ia) は，基本的な S-P-O の語順になっている．(3iia) では，目的語の their

arguments が前置され，主語の you が述語動詞 heard の前に置かれている．
(3ib) と (3iib) では，目的語の their argument が述語動詞 heard の前にきて
いるが，これらの例はどちらも明らかに非文法的である．You never heard
their arguments.（あなたは一度も彼らの議論を聞かなかった）のように，S と P の
間に付加部が介在することは許されるが，(3ib) のように S と P の間に補部
が介在することは許されない．主語–助動詞倒置（subject-auxiliary inversion）
や主語の後置（subject postposing）がかかわる非標準的な構文では，S が P
の後ろの位置に現れるが，これらに関しては，以下の (e)-(f) と 3.2.3 節でみ
ることにする．

(c)　格

主格と対格で形が異なる人称代名詞は，定形節において S の時は主格の形で
現れ，O の時は対格の形で現れる．このことは，I know them.（私は 彼らを
知っている）と They know me.（彼らは私を知っている）の例からわかる．前者の
例では，主格の I が S として現れ，対格の them が O として現れている．そ
して後者の例では，主格の they が S として現れ，対格の me が O として現
れている．

　多くの言語では，主語と目的語を区別する際，格が重要な働きをする．格が
重要な働きをする言語では，語順がかなり自由になるという特徴があるが，現
代英語では，代名詞を除いて主格と対格の屈折の違いが消失したため，語順が
節での機能を表す重要な標識となり，その結果，(3) でみたように，許される
語順のバリエーションが制限されるようになった．ここで注目すべきは，主格
と対格の違いがはっきりしている代名詞でさえも O-P-S の語順は許されない
ということである（例：*Them know I.）．このことは，英語の統語論におい
て，格がほとんど重要な働きをしていないということを示している．これに対
し，主語と目的語の格を明示的に標示する言語では，O が S に先行する語順
が一般的に許される．[1]

---

　[1] 訳者注：たとえば，日本語は格を明示的に標示する言語の 1 つであるが，(i) の例が示し
ているように語順はかなり自由である．
　　(i) a.　太郎が花子にリンゴをあげた．　[S-O^i-O^d-P]
　　　　b.　太郎がリンゴを花子にあげた．　[S-O^d-O^i-P]
　　　　c.　花子に太郎がリンゴをあげた．　[O^i-S-O^d-P]
　　　　d.　リンゴを太郎が花子にあげた．　[O^d-S-O^i-P]
　　なお，生成文法理論では，(ib, c, d) の基底語順は (ia) で，それぞれの語順は「かき混ぜ」
(scrambling) と呼ばれる統語操作によって派生されると考えられる場合もある．

第3章 主 語　　　49

(d)　一致

　動詞に現れる人称-数の屈折は，主語との一致によって決められる．

(4)　i.　The minister knows the candidates.

[knows は the minister と一致している]

　　　　（その大臣はその候補者たちを知っている）

　　ii.　The candidates know the minister.

[know は the candidates と一致している]

　　　　（その候補者たちはその大臣を知っている）

現代英語の動詞の一致は，格と同様，ほかの言語と比べて主語を標示するのに
あまり重要な役割をはたさないが，これもまた屈折の違いを表す形態素の大規
模な消失によるものだと考えられている．現代英語では，be 動詞を除いて，
過去時制における人称-数の屈折はなく，現在時制においても（(4) の knows
と know の対比が示すような）3 人称単数とそれ以外の人称-数の 2 種類の違
いしか残っていない．したがって，You know the candidates.（あなたはその候
補者たちを知っている）では，動詞 know の形から主語が you であるというこ
とを示すものは何もないのである．このように，たいていの場合，現代英語で
は，代名詞の格や動詞の人称-数の観点から主語を見極めることは難しいが，
それでも屈折は間接的ではあるが重要な役割をはたしていると考えられる．た
とえば，You know the candidates.（あなたはその候補者たちを知っている）の
you が主語のステータスをもっているという事実は，**you** を **she** に置き換え
た時に得られる主語と動詞の形をみてみるとよくわかる．つまり，**you** を **she**
に置き換えると，その時に得られる主語の形は（目的格の her ではなく）主格
の she になるし，その時に得られる動詞の形も 3 人称単数の knows になり，
これらはいずれも主語が要求する形になる．

(e)　主語-助動詞倒置

通常，主語は標準的な節では述語動詞の前に現れるが，閉鎖疑問節（closed
interrogative main clauses）やそのほかのさまざまな構文では述語動詞の後ろ
に現れる．したがって，たとえば，She can swim.（彼女は泳ぐことができる）や
She likes it.（彼女はそれが好きだ）のような標準的な節では，主語の she が述語
動詞の can や swim の前に現れるが，閉鎖疑問節では Can she swim?（彼女は
泳ぐことができますか）や Does she like it?（彼女はそれが好きですか）のように述
語動詞の後ろに現れる．このときの述語動詞は助動詞の Can と Does で，こ
のような構文は主語-助動詞倒置をともなっているといわれる．

50　　　　　　　　　第 I 部　補部になる節

　上記の特性を使って，閉鎖疑問節から平叙節の主語を逆にたどることもできる．たとえば，You know the candidates.（あなたはその候補者たちを知っている）という平叙節に対応する閉鎖疑問節は，Do you know the candidates?（あなたはその候補者たちを知っていますか）だが，このとき you は，助動詞 do の後ろに現れているので，you がこの平叙節の主語だと理解することができる．

(f)　開放疑問節 (open interrogatives)
同様に，開放疑問節を形成する規則の観点から，主語とそれ以外の要素を明確に区別することができる．

　(5)　i.　<u>Who</u> bought it?　　　　　　　　　[S が疑問詞の who：基本語順]
　　　　　　（誰がそれを買ったの）
　　　ii.　What did <u>you</u> buy?　　　　　　　　[O が疑問詞の what：倒置語順]
　　　　　　（あなたは何を買ったの）

(5i) のように疑問詞が主語の場合，語順は平叙節と同じで（cf. Someone bought it.（誰かがそれを買った））主語-助動詞倒置をともなわないが，(5ii) のように疑問詞が目的語の場合は，通常，疑問詞は文頭に置かれ，主語-助動詞倒置をともなう．

(g)　付加疑問 (tags)
(6) のように，平叙節の末尾に現れる付加疑問は，その主語と一致する主語代名詞を含む．

　(6)　i.　<u>You</u> know the others, don't <u>you</u>?
　　　　　　（あなたはその他の人たちを知っていますよね）
　　　ii.　<u>The candidates</u> know the minister, don't <u>they</u>?
　　　　　　（その候補者たちはその大臣を知っていますよね）

付加疑問は，助動詞＋代名詞の形をなし，ある種の省略された閉鎖疑問節を形成するが，そこで用いられる代名詞の形は，平叙節の主語によって決まる．したがって，(6i) の文末の付加疑問の代名詞 you は，主語の you と一致しており，(6ii) の文末の付加疑問の代名詞 they は，主語の the candidates と一致している（本シリーズ第 6 巻『節のタイプと発話力，そして発話の内容』を参照）．ここで注目すべきは，このような付加疑問の形成規則は，それが付加する平叙節が基本語順を成していない場合でも成立するということである．たとえば，The others <u>you</u> know, don't <u>you</u>?（その他の人たちをあなたは知っていますよね）

や Even clearer is the second point, isn't it? (よりはっきりしているのは2番目の
ポイントですよね) の平叙節における下線部の主語 (you と the second point)
は，通常の主語の位置に現れていないが，文末の付加疑問の代名詞 (you と
it) はそれぞれ下線部の主語と一致している．

(h)　等位接続
主語は通常 VP の外側にあるので，VP が等位接続されている構造にもそのま
ま現れる．

(7)　Sue typed the letter and posted it herself.
　　　（スーは手紙をタイプし，そしてそれを自分で投函した）

(7) のような例は，等位接続されている typed the letter と posted it herself
が，等位接続される前の構造において，Sue [$_{VP}$ typed the letter] と Sue [$_{VP}$
posted it herself] のようにそれぞれ VP を構成していると考えられる．この
ような場合は，通常，「基本的な等位接続」(basic coordination) とみなされ，
以下のようなあまり使われない非標準的な等位接続とは区別される．

　　　Sue typed, and her father posted, the letter.
　　　（スーがタイプし，彼女のお父さんが自分で投函したのは，その手紙だ）

ここで等位接続されている Sue typed と her father posted は，等位接続され
る前の構造において，Sue [$_{VP}$ typed the letter] と Her father [$_{VP}$ posted the
letter] のような VP 構造をなしているわけではないので，通常の構成素とは
いえない．（このことはカンマの位置と実際に発話した時にはっきりと現れる
音律の区別からもよくわかる）．したがって，ここからいえることは，基本的
な VP 等位接続と結びつくことができるものが典型的な主語ということにな
る．基本的な VP 等位接続では，等位句は V とその依存要素からなる．

(i)　義務性
基本的に，主語は節内に必ず存在しなければならない要素である．主語のない
節は，非定形節や命令節のような非標準的な構文でのみ観察される．[2] 目的語

---

　　[2] また，くだけた表現では，主節の最初に現れる代名詞主語が省略される傾向がある．たと
えば，Had a marvelous time at the beach yesterday. (昨日ビーチで素晴らしい時間を過ごし
た）では，had の前に現れるはずの「私」(I) が省略されている（本シリーズ第9巻『情報構造
と照応表現』参照）．

が節内に現れるかどうかは，動詞の語彙特性に依存しているが（例：appear（現れる）は目的語を必要としないが，use（使う）は通常目的語を必要とする），主語はすべての標準的な節では必ず現れる必要がある．

ここから，なぜ英語には it のようなダミーの主語が存在しているのかという問いに対して一定の答えが得られる．たとえば，It is raining.（雨が降っている）や It is time to go home.（もう帰る時間だ）の主語の位置には it が現れているが，これ自体が何か特別な意味をもっているわけではなく，それはただ単に，主語の統語的な要求（すなわち，すべての節は必ず１つの主語を必要とすること）を満たすためだけに現れているのである．このような主語の義務性は，節の省略可能性の観点からもよくわかる．たとえば，Has Sue eaten them already?（スーはもうすでにそれらを食べましたか）という疑問文に対する完全な答え方は Sue has eaten them already.（スーはもうすでにそれらを食べた）になるが，そこから主語以外のものを省略して She has. ということはできるが，主語を省略して *Has や *Has eaten ということはできない．なお，She has. という形は，**最大定形節削除（maximal finite reduction）**とよばれるもので，それ以上縮約することができないような定形節のことを指す．この最大定形節削除には，少なくとも主語と助動詞，あるいは代用形（pro-form）の do を必ず含まなければならないという制約がある．

(j) 唯一性

主語は，１つの節内に２つ以上現れることはない．対照的に，目的語は She gave me the key.（彼女が私にカギをくれた）のように（それぞれ異なった類のものであれば）節内に２つ現れることができる．

Jane and her husband are right.（ジェーンと彼女の夫は正しい）のような例で注意すべきことは，Jane と her husband という２つの主語が現れているというわけではなく，等位接続された NP が１つ現れているということである．つまり，Jane and her husband は NP として１つの構成素をなし，それが主語として機能しているのである．Jane and her husband という２つの要素が独立したばらばらのものではなく，全体として１つの構成素をなしているということは，一致や付加疑問のテストを行ってみるとわかる．たとえば，Jane and her husband が主語として現れた場合の動詞の形は複数形の are になるし，その場合の付加疑問の形も aren't they? となり，これらはいずれも Jane and her husband が１つの NP 構成素として機能しているということを示している．

3.2 非標準的な節の主語

以下では，これまで 3.1 節でみてきた主語の特性の観点から，非標準的な節は，標準的な節と比べて，主語の選択が違うのかその位置が違うだけなのかを検討する．

3.2.1 受動文と前置構文

受動文と前置がかかわる節（前置構文）は，標準的な節とかなり異なる．以下の例を比べてみよう．

(8) i. She took the others. ［標準的な節］
（彼女は残りの {写真／講義／本} を {撮った／とった}）

ii. The others were taken by her. ［受動文］
（残りの {写真／講義／本} は彼女によって {撮られた／とられた}）

iii. The others she took. ［前置をともなう節］
（残りの {写真／講義／本} を彼女は {撮った／とった}）

(8) では，主語の特性を調べるテストを容易にするために語彙の数を最小限にし，あえてさまざまな意味にとれる単語を使っている．したがって，(8) の the others は，「他の写真」(the other photographs)，「他の講義」(the other lectures)，「他の本」(the other books) のように，文脈に応じてさまざまな意味で解釈できるものである．(8ii) では，主語の機能が she から the others に移っており，(8iii) では，she が主語の機能を保持したまま，the others が元の目的語の位置から文頭へと移動してきている．以下の表では，(8i-iii) で用いられている 2 つの NP ((8i) の she と the others，(8ii) の her と the others，(8iii) の she と the others) のそれぞれが，3.1 節の (b) から (i) でみたような主語の特性をもっているかいないかを示している．

54　　　　　　　　　　　　第 I 部　補部になる節

(9)

		(8i)		(8ii)		(8iii)	
		she	*the others*	*her*	*the others*	*she*	*the others*
(b)	位置	√	×	×	√	√	×
(c)	格	√	×	×	√	√	×
(d)	一致	√	×	×	√	√	×
(e)	倒置	√	×	×	√	√	×
(f)	開放疑問文	√	×	×	√	該当せず	
(g)	付加疑問文	√	×	×	√	√	×
(h)	等位接続	√	×	×	√	区別なし	
(i)	義務性	√	×	×	√	該当せず	

(b)　位置

(8ii) では，the others が主語の位置に現れているので，主語の特性をもっているものは，her ではなく the others になる．一方，(8iii) では，the others が she の前に現れているが，主語 (S) の基本位置となる述語動詞 (P) の前に現れているのは she なので，依然として she が主語となる．

(c)　格

(8ii) の the others は，They were taken by her. のように主格の人称代名詞 they で置き換えることができるので，主語の特性をもっているといえる．一方，(8iii) の the others を人称代名詞で置き換えた場合，Them, she took. のように対格の them になるので，この場合の the others は主語の特性をもっていないということになる．

(d)　一致

(8ii) では，動詞の were が the others と一致しているため，the others が主語になる．一方，(8iii) の過去形の述語動詞 took を現在時制の take にした場合 The others, she takes. となり，she を you に置き換えた場合 The others, you take. となり，いずれの場合も動詞が一致している要素は she と you になるので，(8iii) の主語は she ということになる．

(e)　主語-助動詞倒置

(8ii) に対して主語-助動詞倒置を適用すると Were the others taken by her? (他の {写真／講義／本} は彼女によって {撮られましたか／とられましたか}) が得られる．ここで，助動詞 were の後ろに現れているのは the others なので the others が主語の特性をもっているといえる．（8iii）のような形で補部が前置してある例が閉鎖疑問節になることは極めて珍しい（が，そのような例が必ずしも非文法的になるというわけでもない．たとえば，I did the first half; the second half should we leave for Pat to finish?（私が最初の半分をやったけど，後半の半分はパットに残しておいたほうがいいかな）では，補部の the second half が前置されているが，これは文法的である）．ただし，主語-助動詞倒置は，前置される補部が否定要素になると容易に引き起こされるため，以下のような例に対して倒置テストを適用することができる．

　　None of the others did she take seriously.
　　（残りのどれも彼女は真面目にとらなかった）

ここで，助動詞 did の直後にあるのは前置された None of the others ではなく she なので，she が主語の特性をもっているといえる．

(f)　開放疑問節
（8ii）の開放疑問節は，Which ones were taken by her?（どれが彼女によって撮られましたか／とられましたか）となり，平叙節の時と同じ語順なので，the others が主語の特性をもっているといえる．なお，開放疑問文は，前置と共起することができないため，前置をともなう（8iii）に対応する開放疑問節は存在しない．

(g)　付加疑問
付加疑問からの証拠はわかりやすい．（8ii）の付加疑問の形は weren't they?であり，they は主節の主語 the others を指しているので，the others が主語の特性をもっているといえる．同様に，（8iii）の付加疑問の形は didn't she?であり，この場合の she も主節の主語 she を指しているので，she が主語の特性をもっているといえる．

(h)　等位接続
（8ii）の例は，The others [$_{VP}$ were taken by her] and [$_{VP}$ gave us great pleasure].（他の｛写真／講義／本｝は彼女によって｛撮られ／とられ｝，私たちに大きな喜びを与えた）のように，基本的な等位接続を形成することができる．ここで，VP の外側の The others が等位接続された 2 つの VP の主語とみなされるため，（8ii）の the others はやはり主語の特性をもつものといえる．一方，（8iii）では，主語の she も目的語の The others もどちらも VP の外側に出てきてい

るので，等位接続を通してどちらが主語でどちらが目的語であるかをはっきり
と区別することができない．したがって，(9) の表では「区別なし」と表記し
てある．ちなみに，The others she [VP took] and [VP published in a maga-
zine].（他の写真を，彼女は撮り，雑誌に掲載した）のように，VP 同士を等位接続
することは可能だが，ここで等位接続している took と published in a maga-
zine は目的語を含んだ基本的な VP 構成素の形にはなっていないので，この
ような形を基本的な等位接続の例とみなすことはできない．なお，The others,
she took but the editor rejected.（他の写真は，彼女が撮ったが，編集長は却下した）
のように，目的語を等位接続に結びつけることも可能である．

(i) 義務性

(8ii) の最大定形節削除の形は They were. なので，they が主語の特性をもっ
ているといえる．一方，(8iii) の最大定形節削除の形に該当するものはない．
もし (8iii) を縮約して She did. にしてしまったら，それはもはや前置構文で
はなくなる．

(8iii) のような前置による統語的効果は，単に要素の語順を変えるということ
であり，意味役割の文法機能上の配列に影響を与えるというものではない．し
かしながら，上でみたように，意味役割の配列に影響を与えないからといっ
て，標準的な節で許されることすべてが前置をともなう非標準的な節でも許さ
れるというわけではない．それとは対照的に，(8ii) のような受動文は，意味
役割の配列に影響を及ぼす．上で導入したメタファーを用いていえば，受動化
は，能動文で目的語であった要素を主語に「昇格」(promote) させ，能動文の
主語を by 句の斜格に「降格」(demote) させるので，明らかに意味役割の配
列に影響を与える．なお，受動文に現れる PP は，**内部化された補部 (inter-
nalised complement)** とよばれる非中核的な補部の一種である．内部化され
た補部とは，能動文では外部補部として現れる要素が受動化によって VP 内
に現れたものであり，ほとんどの場合は省略可能である．このことは，(8ii)
の by her が The others were taken afterwards.（他の {写真／講義／本} が後
で {撮られた／とられた}）では省略されているということからも示唆される．

3.2.2 外置構文と存在構文

この節では，上の (j) の特性（「主語の唯一性」）の観点から，標準的な節と比
較しながら外置構文と存在構文の特性をみていく．(j) の特性によると，主語
は節内に 2 つ以上あってはいけないということになる．

第3章 主 語　　57

(10) i. a. That he loved her was obvious to everyone.　　［標準的な節］

　　　　　　（彼が彼女のことを愛していたということは誰にとっても明らかだった）

　　　b. It was obvious to everyone that he loved her.　　［外置構文］

　　　　　　（(10ia) と同じ意味）

　ii. a. Several options are open to us.　　［標準的な節］

　　　　　　（いくつかの選択肢が私たちにはある）

　　　b. There are several options open to us.　　［存在構文］

　　　　　　（(10iia) と同じ意味）

■ ダミーの **it** と **there** が主語の機能を担っている証拠

(10ib) と (10iib) の下線部 (that he loved her と several options) はどちら
も，(10ia) と (10iia) の主語と同じ意味役割をもっている．しかし，それら
を統語的にみてみると，かなり違った特性をもっていることがわかる．これま
でみてきた主語の特性からすると，(10ib) と (10iib) の主語は（下線部の
that he loved her や several options ではなく）ダミー NP の it と there にな
るはずで，このことは (11) の表で示しているとおりである．この表は，3.1
節の (b) から (i) でみた主語の特性に関して，(10i) と (10ii) の it, that he
loved her, there, several options のそれぞれがどのような値をとるのかを示し
ている．

(11)

		it	that he loved her	there	several options
(b)	位置	√	×	√	×
(c)	格	該当せず	該当せず	該当せず	×
(d)	一致	√	×	√	×
(e)	倒置	√	×	√	×
(f)	開放疑問節	該当せず	該当せず	該当せず	×
(g)	付加疑問文	√	×	√	×
(h)	等位接続	√	×	√	×
(i)	義務性	√	×	√	×

(b)　位置

It と there は，通常主語が現れる位置を占めるという特性をもっている．

(c)　格

格の観点から，外置構文や存在構文の主語がどれかを特定することは難しい．

というのも，ダミーの it や there，そして外置化された節を指すような主格代名詞や対格代名詞が存在しないからである．ただし，(10iib) のような存在構文において，動詞の後にくる NP が代名詞の形で現れることが稀にある．その場合の NP は通常，対格の形で現れる．たとえば，Who is there who could help her? (彼女を助けることができる人は誰かいますか) のような質問文に対して，Well, there's always me. (ええ，いつも私がいますよ) のように対格の me で答えることはできるが，Well, there's always I. のように主格の I で答えることはできない．これは，動詞の後ろの NP が主語の格特性を失っているということを示している．[3]

(d) 一致

(10ib) のような外置構文では，動詞は it と一致することになる．(10ia) では，動詞が 3 人称単数形の was になっているが，これは，節が一般的にデフォルトの値として 3 人称単数の素性をもっているということを示している．この時，[To promise you'll do something] and [to actually do it] are two quite different things. (あなたがそれをやると約束することと実際にそれをやることはまったく違うことだ) のように 2 つの節を等位接続すると，動詞の形は複数形の are となり，複数の解釈が得られる．なお，複数形の are と単数の素性をもっている it は一致を示さないため，このように等位接続した例に対応する外置構文は存在しない．

*It are different [to promise you'll do something] and [to actually do it].

このことは，both が異なった位置に現れている以下のような例を比較してみてもよくわかる．

[To work hard] and [to play hard] are both important.
It is important both [to work hard] and [to play hard].

---

[3] 存在構文で後ろに出てくる NP を等位接続すると主格と対格の問題はそれほどはっきりしなくなる．たとえば，?He realised that there were now only his father and he remaining. (彼は今や自分の父と自分だけしかいないことに気づいた) や ?He realised that there were now only his father and he himself remaining. (彼は今や自分の父と自分自身だけしかいないことに気づいた) のように，これらの NP を主格の形でいう母国語話者もいる．しかしながら，このような事実は，存在構文における主語の特性の問題というよりはむしろ，代名詞が等位接続されたときの格の不確定性についての問題であるようにも思われる．このことに関しては，本シリーズの第 3 巻『名詞と名詞句』参照．

（一生懸命働くことと一生懸命遊ぶことはどちらも重要だ）

存在構文の場合，一致に関する問題はより複雑になる．そもそも存在構文というのは，現在時制で用いられる場合，状況に応じてさまざまな使われ方をする．たとえば，（主語と述語をつなぐ働きをする be や become などの）連結詞は，日常会話において主語と接語化する傾向があるが，このような時，多くの話者は動詞の後ろにくる NP の数の値を無視し，動詞を3人称単数の形で表すのである．

%There's only two problems remaining.（残っている問題は2つだけだ）

このような場合，動詞は単に there と一致しているだけということになり，その時の there は3人称単数の素性をもった代名詞 it のように振る舞っていると考えられる．
一方，以下のように，連結詞を完全に独立した単語として発音すると，be 動詞は後ろにくる NP と人称–数の一致を起こすようになる．

There is only one problem remaining.（残っている問題は1つだけだ）
There are only two problems remaining.（残っている問題は2つだけだ）

このような対比に基づけば，動詞の後ろに出てくる NP こそが存在構文の主語だと考えられるかもしれないが，さらに広範囲のデータを観察してみると，一概にそうともいえない．以下の例を比較してみよう．

(12) i. There tends to be a single pre-eminent factor in the breakup of a marriage.
     （結婚生活の崩壊には1つの目立った原因がある）
    ii. There tend to be several contributing factors in the breakup of a marriage.
     （結婚生活の崩壊にはいくつかの原因がある）

ここの tends と tend の動詞の形の違いは，突きつめれば下線が引かれた NP (a single pre-eminent factor と several contributing factors) の人称–数の違いに還元される．しかし，厳密には，これらの NP は **tend** 節の中ではなく **be** 節の中にあるので，be の主語ではあるが **tend** の主語ではない．同様のことが，以下の関係節でもいえる．

the copy [which was ready]（用意された（その）コピー）
the copies [which were ready]（用意された（いくつかの）コピー）

これらの関係節における was と were の動詞の形の違いも，突き詰めれば，下線が引かれた名詞的要素（copy と copies）の違いに還元されるが，これらの名詞的要素は，関係代名詞 which の先行詞にすぎないため，厳密にいうと，関係節の主語は，先行する名詞的要素ではなく，which ということになる．関係詞の which は固有の人称-数の特性をもっていないため，どのように動詞との一致を形成する人称-数の特性を得ているのかという問題が生じるが，それらの特性は先行詞の名詞的要素から継承していると考えることで一定の答えを与えることができる．同様に，ダミーの代名詞 there もそれ自体は人称-数の特性をもっていないので，ここでもまた，どのようにして動詞との一致を形成する人称-数の特性を得ているのかという問題が生じるが，それらの特性は，主語のステータスを「奪われた」NP から継承していると考えることで一定の答えを与えるこができるのである．このように考えると，たとえば，(10ii) の例における several options は，標準的な節の (a) では主語としてそのまま3人称複数の素性をもっているが，存在構文の (b) では there が several options の代わりに主語となり，それと同時に several options がもっている3人称複数の素性を受け継いでいるといえる．(12) でも，表面的には there は **tend** 節の主語の位置に現れているが，もともとは **be** 節の主語の位置に存在しており，その時点で (10iib) と同様に下線部 NP から人称-数の素性を継承し，その後 tend 節の主語の位置まで繰り上げられてきたものだと理解することができる．

　このような主語と動詞の一致に関する規則を考慮する限りにおいて，存在構文の主語は there ということになる．しかし，実際に一致にかかわっている特性は，主語のステータスが奪われた NP から継承された特性になるということが状況を複雑にしている．[4]

---

[4] 以下のように，動詞の後ろにくる NP を等位接続させると，存在構文の一致の問題はさらに複雑になる．

There was / ?were a bottle of wine and several glasses on the table.

（テーブルの上にワインのボトル1本といくつかグラスがある）

ここで，動詞に隣接している NP (a bottle of wine) は単数で，等位接続された要素全体 (a bottle of wine and several glasses) は複数であるのにもかかわらず，用いられる傾向が高い動詞の一致形は，複数形の were ではなく単数形の was なのである．さらに注意しなければならないのは，このような現象が，等位接続がかかわる現象一般に当てはまるわけではないということである．たとえば，以下のようなリスト文にすると，今度は複数の一致形が容易に現れるのである．

There are still Brown, Jones, Mason and Smith to interview.

（インタビューする人の中にまだブラウン，ジョーンズ，メイソン，そしてスミスがいる）

（e） 主語−助動詞倒置

外置構文と存在構文に対して主語-助動詞倒置を適用すると以下のようになる.

> Was it (really) obvious to everyone that he lover her?
> （彼が彼女を愛しているということはみんなにとって（本当に）明らかなことだっ
> たのですか）
> Are there (really) several options open to us?
> （（本当に）私たちにいくつかの選択肢があるの）

ここで, 助動詞（Was, Are）の直後にきている要素は, ダミーの代名詞 it と
there なので, it と there が主語の特性をもっているといえる.

（f） 開放疑問節

外置構文における it や外置化された節について問うことはできないので, こ
のテストを用いて主語を特定化することはできない. 一方, 存在構文では, 動
詞の後ろの NP について問うことはできるが, この時の NP の振る舞いは通
常の主語が示すような振る舞いにはなっていない.

> How many options are there available to us?
> （いくつの選択肢が私たちにはありますか）

（g） 付加疑問

以下に示すように, it と there は付加疑問の代名詞として用いられる.

> It is important both to work hard and to play hard, isn't it／*aren't they?
> （一生懸命働くことと一生懸命遊ぶことはどちらも大切ですよね）
> There are several options open to us, aren't there／*they?
> （いくつかの選択肢が私たちにはありますよね）

よって, it と there は主語の特性をもっているといえる.

（h） 等位接続

it も there も一般的に VP の等位接続がかかわる構文にあまりでてこないが,
以下のような例が容認可能であるということは, ダミーの代名詞がここでもま
た主語のように振る舞っているということを示している.

> It [VP was obvious to everyone that he loved her] and [VP had been from
> the very beginning].

（彼が彼女のことを愛していたということは誰にとっても明らかだったし，それは最初からそうだった）

There [$_{VP}$ are several options open to us] and [$_{VP}$ have been since the start].

（いくつかの選択肢が私たちにはあるし，はじめからずっとそうだった）

(i) 義務性

外置構文と存在構文の最小定形節削除の形はそれぞれ，It was. と There are. なので，it と there が主語の要求を満たしているといえる．

結論

以上のテストから，外置構文と存在構文における統語上の主語は it と there ということになる．it と there はどちらもダミー要素で，それら自体は固有の意味内容をもっていないが，たとえば，(10ib) の that he loved her と (10iib) の several options は，基本的な節の意味上の主語に相当するので，それらのことをそれぞれ**外置主語（extraposed subject）**と**転移主語（displaced subject）**とよぶことにする．なぜこのような特別ないい方をするかというと，これらの要素は意味的には文主語のように捉えられるが，実際のところ，外置構文や存在構文で，これらが主語として用いられているとはやはりいえないからである．あくまでもここでいう主語というのは，統語上の機能をはたしているものを主語とよんでいるので，たとえ外置主語や転移主語が意味的に主語のように振る舞っていたとしても，統語的には主語の機能をはたしていないため，それらのことを主語とよぶことはできないのである．これはたとえば，前の大統領はもはや大統領ではないし，偽物のダイヤモンドはもはやダイヤモンドではないということと同じである．なお，「外置主語」(expraposed subject) ということで，外置化された目的語とは区別して用いることができる．

She made it clear that she disapproved of our plan.
（彼女が私たちの計画に反対だということを明らかにした）

上の例では，it が make の目的語になっており，それが下線部の外置化された節 (extraposed object (外置目的語)) を指している．

第3章 主 語 63

3.2.3 主語–助動詞倒置と主語の後置
■3つの主語位置

(13) i. The financial arguments had been equally flawed.　　[基本位置]
　　　　（それらの財務上の主張は同じように欠陥があった）

　　ii. Had the financial arguments been equally flawed?[助動詞の後ろの位置]
　　　　（それらの財務上の主張は同じように欠陥があったか）

　　iii. Equally flawed had been the financial arguments.　　[後置された位置]
　　　　（同じように欠陥があったのはそれらの財務上の主張だ）

これらの例は，主語には主に3つの位置があるということを示している．まず，（13i）でも示してあるように，主語の**基本位置**は述語動詞の前になる．The financial arguments clearly had been equally flawed.（それらの財務上の主張にははっきりと同じような欠陥があった）のように，主語と述語動詞の間にある特定の付加部が介在することはあるが，主語と述語動詞の間に補部が介在することはない．また，（13ii）のように，主語–助動詞倒置がかかわる構文では，通常，主語は**助動詞の後ろの位置**に現れ，（過去形や現在時制，あるいは非現実形（irrealis）の were など）主要な屈折を表すのは常に助動詞になる．[5] ただし，否定の命令文の場合は普通形（plain form）で現れる（例：Don't anyone touch it.（誰もそれに触らないで））の don't は屈折していない）．そして，主語が後置されると，述語に続いて後部位置に現れる．たいていそのような場合，（13iii）が示すように，文頭には前置化された補部や付加部が現れる．

■2つの非標準的な主語位置の区別
一定の意味をもった動詞（つまり，語彙動詞）ではなく，be 動詞のような助動詞を含んだ節では，上記2つの非標準的な主語は，表面的には同じ位置に現れているようにみえる．

(14) i. Where were the children's toys?　　　　　　　[助動詞の後ろの位置]
　　　　（子供たちのおもちゃはどこにあったの）

　　ii. Under the bed were the children's toys.　　　　　[後置された位置]
　　　　（ベッドの下に子供たちのおもちゃはあったよ）

---

[5] 訳者注：ここでいう「非現実」とは，ある事柄が非現実的であると考える話者の心的状況（「法」（mood））のことを指している．非現実形の were は主に仮定法などで用いられる（例：I wish I were a bird.（（現実は鳥ではないが）鳥だったらいいのになあ））．なお，非現実的の反意語は「現実的（realis）」である．

しかし，助動詞以外の動詞を加えてみると，これらの非標準的な節に現れる主語は，違った振る舞いを示すことがわかる．たとえば，(14i) と (14ii) の例に hidden を加えてみると，主語は違った位置に現れるようになる．

Where were the children's toys hidden?
(子供たちのおもちゃはどこに隠されたの)
Under the bed were hidden the children's toys.
(ベッドの下に子供たちのおもちゃは隠されていたよ)

この時，(14i) の主語は依然として助動詞 were の直後に現れているが，(14ii) の主語は，助動詞 were の直後ではなく後部位置に現れている．

■主語の後置により語順は影響を受けるが，機能は影響を受けない

(13) のすべての例において，主語は the financial arguments である．そこでの唯一の違いは，要素間の語順の違いのみであり，equally flawed と the financial arguments の節内での働きは，どの例においても変わっていない．このことは，主語-助動詞の倒置をともなう (13ii) の例では明らかなので，ここでは，存在構文の形でも用いられることがある (13iii) の例を使って the financial arguments が主語であるということを確かめてみよう（なお，(13iii) のような例が存在構文の形もとりうるということは，Over her desk was a photograph of her grandparents. (彼女の机の上のほうに飾ってあるのは彼女の祖父母の写真だった) に対して Over her desk there was a photograph of her grandparents. (彼女の机の上には彼女の祖父母の写真があった) という there をともなうパターンが存在するということからわかる）．(13iii) の主語が the financial arguments ということを示す証拠は3つある．まず，1つ目の証拠は一致から得られる．たとえば，以下の例で，be 動詞と一致しているものは the financial objection であるため，the financial objection が主語の特性をもっていることになる．

Equally flawed is the financial objection.
(同じように欠陥があるのは財政上の異議である)

つぎに，2つ目の証拠は付加疑問から得られる．たとえば，以下の例で，付加疑問の主語として用いられている代名詞 they は，the financial arguments を指し示しているため，the financial arguments を主語とみなすことができる．

Equally flawed had been the financial arguments, hadn't they?

第 3 章 主 語　　　65

（同じように欠陥があったのはそれらの財務上の主張でしたよね）

最後に，3つ目の証拠は格の事実から得られる．以下の例は，多少文法性は落ちるが，後置された NP は主格をもって現れているため the financial arguments は主語の特性をもっているといえるのである．

　?Equally flawed are they. （同じように欠陥があるのはそれらだ）

したがって，一致，付加疑問，そして格の振る舞いをみてみると，（13iii）の主語は the financial arguments ということになる．

■ **X–P–S 語順**
語順は主語を特定する上で重要な指標になるが，ほかのさまざまな要因の影響を受ける．たとえば，ここで検討する X–P–S 語順は，以下の（15）に示してあるように，X が O だと許されず，それ以外の要素だと許されるものの，この時，X 位置に現れる要素が NP の形で現れることがあるため，通常 NP の形をとる S と見分けることが難しくなる場合がある．

(15)　i.　A thorough rogue was James Bacharach.　　　　　　　　[PC-P-S]
　　　　（ジェームズ・バカラックは根っからの悪であった）
　　ii.　The following morning came news of her father's arrest.　[A-P-S]
　　　　（翌朝，彼女の父が逮捕されたとのニュースがあった）
　　iii.　*A loud explosion heard the children.　　　　　　　　　　[O-P-S]
　　　　（PC＝叙述補部；P＝述語動詞；S＝主語，A＝付加部；O＝目的語）

（15iii）の O-P-S 語順が許されないという事実が示していることは，S や O になる NP というものは基本的に同じ意味役割をもつことができるため，NP 自体の意味からどれが S でどれが O であるかを特定することはできず，語順が重要になってくるということを示している．たとえば，Kim admires Pat.（キムはパットを尊敬している）において，Kim も Pat も同じ意味役割をもつことができる NP だが，誰が尊敬している人（S）で，誰が尊敬されている人（O）かを決定しているのはあくまでも語順なのである．一方，（15iii）の例に対して，（15i）や（15ii）の例で S を見極めるためには，語順というよりもむしろ，別の要因を考慮する必要がある．（15ii）で大切なことは come が自動詞だということである．come が自動詞だとわかれば，最初の NP（The following morning）が時間を表す付加部だと理解することができるし，そして 2 番目の NP（news of her father's arrest）を S だとみなすことができる．また，（15i）

で大切なことは，そこに現れている NP の定性（definiteness）が異なっている
ということである。⁶ とりわけ，2 番目の NP（James Bacharach）が指示的
（referential）な固有名詞だとわかれば，⁷ 最初の NP（a thorough rogue）を固有
名詞の性質を表す属性表現だとみなすことができ，2 番目の NP を S だとみ
なすことができる．

---

⁶ 訳者注：ここでいう「定性（definiteness）」とは，名詞句の特定的性質（あるいは，既知的
性質）のことで，定性をもつ名詞句が指す対象はすでに限定されたものである．具体的には，
the などの定冠詞や this などの指示詞をともなう名詞句，そして，固有名詞（例：(15i) の
"James Bacharach")や he, they などの定代名詞は定性を担う名詞句として「定名詞句(definite
NP)」とよばれる．これに対して，a などの不定冠詞をともなう名詞句（例：(15i) "a
thorough rogue")は定性をもたない名詞句として「不定名詞句（indefinite NP)」とよばれる．

⁷ 訳者注：ある言語表現（X）と言語外の世界の事物（Y）との間で同定可能な対応関係が見
られる場合，X と Y は「指示的（referential）」な関係にあるといえる．ここに出てきている
"James Bacharach" というのは固有名詞（X）で，言語外の世界に存在する人（Y）を指し示し
ていることになるので，"James Bacharach" という NP は（James Bacharach という名前の
人に対して）指示的ということになる．

第4章　直接目的語と間接目的語

　目的語（O）は，S や PC と対比をなすような中核的な補部になる．（内的な）O と（外的な）S の違いはかなりはっきりしているが，（どちらも内的な補部である）O と PC の違いはそれほどはっきりしない．しかし，実際，O か PC かはっきりしない場合というのは少ない．目的語には，直接目的語（O^d）と間接目的語（O^i）の 2 つのタイプがある．O^d は単一目的語他動詞節と二重目的語他動詞節に現れ，O^i は二重目的語他動詞節にだけ現れる．

　基本的に O^d は，動作主–被動作主型の標準的な節において，被動作主の意味役割を担う特定の要素と定義される．O^d になる項は，原理的にはさまざまなタイプの意味役割と結びつけられるが，そのような動作主–被動作主型以外の標準的な節に現れたとしてもやはり，基本的には動作主–被動作主型の節で被動作主を表す NP と同じ文法特性をもつ．

　一方，O^i は一般的には受領者の意味役割と結びつけられる特定の文法要素と定義される．O^i もまた O^d と同様にさまざまなタイプの意味役割と結びつけられるので，受領者だけが唯一の意味役割になるというわけではない（が，その範囲は O^d よりもかなり狭い）．とはいえ，やはり O^i は，基本的に受領者の意味役割を表す NP と同じような振る舞いを示し，典型的には give（与える），lend（貸す），offer（提供する），sell（売る）などの動詞と一緒に現れる．

　直接的あるいは**間接的**といったいい方は，二重目的語他動詞が使われる節において，O^d 項のほうが O^i 項よりも動詞の影響をより直接受けたり，動詞とより直接かかわっているという考え方に基づいている．たとえば，I gave Kim the key.（私がキムにそのカギをあげた）で，直接移動の対象になっているものは O^d の the key であり，O^i の Kim は，その移動の終着点としてかかわっているだけである．これら 2 つの目的語の相違点として，O^d は二重目的語他動詞句において必ずなければならないが O^i はなくてもよいということがあげ

67

られる．たとえば，He lent (them) his car. (彼は（彼らに）自分の車を貸した）や She offered (us) \$400 for it. (彼女がそれに対して（私たちに）提示した価格は400ドルだった）の括弧で示してあるように，O^i の them や us は必ずしも現れなくてもよい要素である．このことは，二重目的語他動詞節では，O^d 項のほうが O^i 項よりも中心的な働きをしており，動詞とより直接的なかかわりをしているということを示している．

　英語よりも豊かな格体系をもっている言語では，典型的に O^d と O^i はそれぞれ対格と与格によって標示される．なお，古英語にはまだ与格があったが，現代英語ではそれが消失してしまったので，2つのタイプの目的語を区別する手段がなくなってしまい，その結果，O^d と O^i はほかの言語よりもいくらか似た特徴を示すようになった．O^d と O^i の類似性は，能動文と受動文の関係をみてみるとよくわかる．たとえば，英語では，以下に示すように，能動文における O^d と O^i は受動文の主語になれるが，与格の O^i をもつ言語ではふつう能動文における O^d しか受動文の主語にはなれない．

Kim was seen by Pat ~ Pat saw Kim.
（キムがパットに見られた〜パットがキムを見た）
Kim was given the key by Pat. ~ Pat gave Kim the key.
（キムがカギをパットにもらった〜パットがキムにカギを与えた）

　以下では，英語の目的語の文法特性をみていく．最初に，単一目的語他動詞節に現れる目的語の文法特性をみて，つぎに，二重目的語他動詞節に現れる目的語の文法特性をみることにする．

4.1　標準的な単一目的語他動詞節での目的語

目的語（O）は，ほかの中核的な補部と比べて目立った特徴がほとんどない．O は O 自体の特性をもつと同時に，S / PC の特性を欠く点も O の特徴である．

(a)　範疇：通常は NP

典型的に目的語（O）は，NP の形をとる．したがって，He entered the lounge. (彼がラウンジに入ってきた) では，NP の the lounge が O になる．しかし，He went into the lounge. (彼がラウンジに入ってきた) では，内的補部の into the lounge が PP の形をしているため，O に相当するものはこの例では存在しないということになる．同様に，以下のペアにおいて下線を引かれてい

第 4 章　直接目的語と間接目的語　　　　69

るものが O になる.

(1) i. a. He climbed the mountain. (彼は山に登った)
　　　 b. He climbed up the mountain. (彼は山に登った)
　 ii. a. He supplied eggs to them. (彼は卵を彼らに供給した)
　　　 b. He supplied them with eggs. (彼は彼らに卵を供給した)

上の例に出てくる PP の up the mountain や to them, そして, with eggs も
やはり非中核的な補部なので, 目的語とはみなされない. S や PC も NP の
形で現れる傾向があるので, このような範疇テストを使って目的語と非中核的
な補部あるいは付加部を区別することができる. ただし, They went that
way. (彼らはそっちへ行った) や She arrived this morning. (彼女は今朝到着した)
のように, 一部の限られた NP は付加部としても振る舞うので, そのような
範疇テストが目的語を特定するのに必ずしも決定的なものになるわけでもな
い.[1] なお, 従属節は目的語の NP とある程度似た特性を示す. ただ, 目的語
とそれ以外のものを線引きする明確な基準はないので, 従属節に対しては一
律, (多少の例外はともなうが) 補部という一般的ないい方を用いることにす
る (本シリーズの第 6 巻『節のタイプと発話力, そして発話の内容』参照).

(b)　選択的な義務性

多くの動詞は, 他動詞にも自動詞にもなりうるが, 少なくとも, ある一定の意
味をもった動詞に関しては(かなり制限された文脈を除いて) O が必要である.
たとえば, 以下の例では, 下線部に示すような O が必要で, それらを省略す
ることはできない.

　　He accosted her. (彼は彼女に近寄って話しかけた)
　　We kept the old battery. (私たちは古い電池をとっておいた)
　　He delineated the problem. (彼はその問題の輪郭を描いた)
　　This entailed a considerable delay. (これはかなりの遅れを引き起こした)
　　We forced a showdown. (我々は決戦にもち込んだ)
　　I used a knife. (私はナイフを使った)

---

[1] さらに特別なケースは, He considered under the mat an unsafe place for the key. (彼は
そのカギを隠すのにマットの下は安全ではないと思った) のように, 目的語が PP の形をとる
こともあるということである. ここで大切なことは, 前置詞 under が the mat を consider や
he と関連づけているわけではないということである.

(c) 受動文の主語との対応

基本的に，能動文の目的語は関連する受動文の主語に対応する．

(2) a. Pat overlooked the error. [O]
       (パットはそのエラーを見過ごした)
    b. The error [S] was overlooked (by Pat).
       (そのエラーはパットによって見過ごされた)

なお，ここでは，ただ単に受動文といわず，「関連する受動文」といういい方をしているが，それはただ単に，内部化された補部，つまり by 句を含む受動文 (The error was overlooked by Pat.) だけでなく，そのような by 句を含まない受動文 (The error was overlooked.) も含めるためにこのようないい方をしている．

　ここで注意すべきことは，(2) のような対応関係が，すべての目的語において当てはまるわけではないということである．すなわち，受動文の主語が，常に能動文の目的語に対応するというわけでもないのである．以下の例をみてみよう．

(3) i. a. His uncle owned two yachts.
          (彼の叔父は2つのヨットを所有していた)
       b. Two yachts were owned by his uncle.
          (2つのヨットが彼の叔父によって所有されていた)
   ii. a. His uncle had two yachts. (彼の叔父は2つのヨットをもっていた)
       b. *Two yachts were had by his uncle.
  iii. a. He has drunk out of this glass. (彼はこのグラスで飲んだ)
       b. This glass has been drunken out of. (このグラスから飲まれた)

ここで注目すべきことは，(3i) と (3ii) の two yachts が節内で異なった機能をはたしているということを示す統語的証拠は一切ないということである．それにもかかわらず，(3i) のように動詞が own の時は関連する受動文が容認されるのに対して，(3ii) のように動詞が have の時は関連する受動運が容認されないのである．つまり，ある能動文にとって，容認可能な関連する受動文があるかないかということは，語用論的要因，意味的要因，統語的要因，そして，語彙的要因などの相互作用に依存していて，単に，能動文に O が出てくるか出てこないかという問題だけに還元させることはできないということである．また，(3iii) は，関連する受動文をもつことができるのは，他動詞節に限られたことではないというもう1つの重要な点を示している．(3iii) では，(a)

第 4 章　直接目的語と間接目的語　　　71

の能動文の this glass が（b）の受動文では主語になっている．しかし，能動文の時に現れている this glass は，drink の目的語としてではなく，前置詞の補部として機能している．

　とはいえ，目的語は基本的に受動文の主語に対応するという重要な特徴をもっており，目的語を特定する上では非常に有用な判定方法を提供してくれるので，ここではこのようなテストを**受動文テスト**とよぶことにする．したがって，この受動文テストに照らして，能動文の中核的な補部の NP がそれと関連する受動文の主語に置き換え可能であれば，その NP は目的語として同定されることになる．（3iii）の this glass はそもそも能動文における中核的な補部ではない．よって，ここでの判定基準からは外れており，目的語ではないということになる．また，この判定方法は，十分条件ではあるが，必要条件ではないということを理解しておくことも重要である．つまり，（3i）と（3ii）の two yachts をこの判定テストに照らし合わせただけで（3i）の two yachts は目的語であるが，（3ii）の two yachts は目的語ではないと断定することはできないのである．

(d)　位置

O が現れる位置は一般的に P の直後になる．普通，付加部は挿入句的に用いられる場合を除いて，P と O の間に介在することはできない．したがって，たとえば「彼女はよくトムに会った」を意味するのに，She saw Tom often. という語順や She often saw Tom. という語順は許されるが，*She saw often Tom. という語順は許されない．

　このような目的語の語順に課せられる制約に対して，例外がないわけではない．以下の（4）にあげる（b）群の例は，その主な例外を示している．下線部はそれぞれ，P と O を表している．

(4)　i.　a.　He brought the clothes in.（彼が服をとり込んだ）
　　　　b.　He brought in the clothes.（彼が服をとり込んだ）
　　 ii.　a.　I returned the books to Jo.（私はその本をジョーに返した）
　　　　b.　I returned to Jo all the books I'd borrowed.
　　　　　　（私が借りたすべての本をジョーに返した）
　　iii.　a.　She rejected the others.（彼女は他のものを断った）
　　　　b.　The others she rejected.（他のものは彼女が断った）

(4ib) では，「不変化詞」（particle）とよばれる前置詞 in の存在によって，O が P から離れた位置に現れている（不変化詞に関しては 6.2 節を参照）．このよう

72 　第 I 部　補部になる節

な語順は *He brought in it. のように，O が強勢をもたない人称代名詞の時は
許されない．(4iib) では，重くなっている O が文末に置かれている（重い O
の詳細に関しては本シリーズの第 9 巻『情報構造と照応表現』参照）．対照的に，(4iia)
の O はそこまで重くはなっていないが，このような場合，O は PP の前にこ
なければならず，*I returned to Jo the books. は非文となる．(4iii) の通常の
語順を表しているものは (4iiia) である．(4iiib) は，前置構文の例であり，こ
こで現れている the others は核前位 (prenuclear position)（＝中核的な節構
造よりも前の位置）を占めている．このように O が核前位を占めるパターン
は，Which ones did she reject?（どっちを彼女は拒絶したの）のような開放疑問
節や，そのほかのさまざまな非有界依存構文でみられる（非有界依存構文に関し
ては，本シリーズの第 7 巻参照）．

4.2　目的語と外置目的語

目的語と外置目的語の違いは，主語と外置主語の違いに似ている．

(5)　i.　It was necessary to postpone the meeting. 　　　［主語＋外置主語］
　　　　（そのミーティングを延期する必要があった）
　　ii.　We thought it necessary to postpone the meeting.［目的語＋外置目的語］
　　　　（私たちはそのミーティングを延期する必要があると思った）

(5i) のような例では，主語の特性をもっているのは NP の it であって，従属
節の to postpone the meeting ではないということはもうすでに上でみた．そ
して，(5ii) でも同様に，目的語として機能しているのは NP の it であって，
従属節の to postpone the meeting は目的語としての機能ははたしていない．
it が目的語だということは，(5ii) のような能動文で動詞の後ろの目的語位置
を占めていた it が，関連する受動文にすると主語の位置に現れるということ
からわかる．たとえば，「そのミーティングを延期する必要があると思われた」
を意味するのに，目的語の it を主語位置に置いて，It was thought necessary
to postpone the meeting. ということはできるが，従属節の to postpone the
meeting を主語位置に置いて，*To postpone the meeting was thought it nec-
essary. ということはできない．したがって，(5ii) では，it が目的語であるの
に対して，従属節の to postpone the meeting は，目的語の類には属さない外
置目的語ということになる．つまり，外置目的語というのは，意味的には目的
語のようであるにもかかわらず，統語的には目的語が現れる位置を占めていな
いもののことである．ここで注意すべきことは，(5i) には，従属節の to post-

pone the meeting を主語とする代替文が存在する一方，(5ii) には，そのような代替文が存在しないということである．

> To postpone the meeting was necessary.
> (そのミーティングを延期することは必要であった)
> *We thought to postpone the meeting necessary.

つまり，上記の例のように，主語の it を外置された節（外置主語）で置き換えていうことはできるが，目的語の it を外置された節（外置目的語）で置き換えていうことはできないのである．

　通常，外置目的語は (5ii) のような複合他動詞節に現れる（it = 目的語；necessary = 叙述補部）．しかし，このような構造は，以下の (6) の例からもわかるように，ほかの構文でもみられる（(6) のような構文の詳細に関しては，本シリーズの第 6 巻『節のタイプと発話力，そして発話の内容』参照）．

(6)　I put it to you that you knew what the consequences would be.
　　(どういったことになるかはあなたが知っていたのではないでしょうか)

4.3　二重目的語構文

■前置詞付き構文との交替
ほとんどの二重目的語構文は，1 つの目的語と to や for を主要部とする PP 補部の形（O + PP の形）に書き換えることができる．

(7)　　　　二重目的語他動詞：S-P-O^i-O^d　　　単一目的語他動詞：S-P-O^d-C
　　i. a. I sent Sue a copy.　　　　　　b. I sent a copy to Sue.
　　　　　(私はスーに本の 1 冊を送った)　　　(私は本の 1 冊をスーに送った)
　　ii. a. I ordered Sue a copy.　　　　b. I ordered a copy for Sue.
　　　　　(私がスーのために本の 1 冊を注文した)　(私は本の 1 冊をスーのために注文した)

これまでの分析に基づくと，(7) の例で二重目的語構文とみなすことができるものは (a) の例だけになる．(b) の例に出てくる PP の to Sue や for Sue は，意味的には O^i のように振る舞っているが，4.1 節でみたいかなる目的語の特性も示さないため，それらは O^i でも目的語でもないと考えることにする．当然，PP 内の NP の Sue は（目的格ではなく）斜格であるため，これもまた動詞の目的語ではないと考える．

[専門的解説]
このような分析は伝統的な分析とは異なっている．伝統的な分析のもとでは，(7b) の to Sue や for Sue（あるいは，その中にある NP の Sue）というのは，(7a) の Sue と同じ（受領者や受益者の）意味役割をもっているという理由で O^i と分析するが，このような意味役割に基づく分析で注意しなければいけないことは，以下のような受動文に現れる Sue が受領者や受益者の意味役割をもっているという理由で，目的語と分析されかねないということである．

　　Sue was sent a copy.（スーは本の 1 冊を送られた）
　　%Sue was ordered a copy.（スーは本の 1 冊を注文された）

この時，Sue は明らかに主語であり，O^i ではない．これまでみてきたように，実際，さまざまな意味役割と統語機能の配列（＝どの意味役割をどの統語機能にあてるかということ）が許容されるものの，主語や目的語といった統語機能はあくまでも統語的な特性に基づいて決定されるものであり，意味的な特性に基づいて決定されるものではないのである．

■ 語順によって区別される O^i と O^d

通常，目的語は（標準的な節では）P の後ろに現れるが，このような目的語と P の関係は，O^i と O^d の 2 つの目的語が現れた場合にも当てはまる．また，O^i と O^d の 2 つの目的語が現れた場合の相対的な語順も固定されており，基本的には O^i が O^d の前にくることになる．[2] この時，O^i-O^d 語順を変えてしまうと，O^i と O^d の機能が変わり，(8i) のように，まったく違った意味の節になるか，(8ii) のように，解釈上不自然な節になってしまう．

(8)　i.　a.　They offered <u>all the overseas students</u> <u>one of the experienced tutors</u>. 　　　　　　　　　　　　　　　　　　　　　　　　　　　$[O^i$-$O^d]$
　　　　　　（彼らは留学生全員に経験豊かなチューターを 1 人ずつ配置した）

　　　　b.　They offered <u>one of the experienced tutors</u> <u>all the overseas students</u>. 　　　　　　　　　　　　　　　　　　　　　　　　　　　$[O^i$-$O^d]$
　　　　　　（彼らは 1 人の経験豊かなチューターに留学生全員を配置した）

　　ii.　a.　He gave <u>Sue</u> <u>the key</u>.（彼はスーにカギを渡した）　　　　$[O^i$-$O^d]$

---

[2] ただし，イギリス英語などでは，O^i と O^d が人称代名詞になると，O^d-O^i 語順が許されることがある．たとえば，「彼が彼女にそれをあげた」を意味するのに，普通は O^i-O^d 語順で He gave her it. というが，O^d-O^i 語順で %He gave it her. という場合もあるようである．

第4章　直接目的語と間接目的語　　75

　　　b. #He gave the key Sue. (#彼はカギにスーを渡した)　　　[不自然な意味]

O^i-O^d 語順を変えることによって得られるこのような効果は，単一目的語他動詞節の S と O の語順を変えることによって得られる効果と一見似ている．たとえば，Ed saw Kim. (エドはキムをみた) の S (Ed) と O (Kim) の語順を変えて Kim saw Ed. (キムはエドをみた) とすると，S と O の機能が変わり，まったく違った意味になるし，Kim enjoyed the concert. (キムはそのコンサートを楽しんだ) の S (Kim) と O (the concert) の語順を変えて #The concert enjoyed Kim. (#そのコンサートはキムを楽しんだ) とすると，解釈上不自然になってしまう．普通，二重目的語構文の場合は，(8iia) のように O^i が人 (あるいは，少なくとも命をもった生き物) になり，O^d が命をもたない物になるので，(8iib) のように 2 つの目的語の語順を変えてしまうと，ほとんどの場合意味の通らない節になってしまう．

　目的語が核前位に現れる時は，O^i-S-P-O^d の語順よりも O^d-S-P-O^i の語順のほうが好まれる (つまり，標準的な節でみられるように，動詞のすぐ後ろにくる要素は O^i であるほうが好まれる).

(9)　i.　a.　The key he gave Sue. (そのカギを彼がスーにあげた)　　　[O^d-S-P-O^i]
　　　　b.　?Sue he gave the key. (スーに彼がそのカギをあげた)　　　[O^i-S-P-O^d]
　　ii.　a.　The key which he lent me didn't fit the lock.　　　[O^d-S-P-O^i]
　　　　　　(彼が私に貸してくれたカギは錠前に合わなかった)
　　　　b.　?The one who(m) I lent the key didn't return it.　　　[O^i-S-P-O^d]
　　　　　　(私がカギを貸した人はそれを返さなかった)
　　iii.　a.　He asked what I bought her.　　　[O^d-S-P-O^i]
　　　　　　(彼は私が彼女に何を買ったか聞いた)
　　　　b.　*He asked who(m) I bought presents.　　　[O^i-S-P-O^d]
　　iv.　a.　What a lot of hardship he caused them!　　　[O^d-S-P-O^i]
　　　　　　(なんとたくさんの困難を彼は彼らにもたらしたのだろう)
　　　　b.　*What a lot of them he caused great hardship!　　　[O^i-S-P-O^d]

O^i-S-P-O^d 語順をとる (9b) の容認度は，話者によってかなり異なる．とりわけ，前置詞句付きの構文に書き換えた時，for を使う (iiib)／(ivb) の場合は多くの話者によって容認されないが，to を使う (ib)／(iib) の場合は，容認性に関して揺れがある．いずれの場合に関しても，(9b) のほうが (9a) よりもはるかに容認度が落ちるというのが広く一致した見解になっている．

■二重目的語他動詞とそれに関連する受動文

二重目的語他動詞の受動文は，O^i と O^d のどちらが主語になるかに応じて2つの受動文に区別される．

(10) i. a. I sent Sue a copy. （私がスーに本の1冊を送った）

       b. I ordered Sue a copy. （私がスーのために本の1冊を注文した）

     ii. a. Sue was sent a copy.

         （スーが本の1冊を送られた）   ［第1目的語の受動文］

       b. ?Sue was ordered a copy.

         （スーが本の1冊を注文された）   ［第1目的語の受動文］

    iii. a. ?A copy was sent Sue.

         （本の1冊がスーに送られた）   ［第2目的語の受動文］

       b. *A copy was ordered Sue.   ［第2目的語の受動文］

ここでは，(10ii) のように O^i が受動文の主語になる場合を**第1目的語の受動文 (first passive)** とよび，(10iii) のように O^d が受動文の主語になる場合を**第2目的語の受動文 (second passive)** とよぶことにする．この用語は，選好順位を表しており，第1目的語の受動文のほうが，第2目的語の受動文よりもかなり強く好まれる傾向があるということも示唆している．(10) に示すように，このような受動文への置き換え可能性については，二重目的語動詞の種類に応じてかなり異なってくる．一般的に，二重目的語構文を前置詞付き構文に書き換えた時，O^i を to の補部にとり，その O^i に対して受領者の意味役割を与える (7i) / (10ia) の send のような動詞を受動文にした場合，第1目的語の受動文 (10iia) は完全に容認されるが，第2目的語の受動文 (10iiia) は完全には容認されない．多くの話者は，そのような例を容認不可能とみなすし，日常的にもあまり使われないようである．[3] 一方，二重目的語構文を前置詞付き構文に書き換えた時，O^i を for の補部にとり，その O^i に対して受益者の意味役割を与える (7ii) / (10ib) の order のような動詞を受動文にした場合，基本的には，第1目的語の受動文 (10iib) も第2目的語の受動文 (10iiib) も完全に容認されないが，多くの話者は，前者のほうが不可能ではないとみなすようである．

---

[3] ただし，このような場合，人称代名詞＋by 句を加えると，容認度は上がる．

This copy was given me by my grandfather.

（この本の1冊が私の祖父によって私に与えられた）

第 4 章 直接目的語と間接目的語 77

[専門的解説]
■単一目的語他動詞の O^d と二重目的語他動詞の O^i と O^d の比較
これまでは，標準的な二重目的語他動詞節に現れる 2 番目の目的語（O^d）は，単一目的語他動詞節に（O^d として）現れる目的語に対応し，最初の目的語（O^i）は，異なったタイプの目的語であると想定してきた．しかし，このような特徴づけにまったく問題がないというわけではない．そこで以下では，O^i の特性と，ここで便宜的に「単一目的語他動詞の O^d」あるいは「二重目的語他動詞の O^d」とよんでいるものの特性を比べながら，そのような特徴づけが必ずしも正しいわけではないということをみていく．

(a) 受動文
上では，（O^i が主語になる）第 1 目的語の受動文のほうが，（O^d が主語になる）第 2 目的語の受動文よりも好まれるということを述べたが，この点では，O^i のほうが O^d よりも単一目的語他動詞の O^d と似ているということになる．しかし，それと同時に，(10iib) の例の容認度が少し落ちるということは，O^i が常に単一目的語他動詞の O^d のように振る舞うわけでもないということも示している．

(b) 動詞との位置関係
(10i) が示すように，二重目的語他動詞の O^i と O^d のうち，P のすぐ後ろの位置に現れる特徴をもっているのは O^i であり，これは，単一目的語他動詞の O^d と同じ特徴を示している．しかし，O^i と単一目的語他動詞の O^d を P から離れた位置に置いてみると，O^i のほうが単一目的語他動詞の O^d よりも P から離れた位置に現れることに対する抵抗が強く，このことは，以下の (c) 目的語の後置と (d) 核前位への前置の例をみてみると明確である．[4]

---

[4] これに関連して，O^i と P の間に不変化詞が介在することはあまり許されないということもここでは述べておきたい．たとえば，「私はジョンにサングラスを返した」という場合，以下に示すように，不変化詞 back を O^i の後ろに置いた方が P と O^i の間に置くよりも容認性が高く，実際，多くの話者は後者のような語順を容認不可能だと判断する．

　I gave John back his sunglasses.
　?I gave back John his sunglasses.
同様に，「彼は生徒にアンケートを配布した」という場合，以下に示すように，不変化詞 out を O^i の後ろに置いた方が P と O^i の間に置くよりも容認性が高く，やはりここでも通常は後者のような語順は容認不可能だと判断される．

　He sent his students out a questionnaire.
　?He sent out his students a questionnaire.

(c)　目的語の後置

単一目的語他動詞の O^d や二重目的語他動詞の O^d は，重くなると P から離れた位置に後置させることができるが，二重目的語他動詞の O^i は，たとえそれが重くなっても P から離れた位置に後置させることができない．

(11)　i.　He gave to charity <u>everything he earned from the concert.</u>

[単一目的語他動詞の O^d]

（彼はチャリティーにコンサートで稼いだすべてのお金を寄付した）

　　　ii.　He gave Sue immediately <u>all the spare keys he had had cut.</u>

[二重目的語他動詞の O^d]

（彼はスーに作ってもらったスペアキーすべてをすぐにあげた）

　　　iii.　*He gave a second chance <u>all those who had scored 40% or more.</u>　　　[二重目的語他動詞の O^i]

(11iii) の例は S–P–O^d–O^i 語順をとっており，これが許されないということは，単一目的語他動構文で O–P–S 語順が許されないということと相似している．つまり，O^i と O^d，そして，S と O を区別する主要な要因は語順であり，通常の O^i–O^d 語順や S–P–O 語順を逆にしたような構造は文法上排除されるのである．

(d)　核前位

以下に再掲する (9) の例からわかるように，二重目的語他動詞の O^d は P から離れた核前位に容易に現れることができるが，二重目的語他動詞の O^i はそれができない．

(9)　i.　a.　The key he gave Sue.　　　　　　　　[O^d–S–P–O^i]

（そのカギを彼がスーにあげた）

　　　　b.　?Sue he gave the key.　　　　　　　　[O^i–S–P–O^d]

（スーに彼がそのカギをあげた）

以下の例では単一目的語他動詞の O^d が核前位に現れているが，二重目的語他動詞の O^d と同様に P から離れた核前位に容易に現れることができる．

　したがって，不変化詞が O^i と P の間に現れる語順は基本的には許されないが，事象はより複雑である．たとえば，上記の例の O^i を PP 補部に置いて言い換えた場合，たとえ不変化詞の out が O^i と P の間に介在して現れたとしても，容認性は下がらない．

　He sent <u>out</u> a questionnaire to his students.

　He sent a questionnaire <u>out</u> to his students.

第4章　直接目的語と間接目的語　　79

The key he lost. （そのカギを彼はなくした）
The key which he tried didn't fit. （彼が試してみたそのカギは合わなかった）
He asked who(m) I had invited. （彼は私が招待した人は誰なのか聞いた）
What a lot of them he had offended!
（なんとたくさんの人を怒らせたのだろう）

したがって，核前位での振る舞いをみても，二重目的語他動詞の O^d と O^i のうち，単一目的語他動詞の O^d と同じ特徴を示しているものは，O^i ではなく O^d ということになる.

(e)　意味上の主語
二重目的語他動詞の O^i は，単一目的語他動詞の O^d や二重目的語他動詞の O^d とは異なり，述語的付加部の意味上の主語にはなれない.

(12) i.　She ate the steak almost raw. （彼女はステーキをほぼ生で食べた）
　　　　[almost raw の意味上の主語としての単一目的語他動詞の O^d]
　　ii.　He served her her steak almost raw.
　　　　（彼は彼女にステーキをほぼ生で提供した）
　　　　[almost raw の意味上の主語としての二重目的語他動詞の O^d]
　　iii.　*He offered her the steak fiendishly hungry.
　　　　[fiendishly hungry の意味上の主語としての二重目的語他動詞の O^i]

(12i, ii) の付加部 almost raw は，O^d である the steak の述語になれるが，(12iii) の付加部 fiendishly hungry は，O^i の her の述語にはなれない. すなわち，彼が彼女にステーキを提供した時，彼女がとてもお腹を空かせていたということを意味することはできないのである（なお，アスタリスク (*) はこの解釈に対して与えられおり，主語の he が fiendishly hungry の意味上の主語になる場合，すなわち，彼が彼女にステーキを提供した時，彼自身がとてもお腹を空かせていたという解釈のもとでは文法的になる）.

(f)　制御 (control)
目的の意味をもつ不定詞節内にある O は，上位節の O によってその内容が復元可能である場合に省略することができる. このような時，上位節の O は，不定詞節内の空所，あるいは，欠けた要素を「制御する」(control) という. 以下の (13) の例は，単一目的語他動詞の O^d や二重目的語他動詞の O^d はそのような制御子になることができるが，二重目的語他動詞 O^i にはそれが不可能であることを示している.

(13) i. He wanted it to spend _ on his children.

[単一目的語他動詞の O^d が制御子]

(彼は ＿ 自分の子供のために使う目的でそれを欲しがった)

ii. She gave him it to spend _ on his children.

[二重目的語他動詞の O^d が制御子]

(彼女は ＿ 彼の子供に使うためにそれを彼にあげた)

iii. *She sent him it to prove _ wrong. [二重目的語他動詞の O^i が制御子]

(13i, ii) の to spend on his children は，実際は "to spend it on his chil-
dren" と理解することができ，欠けている O (つまり，'__' によってマークさ
れている空所) の解釈は，前の節の want や give の O^d (つまり，it) によっ
て復元することができる．しかし，前の節の O^i が制御子になっている (13iii)
のような例は非文法的になる．なお，ここでの意図された解釈は，"She sent
him it to prove him wrong."「彼女は彼が間違っていると証明するためにそ
れを（彼に）送った」である．（なお，ここでの不定詞節は「穴開き節」(hollow
clause) に相当する．穴開き節のさらなる詳細に関しては本シリーズの第 1 巻『動
詞と非定形節，そして動詞を欠いた節』参照．)

結論

これまでの考察から，二重目的語他動詞の O^d と O^i のうち，O^i よりも O^d の
ほうが単一目的語他動詞の O^d と統語的に密接な関係にあるということがわか
る．このことは，標準的な二重目的語構文は，$O^i + O^d$ を内包しているという
これまでの分析を正当化するものである．[5] 中でも，(d) の O^i が前置を拒む
という特徴は，O^i と O^d を区別する際にもっとも重要な点である．なぜなら

---

[5] 現代文法では，これとは反対の見方，すなわち 1 番目の内部補部を O^d とみなし，2 番目
の内部補部を目的語とはみなさない分析もある．二重目的語他動詞構文をもつ言語は大きく 2
つのタイプに分けられる．1 つめのタイプは，受領者の意味役割の特徴をもつ O が，統語的
には単一目的語他動詞の O のように振る舞う言語で，2 つめのタイプの言語は，受領者のも
う一方の意味役割（主題）の特徴をもつ O が，統語的に単一目的語他動詞の O のように振る
舞う言語である．O^i とか O^d という用語は，2 番目のタイプの言語にとって適切であり，1 番
目のタイプの言語にとっては「第一目的語」とか「第二目的語」という用語が適切になる（第
一目的語は，単一目的語他動詞の O と二重目的語他動詞の受領者の意味役割を担った O を意
味する）．ここでは，英語は 2 番目のタイプの言語に属すると考えているが，実際に英語がそ
のようなグループに属するのかははっきりしない．一般的に，そのようなグループに属する言
語は，O^i を異なった格，すなわち O^d の対格と対比して用いられる与格でマークするような
言語である（例：ドイツ語とラテン語（あるいは古英語））．

第4章 直接目的語と間接目的語 81

(e)–(f) はほとんどめったに使われない構文であり，すべての O^d について適用されるわけでもないからである．

■O^i は O^d がない標準的な節には現れない

標準的な節に目的語が1つだけ現れた場合，その目的語は常に直接目的語になる．それはたとえその目的語が，意味的にはむしろ二重目的語他動詞節の間接目的語に対応していたとしてでもある．

(14) i. She teaches the first-year students introductory logic.　　[$O^i + O^d$]
　　　　（彼女は1年生に論理学入門を教えている）

　　ii. She teaches introductory logic.
　　　　　　　　　　　　　　　[二重目的語他動詞の O^d の意味役割をもつ O^d]
　　　　（彼女は論理学入門を教えている）

　　iii. She teaches the first-year students.
　　　　　　　　　　　　　　　[二重目的語他動詞の O^i の意味役割をもつ O^d]
　　　　（彼女は1年生に教えている）

(14ii) の目的語 introductory logic がもっている意味役割と（14iii）の目的語 the first year-students がもっている意味役割はそれぞれ違うが，それらの目的語はどちらも統語的には O^d の特徴をもっているため，それぞれの節の統語構造は基本的には同じ形をしていると仮定することができる．したがって，(14i) では O^i が出てきているが，これは（受動文のような）非標準的な場合を除いて，O^d と一緒になって初めて現れることができるということになる．

このような分析を支持する証拠として，(14iii) の内部補部は，二重目的語他動詞の O^i と同様の意味役割をもっているが，核前位に現れるのを拒むという O^i の主要な特性はもっていないということがあげられる．以下の例では，(14iii) の例に似た節の内部補部が核前位に現れているが，それらの例は完全に容認可能である．

These students she has never taught.
（これらの学生を彼女は一度も教えたことがない）
The students whom she taught（彼女が教えた学生）
Who does she teach?（彼女は誰を教えているの）
What a lot of first-class students she taught!
（なんてたくさんの1年生を彼女は教えたの）

このことは，（14ii）の例に似た節の内部補部を核前位に置いた場合に得られる節が容認可能であるのとまったく同じである．

> Logic she has never taught. (ロジックを彼女は一度も教えたことがない)
> The subject which she taught (彼女が教えた科目)

つまり，これらの例が示していることは，（14ii）と（14iii）の内部補部がもっている意味役割はそれぞれ異なるが，統語的には同じ振る舞いするということである．このように，意味役割が異なる要素が統語的に同じ振る舞いをするという例はほかにもある．たとえば，単一目的語他動詞節に現れる主語と目的語は，それぞれ異なった意味役割をもつが，統語的には自動詞節の主語として同じ振る舞いを示すことがある．

(15) i.　She rang the bell twice. (彼女はベルを2回鳴らした)　　　　$[S+O^d]$

　　 ii.　She rang twice. (彼女は2回鳴らした)
　　　　 [単一目的語他動詞のSの意味役割をもつS]

　　iii.　The bell rang twice. (ベルが2回鳴った)
　　　　 [単一目的語他動詞のO^dの意味役割をもつS]

(15ii) の she と (15iii) の the bell は，異なった意味役割をもっているが，統語的には同じ機能，すなわち，どちらも主語という機能をはたしている．同様に，(14ii) の introductory logic と (14iii) の the first-year students は，それぞれ意味役割は異なっているが，統語的には同じ機能，すなわち，この場合，直接目的語という機能をはたしている．

第5章　述部とそれに関連する要素

叙述補部は同一節内の NP と主述関係を結ぶ要素であり，自動詞を用いた節では主語を，他動詞を用いた節では目的語を，それぞれ意味上の主語としてとる．さらにどちらのタイプの叙述補部も**描写的**（**depictive**）なものと**結果的**（**resultative**）なものとに分類することができる．下の（1）の例では，二重下線部が意味上の主語，単一下線部が叙述補部である．

（1）　　　　　　　自動詞　　　　　　　　　　他動詞
　　描写構文　　Kim seemed uneasy.　　He found Kim intolerant.
　　　　　　　（キムは不安そうだった）　（彼はキムが不寛容だと思った）
　　結果構文　　Kim became angry.　　He made Kim happy.
　　　　　　　（キムは腹を立てた）　　（彼はキムを幸せにした）

一般的に結果構文（resultative construction）の叙述補部は，状態変化を表す動詞の補部として現れる．これらの叙述補部は意味上の主語の状態が最終的にどうなったのかを表している．一方，描写構文（depictive construction）の叙述補部は，話題となっている状況時の意味上の主語の特徴を表しており，状態変化は含意されない．

　また，（1）のような結果構文に現れる叙述補部のタイプは，主に AdjP か，（2）のような非指示的な NP のどちらかである．

（2）　i.　Kim remained a keen supporter of the proposal.
　　　　　（キムはその提案の熱烈な支持者であり続けた）
　　　ii.　The publicity made Kim a liability.
　　　　　（その評判によってキムは役立たずになった）

（2）の下線部の NP は，別の補部位置に現れている NP の Kim とは対照的に，

83

特定の誰かを具体的に指しているわけではない．むしろこれらの NP は，(1)の AdjP と同様に，Kim の特徴について説明する役割を担っている．(1) と (2) の下線部の AdjP と NP の類似性は，This idea sounds promising.（このアイデアは期待できそうだ）と This idea sounds a promising one.（このアイデアは期待できそうなものだ）において，前者は AdjP を後者は NP を叙述補部にとりながら，同じ意味を表すことからも理解できるであろう．

　(1) と (2) で単一下線を引いた補部は，意味的に述部をなしているので，本シリーズでは，これらを叙述補部とよぶ．叙述補部は通例，述部を表現するという意味的特性をもつ動詞補部と定義される．これら叙述補部に対しては通常，主語あるいは目的語が意味上の主語として機能する．統語的観点からは，叙述補部はもちろん補部として分析されるが，意味的観点からは，述語動詞のように機能しているため述部そのものとして捉えることができる．

　叙述補部と述語動詞に意味的な対応関係があることは，(3) の例でも明白にみてとれる．

(3)　　　叙述補部　　　　　　　　　　述語動詞
　　a.　Kim is fond of animals.　　b.　Kim loves animals.
　　　　（キムは動物好きだ）　　　　　　（キムは動物を愛好している）

これら 2 つの例の意味は基本的には同じであるが，統語的構造はまったく異なっている．love は動詞で，Kim（経験者）と animal（刺激）という 2 つの項をとり，それぞれが主語と目的語という中核的補部になっている．他方，fond は形容詞であり，その経験者項が主語として現れるが，この経験者項は fond そのものの補部ではなく，be 動詞の補部となっている．また，of の補部には刺激が現れ，この AdjP 内の斜格要素となっている．[1] つまり，(3a) のほうが (3b) より統語的構造と意味的構造の対応関係が複雑であり，そのため叙述補部を含んだ節のことを「複雑型」とよぶことがある．よって，上述の (2i) は複雑自動詞，(2ii) は複雑他動詞の例として分類することができる．

　さらに，(1) と (2) の叙述補部は意味的には述部であると同時に，それらの述部がさらに上層の述部（seem, fond など）の項として埋め込まれている．[2] すなわち，1 組の主語と述語からなる単文構造内に複数の主述関係が形

---

　[1] Kim は fond の補部ではないが love の補部ではある．love が二重結合価（つまり，補部を 2 つとる）なのに対し，fond は単一結合価（1 つだけ補部をとる）ということだが，意味上の述部としては love も fond も二項的（つまり，項を 2 つとる）といえる．

　[2] あるいは，述部全体が 1 つの状態として概念化されて，1 つの項を形成すると考えられる

成されていると意味的には捉えることができる．これもまた叙述補部を含む節を複雑型とみなす理由である．一方，(3a) の be 動詞は解釈上，何の意味ももたず，時制の屈折を支えるという純粋に統語的な役割のみを担っているとみなす分析も存在する（これに関連して，多くの言語においてこの例を翻訳すると動詞が現れないという事実がある）．節には時制が必要であり，それを表現するのが動詞の屈折である．この be 動詞は一般動詞の代わりにその役目をはたしているだけであると考えられるかもしれない．しかし，5.5 節で後述するように be 動詞が明らかに意味的述部として機能している場合も存在する（例：The chief culprit was Kim. (主犯はキムだった))．そういうわけで，ここでは be 動詞はすべて意味的には述部を表しているとする一般的な分析を採用することにする．

■ 主語あるいは目的語が外置されている節

(4) i. It is unfortunate that it rained.   [自動詞]
        (雨が降ったのは残念だ)   (意味上の主語として外置された主語)
    ii. I find it easier to go by bus.   [他動詞]
        (どうやらバスでいくほうが簡単だ) (意味上の主語として外置された目的語)

(4i) と (4ii) では，unfortunate と easier の意味上の主語が外置されている．これらは統語的には主語や目的語の位置にないにもかかわらず，それぞれが主語や目的語として解釈される事例である．

　次節では，まず叙述補部の主な統語的特徴を目的語と比較しながら説明していくことにする．5.2 節では，位置，着点，起点といった意味役割と述部の間のかかわりについて考えていく．さらに，5.3 節では，義務的な述部と随意的な述部（例：He looks young. (彼は若くみえる) vs. He died young. (彼は若くして亡くなった))の区別について考察する．また，補部ではなくむしろ付加部と捉えるべき述部についても紹介していく．最後に，連結詞の統語的，意味的な観点からの分類を試みる．

かもしれない．

5.1 叙述補部の主な特徴

■ 叙述補部と目的語の3つの相違点

**(a) 範疇：AdjP または裸役割名詞句 (bare role NP) が叙述補部の役割を
はたす.**

叙述補部の特徴として第一にあげるべきは，AdjP か裸役割名詞句（すなわち，
president of the Republic（共和国大統領），treasurer（会計士）のような，限定
詞をもたない可算名詞の単数形）がその役割をはたすことができるということ
である．多くの場合，叙述補部は通常の NP の形をとることもできるのだが，
目的語と違うところは AdjP や裸役割名詞句の形でも容認されるということで
ある.

(5)　　　叙述補部　　　　　　　　　目的語

　i. a. He seemed a nice guy / nice.　b. He met a nice guy / *nice.
　　　　（彼はいい人／感じがよさそうだった）　　（彼はいい人に会った）

　ii. a. I consider it bad advice / bad.　b. I gave her a bad advice / *bad.
　　　　（それは悪い助言だ／まずいと思う）　　（彼女に悪い助言をした）

　iii. a. She remained treasurer.　　b.*She questioned treasurer.
　　　　（彼女は会計士のままだった）

　iv. a. They appointed him secretary.　b.*They promised him secretary.
　　　　（彼らは彼を秘書に任命した）

(5i, ii) の叙述補部の例をみると，冠詞をともなった名詞句または不可算名詞
句といった通常用法の NP が，AdjP または冠詞のない NP と置き替えられる
ことがわかる．(5iii, iv) では，裸役割名詞句が叙述補部として用いることは
できても，目的語として使用することができないことが示されている．(5iiib)
と (5ivb) の目的語の場合の NP には限定詞をつけなければならない（例：
She questioned the treasurer.（彼女はその会計係を尋問した），They promised
him a secretary.（彼らは彼に秘書をあてがうと約束した））.

　AdjP は叙述補部として機能することはできるが，目的語としては機能する
ことはできない．これは，目的語は（主語と同様に）指示的であり，叙述補部
は特徴や属性を表現し，指示的な働きをもたないからである．裸役割名詞句に
も指示的な働きはないので，叙述補部としては機能するが目的語として機能す
ることはできない．同様の理由で，AdjP も裸役割名詞句も主語として現れる
ことはできない（例：*Treasurer has resigned.）.

第 5 章　述部とそれに関連する要素　　　　　　　　　　　　87

(b)　受動化：叙述補部

一般的に，目的語は受動文の主語に繰り上げられるが，叙述補部はそれが不可能である．

(6)　　　　叙述補部　　　　　　　　　　目的語
　　i. a. Ed became a minister.　　　　b. Ed attacked a minister.
　　　　　（エドは大臣になった）　　　　　（エドは大臣を攻撃した）
　　ii. a. *A minister was become by Ed.　b. A minister was attacked by Ed.
　　　　　　　　　　　　　　　　　　　　　（大臣はエドに攻撃された）

受動化における叙述補部と目的語の統語的な振る舞いにも，この 2 つの要素の意味的相違が深く関与している．前述したように主語と目的語は指示的であり，意味的述部としてではなく項として振る舞うという特性がある．そういった点で，目的語は意味的には能動態の主語と同類であり，態転換によって，それらの項の配列が変化することも可能である．一方，叙述補部は指示的ではなく，意味的述部として機能する．そのため，能動態の目的語とは異なり，態転換操作の対象となることができない．

　ただし，目的語の中にも受動化によって主語に繰り上げることができないものもある．たとえば，His uncle had two yachts.（彼の叔父は二艘のヨットを所有していた）を *Two yachts was had by his uncle. というように受動化することはできない．また，This colour doesn't suit me.（この色は私には合わない）も *I am not suited by this colour. というように受動化することができない．そういうわけで，動詞の補部 NP が受動化において主語に繰り上げられるなら，その NP は間違いなく目的語といえるが，動詞の補部 NP が受動化の対象にできないことから，それが叙述補部であるとは断定できない．この点で，ここで述べた叙述補部と目的語の相違点は前述の（a）よりも説得力が弱いものといえる．

(c)　格：叙述補部にも主格が現れる場合

英語よりも多様な格変化を示す言語では，叙述補部はその意味上の主語と格の一致を示す．つまりそれらの言語では，主語を意味上の主語とする叙述補部と直接目的語はそれぞれ主格と目的格をとる点で対照をなす傾向がみられる．しかし，英語では主格と目的格が人称代名詞だけ（あるいはそれに付随して疑問詞／関係代名詞の **who**）に存在しており，格変化の観点から叙述補部の特徴について論じることは，あまり意味のないように思われる．ただ，非常に限られた条件のもとではあるが，これらの代名詞が叙述補部として出現する場合が存

在する.

人称代名詞は主に指示的に用いられるが，前にも述べたように叙述補部には
そのような働きはない．叙述補部として人称代名詞が現れるのは，be 動詞が
指定用法（specifying use）で用いられた例に限られる．その場合の叙述補部
は意味と形の両方の点において，典型的な叙述補部とは大きくかけ離れたもの
である．具体的には，It was he who wrote it.（それを書いたのは彼だ）のように
叙述補部に主格代名詞が動詞の直後に現れている例がこれに該当する．この例
は，They saw him.（彼らは彼に会った）のような目的格代名詞が他動詞の補部
に現れている例とは対照的である．ただし，くだけた文体では It was him
who wrote it. のように叙述補部に目的格が現れるため，この対比は失われて
しまう．しかし，少なくとも特定の状況では叙述補部に主格が現れるというこ
とが示されており，この点でも叙述補部は目的語と区別される．[3]

同様に，**who** も叙述補部として現れるのは be 動詞の補部になっている場合
にほぼ限られる．形式ばった文体では，主格 who（例：I wonder who she is.
（彼女は誰なのだろう））と目的格 whom（例：I wonder whom she invited.（彼女
は誰を招待したのだろう））を区別して叙述補部に用いられる．しかし，やはり
くだけた文体ではこの違いはなくなり，どちらの場合も who she is／who she
invited のように主格の who が用いられる．

■NP の数についての問題

その特性上，叙述補部として機能する NP は指示的に振る舞うことはない．
それゆえ，その NP 独自には単数形となるか複数形となるかの決め手はなく，
その意味上の主語の数に一致する場合がほとんどである．

(7) i. a. She seems a reliable witness.（彼女は信頼できる証人に思われる）
　　 b. They seem reliable witnesses.（彼らは信頼できる証人に思われる）
　 ii. a. She considered him a fool.（彼女は彼を馬鹿だと思った）
　　 b. She considered them fools.（彼女は彼らを馬鹿だと思った）

上の例では，(a) の単数形の叙述補部を複数形に変えることはできず，(b) の
複数形の叙述補部を単数形に変えることもできない．

しかしながら，このことが統語的一致の問題であるとはいえない．なぜな
ら，叙述補部と意味上の主語が数の一致しない例はいくらでもみつけることが

---

[3] 主格叙述補部は主に it-cleft 構文（分裂文）に現れるか，Those are they.（あれが例の彼ら
だよ）のようにほぼ固定表現といってよいような環境に現れる．

第5章　述部とそれに関連する要素　　　89

できるからである.

(8)　i.　They were a nuisance / a problem / a huge success / an example to us all.

　　　　（彼らは私たち全員にとって，迷惑／問題／大きな成功例／手本である）

　　ii.　That so-called art is simply four pieces of driftwood glued together.

　　　　（あのいわゆる芸術作は，単に四本の流木がひっつけられただけのものである）

よって，むしろここで問題になっていることは，統語的な一致ではなく，叙述補部となる NP が意味的に単数と複数のどちらに解釈されるほうが適切かという意味整合性なのである（本シリーズ第3巻『名詞と名詞句』も参照）.

■ 叙述斜格

述語要素が動詞の直接の補部になるのではなく，前置詞の補部として現れることもある. もっとも典型的な例は as の補部の場合である.

(9)　　　自動詞　　　　　　　　　他動詞
　　i. a. That counts as excellent.　b. I regard her as indispensable. [AdjP]

　　　　（それは秀逸であると思われる）　　（彼女のことは絶対必要だと思う）

　　ii. a. She served as treasurer.　b. They chose her as secretary.

　　　　　　　　　　　　　　　　　　　　　　　　　　　　　　［裸役割名詞句］

　　　　（彼女は会計士として勤めた）　　（彼らは秘書として彼女を選んだ）

(9) でもまた，叙述補部の意味上の主語は，自動詞の場合は主語であり，他動詞の場合は目的語となる.[4] as の補部は**叙述斜格**（**predicative obliques**）とよび，また as を主要部とする前置詞句全体は**有標の叙述補部**（**marked predicative complement**）とよぶことにする.

---

　　[4] 動詞 strike は，他動詞として使われながらも，主語を意味上の主語としてとれるという点で例外的である. I regard him as a liability.（私は彼が足を引っ張ると思う）では目的語が有標の叙述補部の意味上の主語になっている. 一方，He strikes me as a liability.（彼が足を引っ張るように思える）では主語がその意味上の主語として機能している. この strike の振る舞いは，意味役割と統語的機能の配列が通常の動詞のそれとは異なっていることに起因している. regard 同様に認知の領域を表現する動詞であるものの，strike では，経験者が目的語に刺激が主語にそれぞれ配列されることになる. これは通常の配列つまり経験者が主語に刺激が目的語になる配列とは反対である. この例外的配列は，ここでの strike の語義が，He struck me on the chin.（彼は私のあごを殴った）から派生した副次的なものであるということを反映している.

■統語構造と意味が一致しない動詞

constitute, provide, represent などの一部の動詞では，主語と内部補部の意味関係が be 動詞を用いた場合と変わらない時がある．

(10) i. a. Changes in the basic wage-rate constitutes an argument for raising prices.
(基本賃率の変化が，物価上昇を支持する主張となる)

b. Sue Brown provides an excellent example of a woman who has achieved outstanding success in the world of business while bringing up a large family.
(スー・ブラウンは，大家族を養いながらビジネスの世界で傑出した成功を収めた女性という，好例である)

c. This proposal represents a serious threat to our standard of living.
(この提案は，我々の生活水準への深刻な脅威となる)

ii. a. We must constitutes a new and more democratic committee of management.
(我々は，新たな，そしてもっと民主的な運営委員会を設置しなければならない)

b. The government provides the necessary funds.
(政府は必要な資金を供給した)

c. Jill represents her school at tennis. (ジルはテニスの学校代表である)

(10i) と (10ii) を比べてみると，(10i) の下線部の動詞を be 動詞 (あるいは as が叙述斜格を補部にとる形の count as) に書き換えたとしても，文意に変化は感じられない．ただし，だからといって (10i) の内部補部が叙述補部であり，(10ii) の内部補部が目的語であるということにはならない．(10i) と (10ii) の例にそれぞれ別の統語構造を割り当てる根拠はみあたらず，どちらの内部補部もやはり目的語であると考えられる．つまり，ここで (10i) が示唆していることは，これらの動詞では目的語が意味的には叙述補部のように振る舞うことができるということだけである．

[専門的解説]
(10i) の内部補部が目的語である第 1 の理由は，AdjP や裸役割名詞句を目的語にすることができないことである (例：*This proposal represents intimi-

datory; *She constituted/provided treasurer.). 2つ目の理由は，(10i) の provide の例において，内部補部が受動化の対象として主語に繰り上げられることである (例: An excellent example of a woman who has achieved outstanding success in the world of business while bringing up a large family is provided by Sue Brown.). constitute と represent は受動態の形で目にすることはあまりないのだが，次の (11) の下線部のような例も実際に存在する．このように，これらの動詞を用いた受動態はまれだというだけでまったく不可能ということではない．

(11) It would be possible to take sport in general, or indeed one particular sport such as cricket, and explain the material and ideological conditions surrounding its production in a specific socio-cultural order such as <u>that constituted by Australia.</u>
（スポーツ一般，あるいは具体的にクリケットひとつとってもその発祥にまつわる物質的および観念的条件を，オーストラリアで形成されている特定の社会文化的制度から説明することが可能である）

また，(10) の provide がとる補部パターンの範囲が，他の用法での provide と変わらないことにも注目すべきである．よって，(10) の二重結合価構文をどちらも Sue Brown provides us with an example … や The government provided us with the necessary funds. のように三重結合価構文に書き換えることができる．
　(10i) の目的語と叙述補部が意味的に似ていることは，前者が主語と数の一致を起こす傾向があるということにも反映されている．たとえば，(10ib) と (10ic) の主語を複数形に変えることで目的語も複数形が使われることになる (例: Sue Brown and her sister provide excellent examples … (スー・ブラウンと彼女の妹は，… の好例である)，These proposals both represent serious threats to our standard of living. (これらの提案は両方とも，我々の生活水準への深刻な脅威となる))．このように，述部と似ているこれらの目的語は，主語との数の一致を示す．そして，この事実もまた，ここでみられる主語と目的語の数の一致は統語的なものではなく，意味的なものであるという上で述べた見解を支持するものである．

・**She made him a good wife.** (彼女は彼の良き妻となった) 構文について
叙述補部と意味上類似した目的語をとる動詞としてはほかに make があげられる．ただし，ここで注意すべき点は，make が複雑他動詞として用いられ，

92　　　　　　　　　　第Ⅰ部　補部になる節

叙述補部を補部にとることができるということである.

(12) i. She made him a good husband.　　　[PC^O: 複雑他動詞構文]
　　　　（彼女は彼をよい夫にした）
　　ii. She made (him) a good wife.
　　　　（彼女は（彼の）良き妻となった）
　　　　　　　　　　　　　　　　　　　　　　　[O: 一般的な他動詞構文]
　iii. She made (him) a teddy-bear.
　　　　（彼女は（彼に）テディベアをつくった）

(12i) の a good husband は, make の補部となっている叙述補部の典型的な例である. この a good husband を AdjP または裸役割名詞句に置き換えることもできる (She made him happy/treasurer.（彼女は彼を幸せに／会計係にした）). (12iii) の a teddy-bear が make の直接目的語であることもまた明白である. a teddy-bear は (12iii) のように間接目的語と共起することもあれば, make の補部として単独で現れることもできる. また, その場合, 受動化の対象として主語位置に繰り上がることも可能である（例：A teddy-bear was made by her.）.

　(12ii) において, a good wife は意味的な観点から考えれば, (12i) の a good husband と同様の働きをしていると捉えられる. しかし, (12ii) の a good wife は目的語 him でなく主語 she と主述関係を結んでいる. この a good wife は叙述補部であるとしばしば分析されることがあるが, ここでは統語的観点から, (12i) の a good husband ではなく, むしろ (12iii) の a teddy bear と同類とみなされるべきである. よって, (12ii) の a good wife は (10i) での分析と同様に目的語であると考える.

[専門的解説]
これまでと同様に a good wife を AdjP あるいは裸役割名詞句に置き換えられないことが, この要素が目的語である第一の証拠である. たとえば *She made exemplary/treasurer.（また, she made him grateful/secretary.（彼女は彼をありがたがらせた／秘書にした）では, him が grateful/secretary の意味上の主語として機能している. よって, これらの例は (12i) のパターンに属しているといえる）. つぎに (12ii) の made の補部パターンも (12iii) のそれと同様であることがあげられる. (12ii) と (12iii) のどちらの例でも, 直接目的語の前にある間接目的語は随意的であり, またこの二重目的語構文を, それぞれ前置詞をともなった構文に書き換えることも可能である. たとえ

ば She made a teddy-bear for him. および She made a good wife for him. （後者は多少不自然かもしれないが，She made an excellent step-mother for his children. （彼女は彼の子供たちの良き継母となった）とすれば問題ない）. 仮に（12ii）の a good wife を叙述補部と考えるのなら，（12ii）は動詞 make に特化した例外的な構文と分析しなければならない. 確かに，（12ii）は（12iii）と異なり，受動文に書き換えることができない. しかし，目的語を受動化の対象にできない例はほかのさまざまな構文でも多くみられるので，受動化によって主語に繰り上げられないからといって，その要素が必ずしも目的語ではないということにはならない. よって，（12ii）のような叙述補部に類似した目的語が受動化の対象にならないことは，ここでの分析の問題点とはいえないであろう.[5]

5.2 場所，着点と起点

■ 場所補部と叙述補部の関連性

The letter is on the table. （その手紙は机の上にある）にみられるように，場所を表す要素は be 動詞の補部として一般的に現れることができる. この例と The letter is highly offensive. （この手紙はひどく攻撃的だ）のような例が構造上類似していることから，ある要素の場所を表すことはその要素の特性を表すことと共通の性質があると考えられる. また，場所補部（locative complement）と叙述補部は両方とも節内である決まった要素を志向するという共通点があり，自動詞構文では主語について，他動詞構文では目的語について言及する機能をもつ.

---

[5] ここでの She made a teddy-bear. と She made a good wife. との意味的なかかわりは，She made a table out of the remaining timber. （彼女は残った木からテーブルをつくった）と She made a man out of him. （彼女は彼を一人前にした）との間にみられる意味的なかかわりと類似したものである. 下線部の要素はどちらも目的語と分析される. まず a table は受動化の対象として主語に繰り上がることができる（例：A table was made out of the remaining timber. （テーブルが残った木からつくられた））. これに対して，後者の a man は主語に繰り上がることはできない（例：*A man was made out of him.）しかし，これと似たような例，I'm sure a world-class tennis player could be made out of him. （彼なら世界に通用するテニスプレーヤーになれると確信している）の容認性は高く，少なくとも叙述補部を受動化して主語に繰り上げた文よりは，はるかに上である. また，She made the remaining timber into a table. そして，She made him into a man. のようにどちらも into を用いたものに書き換え可能であることからも，両者が同一の構文であることが示唆される.

94 　　　　　　　　　　第 I 部　補部になる節

(13) 　　　　　　自動詞　S-志向　　　　　　　　他動詞　O-志向
　　i. a. She remained <u>calm</u>. 　　　　b. I kept it <u>handy</u>.
　　　　　（彼女は穏やかなままだった）　　　（私はそれを手元に置いておいた）
　　ii. a. She remained <u>outside</u>. 　　b. I kept it <u>in the drawer</u>.
　　　　　（彼女は外にいたままだった）　　　（私はそれを引き出しに入れておいた）

また，場所補部と叙述補部をどちらもとることのできる動詞が数多く存在する．(14) の動詞群がその具体例である．

(14) 　　　　　　叙述補部　　　　　　　　　　場所補部
　　i. 　get　　They got <u>angry</u>. 　　　　They got <u>into the car</u>.
　　　　　　　　（彼らは怒った）　　　　　　　（彼らは車に乗った）
　　　　go　　He went <u>mad</u>. 　　　　　　He went <u>to hospital</u>.
　　　　　　　　（彼は血迷った）　　　　　　　（彼は病院へ行った）
　　　　stay　　She stayed <u>calm</u>. 　　　　She stayed <u>inside</u>.
　　　　　　　　（彼女はずっと穏やかだった）　（彼女はずっと中にいた）
　　ii. 　drive　He drove them <u>mad</u>. 　　　He drove them <u>to the bank</u>.
　　　　　　　　（彼は彼らを血迷わせた）　　　（彼は彼らを銀行へ車で連れていった）
　　　　get　　They got me <u>angry</u>. 　　　They got me <u>to the shore</u>.
　　　　　　　　（彼らは私を怒らせた）　　　　（彼らは私を海岸へ連れていった）
　　　　leave　They left me <u>unmoved</u>. 　　They left me <u>in the waiting-room</u>.
　　　　　　　　（彼らは私を動揺させなかった）（彼らは私を待合室に置いていった）

しかし，場所補部と叙述補部のどちらか一方しかとることができない動詞も一定数存在することから，場所補部が叙述補部の一種であるとはいえない．むしろ，場所補部は叙述補部と意味的に類似した別のタイプの補部とみなすのが適切であろう．[6] (15) の動詞は，場所補部はとれないが叙述補部はとることができる例である．

(15) 　　　　　　叙述補部　　　　　　　　場所補部
　　i. 　become　He became <u>anxious</u>. 　*He became <u>in the city centre</u>.
　　　　　　　　（彼は不安になった）

---

[6] drive や turn のようにどちらのタイプの補部をとるかで意味が変わってくる動詞も存在する．また，それらの動詞が，叙述補部としてとることができる補部の範囲はかなり限定されている．

	seem	Kim seemed angry.	*Kim seemed <u>at the back of the queue</u>.
		(キムは怒ったようだった)	
	sound	They sounded <u>strange</u>.	*Kim sounded <u>in a cave</u>.
		(それらは奇妙に聞こえた)	
ii.	call	They called him <u>stupid</u>.	*They called him <u>in the wrong team</u>.
		(彼らは彼を馬鹿とよんだ)	
	make	She made him <u>happy</u>.	*She made him <u>onto the platform</u>.
		(彼女は彼を幸せにした)	
	render	This rendered it <u>useless</u>.	*This rendered it <u>in the wastebin</u>.
		(これがそれを役立たずにした)	

(15) のような動詞が存在するものの，これまで述べた2つのタイプの補部の共通性から，物理的な空間についてだけでなく，場所，起点，着点の意味的役割の一般化を進めることは有意義であると思われる．よって，ここでは空間的場所の表現を検討し，それらの表現がどのように，状態や所有といった概念に応用されるかを検討していく（空間的場所の表現のさらなる詳細とそれが時間の概念に応用されるケースに関しては第II部第5，6章を参照）．

■ 空間上での場所とその変化

場所補部は，起点，着点，そして場所に関連した表現を対象とし，起点と着点は物体の移動をともなった状況に適用され，起点は物体が移動する前の場所を，着点はそれが最終的に収まる場所をそれぞれ表す．そして，物体の移動をともなわない状況では，場所補部は単純にその場所を指定する役割をはたす．(16) の例の意味役割を比較してみよう．

(16) Angela went [from Berlin] [to Bonn] but Henry remained [in Berlin].
　　　 主題　　　　 起点　　　 着点　　　　　　 主題　　　　　　 場所
　（アンジェラはベルリンからボンへいったが，ヘンリーはベルリンに留まった）

前置詞 from と to は，それぞれ起点と着点を示す働きをしている．つまり，from の補部は移動が始まる前の場所を，to の補部は移動が終了した場所をそれぞれ表現している．(16) では，アンジェラはベルリンを出発してボンに到着している．それに対して in の補部は場所を表現し，in 自体も場所を表す要素の一部と捉えることができる．これは near（… の近くに）や outside（… の外

に）などといった，補部との相対的な位置関係を表現する前置詞とは対照的である．ただし，これらの前置詞が，場所を表現する要素として機能しながら，着点の意味も担うことも可能である．

(17) i. a. Ed fell [in the pool]. (エドはプールに落ちた)
　　 b. She put Ed [on the bus]. (彼女はエドをバスに乗せた)
　 ii. a. Ed slipped [under the car]. (エドは車の下に潜り込んだ)
　　 b. She pushed Ed [behind the curtain].
　　　 (彼女はエドを幕の後ろに押し込んだ)

(17) の例の PP は着点を表現すると同時に，ここでの着点がどのような場所なのかを説明する働きをしている．つまり，それぞれの前置詞とその補部との相対的な位置関係が示されているのである．さらに，(17) の前置詞の前に着点を表す to を加えることはできないものの，in と on に関しては to と複合前置詞を形成することができる．

(18) a. Ed fell [into the pool]. (エドはプールに落ちた)
　　 b. She put Ed [onto the bus]. (彼女はエドをバスに乗せた)

これら (18) の例はそれぞれ (17i) の例と意味が変わらないことに注目されたい．(18) と (17i) の違いは，着点の役割をもつ要素が形態的に明示されているかいないかというだけである．また，ここでは複合前置詞 into と onto の内部順序とその意味的な順序が一致しない点にも留意すべきであろう．つまり，(17i) にあるように，移動が終了した後の場所はそれぞれ "in the pool" (プールの中)，"on the bus" (バスの車内) である．これらを，あえて to によって着点として示すなら，to [in the pool], to [on the bus] という順序になるが，これは対応する複合前置詞の内部順序，in-to, on-to とは逆である．
　対照的に，起点の振る舞いは着点のそれとは異なる．

(19) i. a. Ed ran [from the scene]. (エドは現場から逃げた)
　　 b. He pulled Ed [from the wreckage].
　　　 (彼はエドを瓦礫から引っ張り出した)
　 ii. a. Ed emerged [from under the car]. (エドは車の下から現れた)
　　 b. He pulled Ed [from behind the curtain].
　　　 (彼はエドを幕の後ろから引っ張り出した)

(19) の from はすべて起点を指定しているが，(19i) の例では起点となる場所は NP として from の補部に現れている（これらの NP が単純に場所を表現す

るような PP は，それぞれ "at the scene", "in the wreckage" となる）．一方，
(19ii) では，起点となる場所は，under the car あるいは behind the curtain
といった場所を表す PP になっている．さらに，着点の to の場合とは異なり，
起点の from を省略することはできない．また，Ed ran out of the house.（エ
ドは家から走って出てきた）のように，起点は out を用いて表現することもできる．

■ 状態
空間的場所を表現する意味役割は，状態（あるいは特性）を表す意味役割とし
て応用できる．(20) の b の例では，着点と起点を指定する前置詞が，状態に
ついてのそれを示すものとして使用されているのがわかる．

(20)　　　空間的場所を表す起点＋着点　　　状態を表す起点＋着点
　　 i. a. He went [from Berlin]　　　b. It went [from bad] [to worse].
　　　　　　[to Bonn].
　　　　　（彼はベルリンからボンへ行った）　（それは悪い状態からさらに悪化した）
　　 ii. a. I sent it [from Berlin]　　　b. I changed it [from green]
　　　　　　[to Bonn].　　　　　　　　　　[to red].
　　　　　（私はそれをベルリンからボンへ送った）　（私はそれを緑から赤へ変えた）

(20ia, iia) で from は移動が始まる前の場所を，to は移動が終了した場所を指
定している．一方，(20ib, iib) では，from は最初の状態を，to は最終的な状
態をそれぞれ定めている．ここに登場している AdjP の bad, worse, green,
red は叙述斜格と捉えられ，これらを補部にとっている PP 全体は有標の叙述
斜格ということになる．
　空間的場所を表現する着点は，前置詞によって標示されないことがあると先
に述べたが，同様に状態の変化を表す着点も，His condition got worse.（彼の
体調は悪化した），I made it red.（私はそれを赤くした）といった下線部の叙述補
部のように，前置詞によって着点として標示されない場合がある．また，場所
を表現する際に必要不可欠な前置詞は存在しない．それに対応して，It
seemed satisfactory.（それは満足のいくもののようだった），He considers it
worthless.（彼はそれが価値のないものと考えている）の下線部のように，状態を
表現する場合にしても，何らかの前置詞によって導かれる必要はなく，叙述補
部単独の表現になるものと思われる．起点を示す from は，着点を示す to と
異なり欠かすことができないと上で述べたが，同様に起点として機能する叙述
補部も前置詞に導かれなければならない．よって，It became red.（それは赤く
なった）のように着点は前置詞なしで用いられることもあるが，*It ceased

green. のように起点を表す叙述補部は前置詞なしで用いることはできない.
また,It turned [from green] [to red]. (それは緑から赤に変わった) では,起点
と着点を指定する前置詞がそれぞれ用いられている. 一方,叙述補部が前置詞
に導かれていない It turned red. (それは赤に変わった) では,叙述補部は起点で
なく着点として解釈されなければならない.

　空間的な場所を表す前置詞を主要部とする PP によって,状態を表現すること
がよくあるが,これも物理的な場所と状態を表す場所に対応関係があるという
考えを支持する事象である. 具体的には,in a terrible state (ひどい状態で),
in good condition (よい状態で),in good spirits (よい気分で),in a bad temper
(不機嫌で),out of sorts (元気なく),on the top of the world (有頂天になって)
といった表現がその例としてあげられる. ただし,(15) でみたように seem
のような動詞は,物理的な場所を表す補部をとることができない (例: *She
seemed in the lounge.). それに対して,ここで紹介した表現は seem の補部
になることができる: She seemed miserable / in a terrible state. (彼女は哀れ
に / ひどい状態に思われた).[7] 加えて,sleep, death, distraction といった限られ
た範囲の抽象的な NP に to をつけて,状態の変化を表す着点にすることもで
きる.

(21) i. He went to sleep. (彼は眠りについた)
　　　We stabbed it to death. (私たちはそれを刺し殺した)
　　　The noise drove us to distraction. (その騒音が私たちの気を散らした)
　　ii. He fell asleep. (彼は眠りについた)
　　　We shot it dead. (私たちはそれを打ち殺した)
　　　The noise drove us mad.[8] (その騒音が私たちをいらだたせた)

意味的には,下線部の語句は状態の変化を表す着点の役割を担っている ((i)
の例は to で NP が導かれている例,(ii) は抽象的な語句が単独で補部となっ
ている例である). 統語的には,(i) の下線部は叙述補部である. ただし,(i)
の NP を AdjP (あるいは裸役割名詞句) に置き換えることはできない. また,
これらの to 句は場所補部でなく叙述補部をとる動詞と共起することもできな
い.

---

　[7] become と make にこの性質は該当しない.
　[8] 描写構文では,He remained asleep. (彼は眠ったままだった) のような AdjP が用いられ
なければならない (*He seemed in sleep.). ただし,He remained a deep sleep. (彼は深い眠
りについたままだった) のように適切な付加部をともなうと PP が容認される場合がある.

第5章　述部とそれに関連する要素　　　99

■into と状態の変化を表す着点

状態の変化を表す着点を into の補部で表現する動詞も存在する．

(22)　i.　Enrico turned [from a frog][into a handsome prince].
　　　　　（エンリコはカエルからハンサムな王子へと変身した）

　　　ii.　Enrico/The frog turned [into a handsome prince].
　　　　　（エンリコは／カエルはハンサムな王子へと変身した）

(22) では，into が着点の役割を担っており，その補部である NP の a hand-
some prince が最終的な状態を表現している．これらの NP は主題の NP と数
の一致をみる傾向がある（例：Enrico and his brother turned into handsome
princes.（エンリコと彼の兄弟がハンサムな王子に変身した）．あるいは，ほかの動
詞なら，He developed into a fine young man.（彼は精悍な若者に成長を遂げた）
が They developed into fine young men. となる．しかし，すでに述べたよう
に，これらの NP を統語的には叙述補部であると分析するべきではない．む
しろ，AdjP も裸役割名詞句も into の補部にはなれないので，PP の into a
handsome prince は場所補部であると分析するほうが適切であろう．また，
turn は直接，叙述補部を補部にとれるが（He turned nasty.（彼は嫌な奴になっ
た）），一方で develop は直接，叙述補部を補部にとることができないことに注
目されたい．

　　(22i) では，主題，起点そして着点がそれぞれ独立して表現されている．し
かし，from を用いた PP が欠けている (22ii) は 2 通りの解釈が可能である．
つまり，主語が主題（(22ii) での Enrico）を表現しているだけの解釈と，主
語が主題と起点（(22ii) での the frog）を兼ねている解釈である．(22ii) の
Enrico は変化の対象となるものを表現しているが，一方で the frog は同様の
役割を担っていると同時に，起点の状態も表現している．よって，(22ii) で
の変身が起こった後では，王子は Enrico であるということはできても，王子
がカエルであるとはもはやいえない．

■所有

場所，起点そして着点の意味役割が求められるもう 1 つの領域が所有である．

(23)　i.　These houses are Kim's.（これらの家はキムのものだ）

　　　ii.　a.　These houses belong to Kim.（これらの家はキムのものだ）

　　　　　b.　Kim owns these houses.（キムがこれらの家を所有している）

　　　iii.　The estate passed from Kim to Pat.
　　　　　（この土地はキムのものからパットのものになった）

iv. a.　Kim sold the house to Pat. (キムはパットにその家を売った)
　　 b.　Pat bought the house from Kim. (パットはキムからその家を買った)

(23iii) の例は所有者の変更を直接表現している．ここでは from が元の所有者を，to が最終的な所有者を標示している．つまり Kim と Pat はそれぞれ所有における起点と着点と分析することができる．(23i) と (23ii) では，家の所有者が変わっておらず，ここでの Kim は所有を表す場所として捉えることができる．そして (23i) では属格の -'s が，(23iia) では to が所有を表す場所を明示するマーカーとして機能していると考えられる．[9] また，この Kim's のような属格名詞句は叙述補部として分析されるのが適切であると思われる．なぜなら，be, become, remain, stay のような自動詞と call, consider, declare, make のような他動詞の補部として，属格名詞句は現れることができるが，これらの動詞はすべて叙述補部をとる動詞の仲間だからである．一方，(23) の属格名詞句以外の項は叙述補部とはいえない．とくに，(23iib) の所有を表す場所，(23iva) の起点，(23ivb) の着点はすべて主語として機能している．同様に，They robbed her of all her jewelry. (彼らは彼女のもっている宝石をすべて彼女から奪った) の O^d は起点を表し，They presented her with a certificate of merit. (彼らは彼女に賞状を渡した) の O^d は着点を表している．一方，They fined her $100. (彼らは彼女から100ドルの罰金を徴収した) と They gave her $100. (彼らは彼女に$100を渡した) の O^i はそれぞれ起点と着点を表している．

5.3　義務的な述部と随意的な述部

述部には**義務的**に現れなければならないものと，**随意的**で必要不可欠ではないものがある．

(24)　　　　　　義務的　　　　　　　　　随意的
　自動詞　　Kim became ill.　　　　They departed content.
　　　　　　（キムは病気になった）　　（彼らは満足して立ち去った）
　他動詞　　He made Kim angry.　　He washed it clean.
　　　　　　（彼はキムを怒らせた）　　（彼はそれをきれいに洗った）

---

[9] 前置詞 to は通常，場所でなく着点に関連づけられるので，(23iia) の用法は一般的なパターンからはかけ離れたものといえる．また，belong も物理的な空間を扱うことができる動詞であるが，その場合は to を補部にとることはない（例：The shirts belong in the top drawer. (そのシャツは1番上の引き出しの中だ)）．

第5章　述部とそれに関連する要素　　　101

(24) で，義務的な ill と angry を省略すると，*Kim became. のように非文になってしまうか，He made Kim angry. の make と He made them.（彼がそれらをつくった）の make の意味が異なることからわかるように，元の文意とまったく関係ない解釈を受けるものに変わってしまう．対照的に，随意的な content と clean は省略しても，残った節の意味はそのままである．They departed content.（彼らは満足して立ち去った）が事実であれば，当然，They departed.（彼らは立ち去った）も事実ということになる．また，He washed it clean.（彼はそれをきれいに洗った）が事実であれば，当然，He washed it.（彼はそれを洗った）も事実ということになる．

■ 自動詞

複雑自動詞について，ここでさらにつけ加えて述べる事項は少ない．(25) に4つの組み合わせをあげる．

(25)　　　　　　　義務的　　　　　　　　　　　随意的
　　描写的　　They look fantastic.　　　　　He died young.
　　　　　　　（それらはとても素敵にみえる）　　（彼は若くして亡くなった）
　　結果的　　The boss got angry.　　　　　The pond froze solid.
　　　　　　　（その上司は怒った）　　　　　　（その池は固く凍りついた）

He died young. の die は，この動詞の意味上，状態の変化を必然的にともなう．しかし，その変化は年齢にかかわるものではないので young は結果的解釈ではなく描写的解釈を受ける．このように述部については，状況全体について用いられる静的（static）と動的（dynamic）という区別でなく，描写的と結果的という用語で区別する．たとえば，The parcel came open. という例について考えてみよう．この例はあいまいで，まず open が義務的で結果的な叙述補部とする解釈（"Its state changed from closed to open."「小包は封をした状態から開いた状態へ変わった」），そして open が随意的で描写的な叙述補部とする解釈（"It was already open when it arrived."「小包は到着したときにすでに開いていた」）という 2 通りが可能である（また，It arrived open.（小包は開いたまま届いた）は後者の解釈のみ容認される非あいまいな例である）．

■ 他動詞

(25) の複雑自動詞の例に対応する複雑他動詞の例を以下にあげる．

(26)	義務的	随意的
描写的	He kept Kim warm.	He ate the steak raw.
	（彼はキムを温め続けた）	（彼はステーキを生で食べた）
結果的	This got me furious.	He painted the fence blue.
	（これは私を激怒させた）	（彼はフェンスを青く塗った）

ここで，the parcel came open. のあいまい性に対応するのは You've made the tea weak. のような例である．weak が義務的で結果的な叙述補部とする解釈では，お茶を入れた後に濃過ぎたことに気づき，水を足したが今度は薄くなり過ぎたというように，お茶について状態の変化が引き起こされたことになる．一方，weak が随意的で描写的な叙述補部とする解釈は，そのような状態の変化には関与しない．お茶は入れた時点で薄過ぎであり，そもそもお茶の葉の量が足りなかったということである．

■義務的で結果的な述部をともなう他動詞

義務的で結果的な叙述補部をともなう他動詞については，さらに細かく分類することができる．

(27) i. He made himself unpopular.　　　　　　　［動詞句内補部が義務的］
　　 （彼は彼自身の評判を落とした）

　　 ii. He talked himself hoarse.　　　　　　　　　［動詞句内補部が随意的］
　　 （彼は話したあと声がかれた）

(27) のどちらの例も述部を省くと意味が変わってしまう．He made himself. （彼が彼自身をつくり上げた）は，あまり慣用的でないが，いずれにせよ (27i) の make とは異なった意味である．そして，He talked himself. （彼は自分から話をした）の himself は付加部であり，目的語ではない．そういうわけで，(27) の結果的述部はどちらも義務的な要素である．しかし，(27ii) では述部とその意味上の主語を省いて，He talked. という文をつくることができるが，(27i) で同様の省略を行った *He made. は非文である．つまり，make は内部補部を必要とする特性をもつが，talk はその特性をもっていないということである．そして，(27i) のような例は標準的なケースであり，(27ii) は非常に例外的で稀な構文の例である．(27ii) は "He became hoarse as a result of talking."「彼は，話したことの結果として，のどが枯れた」という意味である．ここでは，照応表現をほかの種類の NP に置き換えることはできない．たとえば，*He talked his audience bored. は非文であり，"His audience became

bored as a result of his talking." 「彼が話したことの結果として，彼の聴衆は退屈した」という意味にはならない．(27ii) で照応表現が必要なのは，動作主を主語にもつ自動詞が随意的な結果的述部をとることができないためである．たとえば，The water ran hot.（水は温水タンクから蛇口に到達するまでに熱くなった）のような，主語が非動作主の例は結果的解釈を容認する．一方で，Kim ran hot.（キムは暑がりながら走っていた）は，"Kim became hot as a result of running." 「キムは走った結果として，体温が上がった」という意味には解釈できない．これを踏まえて，?He talked hoarse.（彼は声を枯らして話した）は描写的解釈をもつものとして，辛うじて容認できそうだが，やはり結果的に解釈することはできない．これに対し，(27ii) では，照応表現の himself を内部補部として配置することで talk は他動詞となり，さらに，この himself が結果的な叙述補部の意味上の主語として機能している．また，同様の構文で，PP を状態の変化を表す着点として配置することも可能である（例：He cried himself to sleep.（彼は泣いているうちに眠ってしまった），He drank himself into a stupor.（彼は飲酒してそのまま昏睡状態に陥った））．

■ 随意的で描写的な述部をともなう他動詞：意味上の主語としての O と S

通常，他動詞の述部は目的語を意味上の主語にとるが，随意的で描写的な述部は主語を意味上の主語にとることもできる．

(28) i. They served the coffee black.　　　　　　　　　　[O が意味上の主語]
         （彼らはコーヒーをブラックで出した）
     ii. They served the coffee blindfolded.　　　　　　　　[S が意味上の主語]
         （彼らは目隠しをしたままコーヒーを出した）

(28ii) の構文では述部を結果的に解釈することはできない．たとえば，She chopped the wood tired.（彼女は疲れたまま木を切っていた）は，彼女は木を切った結果，疲れてしまったという解釈ではなく，彼女は木を切った時にはすでに疲れていたと解釈しなければならない．

■ 随意的で描写的な述部が付加部になる場合

義務的な述部は，対応する動詞と共起しなければならないため補部であることは明らかである．しかし，随意的な述部の場合，それが結果的な述部なら補部となるが，描写的な述部であれば付加部とみなすべき根拠がある．また，結果的な述部に関しては (27ii) の He talked himself hoarse. の例でみたように義務的であるか，あるいは特定の動詞に認可されなければならない．しかし，随

意的な述部が節内に現れることについては，そのような厳しい制限はない．また，前述したように随意的な述部が他動詞節内に現れた場合は，主語か目的語のどちらでも意味上の主語としてとることができる．そして，随意的述部は，義務的述部と組み合わせることもできれば，二重目的語構文に現れることもできる．

(29) i. They look even more fantastic naked.
（彼らは裸になるともっと素晴らしくみえた）

　　 ii. They served us our coffee black.
（彼らは私たちにコーヒーをブラックで出した）

よって，これらの述部は付加部であると考えられる．このことから，述部と非述部の区別は，補部と付加部の境界を越えたものであるといえよう．

　随意的で描写的な述部は，ほかの多くの付加部と同様に，(30i) のように節内の修飾語句として機能する一方で，(30ii) のように独立した節を形成し，挿入部として機能することもできる．

(30) i. They left empty-handed.　　　　　　　　　　　　　［修飾要素］
（彼らは手ぶらで出ていった）

　　 ii. Angry at this deception, Kim stormed out of the room.　　［挿入部］
（このごまかしに怒って，彼女は部屋から飛び出ていった）

挿入部は節内での場所が比較的自由であり，音律的にも独立している．修飾要素の場合は，その振る舞いは補部に近いものとなる．とくに，(30i) の leave や，He died young. の die，そして He was born rich.（彼は金持ちの家に生まれた）のような受動態での bear など，決まった動詞と共起する場合がこれに該当する．

・付加部としての as 句

as によって導入される述部は，補部としても付加部としても機能することができる．as によって導入される述部が補部となっている例は，すでに (9) であげているので（例：That counts as excellent.），ここでは付加部として使用されている例をあげる．

(31) i. He was happy [as a junior assistant]. （彼は副手として幸せだった）

　　 ii. [As a former member] we can offer you the following term.
（以前のメンバーだったので君には以下の条件を提案しよう）

iii. [As a former member] I offer you both the following advice.
（以前のメンバーだったので，私は君たち二人に次の助言を与えよう）

これらの付加部は，解釈するうえで適切であればどんな NP でも意味上の主語にとることができる．たとえば，(31ii) では a former member は you (O^i) を意味上の主語にとり，(31iii) では I (S) を意味上の主語にとっている．また，(31iii) の you both を you だけに書き換えると，この例はあいまいになる．つまり，S と O^i のどちらも付加部の意味上の主語にとる解釈が可能となる．さらに，ここでの as 句は，NP を AdjP に置き換えることができないという点でも補部の場合とは異なっている．しかし，[As treasurer] I recommend that we seek approval for a modest increase in the subscription rate.（会計士として，私は，購読料のある程度の値上げを認めてもらうように勧めます）のように裸役割名詞句を as の補部にとることは可能である．

5.4 叙述補部をとる動詞の分類

■動詞グループ1：描写的叙述補部をともなう複雑自動詞

(32) Kim <u>felt</u> lonely / an intruder.（キムは寂しく／じゃま者だと感じた）
Her son <u>remained</u> ill / a danger.（彼女の息子は病気の／危険分子のままだった）
That <u>seems</u> plausible / a good idea.
（それは納得がいくもの／よいアイデアに思われる）
Pat <u>proved</u> reliable / a great asset.
（パットは信頼できること／大変有用だということがわかった）

このグループの主要な動詞を以下の (33) にあげる．また，be 動詞もこのグループに分類されるが，それに関しては 5.5 節で詳細に述べる．

(33) i.　feel　　　　　look $_{INF}$　　　smell $_{ADJ}$　　　sound $_{INF}$
　　　　　（感じる）　　（みえる）　　　（においがする）　（聞こえる）
　　　　　taste $_{ADJ}$
　　　　　（味がする）

　　 ii.　continue $_{ADJ\ INF}$　keep $_{ADJ}$　　remain　　　　stay
　　　　　（し続ける）　　（ずっと … ある）（… のままである）（… のままである）

　　iii.　appear $_{INF}$　　　seem $_{INF}$　　　prove $_{INF}$
　　　　　（みえる）　　　（思われる）　　　（… だと分かる）

'$_{INF}$' のマークがついている動詞は不定詞を補部にとることができる．よって，

たとえば She appeared anxious. とも She appeared to be anxious. (彼女は不安そうだった) ということもできる. (しかし, look と sound では, この2種類の構文は完全に同義というわけではない. たとえば, She looked happy. (彼女は幸せそうだった) のほうが, She looked to be happy. (彼女は幸せであるようにみえた) より, 彼女の幸せぶりがより直接目にみえて理解できるという解釈上の違いがある). 'ADJ' のマークが示しているのは, その動詞の叙述補部が事実上 AdjP に制限されており, NP をとることができないということである. よって, She kept calm. (彼女は穏やかなままだった) とはいえるが, *She kept the calmest person in the group. とは (あくまで複雑自動詞として) いうことができない. (33i) の動詞は (少なくとも主要な意味において) 知覚動詞である. (33ii) の動詞は状態の継続を表すものである. 一方, (33iii) は, appear と seem という, みかけあるいはうわべからの判断を表す2つの動詞に prove を追加したものである. (33ii) の中で continue はほかの動詞に比べると, 叙述補部をとるケースが圧倒的に少ないが, It continues cold. (寒さが続いています) や, The weather continues sultry. (気候は蒸し暑いままです) のように天候に関する事柄を述べる場合には, 叙述補部をとることができる. それ以外にも %Finding suitable accommodation for students continued difficult. (学生たちに適した宿泊施設をみつけることは前から難しかった) は容認可能であるが, 不定詞を用いて, continued to be difficult とするほうが多くの英語話者には自然に思われるだろう.

知覚動詞ならびに appear と seem は to 句を認可し, そこでの斜格名詞句は経験者を表す (例: The proposal looks very promising to me. (この提案は, 私にはとても有望に思える)). これらの動詞はまた, NP の代わりに like で導かれた句と共起することも一般的である (例: Kim felt like an intruder. (キムは自分がじゃま者のように感じた), It seemed like a good idea. (それはよいアイデアのように思われた)).

さらに (33) の動詞グループのほかに, 定型句あるいは熟語表現とみなされるような, 決まった範囲の叙述補部と共起する動詞がいくつかある.

(34)　go hungry / go naked (空腹でいる／裸で過ごす), hold true (当てはまる), lie flat (寝そべる), loom large (大きく迫る),
pass unnoticed (見過ごされる),
play rough / the fool (荒っぽいことをする／おどける),
plead guilty / innocent (有罪を認める／無罪を認める),
rest assured (安心する), run wild (野放しになる),
stand corrected / firm (訂正を認める／踏みとどまる)

■動詞グループ2：結果的叙述補部をともなう複雑自動詞

(35) He became ill / our main ally. (彼は病気に／私たちの主要な同盟者になった)
The work got too different for them.
(その仕事は彼らにとっては手に負えなくなっていった)

(36) become　come ADJ　fall　get ADJ INF　go ADJ
grow ADJ　turn ADJ

このグループの代表的な動詞は become である．(35), (36) の動詞はすべて変化を表すが，(35) の get は become と3つの点で違いがある．get はくだけた文体で用いられること，一般的には形容詞の叙述補部しかとることができないこと，そして get のほうが動作主を主語にとりやすいということである (例：The dog tried to get free. (その犬は何とか自由になろうとした))．また，Get ready. (準備をして) のように ready は become でなく get とともに用いられる．

(36) の become 以外の動詞は，限られた範囲の叙述補部しか補部にとらない．これらの動詞に対応する叙述補部の中で代表的なものを (37) にあげる．

(37) i.　fall asleep (眠る)，ill (悪化する)，pregnant (妊娠する)，prey (to NP) (NP のいけにえになる)，sick (病気になる)，silent (黙る)，victim (犠牲になる)

ii.　come loose (外れる)，open (開く)，right (都合よくなる)，true (叶う)，順序を表す形容詞 (I came third. (私は3番目にきた))[10]

iii.　go bad (悪化する)，mad (熱狂する)，wrong (誤る)，色を表す形容詞

iv.　turn bad (悪化する)，nasty (汚らしくなる)，sour (酸っぱくなる)，色を表す形容詞

v.　grow long (長くなる)，old (年を取る)，tall (背が伸びる)，心的状態を表す形容詞 (bored (退屈する)，impatient (我慢できなくなる)，tired (飽きてくる))，比較級の AdjP (You grow more beautiful each day.

---

[10] come には，"act as though one were"「まるで何かのように振る舞う」というような，ここで述べられているものとは異なる意味で用いられることがあり，その場合，NP を補部にとることができる (例：Don't come the concerned father with me. (私を心配している父親みたいに振る舞わないで))．同様に，come は不定形節も補部にとることもできるが，やはりその場合の come のもつ意味合いも上述のそれとは異なる．たとえば，Her wish came true. (彼女の望みは叶った) と #Her wish came to be true. (彼女の望みはだんだん叶ってきた) は同じ意味ではない．

（あなたは日を追うごとにどんどんきれいになっていく））

goとturnは形容詞の補部しかとらないと前述したが，色を表すNPであれば補部としてとることができる（例：It went/turned a strange colour. (それは不思議な色に変わった））.

そのほか，このグループの動詞には1つか2つの決まった要素としか共起しないものがあり，それらは基本的には定型句のようなものである.

(38) blush scarle（真っ赤になる），
　　　break loose（逃げ出す），
　　　burst open（張り裂ける），
　　　drop dead（急死する），
　　　freeze solid（冷え固まる），
　　　run hot/cool（熱くなる／冷たくなる），
　　　slide open/shut（スライドして開く／閉まる），
　　　spring open（勢いよく開く），
　　　walk free（無罪放免になる），
　　　wax eloquent（雄弁になる），
　　　wear thin（すり減る），
　　　work loose（ゆるむ）

■動詞グループ3：描写的叙述補部をともなった複雑他動詞

(39) She believed it prudent/an advantage to be out of town.
　　　（彼女は街の外にいることが賢明／有利だと信じていた）
　　　We proved it genuine/a fake.（私たちはそれが本物／偽物だと証明した）
　　　They kept their marriage secret/a secret.
　　　（彼らは自分たちの結婚を秘密にしておいた）

このグループに属する動詞は非常に多く，そのためbelieveやproveのように叙述補部の代わりに不定詞をとることができる動詞（例：She believed it to be prudent to stay out of town.（彼女は街の外にいることが賢明だと信じていた）やWe proved it to be genuine.（私たちはそれが本物だと証明した））には，(40i)に '$_{INF}$' のマークをつけ，まとめて記載した.

(40) i.　believe $_{INF}$　certify $_{INF}$　　consider $_{INF}$　declare $_{INF}$　　　deem $_{INF}$
　　　　　（信じる）　（証明する）　（考える）　　（宣言する）　　（考える）

第5章　述部とそれに関連する要素　　109

feel $_{INF}$	find $_{INF}$	hold$_1$ $_{ADJ\ INF}$	judge $_{INF}$	like $_{INF}$
（感じる）	（分かる）	（思う）	（判断する）	（好む）
prefer $_{INF}$	presume $_{INF}$	profess $_{INF}$	pronounce $_{INF}$	prove $_{INF}$
（より好む）	（仮定する）	（公言する）	（宣言する）	（証明する）
reckon $_{INF}$	report $_{INF}$	rule $_{INF}$	think $_{INF}$	want $_{INF}$
（考える）	（報告する）	（裁定する）	（考える）	（望む）

ii.

account	brand	call	designate$_1$	esteem
（思う）	（決めつける）	（よぶ）	（割り当てる）	（考える）
have $_{ADJ}$	hold$_2$	imagine	keep	label
（させる）	（保つ）	（想像する）	（保つ）	（レッテルを張る）
leave	rate	term	wish $_{ADJ}$	
（しておく）	（みなす）	（名づける）	（望む）	

hold$_1$ は，I hold you responsible for her safety. （君に彼女の安全についての責任があると思う）のように，consider とほぼ同義である．一方，hold$_2$ は，She held the door open for us. （彼女は私たちのために扉を開けたままにしてくれた），They held us hostage. （彼らは私たちを人質として拘留した）のように，keep の意味に近い（ただし，どちらの用法とも共起できる叙述補部の範囲は極めて限られている）．(40ii) の動詞のいくつかは不定詞を補部にとることができるが，(40i) の動詞とは異なり，それによって節の意味が変わってしまう．たとえば，He wished himself different from the sort of person he thought he was. （彼は自分がそうだと思っていたタイプの人間と自分自身が違っていればよかったのにと思った）は，変化を望む意味が含まれる He wished himself to be different. （彼は自分が変わりたいと思った）よりもむしろ，He wished that he was different. （彼は，自分が違うタイプの人間だったらよかったのにと思った）に意味が近い．He imagined himself unmarried. は He imagined himself to be unmarried. （彼は自分自身が結婚していないものと考えていた）と同じ意味，すなわち He thought he was unmarried. のような解釈をもつことができる（He imagined himself indispensable. （彼は，自分自身は替えが利かない存在だと思っていた）も参照）．もちろん，この例にはもう1つの解釈があり，それは，彼は自分が結婚していたことはわかっていて，その時もし結婚していなかったらどうなっていたかを想像したというものであり，こちらのほうがより自然な解釈であろう．

　acknowledge（認める），confess（認める），suppose（想定する）など (40) に記載されていない動詞にも複雑他動詞構文に現れるものがあるが，それらは一般的には照応表現を目的語にとる場合に限られる．たとえば He confessed

110 第 I 部 補部になる節

himself puzzled by her response.（彼は彼女の返答に困惑したことを認めた）とは
いえるが，*He confessed the decision indefensible. とはいえない.

■動詞グループ 4：義務的な結果的叙述補部をともなう複雑他動詞

(41) They appointed her ambassador to Canada.
（彼らは彼女をカナダ大使に任命した）
You drive me mad.（君にはイライラさせられる）
They made him anxious / treasurer.（彼らは彼を不安に／会計士にした）
They created her a life peer.（彼らは彼女を一代貴族に列した）

このグループの動詞には NP しか叙述補部にとらないものがある．それらは
(42ii) に '$_{NP}$' のマークをつけてまとめて記載した.

(42) i.　drive $_{ADJ}$　　get　　　make　　　put $_{ADJ}$　　render
　　　　send $_{ADJ}$　　set $_{ADJ}$　　turn $_{ADJ}$

　　 ii.　appoint $_{NP\ INF}$　baptise $_{NP}$　　　　christen $_{NP}$
　　　　（任命する）　　（洗礼によって認める）　（洗礼を施して名づける）
　　　　create $_{NP}$　　　crown $_{NP}$　　　　designate$_2$ $_{NP\ INF}$
　　　　（創造する）　　（王位につかせる）　　（指名する）
　　　　elect $_{NP\ INF}$　　name $_{NP}$　　　　proclaim $_{NP\ INF}$　　vote $_{NP}$
　　　　（選挙で選ぶ）　　（名づける）　　　（宣言する）　　　　（投票で選ぶ）

(42i) の他動詞は，上で述べた変化を表す自動詞に対応するものであり，主な
動詞として make，くだけた文体の get，そしてやや形式ばった文体であるが
render があげられる．そのほかの動詞は，限られた狭い範囲の形容詞を補部
にとることができる．turn は，自動詞の用法の時と同様に色についての補部
をとることはできる．drive と send は crazy（イライラした），mad（イライラし
た），insane（激怒した）のようなもの，set は free（自由な），alright（順調に），
right（うまく），straight（明らかに）など，そして put は right，straight をそれ
ぞれ補部にとることができる.

　(42ii) の動詞が NP を補部にとる場合，それは通常，裸役割名詞句になる
（例：They crowned him king.（彼らは彼を王位につかせた），They elected her
president.（彼らは彼女を大統領に選んだ）．baptise と christen に関しては，（少
なくとも文字どおりの意味においては）例外であるが，これは文法的要請では
なく意味的な要請であると考えられる．よって，この 2 つの動詞も複雑他動
詞の一種として考えることとする．また，They elected her as president. のよ

うに随意的に as を容認する動詞も存在する（本シリーズ第4巻『形容詞と副詞』
も参照）．

[専門的解説]

動詞によっては，描写的叙述補部と結果的叙述補部の意味的な区別をはっきり
させることが難しい場合がある．たとえば，designate の場合，まず They
have designated₁ it a disaster area.（彼らはそこを災害地域に指定している）
のように，"officially classify"「公式に分類する」という意味では描写的叙述
補部をとる．一方，They have designated₂ Kim the next Attorney-Gen-
eral.（彼らはキムを次期司法長官に指名した）のように "choose, appoint"「選
ぶ，任命する」という意味では結果的叙述補部をとる．ほかの動詞に関しても，
同様の区別を行う必要がある．たとえば，We had half the children sick.
（私たちの子どもたちの半分は病気だった）は描写的であり，We had the meal
ready in half an hour.（私たちは食事を30分で用意した）は結果的であると
いえる．

■ **動詞グループ5：随意的な結果的叙述補部をともなう複雑他動詞**

(43)　We hammered it flat.（私たちはそれをハンマーで平らにした）
　　　Kim knocked him senseless.（キムは彼を殴って意識不明にした）
　　　You should paint the house green.（あなたはこの家を緑に塗るべきだ）
　　　She rubbed herself dry.（彼女は自分の肌をこすって乾かした）
　　　He pushed the door open.（彼はドアを押して開けた）
　　　I'll wipe it clean.（私がそれを拭いてきれいにしておきます）

多くの動詞がこのタイプの属するのだが，ここでの動詞は限られた範囲の
AdjP しか補部にとることができない（ただし，色を表す形容詞の代わりに an
unusual colour（珍しい色）のような NP をとることはここでも可能である）．
このグループに属する動詞とその動詞に組み合わされる形容詞の典型例を
(44) に示す．

(44)　boil (hard)　　　bore (stiff)　　　brush (flat)　　　drain (dry)
　　　（固くゆでる）　　（ひどく退屈させる）（平らにブラシ掛けする）（すっかり排水する）
　　　fill (full of NP)　frighten (silly)　jerk (open)　　　plane (smooth)
　　　（NP で一杯にする）（ひどくおびえさせる）（ぐいっと押し開ける）（かんなをかけて平らにする）

shoot (dead)　　wash (clean)
（撃ち殺す）　　（きれいに洗う）

5.5　連結詞節

5.5.1　属性（ascriptive）用法の be と指定（specifying）用法の be
連結詞節のもっとも主要な用法は以下の2つである.

(45)　i.　His daughter is very bright / a highly intelligent woman.　　［属性］
　　　　　（彼女の娘はとても賢い／大変聡明な女性だ）

　　　ii.　The chief culprit was Kim.　　［指定］
　　　　　（主犯はキムだった）

属性用法の be を用いた構文では，叙述補部は特徴や性質の意味をもち，その特質上 AdjP あるいは非指示的な NP の形になる. そして，主語は概して指示的な要素であり，節全体は主語の指示物が叙述補部の特徴や性質をもっているという意味になる. たとえば (45i) は，とても賢いという特徴，あるいは大変聡明な女性であるという特徴を彼の娘がもっているという意味である. これに対し，指定用法の be を用いた構文は，**変項**（**variable**）を定義し，その**値**（**value**）を特定する形式となる. つまり，(45ii) は，"The x such that x was a chief culprit was: Kim"「x が主犯であったような x はキムであった」と表示することができ，主犯が誰であったのかを特定あるいは同定する働きをしている. 属性用法において be 動詞で連結される2つの意味役割については，それぞれ**主題**と**特性**とよび，指定用法においては，それぞれを**変項**と**値**とよぶ.
　連結詞節の多くは属性的にも指定的にも解釈できる.

(46)　i.　His first proposal was a joke.
　　　　　（彼の最初の提案はジョークだった）
　　　　　　　　　　　　　　　　　　　　　　　［属性的あるいは指定的］
　　　ii.　The victim was his sister.
　　　　　（その犠牲者は彼の妹だった）

(46i) の属性解釈は "His first proposal was laughable."「彼の最初の提案はばかげたものだった」ということであり，a joke は彼の提案に対する評価である. 指定解釈が与えられる文脈では，たとえば（会議などで），スピーチをどのように始めるのが一番よいかというような話題がもちあがった際に，ジョークから始めるというのが彼の提案であったような場合である. ここでの2

通りの解釈は明らかに異なっており，指定解釈のほうが文脈への依存度が高い．(46ii) ではさらに属性解釈と指定解釈の差異が際立っており，文脈への依存度は高くない．ここでの指定解釈は，犠牲者は誰だったのかを同定するものである．一方，属性解釈では，彼女と彼の間にきょうだい関係があることに言及しているだけである．属性解釈の場合，彼に数人の妹がいるのかもしれないが，指定解釈の場合，彼にはただ 1 人の妹がいるということが含意される．(46ii) の否定文 The victim was not his sister. の属性解釈は，彼に妹がいないケースでもまったく矛盾しない．一方，指定解釈では，彼に一人の妹がいるということが強く含意される．

■ 分裂文

連結詞構文の特殊な形の 1 つに it- 分裂文がある．it-分裂文は指定用法のみに用いられる．よって It was Kim who was the chief culprit. (主犯はキムだった) は (45ii) と同じ意味を表しており，It was his sister who was the victim. (その犠牲者は彼女の妹だった) は (46ii) の指定解釈にのみ対応し，あいまい性はない (It was a joke that he proposed first. (彼が最初に提案したのはジョークだった) も，やはり (46i) の指定解釈にのみ対応する)．また，(47ii–iv) にあるように融合関係詞と be 動詞を組み合わせた連結詞構文は，どちらの用法にも用いられる．そして，連結詞が指定的に用いられる場合，この構文は疑似分裂文 (pseudo-cleft) とよばれる．

(47) i. It was peace and quiet that he wanted most.　　　［指定：it-分裂文］
(彼がもっとも求めていたのは平和と安息だった)

ii. What he wanted most was peace and quiet.　　　［指定：疑似分裂文］
(彼がもっとも求めていたのは平和と安息だった)

iii. What he wanted most was unobtainable.　　　　　　　　　　［属性］
(彼がもっとも求めていたものは手に入らなかった)

iv. What he gave her was a worthless piece of jewelry.　　　　　［あいまい］
(彼が彼女にあげたものは価値のない宝石のかけらだった)

(47i, ii) では，変項は "the x such that he wanted x most"「彼がもっとも求めたような x」と定義され，その値は "peace and quiet" であると特定される．it- 分裂文では，変項は後半の関係節で定義されており，主語の it は関係節から抜き出された "x" を単に示しているだけである．(47iii) の疑似分裂文では，その統語構造が意味論とさらに直接対応している．この例での "x" とその定義は，融合関係詞で示され，主語として機能している．しかし，be 動詞と叙

述補部は x の値を特定してはいない．むしろ主語の融合関係詞は強い指示性を示し，節全体はその指示物について "unobtainable"「手に入らない」という特性があることを表現している．(47iv) の例は，指定的にも属性的にも解釈することができる．指定用法では，彼が彼女にあげたものが価値のない宝石のかけらであると特定される．一方，属性用法では，彼が彼女にあげたものは価値のない宝石のかけら（のようなもの）であるとみなされる．前者の解釈に該当する文脈の 1 つとして，聞き手が，彼が彼女にあげたものが何かを知らない時に，話し手がそれについて教えるというような場面があげられる．一方，彼が彼女にあげたものについての価値を審査するような場合には，後者の属性解釈が割り当てられることになる．属性解釈をもつためには，worthless のような評価にかかわる単語がいつも必要であるわけではない．(47iv) からworthless を省いても，彼が彼女にあげたものについて特定する文なのか評価する文なのかという点であいまいであることに変わりはない．しかし，当然，その区別はより不明瞭なものになる．また，it- 分裂文にも疑似分裂文にも，融合関係詞が現れることができるため，それを it- 分裂文と組み合わせて指定的な解釈を際立たせることが可能である（例：What it was that he wanted most was peace and quiet; What it was that he gave her was a worthless piece of jewelry.）．

　属性用法と指定用法にみられる意味の違いは，AdjP が叙述補部になっている場合に明確になる．

(48)　i.　The man they've appointed is too big for his boots.　　　　［属性］
　　　　（彼らが任命した男はうぬぼれている）

　　　ii.　What you are, my boy, is too big for your boots.　　　　　［指定］
　　　　（あなたの今の状態はうぬぼれである）

(48i) の例は，too big for his boots が主語の指している人物の特性に言及しているので，属性的である．一方，(48ii) の too big for his boots も確かに特性について言及しているのだが，この例では主語が人を指していないので，主語の指示対象がうぬぼれているという特性をもっていることを表現しているわけではない．むしろ，ここでの too big for your boots は "the x such that you are x"「今のあなたがそうであるような x」という変項の値を特定しているのである．もし，この値を "you are x"「あなたは x である」の x の値に代入すれば，"you are too big for your boots."「今のあなたはうぬぼれている」が得られ，これは，(48ii) の内容が事実ならば，必然的に事実となる（本シリーズ第 3 巻『名詞と名詞句』も参照）．

第 5 章　述部とそれに関連する要素　　　　115

5.5.2　属性連結詞節と指定連結詞節の形式的な相違

(a)　語順変換の可能性

指定構文では，意味役割の配列と統語的機能を転換することが通常可能である．すなわち，(49) にあるように，変項を主語に置き値を叙述補部とする語順も，値を主語に置き変項を叙述補部とする語順のどちらも許容される．

(49)　　　　変項が S─値が叙述補部　　　　　　値が S─変項が叙述補部

　　　i. a. What he wants is peace and　　b. Peace and QUIET is what
　　　　　　QUIET.　　　　　　　　　　　　　　he wants.

　　　　　　（彼が求めているのは平和と安息だ）　　（彼が求めているのは平和と安息だ）

　　　ii. a. Is what he wants peace and　　b. Is peace and QUIET what he
　　　　　　QUIET?　　　　　　　　　　　　　　wants?

　　　　　　（彼が求めているのは平和と安息なのか）　　（彼が求めているのは平和と安息なのか）

これらの例を指定構文としてのみ解釈するため，値の役割をはたす要素に焦点を当てるための強勢（上の例では大文字で表記）を置くものとする．そして，(49ia) と (49ib) の例の最初の NP が主語であることを示すため，(49ii) では，それらを疑問文に書き換えたものを提示している．一方，属性構文では，指定構文のような語順の変換は許されず，特性を表す要素は必ず叙述補部として配列されなければならない．

(50)　　　　主題が S─特性が叙述補部　　　　*特性が S─主題が叙述補部

　　　a.　What he wants is unobtainable.　b. *Unobtainable is what he wants.

　　　　　（彼が欲しいものは手に入らない）

しかし，ある特定の条件のもとでは，属性構文でも主語と叙述補部の語順を変換することができる．

(51)　　　　S─P─PC　　　　　　　　　　　　PC─P─S

　　　a.　Her third novel was even better.　b.　Even better was her third novel.

　　　　　（彼女の三作目の小説はさらに出来がよい）

(51b) の主語が her third novel であり，even better でないことは，Even better were her next two novels.（彼女の次の二作の小説はさらに出来がよい）の例での数の一致や *Was even better her third novel? のように be 動詞を文頭に置いた疑問文をつくることができないことなどからも明らかである．

　ここでの違いをまとめると次のようになる．もし，'X─be─Y' の be 動詞が指定的であれば，'S─P─PC' の構造を保持したまま，'Y─be─X' への書

き換えは通常可能である（(49) の例）．ただし，統語機能と意味役割の配列は変化することになる．一方，be 動詞が属性的であれば，'Y—be—X' への書き換えは不可能か（(50) の例），統語構造が変化するか（(51b) の例）のどちらかである（(51b) のようなタイプの主語と従属部の語順逆転については，本シリーズ第9巻『情報構造と照応表現』も参照）．

［専門的解説］
・語順変換により生じるあいまい性
指定構文が主語と叙述補部の語順変換を許すことによって，より一層のあいまい性が生じる．それは，語順変換によって主語と叙述補部のいずれも変項として振る舞うことが許されるからである．

(52) i. What he wanted to know was what I told her.　　［変項が S 値
　　　　（彼が知りたがったことは私が彼女にいったことだった）　が PC あるい
　　ii. What I told her was what he wanted to know.　　　は値が S で
　　　　（同上）　　　　　　　　　　　　　　　　　　　　　　変項が PC］

(52) における 1 つ目の解釈は，what he wanted to know ("the x such that he wanted to know x"「彼が知りたかったような x」) を変項とし，値を what I told her とするものである．すなわち，"It was the answer to the question 'what did I tell her?' that he wanted to know."「彼が知りたかったことは' 私が彼女にいったことは何だったのか' という問いに対する答えである．」ということである．もう 1 つの解釈は，what I told her ("the x such that I told her x"「私が彼女にいったような x」) を変項とし，値を what he wanted to know とするものである．すなわち，"It was the answer to the question 'what did he want to know?' that I told her."「私が彼女にいったことは' 彼が何を知りたかったのか' という問いに対する答えである．」ということである．前者の解釈の場合には，通常，発音上の主強勢 (main stress) は told に置かれ，後者の解釈の場合には，通常，それは know に置かれる．[11]

---

[11] (52) の例は一方の解釈では what he wanted to know が融合関係詞で what I told her が間接疑問節とみなされ，もう一方の解釈では，それらが逆にみなされるため主語が変項である読みと主語が値である読みの違いは明確である．しかし，この例に 2 通りの解釈があることは，そのような統語上の要因によるものではない．たとえば，The one who got the job was the one who won the prize. (その仕事に就いた者が賞をとった者であった) と The one who won the prize was the one who got the job. (賞をとった者がその仕事に就いた者であった)

第5章 述部とそれに関連する要素 117

・語順変換についての制限

ここでは，まず主語に変項が置かれている構文のほうが基本語順であり，主語に値が置かれている構文は語順変換の結果であると想定する．主語に変項が置かれている構文の出現頻度のほうがが圧倒的に高く，it- 分裂文ではこちらの構文のみが容認される（(47i) と *Peace and quiet was it that he wanted most. を比較参照）．さらに主語に変項が置かれている構文では特徴として文末に主強勢を置くが，この位置は主強勢が置かれる基本的な位置である．(49i, ii) を比較参照．

しかしながら，語順変換した構文のみが容認される例も存在する．

(53) i. Look over there! [That's the guy you should ask.]
      （向こうをみて！[あれがあなたが話を聞かなければならない人だよ]）

   ii. She took down some books but [those weren't the ones I needed.]
      （彼女は何冊かの本をとり出したが，[それらは私が必要としたものではなかった]）

   iii. THAT /?His father is who you should ask.
      （あなたがだれに話を聞かなければならないかといえば，あの人／彼の父親だ）

   iv. THAT /?Ill HEALTH was why he resigned.
      （なぜ彼が辞めたかというとその／体調不良ためだった）

(53i) で，値は人を指す指示詞 that で表現されており，この要素は主語として現れることしかできない（*The guy you should ask is that.）．また，(53ii) の値は，文中の先行詞（ここでは some books）を指す照応表現としての指示詞 those で表現されている．(53iii, iv) も，値を主語に置かねばならない例だが，とくに変項が間接疑問節で表現されているという点で特殊な指定構文である．

も，どちらの NP が変項として解釈されるかによって全体の意味が定まるあいまいな例である．これらが，誰が仕事に就いたかを特定するために用いられる場合（つまり，"It was the one who won the prize that got the job." 「その仕事に就いた者は賞をとった者であった」と解釈される場合），通常は prize に強勢が置かれる．また，これらが，誰が賞をとったかを特定するために用いられる場合（つまり "It was the one who got the job that won the prize." 「賞をとった者はその仕事に就いた者だった」と解釈される場合），通常は，job に強勢が置かれる．

(b) 変項と値の連結性 (connectedness)

(54) i. a. What I asked you was whether she had seen him.
　　　　　（私があなたに尋ねたのは，彼女が彼にあったかどうかだ）
　　 b. *What I asked you was that she had seen him.
　　 ii. a. What I regretted was that she had seen him.
　　　　　（私が遺憾に思ったのは，彼女が彼に会ったことだ）
　　 b. *What I regretted was whether she had seen him.

(54i) では，値が間接疑問節でもよいが，平叙節は容認されない．一方，(54ii) での値はその逆のパターンとなる．これは，変項の定義内容に原因がある．(54i) の変項は "the x such that I asked you x"「私があなたに尋ねたような x」であり，ここでの ask は疑問節を補部にとることはできるが平叙節をとることはできない（例：I asked you whether she had seen him.（私は，彼女が彼に会ったか尋ねた）/ *I asked you that she had seen him.）そして，(54ii) の変項は "the x such that I regretted x"「私が遺憾に思っているような x」であり，(54i) とは反対のことが当てはまる．同様に，上述の (48ii) で，値が AdvP (too big for your boots) の形をとれるのは，そこでの変項の定義である "the x such that you are x" が特性を表現する語句を容認するからである．

　このように，値となる要素の形は変項がどのように定義されているのかと密接に関連している．このような連結性が具体的にどのような形で現れるかを以下でみていくことにする．

・照応表現と相互代名詞 (reciprocals)

(55) i. a. My long-term goal is to get myself elected to Council.
　　　　　（私の長期的目標は枢密院に当選することである）
　　 b. *My long-term goal is to get me elected to Council.
　　 ii. a. All we did was give each other a little encouragement.
　　　　　（私たちがしたことはお互いを少し励ましあっただけだった）
　　 b. *All we did was give us a little encouragement.　　　［指定］
　　 iii. My long-term goal is of great importance to me / ?myself.
　　　　　（私の長期的目標は自分にとって大変重要である）
　　 iv. a. All we did was of great importance to us.
　　　　　（私たちのしたことすべてが私たちには大変重要だった）　　　［属性］
　　 b. *All we did was of great importance to each other.

第5章　述部とそれに関連する要素　　119

(55i) で照応代名詞が容認されるのは，get の主語が I であると理解できるからである．もし私（I）が行動をともなう目標（goal）をもっているなら，特別な条件でもない限り，私（I）がその行動の主語として想定される．よって，ここでは明示されてはいないが私（I）を get の主語として解釈することができる．同様に (55ii) では，give の主語は変項内にある私たち（we）であると解釈することができる．よって相互代名詞 each other は容認される一方，代名詞 us は目的語として現れることができない．これらの照応表現や相互代名詞は不定形節の形をとった値以外でも現れる（例：What you are, my boy, is rather sure of yourself.（あなたの今の状態は自信に満ちているというものだ））．それに対して，属性構文では，このような S と叙述補部の間の連結性はみられない．そのため，目的格の代名詞が容認される．(55iv) の例で，相互代名詞は目的語の位置に現れることはできない．一方，(55iii) のような例では，目的格の代名詞が用いられることが一般的であるが，照応代名詞もその代わりに置くことも可能である．これは照応表現の過剰使用（override reflexive）といわれるものの一例である（本シリーズ第 9 巻『情報構造と照応表現』も参照）．

・相の一致 (aspectual agreement)

(56)　i.　a.　What she did next was correct the proofs.
　　　　　　　（彼女がつぎにしたことは校正をすることだった）
　　　　b.　*What she did next was correcting the proofs.
　　 ii.　a.　What she was doing was correcting the proofs.
　　　　　　　（彼女がつぎにしていたことは校正をすることだった）
　　　　b.　*What she was doing next was correct the proofs.

(56) のように "do x" についての変項の値を特定する構文では，進行形か非進行形かという相に関しての一致が求められる．すなわち，(56ia) の非進行形の do に対しては，非進行形の correct が用いられなければならず，一方，(56iia) の was doing に対しては，進行形の correcting が要求されることになる．

・非肯定的項目 (non-affirmative items)

(57)　i.　a.　What he never did was show some sign of remorse.　　　　［指定］
　　　　　　　（彼が決してしなかったことは自責の念を表すある態度をみせることだ）
　　　　b.　What he never did was show any sign of remorse.
　　　　　　　（彼が決してしなかったことは自責の念を表すどんな態度もみせなかった

ことだ）

ii. a. The part he didn't read had been interesting to <u>some</u> of us. ［属性］

（彼が読んでいなかった部分は私たちのうち何人かには興味深いところ
だった）

b. *The part he didn't read had been interesting to <u>any</u> of us.

値を表す要素内の非肯定的項目は，変項内の否定的要素によって認可されるこ
とができる．He never showed any sign of remorse.（彼は決して自責の念を表す
どんな態度もみせなかった）において，any は never の作用域内で問題なく解釈
される．そして，この例に対応する指定構文である（57ib）でも any は同様に
認可される．しかし，（57iib）のような属性構文では主語内に埋め込まれた否
定的要素の作用域が叙述補部にまでは及ばない．よって，叙述補部内の any
は否定的要素によって認可されず，この例は非文である．

(c) 範疇

指定構文において変項になる要素は通常，NP の形をとるが，[12] 一方で値はどん
な範疇の句でも，あるいは従属節でも表現することができる．たとえば，It
was <u>only very reluctantly</u> that she agreed.（彼女は同意したが，本当に渋々にだっ
た）では AdvP が値となっている．そして，（48ii）での値は AdjP であり，
The best place for it is <u>under the table</u>.（それにうってつけの場所はベッドの下だ）
では値は PP の形をとるなど，さまざまである．属性構文では，従属節は主語
として機能することができるが叙述補部として機能することはできない．従属
節は特性を表現するのではなく，むしろ，その特性を担っているものを表現す
るからである．[13]（58）での whether 節の役割を比較参照すること．

(58) i. <u>Whether he'll survive</u> is uncertain. ［属性：S のみ］

（彼が生き延びるかどうかは不明だ）

ii. The question occupying us all is <u>whether he'll survive</u>.

［指定：値としての PC］

---

[12] （53iii, iv）でみた変項が間接疑問節になる例は，ここでの例外の1つである．

[13] 不定形節は，ある一定の条件下では，PC として機能できる．もっとも生産的なケースは，
This is to clean the lens with.（これはレンズをきれいにするためのものだ）のような目的を
表す不定形節である．ここでの不定形節は，「ある目的に適う」という特性を表現している．
ほかにも He is to blame.（彼に非がある）や The house is to let.（この家は貸し家です）のよ
うな決まりきった表現もある．

第 5 章　述部とそれに関連する要素　　　121

（私たちの心を占める問題は彼が生き延びるかどうかだ）

iii.　<u>Whether he'll survive</u> is the question occupying us all.

［指定：値としての S］

（彼が生き延びるかどうかが私たちの心を占める問題だ）

(d)　疑問詞としての who と関係代名詞の who

疑問詞の who は特性などを問うことはできないので，属性叙述補部になることができない．たとえば Who is he? は指定的にのみ用いられる．特性などを問う場合には，what … like，what，あるいは how を用いなければならない（本シリーズ第 6 巻『節のタイプと発話力，そして発話の内容』も参照）．同様に関係代名詞においても，He is not the man who I thought he was.（彼は私が思っていた男ではなかった）は彼が誰かということに関連した例であり，特性などに関連する構文は，He is not the man that he used to be.（彼は以前のような男でなかった）のようになり，ここでの that は who に置き換えることはできない．

(e)　指示性と定性

属性構文の叙述補部として機能する NP は指示的ではないため，人称代名詞の形をとることもできない．そして，これらの NP は，Kim is <u>a successful lawyer</u>.（キムは一流の弁護士である）のように，その特質上，不定性をもつことになる．このような例は，ある集合の中の一要素を指摘するという属性連結詞節の一般的な用法の 1 つを表しており，たとえば，This is a weed. は "This belongs to the class of weeds." 「これは雑草という集合に属する」ということを示している．また，これらの NP に段階的（gradable）語句が含まれることがよくある（例：<u>What a hopeless cook</u> he is!（なんてどうしようもないコックなんだ，彼は），He is <u>such a bore</u>.（彼は本当に退屈な男だ））．一方，定性の NP が属性構文で叙述補部として機能することも可能である．典型的な例としては，最上級，血縁関係，職場あるいはそこでの肩書きといったものがあげられる（例：She is the nicest person you could hope to meet／the headmistress's daughter／the secretary of the bushwalking club.（彼女は，あなたが会えればと望むうちでもっとも魅力的な人／校長の娘／ハイキングクラブの秘書です））．これらの例を指定構文として解釈することもできるが，最後の例では the を削除すると，この例はあいまいでなくなる．すなわち，She is secretary of the bushwalking club. は属性的な解釈しかとることができない．なぜなら，裸役割名詞句は指示的に用いられないからである．一般的に，指定構文で変項として機能する NP は定性をもつ．The ones he invited were Kim and Max.（彼が招待

したのは，キムとマックスだった）では変項も値も定であるが，What he wanted was an umbrella.（彼が欲しがったものは傘だった）では，値は不定の NP である．これらの例の解釈には，総記（exhaustiveness）と対照（contrast）の意味が含まれる．つまり，前者の例では，彼が招待した人々はキムとマックスだけであり，また，彼が招待できたかもしれないが，結局は招待しなかった人がいるということになる．このようにその特質上，指定構文で変項となる NP は通常，定性をもつのだが，これらが不定性をもつこともないわけではない．ただし，その場合は An example of what I mean was his behavior at dinner last night.（私がいっていることの一例なら，昨晩の彼の夕食での振る舞いだ）のように，総記と対照の意味をもつことはない．[14] また，変項の NP は何かについて具体的に記述・描写する働きをし，指示的に用いられることは決してない．次の (59) の例を比較してみよう．

(59) i. The man next to Tom / That guy with the beard is scoundrel.　[属性]
　　　　（トムの隣の男／あのあごひげを生やした男は悪党だ）
　　 ii. The one who got the job / The one who set up the deal was Max.　[指定]
　　　　（あの仕事に就いた／取引きの手はずを整えたのはマックスだった）

(59i) の属性構文では，話し手は聞き手にある特定の人物が悪党であることを教えたいと思っており，その人物が誰なのかを the man next to Tom あるいは that guy with the beard といった表現で示している．つまり，ここでの NP は指示的であり，前者の NP と後者の NP のどちらを用いようが，話し手の意図は聞き手に同様に伝わる．一方，(59ii) の指定構文では主語の NP をこのように自由に入れ替えることはできない．なぜなら，前者では話し手は相手に誰があの仕事に就いたのかを知らせており，後者では誰が取引の手はずを整えたのかを知らせているので，これらの NP の内容が話し手の伝えたいことの本質的な中身であるからである．よって，(59ii) の例は同じ内容を伝えるための 2 通りの方法とはなりえない．また，変項の NP は，about 句をもつ融合関係詞あるいは制限的関係節をともなう NP のような指示的でない要素でもよい（例：What/The one I like about Ed is his hair.（私がエドについて気に入っているところは彼の髪である））．そして，これらの NP は属性構文の主語になることはできない（例：*What/*The thing I like about Ed is black.）．

---

[14] また，primarily，chiefly，mainly といった「主に」のような意味を表す副詞を付け加えても，総記の意味はなくなる（例：It was primarily the cost that put me off.（私をうんざりさせるのは主に費用のことだ）．

(f) 一般動詞にともなう叙述補部

属性構文では叙述補部と一般動詞が共起できる一方，指定構文では基本的に動詞は be 動詞を用いなければならない．

(60)　i. a.　It was John who took responsibility for the account.
　　　　　　　（会計に責任があったのはジョンでした）
　　　　b. *It seemed John who took responsibility for the account.
　　　　c. *It became John who took responsibility for the account.
　　ii. *He considered what she needed a complete rest.

(60ib) は seemed を seemed to be に，(60ic) は became を came to be に置き換えることでそれぞれ文法的になり，(60ii) は a complete rest の前に to be を加えることで文法的になる．また，そもそも consider がこのような形の内部補部をとることができないというわけではないことに留意されたい．その証拠に，たとえば同様の内部補部をもつ He considered what she had done a complete disaster.（彼は，彼女のしたことは大失敗だと考えていた）は，属性構文として容認される．そういうわけで，これらの一般動詞に統率されている叙述補部は属性的であることから，主語と叙述補部を入れ替えることは不可能である（たとえば，Pat became Kim's lover.（パットはキムの恋人になった）と ?Kim's lover became Pat.（空想の世界で，恋人がパットに変身したというような解釈）は同義ではない）.[15]

---

[15] The genuinely interesting question, then, becomes : what factors determine the degree of realism or distortion in conventional images of Jews.（そういうわけで，真に興味深い問いは，どんな要素が典型的なユダヤ人のイメージの中にある現実主義と歪曲の程度を決定しているのかということである）のように，become が指定構文で用いられる場合もないわけではない．この例の叙述補部は真に興味深い質問の内容を同定しており，主語と叙述補部を語順転換することもできる．また，remain は，become より広範囲で指定構文に用いることができる．たとえば，His weight remained 60kgs.（彼の体重は 60 キロのままだった）とはいえるが，*His weight became 60kgs. とはいえない．そして，主語と叙述補部の語順変換を施した 60kgs remained his weight. も容認可能と思われる．また，主語が完全に指示的とはいえないものの，What I like best about Bill remains his sense of humour.（私がビルについて一番好きなところは今でも彼のユーモアのセンスである）も適格文である．

第6章 動詞と前置詞の特殊な組み合わせと関連する補部パターンの種類

この章では，動詞の補部となっている PP の中でも，とくに動詞との組み合わせが (1i-iii) のいくつかの点に該当するものをとり上げる．

(1) i. 当該の前置詞が動詞によって選択されており，ほかの前置詞で代用されることができない（たとえば，Kim referred to your book.（キムはあなたの本を参照した）など）．

ii. 当該の前置詞が動詞と目的語 NP の間に現れることができる（たとえば，She put in her application.（彼女は申込書を提出した）など）．

iii. 動詞＋前置詞の組み合わせがイディオム，あるいはその一部を形成する（たとえば，I gave up the struggle. ("abandoned")（私はその必死の取り組みを諦めた），This gave the lie to her critics. ("showed to be wrong")（これが彼女を批判する人たちの間違いを証明した）など）．

■ 他動的前置詞と自動的前置詞

前置詞という範疇に，(1i, iii) における to のような語だけでなく，(1ii) における in や (1iii) における up のようなものも含めることにする．このように使われている in や up は伝統文法や学校文法では副詞として分析されている．しかし，たとえば She was eating an apple.（彼女はリンゴを食べていた）と She was eating.（彼女は食事をしていた）においては，いずれの例でも eating は動詞であり，随意的に目的語をとっているとみなされる．これと同じように，The owner is not in the house.（家主は家の中にいない）と The owner is not in.（持ち主は中にいない）ではどちらにおいても in は前置詞であり，随意的に目的語をとっていると考えられるので，ここでは (1ii) の in や (1iii) の up を，目的語をとらない前置詞として扱う．動詞同様，前置詞はさまざまな種類の句の

124

第6章　動詞と前置詞の特殊な組み合わせと関連する補部パターンの種類　　125

中心要素となることができるが，それらの句の主要な区別は目的語をとるかとらないかである．He put it [in the box]. （彼はそれを箱の中に入れた）のようにNP の the box が in の目的語である場合，PP 全体を他動的前置詞句とよび，ここでの用法の in 自体は他動的前置詞とよぶことにする．これは，He [opened the door]. （彼はドアを開けた）のように the door が opened の目的語である場合に，opened the door （ドアを開けた）を他動的動詞句とよび，ここでの用法の open を他動詞とよぶのと同じである．同様に，He brought the chairs in. （彼は椅子をもち込んだ）のように前置詞が目的語をもたない場合，in だけで構成される PP を自動的前置詞句とよび，ここでの用法の in 自体を自動的前置詞とよぶことにする．このことから，(1i, iii) の to を，それぞれ your book と her critics を目的語としてとる他動的前置詞とみなし，(1ii) の in と (1iii) の up を自動的前置詞とみなすことにする．厳密には，自動的前置詞は NP ではない補部をもつこともある．たとえば，owing to the rain （雨のせいで）における前置詞 owing は PP の to the rain を補部としてとっているとみなされる．しかし，ここでは補部をとらないか，That counts [as satisfactory]. （それで十分だ）において述語として satisfactory をとる as のような自動的前置詞のみをとり上げる．

■ 動詞による前置詞の選択

(1i) の Kim referred to your book. （キムはあなたの本を参照した）における前置詞 to は，Kim flew to Boston. （キムはボストンへ飛行機で行った）の to と以下の点で区別される．つまり，後者の to は towards, round, from, over などほかの前置詞と置き換え可能だが，前者の to はそのような交替を許さない．よって辞書において，refer という語は to を要求すると記載しておかなければならないが，fly （飛ぶ）という語については，着点，起点，経路という意味役割を担いうる補部をとるとだけ指定しておけばよい．比較上，Kim referred to your book. （キムはあなたの本を参照した）における前置詞 to を指定前置詞 (**specified preposition**) とよび，Kim flew to Boston. （キムはボストンへ飛行機で行った）の to を無指定前置詞 (**unspecified preposition**) とよぶことにする．

・前置詞付き動詞

指定前置詞を選択する refer のような動詞を前置詞付き動詞 (**prepositional verb**) とよぶことにする．この範疇には，PP だけを補部としてとる動詞だけでなく，それに加えてほかの補部もとる動詞も含まれる．後者の例としては，He congratulated her on her promotion. （彼は彼女の昇進を祝った）において on her promotion に加えて her を補部としてとる conguratulate があげられる．また，この範疇には，上にあげた That counts [as satisfactory].（それで十分だ）の count のように叙述補部をとる指定前置詞を選択する動詞も含まれる．前置詞付き動詞を含む構文は 6.1 節でとり上げる．

■動詞と目的語の間に現れる前置詞：不変化詞

通常，目的語は動詞の直後に現れる．例外となるのは，She found in the woods a large number of exotic toadstools.（彼女は森の中で多数の珍しい毒キノコを発見した）のように目的語が長く複雑な場合であり，このような場合，目的語は後置され，結果として動詞と目的語の間に付加部などが現れることになる．（1ii）の She put in her application.（彼女は申込書を提出した）のような例は，複雑でない目的語と動詞の間に前置詞補部をもつという点で通常のパターンから外れている．このような，動詞とその目的語の間の位置に補部として現れることができる語を，**particle**（**不変化詞**）とよぶことにする．不変化詞には，主に（1ii）の in のような自動的前置詞が含まれるが，We cut short the debate.（我々は議論を切り上げた）における形容詞 short のようなほかの範疇も含まれる．不変化詞＋目的語を含む構文については，6.2 節でとり上げる．

■イディオムと動詞イディオム

イディオムとは，複数の語からなり，それを構成している個々の語が単独で使われるときの意味から合成的に導くことができない意味をもつものと定義される．動詞が中心となるイディオムを**動詞イディオム**（verbal idioms）とよぶことにする．

　動詞イディオムの多くは自動的前置詞を含み，たとえば（1iii）の give up（諦める）などがあげられる．この種のイディオムを含むさまざまな構文については 6.3 節で概観する．6.4 節では，（1iii）の give the lie to（虚偽を証明する）のような，動詞＋目的語 NP＋他動的前置詞という形の動詞イディオムをとり上げる．さらに 6.5 節では，そのほかの種類の動詞イディオムを簡単に紹介する．

　以下の動詞イディオムの例から，注意しておくべき 2 つの点を確認しておこう．

(2) i. a. He took me to task for wearing jeans.
  （彼はジーンズをはいていたことで私を非難した）
 b. She made up her mind to resign.（彼女は辞職することを決心した）
 ii. a. You're pulling my leg.（"teasing me"）（あなたは私をからかっている）
 b. He had no idea how ill I was.（彼は私がどんなに体調が悪いか知らない）

（a） イディオムは統語的構成素である必要はない

イディオムは語彙的単位であり，その語彙的単位が統語的な単位と一致する必要はない．たとえば (2i) では，PP の to task はイディオムの一部であるが，目的語によって動詞と離れてしまっており，したがって動詞と統語的構成素をなさない．(2ib) や (2iia) では，her や my はイディオムの一部であるが，それらの属格代名詞のもつ「三人称単数女性」や「一人称単数」といった性質はイディオムの一部ではない．ただし，(2ib) の属格代名詞は必ず主語と同一指示でなければならない（たとえば，*We made up Jill's mind to resign. は非文法的である）．さらに，(2iia) ではイディオム解釈の場合と文字どおりの解釈の場合で統語構造が同じであると考えられる強い証拠がある．なぜなら，どちらの場合にも，I don't like having my leg pulled. (私はからかわれるのが好きではない／私は足を引っ張られるのが好きではない) という受動態を作ることができるからである．したがって，(2iia) の my leg が統語的に pull の目的語であることは明らかである．同様に，(2ib) では，たとえば Her mind is made up. (彼女は決心した) のような受動文を作れることから，her mind は目的語であるといえる．(2iib) では idea が目的語 NP の主要部である．限定詞の no については，この位置に He hadn't the faintest idea … (彼は … が全然わからない) や Did he have any idea … (彼は … についてなにか考えがありますか) のようにほかの要素も現れることができるため，これは厳密にはイディオムの一部ではない．しかし，たとえば *He had a rather novel idea how ill I was. が非文法的であることからもわかるように，どのような要素でも現れることができるというわけではない．

（b） イディオムは補部を認可することができる

イディオムの make up one's mind は decide (決心する) と同じ意味であり，どちらも (2ib) の to resign (辞職する) のような不定詞補部を認可することができる．(2iib) でも同様に，have … idea は know (知っている) に相当するが，これらはともに同じ種類の節補部をとることができる．(2iib) では how ill I was (私がどんなに体調が悪いか) という感嘆節が補部になっているが，この節補部は，名詞 idea だけによって認可されているのではなく，イディオム全体によって認可されていると考えられる．なぜなら，名詞 idea だけでは *The idea how ill I was hadn't entered his mind. のように非文法的になってしまうからである．

　よって，ある特定の種類の補部をとるものの一種として，動詞イディオムも含める必要があることがわかる．

■「句動詞」という用語について

(3a) の例において下線が引かれている部分は，よく「句動詞 (phrasal verb)」として分類される.

(3) i. a. Kim referred to your book. （キムはあなたの本を参照した）
 b. He flew to the capital. （彼は首都へ飛行機で行った）
 ii. a. He put in his application. （彼は申込書を提出した）
 b. He carried in the chairs. （彼は椅子をもち込んだ）
 iii. a. I look forward to seeing you. （私はあなたに会うのを楽しみにしています）
 b. I ran forward to the desk. （私は机に向かって走った）
 iv. a. He paid tribute to his parents. （彼は両親に敬意を表した）
 b. He sent money to his parents. （彼は両親にお金を送った）

「句動詞」という用語は，当該の語の組み合わせが動詞的な統語的構成素をなすことを意味する．しかしながら，(3a) の例で下線が引かれている部分はイディオムとして解釈できるものの統語的構成素をなしてはおらず，その点では (3b) における，イディオムとしての解釈をもたない下線が引かれている部分と同じであるというのがここでの分析である．したがって，ここでは「句動詞」という用語は用いないこととする.[1]

6.1 前置詞付き動詞

上述したとおり，前置詞付き動詞とは，指定前置詞の PP を補部として選択する動詞のことである.[2] それに対して，無指定前置詞からなる他動的 PP を補部にとる動詞も存在する．6.1.1 節では，これら 2 つのタイプの動詞を含む節を比較する．さらに，6.1.2 節では，前置詞付き動詞を含む主要な構文について概説する.

---

[1] 句動詞という範疇は，場合によってはより狭く定義され，(3iia) のように動詞と自動的前置詞のみ，あるいは (3iib) のような非イディオムを含むこともある.

[2] 通常，「前置詞付き動詞」という用語は，(3ia) の refer to (言及する) のように動詞と前置詞という連鎖に対して用いられる．ただし，ここではこのような連鎖を単一の構成素をなすものとは考えないので，前置詞付き動詞という用語は動詞のみに用いることにする．つまり，(3ia) の場合は refer のみを前置詞付き動詞とよぶ.

6.1.1 指定前置詞と無指定前置詞をともなう構文の比較

ここで比較するのは，たとえば (4) の各例の (a) と (b) の節である．

(4) 　　指定前置詞　　　　　　　　　　無指定前置詞

　　i. a. I referred to her book.　　　　b. I flew to Boston.
　　　　　（私は彼女の本を参照した）　　　　（私はボストンへ飛行機で行った）

　　ii. a. I came across some old letters.　b. I swam across the river.
　　　　　（私は古い手紙を偶然みつけた）　　　（私は川を泳いで横切った）

　　iii. a. I skated over the problem.　　b. I skated over the frozen pond.
　　　　　（私はその問題を無視した）　　　　（私は凍った池でスケートをした）

　　iv. a. I waded through my ironing.　b. I waded through the mud.
　　　　　（私はアイロンがけを乗り切った）　　（私は泥をかき分けた）

(4) において，(a) の各例の前置詞は指定前置詞であり，したがって動詞は前置詞付き動詞である．一方，(b) の各例の前置詞は無指定前置詞である．(4iii, iv) に例示されるように，同じ動詞と前置詞の組み合わせでも，イディオム解釈の場合は指定前置詞，非イディオム解釈の場合は無指定前置詞となるものも多い．

　(4) にみられる 2 つのタイプを，(a) 前置詞とその補部を前置できるか，(b) PP を等位接続できるか，(c) 前置詞の前に付加部を置けるか，(d) 前置詞付き受動文が作れるか，という 4 つの観点から比較することにしよう．また，以下で詳しく述べるが，(4ia) の to のように**移動可能な (mobile)** 指定前置詞と，(4iia) の across のように**固定された (fixed)** 指定前置詞を区別する必要がある．移動可能なものは，上の 4 つの観点について基本的に無指定前置詞と同じように振る舞うが，固定されたものは，動詞との相対的位置を変えることができない．

(a)　前置詞＋NP の前置

ここで扱う主な構文は，関係節と開放疑問文，そして前景化 (foregrounded) された要素が PP であるような it- 分裂文である．[3] まず，無指定前置詞を含む

---

　[3] 訳者注：本シリーズにおいて，「前景化された要素」とは，it- 分裂文（たとえば It was a bee that stung me.（私を刺したのは蜂だ））や疑似分裂文（pseudo-cleft）（たとえば What stung me was a bee.（私を刺したのは蜂だ））の be 動詞の補部となる，ある種の「強調」を受ける要素のことを指す．多くの場合において，前景化された要素が音律的にも焦点 (focus) となるため，たとえば以下の (ia) は it- 分裂文の (ib) と同様の情報構造をもちうる（小型英

130 　第 I 部　補部になる節

例をみてみよう．

(5) i. the city to which I flew（私が飛行機で行った都市）　　　　［関係節］
　　 ii. To which city did you fly?　　　　　　　　　　　　　［開放疑問文］
　　　　 （どの都市にあなたは飛行機で行ったの）
　　 iii. It was to Boston that I flew.　　　　　　　　　　　　［it- 分裂文］
　　　　 （私が飛行機で行ったのはボストンへだ）

これらの例では，the city which I flew to などのように前置詞を残留させることもできるが，ここでは (5) のように前置詞がともに前置されているもののみを考察の対象とする．なぜなら，前置詞とその補部が移動の対象となることにより，これらが 1 つの構成素をなしていることがわかるからである．
　これらの構文において，指定前置詞がどのように振る舞うかみてみよう．(6) の各例から，refer によって選択される指定前置詞 to は移動可能であるが，一方 come によって選択される指定前置詞 across は移動できない，つまり固定されていることがわかる．

(6)　　　　移動可能な前置詞　　　　　　　固定された前置詞
　　 i. a. the book to which I referred　b. *the letters across which I came.
　　　　　（私が言及した本）
　　 ii. a. To which book did you refer?　b. *Across which letters did you
　　　　　　　　　　　　　　　　　　　　 come?
　　　　　（どの本にあなたは言及しましたか）
　　 iii. a. It was to her book that I　　b. *It was across these letters that
　　　　　 referred.　　　　　　　　　　 I came.
　　　　　（私が言及したのは彼女の本にだ）

大文字はその要素が音律的焦点になっていることを表す）.
　(i) a. MARY wrote the story.（メアリーがその物語を書いた）
　　 b. It was MARY who wrote the story.（その物語を書いたのはメアリーだ）
このため，しばしば前景化された要素は焦点と同一視されるが，以下のような例からこれが正確ではないことがわかる．
　(ii) a. It CAN'T have been Jill who leaked the news to the press.
　　　　（報道陣にそのニュースを漏らしたのがジルだということはありえない）
　　 b. It was Jill who designed THIS house too.（この家を設計したのもジルだ）
(ii) のどちらの例でも，前景化された要素は Jill である．しかし，(iia) では文全体が肯定か否定かということが焦点になっており，また (iib) では前提節の一部が焦点になっている．さらなる詳細については，本シリーズ第 9 巻の『情報構造と照応表現』を参照．

第6章　動詞と前置詞の特殊な組み合わせと関連する補部パターンの種類　　131

移動可能な前置詞は（5）の無指定前置詞と同様に前置することができるが，固定された前置詞は前置することができない．前置詞 across を動詞 come の左側に移動することは出来ないため，the letters which I came across（私が偶然みつけた手紙），Which letters did you come across?（どの手紙を偶然みつけましたか），It was these letters that I came across.（私が偶然みつけたのはこれらの手紙だ）のように前置詞を残留させたものだけが文法的となる．

(b)　PP の等位接続

無指定前置詞句は，（7）にみられるように等位接続によって1つの節に複数あらわれることができる．

(7)　I flew to Boston and to New York.
　　　（私はボストンとニューヨークへ飛行機で行った）

一方，指定前置詞句の場合は，移動可能なものは（8a）のように等位接続できるが，固定されたものは（8b）のように等位接続できない．

(8) a.　I referred to her book and to several others.
　　　　（私は彼女の本とそのほか数冊に言及した）
　　 b.　*I came across these letters and across some family photographs.

(c)　付加部の位置

(9) にみられるように，動詞と無指定前置詞の間には regularly のような付加部が現れることができる．

(9)　I flew regularly to Boston.（私はよくボストンへ飛行機でいく）

そして（10a）のように，移動可能な指定前置詞は付加部が動詞との間に現れることを許す．一方（10b）が非文法的であることから，固定された指定前置詞の場合はこれが許されないことがわかる．

(10) a.　I referred repeatedly to her book.
　　　　（私は彼女の本に繰り返し言及した）
　　　b.　*I came eventually across these letters.

(d)　前置詞付き受動文（prepositional passive）

これまで比較を試みてきた構文で，前置詞の補部だけを主語に繰り上げてみる．このような前置詞付き受動文では，前置詞は動詞の隣に留まるため，移動

可能な指定前置詞と固定された指定前置詞の間に大きな違いはない．無指定前置詞の補部を主語に繰り上げる場合，前置詞付き受動文は一般に非文法的になるのだが，中には文法的になるものもある．また，指定前置詞の補部を繰り上げる場合は前置詞付き受動文が可能となることが多いが，いつも文法的になるというわけではない．以下の例をみてみよう．

(11)　i.　a.　*Boston was flown to next.

　　　　　b.　This bed has been slept in. (このベッドは使われている)

　　　ii.　a.　*Such princiles were stood for.

　　　　　b.　Her book was referred to. (彼女の本は言及された)

　　　iii.　a.　*Some old letters were come across.

　　　　　b.　These matters must be seen to.

　　　　　　　(これらのことは考察されなければならない)

(11i) の前置詞 to および in はいずれも無指定前置詞である．(11iib) の to についてはすでにみたが，(11iia) の for は，the principles for which we stand (私たちが支持する原理) が文法的であることから，こちらも移動可能な指定前置詞であることがわかる．(11iiia) across に加え，(11iiib) to も，*the matters to which we must see が非文法的であることから固定された指定前置詞であることがわかる．いずれの場合も，(a) の例のように前置詞付き受動文にできないものもあれば，(b) の例のように前置詞付き受動文にできるものもあることがわかる．

■ 他動詞節における移動可能な指定前置詞と固定された指定前置詞の区別

移動可能な指定前置詞と固定された指定前置詞との区別は，指定前置詞が目的語 NP に後続する場合にも当てはまる．

(12)　　　移動可能な前置詞　　　　　　　固定された前置詞

　　i.　a. He referred me to a specialist.　b. He got me through the biology test.

　　　　(彼は私に専門家を紹介した)　　　(彼は私に生物学の試験を乗り越えさせた)

　　ii.　a. the specialist to whom he referred me.　b. *the test through which he got me

　　　　(彼が私に紹介した専門家)

第6章　動詞と前置詞の特殊な組み合わせと関連する補部パターンの種類　　133

iii. a. <u>To</u> whom did he <u>refer</u> you?　　b. *<u>Through</u> which test did he <u>get</u> you?

（彼はあなたに誰を紹介しましたか）

iv. a. It was <u>to</u> an ophthalmologist that he <u>referred</u> me.　　b. *It wasn't <u>through</u> the biology test that he <u>got</u> me.

（彼が私に紹介したのは眼科医だ）

v. a. He <u>referred</u> me <u>to</u> an optometrist, but not <u>to</u> an ophthalmologist.　　b. *He <u>got</u> me <u>through</u> the biology test, but not <u>through</u> the anatomy one.

（彼は私に眼科医ではなく検眼医を紹介した）

（12）の（a）の各例は他動詞用法の refer を含んでいるので，動詞とそれが指定している前置詞の to の間に目的語の me が現れている．上述した自動詞用法の場合と同様，to は（12ia）の関係節，（12iia）の開放疑問文，（12iiia）のit-分裂文において補部とともに前置でき，（12va）のように等位接続によって複数現れることができる．一方，（12）の（b）の各例は他動詞イディオムのget … through "help pass"（…を乗り越えさせる）を含んでいるが，指定前置詞の through は移動したり，等位接続したりすることはできない．

■ **構成素構造**
指定前置詞を含む節の構成素構造は，無指定前置詞を含む節の構成素構造と同じであるとみなすのが妥当である．これまでみてきたような，前置詞が NP の直前に現れる例では，その2つの要素が他動的 PP を形成していると考えられる．したがって，refer to（言及する）と come across（偶然みつける）を含む例の構成素構造は以下のようになる．

（13）a.　I [referred] [to her book].（私は彼女の本に言及した）
　　　b.　I [came] [across some old letters].（私は古い手紙を偶然みつけた）

前置詞の位置が固定されている場合，その動詞＋前置詞の組み合わせは**化石化**（**fossilised**）しているといわれる．通常であればそのような組み合わせに対して適用できる前置などの統語的操作が，化石化している組み合わせに対しては適用不可となるのである．

[専門的解説]
以下の（14）のように，指定前置詞が動詞と構成素をなすといわれることがあ

るが，このような考え方には証拠がない．

(14) a. I [referred to] [her book]. (私は彼女の本に言及した)
　　 b. I [came across] [some old letters]. (私は古い手紙を偶然みつけた)

これらの構造は，問題の前置詞が PP の主要部となっているのではなく，動詞に編入されるという再分析 (reanalysis) が起きていることを意味している．しかし，指定前置詞がかかわる構造でも，(6)，(8)，(10) の各例が示すように前置詞が補部の NP とともに PP をなしていると考えられる．よって，(14a) のような分析は，前置詞とそれを選択する動詞は構成素をなしていないという事実と相容れない．もし (14a) の構造が正しければ，なぜ前置詞が NP とともに前置されたり，等位接続の際に PP 全体が複数現れたり，付加部が to と動詞の間に挿入されたりできるのかについて説明がつかない．

　固定された無指定前置詞句の場合には，その構造については注意が必要である．(14b) の構造は，(6)，(8)，(10) の例が示していることとは矛盾はしないが，(13b) の構造もこれらの例と矛盾しない．なぜなら，これらの例からわかることは，動詞と前置詞の組み合わせが固定されているということだけだからである．しかし，(12ib) の He got me through the biology test. (彼は私に生物学の試験を乗り越えさせた) のように前置詞が目的語によって get から分離されており，したがってその 2 つが構成素をなしているとは考えにくいような例においては，(13b) の構造のほうが妥当であると考えられる．

　(14b) のような再分析に基づく構造は，動詞＋前置詞＋目的語という連鎖の動詞＋前置詞の部分が，通常の動詞＋目的語の場合の動詞と同じように振る舞うという証拠がある場合にのみ正当化されるであろう．たとえば動詞-目的語の場合，目的語の NP が重い時に，付加部が動詞と目的語の間に生起できる．これと同じことが動詞＋前置詞＋目的語の場合にもみられる，つまり動詞＋前置詞と目的語の間に付加部が生起できるならば，(14b) のような分析は支持されうる．しかし，そのような文が実際に使われている例はなく，(15) のような作例も容認不可能であるように思われる．

(15) i. *He came across later that moring a letter she wrote just be-
　　　　 fore her marriage.
　　 ii. *We must see to immediately the various matters that your
　　　　 father raised.

(13) のような化石化に基づく分析は get NP through のような他動詞イディオムの例を説明するのにどのみち必要であり，さらに refer to と come across について異なる構造を仮定する必要もなくなるのである．

第 6 章　動詞と前置詞の特殊な組み合わせと関連する補部パターンの種類　　135

6.1.2　前置詞付き動詞を含む構文
この節では，前置詞付き動詞にみられる補部パターンを，以下の 6 つの構造
に分類して概観する．

(16)　I　動詞-[前置詞＋O]

　　　　I referred [to her book]. （私は彼女の本に言及した）

　　　II　動詞-O-[前置詞＋O]

　　　　I intended it [for Kim]. （私はそれをキムに使ってもらうつもりだ）

　　　III　動詞-[前置詞＋O]-[前置詞＋O]

　　　　He looked [to her] [for guidance]. （彼は彼女に案内を求めた）

　　　IV　動詞-[前置詞＋PC]

　　　　It counts [as too short]. （それは短すぎる）

　　　V　動詞-O-[前置詞＋PC]

　　　　They regarded it [as successful]. （彼らはそれを成功とみなした）

　　　VI　動詞-[前置詞＋O]-[前置詞＋PC]

　　　　I think [of it] [as indispensable]. 　（私はそれを必須だと思っている）

(16I-III) では，最後に現れる要素は前置詞の目的語となる NP だが，(16IV-
VI) では叙述補部である．動詞の補部としての目的語と叙述補部の区別は，前
置詞の補部に対しても当てはまる．また，叙述補部をとる前置詞はほぼすべて
の場合 as である．以下のリストでは，そのような前置詞が as でない場合に
のみ明示することにする．

■ 構造 I：動詞-[前置詞＋O]（例：refer [to her book]）
この構造は，すでに 6.1.1 節でみた，前置詞＋NP が動詞の唯一の項になって
いるタイプのものである．この種の前置詞付き動詞は多数存在するが，(17)
はその一部である．(17) の各項目で，−P は (11) のような前置詞付き受動
文をつくることができないことを示し，F は，(6), (8) や (10) の come
across （偶然みつける）のように前置詞の位置がある程度固定され，化石化して
いるものを示している．[4]

---

　[4] 実際のところ，(6) の 3 つの構文は前置詞の移動を許すか許さないかに違いがあるケース
も存在する．たとえば，the goods of which he had disposed （彼が廃棄した商品）は ?Of
which items did he dispose first? （彼がまず廃棄した商品はどれですか）や ?It was of his
own car that he disposed first. （彼がまず廃棄したのは自分の車だ）よりもかなり容認度が高
い．(17) において f がつけられているものは，これら 3 つの構文すべてに生じることのでき

(17) abide by　　　　account for　　　ask after F　　　ask for
　　　（… を固守する）（… を占める）（… の容体を尋ねる）（… を要求する）

　　　bank on　　　　belive in　　　　break into　　　break with －P F
　　　（… を頼る）　　（… を信じる）　（… に押し入る）（… を打破する）

　　　call for　　　　call on　　　　　come across -P F　come between －P F
　　　（… を求める）　（… により掛ける）（… を偶然みつける）（… の仲を裂く）

　　　come by F　　　come into -P F　come under －P　consist of －P
　　　（… までやってくる）（… に加わる）（… の部類に入る）（… を構成する）

　　　count on　　　　dawn on －P　　decide on　　　dispose of
　　　（… をあてにする）（… に理解され始める）（… を決定する）（… を廃棄する）

　　　draw on　　　　dwell on　　　　fall for －P　　feel for －P
　　　（… を利用する）（… を思案する）（… にだまされる）（… に同情する）

　　　fuss over F　　　get at F　　　　get over －P F　get round F
　　　（… に気をもむ）（… を狙う）　（… を乗り越える）（… を歩き回る）

　　　go off －P F　　grow on －P F　hit on F　　　hold with －P
　　　（… を外れる）　（… の上で成長する）（… を思いつく）（… に賛成する）

　　　hope for　　　　keep to　　　　lay into F　　look afrer F
　　　（… をあてにする）（… に従う）　（… を非難する）（… の世話をする）

　　　look for　　　　make for －P F　part with　　　pick on
　　　（… を探す）　　（… を向かう）　（… を放棄する）（… をいじめる）

　　　pore over F　　run into F　　　see about F　　see to F
　　　（… を熟読する）（… に偶然出会う）（… を考慮する）（… に気を配る）

　　　stand by －P F　stand for －P　stem from －P　take after －P F
　　　（… に援助する）（… を表す）　（… から生じる）（… に似ている）

　　　tamper with　　tell on F　　　testify to　　　wait on
　　　（… を改ざんする）（… を密告する）（… を証明する）（… に奉仕する）

blossom into（発展する）や turn into（変化する）も構造 I の仲間として分析することができる．ただし，これらの前置詞の補部は意味的には述語であるもの

ないものである．また，化石化の程度は，動詞＋前置詞の組み合わせのもつ意味によって変わりうる．たとえば，look at が "examine with a view to repairing"「修理のために検査する」というイディオムの意味をもつ I must get a plumber to look at this tap.（私はこの蛇口を修理してもらうために配管工を手配しなければならない）では，前置詞 at の位置は固定されているが，イディオムではない Everyone was looking at the organist.（全員がそのオルガン奏者をみていた）では固定化されていない．

の，AdjP や裸役割 NP を置くことは不可能である．そういうわけで，統語的には blossom into と turn into の補部を叙述補部とみなすことができない．

■ 構造 II：動詞-O-[前置詞＋O]（例：**intend it [for Kim]**）

この構文では，動詞は目的語と PP の 2 つの補部をとる．対応する受動文においては，常に前置詞ではなく動詞の補部が主語となる．したがって，It was intended for Kim.（それがキムに使ってもらうつもりだった）は文法的だが，*Kim was intended it for. は非文法的となる．このタイプの構造に現れる前置詞はほぼ常に，(12) の refer … to（… を紹介する）のようにその補部をともなって移動したり等位接続によって複数回現れたりすることができるが，そのようなことができない (12) の get … through（… を乗り越えさせる）のような形式ばらない表現もある．以下の (18) では，そのような化石化した組み合わせに F がつけられている．

(18)

accuse … of	address … to	assure … of
（… で … を訴える）	（… に … を申し込む）	（… について … を保証する）
charge … with	confine … to	convince … of
（… で … を非難する）	（… に … を制限する）	（… に … を確信させる）
deprive … of	draw … into	entitle … to
（… から … を奪う）	（… に … を引き入れる）	（… に … の権利を与える）
explain … to	get … through F	help … with
（… に … を説明する）	（… に … を乗り越えさせる）	（… について … を手伝う）
hold … against	incite … to	interest … in
（… から … を守る）	（… へ … を扇動する）	（…に…への関心をもたせる）
introduce … to	let … into F	let … off F
（… に … を紹介する）	（… に … を通す）	（… から … を降ろす）
persuade … of	protect … from	read … into
（… に … を納得させる）	（… から … を守る）	（… を … に読みとる）
refer … to	rob … of	see … through F
（… に … を紹介する）	（… から … を奪う）	（… に … を切り抜けさせる）
subject … to	suspect … of	treat … to
（… を … に服従させる）	（…に…との疑いをかける）	（… に … をおごる）
warn … of / about		
（… に … と警告する）		

構造 II の 2 つの特殊な例を (19) にあげる．

(19) i. a. He supplied weapons to them. (彼は彼らに武器を提供した)

　　 b. He supplied them with weapons. (彼は彼らに武器を提供した)

　 ii. a. She gave the key to Pat. (彼女はパットに鍵を与えた)

　　 b. She gave Pat the key. (彼女はパットに鍵を与えた)

どちらの場合も，(a) の例と (b) の例で交替が可能である．supply（提供する）の場合はどちらの例も前置詞を含む構文であり，動詞の目的語となる NP と動詞によって選択される前置詞が異なっているだけである．give（与える）の場合は，(19a) の前置詞を含む構文は (19b) の二重目的語構文と交替する（これらの交替については第 II 部でみることにする）．

■ **構造III：動詞-[前置詞＋O]-[前置詞＋O]（例：look [to her] [for guidance]）**
このタイプでは，動詞は前置詞を 2 つ選択する．

(20)　agree with ... about　　　　　appeal to ... for
　　　（... と ... について合意する）　（... に ... を訴える）
　　　argue with ... about / over　　arrange with ... for
　　　（... と ... を議論する）　　　（... に ... を打ち合わせる）
　　　boast to ... about　　　　　　complain to ... about
　　　（... と ... についてを自慢する）（... に ... について不満を言う）

■ **構造 IV： 動詞-[前置詞＋PC]（例：count [as too short]）**

(21)　act　　　　　　count　　　　　　do "serve"　　　　double
　　　（... となる）　（... とみなす）　（... として働く）　（... を兼務する）
　　　emerge　　　　function　　　　masquerade　　　pass as / for
　　　（... として現れる）（... として機能する）（... を装う）　（... で通る）
　　　pose　　　　　　rate　　　　　　resign　　　　　retire
　　　（... を装う）　（... と評価される）（... を辞任する）（... を引退する）
　　　serve　　　　　stand
　　　（... として働く）（... として存在する）

この構造は，前置詞が叙述補部を選択するという点以外では複雑自動詞構文と同様である．He had passed for dead. (彼は活気がないことで通っていた) のように，pass は as だけでなく for も選択することができる．

第6章　動詞と前置詞の特殊な組み合わせと関連する補部パターンの種類　139

■ 構造 v：動詞-O-[前置詞＋O]-[前置詞＋PC]（例：**regard it [as successful]**）

(22) i.　accept
　　　（…を…として受け入れる）

acknowledge
（… を … として認める）

adopt
（… を … として採用する）

bill
（…を…として宣伝する）

brand
（…を…として決めつける）

cast
（… を … とみなす）

categorise
（… を … として分類する）

characterise
（…を…として特徴づける）

choose
（… を … として選ぶ）

class(ify)
（… を … として分類する）

condemn
（… を … として責める）

confirm
（… を … と確認する）

construe
（… を … とみなす）

count
（… を … とみなす）

define
（… を … と定義する）

denounce
（… を … として非難する）

depict
（… を … と表現する）

describe
（… を … と評する）

diagnose
（… を … と診断する）

disguise
（… を … に偽装する）

dismiss
（… を … として拒絶する）

enlist
（…を…として入隊させる）

establish
（… を … として設立する）

give
（… を … として与える）

hail
（… を … として称える）

have
（… を … とする）

identify
（… を … と同定する）

instal
（… を … として設置する）

intend
（… を … として意図する）

interpret
（… を … として解釈する）

know
（…を…として知っている）

mean
（…を…という意味でいう）

perceive
（… を … と認識する）

portray
（… を … として描く）

present
（… を … として描写する）

recognise
（… を … と認識する）

regard
（… を … とみなす）

represent
（… を … として描写する）

scorn
（… を … として軽蔑する）

see
（… を … と考える）

suggest
（… を … として提案する）

take as／for
（… を … とみなす）

treat
（… を … として扱う）

use
（… を … として用いる）

view
（… を … とみなす）

ii.　appoint
　　　（…を…として任命する）

consider
（… を … とみなす）

designate
（… を … として指定する）

elect	imagine	nominate
（… を … として選ぶ）	（… を … として想像する）	（… を … として指名する）
ordain	proclaim	rate
（… を … として叙任する）	（… を … として公言する）	（… を … と評価する）
report		
（… を … として報告する）		

この構造は，前置詞が叙述補部を選択することを除けば複雑他動詞構文と変わらない．(21) の pass（… で通る）と同様，He took it as obvious.（彼はそれを自明とみなした）と He took them for dead.（彼は彼らを活気がないとみなした）のように as だけでなく for も許される例外も存在する．(22ii) の動詞の場合は，They appointed Kim (as) treasurer.（彼らはキムを会計係として任命した）のように，as はあってもなくてもよい．as が現れない場合は，5.4 節で論じた複雑他動詞構文に属することになる．

■ 構造 VI：動詞-[前置詞＋O]-[前置詞＋PC]（例：**think [of it] [as indispensable]**）

(23)	agree on	conceive of	look (up) on
	（… に … として合意する）	（… を … として思い描く）	（… を … とみなす）
	refer to	think of	
	（… を … とよぶ）	（… を … と思う）	

この構造は比較的特殊なものであり，1 つ目の前置詞の補部が 2 つ目の前置詞の補部である叙述補部の意味上の主語になっている．つまり，think [of it] [as indispensable] における叙述補部である indispensable（必須だ）の意味上の主語は，前置詞 of の補部の it である．また，ある叙述補部とその意味上の主語があったとき，意味上の主語だけが前置詞の補部となる構文が存在しないことは注目に値する．[5]

---

[5] '動詞-[前置詞＋NP]-PC（前置詞なし）' という構文が可能になるのは，叙述補部の意味上の主語が文主語と同じときだけである．たとえば，He looks to me somewhat insecure.（彼は私には少し不安に感じられる）の場合，somewhat insecure の意味上の主語は he であり，me ではない．

第 6 章　動詞と前置詞の特殊な組み合わせと関連する補部パターンの種類　　141

6.2　「動詞-不変化詞-目的語」構文

・不変化詞の例とその定義

ここでは，**不変化詞**という用語を (24i) の down のような語にのみ用い，
(24ii) の downstairs のような語には用いないことにする.

(24)　i. a.　She brought <u>down</u> the bed. (彼女はベッドを降ろした)

　　　　b.　She brought the bed <u>down</u>. (彼女はベッドを降ろした)

　　ii. a.　*She brought <u>downstairs</u> the bed.

　　　　b.　She brought the bed <u>downstairs</u>. (彼女はベッドを階下に運んだ)

(24i) では，down という語は 1 語で句をなしており，動詞の補部となってい
る.「不変化詞」という用語は，その語のみに対して用いられることもあれば，
それが形成する句全体を指すこともある. 不変化詞の大きな特徴の 1 つは，
動詞の目的語が代名詞でない場合に動詞と目的語の間に現れることができると
いうことである. これが，まさに (24) で down と downstairs を区別してい
る性質なのである. つまり，どちらも目的語に後続することはできるが，
down だけが動詞と目的語の間に現れることができる. 一般に，固有名詞や冠
詞 + 普通名詞の形の目的語 NP は動詞の直後にこなければならず，付加部や
補部が割り込むことを許さない. 不変化詞はこの点で大きな例外となってい
る. She brought downstairs the bed that she had recently inherited from her
grandmother. (彼女は最近彼女が祖母から譲り受けたベッドを階下に運んだ) のよう
に，目的語が長く複雑であれば downstairs は動詞と目的語の間に入ることが
できるが，不変化詞の場合にはそのような制約はみられない. 不変化詞をこの
ように (24ia) のような構造に基づいて定義したため，自動詞を含む節はここ
では扱わない. なぜなら，She came down. (彼女は下へ降りた) と She came
downstairs. (彼女は階下にやってきた) との間には，語順に関して上述したよう
な違いがないからである.

　不変化詞の大部分は，単語単体で句を作れるという理由から自動的前置詞で
ある.[6] 形容詞と動詞にも不変化詞とみなせるものもあるが，それらは動詞イ
ディオムの一部を構成しているようなものに限られる (たとえば，He made
<u>clear</u> his intentions. (彼は自分の意図をはっきりさせた)，They cut <u>short</u> their
holiday. (彼らは休暇を切り上げた)，She let <u>go</u> his hand. (彼女は彼の手を放した)

---

　[6] 不変化詞という用語はさまざまに用いられるが, 通常は屈折を起こさない語の一種を指す.
本巻での用法は英語においてもっとも一般に使われているものである.

のようなものがあげられる）．一方，前置詞の不変化詞は She brought down the price.（彼女は値段をまけさせた）のようなイディオムにも，(24i) のようなイディオムの解釈をもたない**自由結合（free combination）**の場合にもみられる．これらの前置詞の不変化詞の例の一部を (25) にあげる．[7]

(25)
aboard T	about T	across T	ahead
（乗って）	（周囲に）	（横切って）	（前もって）
along T	apart	around T	aside
（一緒に）	（離れて）	（囲むように）	（わきへ）
away	back	by T	down T
（離れて）	（後ろに）	（傍らに）	（下に）
forth	forward	home	in T
（前へ）	（前に）	（自宅へ）	（中へ）
off T	on T	out %T	over T
（離れて）	（上に）	（外へ）	（横切って）
round T	through T	together	under T
（回って）	（通り抜けて）	（一緒に）	（下に）
up T			
（上に）			

T という注釈がついているものは，その前置詞が他動的にもなれる，つまり She brought me down the mountain.（彼女は私を山から降ろした）のように目的語をとることができることを示している（out については，He jumped out the window.（彼は窓から飛び降りた）のように目的語をとる用法がアメリカ英語では許されるのに対してイギリス英語では許されないので，%T としてある）．

・「動詞-不変化詞-NP」と「動詞-[前置詞＋NP]」の相違

1 つの単語が不変化詞としても他動的前置詞としても使われることがよくあるので，この 2 つの相違を以下の (26) の例を用いて考察することにする．

(26)
動詞-不変化詞-NP	動詞-[前置詞＋NP]
a. She took off the label.	b. She jumped [off the wall].
（彼女はラベルをはがした）	（彼女は壁から飛び降りた）

---

[7] このリストには aft（船尾に），aloft（マストの上に），ashore（岸に），astern（後方に）のような船舶用語を追加することもできる．また，leave behind（置き去りにする）のような 1 つか 2 つの動詞との組み合わせだけでしか使えないものも存在する．

(26a) では，off は不変化詞であり，動詞の補部になっている自動的前置詞である．動詞はそのほかに the label を補部，より正確には目的語としてとっている．対照的に，(26b) では off は the wall を目的語としてとっている他動的前置詞である．そして，[off the wall] が PP を形成し，動詞 jump の補部として機能している．この 2 つの構文は，以下の点で統語的に異なっている．

(a) 「不変化詞＋NP」は語順を交替できるが「前置詞＋NP」はできない

(27) i. a. She took off the label. (彼女はラベルをはがした)
　　　 b. She jumped off the wall. (彼女は壁から飛び降りた)
　　 ii. a. She took the label off. (彼女はラベルをはがした)
　　　 b. *She jumped the wall off.

不変化詞の特徴として，目的語に先行することが**可能である**だけでなく，後続することもできることがあげられる．したがって，(27ia) と (27iia) のような語順の交替がみられる．しかし，(27ib) では off the wall は単一の句をなしており，その内部での語順は固定されているため，(27iib) は非文法的となる．
　この違いは重要なものではあるが，以下の (b) ほど明確なものではない．なぜなら，以下の (33) にみられるように，他動的 PP と NP＋自動的前置詞の交替を許す例が少数であるが存在し，また不変化詞であっても目的語との語順の交替を許さないものもあるからである（これらの不変化詞については 6.3.1 節を参照）．

(b) 他動的前置詞のみが強勢をもたない人称代名詞に先行できる

他動的前置詞に後続する NP （つまりその目的語）は，強勢をもたない人称代名詞の形をとりうるが，このような人称代名詞が不変化詞に後続することはできない．つまり，強勢をもたない人称代名詞はそれを統率する動詞の直後にこなければならないのである．したがって，off が不変化詞である (28a) の場合は非文法的になり，off が他動的前置詞である (28b) の場合には文法的となるのである．

(28) a. *She took off it.
　　　 b. She jumped off it. (彼女はそこから飛び降りた)

この違いを確かめれば，ある構造が不変化詞を含むものであるかそうでないかを区別することができる．つまり，もし語順を変えることなく NP を強勢のない人称代名詞に置き換えることができれば，その構造は不変化詞ではなく他

144 第 I 部 補部になる節

動的前置詞を含むということである。[8]

(c) 他動的 PP は前置／前景化できるが，不変化詞＋NP はできない

形式ばった文体では，(29) の (b) の各例のように関係節や開放疑問文を作る際に他動的前置詞はその補部とともに前置することができ，it- 分裂文ではその組み合わせを前景化することができる．対照的に，不変化詞＋NP の連鎖は構成素をなしていないため，(29) の (a) の各例が示すように前置したり前景化したりすることはできない．

(29) i. a. *the label [off which she took]
　　　 b. 　the wall [off which she jumped]（彼女が飛び降りた壁）
　　 ii. a. *Off which label did she take?
　　　 b. 　Off which wall did she jump?（どの壁から彼女は飛び降りたのですか）
　 iii. a. *It was off this lable that she took.
　　　 b. 　It was off this wall that she jumped.
　　　　　（彼女が飛び降りたのはこの壁からです）

この判定法は，ある文が他動的前置詞を含む構文であるかを決めるための十分条件ではあるが，必要条件ではない．6.1.1 節でみたように，前置詞付き動詞のなかには語順が固定された他動的前置詞を選択するためこれらの構文がそもそもつくれないものもあるからである（(12) の例を参照）．

(d) 他動的前置詞句は等位接続できる

(30) a. *Did she take off the red label or off the yellow one?
　　 b. 　Did she jump off the wall or off the the balcony?
　　　　（彼女は壁から飛び降りたのかそれともバルコニーから飛び降りたのか）

(30b) が文法的なのは，Did she jump off the wall?（彼女は壁から飛び降りたのですか）と Did she jump off the balcony?（彼女はバルコニーから飛び降りたのですか）において下線部がそれぞれ構成素をなしているからである．対照的に，(30a) が容認されないのは Did she take off the red label?（彼女は赤いラ

---

[8]「強勢をもたない」という条件が必要なのは，代名詞が対比強勢をもつ場合には不変化詞が代名詞に先行できるからである．たとえば，あるリストから数人を除くという文脈で，ジルがその候補であるとき，対比強勢を代名詞において I'm certainly not going to take off HER.（私は彼女は除かない）のようにいうことができるのである．

第6章　動詞と前置詞の特殊な組み合わせと関連する補部パターンの種類　　145

ベルをはがしたのですか）と Did she take off the yellow one?（彼女は黄色いのを
はがしたのですか）において off + NP の連鎖は構成素をなしていないからである.

(e)　様態の副詞は動詞と他動的前置詞の間に現れることができる

(31) a. *She took carefully off the label.

　　 b.　She jumped fearlessly off the wall.
　　　　（彼女は壁から恐れずに飛び降りた）

(31b) では動詞の補部は PP の off the wall であり，この種の補部は（固定さ
れた指定前置詞を除けば）様態の副詞のような付加部によって動詞から分離す
ることができる. しかし，(31a) では the label は動詞の目的語であり，動詞
とその間に付加部を置くことができない. この点で，(31a) は *She removed
carefully the label. と同様である.

■ 同音異義となる連鎖
1 つの単語が不変化詞としても他動的前置詞としても使われることが多いの
で，動詞と不変化詞の連鎖と，動詞と他動的前置詞の連鎖が同音異義になるこ
とが多くみられる.

(32)　　　不変化詞　　　　　　　　　　　他動的前置詞

　 i. a. He shouted down his　　　　 b. He shouted [down the phone].
　　　　 opponent.
　　　　（彼は相手を言い負かした）　　　　（彼は電話越しに怒鳴った）

　 ii. a. They turned in the fugitives.　 b. They turned [in the wrong di-
　　　　　　　　　　　　　　　　　　　 rection.
　　　　（彼らは逃亡者を引き渡した）　　　（彼らは間違った方向を向いた）

　 iii. a. She ran off another copy.　　 b. She ran [off the road].
　　　　（彼女はコピーをもう一枚印刷した）　（彼女は道を外れて走った）

　 iv. a. He got over his message　　 b. He got [over his disappoint-
　　　　 clearly.　　　　　　　　　　　 ment] quickly.
　　　　（彼は自分のメッセージを明確に知らせた）（彼は失望をすぐに乗り越えた）

これらは，上述の基準から容易に区別することができる（ただし，(32ivb) の
get + over だけは化石化している組み合わせである）. (32) の (a) と (b) の各
例文の構造的な違いは意味上の明確な違いにも反映されている. また，不変化
詞の 4 つの例と (32ivb) は高いイディオム性を有している.

■他動的 PP と NP＋自動的前置詞の連鎖の交替

他動的前置詞と不変化詞の区別に関して，さらに紛らわしい例をとり上げてみよう．

(33)　　　他動的 PP　　　　　　　　　　　NP＋自動的前置詞
　　i. a. She read [through the　　　　b. She read [the prospectus]
　　　　　prospectus].　　　　　　　　　　through.
　　　　　(彼女は趣意書を読み通した)　　　(彼女は趣意書をしっかり読んだ)
　　ii. a. She looked [over the letters].　b. She looked [the letters] over.
　　　　　(彼女は手紙に目を通した)　　　　(彼女は手紙を繰り返しみた)

一見すると，これらのペアは (27ia, iia) のペア (She took off the label. ～ She took the label off. (彼女はラベルをはがした)) と同じ交替をしているようにみえる．しかし，よく調べてみると，through と over は不変化詞ではなく，(33ia) と (33iia) では他動的前置詞であり，(33ib) と (33iib) では自動的前置詞であることがわかる．なぜなら，(33ia) と (33iia) において，She read through it. (彼女はそれを読み通した) および She looked over them. (彼女はそれに目を通した) のように，NP を強勢のない人称代名詞で置き換えられるからである．また，She read carefully through the prospectus. (彼女は趣意書を注意深く読み通した) のように副詞が介在できることからも同じ結論が導かれる．この構文では化石化が起こっているので，?the prospectus through which she was reading (彼女が読み通した趣意書) は少し容認度が落ちるが，*the label off which she took のように明らかに非文法的なものと比べるとその差は明らかである．よって，不変化詞である (27) の off とは異なり，(33ib) の through が自動的前置詞として機能しているのがわかる．(33) にみられる交替は through あるいは over といくつかの動詞の組み合わせに限られている．ほかの構文では over は容易に不変化詞として用いることができる．たとえば，He knocked over the vase. (彼は花瓶をひっくり返した) では，*He knocked over it. のように，the vase を強勢のない人称代名詞と置き換えることはできないが，He knocked the vase／it over. (彼は花瓶を／それをひっくり返した) は文法的である．一方，through は不変化詞としては用いられにくい．自動的前置詞としての through は通常，(33ib) のように目的語に後続するが，She was determined to see through the project. ("see it through to completion") (彼女はその計画を完了させることを固く決心していた) では不変化詞となっており，これは She quickly saw through his little game. ("perceived the true nature of it") (彼女は彼のやり口の本質を見抜いた) にみられるような他動的前置詞の用法

第6章 動詞と前置詞の特殊な組み合わせと関連する補部パターンの種類　　147

とは対照的である．

6.3　自動的前置詞を含む動詞イディオム

6.3.1　語彙化と化石化

動詞イディオムにみられる自動的前置詞は，自由結合においては場所の意味を
もつものである．例としては in, out, up, down などがあげられる．自由結合に
おいては，(34) のようにその補部として場所の情報を追加することができる．

(34)　i.　I jumped off (the wall). (私は (壁から) 飛び降りた)

　　　　　I fell in (the dam). (私は (ダムに) 落ちた)

　　　　　I climbed down (the tree). (私は (木を) はい降りた)

　　　ii.　I ran ahead (of him). (私は (彼の) 前を走った)

　　　　　I got out (of the box). (私は (箱から) 逃げだした)

　　　　　I jumped down (from the wall). (私は (壁から) 飛び降りた)

(34i) でカッコ内の随意的な要素は NP であり，したがって off, in, down
は NP が現れているときは他動的前置詞である．(34ii) では，PP が随意的な
要素となっている．

　このような追加の情報は，先行文脈から復元できる場合に省略することがで
きる．たとえば，She climbed onto the wall and immediately jumped off. (彼
女は壁に登ってすぐさま飛び降りた) では，"jumped off the wall"「壁から飛び降
りた」と解釈される．また，She walked with us most of the way, and then
suddenly ran ahead. (彼女は道のりのほとんどを私たちと一緒に歩いてきたが，突然
前を走りだした) では，"ran ahead of us"「私たちの前を走りだした」と解釈さ
れる．しかし，これらの先行詞に当たる要素が先行文脈において実際には発話
されておらず，単に含意されているだけの場合もしばしばある．適切な文脈が
与えられれば，(35) の例はカッコの中の語があたかも存在しているかのよう
に解釈される．

(35)　i.　a.　I didn't put sugar in (your tea). (私は (君の紅茶に) 砂糖を入れなかった)

　　　　　b.　I'll take the tablecloth off (the table).

　　　　　　　(私は (テーブルから) テーブルクロスをとり去る)

　　　ii.　a.　Don't go away (from me / here). ((私／ここから) 去らないで)

　　　　　b.　I must put the cat out (of the house).

　　　　　　　(私は猫を (家の) 外に出さなくてはいけない)

148   第 I 部　補部になる節

iii. a. Come back (to me / this place).
((私のところに／こちらに) 帰ってきて)

b. He put his coat on (himself / his body).
(彼は (自分に／自分の体に) コートを着た)

このような先行文脈から復元される要素には，むしろそれらを明示することの
ほうが不自然であるものも存在する．たとえば (35) では，(b) の各例は (a)
よりカッコ内の表現が実際に発話されることが少ない．つまり，(35b) のカッ
コ内の表現，とくに (35iiib) のそれを明示的に表現するのは蛇足であるとみ
なされる．

　前置詞付き動詞の意味には，その前置詞固有の場所の意味と関係があるもの
から，もともとの意味からはかなり離れてしまっているものまでさまざまなも
のがある．たとえば，(36) にみられる take in の7つの異なる意味をみてみ
よう．(36i) の意味は take と，in の (35) でみたような文脈的解釈から読み
とることができるが，(36vii) はイディオム的な解釈であり，take と in のそ
れぞれの意味から予測することはできない．

(36) i.　We'd better take in the children's toys.　　　["move into the house"]
(私たちは子供たちの玩具をとり込んだほうがよい)

ii.　They supplement their income by taking in students.　["renting to"]
(彼らは学生に部屋を貸すことで自分たちの収入を補っている)

iii.　I've taken in your trousers, because they were too loose. ["tighten"]
(ズボンの丈を詰めておきました，あまりにぶかぶかだったので)

iv.　Grammar takes in syntax and morphology but not phonology.
["includes"]
(文法には統語論と形態論は含まれるが音韻論は含まれない)

v.　I thought we might take in a show after dinner.　　　["see"]
(私は夕食の後に劇をみに行こうと思った)

vi.　I was too tired to take in what she was saying.　　　["grasp"]
(私は彼女の言うことを理解するには疲れすぎていた)

vii.　I'm not surprised he was taken in: he's as gullible as a child.
["deceived"]
(私は彼が騙されたとしても驚かない．彼は子供のように人のいうことをすぐ
信じてしまう)

これらの前置詞がイディオムの一部にとり込まれた際によくみられる拡張され

た意味には，アスペクト解釈（aspectuality），とくに完結性（perfectivity）と
よばれるものが含まれる．[9]（37i）は完結性をもつ例であり，（37ii）は反復性
（repetition）および継続性（duration）のようなアスペクト解釈をもつ例である．

(37) i.　break up　　　　catch up　　　　come up (to someone)　cut down
　　　　（壊れる）　　　　（追いつく）　　　　（（誰かに）匹敵する）　　（切り倒す）

　　　　drink up / down　eat up　　　　　fill up　　　　　　　　fizzle out
　　　　（飲み干す）　　　　（食べつくす）　　　（満たす）　　　　　　　（泡が消える）

　　　　give up　　　　　lace up　　　　　round up　　　　　　sell out
　　　　（諦める）　　　　（ひもで結ぶ）　　　（かき集める）　　　　　（売りつくす）

　　　　shrivel up　　　　wear out　　　　write up
　　　　（縮み上がる）　　　（すり減らす）　　　（書き上げる）

　　ii.　beaver away　　　fire away　　　　work away　　　　　carry on
　　　　（せっせと働く）　　（撃ち始める）　　　（休まずに働き続ける）　（継続する）

---

[9] 訳者注：本シリーズにおいては，文法的カテゴリーとしての**相（aspect）**と意味的カテゴ
リーとしての**アスペクト解釈（aspectuality）**が区別されている．文法的カテゴリーとしての
相は，英語では助動詞 be の有無によって区別されるため，She was going to school.（彼女は
学校に行っていた）という進行相と She went to school.（彼女は学校へ行った）という非進行
相の２つが存在する．一方，アスペクト解釈は，節中に登場する文法的要素とは独立に，そ
の節が表している状況がどのように提示されているかということに関係している．より具体的
には，節の表す状況がそれ以上細かく区切ることのできないひとまとまりとして表される**完結
（perfective）**の解釈と，節の表す状況の全体ではなく，その一部に焦点を当てて表す**非完結
（imperfective）**の解釈に区別される．ここで，意味的カテゴリーの一種であるアスペクト解
釈に含まれる完結・非完結と，文法的カテゴリーの一種である**時制（tense）**に含まれる**完了
（perfect）・未完了（non-perfect）**の概念を混同しないように注意が必要である．英語では，
完了・未完了は助動詞 have の有無によって区別され，She is believed to have been ill.（彼
女は病気だったと思われている）の下線部は完了，She is believed to be ill.（彼女は病気だと
思われている）の下線部は未完了となる．これらの例からもわかるように，助動詞 have（お
よびそれに後続する動詞の過去分詞形）によって，「彼女が病気である」の主節が表す時点よ
りも前であることが明示される．したがって，完了・未完了の区別は文法的カテゴリーの一種
である時制に含まれることになる．一方，完結のアスペクト解釈は意味的カテゴリーの一種な
ので，時制とは独立している．したがって，以下の（i）の各例のように時制が異なっていて
も，いずれも完結のアスペクト解釈をもつということが可能である．

　　(i) a.　He declared it a fake.（彼はそれを偽物だと宣言した）　　　　　　［過去］
　　　　b.　I declare this meeting open.（私はこの会議の開催を宣言します）［現在］
　　　　c.　It is essential [that he declare everything he's bought].
　　　　　　（彼が購入したものをすべて公表することが必要だ）　　　　　　　［未来］
さらなる詳細については本シリーズ第 1 巻の『動詞と非定型節，そして動詞を欠いた節』を参照．

go on	keep on	push on
（進み続ける）	（継続する）	（推し進める）

動詞＋自動的前置詞のイディオムは英語の語彙において重要な地位を占めている．実に数多くのものがあり，とくにくだけた会話では頻繁に現れる．よって日常的に使われる動詞を含むことが多く，bring（運ぶ），come（来る），give（あげる），go（いく），have（もつ），let（させる），make（つくる），put（置く），take（とる）などのありふれた動詞がイディオムの大部分に現れる．また，上でみたtake in のようにさまざまな意味をもちうる．

　化石化とは，自由結合においては可能な種々の統語操作が，特定の語の連鎖で適用できなくなる状態のことであると上で述べた．ただし，程度の違いはあれど語彙のイディオム化にともなって化石化が生じることもある．以下に，イディオム化に際して適用することができなくなる3つの統語操作をあげる．

(a)　前置 (**Down it went.**（それは下降した）～ ***Down it broke.**)

自由結合においては，場所を表す自動的前置詞は一般に前置することができ，人称代名詞以外の主語は後置される．具体的には，Up went the balloon.（風船が上昇した），Down they glided.（彼らは滑り降りた），In came Kim.（キムは入室した），Away we run.（彼らは走り去った）のような例があげられる．動詞イディオムの中でも，(38i) のようにある特定の方向への移動の概念が物理的あるいは比喩的に強く残っているものは，この構文に現れることができるが，(38ii) のように大部分のものはこのような前置を許さない．

(38)　i.　Down it went.（それは下降した）

　　　　　Off came his shirt.（彼のシャツが落下した）

　　　　　Up go the ratings.（等級が上昇した）

　　　　　In went the sun.（日が沈んだ）

　　ii.　*Down it broke.

　　　　　*Off went the milk.

　　　　　*Up pay the partons.

　　　　　*In gave the bandit.

(b)　付加部の挿入 (**climbed slowly up**（ゆっくりと登った）～ ***gave slowly up**（ゆっくりと諦めた）)

自由結合においては，たとえば様態の付加部などを，動詞の補部として機能している自動的前置詞の前に挿入することができる．しかし以下にみるように，

第6章　動詞と前置詞の特殊な組み合わせと関連する補部パターンの種類　　151

イディオムの場合はそのようなことは難しい.

(39) i. a.　She climbed slowly up. (彼女はゆっくりと登った)
　　　 b.　She led him triumphantly out. (彼女は得意げに彼を連れ出した)
　　 ii. a.　*She gave slowly up.
　　　 b.　*She knocked him triumphantly out.

イディオムに含まれる自動的前置詞の前に付加部を置くことがまったく不可能であるというわけではない. たとえば, They pressed resolutely on. (彼らは断固として推し進めた) や It faded gradually away. (それは徐々に薄れていった) は, *They carried resolutely on. や *He passed gradually away. ("died") とは対照的に文法的である. しかし, 一般に動詞と前置詞の間に緊密な関係がある場合このような分離は許されず, またその意味が文字どおりの意味から離れていればいるほど, そのような挿入が容認されにくくなる.

(c)　語順の交替 (took off the label (ラベルをはがす) ～ took the label off (ラベルをはがす))

6.2 節で述べたとおり, 不変化詞は, (27ia) と (27iia) における She took off the label. (彼女はラベルをはがした) と She took the label off. (彼女はラベルをはがした) のように, 一般に動詞の目的語に先行することも後続することもできる. しかし, 不変化詞が目的語に先行することしかできない場合が存在する (ただし目的語が強勢のない人称代名詞の場合はこの限りではない). この制限は化石化の明確な事例と考えられる. すなわち, ここでの2つの単語の結びつきが強いため, 通常は許されるような語順の交替が不可能になるのである. 以下の動詞 + 不変化詞の例において, 個々の部分の文字どおりの意味の組み合わせから予測しにくい化石化した意味は, 不変化詞が目的語に後続すると許されなくなるか少なくとも容認度がかなり落ちてしまう. 以下の (40i, ii) と (40iii, iv) を比較すること.

(40) i. a.　He carried out the chair. (彼は椅子を外に運んだ)
　　　 b.　He carried the chairs out. (彼は椅子を外に運んだ)
　　 ii. a.　He carried out his threat. (彼は脅しを実行した)
　　　 b.　?He carried his threat out. (彼は脅しを実行した)
　　 iii. a.　He put on his hat. (彼は帽子をかぶった)
　　　 b.　He put his hat on. (彼は帽子をかぶった)

iv. a.　He put on an act.（彼は一芝居打った）

　　b.　?He put an act on.（彼は一芝居打った）

(41) は，不変化詞が通常は目的語に先行しなければならないイディオムの例である．

(41)　buy in [food]　　　　　drum up [support]　　　find out ["discover"]

　　　（(食べ物を) 買い込む）　　（(支持を) 獲得する）　　（... を発見する）

　　　fork out [money]　　　give forth [sound]　　give off [sound]

　　　（(お金を) 嫌々払う）　　（(音を) 発する）　　　（(音を) 発する）

　　　hold out [prospects]　knock up [score in sport]　lay out [requirements]

　　　（(希望を) 抱かせる）　（(スポーツの点を) 稼ぐ）　（(要求を) 決める）

　　　let out [cry]　　　　　pass out [samples]　　pour out [feelings]

　　　（(叫び声を) 上げる）　（(見本を) 配る）　　　（(感情を) 吐き出す）

　　　put down [plane: "land"]　put out [leaf, of plant]　put up [resistance]

　　　（(飛行機を) 着陸させる）　（(葉を) 出す）　　　（抵抗する）

　　　ride out [recession]　start up [conversation]

　　　（(不況を) 乗り切る）　（(会話を) 始める）

（目的語が長く複雑なものでない限り）自動的前置詞が目的語に後続しなければならない場合もある．そのような場合，その前置詞は定義上不変化詞とはならない．これらの大部分は，(24iib) の She brought the bed downstairs.（彼女はベッドを階下に運んだ）のように自由結合において現れる．しかし，この制限が適用されるイディオムもあり，その場合イディオム解釈は交替が起こると失われてしまう．

(42)　i. a.　I turned off the tap.（私は蛇口を止めた）

　　　b.　I turned the tap off.（私は蛇口を止めた）

　　ii. a.　*His arrogance turned off people.

　　　b.　His arrogance turned people off.（彼の傲慢さが人々をうんざりさせた）

このような動詞‐目的語‐前置詞という語順でしか基本的に現れないイディオムの例を以下にあげる．[10]

---

[10] 傾向として，場所の意味をもつ自動的前置詞が動詞の目的語に先行する場合，その意味は状態ではなく動作を表現するということを指摘しておきたい．She put/kept her hat on.（彼女は帽子をかぶった／かぶり続けた）はどちらも文法的だが，She put/*kept on her hat.（彼女は帽子をかぶった／かぶり続けた）では動作を表現する前者だけが文法的となる．I

第6章　動詞と前置詞の特殊な組み合わせと関連する補部パターンの種類　　153

(43)　answer back　　　　　ask round / over　　　　boss about / around
　　　（… に言い返す）　　　（… に聞きまわる）　　　（… をこき使う）
　　　draw out [person]　　get up [out of bed]　　have down [as guest]
　　　（(人を) 引き抜く）　　（(ベッドから) … を起こす）（(客として) … を招く）
　　　have on ["tease"]　　have out　　　　　　leave alone
　　　（… をからかう）　　　（… を最後まで続ける）　（… を放っておく）
　　　order about　　　　take aback　　　　　work over ["beat up"]
　　　（… をこきつかう）　　（… を驚かせる）　　　（… を殴りつける）

6.3.2　動詞＋自動的前置詞の組み合わせのイディオム

この種の動詞イディオムは,（節を補部とする場合を除けば）以下のような構文にみられる.

(44)　I　動詞−前置詞
　　　　　He gave in.（彼は降参した）
　　　II　動詞−前置詞−O
　　　　　She mixed up [the tickets].（彼は切符をとり違えた）
　　　III　動詞−O^i−前置詞−O^d
　　　　　I ran [him] off [another copy].（私は彼にコピーをもう一枚とらせた）
　　　IV　動詞−前置詞−他動的 PP
　　　　　We look forward [to your visit].（私たちはあなたの訪問を楽しみにしている）
　　　V　動詞−O−前置詞−他動的 PP
　　　　　I let [her] in [on a little secret].（私は彼女にちょっとした内輪話を教えた）
　　　VI　動詞−前置詞−(as) PC
　　　　　She ended up [(as) captain].（彼女は最終的には隊長になった）
　　　VII　動詞−O−前置詞−[as + PC]
　　　　　This showed [him] up [as spineless].（これは彼には腰抜けに思えた）

(44) での「前置詞」とは, 動詞の補部となっている自動的前置詞のことである.

■ 構造 I：動詞−前置詞（例：**give in**（降参する））

この構造はとくによくみられるパターンである. 以下にこの種のイディオムの

───────────────

took / left the curtains down.（私はカーテンを取り外した／下に置いたままにした）と I took / *left down the curtains.（私はカーテンを取り外した／下に置いたままにした）の例についても同様である.

例をあげる.

(45) | back down | bear up | branch out | butt in |
|---|---|---|---|
| （引き下がる） | （耐える） | （枝を出す） | （干渉する） |
| catch on | climb down | close in | come apart |
| （理解する） | （はい降りる） | （近づく） | （バラバラになる） |
| come on | come to | crop up | die down |
| （出演する） | （意識が戻る） | （不意に現れる） | （徐々にやむ） |
| die out | drag on | fall out | get by |
| （絶滅する） | （長引く） | （飛び出す） | （切り抜ける） |
| grow up | move on | own up | pass away |
| （成長する） | （先へ進む） | （自白する） | （過ぎ去る） |
| pay up | settle down | sit down | sit up |
| （有り金をはたく） | （落ち着く） | （座る） | （起き上がる） |
| take off | | | |
| （離陸する） | | | |

■構造 II：動詞–前置詞–O（例：**mix up** [the tickets]（切符をとり違える））

ここであげられている例では，前置詞は mix up the tickets のように目的語に先行することも，mix the tickets up のように後続することもできる．どちらかの語順しかとれないものについては，上述の (40)–(43) を参照.

(46) | beat up | bring about | bring up | call off |
|---|---|---|---|
| （…を打ちのめす） | （…をもたらす） | （…を育てる） | （…を中止する） |
| cast aside | cross off | cut back | dig up |
| （…を放棄する） | （…を消去する） | （…を削減する） | （…を掘り起こす） |
| dream up | explain away | fight off | fill out |
| （…を思いつく） | （…を言い逃れる） | （…を撃退する） | （…に記入する） |
| give back | have back | head off | hold up |
| （…を還元する） | （…をとり戻す） | （…を立ち去る） | （…をもちあげる） |
| lay on | let off | live down | make up |
| （…の上に置く） | （…を発射する） | （…を忘れるのに時間がかかる） | （…を埋め合わせる） |
| pay back | put down | read out | seal off |
| （…を返金する） | （…の下に置く） | （…を音読する） | （…を密封する） |
| set back | | | |
| （…を交替させる） | | | |

第6章　動詞と前置詞の特殊な組み合わせと関連する補部パターンの種類　　155

多くの一般動詞が二面他動性をもつのと同様，動詞＋自動的前置詞のイディオムは目的語をともなうこともともなわないこともある．このような例としては，I gave up the attempt.（私はその試みを諦めた）と I gave up.（私は諦めた）があげられる．

■ 構造 III： 動詞-O^i-前置詞-O^d（例： **run [him] off [another copy]**（彼にコピーをとらせる））

(47)　bring up 　　　　　　get in　　　　　　　give back
　　　（… を … の上にもち上げる）（… に … を送る）　（… に … を返却する）
　　　order in　　　　　　　pack up　　　　　　pass down
　　　（… に … を注文する）　（… に … を詰め込む）（… に … を伝える）
　　　pay back　　　　　　　send over　　　　　serve out
　　　（… に … を払い戻す）　（… に … を送信する）（… に … を分配する）
　　　write out
　　　（… に … を書き出す）

これらのイディオムのもつ意味は，ほかのものに比べて文字どおりの意味に近いものであり，事実 bring up と pass down は自由結合とみなすこともできる．(47) のすべての例において，to か for が現れる前置詞付き構文との交替が可能である．たとえば，I'll give you back your money.（私は君にお金を返す）と I'll give your money back to you.（私は君にお金を返す），I'll get you in some food.（私は君に食べ物を送る）と I'll get some food in for you.（私は君に食べ物を送る）のような交替があげられる．また，目的語が 2 つあるので，自動的前置詞は (48) のように 3 つの位置に現れうる．

(48)　i.　I still have to pay back [my father] [that loan].　　　[PP-O^i-O^d]
　　　　　（私はまだ父にローンを返さなければならない）
　　ii.　I still have to pay [my father] back [that loan].　　　[O^i-PP-O^d]
　　　　　（私はまだ父にローンを返さなければならない）
　　iii.　I still have to pay [my father] [that loan] back.　　　[O^i-O^d-PP]
　　　　　（私はまだ父にローンを返さなければならない）

上記の語順の中で，(48ii) のように前置詞が 2 つの目的語の間に現れる場合がもっとも一般的である．(48i) の語順は，間接目的語が強勢をもたない人称代名詞の場合は許されない（ただし，このような比較的複雑な構造に強勢をもたない人称代名詞が現れることは考えにくい）．また，(48iii) の語順では，2

つの目的語があまり複雑な構造をもつことはない.

■構造 IV：動詞-前置詞-他動的 PP（例：**look forward** [**to your visit**]（あなたの訪問を楽しみにしている））

この種のイディオムは，動詞＋自動的前置詞＋他動的前置詞という形式をもつ．前置詞付き動詞の場合と同様，他動的前置詞は統語的にそれに後続するNP と構成素をなしていると考えられるので，look は自動的前置詞 forward単体からなる PP 補部と，他動的前置詞 to とその目的語からなる PP 補部の2 つをとっている．この例では，I was looking forward eagerly to her return.（私は彼女が帰ってくるのを切に待ち望んでいた）のように 1 つ目の PP と 2 つ目のPP との間に付加部を挿入したり，It's not the sort of event to which you'dexpect him to be looking forward so eagerly.（それは彼がそこまで切に待ち望むのを期待できるような類のイベントではない）のように，2 つ目の PP を関係詞にして 1 つ目の PP と分離したりすることができる．この種のイディオムは化石化の程度がそれぞれ異なっており，以下の例で F がつけられているものは，他動的 PP 全体を前置することが難しいものである．たとえば，the difficultywhich we had run up aginst（私たちがぶつかった困難）のように前置詞 againstが残留されているものは容認性が高いのに対し，?the difficulty against whichwe had run up（私たちがぶつかった困難）のように前置詞ごと前置すると容認性が低くなるものと比べてみるとよい．また，前置詞付き動詞の場合と同様に，前置詞の目的語が主語になるような前置詞付き受動文を作ることもできる．Her return has been eagerly looked forward to.（彼女が帰ってくるのが切に待ち望まれている）などはその例である．(49) の −P は前置詞付き受動文の容認度が落ちることを示している.

(49)　cash in on　　　　　　come down on F　　　　come up with −P F
　　　（… で利益を得る）　　（… を急襲する）　　　（… を思いつく）

　　　cry out for −P　　　　cut down on F　　　　　face up to
　　　（… を強く求める）　　（… を削減する）　　　（… に正面から対処する）

　　　fall back on −P　　　　fit in with −P　　　　　get along with −P
　　　（… を当てにする）　　（… と調和する）　　　（… と仲良くする）

　　　get by on −P　　　　　get on without −P F　　go off with −P
　　　（… と何とかやっていく）（… 無しでうまくやる）（… をもち逃げする）

　　　hold out for −P　　　　keep up with −P F　　　lash out at
　　　（… を求めて粘る）　　（… に遅れずついていく）（… に難癖をつける）

lead up to F	look out for F	make up for F
(… につながる)	(… に目配りする)	(… を埋め合わせる)
own up to	put up with F	run up against F
(… を白状する)	(… に我慢する)	(… と衝突する)
settle up with	stand up to	tie in with −P
(… と話がつく)	(… に抵抗する)	(… と結びつく)

■構造 V： 動詞-O-前置詞-他動的 PP （例：let [her] in [on a little secret]（彼女にちょっとした内輪話を教える））

構造 IV の動詞が自動詞なのに対して，構造 V の動詞は他動詞である．多くの場合，She put [his bad temper] down [to stress]. （彼女は彼の機嫌の悪さをストレスのせいにした）と *She put down [his bad temper] [to stress]. の対比のように，動詞の目的語は自動的 PP に先行する．しかし，目的語が自動的 PP に後続することを許すものもわずかながら存在し，たとえば，He played off [one] [against the other]. （彼は誰かと誰かを争うように仕向けた）などがあげられる．対応する受動文の主語は必ず動詞の目的語であり，前置詞の目的語がその主語になることはない．したがって，His bad temper was put down to stress. （彼の機嫌の悪さはストレスのせいにされた）は文法的だが，*Stress was put his bad temper down to. は非文法的となる．(50) では，*the shock for which he intended to let me in のように他動的前置詞を前置したり前景化したりすることができないものに F を付けて，この種のイディオムの例を示す．

(50)	bring in on F	fob off on (to)	fob off with
	(… に … を参加させる)	(… に … をつかませる)	(… に … をつかませる)
	give up to	help on with F	let in for F
	(… に … を引き渡す)	(… が … を着るのを手伝う)	(… を … に陥らせる)
	let in on F	play off against	put down to F
	(… に … を教える)	(… が … と争うよう仕向ける)	(… を … のせいにする)
	put up to F	take out on	take up on F
	(… に … を渡す)	(… を … に八つ当たりする)	(… について … に応じる)

■構造 VI： 動詞-前置詞-(as) PC （例：end up [(as) captain]（最終的には隊長となる））

この種のイディオムは比較的少ないので，叙述補部が単体で現れるもの（たとえば，It turned out [better than we had expected]. （私たちが期待していたより

もよいとわかった）） と，as によって導かれるもの（たとえば，He came across/over [as rather indecisive].（彼はむしろ優柔不断にみえる））をまとめておく．

(51)　come across as　　　come over as　　　　end up (as)
　　　（… にみえる）　　　（… として出る）　　　（最終的には … となる）
　　　finish up (as)　　　step down as　　　　take over as
　　　（… として仕上げる）　（… を辞任する）　　　（… の任につく）
　　　turn out　　　　　　wind up (as)
　　　（… だとわかる）　　　（… として終わる）

ここでの（as）という注記は，述語が AdjP の時には as が生じないが，NP の時には生じうることを示している．たとえば，She ended up broken-hearted.（彼女は最終的に失恋した）では as は表れないが，She ended up captain/as captain.（彼女は最終的に隊長となった）のような例は as の有無にかかわらず文法的である．

■ **構造 VII：動詞–O–前置詞–[as＋PC]（例：<u>show</u> [him] <u>up</u> [<u>as</u> spineless]（彼の正体を骨なしだと明かす））**

構造 VI の他動詞版が構造 VII であり，目的語が叙述補部の意味上の主語になっている．この種のイディオムも数はあまり多くなく，make out のような例外（?They made it out worse than it was.（彼らはそれが本来より悪いことを理解した））を除けば，叙述補部は as あるいは for の補部となる．

(52)　give up for　　　　lay down as　　　　pass off as
　　　（… を … として諦める）（… を … として主張する）（… を … として押し通す）
　　　put down as　　　　rule out as　　　　set up as
　　　（… を … として載せる）（… を … として排除する）（… を … として設定する）
　　　write off as
　　　（… を … とみなす）

6.4　NP＋他動的前置詞を含む動詞イディオム

ここでは，以下の例で下線が引かれているイディオムについてとり上げる．

(53)　i.　She <u>lost</u> <u>patience</u> [<u>with</u> the secretary].（彼女は秘書に我慢できなくなった）
　　ii.　They <u>cast</u> <u>doubt</u> [<u>on</u> his motives].（彼らは彼の動機に疑いをもった）
　　iii.　We <u>lost</u> <u>sight</u> [<u>of</u> our goal].（私たちは目的を見失った）

第6章　動詞と前置詞の特殊な組み合わせと関連する補部パターンの種類　　159

iv.　They made good use [of the extra time]. (彼らは余った時間を活用した)

この種のイディオムが統語的に興味深いのは受動文に関する性質である. (53) の4つのイディオムは, (54i) のように受動文にまったくなれないもの, (54ii) のように通常の受動文, つまり動詞の目的語を主語にもつ受動文は可能だが, 前置詞の目的語を主語にするような前置詞付き受動文は許されないもの, (54iii) のように前置詞付き受動文のみを許すもの, (54iv) のようにどちらも許すものというようにそれぞれ異なっている.

(54)　　通常の受動文　　　　　　　　前置詞付き受動文
　　i.　*Patience was lost with the　*The secretary was lost patience
　　　　secretary.　　　　　　　　　with.
　ii.　Doubt was cast on his motives.　*His motives were cast doubt on.
　　　　(彼の動機に疑いがかけられた)
　iii.　*Sight was lost of our goal.　　Our goal was lost sight of.
　　　　　　　　　　　　　　　　　　(私たちの目標は失われた)
　iv.　Good use was made of the　　　The extra time was made good
　　　　extra time.　　　　　　　　　use of.
　　　　(余った時間が活用された)　　　(余った時間が活用された)

(55) は, この種のイディオムを (54) の4つのパターンのうちどれに属するかによって分類したものである.

(55)　受動文不可　　　　　　　　　通常の受動文のみ可
　　　cross swords with　　　　　　cast doubt on
　　　(…と一戦交える)　　　　　　(…に疑いをかける)
　　　curry favour with　　　　　　do justice to
　　　(…の機嫌をとる)　　　　　　(…を公平に評価する)
　　　find favour with　　　　　　give credence to
　　　(…に気に入られる)　　　　　(…に信憑性を与える)
　　　get the better of F　　　　　keep tabs on
　　　(…より優勢になる)　　　　　(…を監視する)
　　　give birth to　　　　　　　　make an attempt on
　　　(…を出産する)　　　　　　　(…に挑む)
　　　give the lie to　　　　　　　make mention of
　　　(…の虚偽を証明する)　　　　(…に言及する)

第Ⅰ部　補部になる節

lose patience with
(… に我慢できなくなる)

make friends with
(… と友達になる)

raise an objection to
(… に反対する)

shed tears over F
(… を残念がる)

前置詞付き受動文のみ可

catch sight of F
(… の目に留まる)

give the lie to
(… の虚偽を証明する)

give way to
(… に移行する)

lay claim to
(… の所有権を主張する)

lay hold of F
(… を手にいれる)

lose sight of
(… を見失う)

lose touch with F
(… との連絡が途絶える)

make fun of F
(… を物笑いの種にする)

make love to
(… と性行為をする)

pay court to
(… の機嫌をとる)

両方可

make a fuss of
(… を騒ぎ立てる)

make an example of
(… をみせしめにする)

make use of
(… を活用する)

pay attention to
(… に注意する)

pay tribute to
(… に敬意を表する)

put a stop to
(… を停止する)

see much / little of
(… によく会う／ほとんど会わない)

take advantage of
(… を利用する)

take exception to
(… に反対する)

take note of
(… を注意する)

set eyes on
(… に目をつける)

これまで同様，F はそのイディオムが前置詞を前置したり前景化したりできない程度に化石化していることを示している．具体的には，those with whom he had crossed swords (彼が一戦交えた者たち) と ?those of whom he had got the better (彼がより優勢になった者たち) のような対比があげられる．前置詞付き受動文の場合，通常は前置詞が動詞の直後にこなければならないため，たとえば自動詞用法の refer を含む前置詞付き受動文である Her article was referred to. (彼女の記事が言及された) は文法的であるが，他動詞用法の refer を

含む They referred the students to her article.(彼らは学生たちに彼女の記事を紹介した)を前置詞付き受動文にした *Her article was referred the students to. は非文法的である．しかし，この節でとりあげているイディオムはそもそも動詞-NP-前置詞という語順をもつため，これらのイディオムを含む前置詞付き受動文は例外的に動詞と前置詞の間に NP が生起することを許す．

　受動文における振る舞いに加えて，動詞の直後にきている名詞を修飾できるかどうかという点に関してこれらのイディオム間に相違がみられる．いくつかのもの，たとえば cross swords with（一戦交える），give birth to（出産する），catch sight of（目に留まる），set eyes on（目をつける），put a stop to（停止する）などは名詞への修飾を一切受けつけない．一方，たとえば cast serious doubt on（重大な疑惑をかける），keep close tabs on（注意深く監視する），make passionate love to（熱烈に愛する），take careful note of（慎重に注意する）のように，限定的ではあるが修飾を許すものもある．また，lose all patience with（まったく我慢できない），pay more attention than ever to（これまで以上に注意する）のように限定要素がついたり，名詞の後に修飾語がついたりすることを許すものもある．前置詞付き受動文にした場合，このような修飾は難しくなるが，以下の例のようにまったく不可能であるというわけでもない．

(56)　The report highlighted the poor underground conditions and warned they had to be taken particular note of during the tunnel's design phase.
（報告書は，地下の劣悪な状況を強調しており，トンネルのデザインをする際にはそれらに特別な注意が払われるべきだと警告している）

6.5　そのほかの動詞イディオム

■動詞＋形容詞
形容詞を含むイディオムには以下のようなものがある．

(57)　i.　break even（収支が合う），come true（本当になる），hold good/true（有効である／事実である），lie low（身を隠す），stand tall（堂々としている），work loose（緩む）

　　ii.　He cut short the debate. 〜 He cut the debate short.
　　　　（彼は議論を切り上げた）　　　（彼は議論を切り上げた）

　　iii.　She didn't see/think fit to respond.
　　　　（彼女は応答するのが適切だと思わなかった）

I'll make sure it's ready. (準備ができていることを確認します)

(57i) の項目は複雑自動詞構文に属する. たとえば, We broke even. (我々の収支があった) は S–P–PCˢ という構造をもっている. 5.4節でみたように, blush scarlet (顔を真っ赤にする), lie flat (寝そべる) のように, 部分からその意味を予測できる点で厳密にはイディオムではない組み合わせも多く存在する. (57ii) の short は不変化詞である. イディオムではない cut open (切り開く), make clear (明らかにする), put right / straight (正しい状態にする) などにも, 形容詞が不変化詞となっているものがみられる. (57iii) の項目は, 通常であれば要求される外置の it が現れないという点で統語的に例外である (たとえば, She didn't think it necessary to respond. (彼女は反応するのを必要だと思わなかった), I'll make it obvious that I'm dissatisfied. (私は不満であることを明らかにしよう) などでは外置の it が動詞と形容詞の間に現れる). また, make clear に関しては, He made (it) clear that he meant business. (彼は自分が真剣であることを明らかにした) のように it は随意的である.

■ 動詞＋動詞

(58)　i.　give NP to understand (NP に理解させる), let NP be (NP を … にする), make NP do (NP に … させる), knock / send NP flying (NP を投げとばす)

　　　ii.　make do with (間に合わせる), have done with (終わらせる), put paid to (駄目にする)

(58i) のイディオムは, 動詞が目的語と不定詞節という2つの補部をとっており, 複雑連鎖 (complex catenative) 構文とよばれるものの一種である.[11] (58ii) の例のもつ意味は, 同じ語が自由結合した意味とは合致しないため, これらはイディオムであると考えられる. したがって, 2つの動詞が単一の述語動詞として働く動詞複合 (verb complex) を形成しているとみなすことができる. 同様の例として, He let slip that he hadn't read it. (彼はそれを読んでいないことをうっかり漏らしてしまった) や I let go of the rope. (私は縄を手放した) があげ

---

[11] 訳者注：イディオムを含まない複雑連鎖構文の具体例には以下のようなものがあげられる.

　　(i)　Pat persuaded Liz to go. (パットはリズに行くように説得した)

　　(ii)　I caught Kim mistreating my cat. (私はキムが私の猫を虐待しているところを捕まえた)

(i) は to 不定詞節, (ii) は動名分詞節が主節動詞の補部となっているが, いずれも主節動詞と補文節の間に名詞補部が介在している. 複雑連鎖構文の詳細については本シリーズ第1巻の『動詞と非定型節, そして動詞を欠いた節』を参照.

第6章　動詞と前置詞の特殊な組み合わせと関連する補部パターンの種類　　163

られる．話者によっては，He let slip the opportunity.（彼は機会を逃した）と
He let the opportunity slip.（彼は機会を逃した），He let go the rope.（私は縄を
手放した）と He let the rope go.（私は縄を手放した）のような交替が許されるこ
ともある．この場合，slip と go は不変化詞となっているとみなすことができ
る．

■ 動詞＋名詞，動詞＋PP

動詞＋名詞あるいは動詞＋PP の形をとるイディオムは数えきれないほど存在
するが，例としては He bought a pup.（彼は安物を高く買わされた），I'll put it
on the back burner.（私はそれを後回しにしよう）などがあげられる．これらの中
には，その動詞が単独ではとることのできない補部を認可できるものがある．
I've half a mind to accept your offer.（あなたの申し出を受けようという気持ちも
あった），He had in mind to change his will.（彼は自分の意志を変えようと考えて
いる），It brought to light how devious he had been.（彼は自分がいかに腹黒かっ
たかを明らかにした）のような例における従属節はそのような補部の例である．[12]

---

[12] このほかにも，動詞や前置詞の目的語として非指示的な it をとるイディオムが数多くあ
る．たとえば，They don't hit it off.（彼らはそりが合わない）や We'll have to make the
best of it.（私たちは最善を尽くさなくてはならない）などがあげられる．

第7章 軽動詞

7.1 一般的な問題

(1b) の下線部の動詞を**軽動詞**（**light verb**）（正確には動詞の軽動詞用法）という.

(1) 　　関連動詞文 　　　　　　　　　軽動詞文
　　i. a. She kissed him. 　　　　　b. She gave him a kiss.
　　　　（彼女は彼にキスした）　　　　（彼女は彼にキスをした）
　ii. a. I calculated the costs. 　　b. I made a calculation of the costs.
　　　　（私は経費を計算した）　　　　（私は経費の計算をした）
　iii. a. He looked at my draft. 　　b. He had a look at my draft.
　　　　（彼は私の原稿をみた）　　　　（彼は私の原稿に目を落とした）
　iv. a. We rested. 　　　　　　　b. We took a rest.
　　　　（我々は休憩した）　　　　　（我々は休憩をとった）
　　v. a. She danced. 　　　　　　b. She did a dance.
　　　　（彼女は踊った）　　　　　　（彼女は踊りを踊った）

文全体の意味への貢献度が低いということから，軽動詞は意味的に「軽い」といえる．軽動詞の意味の「軽さ」は，軽動詞を使わずに (1b) の例と同じ意味を表現できることからわかる（(1b) に対応する (1a) の各例を参照）．すなわち，主要な意味内容は軽動詞ではなく，補部名詞が担っているのである．補部名詞は動詞に関連している場合が多い．たとえば kiss, look, rest のように，多くの場合動詞と名詞は同型である．あるいは calculation のように，接辞（この場合は -ation）を動詞につけることによって，動詞から名詞が派生される場合もある．一般的には動詞が形態的に基本形で，名詞は動詞からの派生形であることが多いが，常にそうとは限らない．たとえば，I showered.（私はシャワーを浴

びた）と I had a shower.（私はシャワーを浴びた）のような場合，動詞の shower
が基本形とは考えにくい．このように，動詞と名詞のどちらが基本形であるか
という問題は，それほど明確なものではないので，この問題に対して中立的な
用語である**関連動詞**（associated verb）という用語を（1a）の動詞に使う．

　軽動詞用法とは対照的に，上で軽動詞として紹介した動詞の通常用法では，
豊富な意味合いを表現できる（例：She gave him an orange.（彼女は彼にオレン
ジをあげた），I made a paper-hat.（私は紙の帽子をつくった），He had a Rolls-
Royce.（彼はロールスロイスをもっていた），We took all we could find.（我々は
みつけられるものはすべてもった））．また，軽動詞用法と通常の用法のどちらと
も解釈可能な場合もあり，I had a bath. などがわかりやすい例である．軽動
詞用法では "I bathed (in a bath)." 「私は（風呂で）入浴した」という意味に
なり，通常の用法では "I owned a bath." 「私は風呂を所有していた」という
意味になる．もう少し判別が難しい例としては，I had a shave. がある．軽動
詞用法では "I shaved (myself)." 「私は（自分の）毛を剃った」，通常の用法で
は "I had someone shave me." 「私は誰かに毛を剃ってもらった」という意味
である．もう1つ例をつけ加えると，He gave me a lick. の軽動詞用法は "He
(a dog, perhaps) licked me." 「彼（おそらく犬）が私を舐めた」で，通常の用
法は "He allowed me to have a lick (of his ice-cream, perhaps)." 「彼が（お
そらく彼のアイスクリームを）舐めさせてくれた」という意味になる．6.4 節
で検討した「動詞＋NP＋前置詞」という形式の中には，軽動詞を含んだもの
がある．たとえば，make mention of（… に言及する）(She made mention of
an earlier draft.（彼女は前の原稿に言及した）と She mention an earlier draft.（彼
女は前の原稿に触れた）を比較），raise an objection to（… に異を唱える），make
use of（… を使用する），pay attention to（… に注意を払う），take note of（… に
注意する）などがその例である．軽動詞と補部名詞の組み合わせは極めて生産
的であるので，そのような組み合わせをすべて辞書に記載すべき1つの語彙
項目と考えることはできない．

■ **軽動詞文と関連動詞文との統語的・意味的違い**
軽動詞文は関連動詞文よりもはるかに多様な統語環境で用いることができる．
特に，軽動詞文では，補部名詞にさまざまな形容詞や限定詞をつけ加えること
によって，微妙なニュアンスを多様に表現できることは重要である．たとえば
つぎのような例を考えてみよう．

(2) i. She gave him an unusually passionate kiss.

（彼女は彼に異常に情熱的なキスをした）

ii. We took a well-earned rest. （我々は骨休めをした）

iii. She had an enduring influence on him.
（彼女は彼に対して永続的な影響をもっていた）

(2i) は対応する関連動詞文である She kissed him unusually passionately.（彼女は彼に異常に情熱的にキスした）よりも自然である．また，(2ii) と (2iii) のwell-earned と enduring に関しては，対応する関連動詞文で使用可能な副詞が存在しない．特殊なケースとしては，つぎの例のように数量詞が補部名詞を修飾する場合がある．

(3) i. I've already had two showers today.
（私は今日すでに 2 回シャワーを浴びている）

ii. She made three very astute comments on his suggestion.
（彼女は彼の提案に対して 3 つの非常に明敏なコメントをした）

iii. He gave a scream. （彼は叫び声をあげた）

(3i) は I've already showered twice today. と同義であるが，(3ii) は She commented three times very astutely on his suggestion. と同義ではない．関連動詞文では出来事が数量化されている．つまり，コメントするという出来事が 3 回あったことを意味する．一方，(3ii) の軽動詞文では，出来事によって生み出されたもの（ここでは，コメント）を数量化しており，軽動詞 make は She made a model car.（彼女は自動車模型をつくった）のような例に現れる通常の make と似ている．どちらの用法でも目的語の意味役割は作成物であり，コメントは車と同じように動詞が表現する行為によって生み出されたものである．[1] 軽動詞と共起する限定詞は，不定冠詞である場合が多い．不定冠詞も数量詞と同じように数量化を行うが，不定冠詞で修飾された軽動詞文は関連動詞文と異なる意味を表すことがある．たとえば，(3iii) の軽動詞文は，極めて短くかつ連続した出来事しか表現できないが，対応する関連動詞文である He screamed.（彼は叫んだ）はそのようなことはなく，中断をともなった長時間に及ぶ出来事を表現することもできる．同じように，(1ib) の軽動詞文（She gave him a kiss.）は 1 回のキスしか表現できないが，関連動詞文 (1ia)（She kissed him.）は彼女が彼に何度もキスを浴びせかけるような状況も表現するこ

---

[1] 軽動詞は名詞を修飾する関係節内に生じることもできる（例：The comments which she made on his plan infuriated him.（彼の計画に対する彼女のコメントが彼を激怒させた））.

第 7 章　軽動詞　　　167

とができる.

　つぎの例のように，have が使われる軽動詞文とその関連動詞文は異なった意味を表すことが多い.

(4)　i.　a.　He drank my milk.（彼は私のミルクを飲んだ）
　　　　b.　He had a drink of my milk.（彼は私のミルクを少し飲んだ）
　　ii.　a.　He walked in / to the park.（彼は公園を／まで歩いた）
　　　　b.　He had a walk in / *to the park.（彼は公園を散歩した）
　　iii.　a.　He lay down.（彼は横たわった）
　　　　b.　He had a lie down.（彼は横になった）
　　iv.　a.　He pitied them.（彼は彼らを気の毒に思った）
　　　　b.　He had / took pity on them.（彼は彼らに情けをかけた）

関連動詞文 (4ia) はミルクをすべて飲んだことを意味するが，軽動詞文 (4ib) は一部だけ飲んだことを意味する. (4ii) では，どちらの場合も，場所の付加部である in the park は許容されるが，着点である to the park は関連動詞文の (4iia) でしか許容されない. 軽動詞文 (4iib) は活動 (activity)（とくにレクリエーション的な活動）を意味する. 関連動詞文 (4iia) の動詞 walk はより一般的な意味を表しており，軽動詞文 (4iib) と異なって to the park によって活動を有界化し，達成動詞 (accomplishment verb) としても使うことができる.[2] (4iii) でも軽動詞文のほうが関連動詞文よりも表現できる意味の範囲が

---

　[2] 訳者注：活動 (activity) と達成 (accomplishment) は，どちらも節が表しうる事態 (situation) の一種である. 事態はつぎのように分類される.

　　状態 (states)[静的 (static)]　　　　生起 (occurrences)[動的 (dynamic)]

　　　　過程 (processes)[継続 (durative)]　　　到達 (achievements)[瞬時 (punctual)]

　　活動 (activities)[非有界 (atelic)]　　**達成 (accomplishments)**[有界 (telic)]

この表からわかるように，活動と達成はどちらも動的 (dynamic) で，ある程度時間の幅をもった（継続的な）事態を表す. 両者の違いは有界的 (telic) であるか否かである. 活動は非有界的 (atelic) な事態を表し，たとえば She is singing.（彼女は歌っている）のようにその事態に明確な終了点はない. 一方，達成は有界的な事態を表し，たとえば She built a house.（彼女は家を建てた）のように明確な終了点をもつ（この場合は家が完成すれば事態が終了する）. 同一の動詞でも目的語の違いによって活動を表したり達成を表したりすることができる. たとえば，She's writing a note. という事態は，特定のノートをとり終わったら終了するので達成である. この場合は「書く」という事態が目的語 a note によって有界化されることによって，達成的な事態が形成されているのである. 一方，同じ動詞でも目的語が有界化をもたらさ

限定的である．軽動詞文（4iiib）は休憩をとるために横になるという状況の時には使うことができるが，たとえば，診察のために横になるという状況では使うことができない．（4iv）ではさらに顕著な違いを観察することができる．関連動詞文（4iva）は静的な状態（state）を表現しているが，軽動詞文（4ivb）は動的（dynamic）である（つまり（4ivb）は，彼が哀れに感じて，実際に彼らに何かをしてあげたという状況を表現している）．

［専門的解説］
■補部パターン
（1iib）や（1iiib）のように補部名詞の直後に何らかの要素がくる場合，その要素が補部名詞自体の補部なのか軽動詞の補部なのか決定できないことがある．たとえばつぎの例を考えてみよう．

(5) i. He gave a demonstration of this technique to the postgraduates. （彼は大学院生にこの技術の実演を行った）

　　ii. He gave the postgraduate a demonstration of this technique. （彼は大学院生にこの技術を実演した）

（5i）の下線部の PP は demonstration と gave どちらの補部だろうか？意味的にはどちらでも変わりがない．なぜなら give は文全体の意味にほとんど貢献していないからである．また，この問題を解決する統語的な証拠もほとんどない．demonstration がこれらの PP を補部にとることができるのは，ほかの構文をみれば明らかである（例：His demonstration of this technique to the postgraduates was impressive. （この技術の大学院生に対する彼の実演は見事だった））．しかしながら，（5ii）においては the postgraduate が一義的に give の補部であることを考えると，（5ii）と同義である（5i）の to the postgraduate を give の補部と解釈することも可能だといわざるをえない．以下の関係節化（relativisation）のデータは，どちらの PP も補部名詞の補部と考えることも，動詞の補部とみなすこともできるということを示唆している．

(6) i. the demonstration which he gave of this technique to the postgraduates （彼がこの技術に関して大学院生に行った実演）

　　ii. the demonstration of this technique to the postgraduates which

---

ない場合，たとえば She's writing notes. のような場合は，明確な終了点をもたない（つまり非有界的）ので活動である．事態の分類の詳しい説明は本シリーズ第1巻『動詞と非定形節，そして動詞を欠いた節』を参照．

第 7 章　軽動詞　　169

he gave last week（彼が先週行った大学院生に対するこの技術の実演）

iii. the demonstration of this technique which he gave to the postgraduates last week（彼が先週大学院生に行ったこの技術の実演）

（6i）ではどちらの PP も give の補部であるが，（6ii）ではどちらも demonstration の補部である．一方，（6iii）では of this technique が demonstration の補部で，to the postgraduates が give の補部である．以上の事実を踏まえて，ほとんどの場合，補部名詞の直後にくる要素は，軽動詞の補部とみなすことも補部名詞の補部とみなすことも可能であると仮定する．しかし，以下では軽動詞の補部である場合に議論を限定する．

　一般的に，軽動詞文の補部名詞の直後に現れる PP は，その補部名詞が別の環境で使われた場合にとる補部と一致する．（7i, ii）のように，それは関連動詞の補部と一致する場合もあれば，（7iii, vi）のように一致しない場合もある．

(7)　i. a. His appeal for clemency failed.（彼の温情の懇請は失敗した）

b. He made an appeal for clemency.（彼は温情を懇請した）

ii. He appealed for clemency.（彼は温情を乞うた）

iii. a. It was my third try at opening it.

（それは，私がそれを開けようとした 3 度目の試みだった）

b. I had a try at opening it.（私はそれを開けようと試みた）

iv. I tried to open it.（私はそれを開けようとした）

v. a. I enjoyed my tour of the factory.（私は工場の見学を楽しんだ）

b. I made a tour of the factory.（私は工場の見学をした）

vi. I toured the factory.（私は工場を見学した）

軽動詞文の補部パターンに関して 2 つつけ加えるべきことがある．第 1 に，軽動詞として使われる動詞の通常用法における補部パターンが，その動詞が軽動詞として使われる場合の補部パターンに影響を与える場合があるということである．特筆すべきは，give, make, do である．これらの動詞は二重目的語他動詞であり，軽動詞として使われた際も間接目的語をとる場合がある（例：He gave me a description of the thief.（彼はその泥棒の描写を私にしてくれた），He made the staff a new offer.（彼はスタッフに新しい条件を提示した），He did us a report on the accident.（彼は我々に事故の報告をしてくれた）．もちろん，ここで間接目的語として現れる補部名詞は補部として名詞句を直接とることはできないので，先に述べた補部パターン上のあいまい性は存在しない．

　第 2 に，名詞が通常とることができない PP が軽動詞文では生起可能な場合がある．

170 第I部 補部になる節

(8) i. a. *His blame for it on Kim is unfair.
   b. He put/laid the blame for it on Kim.
      （彼はそれに関してキムを非難した）
   ii. He blamed it on Kim. （彼はそれに関してキムを非難した）
   iii. a. *I enjoy a good read of his books.
   b. I had a read of his book. （私は彼の本を読んだ）
   iv. I read his book. （私は彼の本を読んだ）

(8ib) の on Kim は put/lay の補部であり，名詞 blame の補部ではない（このことは，(8ia) のように，主語として機能している blame が on-PP をとれないことからわかる）．(8ii) からわかるように，on は関連動詞である blame の補部パターンを反映しているのである．(8iiib) のように，名詞 read を含んだ軽動詞文において，関連動詞文の直接目的語（his book）に相当する補部は of-PP として現れるのが標準的である（(7v, vi) も参照）．しかし，(8iiia) からわかるように，名詞 read は通常（つまり軽動詞文以外の環境では）直接目的語に相当する補部をとらない．

7.2 主な軽動詞

■ give
give の軽動詞用法の例を以下にあげる．

(9) i. a. She sighed. （彼女は嘆息した）
   b. She gave a sigh. （彼女はため息をついた）
   ii. a. She kissed him. （彼女は彼にキスした）
   b. She gave him a kiss. （彼女は彼にキスをした）
   iii. a. She advised him. （彼女は彼に助言した）
   b. She gave him advice. （彼女は彼に助言をあたえた）
   iv. a. She described him (to me). （彼女は（私に）彼の説明をした）
   b. She gave (me) a description of him.
      （彼女は（私に）彼に関する説明をあたえた）

・She gave a sigh.
(9ib) の軽動詞 give は1つしか補部をとっておらず，通常2つ目の補部として間接目的語をとることはできない（例：*She gave me a sigh.）．したがって，この場合の軽動詞文の補部パターンは通常の give の補部パターンとは

まったく異なる．むしろ，関連動詞 sigh，そして派生名詞 sigh の補部パターン（つまり，追加の補部をとらないパターン）を反映したものである．同様のパターンを示す語彙項目を（10）にあげる（これらの表現はすべて身体動作を表し，そのうちの多くが sigh のように呼吸に関係する）．[3]

(10)　cough　　　　fart　　　　　gasp　　　　　grunt
　　　（咳）　　　　（屁）　　　　（喘ぎ）　　　　（ぶうぶういう声）
　　　hiss　　　　　laugh　　　　lurch　　　　　moan
　　　（シューという音）（笑い声）　（よろめき）　　（うめき声）
　　　scowl　　　　shrug　　　　shudder　　　　squeak
　　　（しかめっ面）　（肩をすくめること）（身震い）　（キーキー声）

・She gave him a kiss.

(9iib) では，関連動詞の直接目的語が対応する軽動詞文の間接目的語として現れている．しかし，ここで用いられている軽動詞 give は通常の give とは異なり，間接目的語を to-PP で表現することができない（例：*She gave a kiss to him.）．同様の例を以下にあげる．

(11)　bath　　　　　clout　　　　　cuddle　　　　hit
　　　（入浴）　　　（コツンと叩くこと）（抱擁）　　　（打撃）
　　　hug　　　　　kick　　　　　punch　　　　　push
　　　（抱擁）　　　（蹴り）　　　（パンチ）　　　（押し）
　　　shower　　　squeeze　　　　wash　　　　　wipe
　　　（シャワー）　（絞ること）　（洗濯）　　　（拭くこと）

これらの表現の意味的な共通点は，身体動作を表し，関連動詞の直接目的語が被動作主であることである．さらに，統語的な共通点は，これらの名詞は通常PP 補部をとらないことである（例：*Her kiss of him was passionate.）．

・She gave him advice.

(9iiib) でも関連動詞文 (9iiia) の直接目的語が対応する軽動詞文の間接目的語として現れている．しかし kiss の場合と異なり，今回は間接目的語を to-PP

---

　[3]　（10）の中で scowl だけほかの表現とは異なり，関連動詞が at＋NP をとることが可能で，この NP は間接目的語として軽動詞文に現れる（例：He gave me a scowl.（彼は私を睨みつけた））．

で置き換えることができる（例：She gave advice to him.（彼女が助言を彼にあげた））．(12) に同種の例をあげる．

(12)　answer　　　consideration　　encouragement　　help
　　　（答え）　　　（考慮）　　　　　（奨励）　　　　　（助け）
.　　　reply
　　　（返事）

answer と reply を除いてこれらの名詞は advise と同じように不可算名詞である．この中には軽動詞文以外の環境では PP 補部をとる名詞もある．たとえば，consideration と encouragement は of-PP 補部をとることができる（例：Further consideration of the matter is clearly called for.（その案件にはさらなる熟慮が必要だ））．しかし，軽動詞文では of-PP をとることができない．

・She gave (me) a description of him.
関連動詞文 (9iva) の直接目的語が軽動詞文 (9ivb) では間接目的語ではなく of-PP として現れている．間接目的語 (me) は，関連動詞文の to 句 (to me) に対応する．軽動詞文においても間接目的語を to 句に置き換えることが可能である（例：She gave a description of him to me.（彼女は彼について私に説明した））．同様のパターンをしめす名詞には以下のようなものがある．

(13)　definition　　　demonstration　　explanation　　illustration
　　　（定義）　　　　（実演）　　　　　（説明）　　　　（実例）
　　　imitation　　　impersonation　　indication　　　performance
　　　（模倣）　　　　（演技）　　　　　（指示）　　　　（演技）
　　　portrayal　　　presentation
　　　（描画）　　　　（発表）

■ make
通常用法の make は主語と直接目的語をとり，随意的に間接目的語か for 句をとる．make の軽動詞用法を以下に例示する．

(14)　i.　a.　He leapt from the balcony.（彼はバルコニーから飛んだ）
　　　　　b.　He made a leap from the balcony.（彼はバルコニーから跳躍をした）
　　　ii.　a.　He inspected the wreckage.（彼は漂着物を調べた）
　　　　　b.　He made an inspection of the wreckage.（彼は漂着物を検査した）
　　　iii.　a.　He offered us $100.（彼は我々に 100 ドルを差し出した）

第 7 章　軽動詞　　　173

　　　b.　He made us an offer of \$100. (彼は我々に 100 ドルを提供した)
　　iv.　a.　*He donated them \$100.
　　　b.　He made them a donation of \$100. (彼は彼らに 100 ドルの寄付をした)

・He made a leap from the balcony.

(14i) は軽動詞文の補部パターンと関連動詞文の補部パターンが一致する例である. このような例は数多く存在する. (15) の例では, カッコの中に可能な補部の種類をしめしている. inf は to 不定詞節を (例：He made a promise to donate \$100. (彼は 100 ドル寄付することを約束した)), that は平叙節を (例：He made a recommendation that the offer be rejected. (彼はこの申し出を断るよう勧めた)) 表している.

(15)　appeal (to)　　　　attempt (inf)　　　　boast (that)
　　　(懇願)　　　　　　(試み)　　　　　　　(自慢)

　　　call (on)　　　　　comment (about/on)　dash (for)
　　　(訪問)　　　　　　(論評)　　　　　　　(突進)

　　　decision (that/inf)　discovery (that)　　　escape (from)
　　　(決定)　　　　　　(発見)　　　　　　　(逃走)

　　　fuss (about)　　　　grab (at)　　　　　　guess (at)
　　　(騒ぎ)　　　　　　(わしづかみ)　　　　(推測)

　　　improvement (on)　inquiry (about/into)　objection (to)
　　　(改良)　　　　　　(探求)　　　　　　　(反対)

　　　observation (that)　reference (to)　　　　remark (about)
　　　(観察)　　　　　　(参照)　　　　　　　(意見)

　　　retreat (from ... to)　start (on)
　　　(退却)　　　　　　(開始)

・He made an inspection of the wreckage.

関連動詞文 (14iia) の直接目的語は, 軽動詞文 (14iib) では PP で表現されている. この前置詞 of は該当の名詞 (inspection) が軽動詞文以外の環境でとる前置詞と同じである.[4] 以下のリストでは, カッコ内で指定があるもの以外は

---

　　[4] make an impression on (... に印象を与える) という表現は例外的であり, それは前置詞 on が (さらにはこの意味での名詞 impression も) 軽動詞文でしか現れることができないからである. たとえば, He made a favorable impression on them. (彼は彼らに対して好ましい印象を与えた) とはいえるが, *His impression (on them) was favorable. とはいえない.

すべて of-PP をとる名詞である.

(16)　analysis　　　　attack (on)　　calculation　　choice
　　　（分析）　　　　（攻撃）　　　　（計算）　　　　（選択）
　　　contribution　　copy　　　　　disclosure　　investment
　　　（貢献）　　　　（コピー）　　　（暴露）　　　　（投資）
　　　note　　　　　payment　　　　reduction (in)　request (for)
　　　（メモ）　　　　（支払い）　　　（減少）　　　　（要請）
　　　search　　　　study　　　　　survey
　　　（捜索）　　　　（研究）　　　　（調査）

・**He made us an offer of \$100.**

軽動詞文（14iiib）における間接目的語の意味役割は，関連動詞文（14iiia）の動詞 offer の間接目的語と同様に受領者である．通常用法における make の間接目的語の意味役割である受益者とは異なる（例：He made me a cake.（彼は私にケーキをつくってくれた））．同様のことが（14iv）にも当てはまる．この場合，関連動詞文（14iva）の動詞 donate は間接目的語を許さず，to-PP をとらなければならない（例：He donated \$100 to them.（彼は彼らに 100 ドル寄付した））．軽動詞文（14ivb）は，He made a donation to them of \$100. と比較すると，若干容認度が落ちるが，関連動詞文（14iva）よりははるかに容認度が高い．以下のリストでは，同様のパターンを示す名詞に？をつけている．

(17)　?confession　　　　　?consignment　　gift　　　　　payment
　　　（自白）　　　　　　（委託）　　　　（贈り物）　　　（支払い）
　　　proposal (that / inf)　?protest (about)　?suggestion (that)
　　　（提案）　　　　　　（抗議）　　　　（示唆）

■ have と take

この 2 つの動詞は同種の名詞をとる場合が多い．以下に例をあげる．

(18)　HAVE または TAKE
　　　bath　　　　　break[5]　　　　drink　　　　　guess
　　　（風呂）　　　　（休憩）　　　　（飲み物）　　　（推測）

---

[5] break の場合，関連動詞は補部を要求する．軽動詞文は Let's have / take a break.（休憩をとろう）であるが，関連動詞文は Let's break (off) for lunch.（昼食休憩をとろう）である．

第 7 章　軽動詞　　175

lick (of)	look (at)	pity (on)	rest
（舐めること）	（みること）	（同情）	（休息）
shave	shower	sip	sleep
（髭を剃ること）	（シャワー）	（一口）	（睡眠）
swim	walk	wash	
（水泳）	（歩行）	（洗濯）	

(19)　HAVE のみ

chat (with)	cry	dream (about)	fight (with)
（おしゃべり）	（泣くこと）	（夢）	（戦い）
grumble	influence (on)	kiss	laugh
（不平）	（影響）	（キス）	（笑い）
look (for)	meeting (with)	need (inf/for)	quarrel (with)
（探すこと）	（会合）	（必要）	（口論）
talk (with)	think (about)	try (at)	
（話）	（思考）	（試み）	

(20)　TAKE のみ

decision (inf)	dive	leap	photograph (of)
（決定）	（飛び込み）	（飛ぶこと）	（写真）
step			
（歩み）			

take の軽動詞用法は動的でかつ通常は動作主的（agentive）であり，その主語は動作主の意味役割をもつが，have の場合はもう少し解釈の幅が広い．たとえば，He took a decision to assert himself.（動的）（彼は自分の意見を押し通す決心をした）と He has a need to assert himself.（静的）（彼には自分の意見を押し通す必要がある）を比較するとわかりやすい．どちらの動詞を使っても大差がない場合は，アメリカ英語では take が好まれ，イギリス英語やオーストラリア英語では have が好まれる傾向がある．

　軽動詞文において have と共起できる名詞の多くは，軽動詞ではない通常の give とも共起できるが，その場合は使役の意味（... させる）がつけ加わる（例：He gave me a shave.（彼は私のヒゲを剃ってくれた），He gave me a read of his newspaper.（彼は私に新聞を読んでくれた））．この種の名詞の中には，ほかの環境では名詞として現れることがほとんどなく，オーストラリア英語においてきわめてインフォーマルな例でしか使われない名詞がある（例：Can I have a borrow?（貸してもらえますか），Can I have lend of your pen?（ペンを貸

してもらえますか), Can I have a carry of the baby? (赤ちゃんを抱いてもいいですか), あるいは He gave me a borrow. (彼は私に貸してくれた), He gave me lend of his pen. (彼は私にペンを貸してくれた), He gave me a carry of the baby. (彼は私に赤ちゃんを抱かせてくれた), しかし *I was grateful for the borrow / lend of his pen. とはいえない).[6]

■do

do の軽動詞用法は, She did a somersault. (彼女はとんぼ返りをした) や She did an imitation of her teacher. (彼女は先生の真似をした) のような例に現れる. その他, 軽動詞 do と共起する名詞を (21) にあげる. N がついている名詞は不可算名詞であり, some とともに現れることが多い (例: She did some work. (彼女は仕事をした)).

(21) | | | | |
|---|---|---|---|
| cleaning N | dance | dive | drawing |
| (掃除) | (踊り) | (飛び込み) | (線描) |
| knitting N | report (on) | sewing N | sketch (of) |
| (編むこと) | (報告) | (裁縫) | (スケッチ) |
| sprint | tango | thinking N | translation (of) |
| (短距離競争) | (タンゴ) | (思考) | (翻訳) |
| turn | work N | writing N | |
| (回転) | (仕事) | (書くこと) | |

■ そのほかの軽動詞

その他, ごく少数の名詞としか共起できない軽動詞にもさまざまな種類がある (例: offer an apology / a suggestion (弁解を述べる／提案をする), pay attention (to) / a call (on) / a visit (to) (注意を払う／訪問する／訪問する), put the blame on / an end / stop to (責任を負わせる／終止符を打つ／待ったをかける), an objection (to) (異議を申し立てる)).

---

[6] think は have とのみ共起できる. たとえば, I had a think about it. (私はそれに関して考えた) とはいえるが, *He gave me a think about it. あるいは *That was a good think. とはいえず, That's good thinking. (それはいい考えだ) や That's an interesting thought. (それは面白い考えだ) といわなければならない.

第8章 複数の補部パターンをもつ動詞

ほとんどの動詞は2つ以上の補部パターンをもつ．つまり，2種類以上の補部をとることができるのである．たとえば，make は They made some cakes.（彼らはケーキをつくった）のように直接目的語だけをとることもできれば，They made me a filing-cabinet.（彼らは私にファイルキャビネットをつくってくれた）のように直接目的語と間接目的語両方をとることもできるし，さらに They made me impatient.（彼らは私を焦らせた）のように目的語＋叙述補部をとることもできる．この章では，このように複数の補部パターンをもつ動詞を検討する．具体的には，補部パターンが交替しても意味が変わらない場合や，逆に交替にともなって体系的な意味変化が引き起こされる場合を検討し，さらに，多くの動詞に共通して観察される補部パターンの交替についてもみていく．ただし，ここでは典型的な構文と，受け身文や存在文のような非典型的な構文との交替は検討の対象から外す（この種の交替に関しては本シリーズ第9巻『情報構造と照応表現』を参照）．また，補部として定型節や非定型節をとる動詞も扱わない．

　補部パターンの交替の大部分は3つに分類することができる．他動詞と自動詞の交替（8.1節），二重目的語他動詞と一項他動詞の交替（8.2節），中核的補部と非中核的補部の交替（8.3節）の3種類である．それぞれがさらに4つのタイプに分類される．以下に簡潔に例示する．

177

■ 他動詞と自動詞の交替

(1) $S_{trans} = S_{intr}$ $O_{trans} = S_{intr}$

I   They shot <u>him</u>.   II   The sun radiates <u>heat</u>.   ⎫
（彼らは彼を撃った）   （太陽が熱を発する）   ⎬ ［目的語と
They shot <u>at him</u>.   <u>Heat</u> radiates <u>from the sun</u>. ⎮ PP 補部］
（彼らは彼を狙って撃った）   （熱が太陽から放出されている） ⎭

III   She drank <u>some water</u>.   IV   He broke <u>the vase</u>.   ⎫
（彼女は水を飲んだ）   （彼は花瓶を壊した）   ⎬ ［目的語ありとなし］
She drank.   <u>The vase</u> broke.   ⎮
（彼女は飲んだ）   （花瓶が壊れた）   ⎭

上記の 4 つの他動詞／自動詞ペアは 2 つの異なる観点から分類することができる．まず第 1 に，I/II と III/IV のように分けることができる．I と II はどちらも目的語（him と heat）と PP として現れる非中核的補部（at him と from the sun）との交替であり，III と IV は単純に目的語がある場合とない場合の交替である．別の観点からは，I/III と II/IV に分けられる．I と III の共通点は，交替によって主語が影響を受けていないことである．つまり，自動詞の主語と他動詞の主語（they と she）は同じで意味役割にも変化はない（$S_{intr} = S_{trans}$（自動詞主語＝他動詞主語））．一方，II と IV では，自動詞の主語と他動詞の目的語（heat と the vase）が同じである（$S_{intr} = O_{trans}$（自動詞主語＝他動詞目的語））．

■ 二重目的語他動詞と一項他動詞の交替

(2) $O^d_{ditrans} = O^d_{mono}$ $O^i_{ditrans} = O^d_{mono}$

I   I gave <u>her</u> the key.   II   I envied <u>him</u> his freedom.   ⎫
（私は彼にカギを渡した）   （私は彼の自由を羨ましく思った） ⎬ ［目的語と
I gave the key <u>to her</u>.   I envied <u>him</u> for his freedom. ⎮ PP 補部］
（私はカギを彼に渡した）   （私は彼の自由を羨ましく思った） ⎭

III   They offered <u>us</u> $100.   IV   They fined <u>us</u> $100.   ⎫
（彼らは我々に 100   （彼らは我々に 100 ドルの罰金 ⎮
ドルを提供した）   を課した）   ⎬ ［間接目的語
They offered $<u>100</u>.   They fined <u>us</u>.   ⎮ ありとなし］
（彼らは 100 ドルを提供した）   （彼らは我々に罰金を課した） ⎭

(1) と同じように，(2) も 2 つの観点から分類することができる．第 1 に I/II

と III/IV に分類することができる．I と II はどちらも，2 つの中核的内部補部（O^i＋O^d（間接目的語＋直接目的語））をとる二重目的語他動詞と，直接目的語＋非中核的補部（PP）をとる一項他動詞との交替である．一方，III と IV は，二重目的語他動詞と，中核的補部（O^d）のみをとる一項他動詞との交替である．別の観点からは，I/III と II/IV に分類できる．I/III では，一項他動詞の目的語（O^d）が二重目的語他動詞の直接目的語（the key と \$100）に対応するが，II/IV では，一項他動詞の目的語が二重目的語他動詞の間接目的語（him と us）に対応する．なお，II/IV に分類できる動詞の数は少ない．

■ 中核的補部と非中核的補部の交替

(3) 目的語と非中核的補部　　　　　主語と非中核的補部

I He supplies arms to the rebels.
（彼は反乱軍に武器を提供する）
He supplies the rebels with arms.
（彼は反乱軍に武器を提供する）

II Bees are swarming in the garden.
（蜂が庭に群がっている）
The garden is swarming with bees.
（この庭には蜂が群がっている）

［結合価が一定］

III I wiped the marks off the wall.
（私は壁からシミを拭きとった）
I wiped the wall.
（私は壁を拭いた）

IV We covered the grave with leaves.
（我々は墓を葉っぱで覆った）
Leaves covered the grave.
（葉っぱが墓を覆っている）

［結合価が一定でない］

ここでも 2 つの観点から分類が可能である．第 1 に I/II と III/IV のように分類できる．I/II では交替する 2 つの例で結合価が同一，つまり補部の数が同じだが，それぞれの補部の並び方が異なる．III/IV では 2 つの例で結合価の数が異なり，一方の例はもう一方の例にはない非中核的補部（PP）をもつ．別の観点からは I/III と II/IV に分類することができる．I/III は目的語と非中核的補部との交替であり（arms と the rebels および the marks と the wall），II/IV は主語と非中核的補部の交替である（bees と the garden および we と leaves）．

■ 分離した補部と結合した補部

(1)–(3) で紹介した主要な交替現象に加えて，以下のようなどちらかといえばマイナーな交替現象にも目を向けたい．

180 第Ⅰ部 補部になる節

(4) i. She kissed <u>him</u> <u>on the cheek</u>. [分離した補部]
(彼女は彼の頬にキスをした)

ii. She kissed <u>his cheek</u>. [結合した補部]
(彼女は彼の頬にキスをした)

(4i) では，him と on the cheek は kiss の分離した補部であり，それら2つ
の補部が (4ii) では単一の補部 his cheek で表現されている．この種の交替現
象は8.4節で考察する．

多くの動詞は，上で紹介した複数の交替のパターンを許す．

(5) i. a. <u>They</u> sold <u>us</u> <u>the house</u>. (彼らは我々に家を売った)
b. <u>He</u> was dripping <u>blood</u>. (彼は血を流していた)
ii. a. <u>They</u> sold <u>the house</u>. (彼らは家を売った)
b. <u>He</u> was dripping <u>with blood</u>. (彼は血を流していた)
iii. a. <u>The house</u> sold. (家が売れた)
b. <u>Blood</u> was dripping <u>from him</u>. (血が彼から流れていた)

動詞 sell は，(5ia) (5iia) のように (2Ⅲ) の交替パターンを示すが，一方で，
(5iia) (5iiia) のように (1Ⅳ) の交替パターンも許す．drip に関しては，(5ib)
(5iib) のパターンは (1Ⅰ) と同じタイプであるが，(5iib) (5iiib) は (3Ⅱ) の
交替パターンである．以下の考察では，特定の動詞がもつすべての交替パター
ンを網羅的にまとめるという方法はとらない．そのかわりに，論点をわかりや
すくするため，対立する交替ペアに焦点を当てながら，考察をすすめていく．

8.1 他動詞／自動詞の交替

英語には数多くの二面他動性動詞が存在する．二面他動性動詞とは他動詞とし
ても自動詞としても使われる動詞のことであり，どちらか一方の環境でしか使
うことができない動詞よりもその数が遥かに多い．以下では，(1) でみた4つ
のタイプを順番にみていく．

8.1.1 タイプ I：They shot him と They shot at him
このタイプの交替では，NP が動詞の直接目的語（他動詞文の場合）としても
前置詞の補部（自動詞文の場合）としても現れることができる．しかし，主語
は常に一定である．以下で紹介するように，この種の交替にもさまざまな種類
がある．

(a)　動能自動詞

(6)　i.　a.　The horse kicked me. (馬が私を蹴った)

　　　　b.　The horse kicked at me. (馬が私を蹴ろうとした)

　　ii.　a.　He cut the meat. (彼は肉を切った)

　　　　b.　He cut at the meat. (彼は肉を切ろうとした)

(6ib) や (6iib) のような自動詞は**動能的**（**conatives**）といわれる．対応する他動詞文では，動詞によって表現される動作が達成されたことを含意するが，動能自動詞は動作が達成されるよう努めたことのみを含意する．(6ib) は馬が私のほうに向かって蹴ったということを意味しているが，(6ia) は実際に蹴ったことを意味する．(6iib) は彼が肉を切ろうとしたことのみを意味しており，(6iia) とは異なり，切る動作が達成されたことまでは意味しない．同じように，They shot him. (彼らは彼を撃った) という例では，彼に銃弾が命中しているが，They shot at him. (彼らは彼に向かって発砲した) では命中しなかったかもしれない．単純な他動詞ではなく動能自動詞をあえて使う場合は，動作が失敗したことを含意する場合が多い．同種の交替を許すほかの動詞を以下にあげる．

(7)　claw　　　　　hit　　　　　　nibble　　　　　poke

　　　（爪で掴む）　　（叩く）　　　　（かじる）　　　　（突く）

　　　push　　　　　smell　　　　　sniff　　　　　　spray

　　　（押す）　　　　（匂いを嗅ぐ）　（くんくん嗅ぐ）　（吹きかける）

　　　squirt　　　　strike

　　　（噴出させる）　（打つ）

前置詞としては at が使われるのが一般的であるが，on も可能な場合がある（例：He nibbled his biscuit. (彼はビスケットをかじった)，He nibbled at/on his biscuit.)．nibble の場合は他動詞文と自動詞文の意味の違いがそれほど明確ではない．しかし，He nibbled his biscuit away. (彼はビスケットを少しずつかじった) とはいえるが，*He nibbled at/on his biscuit away. とはいえないという事実から，両者の意味の違いが理解できる．また，She sipped her wine. (彼女はワインをちびちび飲んだ) と She sipped at her wine. (彼女はワインをほんの少しだけ飲んだ) を比べてみよう．動詞 sip のもつ意味からして他動詞文の場合でも彼女はあまりワインを飲んではいないが，それでも自動詞文に比べると飲んだ量が多いという解釈になる．

(b)　指向性動詞

(8)　i.　a.　She climbed the tree. (彼女は木に登った)

　　　　b.　She climbed up the tree. (彼女は木に登った)

　　ii.　a.　We swam the river. (我々は川を泳いで渡った)

　　　　b.　We swam across the river. (我々は川を泳いで渡った)

　　iii.　a.　They fled the building. (彼らは建物から逃げた)

　　　　b.　They fled from the building. (彼らは建物から逃げた)

一般的にこの種の交替では，他動詞文と自動詞文の客観的な意味の違いが少ない．しかし，他動詞文は動作が達成されたことを意味するが，対応する自動詞文はそれを意味しない場合もある．たとえば，(8ia) は彼女が木のてっぺんまで到達したことを含意するが，(8ib) は含意しない．同様に，They roamed the woods. (彼らは森を歩き回った) は自動詞文 They roamed in the woods. (彼らは森の中を歩き回った) よりも森の広範囲を歩き回ったということを示唆する．また，他動詞文はその動作によって達成された成果が，対応する自動詞文に比べて重大であることを示唆する場合もある．たとえば，高い位置にある棚から物をとるのに小さな脚立を使う場合，他動詞文 I climbed the stepladder. (私は脚立を登った) よりも自動詞文 I climbed up the stepladder. (私は脚立を登った) を使うほうが自然である．さらに，She jumped over the fence／pebble. (彼女はフェンスを／小石を飛び越えた) の例を考えてみよう．fence の場合は他動詞の用法 (She jumped the fence. (彼女はフェンスを飛び越えた)) も自動詞の用法と同程度に自然であるが，pebble の場合，他動詞の用法は不自然である．

　一般的に自動詞文では，対応する他動詞文と意味的に近いものだけに限らず，さまざまな種類の前置詞を使うことができる (例：She climbed down the tree. (彼女は木を降りた)，We swam along the river. (我々は川に沿って泳いだ)，They fled towards the building. (彼らは建物に向かって逃げた))．

(c)　協議と競争

(9)　i.　a.　Kim met the Dean. (キムは学部長に会った)

　　　　b.　Kim met with the Dean. (キムは学部長と面談した)

　　ii.　a.　Kim will be playing Pat. (キムはパットと試合をする)

　　　　b.　Kim will be playing against Pat. (キムはパットと試合をする)

この種の交替を許す動詞の数は少ないが，以下にほかの例をあげる．

(10)	battle	box	consult	fight
	（戦う）	（ボクシングをする）	（意見を求める）	（戦う）
	visit			
	（訪ねる）			

他動詞文（9ia）のほうが自動詞文（9ib）よりも，より多くの状況で使うことができる．つまり，（9ib）は何かを相談するために設けられた面談を示唆するが，（9ia）は重要でない会合の場合や，たまたま双方がどこかでばったり出会ったような場合でも使うことができる．また，一般的にこの種の例は対称的な（symmetrical）解釈をもつ．つまり，（9ia）と（9ib）はどちらも学部長がKimと会ったことも含意するし，（9iia）と（9iib）はどちらもPatがKimと試合をすることも含意する．しかし，比喩的な用法では，主語と直接目的語，あるいは主語と前置詞の目的語を逆にすると奇妙な意味になってしまう場合がある（例：He was battling（with／against）cancer.（彼は癌と闘っていた））．

(d) 排出

(11) i. a. He was dripping blood.（彼は血を流していた）
　　　 b. He was dripping with blood.（彼は血を流していた）
　　ii. a. Her voice oozed charm.（彼女の声には魅力が溢れていた）
　　　 b. Her voice oozed with charm.（彼女の声には魅力が溢れていた）

この種の動詞は，（11i）のように物質（この場合は血液）が排出される様子，あるいは，（11ii）のように比喩的な用法で抽象的な特性がにじみ出るありさまを表現する．この動詞は8.1.2節で扱うタイプ II の交替を許す動詞の一種である．自動詞文と異なり，他動詞文は少なくとも物理的排出を表現する場合，着点を加えることができる（例：He was dripping blood all over the carpet.（彼はカーペット中に血を流した））．

(e) その他

(12) i. a. They were speaking French.（彼らはフランス語を話していた）
　　　 b. They were speaking in French.（彼らはフランス語で話していた）
　　ii. a. He always talks politics.（彼はいつも政治を語る）
　　　 b. He always talks about politics.（彼はいつも政治について語る）
　iii. a. We're flying Qantas.（我々はカンタス航空に乗っている）
　　　 b. We're flying by／with Qantas.（我々はカンタス航空で飛んでいる）

（12i）と（12ii）では speak と talk という動詞が言語を表す NP（英語やフランス語など），あるいは話題の内容を意味する NP とともに使われている．（12iii）の下線部の NP は航空会社を意味している．（12iia）と（12iiia）の下線部の NP は典型的な目的語とは異なった性質をもっている．たとえば，これらの目的語は，受動文の主語になることもできなければ（例：*Politics must not be spoken over dinner., *Qantas is flown by nearly half the passengers on this route.），人称代名詞によって置き換えることもできない（例：*He always talks it., *We're flying it.（it は話題内容や航空会社を指している））.

8.1.2　タイプ II：The sun radiates heat と Heat radiates from the sun

タイプ II はタイプ I とは異なり，自動詞文の主語が，対応する他動詞文の主語ではなく目的語に相当する．例を以下にあげる．

(13)　i. a.　His wound was oozing blood.（彼の傷口は血をにじませていた）
　　　　b.　Blood was oozing from his wound.
　　　　　　（血が彼の傷口からにじみ出ていた）
　　ii. a.　The bush sprouted new shoots.（その木が新芽を出していた）
　　　　b.　New shoots sprouted from the bush.
　　　　　　（新芽がその木から出ていた）
　　iii. a.　The reforms will benefit women.
　　　　　　（この改正は女性の利益になるだろう）
　　　　b.　Women will benefit from the reforms.
　　　　　　（女性はこの改正から利益を得るだろう）

このタイプの動詞のほとんどは何らかの物質の排出，もしくは比喩的用法の場合は特性の排出を意味する（例：He oozes charm.（彼からは魅力がにじみ出ている））．これらの動詞がもつ 2 つの意味役割は起点と主題である．他動詞の場合，起点が主語で，主題が目的語になる．一方，自動詞では起点が from の補部で，主題が主語となる．このタイプの動詞には以下のようなものがある．

(14)　bleed　　　　dribble　　　　drip　　　　　emanate
　　　（出血する）　（滴る）　　　　（滴る）　　　　（出る）
　　　exude　　　　leak　　　　　seep　　　　　spew
　　　（出す）　　　（漏らす）　　　（滲み出る）　　（吐く）
　　　spurt　　　　squirt
　　　（ほとばしり出る）（噴出させる）

8.1.3. タイプ III：He drank some water と He drank

タイプ III の交替では，他動詞文に，自動詞文にはない目的語が含まれているが，主語は同じ（$S_{intrans} = S_{trans}$）である．ほとんどの場合，他動詞用法のほうが自動詞用法よりも意味的により基本的であると考えられる．なぜなら，自動詞文が，明示的に表現されていない目的語があるかのように解釈されるからである．たとえば，He read.（彼は読んだ）は，何か彼が読んだもの（おそらくは本，あるいは何か文字が書かれているもの）があるということを含意する．同様に，He married.（彼は結婚した）は彼が誰かと結婚したことを含意する．したがって，1 つの項しか明示的に表現する必要はないものの，read と marry は内在的に 2 つの項を含むのである．ゆえに，タイプ III の自動詞文を解釈する際には，明示的に表現されていない目的語の意味を復元してやる必要がある．しかしながら，自動詞用法のほうがより基本的とみなしうる場合もある．たとえば，She smiled.（彼女は笑った）と She smiled a wistful smile.（彼女は悲しげな笑顔をみせた）がそうである．この場合の他動詞文は She smiled wistfully.（彼女は悲しげに笑った）と少し意味が異なる．

（15i）は他動詞用法が基本的な動詞の自動詞用法の例で，（15ii）は自動詞用法が基本的な動詞の他動詞用法の例である．ただし，（15）にあげた分類は網羅的でもないし，区分が常に明確であるわけではない．

(15) i. a. Apply liberally. (e.g. "this lotion")　　　　［説明書での目的語の省略］
　　　　　（十分に（たとえば，このローションを）塗ってください）

　　 b. They won. (e.g. "the match")　　　　　　　　［非明示的な定名詞］
　　　　　（彼らは（たとえば，その試合に）勝った）

　　 c. I must shave. ("myself")　　　　　　　　　［非明示的な再帰代名詞］
　　　　　（私は（自分の）ひげを剃らなければならない）

　　 d. We had met before. ("one another")　　　　　［非明示的な相互代名詞］
　　　　　（我々は以前（お互いに）会ったことがある）

　　 e. They clapped. ("their hands")　　　　　　　　［非明示的な身体名詞］
　　　　　（彼らは（手を）叩いた）

　　 f. That dog bites. ("people")　　　　　　　　　［非明示的な人間名詞］
　　　　　（あの犬は（人を）噛む）

　　 g. She doesn't drink. ("alcohol")　　　　［特定のカテゴリーの不定名詞］
　　　　　（彼女は（アルコールを）飲まない）

　　 h. He read for a while. ("some reading matter")

　　　　　　　　　　　　　　　　　　　　　　　［通常のカテゴリーの不定名詞］

（彼はしばらく（何か読むものを）読んだ）

ii. a. They were talking <u>nonsense</u>.　　　　［自動詞の拡張］
　　　（彼らはくだらない話をしていた）

　 b. He died <u>a long and agonising death</u>.　［同族目的語による拡張］
　　　（彼は長く苦しい死を経験した）

　 c. She smiled <u>her assent</u>.　　　　　　　［反応伝達の目的語］
　　　（彼女は微笑んで賛意を示した）

　（15ia）はそれ以外の例とは種類が異なり，特定の**言語使用域**（**register**）で
のみ使われる．言語使用域とは，ある限定された社会的状況で使われる言葉の
ことであり，たとえば，新聞の社説や教会での説教，議会での議論などがあ
る．（15ib）以降の例はすべて特定の動詞の語彙的性質がかかわっている．以
下でこれらの例について述べる際には，同種のパターンを示す動詞のサンプル
をあげるとともに，同種のパターンを示さない動詞の例（この場合は動詞の前
にアステリスクマーク（*）をつける）を比較対象としてあげる．

（a）　説明書の言語使用域における目的語の省略：Apply liberally.

この種の動詞の自動詞用法は，使い方の指南やレシピなどといった説明書の言
語使用域に特有のものである．非明示的な目的語は文脈から特定できる．説明
書きはその品物自体に貼付してある場合がよくある．たとえば，（15ia）は日
焼け止めローションの瓶に貼られているラベルからとってきたものである．ほ
かのケースでは，その品物が事前に言及されている場合がある（例：Trace
<u>design</u> on to tracing paper, then transfer ＿＿ on to table mat with dressmak-
ers' carbon paper. ("transfer the design")（トレーシングペーパーにデザインを写
してください．そして，裁縫用のカーボン紙を使ってテーブルマットの上に＿＿（そのデ
ザインを）転写してください））．[1] この種の自動詞は通常，命令文で使われるが，
不定従属節（non-finite subordinate clauses）でも使われることがある（例：
Cook for 15–20 minutes, turning ＿＿ once during cooking. （15分から20分間
炒めて，炒めている間1度＿＿ひっくり返してください），To open ＿＿, pull lever.
（＿＿開けるためには，レバーを引いてください））．上述したように，この種の自動

---

[1] この例からわかるように，説明書の言語使用域では目的語の省略のほかにも，省略の方法
がある．よく観察されるのが限定詞（determiner）の省略である．実際，主語が省略される例
もある（例：Must be diluted before use. （ご使用の前に必ず薄めてください））．この現象は，
注意書きで見られる主語と be 動詞の省略と似ている（例：蛇口のそばに貼られた Not for
drinking（飲み水ではありません）の注意書き）．

第8章　複数の補部パターンをもつ動詞　　187

詞用法は個々の動詞に対して語彙的に指定する必要はない．なぜならこれは特定の動詞の性質ではなく，言語使用域の性質だからである．

(b)　非明示的な定名詞：They won.
このタイプの非明示的目的語は，(a) の場合と同じように，文脈から復元可能であり，定性解釈 (definite interpretation) を受ける．(a) との違いは，この場合は目的語の省略が特定の言語使用域に限定されないということである．その代わりに，特定の動詞に限定される．win の自動詞用法は "win a contest"「競争に勝つ」という意味であり，何の競争かは文脈によって決定できる．たとえば，They played the club champions and won.（彼らはクラブチャンピオンズリーグを戦い，勝利した）では，非明示的な目的語は彼らがチャンピオンズリーグで戦った試合だと解釈される．また，つい先ほど試合が終わったような状況でも，自動詞用法 They won. は使用できる．このような場合は，たとえその試合に関して文脈上言及がなかったとしても，非明示的な目的語はこの試合を指すことができる．win とは対照的に enjoy には同じような自動詞用法がない．したがって，*They played the club champions and enjoyed.（"enjoyed the match"）とはいえない．さらに，あなたが映画館から出てくるところに私が出くわしたとしても，*Did you enjoy?（"enjoy the movie"）とはいえない．同種の動詞と例文を以下にあげる．

(16)　i.　answer　　　　　ask　　　　　　attend　　　　drive
　　　　　（答える）　　　　（尋ねる）　　　　（出席する）　　（運転する）
　　　　　fail (test)　　　　fit　　　　　　　follow　　　　interrupt
　　　　　（（テストに）落ちる）　（合う）　　　　　（ついていく）　（邪魔する）
　　　　　lead　　　　　　lose (contest)　　obey　　　　　prosecute
　　　　　（導く）　　　　　（（競争に）負ける）　（従う）　　　　（起訴する）
　　　　　pull　　　　　　telephone　　　　watch
　　　　　（引く）　　　　　（電話する）　　　　（みる）
　　　ii.　*punish　　　　*teach　　　　　*write
　　　　　（罰する）　　　　（教える）　　　　（書く）

(17)　i.　I asked her where it was but she didn't answer.
　　　　　（私は彼女にそれがどこにあるか尋ねたが，彼女は答えなかった）
　　　　　There's a meeting tonight but I can't attend.
　　　　　（今夜は会議があるが，私は出席できない）
　　　　　They've charged him but I don't know who's going to prosecute.

（彼らは彼を告発したが，誰が起訴するかは知らない）

　　ii. *He wants to learn but I shan't teach.

(17i) では，"answer me / my question"「私に／私の質問に答える」，"attend
the meeting"「会議に出席する」，"prosecute him"「彼を起訴する」のように
解釈することができるが，(17ii) は "teach him"「彼に教える」という解釈の
もとでは非文法的であり，ここでの非明示的な目的語はあくまで「彼が学びた
がっているもの」である．また，限定的な条件のもとでのみ，この種の自動詞
用法を許す動詞もある．たとえば，私があなたにボールを投げた場合，私は
Catch!（とって！）といえる．しかし，*I threw him the ball but he failed to
catch. のように，明示的に先行する文で言及があるようなケースでは許されな
い．同様に，たとえば，食器洗いをしているような場合に，Shall I dry? ("the
dishes")（私が（皿を）タオルで拭きましょうか）とはいえるが，*The dishes
were still wet so I dried ("them"). とはいえない．

(c)　非明示的な再帰代名詞：I must shave

(18)　i.　bathe　　　　　shave　　　　　shower　　　　　wash
　　　　（入浴する）　　（ひげを剃る）　（シャワーを浴びる）　（洗う）

　　ii.　disrobe　　　　dress　　　　　?strip　　　　　undress
　　　　（服を脱ぐ）　　（服を着る）　　（服を脱ぐ）　　（服を脱ぐ）

　　iii.　cram　　　　　launch　　　　load　　　　　pack
　　　　（押し込む）　　（送り出す）　　（載せる）　　（詰め込む）[+着点]

　　iv.　jerk　　　　　pull　　　　　yank
　　　　（ぐいと動かす）（引く）　　　（ぐいと引く）［+free]

　　v.　behave[2]　　　hide　　　　　identify (with)　　prepare
　　　　（振る舞う）　　（隠れる）　　（同定する）　　（準備する）
　　　　worry
　　　　（心配する）

---

　[2] behave の場合，明示的に再帰代名詞を使うと，通常は "good behavior"「よい振る舞い」
しか意味できない．そのため，They behaved themselves well.（彼らは行儀良く振る舞った）
はいえるが，*They behaved themselves appallingly.（彼らの振る舞いはひどかった）とはい
えない．また，Behave well! のように様態副詞 well を明示しなくても，Behave! というだけ
で，Behave well! と解釈される．

第8章　複数の補部パターンをもつ動詞　　　　189

```
    vi.  *clothe          *perjure
         （着る）          （偽証する）
(19)  i.  a.  We crammed (ourselves) into the back seat.
             （我々は後部座席に乗り込んだ）
          b.  He pulled (himself) free. （彼は自由になった）
      ii.  a.  They clothed themselves in black. （彼らは黒い服を着ていた）
          b.  *They clothed in black.
```

I must shave. （私はひげを剃らなければならない）の典型的な解釈は "I must
shave myself."「私は自分のひげを剃らなければならない」である．(18iii) の
動詞は補部として into the back seat （後部座席に）のような着点をとり，(18iv)
の動詞は結果的叙述補部として free をとる．これらの動詞は，実際に補部と
して再帰代名詞をとる場合よりも，自動詞として使われる場合のほうがはるか
に多い．自分以外の誰かのひげを剃ったり体を洗ったりすることは可能だが，
これらの動作の対象になるのは一般的には自分自身であり，よって，これらの
動詞で標準的な目的語になるのは再帰代名詞である．これらの動詞で再帰代名
詞を明示しない自動詞用法が使われる傾向が強いということは，ある自動詞が
(c) の動詞の一種であるかどうかを見分けることは難しいということである．
たとえば，I must go and wash / bathe / shower. （私は行って，体を洗わなければ
／風呂に入らなければ／シャワーを浴びなければならない）といえるが，再帰代名詞
を bathe や shower とともにはあまり使わない（看護師が Are you able to
shower yourself? （自分でシャワーが浴びられますか）のように尋ねるといった文
脈では使うことができるかもしれない）．同様に，(18ii) では strip の目的語
の位置に再帰代名詞を置くこともあまりない．再帰代名詞がある場合とない場
合で，節の動作主性が変化するようなケースはここでは省いた（例：He got
himself arrested. （彼は自分が逮捕されるようにした）と He got arrested. （彼は逮
捕された），She proved herself reliable. （彼女は自分が信頼できる人間であること
を証明した）と She proved reliable. （彼女が信頼できることが証明された））．

(d)　非明示的な相互代名詞：We had met before.

```
(20)  i.  court          divorce          embrace          kiss
          （求愛する）    （離婚する）      （抱きしめる）    （キスする）
          marry
          （結婚する）
```

ii.	cross	hit	touch
	(横断する)	(ぶつかる)	(触る)
iii.	consult	fight	meet
	(相談する)	(戦う)	(会う)
iv.	*help	*love	*resemble
	(助ける)	(愛する)	(似ている)

(21) i. a. They kissed (each other) passionately.

　　　　　(彼らは情熱的に (お互いに) キスをした)

　　 b. The lines cross (each other) here.

　　　　　(線はここで (お互いに) 交差している)

　 ii. a. They resemble each other closely.

　　　　　(彼らはお互いにとても似ている)

　　 b. *They resemble closely.

この種の動詞の中には少数ではあるが意味的に対称的な，すなわち主語と目的語を入れ替えても意味が変わらない動詞も存在する．たとえば，marry のもっとも基本的な意味では，Kim married Pat. (キムはパットと結婚した) は Pat married Kim. (パットはキムと結婚した) を含意する．しかしこのような意味での対称性（あるいは相互性）は単に一般的であるというだけで，必ず成り立つわけではない．たとえば，Kim kissed Pat. (キムはパットにキスをした) が Pat kissed Kim. (パットがキムにキスをした) を含意しないことは明らかだろう．キスをされる側は完全に受け身でも構わないし，Kim kissed the cross. (キムは十字架にキスをした) のように無生物であっても問題ない．さらに，Kim divorced Pat. (キムはパットと離婚した) も Pat divorced Kim. (パットはキムと離婚した) を含意しない．それは，divorce の主語（最初の文では Kim，2 つ目の文では Pat）にはその離婚の手続きを主導的に進める人がくるからである．また (d) の動詞も (c) と同じように他動詞文よりも自動詞文を用いるほうがより一般的である．

(e)　非明示的な身体名詞：**They clapped.**

(22) i. blink (eyes)　　　*clap (hands)　　*shrug (shoulders)

　　　((目を) まばたきする)　((手を) 拍手する)　((肩を) すくめる)

　 ii. *bat (an eyelid)　　*crane (neck)　　*gnash (teeth)　　*stub (toe)

(23) i. a. I nodded (my head). (私は (頭を) 頷いた)

　　 b. He shrugged (his shoulders). (彼は (肩を) すくめた)

第8章　複数の補部パターンをもつ動詞　　　191

ii. a.　She craned her neck to see.（彼女はみようと首を伸ばした）

b. *She craned to see.

これらの動詞は体の特定の部位を使ったしぐさや立ち居振る舞いを表現している．ほとんどの場合，自動詞文のほうがより一般的である．squint（やぶにらみでみる）や wink（ウインクする）のような動詞においては，eye（目）を目的語にとるような他動詞文が許されるのかどうかすら疑問である．(c) の動詞のうちのいくつかは (e) と非常によく似ているが，(c) はしぐさや立ち居振る舞いではなく，体の手入れに関する動詞である．I shaved. は I shaved myself. と同じ意味だが，どちらも通常は "I shaved my face."「私は顔を（ひげを）剃った」を意味するのであって，たとえば，足の毛を剃ったという意味にはならない．さらに，I washed. も I washed myself. と同じ意味だが，どちらも手か，あるいは手と顔を洗うことを意味する（ただし shave ほど強い含意はない）．[3]

(f)　非明示的な人間名詞：**That dog bites.**

(24) i. | admonish | advise | caution | warn |
| --- | --- | --- | --- |
| （忠告する） | （助言する） | （警告する） | （警告する） |

ii. | amaze | amuse | disturb | offend |
| --- | --- | --- | --- |
| （驚かせる） | （楽しませる） | （混乱させる） | （怒らせる） |
| please | | | |
| （喜ばせる） | | | |

iii. | bite | kick | prick | sting |
| --- | --- | --- | --- |
| （噛む） | （蹴る） | （チクリと刺す） | （釘でさす） |

iv. | *alert | *injure | *like |
| --- | --- | --- |
| （警告する） | （怪我をする） | （好む） |

---

[3] 比較的最近できた身体の手入れに関する動詞である floss（デンタルフロスを使う）は，身体名詞を省略することはできるが再帰代名詞をとることはできない（例：I flossed (my teeth).（私は（歯に）デンタルフロスをした），*I flossed myself.）．change（着替える）もこれに似ており，自動詞用法では非明示的な目的語 "one's clothes"「自分の服」があるかのように解釈される（例：I must go and change for dinner.（私は夕食のために行って着替えなければならない））．point（指差す）と wave（手を振る）は通常は身体名詞（それぞれ finger（指）と hand（手）をとるが，ほかの名詞をとることもできる（例：I pointed the ruler at it.（私はそれに定規を向けた），She waved a flag to signal that the path was clear.（彼女は道が通れることを知らせるために旗を振った））．したがって自動詞としての point と wave が動詞の意味の一部に "finger" や "hand" を含んでいるとは考えない．

192 第 I 部 補部になる節

(25) i. a. I'd advise you against buying it.

　　　　（私はそれを買わないようあなたに助言する）

　　 b. I advise against buying it. （私はそれを買わないよう助言する）

　ii. a. I must alert you to a new danger.

　　　　（私は新たな脅威についてあなたに注意を喚起しなければならない）

　　 b. *I must alert to a new danger.

この種の動詞の自動詞文では，非明示的な人間名詞が目的語として存在するか
のように解釈される．ただし，That dog bites. （あの犬は咬む）のように人一般
を指す場合もあれば，Take care. （お気をつけて）や It may bite. （それは咬むかも
しれない）のように特定の人（この場合は you）を指す場合もある．(24ii) と
(24iii) の動詞は，言及される状況が習慣的である場合や，あるいは実現して
いない状況である場合に，自動詞として使われやすい（例：He never fails to
please. （彼は必ず人を喜ばせる人だ），I'll aim to please. （喜んでいただけるよう努
力します），ただし，?His behavior at lunch pleased. （昼食時の彼の態度は喜ばし
い）とはいいにくい）．

(g)　特定のカテゴリーの不定名詞：She doesn't drink.

(26) bake 　　　　　 drink 　　　　　 eat 　　　　　 expect
　　 （焼く）　　　　 （飲む）　　　　 （食べる）　　　　 （おめでたである）
　　 wash
　　 （洗う）

(27) Have you eaten yet? （もう食べましたか）
　　 We're eating at six. （我々は 6 時に食べます）
　　 She's expecting again. （彼女はまたおめでただ）

自動詞 drink の解釈はあいまいで，非明示的な目的語がアルコールのように特
定の解釈を受ける場合と，(h) のようにもっと一般的な飲み物である場合があ
る．expect は，進行形でのみ使われ，意味も特殊である（目的語として baby
が明示的に現れてもよいし，省略されてもよい）．(27) の eat は，文脈に置か
れた食べ物が目的語として存在するかのように解釈されるが，He was eating.
のような例ではもっと一般的な解釈を受ける．洗えるものは無数に存在する
が，I was washing. のような例の非明示的な目的語は，再帰代名詞の解釈を
受ける場合を除いて，衣服／シーツ／タオル（これは，I must hang out the
washing. （私は洗濯物を干さなければならない）の中の名詞 washing が表現でき

第8章　複数の補部パターンをもつ動詞　　193

るものである）と解釈される場合が一般的である．bake の非明示的な目的語
も，じゃがいもやりんごのように焼くことができるものはほかにもさまざまあ
るにもかかわらず，ケーキやパイと解釈される．

(h)　通常のカテゴリーの不定名詞：He read for a while.

(28)　i.　cook　　　　　　darn　　　　　　draw　　　　　　drink
　　　　　（料理する）　　（繕う）　　　　（描く）　　　　（飲む）
　　　　　drive　　　　　dust　　　　　　eat　　　　　　fly
　　　　　（運転する）　　（ほこりを払う）　（食べる）　　　（飛ぶ）
　　　　　hunt　　　　　iron　　　　　　knit　　　　　　marry
　　　　　（狩る）　　　　（アイロンをかける）（編む）　　　　（結婚する）
　　　　　paint　　　　　read　　　　　　sew　　　　　　study
　　　　　（絵を描く）　　（読む）　　　　（縫う）　　　　（勉強する）
　　　　　teach　　　　　type
　　　　　（教える）　　　（タイプする）
　　　ii.　*devour　　　　*fix　　　　　　*peruse
　　　　　（むさぼり食う）　（直す）　　　　（精読する）

(29)　They were eating.（彼らは食べていた）
　　　They were drinking.（彼らは飲んでいた）
　　　*They were devouring.
　　　I want to read.（私は読みたい）
　　　*I want to peruse.

この種の動詞の非明示的な目的語は，read には読むもの，eat には食べ物と
いったように，その動詞に典型的に当てはまるカテゴリーの不定名詞として解
釈される．したがって，テストの問題用紙を読んでいるような状況では，He
read for a while.（彼はしばらくの間読んでいた）のような例を通常使うことはで
きない．なぜならテスト問題は典型的な読み物とはいえないからである．ま
た，I had been eating.（私は食べていた）の非明示的な目的語を草と解釈するこ
ともないが，それは草を食べるという状況があまりに例外的だからである．同
様に，She spent the afternoon writing.（彼女は午後書き物をして過ごした）で，
書かれたものは文章である．彼女がラベル書きや宛名書きをしていた場合この
例を使うのは難しいだろう．このような意味的制限があるため，(h) と (g)
を明確に区別することはできない．
　　非常に多くの動詞がこの種の交替を許す．基本的な用法が他動詞である動詞

が，目的語の不定名詞を省略することによって自動詞化されるこのような語彙的プロセスは極めて生産的なのである．とはいうものの，自動詞化のしやすさは動詞によって異なる．(f) と (h) は非常に似通っており，特定の出来事よりも一般的な様相を表現する際にもっとも容認されやすい．したがって，He's going to love/hate. (彼は愛する／憎むつもりだ) や At that time he loved/hated. (あの時彼は愛した／憎んだ) よりも，It is better to love than to hate. (憎むよりも愛するほうがよい) や He loves/hates with great passion. (彼は情熱的に愛する／憎む) のほうがより容認度が高い．同様のことが，He likes to organise. (彼は整理するのが好きだ) と ?This morning he organised. (今朝彼は整理した)，あるいは He would never steal. (彼は決して盗まない) と ?He had lunch at the castle yesterday and stole when he was left alone. (彼は昨日城で昼食をとり一人になった時に盗んだ) のペアにも当てはまる．

　かなりの数の動詞が，自動詞用法では行為 (activity) を，他動詞用法では達成 (accomplishment) を表現するのに使われる．たとえば，I ironed. (私はアイロンをかけた) と I ironed your shirt. (私はあなたのシャツにアイロンをかけた)，あるいは We read. (我々は読んだ) と We read the report. (我々は報告書を読んだ) などのペアにこれが当てはまる．目的語として something (何か) を加えても，自動詞文の正確なパラフレーズにならないことが多いのはこのためである (例：We read. (行為) (我々は読んだ) は We read something. (我々は何かを読んだ) と同じ意味ではない)．[4] これに関連して，eat/drink と eat up/drink up の違いに注目してみよう．前置詞 up を付加すると，達成の解釈がつけ加わり，そのため自動詞用法とは相容れなくなるのである (例：*When I left they were still eating up.)．[5]

(i)　自動詞の拡張：They were talking nonsense.
自動詞用法の talk は行為を表現する．本来は目的語をとらないが，nonsense (無意味な言葉) のような作成主題の意味役割をもつ目的語をとることは可能である．そのほかの例を以下にあげる．

---

　[4] We were reading. (我々は読んでいた) は We read. (我々は読んだ) を含意するが，We were reading something. (我々は何かを読んでいた) は We read something. (我々は何かを読んだ) を含意しないことに注意してほしい．
　[5] eat up/drink up は (b) タイプの自動詞用法のもとでは容認可能である (例：You haven't finished your milk. Drink up. (君は牛乳をまだ全部飲んでいないね．飲みきりなさい)．ただしこの場合の drink up も行為の解釈ではなく達成の解釈をもつ．

第 8 章　複数の補部パターンをもつ動詞　　195

(30)　hum　　　　　　　run　　　　　　　sing　　　　　　speak

　　　（鼻歌を歌う）　　（走る）　　　　　（歌う）　　　　（喋る）

　　　walk　　　　　　weep

　　　（歩く）　　　　　（泣く）

(31)　She hummed a familiar tune.（彼女は馴染みの曲の鼻歌を歌った）

　　　She ran a marathon.（彼女はマラソンを走った）

　　　I sang the wrong words.（私は間違った歌詞を歌った）

　　　He speaks Greek.（彼はギリシャ語を喋る）

　　　I walked the last two miles.（私は残りの 2 マイルを歩いた）

　　　She wept tears of joy.（彼女は喜びの涙を流した）

それぞれの動詞において生起可能な目的語の種類は極めて限定的である．weep の場合は tear（涙）のみが可能な目的語である．このリストに push や shove などを加えてもよいかもしれない．これらの動詞は，They pushed (their way) to the front.（彼らは人を押しのけて前に出た）のように着点補部の前に目的語として way をとることができる（本シリーズ第 0 巻『英文法と統語論の概観』を参照）．(j) と (k) では (i) の特殊なケースを検討する．

(j)　同族目的語による拡張：He died a long and agonising death.

同族目的語とは，その主要部の名詞が動詞を名詞化したようなもの（たとえば，動詞 die の名詞化 death）のことである．同族目的語の選択が文の統語的な性質にまったく影響を与えない場合がある．They built a hideous building.（彼らはひどい建物を建てた）と I can smell an appalling smell.（何かひどい匂いがする）は，それぞれ They built a mansion.（彼らは豪邸を建てた）と I can smell rotting meat.（腐った肉の匂いがする）と同じ構文である．sing はおそらく基本的には自動詞であるが，同族目的語の song 以外にも多くの種類の目的語を許すので，(j) ではなく (i) に分類した．一方，以下に例示した動詞のように同族目的語以外の目的語が自由に現れることができないものもある．

(32)　i.　cough　　　　　grin　　　　　　laugh　　　　　sigh

　　　　（咳をする）　　（にやりと笑う）　（笑う）　　　　（ため息をつく）

　　　　snore　　　　　yawn

　　　　（いびきをかく）　（あくびをする）

　　ii.　die　　　　　　dream　　　　　live　　　　　　sleep

　　　　（死ぬ）　　　　（夢をみる）　　（生きる）　　　（寝る）

think

（思う）

(33)　He grinned a wicked grin. (彼は悪意を込めてにやりと笑った)

　　　She always dreams the same dream. (彼女はいつも同じ夢をみる)

　　　He lives a life of drudgery. (彼はつまらない生活を送っている)

　　　She slept the sleep of the just. (彼女は適切な睡眠をとった)

　　　He was thinking lewd thoughts. (彼はみだらなことを考えていた)

　これらの動詞の場合も目的語の意味役割は作成主題であり，また目的語には必ず修飾語が必要である（例：?He died a death, ?He grinned a grin).[6] この場合，目的語を修飾するということは，動詞を修飾することと意味的に同等である（例：He died slowly and agonisingly. (彼はゆっくりとそして苦しんで亡くなった)，He grinned wickedly. (彼は悪意を込めてにやっと笑った)).

(k)　反応伝達の目的語：She smiled her assent.

(34)　i.　grin　　　　　　laugh　　　　　nod　　　　　　sigh
　　　　　（にやりと笑う）　（笑う）　　　　（頷く）　　　　（ため息をつく）
　　　　　smile　　　　　wave
　　　　　（笑う）　　　　　（手を振る）

　　　ii.　mumble　　　　roar　　　　　　scream　　　　whisper
　　　　　（もごもごいう）　（どなる）　　　（叫ぶ）　　　　（ささやく）

(35)　He grinned his appreciation. (彼ははにこっと笑って感謝の意を表した)

　　　I nodded my agreement. (私は頷いて同意の気持ちを示した)

　　　He roared his thanks. (彼は大声で謝意を表した)

　(34i) の動詞はどれも非言語コミュニケーションにかかわるもので，たとえば She smiled her assent. はおおよそ "She signaled her assent by smiling." 「彼女は笑って賛意を示した」と同義である．したがって目的語 her assent は動詞 smile の項とは考えにくいし，受動態の主語にもなりえない（例：*Her assent was smiled.). (34ii) の動詞は，発話の様態（manner-of-speaking）を表す動詞であり，さまざまな種類の目的語を許す（例：He roared the command. (彼は大声で命令した))．また，受動態も基本的には許容される（例：On the pa-

---

　[6] [the dream] I dreamt last night (昨夜見た夢) や [the life] she led then (当時彼女が送っていた生活) のように関係節では修飾語が必須ではない．

rade ground commands must be roared, not whispered. (練兵場では，命令はさ
さやき声でなく大声でなされなければならない)).

8.1.4　タイプ IV：He broke the vase と The vase broke

このタイプの交替はこれまでみてきたものとは性質が異なり，自動詞構文の主
語が他動詞構文の主語ではなく目的語になっているという特徴がある（（$S_{intrans}$
$= O_{trans}$）（自動詞主語＝他動詞目的語））．つまり，自動詞の主語がもつ意味役
割が他動詞の目的語のもつ意味役割と同一のものとなっている．たとえば
break を使った例をみてみると，The vase broke. (花瓶が壊れた) という例では，
the vase は自動詞の主語となっているのに対し，He broke the vase. (彼は花瓶
を壊した) では他動詞の目的語となっており，どちらの場合も状態変化を受け
る主題の意味役割をもっている．非常に多くの二面他動性動詞がこのような自
動詞用法と他動詞用法の交替を許すのであるが，それらは（36）に示すように
自動詞の特徴によって4つのタイプに分けられる．

(36)	i.	The vase broke.	［被動作主動的自動詞］
		（花瓶が壊れた）	
	ii.	The ladder leant against the wall.	［被動作主静的自動詞］
		（梯子が壁に立てかけてあった）	
	iii.	The dog walked round the block.	［動作主自動詞］
		（犬がこの辺りを徘徊した）	
	iv.	She doesn't frighten easily.	［「中間」（態）自動詞］
		（彼女は簡単には怖がらない）	

以下で，(36i)–(36iv) にあげられた4つのタイプをそれぞれ詳しくみていこ
う．

(a)　被動作主動的自動詞：The vase broke

このタイプの自動詞は，（36）の4つのタイプの中で抜きん出て1番多い．
(36i) の例中の the vase は被動作主であり，He broke the vase. (彼が花瓶を壊
した) という他動詞文と同じように，この自動詞文も動作を表している．他動
詞文は自動詞文とは異なり，被動作主である項に加えてもう1つ使役者の意
味役割を担う項が存在する．使役者は動的動詞の動作主となりうるもので，文
の主語となっている．実際の動作主もしくは動作主になるうるものは，基本構
文の節では主語となるという一般規則があるのだが，この場合もその規則に
従っている (2.3 節参照)．

また，(37) に例示されるように，このタイプの動詞の多くには，その動詞と形態的に関係のある形容詞を含む連結詞構文が存在する.

(37)　他動詞構文　　　　　　　自動詞構文　　　　　　連結詞構文
　i.　I opened the door.　The door opened.　The door was open.
　　　（私はドアを開けた）　（ドアが開いた）　　（ドアが開いていた）
　ii.　I widened the gap.　The gap widened.　The gap was wide.
　　　（私はその差を広げた）　（その差が広がった）　（その差は大きかった）
　iii.　I tore my shirt.　My shirt tore.　My shirt was torn.
　　　（私は自分のシャツを破いた）（私のシャツが破れた）（私のシャツは破れていた）

連結詞構文では，自動詞／他動詞文で描写されている動的事態の結果生じた状態が表現されている. (37ii) では，動詞 widen が形容詞 wide に由来しており，(37iii) では，形容詞 torn が動詞 tear に由来している. また (37iii) では，torn が動詞 tear の過去分詞形でもあるため，「私のシャツが破られた」という受動文の意味ももつ（第 9 巻『情報構造と照応表現』参照）.

　He broke the vase./The vase broke. のような自動詞構文と他動詞構文の両方をもつ動詞を (38i) に，また，どちらか一方しかもたない動詞を (38ii) と (38iii) にあげる. また，これらの動詞を使った例を (39) にあげる.

(38)　i.　自動詞／他動詞両方可能
　　　bend　　　　　　　　blacken　　　　　　　bounce
　　　（曲がる／曲げる）　　（黒くなる／黒くする）（跳ねる／跳ねさせる）
　　　change　　　　　　　collapse　　　　　　　crack
　　　（変わる／変える）　　（つぶれる／つぶす）　（ヒビが入る／ヒビを入れる）
　　　crease　　　　　　　　divide　　　　　　　　drop
　　　（しわになる／しわくちゃにする）（分かれる／分ける）（落ちる／落とす）
　　　drown　　　　　　　　explode　　　　　　　float
　　　（溺死する／溺死させる）（爆発する／爆破する）（浮く／浮かす）
　　　freeze　　　　　　　　grow　　　　　　　　improve
　　　（凍る／凍らす）　　　（育つ／育てる）　　　（良くなる／良くする）
　　　melt　　　　　　　　　move　　　　　　　　roll
　　　（溶ける／溶かす）　　（動く／動かす）　　　（転がる／転がす）
　　　sink　　　　　　　　　slow　　　　　　　　smash
　　　（沈む／沈める）　　　（遅くなる／遅くする）（粉々になる／粉々にする）

turn	vary	wake
(向きが変わる／向きを変える)	(変わる／変える)	(起きる／起こす)

ii. 他動詞のみ可能

construct	destroy	endanger	hit
(建設する)	(破壊する)	(危険にさらす)	(打つ)

touch

(触れる)

iii. 自動詞のみ可能

die	emerge	fall	occur
(死ぬ)	(現れる)	(落ちる)	(起こる)

perish

(滅びる)

(39) i. a.　This changed the situation.（これにより状況が変わった）

　　　 b.　The situation changed.（状況が変わった）

　　 ii. a.　They destroyed the farm.（彼らは農場を荒廃させた）

　　　 b. *The farm destroyed.

　　iii. a. *The frost perished the fruit.

　　　 b.　The fruit perished.（果物が枯れた）

ここで，動詞によって自動詞用法／他動詞用法にさまざまな語彙的特色がみられるということを確認しておこう．たとえば，break は記録や法律，規則という文脈では他動詞文にしか使われない（例：He broke the 100m record.（彼は100m の記録を破った）vs *The 100m record broke.）．また，身体の一部を表す語が目的語になっている場合は，その所有者である主語の意味役割は，使役者ではなく経験者として解釈される（例：I've broken my arm.（私は腕を折った））．grow に関しては，植物に関する場合は自動詞としても他動詞としても使われるが，人や動物に関する場合は他動詞用法をもたず，自動詞用法のみが使われる（例：Lots of tomatoes grew.（たくさんのトマトが育った）/They grew lots of tomatoes.（彼らはたくさんのトマトを育てた）vs. Children grew.（子どもたちは成長した）/*They grew children.）．move は，He moved.（彼は動いた）のように，有生の主語とともに自動詞として使われる際は，身体の一部が動いたという意味を表すことができるが，They moved him.（彼らは彼を移動させた／* 彼らは彼の身体を動かした）のように，他動詞として使われる際はこのような意味をもたない．反対に，It moved me to tears.（それに私は感動して泣いた）のように他動詞で使われる際には「感動させる」という意味をもつが，*I moved to tears.

が容認されないように，自動詞ではこのような意味をもたない．これらの動詞とは異なり，change という動詞は，I changed my views. (私は意見を変えた) のような他動詞用法でも，My views changed. (私の意見が変わった) のような自動詞用法でも，どちらも同じ意味をもつ．また，bounce, drop, roll などの動詞は，形容詞として連結詞構文に用いられることはなく，受動態を表す過去分詞形としてしか機能しない (例：The ball was bounced. (ボールは跳ね返された))．

(b)　被動作主静的自動詞：The ladder leant against the wall

このタイプの動詞はあまり多くはないが，自動詞文では状態を表し，他動詞文ではその状態をつくり出す動作を表す (例：The ladder leant against the wall. (その梯子は壁に立てかけてあった) vs. I leant the ladder against the wall. (私はその梯子を壁に立てかけた))．rest, sit, stand などのような位置動詞 (verbs of position) や hurt などの動詞がこのタイプに属する (例：My arm is hurting. (私は腕が痛い)，You are hurting my arm. (あなたは私の腕を痛めつけている))．

(c)　動作主自動詞：The dog walked round the block

このタイプの動詞は，The dog walked round the block. (その犬はこの辺りを散歩していた) のように，主に自動詞として使われる．自動詞用法では主語である the dog が動作主 (と主題が合わさったもの) の意味役割をもっている．これに対して，We walked the dog round the block. (我々はその犬にこの辺りを散歩させた) のような他動詞用法では，自動詞の主語となっている人や動物など (つまり，例中の the dog) が動詞の後ろに現れ，動作主である主語が，動詞によって表されている行為 (つまり，例では「歩く」という行為) をその人や動物にさせるという解釈になる．[7] 同じような例として次のような自動詞／他動詞用法のペアがある．The prisoners marched to the guard room. (囚人たちは衛兵室へと行進した) vs. He marched the prisoners to the guard room. (彼は囚人たちを衛兵室へと行進させた) このタイプの自動詞／他動詞のペアをみてみると，他動詞用法では，自動詞用法に比べると，動詞の後ろに現れる名詞句 (つまり例中の the dog や the prisoners) の動作主性があまりなく，文主語である名詞句 (つまり例中の we や he) が第1の動作主となっている．また，このタイプの動詞はある方向へ向けての移動の概念が含まれており，She

---

[7] I'll walk you home. (私はあなたを歩いて家まで送り届けるよ) という例中では，他動詞の walk は「... を歩いて送り届ける」という特別な意味をもつ．

jumped the horse.（彼女はその馬を飛越させた）では，馬がその場でジャンプしたという状況を表すことができない．このタイプの動詞は，ほかに，canter（ゆっくりと駆ける），gallop（全速力で走る），run（走る），walk（歩く）などがあるが，jog（軽く走る），meander（ぶらぶら歩く），saunter（のんびり歩く）などの動詞はこのタイプには入らない．

(d) 「中間(態)」自動詞：She doesn't frighten easily

このタイプの動詞は他動詞用法が基本形となっており，自動詞用法では文中には現れない使役者が存在するという解釈をもつ．通言語的に「中間(態)」という用語は，態の体系に関する用語であり，能動態と受動態の中間のような態に対して使われるものである．英語では，態に関する統語的な体系は能動態と受動態の2つのカテゴリーしか存在しないので，「中間(態)」という用語は使われない．このように「中間(態)」という用語は，英語の態の体系において，正式なカテゴリーではなく拡張的な意味合いで使われているので，ここでは「」づけで表記しておく．She doesn't frighten easily.（彼女は簡単には驚かない）という例は能動文の形をしているが，受動文に似たような意味があり，意味的に一般的な能動文と受動文のちょうど間くらいのニュアンスをもっている．

　ここで，She doesn't frighten easily. のような自動詞節には以下のような特徴があることを確認しておこう．

(40) i. 節中には現れない意味上の使役者（通常は人である）が存在するが，by 句によってそれを表すことができない．

　 ii. 主語が動詞によって表される動作や状態を経験するのかどうか，あるいは経験するのであればどのように（とりわけ，どれくらい簡単に）経験するのかということが記述されている．

　 iii. 否定節であるか，法助動詞（とりわけ *will* が多い）をともなっているか，もしくは well（よく／上手に）や easily（簡単に）などの様態の副詞をともなっている．

　 iv. 特定の出来事について描写するのではなく，主語の一般的な状態を表現する．

She doesn't frighten easily. には，受動文 She isn't easily frighten.（彼女は簡単には驚かされない）と同様に，非明示的な使役者が存在するという（40i）の特徴から，この自動詞節の意味は受動文に似たものになる．しかし，*She doesn't frighten easily by noise in the dark. が非文法的であることからわかるように，受動文とは異なり「中間(態)」自動詞節では by 句によって使役者

を表すことができない.[8] また,(40ii) の特徴のため,「中間(態)」自動詞節は,受動文とは異なる意味をもっているということがわかる.たとえば,The shirt irons well. (そのシャツは上手にアイロンがけできる) という「中間(態)」自動詞節と The shirt was ironed well. (そのシャツは上手にアイロンが掛けられた) という受動文を比較してみると,前者ではシャツの特徴について述べられており,後者ではアイロンがけした人の能力について述べられている.(40iii) と (40iv) に関しては,これらの特徴があるため,*She frightens. や *There was a sudden noise outside and she frightened immediately. などの例は非文法的となっている.

　ここで「中間(態)」自動詞構文に用いられる動詞にはどのようなものがあるのか,(41) にあげておく.

(41) i.

alarm	amuse	demoralise	embarrass
(びっくりする)	(面白がる)	(堕落する)	(狼狽する)
flatter	frighten	intimidate	offend
(嬉しがる)	(驚く／怖がる)	(怯える)	(怒る)
pacify	please	shock	unnerve
(落ち着く)	(喜ぶ)	(ショックを受ける)	(ビクビクする)

ii.

clean	cut	hammer	iron
(綺麗にできる)	(切れる)	(ハンマーで打てる)	(アイロンがけできる)
read	wash		
(読める)	(洗える)		

(41i) と (41ii) の動詞の違いについて,(41i) の動詞は (40) の特徴をすべてもっているのに対し,(41ii) の動詞には (40iv) の制限がなく,たとえば The meat cut surprisingly easily. (その肉は驚くほど簡単に切れた),The milk kept for ten days. (牛乳は 10 日間保存できた),The tin hammered flat. (その缶はハンマーでぺしゃんこになった),The shirt washed cleaner than I'd expected. (そのシャツは私が想像していたよりも綺麗に洗えた)[9] などのように,主語の状態ではな

---

[8] 「中間(態)」構文と受動文のそのほかの違いは,受動文とは異なり,「中間(態)」構文では主語が必ず他動詞構文の目的語に相当するものでなければならない.したがって,「中間(態)」構文の主語が前置詞の目的語に相当する *The house breaks into easily. (その家は簡単に侵入できる) のような文は,非文法的となる.一方,受動文の場合は,The house can be easily broken into. (その家は簡単に侵入できる) のように,前置詞の目的語が受動文の主語になることができる.

[9] (40iii) で言及されている否定語か法助動詞,様態の副詞の併用に関して,ここでの例か

く，ある1つの出来事について述べることができる．動詞 sell（売れる）については，さらに（40iii）の制限もなく，The house sold.（家が売れた）などのように，否定語や法助動詞，様態の副詞などがなくても「中間（態）」自動詞構文に現れることができる．

また，（41）の動詞のほかに，（38）にあるような被動作主動的自動詞のうち，多くの動詞が「中間（態）」自動詞構文にみられるような意味をもつことができる．たとえば，The door won't open.（そのドアは開かないだろう），These rods bend quite easily.（これらの小枝は簡単に折れる），The handle doesn't turn.（そのハンドルは回転しない）などの例があげられるが，これらの例では，誰かがドアを開けようとしている，小枝を折ろうとしている，ハンドルを回そうとしているという状況について述べることができ，文中に現れない意味上の使役者が存在する解釈をもちうる．これらの例についてはここでの解釈が唯一可能な解釈ではなく，すでに（a）で紹介したような解釈があるわけだが，それが構造的あいまい性によるものなのかは不明である．なぜなら，上述のように英語では「中間（態）」という統語的なカテゴリーが存在せず，「中間（態）」自動詞構文は，統語的にはっきりと他者と区別できる構文ではないためである．また，これらの構文と被動作主動的自動詞構文とは意味的にはっきりと区別できるわけでもない．このように，ほかの構文との区別が明確でない部分も多いが，「中間（態）」自動詞構文とは，frighten, read, cut などの動詞が用いられ，（ある程度の例外も存在するが）（40）のような特徴をもつようなものであると理解しておけば十分である．

らわかるように，様態の副詞の代わりに継続を表す付加詞や結果を表す叙述補部が用いられることもある．The tin hammered flat. と比較して，結果を表す叙述補部が文中に現れない *The tin won't/doesn't hammer. は容認不可能となる．これは，缶がハンマーでたたかれるかどうかではなく，たたくことにより何らかの結果があるかどうかが問題であるからである．同様に，read は文字の読みやすさではなく内容の読みやすさについて言及する動詞であるため，*Your paper won't/doesn't read. は容認不可能となっている．つまり，この例が容認不可能なのは，その論文が読めるかどうかではなく，もしその論文が読まれた場合それがどう感じられたり評価されたりするかが問題であり，それを表現する必要があるからである．したがって，It reads well/like a confession.（それはよく／供述書のように読める）のように，内容の読みやすさについて言及するような要素をつけたすと容認可能となる．

8.2 二重目的語他動詞／一項他動詞の交替

8.2.1 タイプ I：I gave her the key と I gave the key to her

一般的に，間接目的語は受領者か受益者の意味役割をもち，それぞれ to か for が主要部になっている PP によって表すことができる．(42) に示されるように，二重目的語構文に用いられるか，一項動詞として用いられた際に to 句をともなうか for 句をともなうかに基づいて，動詞を 5 つのクラスに分けることができる．

(42)　　　間接目的語 + 直接目的語　　　　直接目的語 + 非中核的補部

  i. a. I gave her the key.　　　　b. I gave the key to her.
　　　　　　　　　　　　　　　　　　　　　　　　［間接目的語・TO 句］
　　　　　（私は彼女にカギを渡した）　　　　（私はカギを彼女に渡した）

  ii. a. *I explained her the problem.　b. I explained the problem to her.
　　　　　　　　　　　　　　　　　　　　　　　　　　　　［TO 句のみ］
　　　　　　　　　　　　　　　　　　　　（私は彼女にその問題を説明した）

  iii. a. I bought her a hat.　　　　b. I bought a hat for her.
　　　　　　　　　　　　　　　　　　　　　　　　［間接目的語・FOR 句］
　　　　　（私は彼女に帽子を買った）　　　（私は帽子を彼女のために買った）

  iv. a. *I borrowed her the money.　b. I borrowed the money for her.
　　　　　　　　　　　　　　　　　　　　　　　　　　　　［FOR 句のみ］
　　　　　　　　　　　　　　　　　　　（私は彼女のためにお金を借りた）

  v. a. I spared her the trouble.　　b. *I speared the trouble to / for her.
　　　　　　　　　　　　　　　　　　　　　　　　　　［間接目的語のみ］
　　　　（私は彼女に面倒をかけなかった）

(42a) の例は，二重目的語構文が可能であるかについて示しており，(42b) の例は，直接目的語の後に非中核的補部をともなう一項他動詞構文が可能であるかを示している．(42) で分類されている 5 つの動詞のクラスに関して，それぞれどのような動詞があるかを (43) にあげておく．

(43) i. 間接目的語または TO 句をとる動詞

award	bequeath	bring
(…に…を授与する)	(…に…を遺贈する)	(…に…をもってくる)
cable	deny	feed
(…に…を電信で送る)	(…に…を否定する)	(…に…(食べ物)を与える)

第 8 章　複数の補部パターンをもつ動詞　　205

give	hand	kick
(… に … を与える)	(… に … を手渡す)	(… に … を蹴り込む)
leave1	lend	offer
(… に …（財産）を残す)	(… に … を貸す)	(… に … を提供する)
owe	pass	post
(… に … の借りがある)	(… に … を渡す)	(… に … を郵送する)
promise	read	sell
(… に … を約束する)	(… に … を読む)	(… に … を売る)
send	show	take
(… に … を送る)	(… に … をみせる)	(… に … をもっていく)
teach	tell	throw
(… に … を教える)	(… に … を伝える)	(… に … を投げる)
write		
(… に … を書く)		

ii. TO 句のみをとる動詞

announce	confess	contribute
(… に … を公表する)	(… に … を白状する)	(… に … を寄与する)
convey	declare	deliver
(… に … を伝達する)	(… に … を宣言する)	(… に … を配達する)
donate	exhibit	explain
(… に … を寄付する)	(… に … をみせる)	(… に … を説明する)
mention	narrate	refer
(…に…のことを口に出す)	(…に…を順序立てて述べる)	(…に…を参照する)
return	reveal	say
(… に … を戻す)	(… に … を公開する)	(… に … をいう)
submit	transfer	
(… に … を提出する)	(… に … を移す)	

iii. 間接目的語または FOR 句をとる動詞

bake	build	buy
(… のために … を焼く)	(… のために…を建てる)	(… のために … を買う)
cook	design	fetch
(… のために…を料理する)	(… に … を設計する)	(… のために…をとってくる)
find	get	hire
(… のために … を探す)	(…のために…を手に入れる)	(… のために … を雇う)

leave₂	make	order
(… のために … を残す)	(… のために … をつくる)	(… のために … を注文する)
reach	rent	reserve
(… のために … を 得ようとする)	(… のために … を 借りる)	(… のために … を 予約する)
save₁	sing	spare₁
(…のために…をとっておく)	(… のために … を歌う)	(…のために…をとっておく)
write		
(… のために … を書く)		

iv. FOR 句のみをとる動詞

acquire	borrow	collect
(… のために … を手に入れる)	(… のために … を借りる)	(… のために … を集める)
compose	fabricate	obtain
(… のために … を作曲する)	(… のために … を組み立てる)	(… のために … を手に入れる)
recover	retrieve	withdraw
(… のために … をとり戻す)	(… のために … をとり戻す)	(… のために…を引き出す)

v. 間接目的語のみをとる動詞

allow	begrudge	bet
(… に … を与える)	(…に…を与えるのを嫌がる)	(… に … を賭ける)
charge	cost	envy
(… に … を課する)	(… に … を費やさせる)	(… の … を妬む)
excuse	fine	forgive
(… の … を許す)	(… に … (罰金) を課す)	(… の … を許す)
permit	refuse	save₂
(… に … を許可する)	(… の … を拒む)	(… に … を省かせる)
spare₂	strike	tax
(… の … を大目にみる)	(… に … をくらわす)	(… に … を課する)
tip	wish	
(…に…をチップとしてやる)	(… の … を祈る)	

動詞の後についている下付き文字は，その動詞が異なる意味や用法をもっていることを示している．たとえば leave は，He left1 everything to his wife. (彼はすべて (の財産) を妻に残した) では bequeath と同様の意味をもち，クラス (i) に所属するが，I've left₂ some spaghetti for you. (私は君のためにスパゲッティーを残しておいたよ) ではクラス (iii) に所属する．また，save や spare に関して

は，クラス（iii）の動詞として keep と同じ意味合いで使われる場合もあるし（例：I'll save1 you some porridge.（私は君のためにおかゆをとっておくよ），I can't spare1 you any more.（もうこれ以上君には貸せないよ）），クラス（v）の動詞として使われる場合もある（例：This will save$_2$/spare$_2$ you the bother.（これにより，君の手間が省ける／君に面倒がかかるだろう））．したがって，前者の場合は，I'll save some porridge for you. や I can't spare any more for you. のように for 句をともなったものに書き換えることができるが，後者の場合は，*This will save/spare the bother for you. のように for 句をともなったものに書き換えることはできない．

　また，意味が非常に似ている動詞が異なるクラスに所属する場合があることに注意が必要である．たとえば，She gave her old school $500.（彼女は母校に500ドル寄贈した）と *She donated her old school $500. のペア，He gave me back the books I'd lent him.（彼は私が彼に貸していた本を返してくれた）と *He returned me the books I'd lent him. のペア，They showed us the jewellery recovered from the wreckage.（彼らは難破船から回収された宝石を我々にみせてくれた）と *They revealed/exhibited us the jewellery recovered from the wreckage. のペアのように，動詞自体のもつ意味は非常に似ていても，クラス（i）と（ii）とそれぞれ別々のクラスに属するため二重目的語構文に使える動詞とそうでない動詞が存在する．このような場合，ラテン語由来の動詞や，より形式ばった動詞が二重目的語構文に使えないという傾向がある．

　二重目的語構文と前置詞 to/for を使った書き換えの文（前置詞構文とよぶ）をどちらも許す動詞が用いられた際，どちらのバージョンが使われるかは，主に**情報パッケージ（information packaging）**の観点から決まる．情報パッケージとは，たとえば，Kim wrote the letter.（キムはその手紙を書いた）という能動文も，The letter was written by Kim.（その手紙はキムによって書かれた）という受動文も真理条件や発話内行為が同じだが，どの情報をどう伝えるかという観点からどちらかが選択される．このように，どういった情報をどう伝えるかという関心事を情報パッケージという（詳細については第9巻『情報構造と照応表現』を参照）．情報パッケージに関して，一般的に，i）重い情報（つまり長い名詞句など）は文末（近く）にくる，ii）焦点の当たった情報は文末（近く）にくる，iii）古い情報や周知の情報は新情報やあまり知られていない情報よりも前にくる，といった傾向があるのだが，二重目的語構文か前置詞構文かを選ぶ際にもこれらの傾向が当てはまる．したがって，He gave his son a couple of CDs.（彼は息子に CD を数枚あげた）という二重目的語構文と He gave a couple of CDs to his son.（彼は CD を数枚息子にあげた）という前置詞構文とを比べた

場合，前者が好まれる傾向にあり，He gave one of his colleagues the spare copy.（彼は同僚の一人にその予備のコピーをあげた）という二重目的語構文と He gave the spare copy to one of his colleagues.（彼はその予備のコピーを同僚の一人にあげた）という前置詞構文とを比べると，後者のほうが好まれる傾向にある．また，直接目的語が代名詞で，ほかの名詞句が代名詞ではない場合，前置詞構文が好まれる．したがって，I gave Kim it.（私はキムにそれをあげた）のような例は，大部分の話者，とりわけアメリカ英語の話者には容認しがたい．

　間接目的語と斜格名詞句（つまり to/for 句）のもつ意味役割に関していくつか注意点があるので，以下で順にみていこう．

■受領者

一般的に二重目的語構文では，間接目的語が受領者の意味役割をもつ．give や hand，throw などの動詞が用いられた際は，主題（theme）の意味役割をもつ直接目的語によって表されるものが受領者へ実際に譲渡されたという解釈となり，bequeath や offer，owe，promise などの動詞が用いられた際は，受領者がその後主題を受けとるための手配や約束が行われるという解釈となる．[10] また，tell や read，show，teach などの動詞の場合，受領者と主題の関係が前述のものとは異なっており，間接目的語によって表される人物が直接目的語によって表される対象物を実際に手に入れるのではなく，それらのものを聞いたりみたり学んだりするという解釈となる．言語コミュニケーションや発話に関する動詞は，一般的にクラス（ii）のような to 句のみをとる動詞に属するという特徴がある．したがって，He said something offensive to us.（彼は攻撃的なことを我々にいった）は文法的であるが，*He said us something offensive. のような二重目的語構文は非文法的となる．ただし，tell は例外で，さらにコミュニケーションの手段を表す cable，fax，phone などの生産的な動詞群も，I'll fax you a copy.（私は君にコピーをファックスで送るよ）のように二重目的語構文にも使われる．

---

[10] She owes her immense success to sheer hard work.（彼女の大きな成功はたゆまぬ努力のおかげである）のように owe が拡張的な意味合いで使われている場合，斜格名詞句は受領者の意味役割をもっていない．そのため，*She owes sheer hard work her immense success. が非文法的であることからわかるように，斜格名詞句が間接目的語となる二重目的語構文には用いられない．

・受領者と場所的着点

前置詞 to の目的語は，受領者もしくは場所的着点（locative goal）の意味役割をもちうる．たとえば，She offered the manuscript to the university library. （彼女は大学図書館にその論文を提供した）という例の場合，下線のある斜格名詞句は受領者の意味役割をもっており，She took her son to the university library. （彼女は息子を大学図書館に連れていった）という例の場合には，場所的着点の意味役割をもっている．しかし，(44) に例示されるように，斜格名詞句が受領者の意味役割をもっている場合のみ二重目的語構文へ書き換えることができる.[11]

(44) i. a. I gave/sent some cash to him.
    （私は彼に現金をいくらかあげた／送った）

　　 b. I gave/sent him some cash. 　　　　　　　　　　［受領者］
    （私は彼に現金をいくらかあげた／送った）

ii. a. I'll moved/sent Kim to the back.
    （私はキムを裏手に動かす／やるつもりだ）

　　 b. *I moved/sent the back Kim. 　　　　　　　　　　［着点］

■受益者──物品の受益者とサービスの受益者

前置詞 for の補部である斜格名詞句は，受益者の意味役割をもつ．受益者に関して，その違いがあいまいな場合もあるが，物品を受けとる受益者（物品の受益者とよぶ）と行為やサービスを受ける受益者（サービスの受益者とよぶ）とを区別することができる．たとえば，I'll get another glass for you. （君にグラスをとってきてあげるよ）の場合，斜格名詞句の you は物品である glass を受けとる受益者となっており，Let me open the door for you. （君のためにドアを開けさせて）では斜格名詞句の you はドアを開けてもらうという行為，もしくはサービスを受ける受益者となっている．両者の違いについて，物品の受益者の場合は二重目的語構文へ書き換えられるが，サービスの受益者の場合は二重目

---

[11] 一部の英語話者にとっては二重目的語構文と前置詞構文の間にさらなる違いがあり，主題の受領者への譲渡が失敗してしまったという文脈の場合，二重目的語構文よりも前置詞構文を用いるほうが適切であると感じるられる．したがって，He teaches logic to Grade 10 students, but they don't seem to learn anything. （彼はグレード 10（高校一年生に相当）の生徒に論理学を教えているが，生徒たちは何も学んでいないようだ）や I sent my report to the boss but she never received it. （私はボスにレポートを送ったが，彼女はそれを受けとっていない）などの例では前置詞構文が用いられる.

210　　第 I 部　補部になる節

的語構文には用いられないという傾向がある.

(45)　i.　a.　I'll do a quiche for you.
　　　　　　（キッシュを君のためにつくるよ）

　　　　b.　I'll do you a quiche.
　　　　　　（君のためにキッシュをつくるよ）　　　　　　　　　　　　［物品の受益者］

　　ii.　a.　I'll do the washing-up for you.
　　　　　　（君のために皿洗いをするよ）　　　　　　　　　　　　　　［サービスの受益者］

　　　　b.　*I'll do you the washing-up.

物品の受益者は獲得動詞（verb of obtaining）や創造動詞（verb of creating）
と一緒に現れるという特徴がある.（45i）では, do が「つくる」という創造動
詞の意味をもっているが,（45ii）の do にはそのような意味はない. 同様に,
fix を使った例として, 物品の受益者をともなう I fixed a drink for her.（私は
彼女のために酒をつくってあげた）とサービスの受益者をともなう I fixed the tap
for her.（私は彼女のために水道の蛇口修理してあげた）のペアがあげられる. 前者
では fix が「つくる／調合する」という意味をもち, I fixed her a drink. のよ
うに二重目的語構文への書き換えが可能であるが, 後者では fix が「修理する」
という意味をもち, この場合, *I fixed her the tap. のように二重目的語構文
を用いることはできない.[12] このように獲得動詞や創造動詞が用いられた場合
は, 前置詞構文と二重目的語構文との交替が可能であるのだが, 前置詞構文に
現れる for 句は二重目的語構文に現れる間接目的語よりも多様な解釈をもちう
るということに注目されたい. たとえば, 前置詞構文である I made some
cakes for her.（私は彼女のためにケーキをつくった）では,「彼女がケーキを食べ
るはずだ」という発話者の意図がある場合, her は物品の受益者である. それ
以外にも「私は彼女のためにその仕事を行った」という解釈も可能であり,「彼
女が雇用主にケーキをつくるように頼まれ, それを私が手伝った. ケーキは雇
用主のための物だった」というような文脈にも用いられる. この場合, her は
サービスの受益者となる. 一方, 二重目的語構文である I made her some
cakes.（私は彼女にケーキをつくった）では,「ケーキは彼女のための物だった」

---

[12] 間接目的語が代名詞（とりわけ 1 人称と 2 人称）で, 指示や依頼を表すような例の場合,
サービスの受益者も間接目的語となって二重目的語構文に現れやすくなる. したがって,
Could you iron me my white shirt?（私のために私の白シャツにアイロンをあててくれません
か）は I ironed my brother his white shirt.（私は兄のために彼の白シャツにアイロンをあて
てあげた）よりも容認度が高い.

（つまり her は物品の受益者）という解釈しかもたない.

　このような制限の１つの要因として，物品の受益者はサービスの受益者よりも，間接目的語のもっとも中心的な意味役割である受領者に近い意味をもつという事があげられる. He made her some cakes.（彼は彼女にケーキをつくった）という例では，ケーキが彼女に譲渡されることを彼が意図していたと解釈される. これは，間接目的語が受領者の意味役割をもっている He offered her some cakes.（彼は彼女にケーキを食べないかと申し出た）という例に類似しているのだが，どちらの場合も実際にケーキが譲渡されたということまで含意しているわけではない.

　動詞の中には受領者と物品の受益者のどちらもとることができるものがある. 両者が斜格名詞句となって現れる前置詞構文の場合は, 前置詞をみることによってどちらであるかを判断することができるが, どちらも間接目的語となって現れている二重目的語構文では判断することができない. Could you rent me your cottage for the week-end?（週末, 私にあなたのコテージを貸してくれませんか）という例と上司が秘書に対していった例, Could you rent me a car for the week-end?（週末, 私のために車を借りておいてもらえないか）を比べてみると, みかけ上は間接目的語である me が受領者であるか物品の受益者であるかを見分けることはできない. しかし前置詞構文に書き換えた場合, 前者では me が to 句に置き換えられ, 後者では for 句に置き換えられる. このことから, 前者では me が受領者であり, 後者では物品の受益者であることがわかる. 同様に, He wrote her a letter.（彼は彼女に手紙を書いた）では, He wrote a letter to her. というように書き換えられることから her は受領者であり, He wrote her a cheque.（彼は彼女のために小切手を書いた）の場合は He wrote a cheque for her. と書き換えられることから, her が受益者であることがわかる.[13]

■間接目的語のみをとる動詞

このタイプの動詞には allow のような認可を意図する動詞やその反対の意味をもつ refuse のような動詞があり, 間接目的語は一般的に受領者の意味役割をもつ. しかし, そのほかにも charge や cost, fine などの動詞もこのタイプに属し, 間接目的語が着点（受領者）の意味役割ではなく起点の意味役割をも

---

[13] send は 前置詞構文では to 句も for 句もどちらもとりうるが, 二重目的語構文の間接目的語は常に受領者の解釈をもつ. したがって, He sent Kim a cheque.（彼はキムに小切手を送った）は「彼が彼女への請求のために送った」という意味ではなく,「彼が彼女の元へ（書類として）送った」という意味になる. それゆえ, send は (44ii) と (43i) の動詞に属する.

つものもある．たとえば，They charged Ed $10. (彼らはエドに 10 ドル請求した)
では 10 ドルは Ed のもとへ行くのではなく Ed のもとを離れるので，Ed は起
点の意味役割をもつ．[14]

■ そのほかの前置詞
前置詞構文において，二重目的語構文の間接目的語に相当する非中核的補部が
to や for 以外の前置詞とともに現れる場合がある．

(46) i. a. Can I ask you a favour?
          (ひとつお願いしてもいいかな)

       b. Can I ask a favour of you?
          (あなたにお願いしてもいいですか)

    ii. a. I played him a game of chess.
           (私は彼とチェスをした)

        b. I played a game of chess with/against him.
           (私は彼とチェスをした)

   iii. a. They bear you no ill will.
           (彼らは君に何の悪意ももっていないよ)

         b. They bear no ill will towards you.
            (彼らは君に何の悪意ももっていないよ)

(46ib) のように ask が前置詞構文で of と一緒に使われた場合は，ややかし
こまったニュアンスがある．また，?He asked my name/the time of me. (彼
は私に私の名前／時間を尋ねた) が，He asked me my name/the time. に比べる
と容認度が下がるといったように，前置詞構文は直接目的語が潜在疑問文
(concealed question) の場合には使われにくい．反対に，直接目的語が a
great deal (たくさんのこと) のような語の場合，二重目的語構文は容認度が低
くなる (例：That's asking a great deal of her. (それは彼女に多くのことを頼みす
ぎる) vs ?That's asking her a great deal.)．

---

[14] wish が前置詞構文で用いられ，to の補部である名詞句が短い語句の場合，to 句が VP
内に現れると非文法的となる (例：I wish you good luck. (君の幸運を祈っているよ) vs *I
wish good luck to you.)．それゆえ，この動詞は間接目的語のみをとる動詞であると分類でき
るかもしれない．しかし，To all who have retired we wish happiness and long life. (我々は
退職したすべての人が長生きできるよう祈っている) のように，to 句が前置された場合は文
法的になるため，wish を間接目的語のみをとる動詞であると分類するには問題がある．

8.2.2 タイプ II : I envied him his freedom と I envied him for his freedom

このタイプはタイプ I とは異なり，一項他動詞構文の唯一の目的語が二重目的語構文では直接目的語ではなく間接目的語となる．このタイプの動詞とともに用いられる前置詞は for か with である．

(47)　　　間接目的語＋直接目的語　　　　直接目的語＋非中核的補部
　　i. a. I can't forgive him his lies.　b. I can't forgive him for his lies.
　　　　（私は彼の嘘ゆえ，彼を許せない）　（私は彼の嘘ゆえ，彼を許せない）
　　ii. a. He served us a sumptuous　b. He served us with a sumptuous
　　　　　meal.　　　　　　　　　　　　　 meal.
　　　　（彼は我々に豪華な食事を出して　（彼は我々に豪華な食事を出して
　　　　くれた）　　　　　　　　　　　くれた）

(47) の (b) の構文では目的語が 1 つしかない．したがって，意味的にはその目的語は (a) の二重目的語構文の間接目的語に相当しているものの，統語的には直接目的語である．

　このタイプに属する動詞は数少ない．

(48) i.　間接目的語または FOR をとる動詞
　　　　envy　　　　　　excuse　　　　　　forgive
　　　　（妬む）　　　　　（許す）　　　　　（許す）
　　 ii.　間接目的語または WITH をとる動詞
　　　　issue　　　　　　leave　　　　　　?provide　　　　serve
　　　　（発行する）　　　（残す）　　　　（供給する）　　　（供給する）

(48ii) に属する動詞は with と共起可能であるが，issue の場合，二重目的語構文はイギリス英語のみ可能で，アメリカ英語では %They issued us a ticket. （彼らは我々にチケットを発行してくれた）のような例は用いられない．また provide を用いた二重目的語構文は，良くてぎりぎり容認される程度である．leave に関しては，This left us (with) no alternative but to cancel the show. （それにより，ショーをキャンセルする以外の選択肢は我々には残されていなかった）のように，二重目的語構文にも前置詞構文にも用いられる．また，issue や provide, serve は，さらに 8.2.1 節で扱った to を用いた前置詞構文とも共起することができる．したがって，たとえば serve は，(49) に示されるように 3 つの構文に用いることができる．

(49)   受領者   主題

   i. They served <u>the guests</u> <u>minestrone soup</u>.

                                        ［間接目的語　直接目的語］

    （彼らは客にミネストローネを出した）

   ii. They served <u>the guests</u> <u>with minestrone soup</u>.

                                          ［間接目的語　with 句］

    （彼らは客にミネストローネを出した）

   iii. They served <u>minestrone soup</u> <u>to the guests</u>.

                                          ［to 句　直接目的語］

    （彼らは客にミネストローネを出した）

8.2.3　タイプ III：They offered us $100 と They offered $100

通常，間接目的語（もしくはそれに相当する PP 補部）は，文法性を損ねたり動詞の意味を変えたりすることなく，省略することができる．しかし，中には例外もあり間接目的語を省略できない動詞もある．中でも，もっとも明らかな例が wish である．たとえば，They wished us a safe journey.（彼らは我々の旅の安全を祈った）に対して，間接目的語を省略した *They wished a safe journey. は容認されない．そのほかにも，限られた条件の下でだけ内部補部が省略可能という動詞がわずかながらにある．たとえば deny という動詞は，They denied (him) his request to take the computer home.（彼らはコンピューターを家にもって帰るという彼のリクエストを拒否した）の場合は間接目的語を省略することができるが，They denied him promotion.（彼らは彼の出世を否定した）の場合は省略することはできない．また give は，They gave (us) $100.（彼らは我々に 100 ドルくれた）のような例では間接目的語の省略が可能であるが，give が軽動詞として用いられている They gave us a beating.（彼らは我々を打ち負かした）では省略することができない．

　内部補部が 1 つだけしか存在しない場合，間接目的語が暗黙のうちに存在する場合とそうでない場合がある．

(50)　i. She gave $100.   ［暗黙の間接目的語あり］

       （彼女は 100 ドルあげた）

    ii. She fetched a glass.   ［暗黙の間接目的語なし］

       （彼はコップをとってきた）

(50i) で用いられている give は本質的に 3 つ項をもっており，(50i) のように受領者が文中に現れなかったとしても，受領者がいるというように解釈され

る．しかし（50ii）の場合，受領者がいるという解釈が必ずしもなされなくて
よい．（50i）では，彼女が100ドルあげた人物が文脈から明らかな場合，省略
されている暗黙の受領者は定名詞句である．一方，This kind of work can
give immense satisfaction.（この種の仕事は人々に多大な喜びを与えうる）という
ように，暗黙の受領者が世間一般の人々と解釈される場合もあり，その場合，
省略されている受領者は不定名詞句である．

■暗黙の間接目的語の意味役割：受領者

文中に現れない暗黙の間接目的語（もしくはそれに相当するPP補部）は，必
ず受益者ではなく受領者の意味役割をもつ．たとえば，受領者の間接目的語を
もつHe offered them some cakes.（彼は彼らにケーキを出した）と受益者の間接
目的語をもつHe made them some cakes.（彼は彼らのためにケーキをつくった）
を比べてみよう．前者の場合，間接目的語であるthemを省略しても，ケーキ
を受けとった受領者（それは文脈からわかるのであるが，それ）がいると解釈
される．しかし後者からthemを省略すると，He made the cake.（彼はケーキ
をつくった）というように，暗黙の受益者がいるという解釈にはならず，ケー
キが第三者のためにつくられたということは示唆していない．同様に，buyと
いう動詞は，本質的に，買ったものを手に入れるのは受益者ではなく（主語に
よって表される）購入した者であることを意味しているので，I bought her a
hat.（私は彼女に帽子を買ってあげた）から間接目的語を省いたI bought a hat.（私
は帽子を買った）では，暗黙の受領者が存在するという含意はない．

　間接目的語が受領者の意味役割をもつような動詞の場合，間接目的語が省略
されても暗黙の受領者が存在するという解釈をもつことがほとんどである．た
だし，readのように，受領者が存在するという意味が本質的には組み込まれ
ていない動詞も存在する．その場合，間接目的語を省略すると暗黙の受領者が
いない解釈になる．（51）の例をみてみよう．

(51)　i.　a.　We haven't awarded anyone a prize.
　　　　　　（我々はこれまで誰にも賞を与えていない）
　　　　b.　We haven't awarded a prize.
　　　　　　（我々はこれまで賞を与えていない）
　　ii.　a.　He read them a story.（彼は彼らに物語を読んであげた）
　　　　b.　He read a story.（彼は物語を読んだ）

（51ib）の例には暗黙の受領者が存在するが，（52iib）の例にはそれが存在しな
いことがわかる．

8.2.4　タイプ IV：They fined us $100 と They fined us

かなり数は少ないが，一項他動詞の唯一の目的語が二重目的語他動詞の間接目的語に相当する場合がある．たとえば，They fined us $100.（彼らは我々に100ドル罰金を課した），They fined us.（彼らは我々に罰金を課した）という2つの例では，どちらも us のもっている意味役割は同じである．

　（52）に示されるように，fine は一項他動詞構文において，二重目的語他動詞構文での直接目的語が省略されるパターンのみを許すが，そのほかの charge のような動詞は，直接目的語でも間接目的語でも，どちらでも省略することができる．

(52)　i.　a.　They fined us $100.（彼らは我々に100ドル罰金を課した）

　　　　b.　They charged us $100.（彼らは我々に100ドル請求した）

　　ii.　a.　*They fined $100.

　　　　b.　They charged $100.（彼らは100ドル請求した）

　　iii.　a.　They fined us.（彼らは我々に罰金を課した）

　　　　 b.　They charged us.（彼らは我々に請求した）

tip（チップを払う）は fine と同じパターンを示し，(53) にあげられている動詞は charge と同じパターンを示す．

(53)　bet　　　　　　cost　　　　　　envy　　　　　　excuse
　　　（賭ける）　　（失わせる）　　（妬む）　　　　（許す）
　　　forgive　　　 refuse　　　　　show　　　　　　teach
　　　（許す）　　　（拒む）　　　　（示す）　　　　（教える）

これらの動詞が一項他動詞構文で用いられた際，文中には現れない要素が定名詞句の場合もあれば不定名詞句の場合もある．たとえば，I asked him the price but he wouldn't tell me.（私は彼に値段を聞いたが，彼は教えようとはしなかった）の場合，the price が省略されていると考えられるが，これは定名詞句である．一方，He tells lies/dirty jokes.（彼は嘘／下品な冗談をいう）の場合，彼がいう相手は不特定であり，不定名詞句が省略されていると考えられる．cost に関しては，That'll cost you.（それにはかなりお金がかかるよ）というように，インフォーマルなスタイルである場合か，It cost us dear.（それによって我々はひどい目にあった）というようなイディオムになっている場合のみ，(52iii) のパターンを許す．

第8章 複数の補部パターンをもつ動詞　　217

8.3 中核的補部と非中核的補部の交替

8.3.1 タイプ I：He supplies arms to the rebels と He supplies the rebels with arms

このタイプの動詞は名詞句と斜格名詞句の内部補部を2つとり，一方の構文で目的語となっている名詞句が，もう一方の構文では斜格名詞句となって現れる．以下でみていくように，このタイプの動詞は動詞によって異なる性質をもっており，いくつかの種類に分類することができる．

(a) present／blame

(54) i. a. He presented a prize to Kim.
　　　　　　　（彼は賞をキムに贈呈した）
　　　 b. He presented Kim with a prize.
　　　　　　　（彼はキムに賞を贈呈した）
　　 ii. a. He blamed the accident on Kim.
　　　　　　　（彼はその事故をキムのせいにした）
　　　 b. He blamed Kim for the accident.
　　　　　　　（彼はその事故をキムのせいにした）

present が用いられた例では，2つの補部のもつ意味役割はそれぞれ主題（a prize）と受領者（Kim）であり，斜格名詞句となっている場合は，それぞれ前置詞の with と to とともに現れる．多くの動詞がこのタイプに分類され，その中には arm のように 斜格名詞句が with としか現れられないものもある．（例：They armed us with knives.（彼らは我々を剣で武装させた） vs *They armed knives to us.）

(55) i. to もしくは WITH をとる動詞

credit	entrust	furnish	issue
（信用する）	（任せる）	（供給する）	（公表する）
present	provide	serve	supply
（贈る）	（供給する）	（支給する）	（供給する）
trust
（信用する）

ii. WITH のみをとる動詞

arm	equip	regale	reward
（武装させる）	（備え付ける）	（喜ばせる）	（与える）
saddle			
（責任を負わせる）			

この交替は，He gave Kim the prize.（彼はキムに賞を与えた）と He gave the
prize to Kim. のような二重目的語構文と前置詞構文の交替と似ているが，二
重目的語構文の場合とは異なり，主題の意味役割をもつ名詞句が中核的補部
（つまり直接目的語）ではなく斜格名詞句（つまり with の補部）となっている．
8.2.2 節であげた動詞の中には，二重目的語構文，to をともなう前置詞構文，
with をともなう前置詞構文，と 3 つの構文に用いられるものもいくつかある．
また supply は，He supplies arm for the rebels.（彼は反乱軍のために武器を提供
する）のように，to で標示される受領者の代わりに for で標示される受益者を
もつことも可能である．
　動詞の目的語になることができる名詞句は斜格名詞句になることができるも
のよりも限られる場合がある．たとえば，(54i) の例中の a prize を a dilem-
ma（ジレンマ）に置き換えると，それが斜格名詞句になっている (b) の例のみ
が容認可能となる．同様に，entrust（任せる）という動詞の場合も，He en-
trusted his children to her.（彼は自分の子供たちを彼女に任せた）と He entrusted
her with his children. の場合はどちらも容認可能であるが，これらの例で her
を her care に置き換えると，それが斜格名詞句になっている前者のみが容認
可能となる．また，非中核的補部（つまり斜格名詞句）が省略できるかどうか
については，動詞によって異なっている．たとえば serve の場合は They
served the guests.（彼らは客にふるまった）や They served the wine.（彼らはワイ
ンをふるまった）のように with 句でも to 句でもどちらでも省略することが可
能であるが，present の場合は to 句として現れる受領者のみ省略が可能であ
る（例：He presented the prizes.（彼は賞を贈呈した））．また，entrust に関して
は，*He entrusted me / his savings. が容認されないことからわかるように，2
つの内部補部が必要である．
　(54ii) に例示されている on と for の交替は blame という動詞に限定され
ており，たとえば He blamed Kim.（彼はキムのせいにした）というように for
句を省略することはできるが，*He blamed the accident. のように on 句を省
略することはできない．

(b)　spray / load

(56)	主題が目的語	場所が目的語

i. a. She sprayed <u>paint</u> <u>onto the wall</u>.
（彼女はペンキを壁に噴霧した）

　b. She sprayed <u>the wall</u> <u>with paint</u>.
（彼女はペンキを壁に噴霧した）

ii. a. She loaded <u>hay</u> <u>onto the cart</u>.
（彼女は干し草を荷車に積んだ）

　b. She loaded <u>the cart</u> <u>with hay</u>.
（彼女は干し草を荷車に積んだ）

(56) の例では，内項が 2 つあり，1 つが主題の意味役割をもち，もう 1 つが場所の意味役割をもっている．(a) の例では目的語が主題の意味役割を，(b) の例では目的語が場所の意味役割を担っている．(b) に例示されるように，主題が斜格名詞句である場合は，常に前置詞 with が用いられる．それに対し，場所が斜格名詞句である場合は，用いられる PP に幅がある．たとえば，(56ia) では onto の代わりに over が用いられることもあり，(56iia) では into が用いられることもある．内部補部が 1 つだけ現れる場合，通常それは目的語になり，その意味役割は主題にも場所にもなりえるが，She loaded the cart.（彼女は荷車に積んだ）のように場所であることがやや多い．

　(56) の (a) と (b) の解釈に関して，両者はまったく同じ意味であるというわけではない．目的語が場所である (b) の例では，**全体的**解釈（**holistic in-**terpretation）とよばれる解釈をもつ．たとえば，(a) の例は，壁のほんの少しの部分だけが塗られた，もしくは荷車のほんの一部分だけ干し草が積まれたという状況で用いることができるが，(b) の例の場合は，壁がすべて塗られた，もしくは荷車が干し草でいっぱいになったということを含意している．しかし，両者の違いをはっきりと捉えることは難しく，たとえば，She sprayed me with water.（彼女は私に水を吹きかけた）では，「私」全体に水をかけたという解釈が必ずしもなされるわけではない．同様に，(56ib) の例に all over をつけたし，She sprayed the wall with paint all over.（彼女は壁全体にペンキを噴霧した）とすることができるが，ここで all over は単に (56ib) で含意されている「全体」という意味を強調しているだけでなく，明らかに新しい意味をつけ加えている．このことは，(56ib) が必ずしも「壁がすべて塗られた」という解釈をもつわけではないということを示している．両者の意味の違いを明確にするためには，(57) のように，内部補部である 2 つの NP を同じ種類のもの（より厳密にいうと，どちらも定名詞句）にし，何かを完全に成し遂げたという意味を明らかにもっている finish のような動詞を用いればよい．

220 第Ⅰ部 補部になる節

(57) i. She finished spraying the paint on the wall.
   　（彼女はそのペンキをすべて壁に噴霧し終えた）
   ii. She finished spraying the wall with the paint.
   　（彼女はその壁すべてにペンキを噴霧し終えた）

(57) の (i) と (ii) を比較してみると，動詞句によって表されている状況がい
つ完了するのかを決めているのは，目的語となっている項であるということが
わかる．たとえば，(57i) の場合，噴霧するという作業が終わるのは，その壁
がどれだけ塗られたかにかかわらず，そこにあるペンキが全部使われた時であ
り，(57ii) の場合は逆に，ペンキがどれだけ残っていたとしても，その壁が
全部塗られた時にその作業が終わったという解釈になる．
　spray や load は (56a) と (56b) の 2 つの構文に用いられるが，動詞によっ
てはどちらか一方の構文にしか用いられない．

(58) i. a. She put the tea in the cupboard.
   　　　（彼女は食器棚にお茶をしまった）
   　　b. *She put the cupboard with the tea.
   ii. a. *She filled cordial into the glass.
   　　b. She filled the glass with cordial.
   　　　（彼女はグラスを真心で満たした）

(58ib) では，the tea が主題（ここでは，場所を移される実在物）として解釈
されている場合に容認不可能となる．同じ文でも the cupboard が主題となり，
with が場所を表す前置詞句となっている（つまり (58ia) と同じような統語構
造をしており，「彼女はお茶にカップボードを入れた」という解釈をもつ）場
合は，容認可能となる．
　spray / load タイプの動詞は，目的語のもつ意味役割に基づいて (59) のよ
うに 3 つのクラスに分類することができる．(59i) には spray や load のよう
に，目的語の意味役割が主題でも場所でも容認される動詞，(59ii) には put
のように主題が目的語になっている構文のみを許す動詞，(59iii) には場所が
目的語になっている構文のみを許す動詞がそれぞれあげられている．

(59) i. 主題もしくは場所が目的語になれる

brush	cram	hang	inject
（磨く）	（詰め込む）	（吊るす）	（注入する）
pack	plant	shower	smear
（詰める）	（植える）	（水を注ぐ）	（塗りつける）

第8章　複数の補部パターンをもつ動詞　　221

spread　　　　　sprinkle
（広げる）　　　（まく）

ii.　主題のみ目的語になれる

immerse　　　　lean　　　　　place　　　　　push
（浸す）　　　　（傾ける）　　　（置く）　　　　（押す）

stand
（立たせる）

iii.　場所のみ目的語になれる

cover　　　　　decorate　　　　drench　　　　litter
（覆う）　　　　（飾る）　　　　（水浸しにする）（散らかす）

surround
（とり囲む）

(c)　drain

(60)　　　　主題が目的語　　　　　　　　　場所が目的語

　i. a.　I drained water from the pool.　　b.　I drained the pool of water.
　　　　（私はプールから水をぬいた）　　　　（私はプールから水をぬいた）

　ii. a.　I removed leaves from the pool.　b.*I removed the pool of leaves.
　　　　（私はプールから葉っぱをとり除いた）

　iii. a.*He deprived food from us.　　　　b.　He deprived us of food.
　　　　　　　　　　　　　　　　　　　　　（彼は我々から食料を奪った）

このタイプの動詞は spray / load タイプの動詞と似ているが，場所を表す要素
が着点ではなく起点を表している点と，(b) の例で斜格名詞句が with ではな
く of で標示されている点が spray / load タイプのものと異なっている．また
(a) の形では，多くの場合，off や out of など，from 以外の前置詞が用いら
れることが可能である．drain, remove, deprive の3つのクラスの動詞と同
じ特徴を示す動詞の例を (61) にあげておく．

(61)　i.　主題もしくは場所が目的語になれる

bleed　　　　　clean　　　　　clear　　　　　empty
（抜きとる）　　（とり除く）　　（とり除く）　　（空にする）

strip
（はぐ）

ii. 主題のみ目的語になれる

eject	eradicate	extract	omit
（追い出す）	（撲滅する）	（抽出する）	（省く）
withdraw			
（引っ込める）			

iii. 場所のみ目的語になれる

acquit	cheat	divest	purge
（免除する）	（だます）	（奪う）	（一掃する）
rob			
（奪う）			

(61i) のクラスの動詞の中には，分類がはっきりしないものもある．たとえば cleanse（とり除く），cull（抜粋する），leech（搾りとる），plunder（強奪する）などの動詞は，ある話者にとっては (61i) のクラスに属するが，ある話者にとっては (61ii) や (61iii) のクラスに属する．

(d) engrave

(62)　　　主題が目的語　　　　　　　　場所が目的語

i. a. I engraved my initials on the ring.
（私は自分のイニシャルを指輪に彫った）

b. I engraved the ring with my initials.
（私は指輪に自分のイニシャルを彫った）

ii. a. I scratched my initials on the ring.
（私は自分のイニシャルを指輪にひっかいて書いた）

b. *I scratched the ring with my initials.

iii. a. *I labelled my initials on the ring.

b. I labelled the ring with my initials.
（私は自分のイニシャルを指輪に名入れした）

これらの動詞も spray や load を用いた構文の交替と類似しているが，spray / load とは異なり，主題である項が作成物となっている．(62) の例において，それは自分のイニシャルを彫るという行為により作り出されたものである．これらの動詞もこれまでみてきたものと同じように，3つのクラスに分類される．

第 8 章　複数の補部パターンをもつ動詞　　　223

(63) i.　主題もしくは場所が目的語になれる

embroider	inscribe	mark	stamp
（刺繍を入れる）	（刻み込む）	（印をつける）	（印を押す）
tattoo			
（タトゥーをいれる）			

ii.　主題のみ目的語になれる

carve	copy	draw	print
（彫る）	（写す）	（描く）	（印刷する）
write			
（書く）			

iii.　場所のみ目的語になれる

adorn	brand	decorate	illustrate
（装飾する）	（焼印を押す）	（装飾する）	（挿絵をいれる）
tag			
（タグをつける）			

(e)　hunt

(64)　　　探求が目的語　　　　　　　場所が目的語

i. a. They hunted <u>deer</u> <u>in the woods</u>.
（彼らは森で鹿を探し回った）

b. They hunted <u>the woods</u> <u>for deer</u>.
（彼らは森で鹿を探し回った）

ii. a. *She searched <u>her key</u> <u>in her bag</u>.

b. She searched <u>her bag</u> <u>for her key</u>.
（彼女はカギをみつけるためカバンの中を調べた）

ここでとり扱う動詞は，場所と**探求**（**quest**）とよばれる意味役割をもつものを内項としてとる．探求とは探したり求めたりする対象となるものに付与される意味役割である．かなり特殊な意味役割なので，すでに我々が仮定している一般的な意味役割の下に組み込むことができるかどうかは不明である．(64a) では，探求の意味役割をもつ名詞句が目的語となっており，(64b) では場所の意味役割をもつ名詞句が目的語となっている．また，(64b) では探求が斜格名詞句となり，for によって標示されている．

　探求と場所の両方を目的語にとる動詞と，場所のみをとる動詞の例を (65) にあげておく．

(65) i. 探求もしくは場所が目的語になれる

fishɪ	huntɪ	mineɪ	poachɪ
(探す)	(探す)	(採掘する)	(密漁する)
stalkɪ			
(つきまとう)			

ii. 場所のみ目的語になれる

checkɪ	dredgeɪ	examine	inspect
(調べる)	(浚渫する)	(調べる)	(詳しく調べる)
investigate	ransack		
(調査する)	(くまなく探る)		
scour	searchɪ	survey	watchɪ
(捜し回る)	(調べる)	(調査する)	(見張る)

動詞の後ろについている下付き文字の「I」は，その動詞が2つの前置詞句をともなう自動詞としても用いられることを示している．その場合 They hunted for deer in the woods. (彼らは森で鹿を探し回った) や She searched for her key in the bag. (彼女はカギをみつけるためカバンの中を調べた) のように，探求の意味役割をもつ斜格名詞句は，(64b) 同様，for によって標示されている．また，(64a) のような構文には現れることができるが，(64b) のような構文には現れることができない動詞（つまり，探求のみが目的語になれる動詞）はここでは1つもあげられていない．They discovered deer in the woods. (彼らは森で鹿を発見した) vs *They discovered the woods for deer. のように，discover (発見する) がそれに当たると考えられるかもしれないが，この場合，前者では目的語が探求の意味役割をもっているわけではないので，これには該当しない．[15]

(f) hit

(66) i. a. He hit the stick against the fence.
   (彼は棒でフェンスを叩きつけた)
   b. He hit the fence with the stick.

---

[15] それ以外に探求の意味役割をもつ NP のみが動詞の目的語になるような動詞に，ferret (探索する) という動詞があげられる（例：She ferreted the secret out of him. (彼女は彼から秘密を聞き出そうとした) vs *She ferreted him for the secret.）．しかしこの場合，場所を表す名詞句の意味役割は場所ではなく起点であるので，hunt と同じタイプの動詞としては考えない．

第 8 章　複数の補部パターンをもつ動詞　　225

　　　　　（彼は棒でフェンスを叩いた）

　ii.　a.　He stabbed his knife into me.
　　　　　（彼は自分のナイフを私に突き刺した）

　　　b.　He stabbed me with the knife.
　　　　　（彼はナイフで私を刺した）

　iii.　a.　He pierced the pin through my hat.
　　　　　（彼はピンを私の帽子に突き通した）

　　　b.　He pierced my hat with the pin.
　　　　　（彼は私の帽子にピンで穴を開けた）

(66) の例で，(a) と (b) はまったく同じ意味をもっている．(b) では，with
句が道具の意味役割をもち，目的語が被動作主の意味役割をもっている．(a)
では，PP が場所を表しているのであるが，この構文では場所を表す要素が必
ず現れないといけないという重要な特徴がある．したがって，目的語の意味解
釈を変えずに場所を表す要素を省略することはできない．つまり，場所を表す
PP がある (a) の例では，「(彼が) フェンスを叩いた」，「(彼が) 私を刺した」，
「(彼が) 帽子に穴を開けた」ということが含意されているが，「(彼が) 棒を叩
いた」，「(彼が) ナイフを (何かで) 刺した」，「(彼が) ピンに穴を開けた」と
いう含意はない．一方，(a) の例から場所を表す PP を省略すると「(彼が) 棒
を叩いた」，「(彼が) ナイフを (何かで) 刺した」，「(彼が) ピンに穴を開けた」
という意味となる．そのため，場所を表す PP が現れなければ，(a) の例には
ない含意をもち，(a) の例とは意味が大きく異なってしまう．(a) の例のよう
に場所を表す要素がある場合，ここでの動詞の目的語は主題の意味役割をもつ
が，場所を表す要素がない場合は，それは主題の意味役割をもたなくなる（た
だし，(a) の例と (b) の例がまったく同じ解釈をもつということを考えると，
単なる主題ではなく，道具の意味役割と合わさったものをもつといえるかもし
れない）．よって，(a) の例から場所を表す要素を削除すると文意が変わって
しまうことになる．

　(66) のような例は，(67) の (a) と (b) のような例とは性質が異なること
を確認しておこう．(67) の (a) と (b) では，動詞の目的語もつ意味役割が同
じであるため，(a) と (b) は異なる意味をもつ．

(67)　i.　a.　He threw his racquet against the net.
　　　　　（彼は自分のラケットをネットに投げつけた）

　　　b.　He threw the net with his racquet.
　　　　　（彼は自分のラケットでその網を投げた）

ii. a. He broke his stick on the fence. (彼はフェンスの上で棒を折った)
b. He broke the fence with his stick. (彼は棒でフェンスを壊した)

(67) において，(a) の例は「(彼が) ラケットを投げた」，「(彼が) 棒を折った」ということを含意しているが，(b) の例が含意している「(彼が) ネットを投げた」，「(彼が) フェンスを壊した」ということは含意していない．したがって，(66) とは異なり，(67) のような例では (a) と (b) との間には特筆すべき関係はなく，交替が起こっているわけではない．それゆえ，He threw his racquet against net with a makeshift catapult. (彼は間に合わせでつくったぱちんこで，自分のラケットをネットに投げつけた) というように，(67a) の場所を表す PP と (67b) の道具を表す PP を同時に用いることが可能である．

(66) にみられる構文交替に用いられる動詞の例を (68) にあげておく．

(68)

bang	bash	beat	hammer
（ドンドン叩く）	（強く打つ）	（打つ）	（ハンマーで打つ）
jab	knock	pound	strike
（ぐいと突く）	（強く打つ）	（ドンドン打つ）	（打つ）
tap	thump		
（軽くたたく）	（ゴツンと打つ）		

通常，これらの動詞とともに用いられる場所を表す前置詞は，in か into をとる jab を除いて，against である．これらのほかにも，(66a) と (66b) のように交替がまったく同じ意味をもつわけではないが，それぞれの構文で目的語になる名詞句が異なった意味役割をもつような動詞がある．たとえば，He poked his pencil through the paper. (彼は鉛筆を紙に突き刺した) は，He poked the paper with his pencil. (彼は鉛筆で紙を突いた) とまったく同じ解釈をもつわけではないが，目的語が主題の意味役割をもっており，場所を表す要素が必ず現れないといけないという点において (66a) の動詞と類似している．smash という動詞も同様の特徴をもっており，He smashed his crow-bar against the gate. (彼はバールを門に打ち付けた) では，バール自体が砕けていない状況も当然考えられるが，He smashed the gate with his crow-bar. (彼はバールで門を打ち砕いた) がもつ「門が打ち砕かれた」という含意はもたない．また smash は (67) のようなパターンも許し，たとえば，He smashed the vase against the wall. (彼は花瓶を壁に打ち付けた) という例での優勢な解釈では，「彼が花瓶を打ち砕いた (壊した)」ということが含意される．

第8章　複数の補部パターンをもつ動詞　　227

(g)　build

(69)　　　着点が目的語　　　　　　　　　　　起点が目的語

i. a. She built a shelter out of the　　　b. She built the stones into a
　　　　stones.　　　　　　　　　　　　　　　　shelter.
　　　　（彼女は石でシェルターを建てた）　　　　（彼女は石でシェルターを建てた）

ii. a. They produce fuel from sugar.　　b. *They produce sugar into fuel.
　　　　（彼らは砂糖から燃料を生産する）

iii. a. *I changed a bedroom from　　　b. I changed the attic into
　　　　the attic.　　　　　　　　　　　　　　　bedroom.
　　　　　　　　　　　　　　　　　　　　　　（私は屋根裏部屋を寝室に変えた）

これらの交替はすべて状態変化をともなっている．5.2 節では，空間的場所に
用いられる起点や着点という概念を状態へ拡張させ，初期状態を起点とし結果
状態を着点とした．これに従うと，build は着点でも起点でも，どちらも目的
語にとることができる動詞であるといえる．(a) の例や I made a stew with
leftovers.（私は残り物でシチューをつくった）のように，非中核的起点に用いられ
る前置詞は out of や from, with であり，(b) の例のように，非中核的着点
に用いられる前置詞は into である．(69) に例示されるように，build のよう
に目的語に着点と起点のどちらもとることができる動詞もあれば，produce や
change のようにどちらか一方しかとれない動詞もある．それらの一例を (70)
にあげておく．

(70) i.　着点もしくは起点が目的語になれる

assemble	bake	carve	cut
（組み立てる）	（焼く）	（彫刻する）	（切る）
develop	form	grow	make
（発展させる）	（形成する）	（育てる）	（つくる）
mold	sculpt		
（型でつくる）	（彫刻する）		

ii.　着点のみ目的語になれる

compose	construct	derive	design
（作曲する）	（建設する）	（抽出する）.	（デザインする）
manufacture			
（製造する）			

228   第 I 部　補部になる節

iii.　起点のみ目的語になれる

alter	change	fold	turn
（変える）	（変える）	（折り畳む）	（変える）

work
（次第に … の状態にする）

　また，(70iii) の動詞の多くは，主題の意味役割をもつ NP が目的語で，起点と着点が非中核的補部である構文で用いることもできる（例：She wants to change the room from an attic into a bedroom.（彼女はその部屋を屋根裏部屋から寝室に変えたい））．

8.3.2　タイプ II：Bees are swarming in the garden と The garden is swarming with bees

このタイプの交替は，交替に関与する中核的補部が目的語ではなく主語であるという点を除いてはタイプ I のものと類似している．タイプ I の場合と同様，このタイプの交替を許す動詞もさまざまな種類に分類されるが，タイプ I でみてきた他動詞構文が自動詞構文になっているだけなので，ここでは簡潔にみていくことにする．

(a)　swarm / abound

(71)　　　主題が主語　　　　　　　　場所が主語

i.　a. Fish abound in the lake.　　b. The lake abounds with fish.
　　　（魚が湖にたくさんいる）　　　（その湖には魚がたくさんいる）

ii.　a. Vermin were crawling over him.　b. He was crawling with vermin.
　　　（害虫が彼の体一面にうようよいた）　　（害虫が彼の体一面にうようよいた）

iii.　a. Sweat dripped down his face.　b. His face dripped with sweat.
　　　（彼の顔から汗がポタポタ落ちた）　　（彼の顔から汗がポタポタ落ちた）

iv.　a. Wild music resounded in the hall.　b. The hall resounded with wild music.
　　　（激しい音楽がホールに鳴り響いていた）　　（そのホールには激しい音楽が鳴り響いていた）

このタイプの動詞は spray / load と類似している．spray / load 同様，主題と場所の項をもち，片方が中核的補部（ここでは主語）であり，もう片方が非中核的補部である．場所を表す主語をもつ (71b) のような構文では，非中核的補

部である前置詞句の主要部が with であるという特徴がある．しかし，動詞によっては，The lake abounds in fish.（その湖には魚が豊富にいる）というように with 以外の前置詞が用いられることもある．一方，主題が主語となっている（71a）のような構文では，場所を表す前置詞に in がもっともよく用いられるが，（71a）に例示されるように，それ以外の前置詞もよく用いられる．たとえば，（71iiia）の場合，down 以外にも from や off，over などさまざまな種類の前置詞が用いられる．

　かなり多くの動詞が（71）にみられるような交替を許すのだが，その一例を（72）にあげておく．（72）ではこれらの動詞をおおまかに意味の違いに基づいて 3 つのグループに分類してある．

(72) i.
blaze	flicker	glimmer	glitter
（燃え盛る）	（揺らめく）	（かすかに光る）	（ピカピカ光る）
shimmer	shine		
（チラチラ光る）	（輝く）		

ii.
buzz	clatter	echo	resonate
（ざわつく）	（ガチャガチャ鳴る）	（反響する）	（反響する）
ring	whir		
（鳴る）	（ヒューと鳴る）		

iii.
abound	bloom	blossom	bristle
（たくさんある）	（咲く）	（咲く）	（逆立つ）
crawl	creep	quiver	sprout
（うようよいる）	（這う）	（震える）	（発芽する）
swarm	teem	throng	writhe
（群がる）	（たくさんある）	（群がる）	（身悶えする）

（72i）の動詞は光に関するもので，（72ii）は音に関する動詞，そして（72iii）は通常，多数の物体・モノに関する動詞である．また Anger blazed in his eyes.（彼の目は怒りで燃え盛っていた）とその交替文 His eyes blazed with anger. のように，比喩表現で抽象的な性質が表されることもある．

　spray/load の場合と同じように，交替した文が全体的解釈という観点からすると，異なる意味をもつ場合がある．たとえば The garden was swarming with bees.（庭に蜂が群がっていた）のような場所を表す主語をもつ構文では全体的解釈をもち，多かれ少なかれ，「庭全体が群れている蜂でいっぱいだった」という含意がある．しかし，Bees were swarming in the garden. のような主題が主語になっている構文ではこのような含意はなく，庭のたった一角にすべ

ての蜂が群がっているような状況でもこの例を用いることができる．ただし，このような意味の違いは常に生じるわけではなく，かなり限られた状況の下でのみ生じることである．たとえば，先述の swarm を用いた例でも，The night air swarmed with midges.（小虫が夜風に群がっていた）とその交替文 Midges swarmed in the night air. のように，場所を表す語句が変わったり，The bush was swarming with bees.（蜂が茂みに群がっていた）とその交替文 Bees were swarming over the bush. のように非中核的補部の前置詞が変わった場合には，場所が主語であっても全体的解釈をもたなくともよい．[16]

(b) develop

(73)　　着点が主語　　　　　　　　　　起点が主語

　　a.　A major international crisis　b.　The incident developed into
　　　　developed out of the incident.　　a major interactional crisis.
　　　　（大きな国際危機がその出来事を　　　（その出来事は大きな国際危機と
　　　　きっかけに生じた）　　　　　　　　　なった）

このタイプの交替は，(69) の build でみた交替が自動詞構文で起こったものである．しかし，他動詞の場合と比べると，develop, evolve（進化する），grow（育つ）などの少数の動詞にしかこのような交替はみられない．また，alter（変わる）や change（変わる），turn（変化する）などの動詞は中核的補部に起点のみをとる．したがって，起点が主語になっている The incident turned into a major crisis.（その出来事は大きな危機へと変わった）のような例は文法的であるが，着点が主語になっている *A major crisis turned out of / from the incident. のような例は非文法的である．

8.3.3　タイプ III：I wiped the marks off the wall と I wiped the wall
ここでは，内項として目的語と非中核的補部をもつ三重結合価動詞と目的語のみをもつ二重結合価動詞との間で起こる交替についてみていく．He removed the key from the table.（彼はテーブルからカギをとった）と He removed the key.（彼はカギをとった）のように，単に非中核的補部が省略されているだけの場合は検討の対象からはずし，(74) のように，二重結合価動詞構文の目的語が三重結合価動詞構文の斜格名詞句になっている場合に焦点を当てる．

---

[16] 動詞 swarm は行為の概念をもち，到達の概念をもつ表現とは相容れないので，(57) の時のように，finish を用いて2つの構文の意味の違いを区別することは不可能である．

第8章 複数の補部パターンをもつ動詞　　231

(74) a. Kim washed the stain out of the towel.
　　　　（キムはタオルからシミを洗い落とした）

　　　b. Kim washed the towel.（キムはタオルを洗った）

(74a) において，内項である the stain と（out of）the towel のもつ意味役割
は，それぞれ主題と起点である．一方，(74b) の例では (74a) での主題が具
現化されていないが，この場合，暗黙の主題が存在して the towel が起点であ
ると解釈されることはない．ここでは，the towel は被動作主として解釈され
るのが適切であろう．容認不可能な *Kim washed the stain. と (74a) を比べ
てみてわかるように，wash の目的語は起点が具現化された場合のみ主題とな
りうる．また，*Kim washed the towel of the stain. が容認されないことから
わかるように，主題は斜格名詞句となって現れることはできない．これらの特
徴により，wash や wipe などの動詞は，8.3.1 節の（c）タ イ プである drain
や empty などの動詞と区別される．そのほかの wash タイプの動詞の例を
(75) にあげておく．

(75)　brush　　　　　dust　　　　　　filter　　　　　hose
　　　（ブラシをかける）（ほこりを払う）　（ろ過する）　　（ホースで水をかける）
　　　lick　　　　　　prune
　　　（なめる）　　　　（刈りとる）
　　　purge　　　　　rinse　　　　　　rub　　　　　　scrap
　　　（除去する）　　　（すすぐ）　　　（こする）　　　（解体する）
　　　soak　　　　　　sweep
　　　（浸す）　　　　　（掃く）

8.3.4　タイプ IV ： We filled the bucket with water と Water filled the bucket

この節では，タイプ III でみた交替同様，VP 内に目的語と非中核的補部をも
つ三重結合価動詞構文と目的語のみをもつ二重結合価動詞構文の間に起こる交
替についてみていく．しかし，三重結合価動詞の斜格名詞句が二重結合価動詞
の目的語となっているタイプ III とは異なり，ここでみる交替では三重結合価
動詞の斜格名詞句が二重結合価動詞の主語となっている．

(76) i. a. We opened the door with the master-key.
　　　　　　（我々はドアをマスターキーで開けた）

　　　 b. The master-key opened the door.

232　　　　　　　　　　第 I 部　補部になる節

（マスターキーでそのドアが開いた）

ii. a. We offended her with our complaints.
　　　　（我々は自分たちの不満により彼女を怒らせた）

　　b. Our complaints offended her.
　　　　（我々の不満で彼女が怒った）

iii. a. We covered the grave with leaves.
　　　　（我々は墓を葉っぱで覆った）

　　b. Leaves covered the grave.
　　　　（葉っぱが墓を覆っている）

iv. a. We dried the clothes in the sun.
　　　　（我々は日光で服を乾燥させた）

　　b. The sun dried the clothes.
　　　　（日光で服が乾いた）

v. a. We slept three in the tent.
　　　　（我々はそのテントで 3 人寝た）

　　b. The tent slept three.
　　　　（そのテントで 3 人が寝た）

vi. a. We included your father in the list.
　　　　（我々は君のお父さんをリストに含めた）

　　b. The list included your father.
　　　　（そのリストに君のお父さんも入っていた）

vii. a. We made a stew from the leftover.
　　　　（我々は残り物でシチューをつくった）

　　b. The leftovers made a stew.
　　　　（残り物でシチューがつくられた）

viii. a. We saw a big change in that week.
　　　　（我々はあの週に大きな変化をみた）

　　b. That week saw a big change.
　　　　（あの週に大きな変化があった）

ix. a. We could buy a house for that amount.
　　　　（我々はあの額で家を買えた）

　　b. That amount could buy a house.
　　　　（あの額で家が買えた）

これらの例に関して興味深い点は，三重結合価動詞構文から二重結合価動詞構

第 8 章　複数の補部パターンをもつ動詞　　　　　233

文に交替する際，前者の主語が欠落し，目的語ではなく非中核的補部内の名詞
句（つまり前置詞の補部）が二重結合価動詞構文での主語となるということで
ある．(76) の例の中で，(76i) と (76iv) に用いられる動詞のみ，三重結合価
動詞構文の目的語が二重結合価動詞構文の主語になるような構文も許す（例：
The door opened with the master-key. (そのドアはマスターキーで開いた)，The
clothes dried in the sun. (服が日光で乾いた))．(76a) とこのような構文の自動
詞/他動詞構文の交替については 8.1.4 節で扱っている．

　(76a) の例中の非中核的補部のもつ意味役割には厳格な縛りはなく，たとえ
ば (76ia) の with the master-key は道具であるが，それ以上とくに何の制約
もない．一方で，(76ib) のような二重結合価動詞構文の主語になれる道具は
限られている（例：We ate it with a spoon. (我々はそれをスプーンで食べた)，
#A spoon ate it. (そのスプーンでそれが食べられる))．(76iia) と (76iiia) に現れ
る with 句は，道具と似ている意味役割だが，同じではない．(76iia) の場合，
(76ia) と比べるとその顕著な解釈として動作主性がないのである．つまり，
(76ia) では「我々」が「ドアをあけるためにマスターキーを使った」という解
釈になり，マスターキーはドアを開ける道具として用いられたのだが他方，
(76iia) では，「我々」が「彼女を怒らすために不満をいった」わけではなく，
不満が彼女を怒らすための道具として用いられたわけではない．同様に，We
covered the grave with leaves with a garden-fork. (我々はガーデンフォークを
使って葉っぱでその墓を覆った) のような例で with 句と道具が共起することがで
きることから明らかなように，(76iiia) の with 句も道具とはいえない．
(76iiia) の例中の with 句は，8.3.1 節でみた spray/load 構文で用いられてい
る非中核的補部と同じものであり，また名詞句 leaves は主題の意味役割をもっ
ていると考えられる．(76iii) の交替において，(a) と (b) ではそれぞれが表
す状況が異なっている．つまり，(iiia) では出来事について述べており動的解
釈がなされるのに対し，(iiib) では動的解釈だけでなく，むしろより優勢な解
釈では状態を描写する静的解釈をもつ．

　多くの動詞が offend や cover のような交替を許すが，その例を (77) にい
くつかあげておく．

(77) i.　offend に類似した動詞

affect	amuse	appall	bewilder
(心を動かす)	(楽しませる)	(愕然とさせる)	(混乱させる)
depress	discourage	enthrall	humiliate
(落胆させる)	(失望させる)	(夢中にさせる)	(恥をかかせる)

hurt	worry
（傷つける）	（悩ませる）

ii. cover に類似した動詞

adorn	bathe	clutter	fill
（飾る）	（入浴させる）	（物であふれさせる）	（満たす）
flood	line	litter	stain
（溢れさせる）	（線を引く）	（散らかす）	（染みで汚す）
surround	wreathe		
（とり囲む）	（花輪で囲む）		

（76iv-vii）の（a）の例中に現れる PP はさまざまな種類の場所を表す．また，数は少ないが，（76）で用いられている動詞に意味的に近い動詞のみが（76）でみられるような交替を許す．たとえば，heat（熱する）や scorch（焦がす）は（76iv）のような交替を許し，feed（養う）や house（家に住まわせる）は（76v）のような交替を，incorporate（組み込む）や omit（省く）は（76vi）のような交替を，bake（焼く）や weave（織る）は，どちらも二重結合価動詞構文のほうはやや容認度が低いものの，（76vii）のような交替を許す．PP が時間表現（temporal）となっている（76viii）に関しては，see 以外にこの構文に用いられる動詞はみあたらない．最後に，（76ix）に現れる for 句は価格（price）を表しており，少数ではあるが，buy と意味的に近い obtain（手に入れる），reserve（予約する）などの動詞にこのような交替がみられる．[17]

8.4 分離した補部と結合した補部の交替

（a） 二重結合価動詞の目的語に組み込まれる三重結合価動詞の斜格名詞句

(78)　　　三重結合価動詞構文　　　　　　　二重結合価動詞構文

i. a. She kissed him on the cheek.　b. She kissed his cheek.
（彼女は彼の頬にキスをした）　　　　（彼女は彼の頬にキスをした）

ii. a. She praised him for his sincerity.　b. She praised his sincerity.
（彼女は彼の誠意を褒めた）　　　　　（彼女は彼の誠意を褒めた）

---

[17] sell は buy と意味的に近いが，（76ix）にみられる交替は許さず，自動詞／他動詞交替を許すという点において buy とは異なる．つまり，We sold the house for $200,000.（我々はその家を 200,00 ドルで売った）と The house sold for $200,000.（その家は 200,000 ドルで売れた）との交替はみられるが，*$200,000 sold the house. は非文法である．

第 8 章 複数の補部パターンをもつ動詞 235

(78) でみられる交替では，(a) の例には内部補部が 2 つあるのに対し，(b) の例には 1 つしかない．しかし，(a) の 2 つの補部によって意味されている内容は，(b) の 1 つの補部によって表されている．(a) の例中の目的語である him は，(b) の例中の目的語である NP 内にある主語-限定詞 (subject-determiner) として機能している属格名詞句の his に相当する．[18] また，She praised the auditors for their diligence.（彼は監査人の勤勉さをほめた）と She praised the diligence of the auditor. の交替にみられるように，(b) の例中の属格名詞句が of 句内に補部として現れる場合もある．(78ia) の例中の PP は目的語の体の一部分を表しており，場所を表す前置詞が各種用いられる．一方，(78iia) の例中の斜格名詞句は，目的語の NP のもつ特徴を表しており，通常，前置詞には for が用いられる．kiss や praise と同じような交替を許す動詞を，それぞれ，(79i, ii) にあげておく．

(79) i.

bang	bump	hammer	hit
（たたく）	（ぶつける）	（ハンマーで殴る）	（殴る）
kick	poke	prick	punch
（蹴る）	（突く）	（刺す）	（拳で殴る）
scrap	smack	tap	touch
（解体する）	（ピシャリと打つ）	（軽くたたく）	（触る）

ii.

admire	appreciate	censure	commend
（称賛する）	（感謝する）	（激しく非難する）	（褒める）
denounce	despise	envy	fear
（責める）	（軽蔑する）	（妬む）	（怖がる）
like	need	respect	value
（好む）	（必要とする）	（尊敬する）	（評価する）

---

[18] 訳者注：主語-限定詞 (subject-determiner) とは NP 内に現れる属格名詞句のことで，NP 内において，統語的に限定詞でありながら節中の主語と同様の機能も保持していることからこうよばれる．主語-限定詞が節中の主語に統語的に類似しているという点に関して，(i)，(ii) に示されるように，節と名詞句の構造が類似しており，主語-限定詞は節中の主語と構造上，似たような位置にでてきたり，代名詞・再帰代名詞の解釈に関して同じような影響を与えたりする．

(i) a. [$_{NP}$ Mary's green eyes]（メアリーの緑色の目）
   b. [$_{clause}$ Mary has green eyes]（メアリーは緑色の目をしている）
(ii) a. [$_{NP}$ Mary$_i$'s careful analysis of herself$_i$/*her$_i$]（メアリーの綿密な自己分析）
   b. [$_{clause}$ Mary$_i$ carefully analyzed herself$_i$/*her$_i$]（メアリーは綿密に自己分析をした）

これらの動詞とは異なり，break や discern（気づく）などの動詞は，二重結合価動詞構文にしか用いられない．たとえば，She broke his arm.（彼は腕を骨折した）や She discerned his anxiety.（彼女は彼の悩みに気づいた）などの例は容認されるが，*She broke him in/on the arm. や *She discerned him for his anxiety. などは容認されない．

(b) 単一結合価動詞の主語に組み込まれる二重結合価動詞の斜格名詞句

(80)　　　二重結合価動詞構文　　　　　　　単一結合価動詞構文

　　a. The shares increased in value.　b. The value of the shares increased.

　　　（分担金は価格が上昇した）　　　　　（分担金の価格が上昇した）

この交替は1つ前の節でみた交替と類似しているが，ここでは自動詞が用いられ，交替にかかわる中核的補部が目的語ではなく主語となっている．この交替でも，(80b) の of 句の補部が The share's value increased.（分担金の価格が上昇した）のように属格名詞句として現れることも可能である．またこれらの自動詞に見られる交替は price（値段）や length（長さ），weight（重さ）などの動詞にみられ，測定可能な特徴を扱う動詞に適用される．increase のほかに，(81) にあげられている動詞がこの交替に用いられる．

(81)　appreciate　　　decline　　　　decrease　　　　drop
　　　（値上がりする）　（減る）　　　　（減少する）　　　（下がる）

　　　fluctuate　　　　soar
　　　（変動する）　　　（上昇する）

第 II 部

付加部となる節

第1章　序　論

第II部も引き続き節構造についての考察を進める．第I部では**述語動詞**（**predicator**），**補部**（**complement**），そして**付加部**（**adjunct**）の主要な働きについて紹介した．まず，述語動詞は節の主要部として機能するものである．補部は**中核的補部**（**core complement**）と**非中核的補部**（**non-core complement**）に分類され，一般的には前者は NP の形をとり，後者は PP として文中に現れる．第I部では，とくに中核的補部，そして**主語**（**subject**），**目的語**（**object**），**述部**（**predicative**）に焦点を当てた．述部とは，統語論上の述語動詞に意味論上対応する要素である．また，主語と目的語がそれぞれどのような解釈を受けるかは述語動詞の意味的性質にゆだねられる．そのため両者ともさまざまな意味役割と関連づけられる．これらの要素とは対照的に，この第II部では，様態，空間的あるいは時間的位置，期間，条件といった比較的定まった意味を表す要素（主に付加部，さらに補部の中でも周辺的なもの）について取り扱う．なお，「付加部」とは動詞句あるいは節に対する修飾要素，および挿入部のことを指す用語である（本シリーズ第8巻（『接続詞と句読法』）も参照）．

■意味上の区分
第II部で取り扱うべき要素は多種多様な意味カテゴリーに及ぶため，そのすべてを包括的に論じることは現実的ではない．（1）にあげた例は，ここで主にとりあげる意味カテゴリーであり，各例文の右側には，その項目ならびにその項目を取り扱う章またはセクションを記した．

（1）　i.　She presented her case <u>very eloquently</u>.　　　　　［様態：2.1 節］
　　　　　（彼女は自分の主張をとても雄弁に論じた）

　　　ii.　They opened it <u>with a tin-opener</u>.　　　　　　　　［道具：2.2 節］

第1章 序 論 239

(彼らはそれを缶切りで開けた)

iii. We solved the problem by omitting the section altogether.

[手段：2.2 節]

(私たちはその節を完全に削除することで，問題を解決した)

iv. I foolishly omitted to lock the back-door. [行為関連：3 章]

(愚かなことに，私は裏口の施錠を忘れていた)

v. He slept in the TV room. [空間的場所：4-5 章]

(彼はテレビの部屋で寝た)

vi. He hurried from the scene. [起点：4-5 章]

(彼は現場から急いで立ち去った)

vii. She went to New York for Christmas. [着点：4-5 章]

(彼はクリスマスにニューヨークへ行った)

viii. We made the mistake of travelling via Heathrow. [経路：4-5 章]

(私たちはヒースロー経由で旅行をするというへまをやった)

ix. I crawled towards the door. [方向：4.4 節]

(私はドアのほうへ這っていった)

x. They walked five miles. [範囲：5 章]

(彼らは 5 マイル歩いた)

xi. I woke up at five. [時間的場所：6 章]

(私は 5 時に目が覚めた)

xii. Ken slept for ten hours. [期間：7 章]

(ケンは 10 時間眠った)

xiii. It was already light. [アスペクト解釈：8 章]

(すでに明るくなっていた)

xiv. I often read in bed. [頻度：9 章]

(私はよくベッドで読書をする)

xv. She read the book for the third time. [連続順序：10 章]

(彼女がその本を読むのは 3 度目だ)

xvi. We enjoyed it very much. [程度：11 章]

(それはとても面白かった)

xvii. He left the door open in order to allow late-comer to enter.

[目的：12.2 節]

(遅れてきた人が入れるように，彼はドアを開けておいた)

xviii. They had to walk because of the bus-strike. [理由：12.3 節]

(バスのストライキのため，彼らは歩かねばならなかった)

240　第 II 部　付加部となる節

xix. As the sun sank, the light intensified so that the hills glowed.

　　　　　　　　　　　　　　　　　　　　　　　　　　［結果：12.4 節］

　　（日が沈みにつれて，光は明るさを増し，山々は燃えるようであった）

xx. I'll come along, though I can't stay very long.　　　［譲歩：13 章］

　　（私も行きます．あまり長居はできませんが）

xxi. We'll get there before dinner if the train is on time.　［条件：14 章］

　　（列車が時間どおりなら，夕食まえにはそこに着くでしょう）

xxii. Technically, he did not commit an offence.　　　　［領域：15 章］

　　（法規上は，彼のやったことは罪ではない）

xxiii. The accident was probably due to a short-circuit.　　［法性：16 章］

　　（事故の原因はおそらく漏電であっただろう）

xxiv. Fortunately, we got there on time.　　　　　　　　［評価：17 章］

　　（幸運なことに，私たちはそこに時間どおりに到着した）

xxv. Frankly, I'm disappointed.　　　　　　［発話行為関連：18 章］

　　（正直にいって，がっかりだ）

xxvi. There is, moreover, no justification for making an exception.

　　　　　　　　　　　　　　　　　　　　　　　　　　　［連結：19 章］

　　（しかも，例外を認めるに足る理由もない）

■意味カテゴリーの区分についての留意点

概略，(1) の前半にある意味カテゴリーの要素のほうが後半にあるものより，それがかかる節の内部構造と密接なかかわりをもつ．よって，第 I 部の補部の定義に合致するような意味カテゴリーは，(1) のはじめのほうの要素である．対照的に，(1) の最後のほうの意味カテゴリーは挿入部として振る舞う傾向が強く，音律的にも分離して発音される場合が多い．

・意味カテゴリーの部分的重複

通常，(1) で紹介した意味カテゴリーは重複を許さない．つまり構造上ならびに意味上のあいまい性がない環境では，これらの付加部（あるいは補部）が属する意味カテゴリーは基本的には一定である．しかし，数は少ないものの，(2) に示したように例外も存在する．

(2) i. a.　He's going to buy the house if he can afford it.　［基本的な条件節］

　　　　　（もし，お金があれば，彼はあの家を買うだろう）

　　 b.　He's going to buy the house if I'm not mistaken.

第 1 章　序　論　　　　241

［法に関する条件節］
（もし，私が誤解していないのなら，彼があの家を買う予定だ）

　　c.　He's going to buy the house, <u>if you must know</u>.

［発話行為関連の条件節］
（あなたも知っていたほうがいいと思うけど，彼があの家を買う予定だ）

　ii. a.　She has gone home <u>because she was feeling ill</u>.

［基本的な理由を表す節］
（彼女は気分が悪かったので，家に帰ってしまった）

　　b.　She has gone home, <u>because her light is off</u>.

［発話行為関連の理由を表す節］
（彼女の部屋の明かりが消えているから，もう家に帰ってしまったのだ）

　(2ia) の if 節は基本的な条件を表す付加部であり，彼が家を買うための条件を表現している．しかし，(2ib) の if 節は，彼があの家を買う予定であるという命題に対する話者の判断（心的態度），すなわち**法 (modal)** に関する条件を表現している．そして，(2ic) の if 節は "if you must know, I'll tell you."「念のため，あなたに伝えておこう」という話者の意思行為の根拠を表明している．同様に，(2iia) の because 節は基本的な理由を表す付加部であり，彼女が家に帰ってしまった理由を表現している．一方，(2iib) の because 節は，「どうして話者が帰ってしまったと断定できるのか」についての根拠を示すという話者の発話行為にかかわるものといえる．

■取り扱う項目
第 II 部では，さまざまなタイプの付加部あるいは補部について，以下のような論点について考察する．

(a)　焦点化の可能性
ここで扱う要素の多く（もちろん，すべてではないが）は，発音時に強勢をともなって**情報の焦点 (informational focus)** となることができる．以下の (3) では，二者択一の疑問文，対照を表す否定，そして it- 分裂文において，yesterday と fortunately が焦点化の対象となるかどうかをみていく．

　(3) i. a.　He returned <u>yesterday</u>.　　　　　　　　　　　　　　　［時間的場所］
　　　　　　（彼は昨日帰ってきました）

　　　b.　Did he return <u>yesterday</u> or <u>on Tuesday</u>?　　　　　［二者択一の疑問文］
　　　　　　（彼は帰ってきたのは，昨日ですか火曜日ですか）

c. He didn't return yesterday but on Tuesday.　　　［対象を表す否定］
　　（彼は昨日ではなく，火曜日に帰ってきた）

d. It was yesterday that he returned.　　　　　　　　［it- 分裂文］
　　（彼が帰ってきたのは昨日でした）

ii. a. He returned, fortunately.　　　　　　　　　　　　　　　［評価］
　　　（幸運にも，彼は帰ってきた）

b. *Did he return fortunately or surprisingly?　　　［二者択一の疑問文］

c. *He didn't return fortunately but surprisingly.　　［対象を表す否定］

d. *It was fortunately that he returned.　　　　　　　　　［it- 分裂文］

ただし，it- 分裂文では，二者択一の疑問文や対照を表す否定よりも前景化できる要素が限られており，たとえば，末尾が -ly の副詞はもともと it- 分裂文では前景化の対象にはなりにくい．具体的には，Did they grow quickly or reasonably fast?（彼らはあっという間に成長したのか，それとも適当な速さで成長したのか）と ?Was it quickly that they grew?（彼らが成長したのはあっという間だったのか）を比較すること．[1] ある要素がこれらの構文でまったく焦点化の対象にならないのなら，それはその要素が補部でなく付加部である証拠である．さらに，それらの要素の多くが修飾要素ではなく挿入部とみなされるものである．(3ia) の yesterday は VP 内の修飾要素であるが，(3iia) の fortunately はそうではなく，これは He returned という節を**拠点要素 (anchor)** とし，そこに付随する挿入部と分析される．

(b)　制限性

(a) に関連する (3ia) の yesterday と (3iia) の fortunately の間のさらなる相違点は，前者と違い後者が発話内容の真偽に関与しないということである．(3ia) では，もし彼が昨日帰ってきたのであれば，この例は正しいことを述べていることになる．そして，彼が一昨日に帰ってきたのであれば，当然，(3ia) は正しいことを述べていることにはならない．このような (3ia) の yesterday を**制限的 (restrictive)** な働きをしているということにする．これに対し (3iia)

---

[1] it- 分裂文において，be 動詞の補部，すなわち，ここで前景化された要素とよんでいるものは必ずしも発音上，強勢を置かれるわけではない（本シリーズ第 9 巻『情報構造と照応表現』も参照のこと）．しかし，ここでは便宜上，そのような強勢が置かれる典型的な焦点化のケースに対象を絞って考察を進めていく．また，単に「焦点」と記述している場合，それは情報の焦点を指しており，only や even といった副詞の作用域内における焦点化とは区別することとする（本シリーズ第 4 巻『形容詞と副詞』も参照のこと）．

は，とにかく彼が帰ってきてさえいればこの例は正しいことを述べていることになる．つまり，もし，聞き手が (3iia) に反論するとしたら，それは彼が帰ってきたという主張に対しての反論ということになり，話し手による「幸運だった」という評価を否定するものにはならない．このような (3iia) の fortunately を**非制限的**（**non-restrictive**）な働きをしているということにする．このような非制限性をもともともっている要素は，やはりどれも付加部である．しかし，これらがすべて焦点化の対象にならないわけではない．たとえば，probably のような法性に関する付加部は焦点化することができない（*Did he returned probably or possibly?）．一方で，この要素が節で示された命題の真偽にかかわっているのは明らかである．たとえば，(3iia) は彼が帰ってきたということを含意しているが，それに対し He probably returned.（彼は多分帰ってきた）は，それを含意しない．

(c) 疑問化

ほとんどの付加部は，その部分を疑問文で問うことができる．たとえば，When did he return?（彼はいつ帰ってきたの）では，when が時間的場所を問う疑問詞として機能している．しかし，(3iia) のような評価を表す付加部にはそれに対応する疑問詞がなく，この点でも区別される．付加部の内容を疑問詞で問う際に，どの疑問詞を選択することになるのかを考察していこう．異なる複数の意味カテゴリーについて，同一の疑問詞を用いて疑問文で問うことができれば，それらの意味カテゴリーには一定の類似性があるといえる．たとえば，目的と理由はそれぞれ別の意味カテゴリーに属するものと考えられるが，両方とも疑問文では why を使って問うことができる．具体的には，(1xvii–xviii) の例に対応する，Why did he leave the door open?（なぜ彼はドアを開けたままにしていたの）（"for what purpose"「どんな目的だったのか」を尋ねる疑問文）あるいは Why did they have to walk?（なぜ彼らは歩かなければならなかったの）（"for what reason"「どんな理由だったのか」を尋ねる疑問文）を比較されたい．

(d) 作用域

付加部の作用域を節内の他の要素と相対的に比較することは，解釈上たいへん重要である．その典型的な例の1つとして否定要素と付加部の作用域のかかわり合いがあげられる．具体的に (4) の例を検討してみよう．

(4) i.　I didn't buy it because it was too expensive.［付加部が広い作用域をもつ］
　　　（それは値段が高すぎたので，買わなかった）

ii. I didn't appoint him just because he was my son.

[否定が広い作用域をもつ]

（彼が私の息子だからといって登用したわけではない）

作用域とは，統語構造での文中の句や節の依存関係に似て，文中の要素が文解釈上の影響を及ぼす範囲のことである。[2] たとえば，(4i) の否定は「私がそれを買ったということ」に対するものであり，そのうえでさらに，理由を表す付加部が「私がそれを買わなかったこと」の理由を説明している。よって，このような場合は，付加部が否定よりも広い作用域をもつという。また，この (4i) を "The fact that it was too expensive is the reason why I didn't buy it." 「値段が高すぎだったということが，私がそれを買わなかった理由です」と言い換えた時に，否定が従属節内に留まり，the reason が主節に現れているという点からも，この2つの要素の作用域の関係性は明らかである。(4ii) は，私が彼を登用したということを否定しているのではなく，彼が私の息子であるから私は彼を登用したということを否定している。つまり，この例の言外の意味には，私は確かに彼を登用したが，しかしそれは彼が私の息子であるということ以外の理由からであるということが含まれている。[3] この場合，否定が付加部より広い作用域をもっているといえる。この (4ii) は "It is not the case that I appointed him just because he was my son." 「私が単に彼が私の息子だから彼を登用したのは事実ではない」と言い換えられるが，この場合では，否定が主節に現れ，理由は従属節になっている。また，音律的抑揚を考慮しないなら，1つの文中で否定と付加部のどちらが広い作用域をもつかはあいまいな場合もある。たとえば，I didn't appoint him because he was my son. という例

---

[2] 訳者注：作用域をもつ典型的な要素として every や some のような数量詞があげられる。たとえば Some student admires every teacher. という例はあいまいであり，ここではまず，すべての先生を尊敬している学生が1名はいるという解釈，そしてもう1つ，先生1人1人に対してその先生を尊敬している学生が1名はいるという2通りの解釈が少なくとも可能である。そして，前者の解釈では数量詞 some が数量詞 every よりも広い作用域をもっており，後者の解釈では逆に every のほうが some より広い作用域をもっていると考えられる。すなわち，広い作用域をもつ数量詞の数がまず固定され，それに応じてもう一方の数量詞の数が増幅するということである。

[3] ここで (4ii) の言外の意味として示されている内容は (4ii) が真なら必ず真になるということではない。それは，I don't know whether I will appoint him at all, but I certainly won't appoint him just because he's my son. （私がそもそも彼を登用するかはわからないが，彼が単に私の息子だからといって彼を登用することは決してない）という例が適切であることからも明白である。

は，(4i) と同様に "That's the reason why I didn't appoint him." 「それが，私が彼を登用しなかった理由である」と解釈することもできる一方，just がなくても (4ii) のように解釈することも可能である．

　つぎに，付加部同士の作用域の関係性を考慮する必要がある場合について検討してみよう．

(5)　i.　He <u>usually</u> doesn't attend departmental meetings, <u>fortunately</u>.
　　　　　（幸運にも，彼は普段は部局の会議に顔を出すことはない）

　　ii.　He <u>probably</u> sees them <u>regularly</u>.
　　　　　（たぶん，彼は彼らに定期的にあっているのだろう）

(5i) では，fortunately が usually よりも広い作用域をもっている（つまり，"It is fortunate that he usually doesn't attend departmental meetings." 「彼が普段は部局の会議に顔を出すことがないのは幸運なことだ」の意味であり，"It is usually fortunate that he doesn't attend departmental meetings." 「彼が部局の会議に顔を出すことがないのは通常，幸運なことだ」ではない）．(5ii) では，probably が regularly よりも広い作用域をもっている（"It is probable that he sees them regularly." 「彼が彼らに定期的に会っている可能性が高い」の意味で，"It is regularly probable that he sees them." 「彼が彼らに会っているだろうといつも考えられる」という意味ではない）．(5) のどちらの例でも，狭い作用域をもっているのは頻度を表す付加部であり，広い作用域をもっているのは，それぞれ評価と法性を表す付加部で，(1) であげたリストの最後のほうに置かれている意味カテゴリーである．

(e)　有界化 (bounding) の可能性

従属節には節のアスペクト性と密接にかかわるものも存在する．ここで扱うのは完結 (**perfective**) vs 非完結 (**imperfective**) の対比に関するアスペクト解釈，ならびに状態 (**state**)，活動 (**activity**)，達成 (**accomplishment**)，到達 (**achievement**) という状況の分類についてである（詳細は本シリーズ第 1 巻『動詞と非定形節，そして動詞を欠いた節』を参照）．とくにここでは有界化の効果をもつ要素に注目する．例として，以下の (6i) と (6ii) を比較してみよう．

(6)　i.　She ran. （彼女は走った）　　　　　　　　　　　　　　　［非有界的：活動］
　　ii.　She ran <u>to the station</u>/<u>two miles</u>.　　　　　　　　　　　［有界的：達成］
　　　　　（彼女は駅まで／2 マイル走った）

(6i) の例は非有界的であり，期間を表す付加部 for をとることができるが，in

をとることはできない（She ran for ten minutes.（彼女は10分間走った）/ *She ran in ten minutes.）．しかし，to the station のような着点や two miles のような範囲を表す付加部を加えることで，この節は有界化される．すなわち活動に対してある決まった終了点が与えられたことになる．このため，She ran to the station in ten minutes.（彼女は駅まで10分で走った）のように，この節が in をとることができるようになる．一方で，*She ran to the station for ten minutes. のように期間を表す付加部 for をとることができなくなる．

(f) 統語的具現化

ここでは付加部および補部の内部構造についても詳細にとりあげていく．主に以下の範疇について考察する．

(7) i. She folded the napkins carefully. ［副詞句］
（彼女は注意深くナプキンをたたんだ）

ii. She cut it with a razor-blade.
（彼女はカミソリでそれを切った）

iii. I was annoyed because they had overcharged me.
（彼らが余計に請求してきたので，私はいらついた）

iv. She didn't consult us before signing the contract. ［前置詞句］
（契約書にサインする前に彼女は私たちに相談しなかった）

v. I hadn't seen them before.
（以前に私は彼らに会ったことはなかった）

vi. They arrived last week. ［名詞句］
（先週，彼らはやってきた）

vii. Had I known this at the time, I wouldn't have bought it. ［定形節］
（もしその時これを知っていたら，私はそれを買わなかった）

viii. We were saving up to buy a new car.
（私たちは新車を買うために貯蓄していた）

ix. Realising he couldn't win, Tom began to lose heart. ［不定形節］
（自分が勝てないことがわかり，トムは意気消沈していった）

x. His assignment completed, Ed went down to the pub.
（自分の宿題が済んだので，エドはパブへと出かけて行った）

xi. Hands on their heads, the prisoners filed from the room.

［動詞なしの節］

（頭に両手を乗せたまま，囚人たちは部屋から列をなして出てきた）

第 1 章 序 論 247

(7i) のように付加部は AdvP として現れるのが典型的である．副詞 carefully は形容詞に接尾辞の -ly が結合してできた単語であり，このような副詞とそれが修飾する語句との関係は，ちょうど叙述補部とその意味上の主語との関係のようなものである．つまり，(7i) では，その折りたたむという行為が注意深いということを意味し，また，Fortunately, no one was injured.（幸運にも，誰もけがをしなかった）では，誰もけがをしなかったということが幸運だったという意味である．(7ii-v) では，付加部が PP で表されている．(7ii) は前置詞の補部は NP であり，また (7iii) ではそれが内容節であり，(7iv) では動名分詞節である．一方，(7v) の前置詞には補部がない．このようなケースは，伝統的には接続詞あるいは副詞としてみなされることも多いが，本シリーズでは前置詞として扱う．

　付加部の大部分は AdvP か PP の形をとるが，それ以外の可能性ももちろんある．(7vi) では NP が付加部として時間的場所を表現している．さらに出現する状況は限られるものの，定形節が付加部として振る舞うこともある．たとえば，(7vii) では，if を主要部とする PP の If I had known this at the time に代わって主語と助動詞を入れ替えた定形節が仮定を表す付加部として機能している．(7) の残りの例はいずれも，不定形節，動名分詞構文および過去分詞構文といった不定形節，さらに動詞を欠いた節が付加部として機能している．(7viii) では，不定形節が目的を表す付加部になっており，これは in order to buy a car という PP と書き換えることもできる．しかし，ここであげた他の不定形節および動詞を欠いた節に関しては，意味的機能を明確に特定することは通常できない．(7ix) と (7x) の付加部は，時間的場所かあるいは理由を表現していると考えられるし，またその両方を表現している可能性もある．(7xi) の付加部はおそらく様態を表していると解釈できるが，いずれの場合も語用論的な観点，すなわち文脈やこれらの例が実際に用いられた状況や場面から判断されることであり，これらの付加部がどの意味カテゴリーに属するのかを文法的あるいは辞書的に区別することはできない．よってここでは，この類いの付加部について詳しく検討することはない．

(g)　語順
付加部の語順については最後で扱う．付加部が文中で現れる位置は**前部**（**front**），**中央部**（**central**），そして**後部**（**end**）に大別できる．

(8)　i.　Fortunately there was plenty of time.　　　　　　　　　　　［前部］
　　　　（幸い，時間はたっぷりあった）

ii. There was <u>fortunately</u> plenty of time. ［中央部］
（幸い，時間はたっぷりあった）

iii. There was plenty of time, <u>fortunately</u>. ［後部］
（幸い，時間はたっぷりあった）

とくに中央部位置に関しては，助動詞と本動詞との相対的位置に基づいてさらに細かい区別を行う．また，前部位置と後部位置には（9）のように複数の付加部が出現可能である．よって，ここでは下線部の当該位置に現れる付加部すべてが前部位置あるいは後部位置にあるものとみなし，最も端に位置している付加部だけに言及するわけではないことに留意すること．

(9) i. <u>Yesterday</u> <u>just outside the back door</u> I found a large grass snake.
（昨日，裏口のすぐ外で私は大きな緑色のヘビを見つけた）

ii. We slept <u>in the garage</u> <u>for three weeks</u> <u>while the house was being repaired</u>.
（家が修復されている間，3週間，私たちはガレージで寝ていた）

第2章　様態，手段，道具

様態，手段，そして道具の範疇に属する要素は，VP で表された動作がどのように，あるいはどんな方法で行われたのかを記述するという特徴をもつ．

(1) i. She walked slowly away.　　　　　　　　　　　　　　　［様態］
   (彼女はゆっくり立ち去った)

   ii. He got in by breaking the door down.　　　　　　　　［手段］
   (彼はドアを破壊して侵入した)

   iii. I broke the nut with a hammer.　　　　　　　　　　　［道具］
   (私はそのナットを金づちで砕いた)

(1) にあげた例は，それぞれ様態，手段，そして道具と明確に区別できる．しかし実際のところ，これらの3つのカテゴリーの境界は意味の点からも文法形式の点からもあいまいである．

■疑問化

様態，手段，道具の3つの要素はすべて疑問詞 how で問うことができる．

(2) i. A: How did they perform? (彼らの演奏はどうでしたか)
   B: Extremely well. (とても良かったよ)　　　　　　　　　［様態］

   ii. A: How did you manage to get in? (一体どうやって侵入したの)
   B: By breaking the door open. (ドアをこじ開けたんだ)　［手段］

   iii. A: How are you supposed to eat it?
   (これはどうやって食べるものなの)
   B: With chopsticks. (お箸を使ってです)　　　　　　　　［道具］

しかし実際のところ，how を用いて様態を問うことはあまりない．また in

249

what manner / way, by what means, あるいは what … with（道具を問う場合のみ）といった PP を用いた疑問形も存在するが，やはりこれらも様態について問う場合には一般的には使用されない.

2.1 様態

様態を表す要素は，付加部として振る舞う AdvP の形をとる場合が多い. さらに，その AdvP の主要部は，形容詞に接尾辞 -ly がついてできた**段階づけ可能な副詞（gradable adverb）**である.[1] この AdvP は，ちょうど AdjP が名詞を修飾するように，動詞（あるいは VP）を修飾する. 以下の（3）の例を比較参照すること.

(3)　　　　様態を表す付加部　　　　　　限定形容詞句

　i. a. She departed <u>very hastily</u>.　b. <u>a very hasty</u> departure
　　　（彼女はひどくあわてて出発した）　　（ひどくあわただしい出発）

　ii. a. He laughed <u>raucously</u>.　　　b. <u>raucous</u> laughter
　　　（彼は騒々しく笑った）　　　　　　（騒々しい笑い声）

　iii. a. We examined the damage　　　b. a <u>careful</u> examination of the
　　　　<u>carefully</u>.　　　　　　　　　damage
　　　（私たちは被害を慎重に調査した）　（慎重な被害調査）

ただし，限られてはいるが段階づけできない副詞も様態を表す付加部として用いられることがある. 具体的には，The volumes are sold <u>separately</u>.（この全集はバラ売りされている），We own the property <u>jointly</u>.（私たちはその資産を共同で所有している）といったものがこのような例外にあたる.

　様態を表す付加部は動作を表す節に現れるのが一般的であるが，状態を表す節とともに用いられることもある. 今あげた We own the property <u>jointly</u>. や I know them <u>personally</u>.（私は彼らを個人的に知っている），あるいは He lay <u>snugly</u> in bed.（彼はベッドで心地よさそうに横になっていた）などがその例である. また，様態を表す付加部には，動詞の中でも有生の動作主による行為を表現するものとだけ共起するものも多い（例：nonchalantly（さりげなく），sadly（悲

---

[1] 訳者注：副詞には**段階づけ（grading）**ができるものが多く存在し，**段階づけができる（gradable）**というのは，その副詞が表す意味に程度があるということである. その程度がどのくらいのものなのかは，程度を表す疑問詞 how を用いた疑問文で問うこともできれば，very（とても）や rather（かなり）などの要素によって強調することもできる.

第 2 章　様態，手段，道具　　　　251

しげに）, skilfully（巧みに）, sloppily（いいかげんに）など）.

■ 様態を表す補部

様態を表す依存要素を補部としてとる動詞も存在する.

(4) a.　She behaved outrageously.（彼女は非道に振る舞った）
　　 b.　They treated her pretty shabbily.（彼らは彼女をひどく粗末に扱った）

これらの動詞が (4) のような意味で使われた場合には，様態を表す補部が必要である. なぜなら，She behaved. のように behave が単独で使われた場合，この例の意味は "She behaved well."「彼女は行儀よくした」と基本的には同じで，また They treated her.（彼らは彼女にごちそうした／手当を施した）での treat も (4b) の treat とはまったく別の意味になるからである. このように様態を表す補部を必要とする動詞は，ほかに We worded the motion carefully.（私たちは慎重にその合図を言葉に表した）での word や，He dresses very shabbily.（彼はひどくみすぼらしい身なりをしている）での dress がある. ちなみに，dress が単独で使われた場合は "get dressed"「服を着る」の意味となる. さらに live も様態を表す補部をとることができるが，その場合，副詞（live frugally（慎ましく暮らす）），場所を表す PP（live in Durham（ダーラムに住む）），時間を表す PP（live in the fifteenth century（15 世紀に生きていた））などさまざまなタイプの要素が現れることができる. また give は，通常の目的語の代わりに generously（気前よく）を，様態を表す補部としてとることができる.

・NP と PP

様態を表す要素は，NP の形をとることもあるが（例：Do it this way.（こんなふうにやりなさい）），PP として現れることが多い. まず様態を表す PP の主なパターンの 1 つとして，with あるいは without で導入されるものがあげられる.

(5) i.　She handled it with great care.
　　　　（彼女はとても注意しながらそれを扱った）
　 ii.　They treated us without much consideration.
　　　　（彼らはよく考えもせず私たちを手当てした）

様態を表す PP と AdvP は容易に等位接続することができる（例：She handled the situation skilfully and with great care.（彼女は巧みにそして素晴らしい機転で，その状況を処理した））. また，(5) にあるような PP は人間の行為を表

現する節に現れることがほとんどである．with または without が具体名詞を
主要部とする NP を補部にもつ時，（1ii）のように道具として機能する場合が
多い．これらの前置詞が様態としても道具としても用いることができることか
ら，この2つのカテゴリーは類似したものと考えられる．さらにこの2つの
カテゴリーの類似性は，様態または道具を表す with- 句の部分を動詞 use に
よって次のように言い換えられることにも反映されている．具体的には，（下
線部が様態を表す with 句）She handled the situation with great skill.（彼女は
とても巧みにその状況を処理した）⇒ She used great skill in handling the situa-
tion.（彼女はその状況を処理するために高度な技量を用いた）と，（下線部が道具を
表す with 句）She cut it with a scalpel.（彼女はメスでそれを切った）⇒ She
used a scalpel to cut it.（彼女はそれを切るためにメスを用いた）を比較すること．

　さらに様態を表す PP の主なパターンとして，manner, way, style, fash-
ion からなる NP と in が結合したものがあげられる．

(6) i. He had responded in a studiously nonchalant manner.
　　　 （彼は努めて，むとんちゃくに応じた）

　 ii. They had been behaving in the usual way.
　　　 （彼らは普段どおりに振る舞っていた）

　iii. We're furnishing the house in a modern style / the Italian fashion.
　　　 （私たちは今風に／イタリアン調に家具を備えつけていく）

このパターンの PP は -ly で終わる AdvP と部分的な重複がみられる．たとえ
ば，intelligently と in an intelligent way や spontaneously と in a spontane-
ous manner などである．一方で，I found it easily.（私はそれを簡単に見つけた），
He speaks too quickly.（彼はとても速くしゃべる），Drive slowly.（ゆっくり運転
しなさい）には，それぞれに対応する manner や way を用いた言い回しは存在
しない．また，（6i）の PP の代わりに studiously nonchalantly と AdvP を続
けて置くことは可能であるものの，-ly で終わる長い副詞が連続することから
実際はあまり使われることはないと思われる．（6ii）の PP の代わりに usually
（普段は）を置くことはできない．なぜなら usually は様態ではなく頻度の意味
をもつからである．（6iii）の例に関しては，*modernly や *Italianly のように
形容詞から派生した副詞は存在しない．way を主要部とする NP は，Do it
this way.（こういう風にやれ），I cooked it (in) the Italian way.（私はそれをイタ
リアン風に調理した）のように，それを統率する前置詞 in がなくても様態を表
す要素として機能できる．

　最後に，様態を表す PP のもう1つのパターンとして比較を表す as あるい

は like を主要部とするものをあげる（本シリーズ第7巻『関係詞と比較構文』も参照のこと）．具体例としては，I did it exactly as you told me to.（私はまさにあなたが私にいったようにそれをやりました），He talks just like his father.（彼は彼の父と同じように話しをする）といったものである．もちろん，様態を表す PP には，in a loud voice（大きな声で），at maximum volume（最大音量で），under his breath（小声で）のようなものがほかにも多種多様に存在する．

■ 結果として生じる状態の推意

一般的に，様態を表す付加部は物事の過程について表現する．しかし，場合によっては，その過程から結果として生じる状態について表現することもある．

(7) a. He shut the door noisily.
（彼は騒々しくドアを閉めた）
b. He sealed the window hermetically.
（彼は窓をふさいで密閉状態にした）

(7a) では noisily はドアの閉め方について表現しているだけであり，その結果として生じる状態については何も言及してはいない．ドアはただ閉められただけである．しかし，(7b) では，窓は単にふさがれただけでなく密閉状態となったことが意味されている．同様に They painted the house badly.（彼らは家をペンキでひどく塗った）は，結果として家がペンキでひどく塗られた状態になったことになり，I tied the knot loosely.（私はゆるく結び目を作った），You've mended the dress perfectly.（あなたはドレスを完璧に直した）では，それぞれ，ゆるく作られた結び目と完璧に修繕されたドレスが結果として得られたということになる．また，He wrote illegibly.（彼は何を書いているかわからないように書いた）のように対象物が明示されないケースもある．

■ 他の用法でも使われる様態を表す副詞

様態を表す -ly 副詞は，様態以外の意味で用いられることもある．

(8) 様態 他の用法
i. a. He sang badly. b. They wounded him badly.
（彼は下手に歌った） （彼らは彼をひどく傷つけた）
ii. a. He behaved rudely. b. Rudely, he turned his back on them.
（彼はぞんざいに振る舞った） （無礼にも彼は彼らから背を向けた）

iii. a. He'll behave typically.

（彼は型どおりに振る舞うだろう）

b. This typically happens after a long drought.

（これは長い干ばつの後, 典型的に起こる）

iv. a. I can't think politically.

（私は政策的に考えることはできない）

b. Politically, it was a disaster.

（政治上は, それは破滅であった）

v. a. She explained it clearly.

（彼女はそれを明確に説明した）

b. She is clearly a great asset.

（彼女は明らかに大きな戦力だ）

vi. a. She smiled happily.

（彼女は幸せそうに笑った）

b. Happily, I was able to get my money back.

（幸運にも私はお金を返してもらえた）

vii. a. They discussed it frankly.

（彼らはそれを率直に議論した）

b. Frankly, it's a disgrace.

（率直に言って, それは面汚しだ）

(8b) のいずれの AdvP も第 II 部で扱う意味的カテゴリーに属するものである. ここでの badly は程度を表し, rudely は行為関連に属している. typically は頻度を表し, politically は範囲を表す付加部である. clearly はアスペクト解釈を表し, happily は評価, そして frankly は発話行為関連を表す付加部である. 様態を表す用法においてこれらの副詞は VP を修飾するが, これらの副詞が別の用法で使われている場合, その作用域はより広範囲に及ぶ. たとえば (8iib) の rudely は, 彼が彼らに背を向けたという行為全体を修飾するものである. 同様に (8iib) の politically はどのような意味でそれは破滅であったといえるのか, その範囲を特定している. また, (8viib) の frankly は it's a disgrace. と言う時の発話行為に関連するものである.

■ 二次的様態を表す副詞

さらに (8) とは別の観点から, 様態とそれ以外の意味をもつ -ly 副詞をグループ分けすることができる. ここで扱う副詞は感情あるいは気分を表現するものであり, とくに (8) の副詞と異なるのは, 様態以外の用法でもある程度様態に類似した意味合いをもつという点である. よって, ここでは (8a) で示された様態副詞を**一次的様態** (**primary manner**) とよび, ここで扱うものについては**二次的様態** (**secondary manner**) として区別することとする. 二次的様態に属する副詞には, angrily, bitterly (しぶしぶと), gloomily (しょんぼりと), moodily (むっつりと), serenely (穏やかに) などがある.

第 2 章　様態，手段，道具　　255

(9)　一次的様態　　　　　　　　　二次的様態
　i. a. He shouted <u>angrily</u> at them.　　b. <u>Angrily,</u> he stormed out of the room.

　　　（彼は腹立たし気に彼らをどなりつけた）　　（彼は怒って部屋から出て行った）

　ii. a. He peered <u>gloomily</u> at her.　　b. <u>Gloomily</u> they packed their bags.
　　　（彼は物憂げに彼女に目をやった）　　（彼らはしょんぼりと荷物をまとめた）

　iii. a. She smiled <u>serenely</u>.　　b. <u>Serenely</u> she led the premier onto the stage.

　　　（彼女は穏やかに笑った）　　（彼女は冷静に首相をステージまで導いた）

(8iib-viib) の例と同様に，二次的様態の付加部は一次的様態の付加部より広い作用域をもつことができる．

(10)　i.　<u>Angrily</u>, Ed grasped her <u>tightly</u> by the wrist.
　　　（エドは腹立たし気に彼女の手首をきつく握りしめた）
　　ii.　<u>Cleverly</u>, Ed spoke <u>loudly enough</u> for the neighbours to hear.
　　　（エドは賢明にも隣近所に聞こえるくらいに大声で話しをした）

cleverly は行為関連のカテゴリーに属する副詞であり，二次的様態を表す副詞もこれらとまったく同様の働きをする．ただし，ここで注意すべき点は，(10ii) の cleverly は話すという行為に関連しているのであり，話す時の様態について描写しているわけではないということである．つまり，エドは巧妙に話しをしたわけではなく，大声で話しをしたに過ぎない．ただし，その行為が，（隣近所に彼の話し声が聞こえるので）賢明な行いだったということである．(10i) の angrily は，エドの機嫌について言及しているわけだが，同時にそれは彼女の手首をつかむという行為の中にも反映されていると理解することができる．

　二次的様態を表す依存要素は一次的様態を表すものと違い，補部になることもできなければ（例 :*Angrily, he worded the letter.），焦点化の対象となることもない．また，二次的様態を表す依存要素は，主に文頭に現れるが，一次的様態を表す依存要素が文頭に現れることはまれである．happily や sadly といった副詞は二次的様態を表すことも評価を表すこともできる．よって，Sadly Kim left the room. はキムが悲しげに部屋を出て行ったという解釈，あるいはキムが部屋を出て行ったことが話し手にとって悲しいことであったという解釈の 2 つの可能性がある．

256　　第 II 部　付加部となる節

[専門的解説]
■同族目的語 (cognate object) 構文で示される様態

　(11) a.　She fought a heroic fight. (彼女は勇敢に戦った)
　　　 b.　He died a long and agonising death.
　　　　　(彼は長く苦しんだ末，死んでいった)

(11) の下線部の NP は同族目的語とよばれ，主動詞を名詞化したものが目的
語の主要部となっている．この例では，動詞 fight と die を名詞化した fight
と death が，それぞれ対応する動詞の目的語となっている．目的語の主要部
の意味が動詞のもつ意味と重複しているため，同族目的語は単独で現れること
は通常ない (例：#He died a death.)．すなわち，(11) のように同族目的語
は修飾語句をともなって現れることが一般的である．ここで修飾語句となる形
容詞は，当該節で言及された事柄がどのように進行したのかを描写するもので
あり，様態を表す副詞と同様の機能をはたしている．よって (11a) は She
fought heroically. と言い換えることが可能である．同じく (11b) は，彼が死
んでいった時の様子を描写しているが，この場合，同様の意味に対応する
longly のような様態を表す副詞は存在しない．

2.2　手段と道具

■by 句と with 句

手段と道具を表す付加部はそれぞれ，by (あるいは by means) か with (ある
いは without) を主要部とする PP として現れるという特徴がある．

(12) i. a.　She travels to work by bus. (彼女はバスで通勤している)
　　　 b.　Sometimes you have to translate a noun in one language by a
　　　　　verb in another.
　　　　　(ある言語では名詞であるものを別の言語では動詞として訳さなければな
　　　　　らないこともある)
　　　 c.　He had gained access to the board by highly dubious means.
　　　　　(彼は，とてもいかがわしい手を使って理事会に近づいた)
　　　 d.　They communicate by means of sign language.
　　　　　(彼らは手話を用いて話す)
　　　 e.　Ed annoyed them by constantly interrupting.
　　　　　(エドは，絶えず話をさえぎって，彼らをわずらわせた)

第 2 章　様態，手段，道具　　　　257

　ii. a.　She opened my door with the master-key.
　　　　　（彼女はマスターキーで私の部屋のドアを開けた）

　　 b.　She managed to gain entry without a key.
　　　　　（彼女はカギを使わないで，どうにか中に入った）

　　 c.　They ate with chopsticks / with their fingers.
　　　　　（彼らは箸で／手づかみで食べた）

　　 d.　I translated the passage with the help of a dictionary.
　　　　　（私は辞書を使ってその文を翻訳した）

　　 e.　You can see the star with the naked eye.
　　　　　（その星は肉眼で見ることができます）

道具を表す NP は一般的には具体物であり，体の一部を表す語が用いられる
ことは特別な場合である（(12iid) の help は抽象名詞であるが具体名詞 a dic-
tionary が同一の NP 内に含まれている）．通常，道具を表す要素は (12ia–d)
のように（能動態における）主語が動作主の意味役割をもつ節に現れる．動詞
see は必ずしも主語に動作主をとるわけではない．しかし，(12iie) のように
see が道具を表す要素と共起する場合は，主語が動作主となる解釈が際立つこ
とになるため，とくに例外として扱う必要はない．ただし，by 句のない受動
態や (13) のような動作主が明示されない構文でも道具を表す NP が用いられ
る場合もある．

(13) a.　The master-key opened the door.
　　　　　（マスターキーでドアが開いた）

　　 b.　The door opened with the master-key.
　　　　　（マスターキーでドアが開いた）

どちらの例でも誰かがマスターキーを用いてドアを開けたという意味である
が，その動作主は明示されていない．これらの例については第 I 部の 8.3.3 節
を参照すること．

　手段を表す付加部も同様に，（能動態での）主語が動作主の意味役割をもつ
節に現れる傾向がある．しかし，道具の場合とは異なり，明示されるされない
にかかわらず必ず動作主が存在しなければならないといった意味的な制約はな
い．よって (12ie) のように，動名分詞節が by の補部である場合には非動作
主が主語になっていても問題なく容認される．とくに，この (12ie) の例はエ
ドが意図的に彼らを煩わせた場合にもそうでない場合にも使用できることに注
目されたい．また，by の補部の動名分詞節を use にすることで，手段を表す

付加部に道具を表す付加部と同様の意味をもたせることができる（例：They got in by using the master-key／with master-key.（彼らはマスターキーを使って侵入した））.

■手段と道具を表すその他の形式

手段と道具を表すために，by と with 以外の前置詞を用いることもあるが，その際に前置詞の補部になるものは非常に限られている．He wrote it by hand.（彼はそれを手書きで書いた）では by が道具を表す働きをしているのと同様に，She went there on foot.（彼女はそこへ歩いて行った）や She worked it all out on the computer.（彼女はそれをすべてコンピューター上で解決した）では，on がそれぞれ手段と道具を表す働きをしている．さらに，PP ではなく NP が用いられる例を以下にあげる．

(14) a.　I'll send it (by) airmail.（私はそれをエアメールで送ることにする）

　　 b.　Next time we're going to fly Qantas.
　　　　　（次回は，私たちはカンタス航空で行く予定だ）

　また，手段と道具は，lift mechanically（機械でもち上げる），analyse statistically（統計学的に分析する），examine spectroscopically（分光学的に検査する）のように副詞を用いて表すこともできる．ただし，このようなパターンは非常に限られており，たとえば treat surgically（外科的に処置する）や communicate electronically（電子的に通信する）という言い回しはまったく問題なく使われるが，これらをそれぞれ pharmaceutically（薬学的に）と postally（郵送によって）に置き換えることはできない．元の言い回しと同じく，形容詞に ly を付加してできた副詞を用いても，手段と道具を表す副詞と動詞の組み合わせは特定のもの以外は容認されないのである．

■受動態における内部化された補部

能動態における主語に対応する受動態での要素を**内部化された補部**（**internalised complement**）とよぶ．内部化された補部の意味役割は能動態の時の主語の意味役割と同一であり，動詞の意味によって決定される．たとえば第 I 部の第 2 章でみたように They were questioned by the police.（彼らは警察によって尋問された）では動作主，They were despised by the police.（彼らは警察に嫌われていた）では経験者の意味役割を担っている．それゆえ，基本的にはこれらの要素はここで扱うべき範囲から外れるものであるが，ここでは簡単に 2 点だけ触れておく．

・内部化された補部の形成

内部化された補部を導入する前置詞は by であるが，上で述べたように by は手段を表す前置詞としても機能する．

(15) i. The information was obtained by their competitors. [内部化された補部]
   (その情報は彼らの競争相手に入手されてしまった)

 ii. The information was obtained by subterfuge. [手段を表す PP]
   (その情報はごまかしによって入手されてしまった)

(15i) の by 句は内部化された補部であり，(15ii) では手段を表す付加部である．よって，how による疑問文に対する答えとして用いることができるのは by subterfuge のほうである．また，この 2 つの by 句を同時に使用することもできる（例：A great deal of information was obtained by their competitors by subterfuge.（大量の情報がごまかしにより，彼らの競争相手に入手されてしまった））．しかし，主語を欠いた動名分詞節が by の補部である場合，付加部との区別がそれほど明確ではない．

(16) i. The plan had been sabotaged by leaking the report to the media.
   (その報告がマスメディアに漏れたことによって，その計画は妨害された)

 ii. He had sabotaged the plan by leaking the report to the media.
   (彼は，その報告をマスメディアに漏らすことによって，その計画を妨害した)

 iii. Leaking the report to the media had sabotaged the plan.
   (その報告をマスメディアに漏らしたことがその計画を妨害することになった)

(16i) の受動態での by 句は，(16ii) の能動態でのそれと同様に手段を表す付加部と考えられる．そして，(16i) の動名分詞節の意味上の主語は，明示されていない内部化された補部と同一のものであると捉えられる．しかし，一方で (16iii) のように動名分詞節は能動態の主語として機能することができる．よって (16i) の by 句は内部化された補部として分析することもできそうだが，ここでは (16i) の by 句にその可能性はないと考える．なぜなら，たとえ (16iii) のように動名分詞節が主語の場合であっても，それは手段を表していると理解できるからである．つまり，(16iii) の解釈は，その報告をマスメディアに漏らした者が，その手段に訴えることによってその計画を妨害したということである．

・内部化された補部に代わる AdvP

数量を表す補部の代わりに AdvP を用いることができる動詞が数多く存在する．

(17) i. It was <u>widely</u> believed that the proposal had been leaked by the minister herself.

（その提案は大臣本人から漏洩したものと広く信じられている）

ii. It is <u>popularly</u> known as 'Singapore daisy'.

（それは一般的に「シンガポールデイジー」として知られている花である）

widely は "by many people"「多くの人によって」, popularly は "by most ordinary／lay people"「もっとも一般的な／大衆的な人々に」として解釈される. 同様に, She was <u>universally</u> admired.（彼女は世間から尊敬されていた）の universally は "by everyone"「万人によって」として解釈される. 通常, ここでとり上げた動詞は状態を表し, これらの AdvP によって代用される補部は経験者の意味役割をもっている（しかし, The land is <u>publicly owned／owned by public</u>.（この土地は公共のものである）のような例外も存在する）.

第3章 行為関連付加部

■ 様態を表す付加部と行為関連付加部

2.1 節で指摘したように，様態を表す付加部として現れることのできる付加部の多くはほかの意味カテゴリーとしても現れることができる．とくに，carefully（用心深く），carelessly（不用意に），discreetly（控えめに），ostentatiously（これみよがしに），stupidly（愚かにも）などは，有生物（主に人間）の行為を表す動詞を修飾するが，これらの様態を表す付加部は，ここで我々が行為関連付加部とよんでいるものにも属することがある．様態を表す付加部と行為関連付加部の区別は，以下の例文ペアによって示すことができる．

(1)　様態を表す付加部　　　　　　　行為関連付加部

i. a. He spoke to them quite rudely.

(彼は彼らにとても無礼に話した)

b. Rudely, he spoke only to her husband.

(無礼にも，彼は彼女の夫にだけ話しかけた)

ii. a. He answered the question foolishly.

(彼はその質問に愚かに答えた)

b. Foolishly, he answered two questions.

(愚かにも，彼は 2 つの質問に答えた)

iii. a. He closed the door carefully and then answered my question.

(彼はドアを用心深く閉めて，それから私の質問に答えた)

b. Carefully, he closed the door before answering my question.

(用心深いことに，彼は私の質問に答えるまえにドアを閉めた)

(1ia) では，彼が彼らに話したその**やり方**が無礼であるが，(1ib) では彼女の夫だけに話しかけたという**行為**が無礼である．この場合，彼は彼女の夫にとても丁寧に話しかけたが，無礼にも彼女を無視したということもありうる．同様

261

に，(1iia) では，foolishly は彼がその質問に答えた方法を描写している（彼は愚かな答えをしたということである）が，(1iib) では，2つの質問に答えたという行為を評価している．この場合，答えそのものは賢い答えでありうるが，彼は質問に1つだけ答えることを求められていたというような状況が考えうる．最後に，(1iiia) では，彼はドアを慎重に閉めているが，それは，最小限の雑音しか出ないように気をつける，あるいはドアが再び勢いよく開かないように閉める，などの閉め方が慎重だということであるが，(1iiib) では，ドアを閉めるという行為そのものが慎重だということである．つまり，彼は自分の答えがほかの人に聞かれないように十分に注意を払ったということである．したがって，行為関連付加部とは，ある行為を，そのなされ方とは独立に評価するものなのである．この2つの付加部の解釈を区別するもう一つの方法は，何が比較の対象になっているかを考えてみることである．たとえば (1iiia) では，ドアを慎重に閉めることが，ドアを騒々しく閉めるとか，バタンと閉めるといったことと比較されている．一方 (1iiib) では，ドアを閉めるという行為が，ドアを開けたり，開けたままにしておいたり，窓を閉めたりといった文脈上ありうるほかの行為と比較されているのである．

　これらの例では，この意味的な違いが統語的位置の違いに反映されている．通常，付加部が文頭の位置にある場合は，行為関連の解釈だけを許す．一方，文末の位置に置かれた付加部は多くの場合様態の解釈をもつが，一般には，音律的にポーズを置く，あるいは He answered two questions, foolishly. のようにカンマで区別するなどしてそのほかの要素と分離すると，行為関連の解釈を許すようになる．この文末の位置には carefully は生起しにくいが，このことは carefully が foolishly や rudely と比べると様態指向であることによるのかもしれない．もしドアがバタンと閉められていた場合，(1iiib) は使用しにくいが，すでに述べたとおり，(1ib) や (1iib) は彼が丁寧に話しかけていたり，賢く答えていたりしていても使用することができる（したがって carefully を2.1節の二次的様態を表す付加部とはっきり区別するのはほかの付加部に比べると難しい）．中央部位置では，rudely や foolishly のような副詞は行為関連の解釈をもつが，carefully については，上述した理由により様態と行為関連の区別ははっきりしない．

(2) a. He foolishly answered two questions.（彼は愚かにも2つの質問に答えた）
　　 b. He carefully closed the door.（彼は用心深く（も）ドアを閉めた）

　この2種類の付加部は単一の節に共起することができるが，その際には行為関連付加部が様態を表す付加部よりも広い作用域をとる．

（3） i. He foolishly spoke rather impolitely to the boss's husband.

（彼は愚かにも上司の夫に無礼に話しかけた）

ii. She carefully dresses sloppily.

（彼女は用心深くだらしない格好をした）

（3ii）の例の意味に矛盾はない．そして，careful（用心深い）と sloppy（ぞんざいな）がお互いに反対の意味をもつため，この 2 つの種類の付加部の相違が浮き彫りになっている．つまり，（3ii）は，彼女が自らをだらしなくみせるように十分に注意を払ったと読むことができるということである．

■ 主観的行為関連付加部と意志的行為関連付加部

（1）にあげた例に含まれる行為関連付加部は，それぞれの例で表されている行為を話者が評価しているという点で**主観的**（**subjective**）である．つまり，それぞれの例の話者が，彼が彼女の夫だけに話しかけるのが無礼である，2 つの質問に答えるのが愚かである，質問に答える前にドアを閉めるのは慎重なことであると判断しているのである．しかし，行為の評価をしているとともに，話者は動作主についても評価をしていることに注意が必要である．つまり，彼女の夫だけに話しかけている彼が無礼である，2 つの質問に答えてしまった彼が愚かである，ドアを閉めた彼が慎重であると話者は評価しているということである．この点で，行為関連付加部は Unfortunately he answered two questions.（不運にも彼は 2 つの質問に答えた）のような命題を評価する付加部（17 章を参照）から区別できる．

行為関連付加部には，このような主観的な評価を含まない別の種類のものも存在する．ここでは，それらの付加部を**意志的**（**volitional**）付加部とよぶことにする．

（4） i. The clerk deliberately gave her the wrong change.

（店員はわざと彼女に間違ったお釣りを渡した）

ii Reluctanlty the clerk later gave her another five pounds.

（しぶしぶ，店員は後で彼女にもう 5 ポンド渡した）

これらの副詞は，行為が行われたその様態には関係がないので，行為関連付加部に属する．しかし，これらの副詞は（1）にみられるような話者による行為の主観的評価ではなく，（4）の例において動作主である店員の意志を表しているのである．

■具現化

行為関連付加部は，以下のように大部分が副詞として現れる．

(5) 主観的行為関連付加部

carefully	carelessly	cleverly	considerately
（慎重に）	（不用意に）	（賢く）	（思慮深く）
delicately	discreetly	foolishly	immaturely
（上品に）	（控えめに）	（愚かに）	（未熟に）
lavishly	manfully	nonchalantly	ostentatiously
（気前よく）	（勇敢に）	（無頓着に）	（これみよがしに）
prudently	studiously	stupidly	surreptitiously
（手堅く）	（わざと）	（愚かに）	（内密に）
tactfully	tactlessly	unceremoniously	wisely
（巧みに）	（要領悪く）	（あっさりと）	（賢明に）

(6) 意志的行為関連付加部

accidentally	deliberately	freely	inadvertently
（うっかり）	（わざと）	（遠慮なく）	（不注意に）
knowingly	purposely	reluctantly	unwittingly
（知ったかぶりをして）	（わざと）	（しぶしぶ）	（うっかり）
voluntarily	willingly		
（自主的に）	（積極的に）		

行為関連付加部は PP としても現れる．主観的なものの例としては with his usual tact（いつもの機転で），without any consideration for the rest of us（ほかの人を考慮せずに）などが，意志的なものの例としては by accident（偶然に），on purpose（わざと），under duress（脅迫されて），with reluctance（しぶしぶ）などがあげられる．

(1) でみたように，(5) の副詞は様態を表す付加部としても用いられるが，(6) の副詞は行為関連付加部にほぼ特化している．たとえば deliberately は speak（話す）のような動詞を修飾するときは様態を表すが，ここでの意味とは異なり "carefully and slowly"「注意深くゆっくりと」という解釈になる．reluctanly やそのほかの副詞は act（行動する）のような動詞とともに用いられたときは様態の解釈をもちうる．

主観的行為関連付加部が副詞である場合，その副詞の形態的な派生元となる形容詞を用いて，叙述的に言い換えられるケースが多い．たとえば，(1iib) のような例は It was foolish of him to answer two question., He was foolish

to answer two questions.（2つの質問に答えるとは彼は愚かだ）と言い換えること
ができる．このような言い換えは，意志的行為関連付加部の場合には許されな
い．たとえば，(4i) は *It was deliberate of the clerk to give her the wrong
change. とは言い換えられないことと比べてみるとよい．また，He was re-
luctant／willing to answer the question.（彼は質問に答えることをしぶった／いと
わなかった）のような例は可能であるが，この場合，彼が質問に答えたことは
含意されないので，He reluctantly／willingly answered the question.（彼はし
ぶしぶ／喜んで質問に答えた）とは異なる意味をもっていると考えられる．した
がって，やはり言い換えは不可能なのである．

■制限性と焦点

主観的行為関連付加部は常に非制限的であるのに対し，意志的行為関連付加部
は制限的になりうる．したがって，後者のみが疑問文や対照的否定の焦点にな
ることができる．

(7) i. a.　Did he close the door CAREFULLY?　　　　　　［様態の解釈のみ］
　　　　　 （彼はドアを慎重に閉めたのですか）
　　 b.　Did he go WILLINGLY?　　　　　　　　　　　　　［意志的行為関連］
　　　　　 （彼は積極的に行ったのですか）
　 ii. a. *He didn't answer two questions foolishly but wisely.　　［主観的］
　　 b.　He didn't mislead us inadvertently but quite deliberately.［意志的］
　　　　　 （彼が我々を誤った方向に導いたのは不注意でではなくわざとだった）

(7iia) の意味内容を表すには，It wasn't foolish but wise of him to answer
two questions.（彼が2つの質問に答えたのは愚かではなくむしろ賢いことだった）の
ような形容詞を用いた叙述構文でなければならない．
　事実，主観的行為関連付加部は，たとえそれが疑問の焦点になっていなくて
も閉鎖疑問節には生起しにくい．以下の例を比較してみよう．

(8) i.　?Did he rudely speak only to her husband?　　　　　　　［主観的］
　　　　 （彼は無礼にも彼女の夫だけに話しかけたのですか）
　 ii.　Did you deliberately leave me the smallest piece?　　　　［意志的］
　　　　 （あなたはわざと一番小さいのを私に残したのですか）

開放疑問文の Who so rudely interrupted the speaker?（誰が無礼にも話し手を
遮ったのですか）は完全に容認可能であり，それはこの場合には誰かが話し手を
遮ったという前提があり，その行為を無礼であると評価することができるから

である.

命令文には主観的行為関連付加部が現れることができない. 意志的行為関連付加部が現れることも稀なのだが, まったく不可能であるわけではない. とくに, Don't deliberately offend any of them. (彼らのうちの誰もわざと怒らせるな) のような否定命令文では可能である.

また, どちらの種類の付加部も, たとえば I foolishly didn't pay enough attention to what she said. (私は愚かにも彼女がいったことに十分注意を払わなかった), The director deliberately didn't mention any names. (監督はわざと誰の名前も出さなかった) のように否定より広い作用域をとることができる. しかし, (たとえば carefully のような) 主観的行為関連付加部に対しては, refrain (控える), omit (省く), avoid (避ける) のような否定的な意味をその一部に含むような動詞を用いるほうが, 統語的な否定文を用いるより自然である. したがって, The director carefully refrained from mentioning any names. (監督は慎重に誰かの名前を出すことを控えた) は The director carefully didn't mention any names. (監督は慎重に誰の名前も出さなかった) よりもいくぶん自然である.

■動作主

ある行為はその動作主の存在を含意し, この章で考察されている付加部はその行為を通して動作主と関連づけられている. すでにみたとおり, 主観的行為関連付加部が副詞の場合は, 一般に動作主を意味上の主語とする形容詞を用いた叙述構文に言い換えられる. たとえば, Ed rudely interrupted. (エドは無礼にも遮った) は Ed was rude to interrupt. / It was rude of Ed to interrupt. (エドが遮ったのは無礼だった) と言い換えることができる. このような言い換えは意志的行為関連付加部の場合には不可能であるが, これらの付加部も動作主の態度, 意図などにやはり関係している. たとえば, Ed deliberately misled us. (エドはわざと我々を誤った方向に導いた) では, その意図はエドのものである.

ここまでのところでは, 行為を表す能動態の節について扱ってきたが, 以下では, より複雑な場合をみていくことにする.

・状態

(9) i. Jill rightly / mistakenly / foolishly believes / thinks that Nigel had told the police.

　　　(ジルはナイジェルが警察に話したと正しく／誤って／愚かにも信じている／思っている)

ii. Jill wisely / foolishly / deliberately lives a long way from her place of work.
（ジルは賢明にも／愚かにも／わざと職場から離れたところに住んでいる）

これらの節は行為ではなく状態を表しているが，上述した付加部の一部はこの種の節に現れることができる．それらの付加詞が許されるのは，主語として現れているもの（例中の Jill）が，節の表している状態に対して主体的に関与しているためと考えられる．このことは，当該の節が叙述的形容詞を用いて言い換えることができるということに反映されている．たとえば，(9) の各例は，それぞれ Jill is right / mistaken / foolish to believe（ジルが … と信じたのは正しい／誤りだ／愚かだ）および It is wise / foolish of Jill to live (such) a long way from her place of work.（ジルが職場から（そんなに）離れた所に住んでいるのは賢明だ／愚かだ／わざとだ）のように言い換えることができる．

・内部化された補部を含む受動文

(10) i. The gate was carelessly left open by the hikers.
（その門はハイカーたちによって不用意にも開けたままにされた）

ii. The lecturer was rudely interrupted by several members of the audience.
（その講師は聴衆の一部によって無礼にも遮られた）

iii. Dick was wisely taught the tricks of the trade by Donald.
（ディックはドナルドによって賢明にも取引の極意を教えられた）

iv. Ed was reluctantly sent to boarding-school by his stepfather.
（エドは義父によってしぶしぶ全寮制の学校に送られた）

受動文においては，by の補部が能動文の主語に対応しており，したがって無標の場合には，付加部が評価している行為の動作主はこの NP である．たとえば (10i) では，不用心なのはハイカーたちである．この例では主語の the gate は無生物であるので，動作主の意味役割をもつことはできない．(10ii) では，主語は人であるが，無礼なのは聴衆の一部の人々であり，講師ではない．一般的に，遮られるという行為は誰かによってわざわざ行われるものではないので，この受動文の主語は動作主の意味役割とは結びつけられない．したがって，付加部による評価の対象にはならないのである．(10iii-iv) の例において，賢明である，あるいは気の進まない様子であるのは by の補部によって表される動作主，つまりドナルドやエドの義父であるのが通常の解釈である．

しかし，賢明である，あるいは気の進まない様子であるのが，受動文の主語であるディックやエドであるという解釈も，通常の解釈に比べるととりづらいが，可能である。[1] この場合，ディックが動作主の意味役割を担い，ドナルドに対して自分に取引の極意を教えるよう促したと解釈される。同様に，エドが動作主として全寮制の学校に行くことに同意した（あるいは，少なくともその決定を受け入れた）というように解釈される。したがってこれらの場合には，意味的観点からすると，2つの行為とそれにともなう2つの動作主が存在することになる。そして，行為関連付加部は明示的な動作主ではなく，非明示的な動作主にかかることになる。これらの2つの行為とそれぞれの動作主を明示的に示すには，たとえば Dick wisely got himself taught the tricks of the trade by Donald.（ディックは賢明にもドナルドに取引の極意を教えさせた）や Ed reructantly allowed his stepfather to send him to boarding-school.（エドはしぶしぶ義父が彼を全寮制の学校へ送るのを許した）のように言い換えればよい。また，They advised the twins not to be photographed together.（彼らはその双子に，一緒に写真を撮られないように助言した）では，the twins が受動態での主語にもかかわらず advise（助言する）のような動詞の補部にとり込まれることで，動作主の意味役割を与えられている（第Ⅰ部2章の注5）。(10iii, iv) にみられる2つ目の解釈は，この例での埋め込まれた受動態のもつ解釈に相当するものである。

・内部化された補部を含まない受動文

(11) i. The letter was inadvertedly posted without a stamp.
　　　（その手紙は不注意にも切手なしで投函された）

　　ii. The lecturer was rudely interrupted several times.
　　　（その講師は無礼にも何回も遮られた）

　　iii. Dick was wisely taught the tricks of the trade.
　　　（ディックは賢明にも取引の極意を教えられた）

これらの例では内部化された補部がないものの，通常の解釈では付加部は意味上の動作主，つまり手紙を投函した人物，遮った人々，ディックに取引の極意を教えた人物とそれぞれ関連づけられる。しかし通常の解釈よりはとりにくい

---

[1] 話者によっては，Dick wisely was taught the tricks of the trade by Donald.（ディックは賢明にもドナルドによって取引の極意を教えられた）のように，受動態を示す be 動詞の前に付加詞を置くことで，この2つ目の読みがとりやすくなる。

ものの，（10iii）同様に（11iii）においても，付加部の評価の対象が受動文の主語という解釈も可能である．

[専門的解説]
・非明示的な行為のほかの例
（10iii, iv）と（11iii）の有標の読みがあることから，受動文において明示されている行為に加えて非明示的な行為（および動作主）が存在することを示唆した．能動文においても，付加部の評価の対象が非明示的な行為とその動作主になる場合がある．

(12) i. The document may have unintentionally got into Soviet hands.

（その書類は意図せずソビエトの手に渡った）

ii. The four brands found unwittingly to contain 'Enterococcus faicium' were supplied by a different laboratory.

（意図せずバンコマイシン耐性腸球菌が混入されていたことが判明したその4つの商品は異なる研究室から供給されていた）

(12i) では，unintentionally が，その書類がソビエトの手に渡ることを許した行為にかかっていると解釈される．また，（12ii）では，contain 節における unwittingly はその商品を製造するという非明示的な行為にかかっていると解釈される．この種の例は，誤解のないよう慎重に書かれた文書では避けられる傾向にあるが，そうではない文体のものでは時折現れることがある．

第4章　場所と空間上の場所の変化

「場所」という用語は第一義的には空間的位置に関して用いられるが，この概念がほかの領域，とくに時間的位置について拡張されて用いられることが多い．これは言語学においてだけでなく日常的な用法においても同様である．このような拡張の裏付けとして，ある前置詞が場所だけでなく時間を表す際にも用いられることがあげられる（場所を表す要素が時間についても拡張されて用いられることは，たとえば fore- という接頭辞が forehead（額，前頭部）にも foretell（予言する）にも現れることからもわかる（さらなる詳細は，本シリーズ第10巻『形態論と語形成』を参照のこと））．この章では，補部や付加部が表す空間における場所とその変化を概観するが，これは場所という概念の第一義的な領域であるため，とくに断りのない場合「空間的」という指定を省略することにする．

4.1　範疇についての概観

空間における場所とその変化を表す付加部と補部は頻繁に用いられ，形態と意味の双方においてさまざまなタイプがある．その中でももっとも基本的なものは，ある場所から別の場所への動きを意味しない空間的場所そのものを表す場合である．

(1) i.　We met under the station clock.
　　　　（私たちは駅の時計の下で会った）
　　　　　　　　　　　　　　　　　　　　［（空間的）場所］
　　 ii.　Geroge remained at home.
　　　　（ジョージは家に留まった）

下線部の要素を，**空間的場所**（**spatial location**），あるいは単に**場所**（**location**）の付加部または補部とよぶことにする．

270

第4章 場所と空間上の場所の変化　　　271

より複雑な場合としては，場所の変化すなわち移動がかかわる場合があげられる．

(2)　i.　John ran from the attic to the kitchen.　　　［起点＋着点］
　　　　　（ジョンは屋根裏から台所へ走った）

　　ii.　She took her passport out of the drawer.　　　［起点］
　　　　　（彼女はパスポートを引き出しからとり出した）

　　iii.　Kim put the key under the mat.　　　［着点］
　　　　　（キムは鍵をマットの下に置いた）

(2i) では，ジョンが行動を屋根裏で開始し台所で終了するというように2つの場所が指定されており，from the attic は**始点**（**starting-point**），to the kitchen は**終点**（**endpoint**）を表している．とくに空間に関してこれらを用いる場合は，それぞれを**起点**（**source**）と**着点**（**goal**）とよぶことにする．また，彼女のパスポートはもともと引き出しの中にあったものの現時点でどこにあるかはとくに言及していない (2ii) のように起点のみを指定することもできれば，鍵が最終的にマットの下にあることのみが言及されている (2iii) のように着点のみを指定することも可能である．

移動の中間点を（場合によっては複数）指定することも可能であり，これらを**経路**（**path**）とよぶことにする．

(3)　i.　Don't travel via London if you can avoid it.　　　［経路］
　　　　　（もし避けられるなら，ロンドン経由で旅行するのはやめたほうがよい）

　　ii.　I drove from school through the tunnel to the station.

　　　　　　　　　　　　　　　　　　　　　　　　　　［起点＋経路＋着点］
　　　　　（私は学校からトンネルを経由して駅へ運転した）

　　iii.　John ran down the stairs into the kitchen.　　　［経路＋着点］
　　　　　（ジョンは台所へ階段を駆け下りた）

　　iv.　She has come from London via Singapore.　　　［起点＋経路］
　　　　　（彼女はロンドンからシンガポール経由で来た）

さらに，動きの**方向**（**direction**）を表すこともできる．

(4)　i.　We are travelling north.　　　［方向］
　　　　　（私たちは北へ旅行している）

　　ii.　She ran from the car towards the house.　　　［起点＋方向］
　　　　　（彼女は車から家に向かって走った）

272 第 II 部 付加部となる節

iii. They turned left onto the main highway. ［方向＋着点］

（彼らは右折して主要幹線道路に入った）

4.2 場所

場所を表す表現は補部にも付加部にもなりうる.

(5) 補部　　　　　　　　　　　　　付加部

i. a. The stew is in the oven.　　　b. We had breakfast in the kitchen.

（シチューがオーブンの中にある）　　（私たちは台所で朝食をとった）

ii. a. The books are stored next door.　b. Next door they sell jewellery.

（その本は隣に保管してある）　　　　（隣で彼らは宝石を売っている）

iii. a. The accident occurred at the　　b. I read the report at home.
corner.

（その事故はその角で起こった）　　　（私は家で報告書を読んだ）

(5) の (a) の各例では，下線部の要素は動詞の補部である．これらの要素は義務的であることもあり，その場合は（異なる種類の補部によって置き換えられることはあっても）文法性を損なうことなく省略することはできない．たとえば (5ia) に対して *The stew is は非文法的である（この例が文法的になるためには，The vegetables aren't in the oven, but the stew is ___.（野菜はオーブンにはないが，シチューはある）のように，省略を許すための先行節が必要となる）．ほかの場合，たとえば (5iia) や (5iiia) では補部は厳密には義務的ではないが，節によって表される状況の欠くことのできない部分をなしているという点で動詞と強いつながりをもっている．(5) の (b) の各例の付加部はすべて随意的であり，どのような動詞と用いられても，付加部の有無によって許容性が変わることはない．この補部と付加部の違いは，第 I 部の 1.2 節でみた do so テストによっても示すことができる.

(6) i. I read the report at home and Henry did so at the office.

（私は家で報告書を読んだし，ヘンリーは事務所でそうした）

ii. *The first accident occurred at the corner and the second did so at the roundabout.

■ 状況の場所と主題の場所

(7) i. I saw your father in London.　　　　　　　　　　［状況の場所］

（私はロンドンで君のお父さんをみた）

第4章　場所と空間上の場所の変化　　273

ii.　I saw your father at the window.　　　　　　［主題の場所］

（私は窓のところにいる君のお父さんをみた）

iii.　I saw your father on the bus.　　　　　　　　［あいまい］

（私はバスで君のお父さんをみた／バスに乗っている君のお父さんをみた）

(7i) の自然な解釈では，付加部の in London は節が表す出来事全体が起こった場所を表している．しかし，(7ii) では，通常 at the window は話者がみた時に聞き手の父がいた場所を述べており，話者自身はたとえば路上のように，別の場所にいたと解釈されるかもしれない．(7iii) は，その出来事が起こった場所について述べているか，聞き手の父がいる場所について述べているかのいずれにも解釈できる．(7ii) の your father のように，その場所が述べられている要素は，第Ⅰ部の 2.2 節で紹介した主題の意味役割を担っている．

　主題は主語にも目的語にも割り当てられるので，場所の表現は主語指向性あるいは目的語指向性をもつということができる．

(8)　主語指向性　　　　　　　　　　　　目的語指向性

i. a. The key remained in my pocket.　b. I found the key in my pocket.

（その鍵は私のポケットに残っていた）　　（私はポケットにその鍵をみつけた）

ii. a. The child was on her shoulders.　b. She carried the child on her shoulders.

（その子供は彼女の肩の上に乗っていた）　　（彼女はその子供を肩に乗せて運んだ）

付加部によってその場所が述べられている主題が，I caught a glimpse of her at the window.（私は窓のところにいる彼女をちらりとみた）のように前置詞の目的語になることも可能である．

■ 場所を表す要素の特殊な用法
・身体部分との接触

(9)　i. a.　She poked him in the ribs.（彼女は彼の脇腹を突っついた）

b.　She poked his ribs.（彼女は彼の脇腹を突っついた）

ii. a.　He patted her on the shoulder.（彼は彼女の肩を叩いた）

b.　He patted her shoulder.（彼は彼女の肩を叩いた）

iii. a.　He was wounded in the foot.（彼は足に怪我をした）

b.　His foot was wounded.（彼は足に怪我をした）

(9) の (a) の各例における場所の表現は，主語の位置も目的語の位置も（ある

いは出来事全体の位置も）指定しておらず，被動作主の体のどの部分が影響されたかを示しているだけである．VP 内に 2 つの補部をもつこれらの例は，(9)の (b) でそれぞれ対応する例とほぼ同じ意味であるが，後者では VP 内には補部は 1 つであり，身体部分を表す名詞が目的語 NP の主要部となっている.[1] また，Where did he hit you?（彼は君をどこで叩いたのですか）というように場所を問う疑問文の場合，(b) の例に対応する構文は存在せず，What part of your body did he hit?（彼は君の体のどの部分を叩いたのですか）というような疑問文にしなければならない（(9) にみられるような交替に関するさらなる詳細については，第 I 部の 7.4 節を参照のこと）．

・場所表現の時間的解釈

(10) i. She wrote the book in Cape Town.
    （彼女はケープタウンにいた時にその本を書いた）

ii. I was ill in Calcutta.（私はカルカッタにいた時，病気だった）

iii. In the zoo he wanted an ice-cream.
    （動物園にいた時，彼はアイスクリームを欲しがった）

場所を表す付加部は，しばしば言外の意味として，ある出来事の時間軸上の位置を表すのに用いられる．もし，たとえば（10i）においてケープタウンが本の内容に密接に関連していれば，in Cape Town が純粋に場所を表す解釈もありうる．しかし，この例は She wrote the book when she was in Cape Town.（彼女がケープタウンにいた時にその本を書いた）の簡潔ないい方としても解釈することができる．このような時間的解釈は，(10ii, iii) のような状態動詞を含む構文の場所表現において，とくによくみられる．

・換喩的な場所表現

(11) i. I met her at Jill's 21st birthday party.
    （私は彼女にジルの 21 歳の誕生パーティーで会った）

ii. There may well be some unpleasantness at the meeting.
    （その会議では不快なことも多々あるだろう）

---

[1] 「ほぼ」という但し書きが必要なのは，2 つの構文が交換可能でない場合があるからである．たとえば，医者は患者の脇腹を診察の一部として突っつくことはありうるが，その状況を poking you in the ribs と表現することはない.

第 4 章　場所と空間上の場所の変化　　275

これらの例では，at の補部となっている NP はある出来事を指しており，場所そのものを指しているわけではない．しかし，その出来事とそれが起こっている場所が結びつけられることによって，下線部の PP 全体に空間的場所の解釈がもたらされているのである（しかし，(11) の例における PP は，場所と時間の区別がはっきりせず，その補部が指している出来事が起こった時間を表していると考えることもできる．上述の (10) についての考察も参照）.

・隠喩的な場所表現

(12)　i.　Nobody would dare talk in Smith's class.
　　　　　（誰もスミス先生の授業で話そうとはしない）

　　　ii.　I read this in a book on wild flowers.
　　　　　（私は野草についての本でこれを読んだ）

　　　iii.　In our family birthdays are not celebrated.
　　　　　（私たちの家族では，誕生日はお祝いしない）

　　　iv.　In medicine you can't afford to make mistakes.
　　　　　（医学においては間違いをすることは許されない）

in をともなう場所的表現はしばしば隠喩的に空間を表すことがある．(12i) では，スミス先生の授業という表現は物理的な場所，たとえば教室ではなく，社会的な場所を意味している．(12ii) での本という表現は，話者が情報を得た場所を物理的にではなく抽象的に表すために用いられている．このような例は枚挙にいとまがない．また，物理的な場所表現と隠喩的な場所表現は同一文中に共起することができ，たとえば In my dream, I was walking with Paula in Hyde Park.（夢の中では，私はポーラと一緒にハイドパークを歩いていた）のようにいうことができる．

■ 場所の付加部と補部が複数用いられる場合

(13)　i. a.　I heard him at the Albert Hall, in London.
　　　　　　（私は彼の演奏をロンドンにあるアルバートホールで聞いた）

　　　　b.　I heard him in London, at the Albert Hall.
　　　　　　（私は彼の演奏をロンドンにあるアルバートホールで聞いた）

　　　　c.　In London I heard him at the Albert Hall.
　　　　　　（私は彼の演奏をロンドンにあるアルバートホールで聞いた）

　　　　d.　#At the Albert Hall I heard him in London.

ii. He is staying in the annexe, on the top floor, in Room 201.
（彼は別館の最上階，201号室に滞在している）

同一文中に場所を表す句が複数現れることがあるが，その場合はそれぞれの句ごとに場所を特定する度合いが異なっている．(13i) で at the Albert Hall は in London よりも場所を詳細に特定している．同様に，(13ii) では in the annexe よりも on the top floor の方が詳細に場所を特定しており，in Room 201 はそれよりさらに詳細に場所を特定している．(13i) の各例は，それぞれの場所表現がどのような相対的位置関係をとりうるかを示している．(13ic) と (13id) の対比にみられるように，より広い範囲を表すものだけが前置できることに注意されたい．

■ 場所を表す付加部と補部の組み合わせ

(14) i. In Brisbane we keep our cats indoors at night.
（ブリスベンでは，夜には猫を屋内に入れる）

ii. Here lots of people go to the beach every week-end.
（ここでは，毎週末多くの人が浜辺を訪れる）

(14i) では場所を表す付加部が場所を表す補部とともに用いられており，(14ii) では場所を表す付加部が着点とともに用いられている．この場合，補部は付加部よりも詳細に特定された場所を表す．

■ 疑問化

場所を表す要素の疑問詞としては，where が用いられるのが一般的である．

(15) i. Where did you have lunch today?　　　　　　　　　　［付加部］
（今日どこでお昼を食べましたか）

ii. Where are you living these days?　　　　　　　　［主語指向補部］
（最近はどこに住んでいるのですか）

iii. Where do you keep the stickytape?　　　　　　　［目的語指向補部］
（粘着テープをどこにしまっていますか）

■ 具現化

場所を表す要素の大部分は PP の形をとる．そのような PP の主要部となる前置詞（および前置詞をともなうイディオム）を (16) にあげる．

第4章　場所と空間上の場所の変化　　277

(16) i.　abroad　　downhill　　downstairs　here　　　hereabout
　　　（外国で）　（下方へ）　　（階下で）　　（ここで）　（この近くで）
　　　home　　　indoors　　　nearby　　　overseas　there
　　　（家で）　　（屋内で）　　（近くで）　　（海外で）　（そこで）
　　　where
　　　（どこで）

 ii.　above　　　across　　　against　　　around　　at
　　　（上に）　　（横切って）　（もたれて）　（周囲に）　（において）
　　　away　　　before　　　behind　　　below　　between
　　　（離れて）　（前に）　　　（後ろに）　　（下に）　　（間に）
　　　beyond　　by　　　　　down　　　　east　　　in
　　　（超えて）　（近くに）　　（下へ）　　　（東へ）　　（中に）
　　　in front　　inside　　　near　　　　next　　　off
　　　（前に）　　（内側に）　　（近くに）　　（隣に）　　（離れて）
　　　on　　　　on top　　　opposite　　out　　　outside
　　　（接して）　（上に）　　　（反対に）　　（外に）　　（外側に）
　　　over　　　past　　　　through　　throughout　under
　　　（上に）　　（追い越して）（通して）　　（いたるところで）（下に）

iii.　back　　　into　　　　to　　　　towards
　　　（後ろに）　（内側へ）　　（…へ）　　　（向けて）

　(16i) の要素は，補部をとらずに単独で PP を形成する自動的前置詞である．これら要素は，たとえば He lives abroad.（彼は外国に住んでいる），Nearby, some children were playing cricket.（近くに，クリケットをして遊んでいる子供たちがいる）のような例にみられる（これらの前置詞のうち，here と there の用法の詳細については，本シリーズ第9巻『情報構造と照応表現』を参照されたい）．また，home は主語指向補部としてのみ場所を表すことが可能である．つまり，たとえば Are you home?（家にいますか），We stayed home.（私たちは家にいた）ということはできるが，*I keep my computer home. や *Home, the children were playing cricket. ということはできない．where に加えて，anywhere（どこかに），everywhere（どこでも），nowhere（どこにも…ない），somewhere（どこかに）といった複合限定詞も存在する．通常，where は The keys aren't where they should be.（鍵があるべきところにない）というように融合関係詞となる PP を形成する．同様のことが，You can sleep wherever you like.（どこでも好きなところで寝てください）にみられる wherever にもあてはまる．

（16ii）の前置詞の大部分は単独でも現れることができるが，たとえば They were playing outside (the caravan).（彼らは（隊商の）外で遊んでいた）や She is out (of the counrty).（彼女は（国の）外にいる）にみられるように，NP あるいはさらに別の PP を補部としてとる．しかし，補部をとらない場合には通常場所を表す機能をはたせない．（17）の各例を比較してみよう．

(17)　場所　　　　　　　　　　　　　着点

　　i. a.　She was working across the road.　b. She swam across the river.
　　　　　（彼女は通りを渡って働いている）　（彼女は川を泳いで横切った）

　　ii. a.　*She was working across.　b. She swan across.
　　　　　　　　　　　　　　　　　　　　　（彼女は泳いで横切った）

　　iii. a.　She was across.　b. She got across.
　　　　　（彼女は向こう側にいる）　（彼女は横断した）

（17iia）と（17iiia）の対比から，across が補部をとらない場合，（17iiia）のような例においてのみ場所を表すことができ，その場合，移動後の主語の場所を表していることがわかる．一方（17iib）と（17iiib）はどちらも可能であることから，着点の解釈の場合にはそのような制限がないことがわかる．before は空間よりも時間について用いられることが多く，空間については in front が通常用いられる（特殊な例として before the alter（神前に），通常の例として in front of her brother（彼女の兄弟の前に）を参照）．

　（16iii）の前置詞 back, into, to および towards は，主に場所の変化を表すが，単純な場所を表すことも不可能ではない．

(18)　i.　They camped five miles into the forest.
　　　　　（彼らは森の内部 5 マイルのところでキャンプした）

　　ii.　Liz is back from London already.
　　　　　（リズはすでにロンドンから戻っている）

　　iii.　The entrance is to the right of the letter-box.
　　　　　（玄関は郵便ボックスの右側にある）

　　iv.　The school is situated towards the end of the highway.
　　　　　（その学校は高速道路の端のほうにある）

（18i）は，彼らが森の中を 5 マイル進んでからキャンプするために進行をやめたということを表している．つまり，下線部の PP は，節自体で明示されていない移動の終点として解釈されることになり，この点では（17iiia）に類似している．（18ii）も，リズが過去にロンドンに行って，現在は戻ってきている

というように，節が表している時点よりも前の時点での移動を含意している．
(18iii, iv) において含意されている移動は，どちらかというと概念的，あるい
は潜在的なものである．つまり，(18iii) なら，まず郵便ポストの位置を特定
し，そこから右に移動すると玄関があるという具合である．また，(18iv) で
は，まず高速道路を走っていると仮定し，その端に近いところがその学校があ
るところであるというように解釈される．onto は，(18iii, iv) のように用い
ることはできないが，The police are onto him already.（警察がすでに彼のとこ
ろに向かっている）のように隠喩的に場所を表すことはできる．

さらに，それほど頻度は高くないものの，locally（地方で），internationally
（国際的に），nationally（全国的に），worldwide（世界中で）のような副詞も場所
の付加詞として用いることができる．具体的な用例として，They work local-
ly.（彼らは地方で働いている）のようなものがあげられる．

4.3 場所の変化：着点，起点，経路，方向

場所の変化にかかわる依存要素は，一般的に補部である．このような依存要素
は移動あるいは移動の原因を表現する動詞を要求する．これらの要素は do so
照応による置き換えの作用域に含まれなければならないので，補部とみなすこ
とができる（例：*Kim went to London and Pat did so to New York.）．

まず，起点および着点補部は，主題の場所の変化を表す節に現れることが多
い．起点は主題の出発地点を，着点は最終地点を表す．以下の例を比較してみ
よう．

(19) i. Angela drove from Berlin to Bonn. [主語指向]
   （アンジェラはベルリンからボンへ車で行った）

   ii. Angela took the TV from the lounge into her bedroom. [目的語指向]
   （アンジェラはテレビを居間から寝室にもっていった）

(19i) の主題は主語（Angela）で，(19ii) の主題は目的語（the TV）である．
したがって，ここでもまた主語指向性と目的語指向性を区別することができる
のである（(8) での考察を参照）．

(19i) において，アンジェラはもともと Berlin にいて，最終到着点は Bonn
である．同様に (19ii) のテレビは，居間から出発して最終的にアンジェラの寝
室に落ち着く．from と to 自体は出発地点および最終地点の表現の一部ではな
いことに注意してほしい．出発地点は Berlin であり the lounge である（ある
いは in Berlin と in the lounge である）．from はその補部が出発地点であると

いうことを標示する起点マーカーとしての機能をもっているのである．同様に，最終地点は Bonn および her bedroom であり，to 自体は着点マーカーである．

■ 文脈上明らかな起点と着点の省略

とくに come や go に代表される，方向づけられた移動を表す動詞が使われる節では，起点あるいは着点（もしくはその両方）を明示的に表現せずに，文脈的に含意することができる．以下の例をみてみよう．

(20) i. a. He has gone. (彼は去った)
　　　 b. Are you going? (君は行くの)
　　 ii. a. I'm coming. (私は行きます)
　　　 b. Are you coming? (君は来るの)
　 iii. a. Have they arrived yet? (彼らはもう着きましたか)
　　　 b. We'll be arriving at seven. (我々は7時に着きます)

(20ia) は，面と向かっての会話では，"He has gone from here." 「彼はここから去った」（起点の省略）と解釈される場合が多い．また，パーティーについて話している文脈では，(20ib) は "Are you going to the party?" 「君はパーティーに行くの」（着点の省略）ということを意味する．(20iia) は，現在私がいる場所からあなたがいる場所への移動を含意することが多い．(20iib) は，あなたが私のいる場所へ来るかどうか，あるいは，あなたが私と一緒にどこかへ行くかどうかを聞いていると解釈されるかもしれない．面と向かっての会話においては，(20iiia) は "Have they arrived here yet?" 「彼らはもうここに着いているの」と解釈される可能性がもっとも高い．一方，(20iiib) における着点はおそらくどこかほかの場所であるが，それは文脈から復元可能でなければならない（本シリーズ第9巻『情報構造と照応表現』も参照）．

■ 有界化の効果をもつ着点

大多数の移動動詞は（その中には walk (歩く)，drive (運転する)，swim (泳ぐ) や fly (飛ぶ) などの移動の様態を表すすべての動詞が含まれる），着点があることによってその節が有界化される．場所の変化を表す要素で着点以外のもの（たとえば，起点や経路など）は，このような有界化の効果をもたない．つぎの例を比較してみよう．

(21) i. a. She drove to Berlin in eight hours. ［着点］
　　　　 (彼女はベルリンに8時間かけて車で行った)

第 4 章　場所と空間上の場所の変化　　　　281

  b. *She drove to Berlin for eight hours.

 ii. She drove from Bonn in/for eight hours. ［起点］

  （彼女はボンから 8 時間かけて／8 時間運転した）

 iii. She walked through the forest for/in eight hours.

           ［経路（for），着点（in）］

  （彼女は森の中を 8 時間歩いた／8 時間で森を歩いて通り抜けた）

(21i) では，明示されていない起点が文脈上含意されている．このことが意味するのは，この旅の長さには区切りがあり，この距離を運転するという事態は達成的でかつ有界的でなければならないということである．したがって，in のような持続を表す付加部とは共起可能であるが，for とは共起不可能である（第 1 章を参照）．(21ii) では，起点は明示されているが，着点は明示されていない．着点は有界的文脈によって含意されることも可能であり，そのような場合は in と共起可能である．一方，着点が文脈によって含意されない場合は，この節は非有界的状況，つまり活動を表し，for と共起可能になる．(21iii) の through the forest は経路あるいは着点を表すことができる．経路の解釈では，彼女が森の端まで到達したことは含意しない．経路に沿って歩くというこの事態は非有界的活動であり，for と共起する．一方，着点の解釈では，彼女はこの森の端から端まで通り抜けたことになる．すなわち，このような状況は有界的であり in と共起可能である．

■ 場所の変化を表す補部の認可

着点，起点，経路，方向を表す補部は，一般的に移動を表現する動詞によって認可される．そのような動詞には put（置く）や send（送る）といった移動の意味を含む使役動詞も含まれる．以下では，このほか特筆すべき例を 3 つ簡単にみていく．

・音放出動詞

roar（ほえる）や whistle（口笛を吹く）のような動詞は，第一義的には，移動ではなく，さまざまな種類の音の放出を意味する．しかし，二次的な意味として，特定の音をともなった移動，あるいは特定の音を生じさせる移動を表現することもできる．具体例を以下にあげる．

(22)　i.　a.　A bullet whistled past my head.

   （弾丸がビューとうなって私の頭をかすめていった）

b. The motor bikes roared up the hill.
   （バイクが轟音をたてて丘を登っていった）

ii. a. She rustled out of the room.
   （彼女はがさがさと音をたてて部屋を出ていった）

b. The train chugged into the station.
   （電車がポッポと音をたてて駅に入ってきた）

・way 構文

(23) a. We made our way to the station. （我々は駅に向かって進んだ）

b. Jill had to elbow her way to the exit.
   （ジルは肘で押し分けて出口に進まなければならなかった）

make という動詞自体は，それだけでは場所の変化を表す補部を認可しない．しかし，(23a) のように x's way という形式の目的語 NP と共起して進行を意味する慣用句を形成することができ，この場合は場所の変化を表す補部を認可することができる．この形式に基づき，make を進行の様態を表現するさまざまな動詞に置き換えて，いろいろな way 構文をつくることができる．(23b) では，ジルの出口への進行は肘を使うことによって達成されている (She elbowed me out of her way. （彼女は私を押しのけて進んだ））．また，way 構文によって描写される移動は，連続的ではなく，止まったり動いたりといった断続的なものである．

・be ＋ 着点
be 動詞は完了形で用いた場合に，移動の意味を表現することができる．つぎの例を比べてみよう．

(24) i. a. Jill has been to Moscow. （ジルはモスクワに行ったことがある）

b. Jill has gone to Moscow. （ジルはモスクワに行っている）

ii. a. *Jill was to Moscow twice.

b. Jill went to Moscow twice. （ジルはモスクワに 2 回行った）

このように be には完了形でなければ移動を意味しないという制限があるが，それ以外の be と go の違いは，be の場合その後着点を離れたことが含意されることである．(24ib) ではジルはまだモスクワにいる可能性があるが（この解釈がもっとも優勢である），(24ia) の解釈ではそれがありえない．be を用いた (24ia) では，ジルは元いた場所に戻っているというのが典型的な解釈で

第4章　場所と空間上の場所の変化　　283

あるが，どこか第3の場所に行ったということもありえる．

■着点マーカーの省略

場所の変化を表す要素の中でもっともよく用いられるのが着点である．着点を明確に標示するマーカーである to は省略されることが多い．たとえば，以下の例文で，起点と着点を比べてみよう．

(25)　起点　　　　　　　　　　　　　　　　着点

i. a. Where did she come <u>from</u>?　　b. <u>Where</u> did she go <u>(to)</u>?
　　　（彼女はどこから来たの）　　　　　　　　（彼女はどこへ行ったの）

ii. a. She's travelling <u>from here</u> by car.　b. She's travelling <u>here</u> by car.
　　　（彼女はここから車で行く）　　　　　　　（彼女はここへ車で来る）

iii. a. He emerged <u>from under the</u>　　b. He swam <u>under the bridge</u>.
　　　<u>bridge</u>.
　　　（彼は橋の下から現れた）　　　　　　　　（彼は橋の下まで泳いだ／彼は橋の下
　　　　　　　　　　　　　　　　　　　　　　　　　で泳いだ）

iv. a. He came <u>out of the room</u>.　　b. He went <u>in (to)</u> the room.
　　　（彼は部屋から出てきた）　　　　　　　　（彼は部屋の中に入っていった）

これらすべての例において，起点は from あるいは out + of で標示されている．着点に関しては，where とともに用いられた場合，to は随意的な要素である．つまり，Where did she go?（彼女はどこに行ったのですか）において，where は最終的な位置を表しているが，それは Where did she go to? の意味と同じである．一般的に，to は here や there とは共起できない（例：?She's travelling to here by car.（彼女はここへ車で来る））．[2]（25iiib）の前置詞 under は場所表現の一部であって，着点を標示するマーカーではない．under the bridge（橋の下で）は移動や変化を含意することなしに場所を表現することができる（例：He was camping under the bridge.（彼は橋の下でキャンプをしていた））．実際に，着点マーカーが明示されていないために，（25iiib）は着点解釈（彼ははじめは橋の下にいなかったが，泳ぐという出来事が完了した時には橋の下にいた）と場所解釈（He was swimming around under the bridge.（彼は橋の下あたりを泳

---

[2] この例は，ジェスチャーとともに here が地図上のある地点を指す場合は，容認可能である．また，back の後でなら to と here の共起を許す話者も存在する（例：%She's coming back to here.（彼女はここに戻ってくる））．

いでいた))の2つの解釈を許すという点であいまいである。[3] (25ivb) でも，着点マーカーの to は随意的な要素であるが，この場合 to は独立の語ではなく複合語 (into) の一部である。複合語内における to の位置はその句全体の解釈と一致しない（本シリーズ第0巻『英文法と統語論の概観』を参照）。(25ivb) における彼の最終的な着点は in the room（部屋の中）である。したがって，意味的には in + to the room ではなく，to + in the room である。また，複合語 onto の to も同じように随意的な要素である（例：She jumped on(to) the platform.（彼女はプラットホームに飛び乗った））。

Whence と whither はそれぞれ起点と着点に相当する関係副詞と疑問詞である。関係節において whither は古風な表現で，whence はそれよりはいくらか現代的である。この場合でも起点は from によって標示されることが多い（例：the place from whence he came（彼がそこからやってきた場所））。

■着点の具現化

典型的な着点は前置詞 to によって標示される。to だけが使われる場合もあれば，in や on などと一緒に複合語として使われる場合もあるが，いずれにしても明示的な補部を必要とする。しかし，(20) に関連して考察したように，文脈から復元可能な場合には，補部である着点を省略することができる。その場合は，着点だけでなく着点マーカーである to も省略される。以下に具体例を示す。

(26) i.　Kim went to the meeting, and Pat went as well.

　　　（キムはその会議に行ったし，パットも行った）

　　ii.　Kim went into the church but Pat wouldn't go in with her.

　　　（キムは教会の中に入っていったが，パットは彼女と一緒に入っていかなかった）

着点マーカー to が省略可能であるために，場所として機能する表現の大部分は着点としても機能しうる。

(27) i. a.　I found it <u>next to the garage</u>.

　　　　（私はそれをガレージの隣でみつけた）

　　 b.　I put it <u>next to the garage</u>.

---

[3] (25iiib) には，under the bridge が経路を表現する読みもある（彼は川を泳いでいて橋の下を通りすぎた）。前置詞がさまざまな種類の格を指定する言語では，着点および場所解釈は補部 NP の格によって区別されることが多い。たとえば，ラテン語とドイツ語では，着点と経路解釈の場合，補部 NP が対格で標示されるが，場所解釈の場合は奪格（ラテン語）と与格（ドイツ語）で標示される。

第4章　場所と空間上の場所の変化　　　285

（私はそれをガレージの隣に置いた）

ii. a.　It was lying between the posts.

　　　（それはポストの間に置いてあった）

　　b.　It fell between the posts. （それはポストの間に落ちた）

　at は重要な例外の1つである．*He went to at school. ではなく，NP 補部を使って He went to school. （彼は学校に行った）としなければならない．また別の種類の例外に out がある．out は移動動詞と一緒に使われた場合，解釈が起点に限定される（She stayed out of the room. （場所：彼女はその部屋の外にいた），She went out of the room. （着点ではなく起点：彼女はその部屋の外へ出た））．from も着点解釈ができないが，out と異なり場所解釈もできない．主として起点あるいは方向として解釈される前置詞の中には，限られた条件のもとで着点解釈を許すものもある（例：It landed just off the highway. （それはハイウェイの脇に倒れた），Place it well away from the fire. （それを火から十分に離して置いてください），The bomb dropped towards the end of the highway. （爆弾がハイウェイの端に向かって落ちた），They moved south. （彼らは南に移住した））．最後の例は，彼らは南にある新しい場所に移動したというのが優勢な解釈である．これは，south が方向を意味する They walked south. （彼らは南に向かって歩いた）のような例とは対照的である（They walked south for two hours. （彼らは2時間南に向かって歩いた））．

　少数ながら，着点マーカーとして to をとらない例外的な動詞が存在する．arrive （到着する）は to ではなく at をとる（例：They'll be arriving at Heathrow from Paris shortly after noon. （彼らは昼を少し過ぎた頃にパリからヒースローに到着する予定だ））．しかしながら，arrive は（in や on だけでなく）into もとる（例：They arrived into Heathrow in the middle of the night. （彼らは真夜中にヒースローに到着した））．put （さらには，同種の動詞である place も）は in (to) と on (to) をとるが，通常は to を単独ではとらない（例：He put it in (to) the cupboard / on (to) the top shelf. （彼はそれを戸棚の中に／1番上の棚の上に置いた）/ *He put it to the cupboard.）．

　融合関係詞（fused relatives）の where や wherever はそれ単独で，あるいは前置詞と一緒に現れて，着点を表すことができる（例：Put it back where you found. （みつけた場所にそれを戻しなさい），She swam to where the river divides. （彼女は川が別れるところまで泳いだ））．また，reach （到着する）は着点を目的語として必ずとる動詞である（例：She reached Bonn at six. （彼女はボンに6時に到着した），*She reached at six）．

■起点の具現化

起点補部は，from 句，away 句，off 句あるいは out 句といった PP の形で具現化するのが一般的である．from は補部として NP，あるいは場所を表す前置詞を主要部とする PP をとる（例：She emerged from the garden / from behind the wall / from under the bridge.（彼女は庭から／壁の後ろから／橋の下から現れた））．しかし，この場合も at は省略される（例：He came home from school.（彼は学校から家に帰ってきた）/ *He came home from at school.）．着点マーカーの to と同じように，from は必ず明示的な補部をもつ．away は単独で現れることもできるし（例：She walked away.（彼女は歩き去った）），補部として from 句をとることもできる（例：She walked away from him.（彼女は彼から歩いて離れた））．off と out も単独で現れることができるし，それぞれ NP，of 句をとることもある（例：Kim jumped off (the pier).（キムは（埠頭から）飛び降りた），He came out (of the room).（彼は（部屋から）出てきた））．out は from 句と一緒に使うことができる（例：She came out from behind the bush.（彼女は茂みの後ろから出てきた））．

■経路の具現化

via は経路を標示する典型的な前置詞である．空間表現の場合，via は経路解釈のみを許し，補部として NP をとり，場所を表す PP はとらない（例：She came via the bridge.（彼女は橋を通ってきた）/ *She came via over the bridge.）．along も通常は経路解釈をもつ（They strolled along the castle wall.（彼らは城壁に沿って散歩した）では散歩の起点や着点は特定されてない）．ただし，He lives just along the corridor.（彼はその回廊沿いに住んでいる）のように，場所解釈をもつことも可能である．way を主要部とする NP も一般的には経路解釈をもつ（例：Don't go that way to the beach, go this way.（ビーチへはあの道を通っていかないほうがいい．この道を行ったほうがいいよ））．

さらに，場所を表す PP や出発地点あるいは最終地点を表す PP の多くは，中間地点，つまり経路も表現することができる．たとえば，次の例を比べてみよう．

(28) i. a. I ran across the bridge. 　　　　　　　　　　　　 ［着点］
　　　　　（私は橋を走って横切った）

　　 b. I ran across the bridge to the old church. 　　　　 ［経路］
　　　　　（私は橋を横切って古い教会に行った）

　 ii. a. The noise came from up the hill. 　　　　　　　　 ［起点］
　　　　　（その音は丘の上から聞こえてきた）

b. They walked from the station up the hill to the new Civic Centre.   ［経路］

(彼らは駅から丘を登って新市民センターまで歩いた)

across the bridge は, (28ia) では最終地点を, (28ib) では中間地点を表す.[4] (28iia) の up the hill は出発地点を示す (from は起点マーカーである). 一方, (28iib) では, 駅から市民センターへいたる道程の中間地点である.

■ 方向の具現化

方向を表現する要素には前進的 (prospective) なものと逆行的 (retrospective) なものがあり, 前者のほうがはるかに一般的である. 前進タイプはこれから自分がそこへ向かう地点に方向づけられており, 逆行タイプは過去にいた地点に方向づけられている.

　語基 -wards は, 前進的方向を表す句を形成する際に主要な役割をはたす. たとえば, eastwards (東方へ), northwards (北方へ), forwards (前方へ), backwards (後方へ), inwards (内側へ), outwards (外側へ), や towards (... のほうへ) などが -wards からつくられる前進的方向を表す句である.[5] towards は -wards と着点マーカーの to との複合語であり, to 単独では着点を表すが, towards は方向を表す. towards の補部はあくまでも潜在的な最終地点であり, 実際にそこに到着することは含意されない. 方位を表す語は -wards なしでも使うことができる (例：They went south / southwards. (彼らは南へ向かった)). ほかにも left (左へ) や right (右へ) (あるいは to the left / right) などが前進的方向句の例である. また, at や for も前進的方向を表す. at はさまざまな動詞と共起できるが (例：He shot an arrow at the rabbit. (彼はうさぎに矢を放った)), for と共起できる動詞は少数である (例：The ship made for the harbour. (船は港に向かった)). これらの例は着点と密接に関係しており, それらが意図しているのは, それぞれ矢がうさぎに当たり, 船が港に到着することである.

　way を主要部とする NP は, 経路だけでなく方向も表すことができる. 次の例を比べてみよう.

---

[4] (28ia) の across the bridge は着点だけでなく経路の意味も含んでいると考えることもできる. つまり, 最終地点は橋の向こう側であり, across the bridge はその橋の向こう側へいたる経路も示しているということである. across, through, up や down などの前置詞は, このように経路と着点両方の意味をもつという点において, at, in や on などとは異なる.

[5] 主にアメリカ英語では -wards の代わりに -ward が使われる.

288 第 II 部　付加部となる節

(29) i. <u>Which way</u> did you come?（君はどこを通ってきたの）［経路］

　　 ii. <u>Which way</u> did he go?　　　　　　　　　　［方向（あるいは経路）］
　　　　（彼はどっちへ向かったの）

(29i) では着点（"here"「ここ」）が含意されており，which way はここまで来るのに通ってきたルートを尋ねている．(29ii) も同じように着点を含意して解釈することができるが（もちろん "here"「ここ」ではない），優勢なのは着点を特定しない解釈である．その場合，which way は方向を尋ねており，In which direction did he go?（彼はどっちへ向かったの）と同じ解釈である．

　逆行的方向を表す句は起点を表す句と形式上の違いがない．次の例を比べてみよう．

(30) i. Get <u>away from it</u>.（それから離れなさい）

　　 ii. A:　Can you tell me the way to the station?
　　　　　　（駅はどっちの方向ですか）

　　　　 B:　You are walking <u>away from it</u>.
　　　　　　（反対に向かって歩いてますよ）

(30i) の away from it は起点であり，出発地点は it が指す場所である．一方，(30ii) の away from it は方向である．駅は出発地点ではなく，未指定の出発地点が現在地よりもむしろ駅に近かったということを意味している．

■起点＋着点の構成素

(31) で明らかなように，起点と着点は統語的に節構造上で別々の要素とみなすことができる．

(31) i. From London she went to New York.
　　　　（ロンドンから彼女はニューヨークへ行った）

　　 ii. It was to New York that she went next from London.
　　　　（彼女がロンドンからつぎに行ったのはニューヨークへだ）

しかし起点と着点は緊密な関係にあり，これら 2 つを 1 つの構成素とみなすことができる場合がある．以下の例を考えてみよう．

(32) i. We walked from Sunshine Beach to Noosa, which is a beautiful stretch of coast.
　　　　（我々はサンシャインビーチからヌーサを歩いたが，そこは美しい海岸線だ）

　　 ii. We drove from Manchester to London, a distance of 180 miles.

（我々はマンチェスターからロンドンへ車で行ったが，それは180マイルの距離だ）

(32i) の関係代名詞 which の先行詞は from Sunshine Beach to Noosa であり，この種の表現は主語になることができる（例：From Sunshine Beach to Noosa is a beautiful stretch of coast.（サンシャインビーチからヌーサは美しい海岸線だ））．(32ii) の from Manchester to London も，From Manchester to London is a distance of 180 miles.（マンチェスターからロンドンは180マイルの距離だ）で主語として現れているので，構成素を形成していることがわかる．

4.4 場所から他の領域への比喩的拡張

空間の領域とほかの領域（たとえば，時間の領域）の間に，概念的・言語学的な類似性があるということはこの章のはじめにみた．このために，これまで紹介したカテゴリーは上で記述したものから適用範囲をさらに広げることができる．とくに起点と着点は第一義的には空間的移動における始めと終わりである末端点を表すが，なんらかの進行を含むようなプロセスについてもしばしば用いられる．たとえば，次の例を考えてみよう．

(33) i.　I read the article from page 15 to page 60.
　　　　（私はその論文を15ページから60ページまで読んだ）

　　 ii.　The dressmaker took in the skirt from the waist down.
　　　　（その仕立て屋はそのスカートのウエストから下を詰めた）

　　iii.　We drank our way through a magnum bottle of whisky.
　　　　（我々はウィスキーの1.5リットルボトルを飲みきった）

　　 iv.　We came to a decision / arrived at a decision / reached a decision.
　　　　（我々は結論にいたった）

　　　v.　We managed to get through that meeting without any mishap.
　　　　（我々は何の事件もなくあの会議をなんとか乗り切った）

　　 vi.　The tradition is transmitted from father to son and from teacher to pupil.
　　　　（その伝統は父から子へそして先生から生徒へと受け継がれる）

　　vii.　I couldn't get the message across.
　　　　（私はそのメッセージを伝えられなかった）

(33i) のプロセスは主題要素（the article）を移動させるというよりは，読むと

いう行為であるが，それは移動というプロセスと密接な関係がある．つまり，論文は物理的な形をもち，15ページと60ページはその中の場所を指し示している．(33ii) におけるスカートの丈を詰めるというプロセスは，そのスカートのある領域に適用され，ウエストはそのプロセスが開始される場所を表す．(23) で論じた way 構文を含んだ (33iii) は，ウィスキーをボトル1本の量だけ飲むというプロセスを表現しており，そのプロセスを完遂することはあたかも空間的な着点へ到達することのように扱われている．(33iv) における結論にいたるというプロセスは，ある着点への移動という概念を拡張したものと考えることができる．(33v–vii) に関しても同様である．

また，場所，起点，着点といった概念は状態に適用することもできる．

(34) i. a. Liz is in London. (リズはロンドンにいる) ［空間］

　　 b. The situation is bad. (状況は悪い) ［状態］

　 ii. a. Liz went from London to New York. ［空間］
　　　　 (リズはロンドンからニューヨークに行った)

　　 b. The situation went from bad to worse. ［状態］
　　　　 (状況はますます悪化した)

(34ib) では状態を場所ととらえることができる．さらに (34iib) では，1つの状態からもう1つの状態への変化が，起点から着点への到着として描写されている．空間と状態の間のこのような並行性に基づいて，状態の場所，状態の起点，あるいは状態の着点を表現することができる（第 I 部の 5.2 節を参照）．

■ 方向と地形
一義的には場所の変化を表す表現を，移動を一切ともなわない状況に拡張して使うことができる．

(35) i. The house faces towards the forest. ［方向］
　　　 (その家は森に面して建っている)

　 ii. The arrow points north / to the exit. ［方向／着点］
　　　 (矢印は北を／出口を指している)

　iii. The road runs from the village to the castle. ［起点＋着点］
　　　 (その道は村から城まで通っている)

　iv. The valley broadens out into a fertile plain. ［着点］
　　　 (その谷は肥沃な平原にまで広がっている)

　 v. The track winds its way along the banks of the river. ［経路］

（その小道は川の土手に沿って縫うように通っている）

これらは場所の変化をまったく意味しておらず，静的な状況を表現している．したがって，下線部の付加部は有界的ではない．とはいうものの，これらの静的な状況と，移動を含んだ動的な状況の間には明らかなつながりがある．たとえば，(35iii) と (35v) において，道および小道自体が移動することはないが，そこに沿って移動することによって人は１つの場所から別の場所へ移動することができる．同様に，(35iv) においては，谷に沿って歩くことによって肥沃な平原という着点に到着することができる．(35i) では，家の前から一直線に歩き始めたとすると，森に向かって歩くことになる．(35ii) においては，矢印の延長を心に描いて，矢印の先端を出発地点にしてその想像上の線に沿って歩いていったとすると，北へあるいは出口に向かって歩くことになる．起点と着点という用語は，一義的には移動の領域に対して使われる．しかし，ここでは動的な状況と静的な状況の間には概念的な類似性があることをみた．さらに形式的な類似性（すなわち共通の前置詞が用いられるということ）も考慮すると，起点と着点の表現する領域は，動的な状況だけでなく静的な状況にも適用されるものとして，広範化することができるであろう．

　ただし，静的な状況を表すものと動的な状況を表すものには次のような違いがある．(35iii) は The road runs from the castle to the village.（この道は城から村まで通っている）と同義であるが，Kim ran from the village to the castle.（キムは村から城まで走った）は Kim ran from the castle to the village.（キムは城から村まで走った）と同義ではない．後の２つの例はそれぞれが逆方向の移動を描写しているのに対し，最初の２つの例は同じ状況を異なった視点で述べているにすぎない．このような特徴をもっているので，(35iii) は The road runs between the village and the castle.（この道は村と城の間を通っている）という例とも同義である．この例では，the village（村）と the castle（城）が等位接続されている．このことから，この２つの場所が同等のステータスをもっていることがわかる．つまり the village と the castle は起点や着点として区別されておらず，ここでの空間上の範囲を定める末端点として考えることができる．[6] 次章では，範囲を表す表現を考察する．

───────────────

　[6] between 句は動的な run とまったく共起できないかというとそうではない．もっとも明確な例としては，The tram runs between the village and the castle.（その路面電車は村と城の間を走っている）のように複数の状況を描写した例がある．この例では，路面電車がある場合は村を出発地点にして，ある場合は城を出発地点にして何度も行き来している．この場合も，２つの場所は起点や着点といった区別のない末端点である．

第5章　空間的範囲と尺度変化

5.1　全体的範囲と末端点による範囲

まず，次の例を考えてみよう．

(1) i.　She walked to Hyde Park Corner.
　　　　（彼女はハイド・パーク・コーナーまで歩いた）
　 ii.　She walked from her hotel to Hyde Park Corner.
　　　　（彼女はホテルからハイド・パーク・コーナーまで歩いた）
　iii.　She walked three miles.（彼女は3マイル歩いた）

我々がこれまで検討してきたことによると，(1i, ii) のような例は場所の変化を表現しており，from her hotel（彼女のホテルから）が起点で to Hyde Park Corner（ハイド・パーク・コーナーへ）が着点である．もちろん，これらの例は，where 疑問文（例：Where did she walk to?（彼女はどこまで歩いたの）や，Where did she walk to Hyde Park Corner from?（彼女はどこからハイド・パーク・コーナーまで歩いたの））に対する返答として用いることができる．しかし，(1i) において起点が文脈的に含意されていると仮定すると，これらの例を how far 疑問文（例：How far did she walk?（彼女はどのくらい歩いたの））に対する返答とみなすこともできる．このような観点から考えると，これらの例は空間的な範囲を表現しているといえるだろう．また，(1iii) の three miles（3マイル）のような度量句（measure phrase）は通常，あいまい性なく範囲を表す要素である．以下の考察では，three miles のような表現は全体的範囲（overall extent）を表し，(1i, ii) のような表現は末端点による範囲（terminal-point extent）を表すということにする（末端点による範囲とは，一方のあるいは両方の末端を特定することによって限定される範囲のことである）．

　全体的範囲は，(1iii) のように度量句によって表現されるのが一般的である．

292

第5章 空間的範囲と尺度変化　　　293

しかし度量句は末端点を特定する際にも使うことができる.

(2) i. She dived <u>from a height of 30 feet above the pool.</u>　　　［起点］
　　　（彼女はプールの上 30 フィートの高さから飛び込んだ）
　　ii. The plane soared <u>to a height of 35,000 feet.</u>　　　［着点］
　　　（その飛行機は 35000 フィートの高さまで上がった）

これらの例の from と to は，補部の NP がそれぞれプールの上 30 フィート
を出発点，海抜 35000 フィートを最終地点と規定することによって，起点と
着点を標示している.

5.2　さまざまな領域における範囲

場所と同じように，範囲は空間だけでなく時間の領域にも適用可能である. 以
下の例を比較してみよう.

(3) i. The kite rose <u>several hundred metres.</u>　　　［空間的範囲］
　　　（凧が数百メートルあがった）
　　ii. The meeting lasted <u>three hours.</u>　　　［時間的範囲：期間］
　　　（その会議は 3 時間続いた）

時間的範囲を表す一般的な用語は期間 (duration) である. 時間的範囲に関し
ては，時間的場所を検討した後に第 7 章で扱う. したがって，本章での議論
は非時間的範囲に限定する.

■ 動的な空間的範囲と静的な空間的範囲
空間的場所と同じように，空間的範囲の表現にも動的なものと静的なものがあ
る. 上でみた表現はすべて動的なものであるが，(4i, ii) は静的である.

(4) i. The tower rises <u>to a height of 200 metres.</u>
　　　（その塔は高さが 200 メートルである）
　　ii. The road runs along the river <u>for 20 miles</u>／<u>as far as the eye can see.</u>
　　　（その道は 20 マイルにわたって／見渡す限り川に沿って続いている）

■ 空間のスケール

(5) i. He fell <u>several metres,</u> landing in a bed of nettles.　　　［垂直］
　　　（彼は数メートル落下して，敷き詰められたイラクサの上に落ちた）

ii. The tree has grown to its maximum height.
（その木は最大限の高さまで育った）

iii. The children cycled another three miles. ［水平］
（子どもたちは自転車に乗ってさらに3マイル進んだ）

iv. They had to push their bicycles (for) half a mile up the hill.
（彼らは自転車を押して0.5マイル丘を登らなければならなかった）

v. The oil slick expanded to an area of thousands of square miles.
（油膜は数千平方マイルの範囲にまで広がった） ［面積］

vi. They extended the grounds by 5 acres / to a total of 55 acres.
（彼らは土地を5エーカー広げた／全部で55エーカーまで広げた）

(5) では空間的範囲のさまざまなスケールを例示している．それぞれの表現の違いは純粋に語彙的なものであり，文法的観点から着目すべき事項はない．距離という概念は一次元，とくに (5iii, iv) にあるような水平面における空間的範囲を表すカテゴリーとして一般的にはとらえることができる．

■ 空間的範囲の尺度変化への拡張

上記の範囲を表す構文と同種のものが，次のような例にもみられる．

(6) i. The price / A jar of coffee has gone up another two dollars.
（コーヒーの値段が／コーヒー1瓶の値段がさらに2ドル上がった）

ii. The Dow Jones industrial average rose from 9892 through the psy-chological barrier of 10000 to a record level of 10073.
（ダウ平均株価が9892ドルから心理的節目である10000ドルを超え記録的高値の10073ドルまで上がった）

iii. The temperature dropped to 5°.（気温が5度まで下がった）

iv. She increased her philosophy mark from 70% to 85%.
（彼女の哲学の成績が70点から85点に上がった）

これらは物理的空間における移動を表現しているわけではなく，ある尺度に沿った値の変化（上昇あるいは下降）を表現している．したがってこのような表現を**尺度変化 (scalar change)** とよぶことにする．物理的な場所の変化はないが，(6i-iii) のような空間的移動と関係のある動詞が使われることが多い．変化の大きさは空間的範囲と同じように表現される．(6i) の another two dollars（さらに2ドル）は全体的範囲の表現であるが，(6ii-iv) では末端点による範囲の表現が使われている．また，ここでも to を尺度変化の着点マーカー，

from を尺度変化の起点マーカーとみなすことができる．(6ii) には through
で標示された経路さえ登場する．主題という意味役割をより広く一般化して考
えると，尺度に沿って比喩的に移動する要素の意味役割も主題とみなすことが
できる．よって，ここでの the price of coffee（コーヒーの値段），a jar of cof-
fee（コーヒー 1 瓶），the Dow Jones industrial average（ダウ平均株価）などは主
題であると考えられる．

・尺度変化における全体的範囲の表現
尺度変化の構文と空間移動の構文の違いの 1 つは，全体的範囲の表現にみら
れる．

(7)		尺度変化	空間移動
	i. a.	The temperature fell <u>10°</u>. （気温が 10 度下がった）	b. She cycled <u>ten miles</u>. （彼女は 10 マイル自転車で進んだ）
	ii. a.	The temperature fell <u>by 10°</u>. （気温が 10 度下がった）	b. She cycled <u>for ten miles</u>. （彼女は 10 マイル自転車で進んだ）

(7i) では全体的範囲が NP で，(7ii) では PP で表現されているが，使われる
前置詞をみると尺度変化の場合は by で，空間移動の場合は for である．尺度
が空間的範囲と関係している場合もあれば（例：They have widened the road
by two metres.（彼らはその道路を 2 メートル広げた）），時間的幅と関係している
場合もある（例：They have shortened the semester by a week.（彼らは学期を
1 週間短くした））ということに注意してほしい．これらの表現は意味から考え
ても形から考えても，明らかに尺度変化についての構文の一種である．

5.3　非時間的な範囲：さらなる統語的問題と意味的問題

■非時間的な範囲を表す補部の特徴
時間の領域における範囲を表す要素，つまり期間は一般的に付加部であるが，
空間的範囲および尺度変化の表現は補部の特徴をもっている．

(a)　動詞による認可
空間的範囲および尺度変化の表現は，適切な動詞によって認可されなければな
らない．たとえば，(5i–iii) の fall（おちる），grow（育つ）および cycle（自転
車をこぐ）を sit（座る）や die（死ぬ），think（考える）といった動詞に置き換え
ると明らかに非文になる．

(b) do so 照応による置き換え

一般的に,範囲を表す表現は do so 照応による置き換えの作用域の外に出ることができない.

(8) i. *Jill pushed her bicycle half a mile and Liz did so even further.
ii. *Last week the Dow Jones share index fell 3%; this week it did so another 2%.
iii. *Coles have raised the price by $5, while the corner shop has done so by $8.50.

■有界化の効果

プロセスを表す節に範囲を表す要素を加えることによって,その節を有界化することができる.この有界化の効果も付加部ではなく補部の特徴である.以下の各例の (a) では前置詞が for だが,範囲を表す要素を加えた (b) では in を用いることに注目してほしい.

(9) i. a. The temperature rose for four days.
(気温が 4 日間上昇している)
b. The temperature rose 20° in four days.
(気温が 4 日間で 20 度上昇した)
ii. a. The share price went up for weeks. (株価が数週間上昇している)
b. It went up from £3 to £5 in a week.
(それが 1 週間で 3 ポンドから 5 ポンドに上昇した)
iii. a. The shrub grew for years. (その低木は数年間成長している)
b. The shrub grew a whole foot in a year.
(その低木は 1 年間でまるまる 1 フィート成長した)

(4) のように状態を表す節に,範囲を表す要素を補部として加えたとしても有界化されないため,(4) のような例は非有界的なものといえる.

■具現化

(a) PP

範囲を表す要素が補部として現れる場合は,一般的に PP の形で具現化される.上述したように,末端点による範囲は起点を from によって,着点を to によって標示する.全体的範囲に関しては,空間の領域では for が使われ,尺度変化の領域では by が使われる ((7) を参照).

(b) AdvP

extensively（手広く）など副詞の中で範囲を表現できるものは少ない．それら
は主に The price went up astronomically.（価格が桁外れに上がった）のように，
尺度変化を表現するのに用いられる．

(c) NP

(10)　i.　The price went up £2.（価格が 2 ポンド上がった）

　　ii.　They lowered the net three metres into the water.
　　　　（彼らは網を水の中に 3 メートル沈めた）

　　iii.　I hadn't expected them to walk that distance.
　　　　（私は彼らがあの距離を歩くとは思っていなかった）

　　iv.　Ed walked the last few miles; Bill rode them on a donkey.
　　　　（エドは最後の数マイルを歩いたが，ビルはロバに乗って行った）

NP として具現化する範囲表現は，（10i, ii）や今までみてきた例からわかるよ
うに，通常は不定名詞でかつ非指示的名詞（non-referential）である．しかし，
（10iii, iv）が示しているように，定名詞句を用いることができる場合もある．
とくに（10iv）で，対格代名詞（them）が先行詞として the last few miles を
とっていることに注目してほしい．

　範囲を表す NP の統語的なステータスは簡単には決められない．一般的に，
範囲を表す NP は目的語とはまったく異なる性質を示す．The price went up
(by)£2 や The path continues (for) another three miles.（その道はさらに 3 マ
イル続いている）のように，範囲を表す NP には通常 by や for などの前置詞を
つけ加えることが可能である．しかし，（10iv）の 2 つめの節に前置詞をつけ
加えることはできない（例：*Bill rode for them on a donkey.）．疑問文にお
いて，範囲を表す NP は what（何）ではなく how far（どのぐらい）や how
much（どのぐらい）に置き換えられる（例：How far does the path continue?
（この道はどのぐらい続いていますか）/*What does the path continue?, How
much has the Dow Jones fallen this week?（今週はダウ平均株価がどのぐらい下
落しましたか）/*What has the Dow Jones fallen this week?）．また，（10ii）の
ように目的語の直後に範囲を表す NP が続く節は，二重目的語節とはまった
く異なった性質を示す．（10ii）の the net（網）を間接目的語，three metres（3
メートル）を直接目的語と分析できないことは明らかであろう．通常，範囲を
表す NP を受動文の主語に繰り上げることはできない（例：*£2 was gone up
by the price., *Another three miles was/were continued by the path.）．し

かしながら，範囲を表す NP が定名詞句の場合，このような受動文が可能になる場合がある（例：The last few miles will have to be walked.（最後の数マイルは歩かれなければならないだろう），It is now nearly fifty years since the/a mile was first run in under four minutes.（初めて 1 マイルが 4 分以内で走られるようになってから 50 年近くが経つ））．受動化できるか否かは，目的語を見分けるための必要条件でも十分条件でもない（第 I 部 4.1 節を参照）．しかし，今回のような場合は，受動文の主語になれる範囲表現 NP のみを目的語とみなすのがもっとも合理的な分析だと思われる．

5.4　尺度変化における場所

本章の最後に，尺度変化において，これまで述べてきた場所に対応するものについて簡単に触れておく．ある尺度上の単純な位置は，be＋叙述補部 NP によって表現されるのが普通である．しかし，be＋at-PP あるいは stand＋at-PP によって表現される場合もある（次の例と (6) を比較してみよう）．

(11)　i.　The price/A jar of coffee is \$12.
　　　　（コーヒーの値段／コーヒー 1 瓶の値段は 12 ドルである）

　　　ii.　The Dow Jones industrial average currently stands at 9437.
　　　　（ダウ平均株価は現在 9437 ドルである）

　　　iii.　The temperature is 10°.（気温は 10 度である）

　　　iv.　Her philosophy mark was 70%.（彼女の哲学の成績は 70 点だった）

しかし尺度の種類によっては，次の (b) の例にあるように度量表現を補部にとる特殊な一般動詞も存在する．

(12)　i.　a.　A jar of coffee <u>is</u> \$12.（コーヒー 1 瓶の値段は 12 ドルである）

　　　　　b.　A jar of coffee <u>costs</u> \$12.（コーヒー 1 瓶が 12 ドルする）

　　　ii.　a.　This case <u>is</u> over 20 kilos.（この箱は 20 キロ以上だ）

　　　　　b.　This case <u>weighs</u> over 20 kilos.
　　　　　　（この箱は 20 キロ以上の重さだ）

　　　iii.　a.　My other table <u>is</u> six foot by four.
　　　　　　（私のもう 1 つのテーブルは 6 フィート×4 フィートだ）

　　　　　b.　My other table <u>measures</u> six foot by four.
　　　　　　（私のもう 1 つのテーブルは 6 フィート×4 フィートの大きさだ）

　これらの動詞は統語的に多様な性質を示す．measure（～の寸法がある）は

AdjP を補部にとることができる（例：The table measures just over three foot wide.（このテーブルの幅はちょうど 3 フィートを少し超えるぐらいである））．cost（... の値段である）は，支払いを行う人を表す NP を補部にとることができる（例：That jar of coffee cost me $12.（あのコーヒー 1 瓶に私は 12 ドル払った））．度量表現補部は what（何）や how much（どのぐらい）で疑問詞化することができる（例：What / How much does it cost?（それはいくらですか））．ただし，measure は例外であり，how much よりも how long などのほうが，座りがよい．

第6章 時間的場所

6.1 付加部と補部

つぎに時間を表す表現についてみていこう．時間を表す表現は空間を表す表現と多くの類似性を示すのであるが，同時に，両者には重要な違いもみられる．中でも，もっとも重要な違いは，時間は単語や句としてだけでなく，動詞につく時制を表す接辞によっても表現されることである．

時間的場所表現とは，ある出来事が時間軸の中のどこで起こる／起こったかについて言及する表現である．時間的場所表現は空間的場所表現と類似しており，空間的場所の場合と同様，それらの多くは付加部として文中に現れる．しかし，一緒に用いられる動詞によっては，主語指向的もしくは目的語指向的である補部として現れる場合もある．

(1) i. I read your thesis <u>last week</u>. 　　　　　　　［付加部］
　　　（先週，私は君の論文を読んだよ）
　　 ii. The staff meeting is <u>tomorrow</u>. 　　　　　［主語指向的補部］
　　　（職員会議は明日です）
　　iii. I've arranged a meeting <u>for Tuesday at ten</u>. 　［目的語指向的補部］
　　　（会議を火曜日の 10 時からに設定したよ）

通常，時間的場所表現が付加部の場合，それは動詞とその補部によって描写される状況の時間的場所を示している．つまり (1i) では，付加部である last week が，「私が君の論文を読んだ」という状況が先週あったということを示している．一方，時間的場所表現が補部の場合は，主題として表される状況の時間的場所を示している．つまり (1ii) では，補部である tomorrow が，主語である主題の「the staff meeting（職員会議）」が明日行われるということを示しており，(1iii) では，補部である for Tuesday at ten が，目的語の主題「a meeting（会議）」が火曜日の 10 時に行われるということを示している．たいていの場合，(1ii, iii) のような例で主題となっている要素は出来事を表す語句である．たとえば，出来事を表す語句が主題となっている The staff meeting is tomorrow.（職員会議は明日です）や The accident occurred around lunch-time.（その事故は昼休み頃に起こった）という例に対して，出来事以外のものが主題になっている #Jill is tomorrow.（ジルは明日だ）や #My car occurred around lunch-time.（私の車が昼休み頃に起こった）などの例は不適切である．[1] しかし例外もあり，動詞 live が用いられた際は，Voltaire lived in the eighteenth century.（ボルテールは 18 世紀に生きていた）のように，出来事ではなく人物を表す語句が主題となっている（この場合，時間的場所表現によって時間を決められているのは Voltaire 自身ではなく Voltaire の人生であると考えられるかもしれない．しかし，live という動詞は時間的補部とともに出来事を表す語句ではなく人物を主題にとるので，例外とみなされる）．

　時間的場所を補部にとる動詞（もしくは動詞イディオム）は数少ないが，その中でも明らかにこれに該当する動詞を (2) にあげておく．

(2) i. 主語指向的

be	happen	live
(… は … である)	(… が … に起こる)	(… は … に生きている)
occur	take… place	
(… が … に起こる)	(… が … に行われる)	

　　 ii. 目的語指向的

arrange	fix	keep
(… を … に設定する)	(… を … に決める)	(… を … のままにする)
put	schedule	
(… を … にする)	(… を … に予定する)	

　また，(3) に例示されるように，時間的場所を表す付加部は時間的場所を表す補部と一緒に現れることもできる．

(3) i. Christmas falls on a Tuesday this year.
　　　（今年，クリスマスは火曜日になる）

---

[1] Jill is tomorrow.（ジルは明日だ）のような例は，ジルに関するイベントがいつある・あったかについて簡潔にいう方法として，くだけた発話で実際用いられることがある．たとえば，ある学会で，「ジルの研究発表は明日に予定されている」という内容を伝えたい時に，Jill is tomorrow. ということができる．

ii. He later scheduled yet another meeting for the following Tuesday.
（後で彼はさらにもうひとつ会議を次の火曜日に予定した）

■時間的場所の変化
空間的場所の変化を表現することができる動詞はたくさんあるが，時間的場所の変化を表現できる動詞は非常に限られている．

(4) i. The meeting has (been) moved from Tuesday morning to Thursday afternoon. （その会議は火曜の朝から木曜の午後に変更された）
    ii. We have postponed our holiday until the end of September.
       （我々は休暇を9月の終わりまで延期した）
    iii. They adjourned the meeting until next week.
       （彼らはその会議を来週まで延期した）

このような例が用いられる場面は，何かの日程を決めるという類いの状況に制限される．また from X to Y（X から Y まで）という表現について，それが空間について言及している際は，場所の変化でも空間の範囲でも，どちらも意味することができるのだが，時間について言及している際は，たいていの場合は「期間」として時間の範囲を指定する（この点については第7章を参照）．ここでは時間的場所の変化を表す（4）に例示されるような構文についてはこれ以上述べることはないので，以下では時間的場所表現についてみていくことにする．

6.2 意味的類型

節によって描写される状況（や主語や目的語によって表される主題）の時間的場所（つまり，時間軸の中のどこに位置するか）を決める方法は3通りある．その3つの方法を以下で順にみていこう．

(a) 直示的方法－発話時間との関係から決まる場合

(5) i. I saw her yesterday. （私は昨日彼女をみた）
    ii. It'll be all over a year from now. （それは今から一年中かかるだろう）

（5）において，yesterday（昨日）は，発話者が（5i）の例を発話した時点の前日を指し示しており，a year from now（今から一年）は発話者が（5ii）の例を発話してから1年の期間を示している．このような**直示的**（**deictic**）時間表現には以下のようなものがある．

第6章　時間的場所　　　　　　　　　　　　　　　　303

(6) now　　　　　　yesterday　　　　　　today　　　　　tomorrow
　　（今）　　　　　（昨日）　　　　　　（今日）　　　　（明日）
　　this morning　tonight　　　　　　last night　　　tomorrow night
　　（今朝）　　　　（今晩）　　　　　　（昨晩）　　　　（明日の晩）
　　last week　　　next week　　　　　　two days ago　in two weeks
　　（先週）　　　　（1週間後に／1週間で）（2日前）　　　（もっと以前に）

空間的場所表現である here（ここ）と there（あそこ）に対応する時間的場所表
現はそれぞれ now（今）と then（あの時）である．しかし，there が直示的にも
照応的にも用いられるのに対し，then はほとんどの場合が照応的に用いられ
る（直時的解釈と照応的解釈の違いについては，本シリーズ第9巻『情報構造と照応表
現』を参照）．in two weeks, in a week's time, in earlier times などの表現は
直示的だけではなく照応的にも用いられる．たとえば，She's arriving in two
weeks.（彼女は2週間後に到着するだろう）では，in two weeks は直示的に使用
されており，彼女が到着するのはこの文が発話されてから2週間後であると
いう解釈がなされる．一方，She was due to arrive in two weeks.（彼女は2週
間後に到着することになっていた）では，in two weeks は非直示的に使用されて
おり，彼女の到着は，文脈によって決まる（過去の）ある時点から2週間後で
あるという解釈になる．このタイプの表現は，時間軸上のある1点を指し示
すだけでなく，たとえば She wrote the report in two weeks.（彼は2週間でレ
ポートを書いた）のように，継続期間を表すこともできる．

(b)　**日付や時刻あるいはさまざまな基準時点との関係から決まる場合**

(7) i. a.　He lived in the third century BC.
　　　　　（彼は紀元前3世紀に生きていた）
　　 b.　The company was founded on 1 January 1978.
　　　　　（その会社は1978年1月1日に設立された）
　 ii. a.　Sarah is arriving at three o'clock / on 3 May / on Monday.
　　　　　（サラは3時に／5月3日に／月曜日に到着する予定だ）
　　 b.　We finished the job at noon / at the end of May / at the week-
　　　　　end.（我々はその仕事を正午に／5月末に／週末に終わらせた）

(7i) で時間を表す語句は，時間軸上の特定の場所を示しており，その解釈は
文脈に依存せず絶対的なものである．(7ia) ではキリストの誕生前という意味
である BC（before Christ）（紀元前）という語が用いられているが，キリスト

が誕生した年は慣例で明確に定められており，そこを起点に the third century BC（紀元前3世紀）の解釈が文脈に依存することなく特定化される．一方，(7ii) の時間表現は文脈によってその解釈が変わってくる．つまり，three o'clock（3時）という表現は，何年何月何日の3時のことをいっているのか，解釈があいまいであり，文脈に応じてその時間軸上の特定の場所が決定される．このように，(7ii) で描写されている three o'clock, 3 May（5月3日），Monday（月曜日）などの時間は，1度きりでなく（たとえば1日，1年，1週間などの）ある一定のサイクルで繰り返し起こりうるので，これらの表現が描写している時間がいつであるのかを理解するには，文脈からその時間がどのサイクルにあるのかを把握する必要がある．たとえば，(7iia) では現在時制が使われているので，付加部によって描写されている時間は，発話時点のすぐ後のサイクルに存在するものであると解釈される．一方，(7iib) では過去時制が使われているので，付加部の描写する時間は，発話時点のすぐ前のサイクルに存在するものであると解釈される．

　このように，(7ii) で用いられている時間表現は，通常，直示的に解釈される．しかし，過去時制と一緒に用いられた場合など，非直示的に解釈されることもよくある．この場合，時間表現が描写する時間がどのサイクル上の時間であるかは，文中のほかの要素の解釈によって決まる．たとえば，(8) の例をみてみよう．

(8)　i.　Mary arrived yesterday at three o'clock.
　　　　（メアリーは昨日の3時に到着した）

　　ii.　We all met in Paris last Monday. I got there at three o'clock, the others at four.（我々は先週の月曜日にパリで会った．私は3時にそこに着き，ほかの人たちは4時に着いた）

(8i) には1つの節中に2つの時間表現がある．1つめの時間表現である yesterday（昨日）は直示的に解釈されるが，2つめの時間表現である at three o'clock（3時に）は非直示的に解釈される．つまり，いつの3時について言及しているかというと，それは発話された日の3時ではなく昨日の3時であり，yesterday の解釈に応じて，その解釈が決まる．同様に，(8ii) では，last Monday（先週の月曜）は直示的に解釈されるが，at three o'clock や at four（4時に）は非直示的に解釈され，先週の月曜のサイクル上の時間であると解釈される．

　そのほか，at Christmas / Easter（クリスマス／復活祭に），for Ramadan（ラマダーンの間）などの祭典に関する時間表現，in the spring（春に）などの季節に関する表現，after lunch（昼食後）などの食事に関する表現，during the Olym-

第6章 時間的場所　　305

pic Games（オリンピック中）などの定期的に行われるスポーツイベントに関する表現，before the Federal election（連邦選挙前）などの政治イベントに関する表現など，周期的であったり繰り返し起こる時間やイベントを表す表現も同じように解釈される．つまり，I'll see you at the Olympics.（オリンピックで会いましょう）や I met her at the Olympics.（私はオリンピックで彼女に会った）などの場合，通常，the Olympics（オリンピック）は直示的に解釈され，前者の場合は発話時点の直後のオリンピック，後者の場合は発話時点の直前のオリンピックのことであると解釈される．しかし，上述のように，I came back to England in 1948 and got a job in London shortly before the Olympic Games.（私は 1948 年にイギリスに戻ってきて，オリンピックの少し前に就職した）といった場合，the Olympics の解釈は in 1948（1948 年に）という時間表現に依存して決まり，1948 年に開催されたロンドンオリンピックのことであると解釈される．誰もがよく知っているオリンピックに対し，小中学校で使われる on sports day（運動会の日に）や大学で使われる during Orientation Week（オリエンテーション週間の間）などの表現は，その期間やイベントが時間軸上のどこに位置するかについて一部の関係する人々のみにしか通用しない．

(c)　ほかの時間や状況との関係から決まる場合

(9) i.　The company collapsed during the Second World War.
　　　　（その会社は第二次世界大戦中につぶれた）

　　 ii.　She became a recluse after the death of her husband.
　　　　（彼女は夫の死後，世捨て人になった）

　 iii.　He retired to his study when the guests arrived.
　　　　（彼は客が到着すると，書斎に引きこもった）

　 iv.　They arrived earlier than we had expected.
　　　　（彼らは我々が予想していたよりも早く到着した）

　　 v.　She made a complaint about his behaviour and soon afterwards she was sacked.（彼女は彼の態度に愚痴をこぼし，その後すぐに解雇された）

　 vi.　By a strange coincidence Kim and I got engaged on the same day.
　　　　（不思議な巡り合わせで，キムと私は同じ日に婚約した）

(9i) では，その会社の倒産が起こった時は第二次世界大戦が起こった時との関係から決まる．(9ii)，(9iii) も同じように，彼女が世捨て人になった時は彼女の夫が亡くなった時，彼が書斎に引きこもった時は客が到着した時との関係から決まる．(9iv) は，かなりよくみられるケースだが，ある出来事の時間が

想像，想定上での時間と関係づけられる場合の例となっている．(9v) での soon afterwards（その後すぐに）は照応的に解釈される．最初の節の時間が afterwards の先行詞となっており，そこで描写されている「彼女が愚痴をこぼした」という出来事が起こった時を参照して，その後に続く節で描写される出来事の時間が決定する．[2] (9vi) の on the same day（同じ日に）に関して，通常は，キムが誰かと婚約した時と私が誰かと婚約した時が同じであるという解釈がもっとも優勢な解釈である．しかし，たとえば Mary got engaged on 3 May. By a strange coincidence Kim and I got engaged on the same day.（メアリーは5月3日に婚約した．不思議な巡り合わせで，キムと私も同じ日に婚約した）のような文脈で用いられた場合のように，照応的に（つまり，on the same day が先行する 3 May（5月3日）を参照しているように）解釈されることもある．

6.3 時間的場所表現の形

■ PP

時間的場所表現でもっともよくみられる形は PP であるが，それらは補部パターンによって，さらにいくつかに分類される．以下では，まずこれらの表現の主要部となることができる前置詞をあげ，つぎにそれらの前置詞が用いられた PP を含む例文をみていく．

(a) NP を補部にとる場合

(10)

after	ago	at	before
(… の後で)	(… 前)	(… で)	(… の前に)
between	by	during	in
(… の間に)	(… までに)	(… の間に)	(… 中, … のうちに)

---

[2] 照応表現の先行詞の時間的場所は，(a) や (b) でとり上げられているような，文脈に依存しない発話時間や日付・時刻などに依存して決まる場合もある．たとえば，I met Jill yesterday; she had spent the previous day in court.（私は昨日ジルに会ったのだが，彼女はその前日を裁判所で過ごしていた）では，直示的表現である yesterday によって表されている時間が照応表現である the previous day（その前日）の先行詞となっており，the previous day の解釈は「昨日の前日」となる．同様に They married in 1980 and the following year they moved to Rome.（彼らは 1980 年に結婚して，その翌年にローマに引っ越した）では，文脈に依存せずに解釈が決まる 1980(1980 年) が，照応表現である the following year（その翌年）の先行詞となっており，the following year の解釈は「1980 年の翌年（つまり 1981 年）」となる．

into	on	since	towards
(…に(なるまで))	(…の上に/で)	(…以来)	(…のほうへ)

(11) i. I spoke to her before the meeting/during the interval.
    （私は会議の前に/休憩時間に彼女に話しかけた）

   ii. They must have escaped between 9a.m. and noon.
    （彼らは午前9時から正午の間に逃亡したに違いない）

  iii. We're learning in three weeks/in three weeks' time.
    （我々は3週間/3週間のうちに学んでいる）

  iv. The accident happened three weeks into the vacation.
    （休暇に入ってから3週間で事故が起こった）

(11iv) の into は，修飾語句として three weeks のような度量句を必ずとる．after や before はほかの前置詞よりもさまざまな意味の NP を補部にとることができる．たとえば，Sarah arrived before me.（サラは私（が到着する）よりも前に到着した）では，PP の補部が人物を示す NP となっており，PP の補部が節になっている Sarah arrived before I did.（サラは私が到着するよりも前に到着した）と同じ意味をもつ．また，The Examiners' meeting finished before the Selection Committee Meeting.（審査員の会議は選抜委員会の会議の前に終わった）には，before が節をとっている場合と同様の解釈と (11i) のように NP をとっている解釈と，2通りの解釈がある．つまり，前者の場合は The Examiners' meeting finished before the Selection Committee Meeting finished.（審査員の会議は選抜委員会の会議が終わる前に終わった）と同じ解釈になり，後者の場合は「審査員の会議は選抜委員会の会議が始まる前に終わった」という解釈になる．ago に関しては，a year ago（1年後）のように，ほかの前置詞とは異なり，補部が ago の前に現れる（詳細は本シリーズ第5巻『前置詞と前置詞句，そして否定』を参照）．

(b) 平叙節を補部にとる場合

(12)
after	as	as soon as	before
(…した後に)	(…するときに)	(…するとすぐに)	(…する前に)
once	since		
(…すると)	(…してから)		

(13) i. Jill has sold over 200 policies since she joined the company.
    （ジルはその会社に入社してから200以上の保険証券を売り上げた）

   ii. I want to leave before it gets dark.（暗くなる前に帰りたい）

iii. We'll invite you over <u>once we are settled in.</u>
(引っ越して落ち着いたら，君を新居に招待するよ)

iv. She phoned <u>just as I was leaving.</u>
(ちょうど私が出発しようとした時に，彼女が電話をかけてきた)

イギリス英語では補部の種類に関係なく，since は通常（13i）のように完了時制とともに用いられる．しかし，It is now nearly a year since he died. (彼が死んでから，今でほぼ1年だ) のように，通常の時制とともに since が用いられる例も存在する．アメリカ英語では，[%]Since you went home we redecorated our bedroom. (君が家に帰ってから我々は寝室を改装した) のように，イギリス英語より自由に過去形が使われる．

　通常，従属節で表されている意味内容は前提として考えられる．たとえば，(13i) の例では「彼女がその会社に入った」ことが前提とされており，同様に(13ii) の例では「暗くなる」ことが前提とされている（本シリーズ第6巻『節のタイプと発話力，そして発話の内容』を参照）．また，before は命令文において目的や回避すべきことを示すのに用いられる場合がある．たとえば，Come away from there before you get hurt. (怪我をしないようにそこから離れなさい) では，怪我をする恐れがあるということを伝え，それを避けるためにそこから離れるよう指示を与えている．ただし，この例では before 節で表される意味内容が前提とされていない．つまり，もしそこから離れたとすれば怪我をすることはないので，「怪我をする」ということが前提とはなっていないのである．このように，従属節で表される意味内容が前提とされない場合もある．また，(13ii) や (13iii) に例示されるように，従属節で表される内容が未来のことの場合，法助動詞を用いない現在時制が使われる．したがって，(13ii) に対して，[#]I want to leave before it will get dark. は不適切である．

　(13) で例示された構文には，それに対応する空間表現を用いた構文が存在しない．空間を表す前置詞は節を補部にとれないからである．したがって，たとえば [*]He found it near she was sitting. は不適切であり，He found it near <u>where</u> she was sitting. (彼は彼女が座っている場所の近くでそれをみつけた) のように融合関係詞を挿入しなければならない．よって，時間については節の形で特定することができるが，空間についてはそれは不可能ということである．

(c)　非定型動詞を補部にとる場合と補部に動詞がない場合

(14) | after | before | between | on |
| (… の後に) | (… の前に) | (… の間に) | (… とすぐに) |

once	since	
(… と)	(… 以来)	

(14) にあげた前置詞は動名分詞を補部にとることができる．また，once は過去分詞や動詞のない句を補部にとることもある．

(15) i. I must have lost it <u>between getting on the train and going to the buffet-car</u>.
(電車に乗ってから食堂車に行くまでの間に，それを失くしたに違いない)

   ii. <u>On hearing them return</u>, he hid under the bed.
(彼らが戻るのを聞くとすぐに，彼はベッドの下に隠れた)

  iii. <u>Once in bed</u>, they usually fall asleep pretty soon.
(彼らは，たいてい，ベッドに入るとすぐに寝入ってしまう)

(d)　補部がない場合

(16)
after	afterward(s)	before	beforehand	now
(後で)	(その後)	(前に)	(前もって)	(今)
since	then	throughout	when	
(それ以来)	(その時)	(終始)	(いつ)	

(17) i. I had seen her several times <u>since</u>.
(それ以来，私は彼女を何度かみかけた)

   ii. <u>When</u> are they coming? (彼らはいつ来るの)

一般的に，afterward はアメリカ英語でのみ用いられ，アメリカ英語以外では afterwards のみが用いられる．ただし，アメリカ英語でも afterward ではなく afterwards が用いられることもある．after が afterwards のかわりに用いられることもあるが，一般的には after が単独で用いられることはあまりなく (例：!I never saw her after. (その後，彼女と会うことはなかった))，通常は Kim came at 6 and Pat arrived shortly after. (キムは6時に来たのだが，パットもその後すぐに到着した) の shortly のように修飾語句が after の前に現れる．

(e)　when，whenever，while が主要部である PP の場合

(18) i. His heart sank <u>when he heard the news</u>.
(そのニュースを聞いて，彼は気分が沈んだ)

   ii. You can leave <u>whenever you like</u>.

（好きな時にいつでも出ていっていいよ）

(18) で下線が引かれた PP に関して，その統語的な内部構造は明らかではない．What he had bought was worthless. （彼が買ったものは価値がなかった）という例中の融合関係詞のように，(18) の PP も関係詞節であると考えられるかもしれない．しかし，一方で，when や whenever などの語が，(12) の節を補部にとる前置詞と似ている部分もある．この問題に関してはここでは扱わず，このような語を単に when PP や whenever PP などとよぶことにする．

when PP は，このような語の中でもっともよく用いられ，主要な時間的場所表現のひとつである．一方 whenever PP は，頻度を表す場合などの非常に限られた状況にしか用いられない．また，これらの語は，(18) に例示されるように定形節を補部にとるだけでなく，(19) に例示されるように定形節以外のものも補部にとることができる．

(19) i. While waiting for the bus, I read the paper. ［動名分詞］
     （バスを待っている間，私はその論文を読んだ）

   ii. When asked to step forward, he blushed. ［過去分詞］
     （前に進むようにいわれて，彼は赤面した）

   iii. I can't read when/while on duty. ［動詞なし］
     （勤務時間中は読書ができない）

■ NP

NP も時間的場所表現になることができる．それらの主要部となる名詞を (20) にあげる．

(20) i. yesterday　today　tomorrow　tonight　Sunday
       （昨日）　　（今日）　（明日）　　（今夜）　（日曜日）
       Monday
       （月曜日）

   ii. morning　afternoon　evening　day　night
       （朝）　　（午後）　　（夕方）　（日中）　（夜）
       week　month　year　instant　moment
       （週）　（月）　　（年）　（今すぐに）（瞬間）
       second　minute
       （秒）　　（分）

(20i) にあげた名詞は，たとえば I saw her yesterday. （昨日，彼女をみた）の

yesterday のように，単独で時間的場所表現となることができる．They arrive Sunday.（彼らは日曜日に到着する）のように，曜日名が前置詞なしで使用されることがあるが，これはイギリス英語よりもアメリカ英語でより一般的に用いられている．また，(20ii) にあげられている名詞は，this や that のような指示詞などを依存要素として必ずとるものである．依存要素には next や last などの語も用いられるが，その使用に関していくらか制限がある．たとえば，last は常に直示的に解釈され，last morning/afternoon に相当するものとして yesterday morning/afternoon などの表現が使われるため，last が morning や afternoon などの語と共起することはない．また，next week は直示的に解釈されるが，next day は，その直示的解釈と同義である tomorrow が存在するため，常に非直示的に解釈される．また，?next night という表現はまったくといっていいほど使われない（直示的な表現としては，かわりに tomorrow night が用いられる）．the に関しては，the following year（その翌年），the night we first met（我々が初めて出会った夜），the day before yesterday（一昨日）のように，ほかの依存要素とともに用いられ，*She resigned the day. のように，単独で NP の依存要素に現れることはできない．³ また，時間的場所表現になっている NP は，ほとんどが定名詞句であるが，中には不定名詞句も存在する．たとえば，Some days she felt quite elated.（何日か，彼女はとても意気揚々としていた），One day I'll get my revenge.（いつか報復してやる），We can do that another day.（また別の日にできるよ）というように，some や one, another が冠詞として用いられている場合，時間的場所表現になっている NP は不定名詞句として現れる．

　また，たとえば tomorrow week（明日から 1 週間），three weeks next Tuesday（次の火曜日から 3 週間），a week on Monday（次の月曜日から 1 週間）などの NP の構造は，時間的場所表現に特有のものである．

■ AdvP

AdvP が時間的場所表現となっている場合，(21) に例示されるような副詞がそれらの主要部となっている．

(21)　currently　　earlier　　　early　　　　formerly　　immediately
　　　（現在）　　　（その前に）　（早く）　　　（前に）　　　（以前）

---

　³ 本文中の the day before yesterday は day が主要部の NP であるが，two days before yesterday では，days が before を主要部とする PP の依存要素になっていることに注目されたい．

late	lately	later	nowadays	recently
(遅く)	(最近)	(その後で)	(この頃)	(最近)
soon	subsequently			
(すぐに)	(その後)			

earlier と later に関して，これらは Kim arrived earlier/later than Pat. (キム
はパットよりも早く/遅く到着した) のように，early と late の比較級として用い
られることがある．しかし，それ以外にも「その前に」と「その後で」という
意味をもつ語としても使用されるので，early と late とは別の語として (21)
にあげておく．

■分詞構文：動名分詞構文と過去分詞構文

第 1 章でみてきたように，動名分詞節や過去分詞節が付加部に現れる場合，
主節と従属節の関係性ははっきりと表されておらず，文脈に応じて適切に解釈
されなければならない．(22) の例では，主節と従属節との間に時間関係があ
ると解釈するのが妥当であろう．

(22) i. Driving along the highway, we passed a long line of lorries.
         (高速道路を走行中，我々はトラックの長い列を追い越した)
     ii. This done, he walked off without another word.
         (それが終わると，彼は何もいわずに立ち去った)

6.4 そのほかの重要事項

■指示的な表現と非指示的な表現

(23i) に例示されるように，ほとんどの時間的場所表現は指示的であるが，
(23ii) のように，そうでないものもある．

(23) i. I'd rather have had the party last Sunday.　　　　　　［指示的］
         (むしろそのパーティーが先週の日曜にあればよかったのに)
     ii. I'd rather have had the party on a Sunday.　　　　　　［非指示的］
         (むしろ，そのパーティーが日曜日にあればよかったのに)

(23i) では，last Sunday (先週の日曜日) が指示的に解釈され，ある特定の日曜
日 (つまり，今日 (もしくは発話された日) の前の日曜日) を指している．そ
れに対して (23ii) では，ある特定の日曜日について言及しているわけではな
く，条件が同じであれば，どの日曜日でもよかったという解釈になる．

第 6 章　時間的場所　　　313

　これらの例の付加部は，指示的なものと非指示的なものの区別が明確である．たとえば，yesterday（昨日），tomorrow（明日），a week ago（1 週間前），during the Second World War（第二次世界大戦中）などの表現は，(23i) の last Sunday のように常にある特定の時間について言及する指示的表現である．しかし，(24) に例示されるように，中には指示的にも非指示的にも解釈されるものも存在する．

(24)　i.　I'm going to Paris in (the) spring if I can finish this report in time.
　　　　　　　　　　　　　　　　　　　　　　　　　　　　　　　　　　［指示的］
　　　　　（もしこのレポートを間に合うように終わらせることができれば，春にパリに
　　　　　行く予定だ）

　　　ii.　Have you ever been to Paris in (the) spring?　　　　［非指示的］
　　　　　（春にパリに行ったことがありますか）

　　　iii.　I'd like to go to Paris in (the) spring.　　　［指示的もしくは非指示的］
　　　　　（春にパリに行きたい）

(24i) では spring（春）が「この文が発話されてからつぎに来る春」という指示的な解釈になり，(24ii) では「どの春でもよいので，春全般」という非指示的な解釈になり，(24iii) はどちらの解釈ももちうる．
　また，指示的表現と非指示的表現は，現在完了形との共起において異なる性質をもつ．つまり，*I haven't been to a party last Sunday. に例示されるように，過去の指示的な時間表現は現在完了形と共起できない（本シリーズ第 3 巻『名詞と名詞句』を参照）．一方，I haven't been to a party on a Sunday.（私は日曜日にパーティーに行ったことがない）に例示されるように，非指示的な時間表現は現在完了形とともに用いることができる．

■ 時間的場所表現と因果関係
時間的場所表現が付加部になっている場合，因果関係を含意することがある．

(25)　i.　When John attacked Bill the police arrested him.
　　　　　（ジョンがビルを攻撃したので，警察は彼を逮捕した）

　　　ii.　On hearing this news, he phoned his solicitor.
　　　　　（その知らせを聞いて，彼は自分の弁護士に電話した）

(25i, ii) の自然な解釈は，それぞれ，「ジョンがビルを攻撃したという理由で警察は彼を逮捕した」「その知らせを聞いた結果，彼は自分の弁護士に電話した」という解釈であり，時間的場所表現である付加部で描写されている出来事

と主節によって描写されている出来事の間に，因果関係が存在しているということが含意されている．

■時間幅と時点
時間的場所表現は，時間幅を示すこともできれば時点を示すこともできる．

(26) i.   Mary arrived yesterday.   ［時間幅］
         （メアリーは昨日到着した）
     ii. Mary arrived at four o'clock.   ［時点］
         （メアリーは4時ちょうどに到着した）

時間幅と時点の違いについては，時間幅（期間や時間帯）には時間の持続があるが，時点にはないと考えられる．(26i) で，yesterday は 24 時間の時間幅があるということを意味しており，メアリーの到着がその時間幅の中のある時間に起こったという解釈になる．一方，(26ii) の at four o'clock（4時ちょうど）はメアリーが到着した時点がいつなのかを表しており，メアリーの到着が時間幅の中で起きたという解釈にはならない．

   on Monday（月曜日に），while I was in America（私がアメリカにいる間に），after dinner（食後），before John arrived（ジョンが到着する前に）などのように，時間表現のうちほとんどが時間幅を意味している．また at midnight（深夜に），at that very moment（まさにその瞬間）などのように，時点を表す表現の中で，その多くが前置詞 at を主要部にもつ PP の形をしている．at は時間幅を意味する day や week などの名詞句とは共起しにくく #at that day という表現は不適切で on that day（その日に）という表現が用いられる．しかし，だからといって at は必ず時点を表す語とともに用いられなければならないかというとそうではなく，時間幅を示す語と共起する場合もある．たとえば，at lunchtime（昼食時に），at the end of her life（彼女の人生の終わりに），at that time（その時に）などの表現は照応的に解釈され，先行詞である語に応じて，時間幅を示すこともあれば時点を示すこともある．同様に，時間幅とともに用いられる傾向にある on も on the stroke of midnight（真夜中に），on the hour（正時に）などのように時点を示す語と共起する場合もある．

■時間を表す付加部とアスペクト解釈
節内で付加部によって表される時間と，それ以外の部分で描写されている状況の時間は，(a) 時間幅を示すか時点を示すかという付加部の特性や (b) 節で描写されている状況が完了か未完了かのアスペクト解釈によって，その関係が決まる．

第 6 章　時間的場所　　　　　　　　　　　　　　　315

(27)　　　　　　　　　　　　　　　　　　　　　　　付加部　状況

 i. I lived in New York last year.   [時間幅　未完了]

  （私は去年ニューヨークに住んでいた）

 ii. I arrived on Monday.   [時間幅　完了]

  （私は月曜日に到着した）

 iii. I was still awake at midnight.   [時点　　未完了]

  （私は真夜中にまだ起きていた）

 iv. I arrived at midnight.   [時点　　完了]

  （私は真夜中に到着した）

(27i) では，「私がニューヨークに住んでいたこと」が去年 1 年中にわたって
いたということがわかる．またアスペクト解釈が未完了であることから，
ニューヨーク在住が去年より前から，もしくは去年の後も続いていたという文
脈でも，(27i) の例を用いることができる．[4] (27ii) では「私の到着」が月曜日
の中のほんの一部の時間に起こっていたという解釈になる．2 つの時間の関係
は，節で描写されている状況の時間が付加部によって表されている時間に含ま
れているという関係になる．一方 (27iii) では，それとは反対の関係になって
いる．つまり，付加部の表す時間である真夜中が節の表す状況「起きていた」
時間に含まれている．また (27iv) では，付加部の表す真夜中と節の表す出来
事「到着した」時間が同時であるという解釈になる．

 同様のことが付加部に when PP が用いられた場合にもあてはまる．

(28)　　　　　　　　　　　　　　　　　　　　　　　付加部　状況

 i. When I was at school I was friend with Kim. [時間幅　未完了]

  （在学中，私はキムと友達だった）

 ii. When we were on holiday Kim came to see us. [時間幅　完了]

  （休暇中，キムが我々に会いに来てくれた）

 iii. When Kim arrived, we were having lunch. [時点　　未完了]

  （キムが到着した時，我々は昼食をとっていた）

 iv. When the clock struck twelve, the bomb exploded. [時点　　完了]

  （時計が 12 時を打った時，爆弾が爆発した）

---

 [4] 時間幅を示す付加部は，文脈により，その語句が示している時間幅全体ではなく，その一
部の時間幅を意味する場合がある．たとえば，Were you at the University on Monday? （あ
なたは月曜日に大学にいましたか）の自然な解釈では，月曜日全体というよりは，月曜日のあ
る時間帯（つまり，通常あなたが大学にいる時間帯）のことだけを尋ねている．

(27) の場合と同じように，(28) の例では，主節の表す状況のアスペクト解釈について，完了か未完了かの区別が記されている．また，付加部が when PP である場合，付加部も節になっており，完了／未完了のアスペクト解釈の区別がある．(28) では，(i, ii) の付加部（つまり when PP）は未完了，(iii, iv) の付加部は完了である．したがって時間的場所表現である付加部が (28i–ii) で示しているのは時間幅であり，(28iii, iv) で示しているのは時点である．(27) の場合と同様に，(28i) では主節の表す「私とキムが友達であった」時間と従属節の表す「私が在学していた」時間がオーバーラップしている．また，(28ii) では主節の表す「キムが会いに来てくれた」時間が従属節の表す「私たちが休暇であった」時間に含まれており，(28iii) では，その逆で，従属節の表す「キムが到着した」時間が主節の表す「我々が昼食を食べていた」時間に含まれている．最後に，(28iv) では，主節の表す「時計が 12 時を打った」時間と従属節の表す「爆弾が爆発した」時間が同時であるという解釈になる．

　主節と従属節のアスペクト解釈が完了である場合，それぞれの節で描写される状況や出来事が厳密に同時性を示さなくてもよい場合がある．(29) の例をみてみよう．

(29) i. When he caught Atherton he broke the record for the highest number of catches in test cricket. （彼がアサートンをアウトにした時，彼はこれまでテスト・クリケットでアウトにした数の記録を破った）

　　ii. When I read her thesis I realized why you think so highly of her.（彼女の論文を読んだ時，私はなぜ君が彼女をそんなに高く評価しているかがわかった）

　　iii. When the principal came in, everybody stood up.（校長先生が入ってくると，全員が起立した）

　　iv. #When she wrote her thesis she applied for a job at Harvard.（論文を書いた時に，彼女はハーバードでの仕事に応募した）

(29i) の主節と従属節では異なる状況が描写されているが，2 つとも瞬間的に起こった同じ出来事の一場面である．つまり，「彼がアサートンをアウトにした」ことと，「彼が記録を破った」ことが，1 つの出来事の中で一瞬の間に同時に起こっている．(29i) では，主節が表す状況と従属節が表す状況のタイミングが瞬間的に重なり合っているのに対し，(29ii) では，2 つの状況が幅のある時間の中で同時に起こっている．つまり，「私が彼女の論文を読む」には長い時間がかかったであろうし，その時間幅の中で「私が彼女があなたの高い評価に値することに気づくようになった」ことが起こっている．一方，(29iii) で

は，従属節で表される「校長先生が入ってきた」状況に反応して，その後に主節で表される「全員が起立した」状況が起こっている．つまり，「校長先生が入ってきたから，全員が起立した」というのが自然な解釈になり，これは (25) の例でみたような時間表現が因果関係を示す場合の一例となっている．この場合，厳密には 2 つの出来事が同じタイミングでは起こっておらず，「校長先生が入ってきたこと」のわずかすぐ後に「全員が起立したこと」が起こっている．しかし，だからといって when が「すぐ後に」という意味をもつわけではない．あくまで，when は主節と従属節の出来事や状況の同時性を示す語であり，その同時性の中で，2 つの出来事や状況にある程度の時間のズレが許容されているのである．それゆえ，(29iv) は，実際の状況が「彼女が論文を書いた直後に仕事に応募した」ということであっても，やはり不自然な用例となる．つまり，(29iv) が不自然であるのは，「彼女が論文を書く」という状況と「彼女が仕事に応募する」という状況が，同時に起こることは常識的にありえないからである．したがって when のかわりに after を用いて After she wrote her thesis she applied for a job at Harvard.（論文を書いた後，彼女はハーバードでの仕事に応募した）のように変えるか，when を用いる場合でも When she had finished her thesis she applied for a job at Harvard.（論文を書き終えた時，彼女はハーバードでの仕事に応募した）のように過去完了形を用いなければならない．後者の場合，she had finished her thesis という過去完了形を用いることにより，「彼女が論文を書き終えた」という状況が「彼女が仕事に応募する」という状況よりも前に起こったということが明確に示されるので，2 つの状況の同時性を示す when が用いられていても適切に解釈される．

■ 直示的時間表現と直示的時制

これまで時間的場所は直示的に決定されることが多いということをみてきた．そして，過去形などの基本的な時制も直示的に解釈される（本シリーズ第 1 巻『動詞と非定型節，そして動詞を欠いた節』を参照）．それゆえ，*Her uncle died tomorrow. のように，通常，直示的時制と直示的時間表現の間に時間の不一致が起こってはいけない．この制限に関しての特徴を 1 つとり上げる．

(30) i. John was coming tomorrow but he has now postponed his visit.
(ジョンは明日来る予定だったが，たった今来訪を延期した)

　　 ii. They fixed the interview for tomorrow.
(彼らはその面接を明日行うことに決めた)

　　 iii. They wanted the flat tomorrow.

318　　第Ⅱ部　付加部となる節

　　（彼らは明日，泊まる部屋が必要だった）
iv.　I thought the match started tomorrow.
　　（私はその試合が明日始まると思った）
v.　... it was getting late; they must waste no more time; Cassandra arrived tonight for dinner ...（... もう遅くなってきていた．彼らはこれ以上時間を無駄にはできない．今晩夕飯を食べに，カッサンドラがもう到着したのだ）

（30i）の最初の節では，未来の予定を表す進行形が用いられており，「過去のある時点で，ジョンが明日やってくるという予定があった（がしかし，その予定はその後変更された）」という解釈になる．ここでは過去時制と未来を表す時間的場所表現が共起しているが，過去時制は未来の予定が決まった過去の時間と関連づけられ，tomorrow は予定された未来の時間と関連づけられるため，意味的に相容れない時間の不一致は起こっていない．（30ii）の例は 6.1 節で論じた構文に属する．ここでは，動詞についている時制が動詞の描写する出来事「（予定を）決めること」の時間的場所を表しており，目的語指向的補部である tomorrow が目的語である the interview（面接）の時間的場所を示している．また，（30iii）の例も一見（30ii）と同じ構文であるように思えるが，実際はそうではない．The interview is tomorrow.（面接は明日だ）に対して，#The flat is tomorrow.（その部屋は明日だ）が支離滅裂であることからわかるように，tomorrow が目的語である the flat（部屋）の時間的場所を示しているというのは意味をなさないためである．（30iii）の例で，tomorrow が何の時間的場所を示しているかを考えるに当たり，ここでは文の統語的な形と意味との対応関係が一致していないことに注意しなければならない．つまり，（30iii）の want は，「want to have」（もちたい）という意味をもっており，統語的には 1 つの動詞（つまり want）しか用いられていないが，意味的に，過去時制が want の時間的場所を，tomorrow が have の時間的場所を示している．したがって，解釈としては，「（彼らは）明日泊まる部屋を持っている（つまり，泊まる部屋がある）状態を，過去のある時点で望んでいた」という解釈になる．（30iv）では，従属節の動詞 started についている過去時制は直示的（つまり，今もしくは発話時点より前の時間を示しているよう）には解釈されない．ここでは，主節の動詞 thought についている過去時制が直示的に解釈され，その時制に一致して過去時制が用いられている．つまり，I thought, "the match starts tomorrow".（私は「その試合は明日始まる」と思った）と同じ意味になる．最後に（30v）では，小説や物語において，語り手の地の文に登場人物のその時点の発話や心情（の一部）をそのまま（つまり，直接話法の表現を引用符を用いな

で）折り混ぜて表現する自由間接話法（free indirect style）が使われており，直示表現が解釈される際にその視点となる人物が変わることにより，一見，相容れない時間の不一致が起こった文章のようになる（詳細は本シリーズ第9巻『情報構造と照応表現』を参照）．

■ 否定形

通常，従属節が時間的場所表現である場合は肯定形が使われる．（31）の例をみてみよう．

(31) i. I left home before my parents divorced.
        （私は両親が離婚する前に実家を出た）
     ii. #I left home before parents didn't divorce.
        （私は両親が離婚しない前に実家を出た）

（31）では，「両親が離婚する」時を基準に「私が家を出る」時を決めることができるのに対し，「両親が離婚しない」時を基準にして「私が家を出る」時を決めることはできない．それゆえ，（31ii）の例は奇妙にきこえる．しかし，時間的場所表現としての従属節に否定語がまったく現れられないかというと，そうではない．したがって（31ii）の容認性の低さは文法規則の違反によるものではない．時間的場所表現としての従属節に否定語が現れる例として（32）をみてみよう．

(32) i. I'll be pleased when I no longer have to get up at this ungodly hour. （このとんでもない時間にもはや起きなくてよくなったら，嬉しいだろう）
     ii. When／After Liz didn't come home, we alerted the police.
        （リズが家に帰ってこなかったので，我々は警察に通報した）

（32i）では，否定形の従属節が状態変化を表しており，そのような変化が起こった時を基準にすることは十分可能である．（32ii）では，リズがある時間内に帰ってくることが想定されていたことが読みとれるのだが，その時を過ぎても彼女が家に帰ってこなかったという時点，もしくは彼女が家にいないことからその時間までに彼女が家に帰り損ねたとわかった時点が存在する．よって，その時点を基準として用いることができる．また，（32ii）の例は，上でみた時間的場所表現が因果関係を含意している場合の一例となっている．つまり，（32ii）は「彼女が家に帰ってこなかった」ことが原因で「我々が警察に通報した」という解釈になる．

第7章　時間の範囲：期間

7.1　時間の領域と空間の領域の類似点と相違点

■ 類似点

時間の範囲（つまり期間）に話を移すと，時間的場所は空間的場所と概念的に
よく似ており，それらを表す表現にも顕著な類似性をみつけることができる．
とりわけ，始点や終点といった概念，さらに末端点によって限定される範囲や
全体的範囲のような概念は，空間の範囲だけではなく時間の範囲にもあてはま
る．両者を比べてみよう．

(1)　i. a.　The path goes from the village past the castle to the lake.

[空間の範囲]

（その道は村から城を通り過ぎて湖まで続いている）

b.　The session ran from 10 a.m. through lunch to 5 p.m.　[時間の範囲]
（会議は朝10時から昼食を過ぎて夕方5時まで続いた）

ii. a.　The path runs from under the bridge to just beyond the castle.

[空間の範囲]

（その道は橋の下からちょうど城を超えたところまで続いている）

b.　The meeting lasted from just after lunch to shortly before din-
ner.　[時間の範囲]
（会議はちょうど昼食後から夕食の直前まで続いた）

iii. a.　The path goes (for) another mile.　[空間の範囲]
（その道はもう1マイル続いている）

b.　We are staying (for) another week.　[時間の範囲]
（我々はもう1週間滞在する予定だ）

(1i, ii) では，from によって標示されている始点と，to によって標示されて

第 7 章　時間の範囲：期間　　321

いる終点が存在し，（1i）ではさらに past によって標示されている中間点が存在する．from と to の補部は，（1i）では NP であり，（1ii）では空間的場所表現もしくは時間的場所表現に用いられる PP となっている．空間的場所と時間的場所のどちらの場合も，始点と終点の場所を示す際に，位置を表す前置詞の at は用いられない．よって，from the village（その村から），from 10 a.m.（午前 10 時から）が適切な表現であるのに対して，*from at the village, *from at 10 a.m. は不適切な表現となる．また，（1i, ii）では，from や to を主要部とする PP を用いて末端（つまり始点と終点）を示すことで空間や時間の範囲がどれくらいであるのかを明示している．一方，（1iii）では下線のついた NP や for を主要部とする PP を用いて全体の分量を表現しており，それによって時空間の範囲がどれくらいであるのかを明示している．最後に，（1ib）や The teaching semester goes from the end of February to the beginning of June.（今学期は 2 月の終わりから 6 月のはじめまでだ）に例示されるように，主に空間の移動を表す run や go などの動詞が，期間を表すのに用いられることがある．

■ 相違点

上で空間的範囲と時間的範囲（つまり期間）が概念的に似ているということを確認したが，統語的，意味的には，期間は空間的範囲とはまったく違うものである．したがって，ここでは統語論や意味論で用いられる「起点（source）」や「着点（goal）」，「経路（path）」などの意味役割を一般化して期間にもあてはめるのではなく，「始点」，「終点」，「中間点」などのより一般的な概念を用いて両者の違いをみていく．

・始点と終点を表す前置詞

時間的場所表現と空間的場所表現の相違点のうち，もっともわかりやすいものの 1 つに，前置詞の違いがあげられる．前置詞 since は（完了形を用いた節とともに）時間的範囲の始点を示すのに用いられ，until/till は時間的範囲の終点を示すのに用いられる．一方で，since と until/till は空間的範囲の始点や終点を示すのには用いられない．また，to が時間的場所表現に用いられた際，from とともに用いられなければならず，to を主要部とする PP 単独では使用されない（例：She was in hospital from Monday until/to Thursday.（彼女は月曜から木曜まで病院にいた），She was in hospital until/*to Thursday.（彼女は木曜まで病院にいた）).[1]

---

[1] I had a good flight: I was able to sleep from Berlin until Bahrein.（よい空の旅だった．

・補部と付加部

時間的場所表現と空間的場所表現の2つめの重要な相違点として，期間を表す表現はほとんどの場合が補部ではなく付加部であるということがあげられる．(2) の例では，付加部の場合と補部の場合の対比が示されているが，これは第6章の例 (1) でみた，時間的場所における両者の対比に対応するものである．

(2) i. I was in Hong Kong all week. 　　　　　　　 [付加部]
(私は週の間ずっと香港にいた)

ii. The staff meeting lasted (for) five hours. 　 [補部：主語指向的]
(従業員会議は5時間続いた)

iii. I've scheduled the course from 1 May to 15 June. [補部：目的語指向的]
(私はその授業を5月1日から6月15日に予定している)

(2i) では付加部が，節によって描写される状況全体の期間を表している．一方，(2ii) では補部が，主語に位置する主題の期間を，(2iii) では補部が，目的語に位置する主題の期間を示している．時間的場所表現によって期間が決定される主題 (つまり (2ii) では主語，(2iii) では目的語) は，通常，出来事を示すものであるが，He lived from 1848 to 1912. (彼は1848年から1912年まで生存していた) や That cheese won't last long. (あのチーズは長くはもたないだろう) に例示されるように，動詞によっては，主題が人や物の場合もある．

・中間点

時間は直線であると想定されている．つまり，終点にたどり着くまでにいくつかのルートがある空間とは異なり，期間がある場合は末端から末端までのルートは1つしか存在しないと考えられる．それゆえ，中間点を表す表現が出てきた場合，それは空間的場所表現のように経路を示しているのではなく，ある状態が終点まで休止なく持続していることを示している．たとえば，(1ib) の例では，through lunch (昼食を過ぎて) が中間点を示しているのであるが，会議が朝10時から夕方5時まで，昼休憩を挟むことなくずっと続いたという解釈になる．

私はベルリンからバーレーンまで眠ることができた) のように，until は空間的場所を表す補部と共起できないわけではない．この場合，I was able to sleep from when we left Berlin until we arrived in Bahrein. (私はベルリンを出発してからバーレーンに到着するまで眠ることができた) を簡略化したものだが，これは第4章の (10) でみた時間的場所を示すのに空間的場所表現が用いられている場合と類似している．

7.2 期間を表す要素の有界性と非有界性

期間を表す要素における重要な区別として，有界性と非有界性があげられる．

(3)　有界的要素　　　　　　　　　非有界的要素
　i. a. I studied law for six years.　　b. I reached the summit in two hours.
　　　（私は 6 年間法律を学んだ）　　　（私は 2 時間で山頂にたどり着いた）
　ii. a. I lived in College all year.　　b. I wrote the report in two days.
　　　（私は 1 年中，学生寮に住んだ）　（私は 2 日でレポートを書いた）

(3ia, iia) では，期間を表す付加部を除いた部分によって描写されている状況は未完了である．つまり，法律を学ぶことは活動であり，学生寮に住むことは状態で，どちらも未完了的である．これに期間を表す付加部をつけることにより，状況が有界的になり節全体は完了を表す．また，時間的範囲がどれくらいであるかが明確であることから，はじめから終わりまでずっとその状況が続いていたことが示されている．それに対比して (3ib, iib) では，付加部を除いた部分によって描写されている状況は有界的である．つまり，頂上にたどり着くことは到達であり，レポートを書くことは達成であり，どちらも完了的である．ここでは状況がすでに完了的であるので，(3ia, iia) の時のように付加部のつけ足しが有界性の効果をもつということはない．

　また，(3) のような例の多くは，以下のように目的語の NP が期間を示す形に書き換えることができる．

(4)　i. a.　I spent six years studying law.（私は 6 年間法律を学んだ）
　　　 b.　It took me an hour to reach the summit.
　　　　　（私が頂上に辿り着くのに 1 時間かかった）
　　ii. a.　#I spent all year living in College.（私は 1 年中，学生寮に住んだ）
　　　 b.　It took me two days to write the report.
　　　　　（私がレポートを書くのに 2 日かかった）

(4ia, iia) の spend を用いた構文は動作主による活動があることを含意しており，そのため live in College（学生寮に住む）のように状態を示すものはこの構文には用いることができない．また study law（法律を学ぶ）のような活動を示すもののほかに，write the report（レポートを書く）のような達成を示すものも spend 構文に現れることができる．[2] この場合，(3iib) の時とは異なり，write

---

　　[2]　(4i) に対応する構文として，たとえば，She was two weeks finishing the report.（彼女は

the report は非有界的であると考えられる．また，(3iib) では「レポートを完成させた」ということが含意されているが，I spent two days writing the report. (私はレポートを書くのに2日かかった) の場合，(レポートを完成させた場合でも用いられるが) 必ずしもレポートを完成させていなくても良い．したがって，I spent the next two days writing the report but had to break off before I had finished because my mother was taken ill. (私は次の2日間レポートを書いて過ごしたが，母が病気になったので完成する前に中断せざるをえなかった) といっても何ら不自然ではない．

　有界的あるいは非有界的どちらの付加部とも共起することができる動詞と補部の組み合わせも存在する．

(5)　有界的要素　　　　　　　　　　　　非有界的要素
i. a. The fruit ripened for four weeks.　b. The fruit ripened in four weeks.
　　　(その果物は4週間熟れていた)　　　　(その果物は4週間で熟れた)
ii. a. He cleaned the house for two　　　b. He cleaned the house in two
　　　hours.　　　　　　　　　　　　　　　hours.
　　　(彼は2時間家を掃除していた)　　　　(彼は2時間で家を綺麗にした)

(5) で，動詞と補部の組み合わせ (つまり，ripen と the fruit の組み合わせ，clean と the house の組み合わせ) が，有界的な付加部と非有界的な付加部のどちらとも共起することができるのは，「果物が熟れること」や「家を掃除すること」が完了でも未完了でもどちらにもなりうるからである．完了の場合，「果物が熟れた状態になった」「彼が家を掃除し終えた (つまり，家が綺麗になった)」という意味になり，その最終状態になるのにかかった時間を示す非有界的付加部をつけることができる．また (4ib, iib) と同様に，これらは It took the fruit four weeks to ripen. (その果物は熟れるのに4週間かかった) や It took him two hours to clean the house. (彼が家を綺麗にするのに2時間かかった) のように書き換えることができる．一方，未完了の場合では，過程の終了点に必ずしも到達していない．つまり，(5ia, iia) では，動詞と補部の組み合わせによって果物が徐々に熟れていく過程や家が徐々に綺麗になっていく過程が描写されており，それらの過程は有界的付加部が定める期間を過ぎてもさらに持続することもあり得る．

二週間かけてレポートを書いていた) のように，be の特別な用法を用いた構文がある．

7.3 期間を表す有界的な要素

■ 全体的範囲と末端点による範囲

空間的変化や数量的変化の範囲を指定する場合と同様に，期間に関しても，その範囲全体を指定したり，末端点を指定したりすることができる．

(6) 全体的範囲の指定　　　　　　　末端点の指定

i. a. He did housework all morning.
 （彼は午前中ずっと家事をした）

　 b. He did housework from 9 until 12.
 （彼は 9 時から 12 時まで家事をした）

ii. a. I have been here (for) a week.
 （私は 1 週間ずっとここにいる）

　 b. I have been here since Monday.
 （私は月曜から（今まで）ずっとここにいる）

iii. a. Mary wrote letters for half an hour.
 （メアリーは 30 分間手紙を書いた）

　 b. Mary read in bed until she fell asleep.
 （メアリーは寝付くまでベッドで本を読んだ）

(6ib) では，始点を表す要素である from 9 と終点を表す要素である until 12 の両方が現れている．(6iib) では，since Monday が始点を表す要素として現れており，終点を表す要素は現れることができず，現在完了形の have been によって当該状況が発話時点まで継続したということがわかる．(6iiib) では逆に，until she fell asleep が終点を表す要素として現れており，始点を表す要素は現れていない（が，彼女が本を読み始めたのは，ベッドに行った時点からだということは容易に推測できる）．

■ 期間を尋ねる

有界的期間について尋ねる場合，たいていは how long （どのくらい）が使われる．

　How long did she live in College?
 （どのくらい彼女は寮に住んでいたの）
　How long did she study medicine?
 （どのくらい彼女は医学を勉強していたの）

How long に対応して for how long という形もあるが，このような形はあまり使われない．また，From when will the price be increasing? （いつから物価が上昇しますか）や Until when can I keep it? （いつまでそれをもっていていいですか）のように，始点や終点を表す補部について尋ねることは原理的に可能であるが，このような形もあまり使われない．多くの場合は，始まりと終わりの意味をもつ start と stop を使って When did he start/stop doing housework?

（いつ彼は家事を始め／終えたの）のように尋ねる．また，Since when（いつ以来）という表現は，Since when have you been in charge here?（いつからあなたはここの責任者なの）のように，主に間接発話行為にて用いられる．つまり，ここでは，実際は責任者ではないのにもかかわらず，まるで責任者であるかのように振る舞っていることへの間接的な非難や驚きを表しており，疑問文の形を取りながら別の発話行為をしているのである．

■動詞の依存要素に課せられる制限

過程を表す動詞を含む節が，完了した状態を表しているのか，それとも未完了の状態を表しているのかは，動詞に従属する要素に左右される．たとえば，(6iii) において，Mary が手紙を書いたという行為は，書き終えた手紙の数が具体的に述べられていないので，未完了の状態ということになる．また，*Mary wrote a letter / the letters for an hour. のように，暗に数を意味する a や the といった限定詞を加えて完了の状態にした場合，期間の継続を表す付加部（for an hour）とは意味的に相容れず，これらの例は容認されなくなる．同様の事が，以下の例の比較からもいえる．

(7) i. Mary drove along country lanes for half an hour.
　　（メアリーは 30 分間田舎道を運転した）
　　ii. *Mary drove ten miles along country lanes for half an hour.
　　iii. *Mary drove along country lanes to the village for half an hour.

(7i) において，メアリーが田舎道を運転したという行為は未完了の状態だが，(7ii) や (7iii) のように空間的な範囲（距離）や目的地を具体的に述べることで完了状態になる．これは付加部（for an hour）が期間の継続を意味していることと矛盾することになり，よって，これらの例は容認されないのである．

■結果として得られた状態の期間

到達は，時間的な継続をともなわず，一瞬で起こる出来事を表す．したがって，特別な状況を除き，到達を表す動詞が有界的付加部と一緒に現れることはない．以下の例では，「見つける」を意味する notice や「発見する」を意味する spot という到達動詞が，継続の意味をともなう all morning（午前中ずっと）や for five minutes（5分間）と共起しているため，容認されないのである．

(8) a. *She noticed my error all morning.
　　b. *I spotted a hawk for five minutes.

第 7 章　時間の範囲：期間　　327

ただし，到達の結果生じた状況がどのくらい続いたのかが付加部の情報から読みとることができ，そのような状況が動作主によって計画されていたり，意図されていたものである場合，有界的付加部と瞬間的な意味を表す動詞は共起できるようになる．以下の例をみてみよう．

(9)　a.　I borrowed the book for a week.（私は 1 週間その本を借りた）

　　　b.　I sent him out for half an hour.（私は 30 分間彼を使いに出した）

(9a) では，（計画して，あるいは意図的に）本を借りた結果，私がその本を所有するようになり，そのような状況が 1 週間続いたということが付加部 (for a week) の情報からわかる．[3] 同様に，(9b) では，（計画して，あるいは意図的に）私が彼を使いに出した結果，彼が（たとえば，部屋の）外に出ていたことになり，そのような状況がどのくらい続いていたのかということが付加部 (half an hour) の情報からわかる．それに対し，(8) では，「見つけること」や「発見すること」を計画的にあるいは意図的にコントロールして行うことはできないため，(9) で得られるような解釈をもつことはできないのである．

■ 複数の状況を扱う場合の期間を表す有界的付加部

これまでは，節が 1 つの状況だけを描写する場合を考えてきたが，節が複数の状況を想起させる場合もある．本シリーズでは，そのような状況を連続状況 (serial states) とよんでいるが（本シリーズ第 1 巻『動詞と非定型節，そして動詞を欠いた節』を参照），節が連続状況を表す場合も 1 つの状況を表す場合と同じように，基本的にそのアスペクト解釈は未完了となるため，有界的付加部と共起することができる．以下の (10i) の例では，自転車で学校に行ったという単一の出来事がすでに完了してしまっている出来事なので，有界的付加部 (for half an hour) と相容れないが，ここで注目すべきは，そのような行為が習慣として繰り返されていたことを想起させる (10ii) のような例では，有界的付加部と共起することができるようになることである．

(10)　i.　*I cycled to school this morning for half an hour.

　　　ii.　I cycled to school for the next three years.
　　　　　（私はそれからの 3 年間自転車で学校に行った）

つまり，(10ii) では，継続期間を表す付加部 for the next three years によっ

---

[3] 図書館で本を 1 週間借りるという許可や取り決めの解釈もある．この場合，実際には 1 週間経つ前に返したかも知れないし，あるいはまだその 1 週間が経っていないのかも知れない．

て，自転車で学校に通ったという行為が習慣的に行われていたということが示されている．

同様に，瞬間的な意味を表す動詞を含む節も，それが複数回の状況を表していれば，期間を表す有界的付加部と共起することができる．以下の例をみてみよう．

(11) i. I spotted a hawk every morning <u>for a month</u>.
　　　　　（私は毎朝1ヶ月間タカを見つけた）
　　　ii. I woke up with a headache <u>all last week</u>.
　　　　　（私は先週ずっと頭痛で目が覚めた）

これらの例では，単一の出来事が述べられているわけではなく，タカを見つけたとか，目が覚めたということが，複数回繰り返し行われていたということが述べられている．したがって，毎朝タカを見つけたり，朝目覚めたりすることは，未完了の行為であるため，有界的付加部によってその期間を定めることができるのである．(11i) のような状況が複数回生じていたということは，頻度を表す付加部である every morning（毎朝）によって示されており，もしそのような付加部がなければ，ここで示されている状況が反復されているものであると解釈することは難しくなる．したがって，?I spotted a hawk for a week.（1週間タカを見つけた）のように every morning がなくなると，(8b) の例と同様に不自然なものになってしまう．(11ii) は，継続期間を表す付加部 (all last week) 自体が複数状況を想起させる．対照的に，頭痛をともなって目が覚めたという単一の出来事が1週間ずっと終わらなかったというようなことはあり得ず，意味の通らない不自然な解釈になる．

■有界的付加部の出現を許可する2つの要因

これまでの議論をまとめると，有界的付加部が現れるケースは2つある．ひとつは，そのような付加部の出現によって，もしそれがなかったら未完了のままであろう単一状況の継続期間が定められる場合であり，もうひとつは，そのような付加部の出現によって，複数状況の継続期間が定められる場合である．したがって，これら2つの要因が<u>重</u>なる場合，1つの節内に2つの有界的付加部が現れるということになる．

(12) She broadcast <u>for half an hour</u> every Sunday <u>for forty years</u>.
　　　（40年間，彼女は毎週日曜日，30分間放送した）

ここで，for half an hour（30分間）は，放送したという一回一回の単一状況の放送時間を指定しており，for forty years（40年間）はそのような状況が何年

第 7 章　時間の範囲：期間　　329

間続いたのかという複数状況の時間幅を指定している.

■否定文における有界的付加部の作用域

有界的付加部が否定文に現れる時，否定よりも狭い作用域をとる時もあれば，広い作用域をとる時もある.

(13) i. a.　The strike lasted two days. (ストライキは 2 日間続いた)

　　　 b.　The strike didn't last two days. [否定のほうが付加部よりも広い作用域]
　　　　　 (ストライキは 2 日間続かなかった)

　　 ii. a.　*I noticed my error until later.

　　　 b.　I didn't notice my error until later.

　　　　　　　　　　　　　　　　　[付加部のほうが否定よりも広い作用域]
　　　　　　 (私は後になるまで自分の誤りに気付かなかった)

(13i) では，two days が last の補部の一部として現れている. (13ib) の例は (13ia) の否定文であり，「ストライキが 2 日間続いたというわけではない」という意味になる. ここでは，ストライキの継続期間が否定の作用域に入っており，その期間自体が否定される対象の一部になっている. (13iia) の例は，先ほど上で述べた要因により，意味不整合となる. すなわち，自分の誤りに気づくということは瞬時的なことであるため，継続期間を表す付加部と共起することはできないのである. これとは対照的に，(13iib) の例は文法的であり，(13iib) は (13iia) の直接的な否定文にはならないので，「私は後になるまで自分の誤りに気付いたというわけではない」というようなおかしな意味にはならない. ここで得られる意味というのは，そのような意味ではなく，until later (後になるまで) によって自分の誤りに気付かなかった期間が特定されているのである. また，否定文の I didn't notice my error. (私は自分の誤りに気付かなかった) は，肯定文の I noticed my error. (私は自分の誤りに気付いた) とは異なり，未完了の意味をもつため，継続期間を表す付加部をともなって，どのくらいそのような否定的な状態が続いたのかということをいい表すことができる.

　したがって，以下の (14) で示すように，広い作用域をとるものが継続期間を表す付加部なのか，それとも否定要素なのかに応じて多義性が生じる.

(14) i. a.　The family lived in the house for a year / until 1990.
　　　　　　 (その家族が 1 年間／ 1990 年までその家に住んだ)

　　　 b.　The family didn't live in the house for a year / until 1990.
　　　　　　 (その家族が 1 年間／ 1990 年までその家に住まなかった) [あいまい]

ii. a. He went to New York for two weeks.
　　　（彼は2週間ニューヨークに行った）

b. He didn't go to New York for two weeks.
　　　（彼は2週間ニューヨークに行かなかった）［あいまい］

(14ib) で，否定が広い作用域をとれば，その家族が1年間／1990年までその家に住んだというわけではないという (14ia) の否定の解釈になるので，たとえば，その家族が6ヶ月間だけその家に住んだという解釈や，その家族が1990年になる前にその家を引っ越ししたというような解釈を得ることができる．一方，付加部が広い作用域をとれば，その家族がその家に住まなかったという状況が1年間，あるいは1990年まで続いたという解釈になるので，その家族は，1年間が過ぎて，あるいは1990年にその家に住み始めたという推意が得られることになる．(14iia) の例は，結果状態の解釈をもっており，(14iib) において，否定が広い作用域をとれば，彼が2週間の滞在のためにニューヨークに行ったというわけではないという解釈になるため，彼は1週間だけニューヨークに行ったというような解釈が得られる．一方，付加部が否定よりも広い作用域をとれば，彼がニューヨークへ行かなかったという状態が2週間続いたという解釈になるため，彼はニューヨークへの出発を2週間延期しなければならなったというような解釈になる．

　このような付加部と否定の作用域における相関は，否定要素が含意されるだけで明示的には現れない例でもみることができる．

(15) i. I doubt whether the family have lived in the house all year.
　　　（その家族が1年中その家に住んでいたかは疑わしい）

ii. I don't think the family have lived in the house all year.
　　　（その家族が1年中その家に住んでいたとは思わない）

(15i) では，典型的な否定要素は現れていないが，(15ii) の例と同じ意味をもっており，作用域に関して同様の多義性をもっている．

■ 全体的範囲を表す期間の具現化

(a) PP

PP によって，全体的範囲で表す期間を具現化する際には，通常 for + NP の形を用いる．

　　for three weeks （3週間）
　　for a long time （長い間）

for the rest of his life（彼の残りの人生）

for the duration of the festival（お祭期間中）

for は ever や long のようなある特定の副詞を補部としてとることもできる.

for ever（永遠に）

for long（長い間）

また,とくにアメリカ英語では,否定の現在完了形の文では for の代わりに in を使って表すこともある.

I haven't been to Scotland in ten years
（私はここ 10 年間ずっとスコットランドに行っていない）

このような働きをするほかの前置詞として,over や through,throughout などがある.

She worked on her thesis over / through / throughout the Christmas break.（彼女はクリスマス休暇中ずっと学位論文に取り組んでいた）

(b) NP

全体的範囲で表す期間を具現化する NP は,hour（時間）,day（日）,week（週）などの時間幅を表現する名詞が主要部となる.

(16) i.　two days　　　a week　　　　thee months　　　the whole year
　　　　　（2 日）　　　（1 週間）　　　（3 ヶ月）　　　　（1 年中）

　　 ii.　all day　　　　all year round　this week　　　　next month
　　　　　（1 日中）　　　（1 年中）　　　（今週）　　　　　（来月）

(16i) のような表現は,for の補部として生じることができるが,(16ii) のような表現,とくに all をともなう表現に関しては,for の補部として生じることができない.さらに,以下の例が示すように,(16i) にあげた最初の 3 つの NP に相当するような表現（two days, a week, three months）は,動詞から離れた位置に置くことができない.

(17) i. a.　He stayed (here) a month.
　　　　　　（彼は（ここに）1 ヶ月滞在した）

　　　 b.　He stayed (here) for a month.
　　　　　　（彼は（ここに）1 ヶ月滞在した）

332　第 II 部　付加部となる節

ii. a. *I studied the report two days.

　　b. I studied the report for two days.

　　　（私は 2 日間そのレポートを調査した）

iii. a. We argued about it all weekend.

　　　（私は週末の間中それについて議論した）

　　b. *We argued about it for all weekend.

［専門的解説］

期間を表す NP は，以下のような例としても現れる．

What was the total number of hours slept? （あるいは，統計表等で見られる省略形の Number of hours slept）（合計で何時間眠りましたか）The long hours worked by the miners had clearly exacerbated the problem. （炭鉱労働者による長時間労働は明らかにその問題を悪化させた）

これらの例では，slept と worked が受け身を表す過去分詞として，期間を表す句（the total number of hours; the long hours）にかかっている．しかし，これに対応する主節文 *Over ten hours was slept by one of the patients. は非文法的になる．

(c)　AdvP

多くの副詞も継続期間を表すことができるが，それらのほとんどは接尾辞の -ly をともなう．

(18)　always　　　　　briefly　　　　　indefinitely　　　long
　　　（いつも）　　　（簡単に）　　　（無期限に）　　　（長い間）
　　　momentarily　permanently　provisionally　temporarily
　　　（一時的に）　　（永久に）　　　（暫定的に）　　　（一時的に）

(19) i. I have <u>always</u> known that things would turn out OK in the end.

　　　（私は物事は最終的には丸く収まるだろうとずっとわかっていた）

　　ii. She has been working here <u>longer than the others</u>.

　　　（彼女はここで他の人よりも長く働いている）

always は頻度を表す表現としてよく用いられるが，(19i) のような例では，頻度というよりは，期間を表す働きをしている．long は一般的に否定文で用いられる単語なので，They didn't stay long.（彼らは長い間滞在しなかった）のよ

うにいうことはできるが，*They stayed long. のようにいうことはできない．

■ 末端点による範囲で表す期間の具現化

7.1 節で述べたように，空間的範囲の始点と終点を定める場合に用いられる前置詞の from と to は継続期間を表す場合にも用いられる（They are open from 9 to 5.（そこは 9 時から 5 時まで開いている））．しかし，継続期間を表す場合に用いられる to は from を必要とし，from を欠いた形で用いられることはまれである．また，時間的領域に特化した前置詞として since と until，そして，そのくだけた形の till（… まで）の 3 つがある．since（… 以来）は完了形で始点を表すが，その終点は明示されることはない．一方，until（… まで）と till は終点を表し，その始点は明示されない場合もあれば，from によってい い表される場合もある．

(20) i. a.　He'd been in Paris since 1962.
　　　　　　（彼は 1962 年からずっとパリにいた）
　　　 b.　*He'd been in Paris since 1962 till 1970.
　　ii. a.　He'll be here until/till 10.（彼は 10 時までここにいる）
　　　 b.　He'll be here from 3 until/till 10.
　　　　　　（彼は 3 時から 10 時までずっとここにいる）

from や until のような前置詞は，その補部に NP ではなく PP をとることもできる．

　　from shortly before lunch until a little after dinner
　　（ランチちょっと前からディナーちょっと後まで）

また，from の補部内に on や onwards などの要素が含まれることもある．

　　from that time on/onwards（その時以来）

from now on（今後は）の代用形は自動的前置詞の henceforth（今後は）である．since や until/till は，from や to とは異なり，内容節をとることもできる．

　　since I last saw her（私が彼女に最後に会ってから）
　　until it stops raining（雨が止むまで）

また，since は補部がなくても単独で "since then"「それ以来」の意味をもって現れることができる．

We met in 1990 and have been friends ever since.

（私たちは 1990 年に会って，それ以来ずっと友達だ）

さらに，since はその補部に動名分詞節をとることができる．

I haven't spoken to him since leaving home.

（私は家を出てから彼と話をしていない）

一方，until / till は過去分詞や動詞がない節をとることができる

Stay until ordered to leave.

（退出していいと命令されるまでここにいなさい）

It should not be touched until dry ("until it is dry").

（「乾くまで」触ってはいけません）

アメリカ英語では，終点を表す際，until / till の代わりに through が用いられることもしばしばあり，through のほうが until / till よりも終点をよりはっきり表す効果がある．したがって，We'll be in Paris from May through July.（私たちは 5 月から 7 月（の終わり）までずっとパリにいる）というと，その終点が 7 月の終わりであるということがはっきりする．一方，We'll be in Paris from Mary until July.（私たちは 5 月から 7 月までパリにいる）では，その終点が 7 月のはじめなのか終わりなのか（あるいは途中なのか）ははっきりしない．

■ 期間 vs 場所
・継続期間の推意をともなう場所

during や between を主要部とし，その補部に時間に関する NP をともなう PP は，時間上の場所を表すのが一般的である．ただし，それとは別に，継続期間の推意が得られる場合もある．以下の (21i) と (21ii) の例を比較してみよう．

(21) i. a. My son was born during the recess.

      （私の息子は休暇の間に産まれた）

    b. He died between 8 a.m. and 1 p.m.

      （彼は朝 8 時から午後 1 時の間に亡くなった）

  ii. a. I worked at home during the recess.

      （私は休暇の間家で働いた）

    b. He rested between 8 a.m. and 1 p.m.

      （彼は朝 8 時から午後 1 時の間休んだ）

（21i）では，during the recess と between 8 a.m. and 1 p.m. によって，息子がどの時間帯に産まれたのか，あるいは，彼がどの時間帯に亡くなったのか，その時間的範囲が表されている．（21ib）の例における死亡したという出来事は，明らかに瞬時的な出来事であるため，当該の時間帯全てにおいて継続して生じていた出来事ということにはならない．一方，（21ii）の例では，働いたとか，休んだという状況が，当該時間帯全てにおいてずっと続いていたというような推意がある．しかしながら，このような継続期間の推意は，以下の下線部のようなほかの要素が出現することによってなくなることもある．

I worked at home several times during the recess.
（私は休暇の間何度か家で働いた）
He rested between 8 a.m. and 1 p.m. for two periods of about thirty minutes each. （彼は朝 8 時から午後 1 時の間に約 30 分間 2 回休んだ）

また，during 句は，普通，how long （どのくらいの間）という質問に対する答え方として用いることはできない．たとえば，How long were you in Paris? （あなたはパリにどのくらいの間いたの）に対する答え方として During the recess. （休暇の間）とはいえないのである（なお，ここでは，B の表現に付されている「*」は，表現自体が非文法的というわけではなく，A に対する答え方として不適切であるということを意味する）.

A: How long were you in Paris?
　　（あなたはパリにどのくらいの間いたの）
B: *During the recess.

同様のことが betwee 句にも当てはまるが，そのような答え方を許容する話者も中にはいる．

A: How long were you in the library?
　　（あなたは図書館にどのくらいの間いたの）
B: %Between three and about half past four. （3 時から 4 時半頃の間）

・時間的場所や継続期間を表すことができる since 句

since の場合，継続期間を表しているのか，あるいは時間的場所を表しているのかについて，はっきりと区別することができる．

(22)　i.　I've moved house since you left.　　　　　　　　　［時間的場所］
　　　　　（私はあなたが出てから引っ越しした）

ii. I've been here since four o'clock.　　　　　　　［継続期間］

（私は4時からずっとここにいる）

iii. He's been ill again since then.　　　　　　　　［あいまい］

（彼はそれ以来また体調を崩した）

(22iii) の例は，彼の体調がある時点から現在までの間に再度すぐれなくなったという意味，または，彼の不調が過去のある時点から今までずっと続いており，この間ずっと体調が悪いという意味を表している．継続期間を表す since は，I've been lonely ever since you left.（私はあなたがいなくなってからずっと寂しい）のように ever をとることもでき，how long（どのくらいの間）という質問に対する答え方として用いることもできる．

A: How long have you been here?

（あなたはここにどのくらいの間いるの）

B: Since four o'clock.

（4時からずっと）

7.4　継続期間を表す非有界的付加部

継続期間を表す非有界的付加部は，in や within を主要部とし，時間に関する NP をその補部とする PP の形をなす．これらの付加部は，単一の到達状況や達成状況を表す節によくみられる．

(23) i. The doctor arrived in / within half an hour.　　　　［到達］

（その医者は30分で／30分以内で到着した）

ii. They built the house in / within a year.　　　　　　［達成］

（彼らは1年で／1年以内でその家を建てた）

到達それ自体に継続期間がともなうことはないため，到達状況を表す節に継続期間を表す付加部が現れた場合，それがはたしている役割は，到達し終えた時間と当該の事象が始まった時間，もしくは文脈上，何かしらの始点と考えられる時点を特定しているということになる．したがって，(23i) の例であり得る始点の解釈は，医者がよばれた時点ということになる．また，She reached the summit in two hours.（彼女は2時間で山頂に到着した）で，最初に思いつく始点の解釈は，登山に出発した時点ということになるが，いつもこのように解釈しなければならないというわけではない．たとえば，以下の例における始点は，登山の途中でこの発言を行った時点とも解釈できる．

第 7 章　時間の範囲：期間　　337

We should reach the summit in another two hours.

（私たちはもう 2 時間で山頂に到着するはずだ）

　一方，達成には継続期間がともなうため，(23ii) のように達成状況を表す
節に継続期間を表す付加部が現れると，その付加部によってその期間が特定さ
れることになる．ただし，もうすでに建築業者が何ヶ月間かの間ずっと家の建
築を行っている場合は，(23ii) のような達成表現の build the house ではなく，
到達表現の finish を使って次のようにいうのが普通である．

They will finish building the house in another year.

（彼らはもう 1 年でその家を建て終えるだろう）

しかしここでもまた，その始点位置の解釈は明確ではない．つまりそれは，家
を建てている最中での時点とは限らず，家を建てる以前の準備段階での時点の
どこかということも考えられるのである．

　(7) でみたように，期間を表す有界的付加部は，単一の完了状況（つまり，
達成状況や到達状況）を意味する節とは相容れない．対照的に，期間を表す非
有界的付加部は，未完了の状況や活動を意味する節と一緒に現れることができ
ない（例：#I wrote letters in an hour.）．

　また，以下の例が示すように，期間を表す非有界的付加部を疑問文の形で用
いることはほとんどない．

?Within how long a period did they build the house?

（どのくらいの期間内で彼らはその家を建てたの）

この場合，take を使っていうのが一般的である．

How long did it take them to build the house?

（その家を建てるのにどのくらいの時間がかかりましたか）

■ 時間的短さの推意が得られる表現

in / within をともなう構文は，その継続期間が一般的に考えられるよりも，あ
るいは，予測よりも多少短かったという意味になる．このことは，at least（少
なくとも）を使って修飾することができないという事実からも明らかである．

They will build the house in at most a year .

（彼らはその家をせいぜい 1 年で（＝ 1 年以内で）建てるだろう）

*They will build the house in at least a year.

The doctor will arrive in at most an hour .

(その医者はせいぜい1時間で（＝1時間以内で）到着するだろう）

*The doctor will arrive in at least an hour.

しかし，take を用いた構文では，このような継続期間の短さを推意させることがないため，at least を問題なく使用することができる．

It will take at least a year to build the house.

(その家を建てるのに少なくとも1年（＝1年以上）かかるだろう）

■ 継続期間を表す in と場所を表す in

They'll be arriving in ten days.（彼らは10日後に到着するだろう）でみられるように，継続期間を表す in と時間的場所を表す in との間には明らかな意味的類似性がある．後者の場合，ten days は今から彼らが到着するまでの時間の長さを指定しているだけであり，彼らが出発してから到着するのにどのくらいの時間がかかるのかということについて言及しているわけではない．このような継続の意味と場所の意味の違いは，以下の例が示す意味的な多義性からもみてとれる．

(24) I'll write the report in two weeks.   ［あいまい：継続か場所］

(私はそのレポートを書くのに2週間かかるだろう／私はそのレポートを2週間後に書くだろう）

この例を継続の意味で捉えれば，レポートを書くのにどのくらいの期間を費やすのかという意味になり，場所の意味で捉えれば，いつレポートを書くのかという意味，すなわち，2週間後にレポートを書くという意味になる．場所の意味で捉えられる場合は，通常，未来時制をともなう．したがって，I wrote the report in two weeks.（私は2週でそのレポートを書いた）という過去形の例は，通常，継続期間を表す解釈で捉えられる．ただし，write the report は達成表現なので，I'll complete the report in two weeks.（私はそのレポートを2週で完成させるだろう）のように到達表現に置き換えれば，今みたような2つの解釈上の違いはほとんどなくなる．また，in time の用法に関しては，以下のような明らかな違いがみられる．

We managed to finish in time ("within the time allotted").

(私たちはどうにかして時間までに「割り当てられた時間内で」終わらせた）

In time he will realize how much he owes you ("eventually").

(「ゆくゆく」彼はどれほどあなたにお世話になっているか気づくだろう）

第8章　極性に左右されるアスペクト解釈に関する付加部

この章では，still や already，そして yet や any longer / more などの副詞および副詞句について考察する．これらの要素は，肯定や否定といった環境でのみ許される**極性感応項目**（**polarity-sensitive item**）であり，典型的に still と already は肯定文に現れ，yet と any longer / more は否定文に現れるという特徴がある（極性感応項目の詳細については本シリーズ第 5 巻『前置詞と前置詞句，そして否定』第 II 部の第 4 章を参照）.[1]

■**still と already の主な用法：継続と開始**
・未完了の肯定文

(1)　i.　a.　Liz is / was still here. （リズはまだここにいる／いた）

　　　　b.　Liz is / was already here. （リズはすでにここにいる／いた）

　　ii.　a.　Liz still goes / went to school.

　　　　　（リズはまだ学校に行っている／行っていた）

　　　　b.　Liz already goes / went to school.

　　　　　（リズはすで学校に行っている／行っていた）

　　iii.　a.　Liz is / was still cooking dinner.

　　　　　（リズはまだ夕食を作っている／作っていた）

---

[1] 訳者注：否定表現などによってその生起が左右される表現を極性感応項目という．極性感応項目には**否定指向極性感応項目**（**negatively-oriented polarity-sensitive item: NPI**）と**肯定指向極性感応項目**（**positive-oriented polarity-sensitive item: PPI**）がある．NPI は否定文，条件節，疑問節には生じるが，肯定文には生じないという特徴をもっている．一方，PPI は，否定表現と共起できないか，共起しても否定の作用域に入ることはできないという特徴をもっている．

b. Liz is／was already cooking diner.
（リズはすでに夕食を作っている／作っていた）

これらの例はすべて未完了の状態を表しており，(1i) は単一状態を，(1ii) は連続状態（すなわち，習慣的に繰り返し学校に行くという複数状況）を，そして，(1iii) は進行状態を表している．still や already は時間的場所を表す付加部ではないため，これらの例の中で述べられている時間は，たとえそれらの付加部を省略したとしても変わらない．still や already を含む節には，Liz was still／already here at eight o'clock.（リズは 8 時にまだ／すでにここにいた）のように，時間的場所を指定する別の付加部が現れることがよくある．still や already が本来もっている意味は，単なる時間的な意味というよりもむしろ，アスペクト性，すなわち節の表す状況が時とともに展開してゆく過程におけるさまざまなあり方を伝える意味をもっている．具体的には，still は状況が続いていることを表現しており，already は状況がもう始まっていることを表現している．

still は発話の時点でまだその状況が続いている／続いていたことを強調する際に用いられるが，その背後には，明示されているかどうかにかかわらず，もともと期待されていたような状況，あるいは，対比をなすような状況との比較が存在している．以下の例をみてみよう．

(2) i. Liz was still here at eight o'clock—she usually goes home around seven.（リズは 8 時にまだここにいた．彼女は普段 7 時頃に家に帰る）

  ii. Liz has sold her flat in London but she still has a house in the county.（リズはロンドンのアパートを売ったが，彼女はまだ田舎に家をもっている）

(2i) の例で，「リズはまだ 8 時にここにいた」ということは，つまり，本来帰ると思われていた時間よりも遅くまでここにいたということを示唆している．still には，アスペクト解釈に関する動詞の continue（継続する）と同様，発話の時点よりも前にすでに当該の状況が生じているという前提が含まれている．したがって，I continue to think／still think it was a mistake.（私はそれが間違いだったと思い続けている／まだ思っている）では，それは間違いだったと前から思っていたということが前提となり，それを今もなお，そのように思っているという意味になる．

still 同様，already も発話時点で話題となっている状況が生じていることを強調する働きをする．よって，already が用いられる際にも，その背後に明示的あるいは暗示的に想定されている対比状況が存在し，already は，それが想定とは裏腹に実際にはもうすでに生じてしまったことを意味する．たとえば，

Liz is already here.（リズはすでにここにいる）では対比状況が明示されていないものの，この例が発話された時点では，リズがそんなに早くそこにはいないということが想定されている．以下の例では，そのような対比状況が明示的に表されている．

(3) i. Liz was already here at eight o'clock; she usually gets here around nine. （リズは8時にすでにここにいた．彼女はたいてい9時頃ここに来るのに）

ii. Liz has bought a flat in Paris though she already has a house in the country. （リズはすでに田舎に家をもっているのにパリのアパートを買った）

iii. Jill still goes to school, whereas Liz is already at university.
（ジルがまだ学校に通っている一方，リズはもう大学に行っている）

なお，(3iii) の例では，still と already を同時に表すことで，ジルとリズがそれぞれ到達しているライフステージの違いを対比させている．つまり，ここでは，ジルがまだ学校に通っている一方で，リズはもう大学に行っているということを述べているのである．

■否定

(4) i. a. She still isn't here. （彼女はまだここにいない）
    b. #She already isn't here. （彼女はもうここにいない）

ii. a. ?She isn't still here. （彼女はまだここにいるわけではない）
    b. ?She isn't already here. （彼女はもうここにいるわけではない）

iii. a. She isn't here any more. （彼女はもはやここにいない）
     b. She isn't here yet. （彼女はまだここにいない）

still は否定よりも広い作用域をとることができる．したがって，(4ia) では，単に，「ここにいない」という否定的な状態の継続を示している．一方，(4ib) では，already は否定よりも広い作用域をとることができず，彼女はもうここにはいないという解釈をもつことはできない．(4ii) では，否定が付加部よりも広い作用域をとっているが，これらの例の容認度ははっきりとしないところがある．このような否定の形は，それに対応する既出の肯定文の主張を否定するといった場合以外はほとんど使われない．よって，still と already は，**肯定指向極性感応項目**の一種としてそれぞれ分類することができる．否定文では通常，(4iii) のように any more / longer や yet などの**否定指向極性感応項目**を用いる．(4iiia) では，彼女が以前はここにいたということを前提としており，さらにその状態がなお継続するとも考えられていたことが想定される．また，

(4iiib) では，彼女が（そう遠くはない）近い将来ここにいるだろうということをほのめかしている.

still と already は，ある限られた条件下では否定の作用域に入ることもできる. 以下の例をみてみよう.

(5) i. a. You don't still believe it, do you?
           （あなたはもうそれを信じていないよね）
       b. You're not already a member, are you?
           （あなたはまだ会員ではないよね）
   ii. a. I hope you don't still read comics.
           （私はあなたがもうマンガを読んでいないことを望んでいる）
       b. I hope you don't already subscribe.
           （私はあなたがまだ定期購読していないことを望んでいる）
  iii. a. If you're not still a member, now's the time to rejoin.
           （あなたがもう会員でないなら，今こそ復帰する時です）
       b. If you're not already a member, do consider joining.
           （あなたがまだ会員でなければ，是非参加を検討して）

(5i, ii) にはそれぞれ，対応する肯定的な状況，あるいは少なくとも現実だと考えられる状況が存在しうる.（5ia）の発話の背後には，本当は信じるべきではないのに，聞き手がそれをまだ信じているのではないかという見通しがあり，（5ib）の場合は，これから定期購読を勧めようと思っていたのに，残念ながら聞き手がもうすでに会員になっているのではないかという見通しがある.また，（5iia）は，あなたがまだマンガを読んでいるかもしれないと考える理由はあるけれども，年齢などを考慮すると，私はそうは望んでいないと解釈でき，（5iib）は，あなたがすでに定期購読しているかもしれないが，私はそうは望んでいないと解釈できる.（5iii）は条件構文の例になるが，（5iiia）の例を発話する際には，当然それまでの文脈であなたがまだ会員でいるのかどうかが話題にあがっているはずであり，もしそうではない状況で（5iiia）の例を発話したとすると，それは不自然な会話になってしまう.また，anyone をともなう以下のような関係節を自然に発話するにもやはり，それまでの文脈において会員でいるのかどうかの話題があがっているはずである.

Anyone who isn't still/already a member should consider taking advantage of this offer.
（もう／まだメンバーでない人はこの申し出を利用するよう検討すべきである）

■ 疑問節

(6) i. a.　Is Jill still at school?（ジルはまだ学校にいますか）

　　　 b.　Is Jill already at school?（ジルはすでに学校にいますか）

　 ii. a.　%Is Jill at school any more?（ジルはもはや学校にいますか）

　　　 b.　Is Jill at school yet?（ジルはすでに学校にいますか）

already と yet はどちらも，状況の開始についての表現として疑問節内に現れることができる．（6iib）のように yet がかかわる疑問節の答えは，肯定的でも否定的でも自然であり，yet は肯定否定のどちらにも偏りをもたない中立的な副詞になる．一方，（6ib）のように already がかかわる疑問節の答えは，肯定的であることが期待される傾向がある．このような関係は some とより中立的な any の関係と似ている（some と any の関係についての詳細は，本シリーズ第5巻『前置詞と前置詞句，そして否定』の第Ⅱ部を参照）．（6ia）にあるように，疑問節における状況の継続については still を用いるが，代わりに any more を用いる話者もいる．ただしその場合，any longer／more はいくぶん異なった意味をもつ．

(7) i.　Do we still have to put up with these conditions?

　　　　（私たちはまだこれらの条件に我慢しなければいけませんか）

　 ii.　Do we have to put up with these conditions any longer?

　　　　（私たちはまだこれから先もこれらの条件に我慢しなければいけませんか）

（7i）の例は，当該状況が現時点で変わらないものかということを尋ねており，（7ii）の例は，そのような状況が今後も続くのかということを尋ねているのである．

■ 完了形に現れる **still** と **already**

(8) i. a.　*He has still read the report.

　　　 b.　He has already read the report.

　　　　　（彼はもうそのレポートを読んだ）

　 ii. a.　He has still not read the report.

　　　　　（彼はまだそのレポートを読んでいない）

　　　 b.　*He has already not read the report.

already は（8ib）のような完了形の肯定文によく現れる．ここでは，彼がすでにレポートを読んだ状態にあることを意味している．注意すべきは，（8ia）の

ように already の代わりに still を用いることはできないということである．
彼がレポートを読んだという状態は必然的に永続するので，still を用いてその
ような状態が今現在も継続しているということは意味がないためである．しか
し，(8iia) のように still と同一節内に否定要素が存在する場合は文法的とな
る．この場合，彼がレポートを読んでいないという状態が，彼がそれを読むま
で続くという意味になるのである．[2] しかしながら，(8iib) のように still では
なく already を用いると非文法的となる．これは，上述したように，already
は意味的に否定よりも広い作用域をとることができないからである．

■ 進行の場合における **still** と **already** の用法

(9) a. He has still read only twenty pages.
   （彼はこれまで 20 ページだけ読んだ）
 b. He has already read twenty pages. （彼はすでに 20 ページ読んだ）

(9) のように，still と already は一定の幅をもった進行状態にある状況を表す
際にも，よく用いられる．already は物事が比較的よく進んでいる状況を表し，
still は only とともに用いられることが多く，物事が比較的にあまり進んでい
ない状況を表す．still や already は so far （これまで）や up to now （今まで）
で置き換えることができる．

 He has read twenty pages so far. （彼はこれまで 20 ページ読んだ）

上の例では，今まで彼が何ページ読んだのかということについてだけ述べられ
ており，それが捗っているのかどうかに関しては，とくに述べられていない．
already は It is already five o'clock, so he must be home by now. （もう 5 時
なので，彼はもう帰宅しているに違いない）のように時間に関する表現とともによ
く用いられる．この時，物事があまり進んでいない状況を表す場合は，still
only という形ではなく only だけを使って It's only five o'clock, so he won't
be home yet. （まだ 5 時なので，彼はまだ帰宅していないだろう）のようにいうのが
一般的である．

■ 「局面が強まる状態」を表す **already**
上の (9) の already の例は比較的物事が早く進んだという状況を表している

---

[2] still は 'progression' 「進行」用法における完了形とともに現れることもできる．以下 (9a)
参照.

第8章　極性に左右されるアスペクト解釈に関する付加部　　345

が，これはとくに思っていたよりも早くにそのような状況が得られたということであり，予想以上に物事が進んだということを意味している．しかしながら，ほかのケースをみてみると，そのような意味ではなく，潜在的にある局面が強まりつつある状態について述べる際にも用いられることがある．

(10) i. He already owns two newspapers and a TV station: this takeover must be stopped.

（彼はすでに 2 つの新聞社とテレビ放送局を所有している．このような経営権取得はやめるべきである）

ii. There is now at least an even chance that this nation of almost 200 million people will shortly erupt in murderous violence. Already, protests of various sorts have taken place, mostly in provincial cities.

（人口約 2 億人を抱えるこの国でじきに突然殺人的な暴力が始まる見込みは今や五分五分である．すでに，さまざまな抗議活動が行われているが，そのほとんどは地方都市である）

iii. It isn't clear whether Brazil, which already wasn't making payments on the principal of its foreign debt, will come out of the moratorium in a better state to service its debt.

（もうすでに外債の元金を支払っていないブラジルが，その借金の利息を支払えるほど状況が好転して支払い猶予期間から抜け出すかどうかは不明である）

これらの例では，ある好ましくない事態がそれを話題にしている時点ですでに生じており，そのような事態がさらに悪化するかもしれないという，ある種の局面が強まる状態が述べられている．このような場合，already は (10ii) のように文頭に置かれたり，(10iii) のように否定よりも広い作用域をとる．

■完了相に現れる already と yet

上述したように，イギリス英語（並びにアメリカ英語の方言のいくつか）では，アスペクト解釈に関する付加部は未完了の状況でしか使われないが，以下に示すように，アメリカ英語では already と yet を完了相で使うことができる方言もある．

(11) i. A: Can I speak to Ed, please?

（エドさんをお願いできますか）

B: %He already left yesterday.

（彼はすでに昨日出発しました）

ii. %Did he leave yet? (彼はもう出発したの)

(11iB) では，already が動詞 left の前にきているが，後ろに置いて %He left already ともいえる（この場合は left に主強勢が置かれる）．また，(11ii) にみられるような yet の用法は（そもそもそのような使用を否定している文法書もあるが），基本的にはインフォーマルな使用に限られる．

・肯定的な文脈における yet

(12) i. I have yet to see a better account than the one you proposed ten years ago.
(私はあなたが10年前に提案した説明よりもより良い説明をまだみていない)

ii. There may yet be an election before Christmas.
(そのうちクリスマスの前に選挙があるかもしれない)

yet は still の意味をもって肯定的な文脈に現れることができるが，その条件はかなり限られている．(12i) では，have＋不定詞の形でそのような用法が示されており，私は未だにより良い説明をみていないということが含意されている．(12ii) では，法助動詞の may が重要な働きをしている．ここでの may は，ある可能性がまだ残っているということを意味しており，これにより yet が肯定的な文脈で現れることが許容されているのである．以下のような形もあるが，このような形はほとんど定型表現とみなしてよいものである．

There's hope for me／you／… yet
(私／あなた／… にはまだ望みがある)

しかし，地域によっては，より広範は状況で yet が "still"「まだ」の意味で使われることがある（例：%Her father is here yet. (彼女の父はまだここにいる))．

第9章　頻度を表す付加部

頻度を表す付加部は節内で数量を表すが，そのやり方は名詞句構造に現れる数量詞のやり方と似ている．

(1)　節内の頻度を表す付加部　　　　　　名詞句構造に現れる数量詞

i. a. She lectured twice.
　　　（彼女は2度講義をした）

　 b. She gave two lectures.
　　　（彼女は2度講義をした）

ii. a. She always wins.
　　　（彼女はいつも勝つ）

　　 b. She wins every match.
　　　（彼女はいつも勝つ）

iii. a. People sometimes misunderstand this question.[1]
　　　（人は時々この問題を誤解する）

　　 b. Some people misunderstand this question.
　　　（この問題を誤解する人もいる）

iv. a. Students usually prefer assignments.
　　　（学生というものは普通，宿題のほうを好むものである）

　　 b. Most students prefer assignment.
　　　（ほとんどの学生は宿題のほうを好む）

■ 頻度を表す付加部による修飾は一般的に複数状況を示す

頻度を表す付加部は，状況を数量化する働きがあるので，そのような付加部が節内に現れると，0回とか1回といった特別な状況を除いて，通常，その節は複数の状況を表すことになる．

---

[1] 以下の例が示しているように，sometimes は法助動詞の may とほぼ同様の意味で用いられることがある．

These animals sometimes bite.（これらの動物は時々人に噛み付く）

These animals may bite.（これらの動物は人に噛み付くことがある）

348　第 II 部　付加部となる節

(2) i. She cycled to work　　　　　　　　　　　　　［単一状況か複数状況］
　　　（彼女は自転車で通勤した）

　　 ii. She cycled to work three times／every day／quite often.
　　　（彼女は 3 回／毎日／頻繁に自転車で通勤した）　　　　　　［複数状況］

　　iii. She cycled to work just once.　　　　　　　　　　　　［単一状況］
　　　（彼女は一度だけ自転車で通勤した）

なお，頻度を表す付加部は，Barbara is from Cardiff.（バーバラはカーディフ出身だ）のような不変な状態や，Fred was born on New Year's Day 1965.（フレッドは 1965 年の元日に生まれた）のような繰り返し生じない出来事を表す例に現れることはない．

■有界的あるいは非有界的な頻度を表す付加部

(3) i. She lectured ten times.　　　　　　　　　　　　　　　［有界的］
　　　（彼女は 10 回講義をした）

　　 ii. She lectured regularly／quite frequently／every day.　　［非有界的］
　　　（彼女は定期的に／かなり頻繁に／毎日講義をした）

複数状況というのは，（そのような状況を構成している個々の状況が未完了の状態であれ完了の状態であれ）本質的には未完了の意味内容をもっている．(3i) のように**頻度を表す有界的な付加部**（**bounding frequency adjunct**）を用いることで，未完了の複数状況を完了状態にできるが，一方，(3ii) のように頻度を表す非有界的付加部が未完了の複数状況で用いられても，その節は未完了の状態のままである．したがって，(4i) のように，頻度を表す有界的な付加部が有界的な継続期間を表す付加部の作用域内に現れることはない．

(4) i. *She lectured ten times for one semester.

　　 ii. She lectured regularly／quite frequently／every day for one semester.（彼女は 1 学期に定期的に／かなり頻繁に／毎日講義をした）

基本的に，有界的な付加部はある状況が行われた回数について述べ，非有界的な付加部はその頻度について述べる．しかし，ここで注意すべきことは，three times a week（1 週間に 3 回）のような表現は非有界的な付加部であるということである．この場合，1 週間における回数を述べているのであって，合計で何回かを述べているのではないのである．以下の例を比較してみよう．

第 9 章　頻度を表す付加部　　349

(5)　i.　有界的
　　　　A:　How many times did you meet? (何回あなたは会いましたか)
　　　　B:　We met twice. (私たちは 2 回会いました)
　　ii.　非有界的
　　　　A:　How often／How many times a week did you meet?
　　　　　　(どのくらい／1 週間に何回あなたは会いましたか)
　　　　B:　We met twice a week. (私たちは 1 週間に 2 回会いました)

　また，頻度を表す非有界的な付加部は，頻度を表す有界的な付加部よりも広い作用域をとることができる．

(6)　I always proofread an article three times.　　　　　　［非有界的＋有界的］
　　　(私はいつも 3 回論文を校正する)

(6) の例は，always を用いることで，校正するという単一状況が繰り返して生起したということになる．さらに，校正するという単一状況が，その機会があるごとに 3 回生じたことになる．

・反復動詞

cough（咳をする），hit（(人を) 叩く），kick（蹴る），knock（(ドアを) たたく），nod（頷く），pat（(軽く) たたく），wink（まばたきする）のような動詞は潜在的に反復の意味をもっている．たとえば，She knocked at the door. (彼女はドアをノックした) という例では，彼女がドアをノックしたという行為を 1 度だけ行ったという意味にもとれるし，彼女がドアをノックした行為を何度か行ったという意味にもとれる (本シリーズ第 1 巻『動詞と非定型節，そして動詞を欠いた節』の第 II 部を参照)．そのような反復動詞が有界的な付加部とともに用いられた場合も，やはりどちらの意味にでも解釈できる．

(7)　Ben kicked Beth twice. (ベンはベスを 2 回蹴った)　　　　　　　［あいまい］

(7) の例には，彼が彼女を (立て続けに)2 回蹴ったという解釈と，彼が彼女を何回蹴ったかはわからないが，そのような行為が 2 度行われたというような 2 つの解釈がある．

■ 頻度を表す有界的な付加部の形

頻度を表す有界的な付加部の中には，once（1 度）や twice（2 度）（そして古語の thrice（3 度））のほかに，times あるいは **occasion** を NP の主要部とする

ものがある．前者は NP 単独で，後者は on＋NP の形で用いられる．[2] なお，once（1 度）と on one occasion（かつて）という形は，頻度と時間的場所の両方を表すことができる．

(8)　頻度　　　　　　　　　　　　時間的場所
　i. a. We only met once.　　　b. I once liked this kind of music.
　　　（私たちは 1 度だけ会った）　　　（私はかつてこの種の音楽が好きだった）
　ii. a. We met on just one occasion.　b. On one occasion it caught fire.
　　　（私は 1 度だけ会った）　　　（かつては活気があった）

(8a) では会った回数の頻度が示されており，(8b) では当該状況が生じた過去のある一点が示されている．また，once upon a time（昔々）のような熟語は時間的場所の意味だけをもつ．

■ **頻度を表す非有界的な付加部の形**
以下に例示するように，頻度を表す非有界的な付加部は広範囲にわたって存在し，その形も多様である．

(9)　i.　always　　　　　constantly　　　continually　　ever
　　　　　（いつも）　　　（いつも）　　　（絶え間なく）　（常に）
　　　　　frequently　　　intermittently　invariably　　never
　　　　　（しばしば）　　（散発的に）　　（いつも）　　（一度も … ない）
　　　　　normally　　　　occasionally　　often　　　　periodically
　　　　　（ふつう）　　　（時々）　　　　（しばしば）　（定期的に）
　　　　　rarely　　　　　regularly　　　repeatedly　　seldom
　　　　　（めったに … ない）（定期的に）　　（何度も）　　（めったに … ない）
　　　　　sometimes　　　sporadically　　usually
　　　　　（時々）　　　　（ときおり）　　（ふつう）
　　ii.　each／every day　every two weeks　every other／second week
　　　　　（毎日）　　　　（2 週間毎に）　　（1 週間おきに）
　　　　　every time　　　whenever …
　　　　　（毎回）　　　　（… する時はいつでも）．
　　iii.　once a day　　　once every half-hour　twice a year
　　　　　（1 日に 1 回）　（30 分に 1 回）　　（1 年に 2 回）

---

[2] times や occasion を NP の主要部ではなく，数量名詞の補部とする分析も可能である．

第 9 章　頻度を表す付加部　　　351

<table>
<tr><td>three times each month</td><td>four times per year</td><td>on three occasions each year</td></tr>
<tr><td>（毎月 3 回）</td><td>（1 年に 4 回）</td><td>（毎年 3 回）</td></tr>
</table>

on several occasions per year

（1 年に何度か）

iv.

<table>
<tr><td>now and again</td><td>again and again</td><td>off and on</td></tr>
<tr><td>（時々）</td><td>（何度も）</td><td>（断続的に）</td></tr>
<tr><td>on and off</td><td>from time to time</td><td>as a rule</td></tr>
<tr><td>（断続的に）</td><td>（時々）</td><td>（普通は）</td></tr>
<tr><td>for the most part</td><td></td><td></td></tr>
<tr><td>（たいていは）</td><td></td><td></td></tr>
</table>

(9i) は副詞の例であり，普遍量化詞の 1 種である always は頻度や（例：She always won. (彼女はいつも勝った)）継続期間（例：I've always liked her. (私はずっと彼女が好きだ)）を表すことができる．never は普通，頻度を表すが（例：He never answers my letters. ["always doesn't"「一度も … しない」の意味で] (彼は一度も私の手紙に返事をしない)），時間的な場所を表す際にも用いられる（例：He never answered my last letter. ["at no time"「決して … ない」の意味で] (彼が私の最後の手紙に返事をすることは決してなかった)）．また，ever は極性感応的であり（本シリーズ第 5 巻『前置詞と前置詞句，そして否定』の第 II 部も参照），never のように頻度（例：Do you ever go to the movies? (あなたは映画を観ることがありますか)），または時間的場所を表す際に用いられる（例：Did you ever see 'Gone with the Wind'? (あなたはこれまでに『風とともに去りぬ』を観たことがありますか)）．

　(9ii) は NP の例である．これらは時間的間隔を表す名詞主要部と数量詞の each や every からなっている．これらの表現は，直後に修飾節をともなうこともできる（例：every day when it isn't raining (雨が降らない日は毎日)，every time I see her (彼女に会う時はいつも)）．また，on the first Sunday of every month (毎月第 1 日曜日に) のように，より大きな句の中に埋め込んで使われることもある．これらの類には，every time (いつも) と解釈される場合の whenever も含まれる（例：He blushes whenever/every time she speaks to him. (彼女が話しかけると彼はいつも顔を赤らめる)）．また，whenever は You can let me have it back whenever you like. (あなたはそれをいつでも好きなときに私に返していいよ) のように限られた環境で "at any time"「いつでも」の意味をもって非指示的な時間的場所を表す際にも用いられる．

　(9iii) では never を除いてすべての例が有界的な付加部であるが，後続する

修飾要素によってその効果が失われている．たとえば，（有界的な）We met twice.（私たちは2度会った）という表現と，上記（5）の（非有界的な）We met twice a week.（私たちは1週間に2度会った）を比べてみるとよくわかる．on three occasions each year では each year が後続する修飾要素というよりはむしろ独立した付加部としてみなすことができる（このことは，Each year we had lunch together on about three occasions.（毎年私たちは約3回ランチを一緒に食べた）での each year の位置からもわかる）．いずれにしても，For the next several years we had lunch together on about three occasions every month.（翌2，3年私たちは毎月約3回ランチを一緒に食べた）のように，このような後続要素は有界化をもたらす効果をなくす働きをしている．一方，twice a year のように（不定冠詞の）a によって導入されている NP や，four times per year のような主要部として per を用いている PP は明らかに後置修飾要素である（本シリーズ第3巻『名詞と名詞句』を参照）．（9iv）の例の中にはさまざまな頻度を表す熟語が含まれている．なお，「たくさんの」を意味する a great deal や a lot のような NP は頻度に継続期間あるいは程度のニュアンスが混在して使われることもある（第11章を参照）．

■ 頻度と時間

複数状況を構成している1つ1つの状況は一般的には，異なる時間軸の中で行われている．たとえば，She cycles to work.（彼女は自転車で通勤している）は主に継続した習慣を表したものと通常は解釈される．すなわち，彼女が自転車で通勤するという個々の行為が，何度も繰り返して行われているということになり，彼女がそのようなことを別々の日に行っているという解釈が一般的である．とりわけ，そのような1つ1つの行為が規則的な間隔で行われている場合，頻度を表す表現と時間的場所を表す表現との間には密接な関係がある．以下を比べてみよう．

(10) i.　He visits his parents <u>every Christmas</u>.　　　　　　［頻度］
　　　　（彼は毎回クリスマスに両親のところに行く）

　　 ii.　He visits his parents <u>at Christmas</u>.　　　　　　［時間的場所］
　　　　（彼はクリスマスに両親のところに行く）

　　iii.　He <u>always</u> visits his parents <u>at Christmas</u>.　　　［頻度＋時間的場所］
　　　　（彼はいつもクリスマスに両親のところに行く）

（10i）の every Christmas は頻度を表す付加部であるが，それと同時に，それぞれ個々の状況の時間的場所も表している．したがって，（10i）は When does he visit his parents? (彼はいつ両親のところに行きますか) という質問に対する答えとして用いることができる．一方，(10ii) の at Christmas は時間的場所を表す付加部で，やはり個々の状況の時間を特定している．ただし，(10ii) はクリスマスに両親のところを訪れるということを毎年行っているとは明示していないので，(10i) と同義であるとまではいえない．このことは，頻度を表す付加部の always と時間的場所を表す付加部の at Christmas の両方を含んでいる (10iii) をみるとより明らかになる．それでも，(10ii) のような時間的場所を表す付加部が，習慣的な頻度を表すものとして解釈されることはよくあることであり，そのような解釈は At Christmas he visits his parents. のように，付加部を文頭に置くとより強く得られる．同様のことが，付加部が頻度を表す George phones my mother on the first Sunday of every month / every other Sunday. (ジョージは毎月第 1 日曜日／隔週の日曜日に私の母に電話をする) のような場合と，付加部が時間的場所を表す George phones my mother on the first Sunday of the month / on alternate Sundays. (ジョージは各月の第 1 日曜日に／隔週の日曜日に私の母に電話をする) のような場合の比較からもいえる．どちらの場合も，頻度を尋ねる疑問文 how often? の答えにも時間的場所を尋ねる疑問文 when? の答えにもなりうる．

このような頻度と時間的場所の関係は，何かが規則的な間隔で繰り返し行われる表現だけに限られているわけではない．これと同じようなパターンは whenever ないし every time と when の間にもみられる．

(11) i.   He blushes <u>whenever / every time she speaks to him.</u>　　　　［頻度］
　　　　　（彼女が話しかけると彼はいつも顔を赤らめる）

　　　ii.   He blushes <u>when she speaks to him.</u>　　　　　　　　　　［時間的場所］
　　　　　（彼女が話しかけると彼は顔を赤らめる）

　　　iii. He <u>always</u> blushes <u>when she speaks to him.</u>　　　　［頻度＋時間的場所］
　　　　　（彼女が話しかけると彼はいつも顔を赤らめる）

［専門的解説］
このような関係に基づいて，時間を表す付加部の下位に頻度を表す付加部を分類する文法書は多い．なぜそのように考えることができるのかということに関しては，頻度を表す際に用いられる 'time'「時間」という単語自体が three times (3 回) や every time it rains (雨が降るたびに) のように頻度を表す表現として用いることができるということを考えればいささかわかりやすいだろう．しかし，一方で，頻度は概念的に時間とは異なるという有力な根拠もあ

る. 頻度を表す付加部は（個々の）状況の起こった回数を示すことはできるが，その回数に連動して，それが起こった日時の数が決まるわけではない. 具体的に，頻度を定める付加部をともなう以下の例を比較してみよう.

(12) i. This quartet has only been performed twice, once in Bath and once in Glasgow.

（この四重奏はこれまで2回だけ演奏された. 1回はバース，1回はグラスゴーだった）

ii. This question, which the examiners include in the paper every year, has been answered correctly just three times.

（この問題は，毎年試験官がテストに入れるが，これまで正解したのはたったの3回だけだった）

iii. The victim was stabbed three times. （その被害者は3回刺された）

(12i) の例が表す最もあり得る状況は，四重奏が違った日時に行われたというような状況だが，このような解釈でなければならないということはない. つまり，同じ日の夜に2度四重奏が行われたというような解釈にもとれるのである. 同様に，(12ii) では，3つの正しい解答が同時に，たとえば，去年の11月1日に行われた試験日に得られたというような解釈もありえる. また(13iii)では，3回刺すということが（1人の加害者によってではなく）3人の異なった加害者によって同時に行われたという解釈でとることもできる.

同様のことは，非有界的な付加部の場合にもみられる.

(13) i. Parents usually love their children.

（親というものは普通，自分のこどもを愛している）

ii. A quadratic equation usually has two different solutions.

（二次方程式は普通2つの異なった解をもつ）

(13i) の最も自然な解釈は，ほとんどの親について述べていることであって，ほとんどの機会について述べているわけではない. また，(13ii) は普遍的な事実を扱っており，（二次方程式における）一般論について述べているのであって，日常の習慣について述べているわけではない.

■ 否定文における作用域

一般的に，頻度を表す付加部は，否定よりも広い作用域をとることもできれば，否定の作用域に収まることもできる. これらの意味関係は基本的に否定と付加部の語順に左右されるが，ある特定の付加部については個別の制約があ

る．いくつかの例を以下にあげる．

(14) 付加部が広い作用域をとる場合　　　否定が広い作用域をとる場合
 i. a. I always didn't answer the　　　b. I didn't always answer the
　　　phone.　　　　　　　　　　　　　　phone.
　　　（私はいつも電話に出なかった）　　　（私がいつも電話に出るわけではなかった）
 ii. a. I sometimes didn't answer the　　b. I didn't ever answer the phone.
　　　phone.
　　　（私が電話に出ないこともあった）　　　（私は一度も電話に出たことがなかった）
 iii. a. I usually didn't worry about it.　　b. I didn't usually worry about it.
　　　（私は普段，それは心配しなかった）　　（私は普段，それは心配しなかった）
 iv. a. Every Sunday he didn't shave.　　b. He didn't see her every week-end.
　　　（毎週日曜日，彼は髭を剃らなかった）　　（彼は，毎週末は彼女に会わなかった）

(14i–iii) の作用域関係は語順に依存している．つまり，先に出てきている下
線部の要素のほうが後に出てきている要素よりも広い作用域をとっている．し
たがって，論理的には，(14ia) は I never answered the phone.（私は1度も電
話に出たことがなかった）と同義であり，(14ib) は (14iia) と同義である．
sometimes は否定の作用域内に入ることは滅多になく，そのような解釈が求
められる場合，sometimes の代わりに (14iib) のように ever が使われる．
usually の場合は，語順に左右されることはなく，(14iii) の例は（発音する時
に対比の強勢を用いない限り）事実上，同等の解釈を担う．(14iva) は，彼が
髭を剃らなかったことについての頻度を問題にしており，every Sunday は文
末に現れることもできるが，文頭に置いたほうが作用域関係はよりはっきりす
る．(14ivb) は，彼が週末のたびに会うほど頻繁に彼女に会ってはいなかった
ということを意味しており，このような解釈の場合，every week-end という
付加部が文頭に置かれることはない．

　four times（4回）のような有界的な付加部は，広い作用域も狭い作用域もど
ちらもとることができる．

(15) He didn't vote four times.　　　　　　　　　　　　　［作用域：あいまい］
　　　（彼は4回投票しなかった）

(15) には，'Four times he failed to vote'「彼が投票しなかったのは4回だ」
という付加部が広い作用域をとる解釈と，"It's not the case that he voted
four times."「彼が4回投票したということはなかった」という否定が広い作
用域をとる解釈（たとえば，彼は2回だけは投票したというような解釈）の2

通りがある.

■数量名詞句と作用域の関係

頻度を表す付加部は，個々の状況の回数を示すことができるため，もし同一節内に数量名詞句が現れると，それらのうちどちらが広い作用域をとるのかという問題が生じる. 以下の例をみてみよう.

(16) 数量名詞句のほうが頻度を表す付加部よりも広い作用域をとる場合

    i. One of my friends has been sacked two or three times in the last few months. (ここ数ヶ月で私の友達の1人は2，3回解雇された)

    ii. Some people were late much more often than me.
(何人かは 私よりも頻繁に遅刻した)

(17) 頻度を表す付加部のほうが数量名詞句よりも広い作用域をとる場合

    i. If you sack someone two or three times a year the public will lose confidence.
(もしあなたが1年に2，3回，誰かを解雇すれば，ほとんどの人は自信を失うだろう)

    ii. People in ex-communist countries kill themselves more often than others in Europe.
(旧共産圏の人々はヨーロッパのほかの国々の人々よりも頻繁に自殺する)

(16i) では，2度3度と異なった時期に解雇された人は同じ人を指している.
(16ii) では，あるグループがあって，そのグループ内の1人1人が自分よりも頻繁に遅刻していたということを表している. したがって，これらの例では，数量名詞句のほうが付加部よりも広い作用域をとっており，その NP が指し示しているある特定のものについての状況の頻度が語られている. これとは対照的に，(17i, ii) では (これらの例はどちらもコーパスより採取された実例であるが)，解雇された人は同じ人ではないし，旧共産圏内の特定の個々人がほかの国の人々よりも頻繁に自殺するということをいっているわけではない. これらの例では，状況の発現した回数に応じて NP の数が決まってくるのである. したがって，それぞれの状況において解雇されたり自殺した人は毎回異なった人を指し示すことができる.

[専門的解説]
■頻度を表す非有界的な数量詞における文脈上の制限（値の変域に対する制限）

以下の例に出てくる always の解釈について比較してみよう.

(18) i. There is always somewhere where it is raining.
   （雨はいつもどこかで降っている）
   ii. I always handwash this blouse.
   （私はこのブラウスはいつも手洗いする）

(18i) の例は，頻度を表す付加部が無制限に解釈されている比較的稀なケースであり，具体的には，毎年毎日いつもどこかで雨が降っているという意味をもつ. 対照的に，(18ii) では，絶えずブラウスを手洗いしながら生活しているということは含意されない. ここでの always は，"on all occasions when I wash this blouse I do so by hand"「このブラウスを洗うすべての場合に私は手で洗う」というような，明示されていない想定に基づいて解釈される. また，このような制限は名詞句の数量化においても同様に当てはまる. たとえば All students take Introduction to Phonology.（すべての学生は音韻論入門を履修しなければならない）という表現では，主語の名詞句 All students の数量詞 all がどの範囲の学生について言及しているのかに対する暗黙の前提を含んでいるものとして解釈される. つまり，ここで得られる解釈は，ある特定の機関の学部に所属しているすべての学生ということになる.

　このような制限は明示される場合もあるが，たいていは（19）の下線部のような時間的場所を表す付加部や個々の状況に対して適用される条件によって表される.

(19) i. The teacher sometimes gives us a hint when/if he sets a
   difficult problem.
   （その先生は難しい問題を設定した場合，ヒントを与えることがある）
   ii. Pamela usually sets the alarm clock before she goes to sleep.
   （パメラはたいてい寝る前に目覚ましをセットする）

・焦点とのかかわり
上述した文脈上の制限が，対比の強勢を節内のどの要素に置いて発話するかによって，当該の節の真偽値に影響を及ぼすこともある.

(20) i. a. FIDO barked at the postman today.
   　　（ファイドは今日郵便配達員に吠えた）
   b. Fido barked at the POSTMAN today.
   　　（ファイドは今日その郵便配達員に吠えた）
   ii. a. FIDO usually barked at the postman.

（ファイドはたいてい郵便配達員に吠える）

b. Fido usually barked at the POSTMAN.

（ファイドはたいていその郵便配達員に吠える）

頻度を表す付加部がない (20i) の (a) と (b) の例はそれぞれ同じ真偽値をとるが，(20ii) のように usually を入れると，そのような等価性は崩れる．たとえば，郵便配達員が 120 回来て，Fido はそのうち 50 回彼に吠えたのに対し，ほかの犬，たとえば，Whisky は 110 回吠えたとしよう．このようなシナリオでは，Fido に焦点が当たっている (20iia) の真偽値は偽になり，postman に焦点が当たっている (20iib) の真偽値は，Fido が吠える行為のほとんどが（ほかの訪問者ではなく）その郵便配達員がやって来たことによって引き起こされたということであれば，真になるのである．したがって，(20iia) の暗黙の制限は "when the postman came"「その郵便配達員が来た時」ということになり，一方，(20iib) の暗黙の制限は "when people came"「人が来た時」あるいは単に "when he barked"「Fido が吠えた時」ということになる．

■ 進行相にともなう頻度を表す付加部

複数状況を表していることが示唆されていないかぎり，進行相をともなう節は通常，単一状況を示すものと解釈される．そのため頻度を表す付加部による修飾とは相容れない．以下を比較してみよう．

(21) i. a. She cycles to work. （彼女は自転車で通勤している）

　　　 b. She is cycling to work. （彼女は自転車で通勤している）

　　 ii. a. She usually cycles to work.

　　　　　　 （彼女はたいてい自転車で通勤している）

　　　 b. ?She is usually cycling to work.

　　　　　　 （彼女はたいてい自転車で通勤している）

一般的に，(21ia) の解釈は，複数状況（すなわち，自転車通勤が繰り返し行われているような状況）を想定しているため，(21iia) のように問題なく usually を挿入することができる．これに対して，(21ib) の一般的な解釈は，単一状況を想定したものなので，usually を付け加えると (21iib) のような不自然なものになる．(21ib) に，たとえば this week のような時間的場所を表す付加部を加えれば，複数状況の読みが得られるが，進行相は短い時間的幅を表すため，usually による修飾では容認度が低くなる．しかしながら，(21iib) の例に，個々の状況を表す時間的場所を指定する付加部を加えた場合（あるい

はそれが暗黙に了解されている場合），容認可能となる．

> She is usually cycling to work at this time of the morning.
> （彼女はたいてい朝のこの時間は自転車で通勤している）

［専門的解説］
進行相と always のような付加部の組み合わせは，She is always constantly filing her fingernails. （彼女はいつも爪を研いでいる）のように一般的には熟語的な解釈をもつ．このような例は，明白な制限がある場合を除き，主観的な判断，たいていは過度な頻度を表すというようなやや否定的な意味を伝えるのに用いられる．

第 10 章　連続順序を表す付加部

ここで扱う付加部は，反復する出来事からある 1 回を抜き出し，それがほかの回と比べて，どのような時間的順序にあるのかを示す．

(1) i.　I went to New York for the second time in 1976.
　　　　（私は 1976 年に再度ニューヨークに行った）

ii.　The oratorio was first performed in 1856.
　　　（聖譚曲は 1856 年に初めて演奏された）

iii.　The oratorio was performed again the following year.
　　　（聖譚曲はその翌年に再び演奏された）

iv.　The oratorio was performed yet again yesterday.
　　　（聖譚曲は昨日さらにもう一度演奏された）

(1) の例はすべて 1 つの状況を伝えているが，それぞれの状況は，意味内容から推意される複数の状況と関連づけられている．したがって，(1) の下線部のような付加部を含む例では，複数の状況の存在が含意されることが一般的といえる．たとえば，(1i) では少なくともニューヨークへ 2 度行ったということが含意される．しかし，(1ii) のように first が現れると，聖譚曲の演奏が複数回行われたということは示唆されるものの，それが必然ということにはならない．つまり，(1ii) では最初の演奏の後さらなる演奏が行われたということが推意されるが含意はされず，その後，実際に聖譚曲が演奏されたのかはこの (1ii) の例からだけでは断定することはできないのである．

　(1iii) では again によって最初に行われた聖譚曲の演奏が再びどこかの時点で繰り返し行われたということが表されている．(1iv) では yet again によってそのような聖譚曲の演奏が 2 回行われた後，再びどこかの時点で繰り返し行われたということが表され，このような繰り返しがある種の驚きや注目に値

360

第 10 章　連続順序を表す付加部　　361

することを示唆している.

　なお，連続順序を表す付加部について直接質問する疑問節をつくることはできない. また，この種の付加部は通常，PP や AdvP の形をとる. PP の場合は典型的に for + the X time (X は序数か last) の形を成し，副詞の場合は first, next, last, again などになる.

■ 作用域
連続順序を表す付加部は，節の主語よりも広い作用域をとる場合もあれば，それが困難な場合もある. 以下の例を比べてみよう.

(2)　i.　Mary Smith performed the sonata for the third time last year.
　　　　（メアリースミスがソナタを演奏したのは去年で 3 度目／ 3 人目だった）

　　ii.　A woman has been elected president for the second time.
　　　　（女性が 2 度大統領に選ばれた）

　　iii.　People are dying of TB again.
　　　　（人々がまた結核で亡くなっている）

(2i) の例で，主語の Mary Smith が付加部の for the third time の作用域の中にあると，3 度行われたすべての演奏会においてソナタを演奏したのが彼女自身であったという解釈になる. 一方，主語の Mary Smith が付加部の for the third time の作用域の外にあると，Mary Smith が演奏する前にソナタを演奏したのが誰かは示されないという解釈になる. つまり，この場合の解釈の多義性の所在は，ソナタの演奏という繰り返される出来事が，彼女自身によるものなのか，あるいは，そのほかの誰かによるものなのかの違いになる. (2ii) の例も同様で，大統領に選ばれたのが同一の女性であってもよいし，そうでなくてもよいのである（が，どちらかというと後者の読みのほうが強く得られる傾向がある）. (2iii) の例で現実的に得られるもっともらしい解釈は，付加部の again が主語の people よりも広い作用域をとる解釈であり，人々が 2 度死ぬというような解釈は普通得られない.

　加えて，again はある以前の状態に戻すということを表すときにも用いられる.

(3)　i.　Ann opened the window, and then a few minutes later she closed it
　　　　again. （アンは窓を開け，そして数分後，再び閉めた）

　　ii.　The lawnmower broke down, and I couldn't get it going again.
　　　　（芝刈り機が壊れ，もう一度動かすことができなかった）

ここでの again は（Ann が何度もドアを閉めたとか，草刈機を何度も動かしたというような）出来事それ自体の繰り返しを述べているわけではなく，（窓が閉鎖しているとか，草刈機が作動しているというような）以前の元の状態に戻すことを表している．

第 11 章　程度を表す付加部

■ ある種の量化詞として程度を表す付加部

これまでみてきたさまざまなカテゴリーの中のいくつかは基本的に量化にかかわるものである.

(1) i. She walked a long way. 　　　　　　　　　［空間的な範囲（距離）］
　　　　（彼女はずいぶん歩いてきた）

　　 ii. The price has gone up a lot. 　　　　　　　　［尺度変化の範囲］
　　　　（その値段がずいぶん上がった）

　　 iii. The strike lasted a long time. 　　　　　　［時間的な範囲：期間］
　　　　（そのストライキはずいぶん続いた）

　　 iv. They go out very often. 　　　　　　　　　　　　　　［頻度］
　　　　（彼らはしょっちゅう外出する）

この章では，量化詞として程度を表す付加部をとりあげる. 以下に，その例をあげる.

(2) i. She likes it a lot.（彼女はそれをとても気に入っている）

　　 ii. I've completely finished marking these assignments.
　　　　（私はこれらの宿題をすっかり採点し終えた）

　　 iii. He almost forgot the doctor's appointment.
　　　　（彼は医者の予約がるのをあやうく忘れるところだった）

　ここでは，(2) の例に現れているような付加部に対して**程度**という伝統的な用語をカバータームとして用いることにする. ただし，それがどれほど妥当なのかは付加部ごとに異なる場合もある.（2i) の a lot は程度を表す典型的な例である. like は，主語 she の感情の度合いに照らし合わせながら用いること

363

ができる動詞で，段階的な特性を表すことができる．ここでは，a lot によっ
てその度合いが示されている．(2ii) の finish marking these assignments は
達成を表しており，completely という付加部によって，そのような行為が終
点に到達したということが強調されている．(2iii) の例で注目すべきことは，
"He forgot the doctor's appointment."「彼はお医者さんとの約束を忘れた」とい
う命題が真であるために満たされなければならない条件があって，その条件
が almost という付加部の存在によってどの程度満たされたのかが示されてい
るということである．また，a lot を含む (2i) の例は (2ii, iii) の例とは異な
り，how much（どれくらい）で始まる疑問節の答えになり得ることからも，a
lot は程度を表す付加部の中でより中核的な存在といえる．したがって，(2i)
を答えにとるようなかたちで How much does she like it?（彼女はどれくらいそ
れを気に入っているの）ということはできるが，(2ii) や (2iii) をそれぞれ答え
にとるようなかたちで *How much have you finished marking these assign-
ments? とか *How much did he forget the doctor's appointment? ということ
はできない．

　程度を表す付加部の中には，頻度や継続のニュアンスが混在しているものも
ある．たとえば，NP の付加部 a great deal は，Ed talks a great deal.（エドは
たくさん話す）のように程度を意味する how much の疑問節の答えにもなり得
るし，I like it a great deal.（私はそれを相当気に入っている）のように典型的な
程度を表す付加部として振る舞うこともできるのであるが，それと同時に，継
続の意味や頻度の意味を表したりすることもできる．たとえば，You've talk-
ed a great deal already.（君はもうすでに大分話をしたよ）というと，長い間話を
したというような継続の意味が推意されるし，Ed talks a great deal.（エドはい
くらでも話す）では，エドが何度も話をするというような複数の状況が暗示さ
れており，頻度の意味が推意される．とりわけ，後者のような発話からは，頻
度の点からも継続時間の点からも，エドはたくさん話をするということが強く
暗示されることになる．

■ 程度を表す付加部の下位群
ここでは，(3) に示すように，程度を表す付加部を 7 つの下位グループに分け
ることにする．

(3) i. I absolutely reject that suggestion. ［最大］
　　　（私はその提案を絶対に断る）
　　ii. I much regret confiding in her. ［高度］

第 11 章　程度を表す付加部　　　　365

（私は彼女を信頼してとても後悔している）

iii. I <u>rather</u> like that idea. 　　　　　　　　　　　　　　　［適度］

（私は結構そのアイディアを気に入っている）

iv. I had modified it <u>slightly</u>. ［低度］

（私はそれを少しだけ修正した）

v. I doubt whether he understood it <u>at all</u>. 　　　　　　　　［最小］

（私は彼がそれを本当に理解したのか疑っている）

vi. I <u>nearly</u> made a serious mistake. 　　　　　　　　　　　　［概算］

（私は危うく重大なミスをするところだった）

vii. I trusted her <u>enough</u> to let her borrow the file. 　　　　　［相対］

（私は彼女がファイルを借りるのを許すほど信頼していた）

　以下では，ほかの例も紹介しながら，これら下位グループに属する付加部を
1つずつみていくことにするが，その前に，2点だけ一般的な事項を述べてお
く．まず1点目は，ほかのカテゴリーと同様，副詞も多義的な機能を有する
ということである．たとえば，1つの副詞が，ある時には様態の機能をもって
現れ，またある時には程度の機能をもって現れることがある．

(4)　様態副詞　　　　　　　　　　　　程度を表す副詞

i. a. He sang rather <u>badly</u>. 　　　　b. He <u>badly</u> misrepresented my
　　　　　　　　　　　　　　　　　　　　position.

（彼はかなり下手に歌った）　　　　（彼は私の立場をひどくゆがめて伝えた）

ii. a. She answered the question 　　b. I <u>perfectly</u> understand your
　　<u>perfectly</u>. 　　　　　　　　　　reasoning.

（彼女はその質問にきっちりと答えた）　（私はあなたの理屈をちゃんと理解し
　　　　　　　　　　　　　　　　　　ている）

2点目は，程度を表す付加部の中には，それが修飾する動詞もしくは動詞句の
タイプがかなり制限されるものもあるということである．たとえば，I <u>com-</u>
<u>pletely</u> forgot.（私は完全に忘れた），I <u>badly</u> needed it.（私はどうしてもそれが必
要だった），I <u>greatly</u> admire her.（私は彼女をとても賞賛している），I <u>deeply</u> dislike
them.（私は非常に彼らを嫌っている）とはいえるが，*I <u>thoroughly</u> forgot. *I <u>ut-</u>
<u>terly</u> needed it. *I <u>perfectly</u> admire her. *I <u>deeply</u> like it. は容認されない．
また，<u>roundly</u> condemn／defeat（厳しく非難する／完全に打ち負かす），<u>clean</u>
forget（すっかり忘れる）のように，イディオム的な用法でのみ現れるものもある．

(a) 最大程度を表す付加部

(5)

altogether	absolutely	completely	entirely	fully
（完全に）	（まったく）	（完全に）	（完全に）	（十分に）
perfectly	quite	thoroughly	totally	utterly
（完璧に）	（まったく）	（まったく）	（完全に）	（完全に）
wholly				
（完全に）				

(6) i. She finally eliminated the problem altogether / completely / entirely.
   （彼女は最終的にその問題を完全に排除した）

   ii. I absolutely / fully / quite / thoroughly agree with you.
   （私はあなたに完全に同意します）

最大程度を表す付加部は，それ自体で最上級の程度を表すため，たいてい，程度を表す別の付加部によってさらに程度の度合いを強めることはできない（*very absolutely / utterly）．しかし，very fully（非常に）や more completely than ever before（これまで以上により完全に）のように，一部許容されるものもある．thoroughly の場合，They examined it very thoroughly.（彼らはそれを徹底的に調べた）のように，その度合いを容易に強めることができるが，この場合の thoroughly は（最大程度を表す付加部ではなく）様態を表す付加部とみなしたほうがおそらく適切である．最大程度を表す付加部のほとんどは，(6i) のように目的の完遂を表したり，(6ii) のように段階的特性の極めて高い程度を表したりすることができる．ただ，ここでもまた，付加部がどのような句を修飾できるかについて個別の制限が存在する．たとえば，She utterly eliminated the problem.（彼女はその問題を完全に排除した）とはいえるが，*She utterly finished the work. は容認されない．このような違いは，calculate（予想する）～ miscalculate（見誤る），estimate（評価する）～ overestimate（過大評価する），behave（行儀よくする）～ misbehave（無作法にふるまう）のような動詞の対においてもみられる．後者の類の動詞はある種の段階的な意味をもち，上でみたような程度の修飾を許すが，前者の類の動詞はそのような修飾を許さない．以下の例を比べてみよう．

(7) i. a. *He utterly calculated her response.

   b. He utterly miscalculated her response.
   （彼は彼女の反応を完全に見誤った）

   ii. a. *I completely estimated his strength.

第 11 章　程度を表す付加部　　367

　　b.　I completely overestimated his strength.
　　　　（私は彼の力を完全に過大評価した）

quite が最大程度を表す付加部として用いられるのは，達成状況を修飾する場合と（例：Have you quite finished?（ちゃんと終わったの）），もともと高い程度を意味する段階的な特性をもつ要素を修飾する場合である（そして，(8i) の adore を修飾する例のように，後者の場合のほうが多い）．しかし，like のような段階的な特性をともなう動詞と現れると，適度な程度を意味する付加部として振る舞う．

(8)　i.　She quite adores them.　　　　　　　　　　　　　　　　［最大］
　　　　（彼女は彼らをたいへん敬愛している）
　　ii.　She quite likes them.　　　　　　　　　　　　　　　　　［適度］
　　　　（彼女は彼らをまあまあ気に入っている）

また，I quite understand.（私はすっかり把握している）の場合，この quite は最大程度の解釈をもっているということにも注意しておくべきである．
　通常，最大程度を表す付加部は，節の中央部位置か後部位置に現れる（が，quite の出現に関しては，中央部位置のみに制限される）．以下の例が示しているように，最大程度を表す付加部が後部位置に置かれると，典型的には強勢が付与され，程度の度合いが高められる．

I absolutely agree with you.（私はあなたに完全に同意します）
I agree with you absolutely.（私はあなたに全くもって完全に同意します）

This totally ruined the evening.
（これによってその晩が完全に台無しになった）
This ruined the evening totally.
（これによってその晩が全くもって完全に台無しになった）

(b)　高度を表す付加部

(9)

badly	bitterly	deeply	far	greatly
（どうしても）	（激しく）	（痛烈に）	（ずっと）	（大いに）
immensely	largely	much	particularly	profoundly
（とても）	（主に）	（ずっと）	（とくに）	（大いに）
so	strongly	tremendously	vastly	well
（とても）	（強く）	（ものすごく）	（大いに）	（かなり）

a great deal　a lot　　　　for the most part
（大いに）　　（たくさん）　　（概ね）

(10) i. He <u>badly</u> needs a haircut.（彼はどうしても髪を切る必要がある）

　　 ii. She <u>bitterly</u>/<u>deeply</u>/<u>strongly</u> resents the way she has been treated.
　　　　（彼女は扱われ方に激しく／痛烈に／強く怒っている）

　　 iii. I would <u>far</u>/<u>much</u> prefer to do it myself.
　　　　（私はそれを自分でやったほうがずっといい）

　　 iv. He had <u>for the most part</u> understood what they said.
　　　　（彼は彼らが言ったことを概ね理解した）

　　 v. I do <u>so</u> hope everything works out as you would think.
　　　　（私はあなたが考えているようにすべてのことがうまくいくと強く願っている）

高度を表す付加部は，尺度における中間より上から最大付近までをカバーする．immensely や tremendously のような単語は，この中でも最大程度に近い意味をもち，それら自身のさらなる強度化をほとんど認めないという点は，最大程度を表す付加部と共通である（*very immensely）．far は一般的に距離を表す単語だが，比較などの尺度差を問題にするときは，程度を表す語としていくぶん拡張された形で用いられる．たとえば，far prefer の far は，far better（ずっと良い）や far more consistently（はるかに一貫して）のように，形容詞や副詞の比較級を修飾したり，It far exceeded her expectations.（それは彼女の期待をはるかに超えていた）でみられるように exceed（超える）のような程度を表す動詞と一緒に現れたりすることができる．また，高度を表す付加部は，laugh heartily（大声で笑う），squeeze tightly（きつく絞る），work hard（一生懸命働く）のように，様態と程度のニュアンスが混在した形で用いられることもある．一方 so は，He grieved so, (that) we thought he would never recover.（彼は深く悲しんでいたので，私たちは彼が決して立ち直ることはないだろうと思った）のように結果を表す節をとることができる（ここで，so much のほうがより自然だと判断する話者もいる）．しかし，そのような結果を表す節をともなわない場合，so は主に Do you have to stare so?（あなたはそのようにじっとみなければいけないの）のようにインフォーマルな文体で用いられることがほとんどである．

　(9) のリストにはない注目すべき単語の1つとして very がある．very は形容詞と副詞を修飾することはできるが，動詞を修飾することはできない．動詞を修飾するのは very ではなく much であるが，much という単語はかなりの制約を受ける．通常，much が後部位置に現れると，それ自体が程度を表す付加部によって修飾されない限り，非肯定的な要素として振る舞う．したがっ

て，非肯定的な要素 don't をともなう I don't like it much.（私はそれがあまり好きではない）や程度を表す付加部 very によって修飾されている I like it very much.（私はそれがとても好き）は容認可能だが，それらのいずれも満たしていない *I like it much. は容認されない．また much は I much appreciate your concern.（私はあなたの思いやりにとても感謝します）のように，肯定的な文脈では中央部位置に現れることができるが，このようなケースは非常に限定されたものであり，appreciate（感謝する），enjoy（楽しむ），outrank（より重要である），prefer（好む），surpass（より優れている），underestimate（過小評価する）など，ある一定の動詞とともに現れたときにだけ許される．また，以下の例が示しているように，修飾語句をともなわず，かつ，肯定的に用いられる much は，受動態に現れることはできるが，それに対応する能動態に現れることができない場合もある．

(11) i. She had been much abused by her stepfather.
          （彼女は継父によってひどく虐待されていた）
      ii. *Her stepfather had much abused her.

(c) 適度を表す付加部

(12) moderately   partially   partly   quite   rather
      （適度に）   （ある程度）   （部分的に） （比較的） （結構）
      somewhat
      （いくぶん）

(13) i. Things have changed somewhat.（事情はいくぶん変わった）
      ii. I rather think you're right.（私は結構あなたが正しいと思っているよ）

(c) の適度を表す付加部は，以下でみる (d) などと同様に，(a) の最大程度を表す付加部や (b) の高度を表す付加部と比べると，その数は少ない．つまり，(a) や (b) などの程度が高いレベルに属する付加部はそれだけ語彙的なバリエーションが豊富である（さらに，(9) のリストには容易に例を追加できる）．

(d) 低度を表す付加部

(14) a bit   a little   little   slightly
      （ちょっと）   （少しだけ）   （ほとんど…ない）   （少し）

(15) i. I slightly regret not accepting their offer.
          （私は彼らの申し出を受け入れなかったことを少し後悔している）

ii. We discussed it a little. (私たちはそれについて少しだけ議論した)

iii. He little realized what he was letting himself in for.
(彼は自分が何に巻き込まれているのかほとんど気づかなかった)

little は a little よりもより低い程度を表し，（形容詞として名詞句を修飾するときと同様に）much の反義語になる．一般的に little は，否定的要素として振る舞う（本シリーズ第5巻『前置詞と前置詞句，そして否定』の第 II 部を参照）．また，little が後部位置に現れる場合は，修飾語句を必要とする傾向がある．したがって，She likes him very little. (彼女は彼があまり好きではない) とはいえるが，*She likes him little. は容認されない．しかし，1つ注意すべきは，It matters little (what you say now). ((あなたが今，何をいおうと) ほとんど問題ではない) は，little が後部位置に修飾語句をともなわずに現れているものの，容認されるということである．また，低度を表す付加部は，adore や ruin のようにもともと強度の意味を含んでいる動詞とは一緒に現れないという傾向がある．

He liked/?adored her a little.
(彼は彼女が少しだけ好きだった／敬愛した)

It had slightly damaged/#ruined her prospects.
(それによって彼女の将来性が少し傷つけられた／破滅させられた)

(e) 最小程度を表す付加部

(16) i.

at all	in the least	in the slightest	so much as
(少しでも)	(まったく … ない)	(少しも … ない)	(… ほどない)

ii.

barely	hardly	scarcely
(ほとんど … ない)	(ほとんど … ない)	(ほとんど … ない)

(17) i. If it rains at all, we'll move to the church hall.
(雨が少しでも降っているなら，私たちは教会に移動する)

ii. He hardly understood what she was saying.
(彼は彼女がいっていたことをほとんど理解しなかった)

(16i) の語句はいずれも非肯定的な要素である．したがって，I didn't like it in the least. (私はそれがまったく好きではなかった) は容認されるが，*I liked it in the least. は容認されない．対照的に，(16ii) の単語はそれ自体が否定的な要素である．したがって，(17ii) の例を発話した後に，and nor indeed did I. (そして私もまったく理解しなかった) のように否定的に続けていうことができる．ただし，これは，彼が彼女のいったことをまったく理解していなかったという

ことを含意しているわけではなく，彼の理解度が低かったため，その結果，統語的に否定的に扱われているということになる．これらの否定的な単語は，We hardly enjoyed it at all.（私たちはほとんど楽しめなかった）のように，非肯定的な at all と容易に共起することができる．このような非肯定的な項目の中には，I don't care a damn/fig.（どうでもいい）のように，イディオム的な組み合わせにのみ制限されるものもある．I don't care a damn/fig. の別のいい方として，I don't give a damn/fig.（どうでもいい）といういい方があるが，この場合，節の最後に現れている名詞句 a damn/fig は，統語的には付加部というよりもむしろ目的語として振る舞っているといえる．実際，このように非肯定的な目的語とみなしてよいようなものはほかにも存在する．たとえば，I didn't understand a word.（私は一言も理解していなかった）の名詞句 a word は，統語上はもちろん他動詞の目的語とみなされるが，語用論的には非肯定的な at all とまったく同じ振る舞いを示していると考えられる．

(f) 概算を表す付加部

(18)

all but	almost	as good as	kind of
（ほとんど，概ね）	（もう少しで… するところだった）	（ほとんど，も同然）	（ちょっと）
more or less	nearly		
（大体，ほとんど）	（ほとんど）		
practically	sort of	virtually	
（ほとんど）	（ちょっと）	（ほとんど）	

(19) i. He <u>almost</u> lost his balance.（彼はバランスを失いかけた）

     ii. Ed <u>as good as / more or less</u> admitted it was his fault.
（エドは，それは自分の責任だと認めたも同然だった）

     iii. She had <u>sort of</u> promised to help him.
（彼女は一応彼を助ける約束した）

almost, nearly, practically には，強い否定的な推意を引き起こす作用がある．たとえば，(19i) の例では，実際彼はバランスを失ってはいないが，失いかけたということを述べている．[1] また，more or less, as good as, kind of, sort

---

  [1] このような推意は，本シリーズ第3巻『名詞と名詞句』で考察されているタイプの尺度性質をもっている．たとえば，スーが年末までに博士論文をほぼ書き終えているだろうということに賭けたとして，実際に彼女がそれまでに博士論文を完全に書き終えていたとしたら，年末

of のような慣用句的表現は（とりわけ, more or less 以外はインフォーマルな
状況でしか用いられないが）, これらが修飾している動詞が述べていることが
概ねは正しいことを意味する. したがって, (19ii) や (19iii) の例で述べられ
ていることは, 自認や約束という行動が実際には行われなかったということで
はなく, そこでの行動が, 厳密な意味においては自認や約束に該当しないとい
うことである.

(g)　相対を表す付加部

(20)　enough　　　　less / least　　more / most　　sufficiently
　　　（十分に）　　（少ない程度に／　（もっと多くの／最も）　（十分に）
　　　　　　　　　　少しも … ない）

　　　too much
　　　（大いに）

(21)　i.　He had studied enough to scrape a pass.
　　　　　（彼は合格するだけの勉強を十分した）

　　　ii.　I understood it more than I'd expected, but that isn't saying very
　　　　　much.
　　　　　（私は自分が思っていたよりもそれを理解できたが, 大して理解できたとも
　　　　　思っていない）

　　　iii.　He needed the money too much to be able to turn down such an
　　　　　offer. （彼はそのようなオファーを断れないほどたくさんのお金が必要だった）

ここで扱う付加部は, ある一定範囲の程度を特定することはせず, ほかの状況
との関係において, その程度を量化する特徴をもっている. そのため, これら
の付加部を 'relative'「相対」に属する付加部とよぶことにする. enough と
sufficiently は相対的な範囲の下限を示す働きをする. (21i) の例で, 彼が勉
強した程度や範囲というのは, 彼が合格を手にいれるのに必要なだけのもので
あり, それを下回るものではなかったということになる. more / most と
less / least はそれぞれ **much** と **little** の比較級と最上級になる（これらについて
は本シリーズ第7巻『関係詞と比較構文』の第 II 部で詳細に検討されている）. (21ii)
の例では, 実際に私が理解した程度と私が予測していた理解度が比較されてい
る. その理解度はどのような程度にもなりうるが, ここでは, 後続している節

までに博士論文をほぼ書き終えているということに賭けたことと同じになるので, その賭けに
は勝ったということになる.

の存在によって，それは極めて低かったということが述べられている．一方，too much は相対的な範囲の上限を示す働きをする．したがって，(21iii) の例では，彼が必要としていた金額は，彼がそのオファーを受け入れずに済む額を超えたものだったということなる．そして，実際ここでは，彼はそのオファーを断ることができなかったということが含意されている．しかし，ここでもまた，彼にどの程度お金が必要だったのかを特定することはできない．

　too は very と同じく，単独で動詞を修飾することができない．したがって，(21iii) では too の後ろに much が現れている．ただし，too や (20) にあるような語句は副詞を修飾することはできるため，ほかの副詞を主要部とし，ここで紹介した副詞を修飾語句とした AdvP を形成することができる．そして，そのような AdvP はある程度は相対を表す付加部に属することになる．ここで，「ある程度」とつけ加えなければならないのは，too のような単語によって修飾される (a)(b) 群の付加部のほとんどは，中立的ではなく，依然として高い程度を表すからである．たとえば，(b) 群の bitterly と (20) の more から形成される more bitterly を含む Ed resented it more bitterly than I did.（エドは私よりもひどく憤慨した）では，エドの怒りの程度と話者の怒りの程度が相対的に比較されてはいるものの，依然としてエドがかなり高い程度で怒っていたということを示していることに変わりはないのである．

■否定
通常，程度を表す付加部が節を否定する要素と一緒に現れると，その付加部は否定要素の作用域内に入る．

(22)　I don't fully understand what you mean.　［否定の作用域内にある付加部］
　　　（私はあなたが意味したことを完全には理解していない）

(22) の例が意味していることは，「私はあなたが意味したことを完全に理解したわけではない」ということであり，「私はあなたが意味したことをまったく理解していない」ということではない．否定的な状況の程度を表す場合には，節を否定する要素を使うのではなく，そもそも語彙的に否定の意味をもっているものを使うのが普通である．

(23)　i. a.　He very much dislikes them.（彼は彼らをひどく嫌っている）
　　　　b. ?He very much doesn't like them.（彼は彼らをひどく嫌っている）
　　ii. a.　I absolutely reject the idea.
　　　　　（私はそのアイデアを断固として受けつけない）

b. ?I absolutely don't accept the idea.
　　（私はそのアイデアを断固として受けつけない）

（23ib）や（23iib）のように，否定要素が付加部の作用域内にあると，ややぎこちない感じはするが，だからといって，否定が狭い作用域をとる解釈が完全になくなるというわけではない．以下の（24）のように，むしろ程度を表す付加部の作用域内に否定が含まれる解釈が自然である例も存在する．

(24)　I very much don't want you to go with them.

　　　　　　　　　　　　　　　　　　　　［付加部の作用域内にある否定］
　　（私はあなたが彼らと一緒に本当に行ってほしくない）

　以下の（25）の例が示すように，付加部が否定要素の作用域内にあるときは，通常の否定とメタ言語的な否定を区別する必要がある（本シリーズ第5巻『前置詞と前置詞句，そして否定』の第II部を参照）．

(25)　i.　I don't like her much.　　　　　　　　　　　　　　　［通常の否定］
　　　　　（私は彼女があまり好きではない）
　　　ii.　I don't rather like her: I absolutely adore her.　　［メタ言語的な否定］
　　　　　（私は彼女が好きというより，この上なく敬愛している）

（25ii）の前半部分の節（I don't rather like her）は通常，その前の文脈で話者が彼女のことを結構気に入っているというようなことが話題にあがったときに用いられる．したがって，（25ii）の否定要素 don't は文の命題を否定はしているが，実際それがはたしている機能は，文の命題そのものを偽としているわけではなく，彼女を好んでいる程度の度合いが，rather が表現しているものでは足りないということを示しているのである．以下では，こようなメタ言語的な否定は無視し，否定が狭い作用域をとる通常のケースのみを扱う．

・最大を表す付加部の否定

最大を表す付加部の否定は上記（22）のような例によって表される．ここで用いられている否定要素の don't は "less than fully"「完全未満」ということを意味しており，その程度自体は依然として高いということを意味している（つまり，完全にではないが，ほぼ理解したということを意味しているのである）．否定文に現れる quite は "almost"「だいたい」の意味をもつ．たとえば，I don't quite agree.（完全に同意したというわけではない）というと，同意していないということが含意されているものの，まったく同意していないわけでもない

ということが示唆されている．このような解釈は，I haven't completely fin-
ished.（私は完全には終わってはいない）のような例でもみられるように，何かの
終点に到達するかどうかを問題としているような場合に得られる解釈である．
また，動詞自体も高い程度を表す I absolutely adore her.（私は彼女をこの上な
く敬愛している）のような例では，通常の否定は許されない．

・高度を表す付加部と適度を表す付加部の否定

高度を表す付加部の否定は，(25i) の例や They don't meet a great deal.（彼
らはあまり会わない）のような例，そして，He wasn't badly wounded.（彼は
重傷ではなかった）のような例によって表される．このような場合の否定は，
付加部が意味する程度よりもさらに低い程度を表すことになり，通常その程度
というものは極めて低い程度であり，程度の範囲に入る．したがって，(25i)
の例では，私は彼女のことをまあまあ好きだという適度の程度をもつ解釈にと
ることもできるが，一般的にはそれよりももっと低い度合を意味することにな
る．高度の意味をもつ付加部の多くは通常の否定を拒む傾向がある．たとえ
ば，He bitterly regretted it.（彼は激しくそれを後悔した）を否定する場合，bit-
terly を使わず，He didn't regret it much.（彼はそれをあまり後悔しなかった）の
ように much を使う傾向がある．また，適度の意味をもつ付加部も否定要素
とともに現れることはあまりない．ただ，上でも述べたように，quite が否定
文に現れると，適度の意味ではなく最大の意味をもつということには注意して
おく必要がある．

・低度を表す付加部と最小を表す付加部，そして，概算を表す付加部の否定

上で扱った付加部と同様，a little と slightly も否定要素と一緒に現れること
はない．対照的に，a bit は否定文にも現れることができるが，その際の a bit
の振る舞いは at all などのような最小を意味する付加部と同様である．した
がって，They didn't enjoy it a bit / at all.（彼らはそれをまったく楽しまなかった）
といった場合，それは，程度の付加部による修飾がない They didn't enjoy it.
（彼らはそれを楽しまなかった）と同じく，それをどれほど楽しんだかというと
まったく楽しまなかったという意味になる．little, barely, hardly, scarcely
はそれら自体がもともと否定の意味をもっており，ほかの否定要素の作用域の
中に現れることはない．さらに，almost などのような概算を表す付加部も通
常の否定とは相容れない．

・相対を表す付加部の否定

相対を表す付加部は問題なく否定文に用いることができる．上でみた (21) の否定文，He hadn't studied enough to scrape a pass. (彼は十分勉強しなかったので合格できなかった) は，(21) で定められた下限を下回る程度を示しており，彼は合格できなかったということを含意している．He hadn't been worrying too much to be able to sleep. (彼は眠れないほどは悩んではいなかった) では，その肯定文である He had been worrying too much to be able to sleep. で定められた上限を下回る程度を示しているので，彼は眠ることができたということを含意している．ただし，too much は不定詞補部がない場合，相対を表すかわりに，低度の意味をともなって否定文に現れることができる．たとえば，I didn't enjoy it too much. (私はそれをあまり楽しめなかった) は，単に I didn't enjoy it very much. のインフォーマルな言い換えである．

第 12 章　原因と結果

この章では，以下に例示するような付加部について考える．

(1)　i.　We booked early so that we could be sure of getting good seats. ［目的］
　　　　（私たちは確実に良い席をもらえるように早めに予約した）

　　ii.　Two of us couldn't get on the plane because the airline had over-cooked. ［理由］
　　　　（私たちのうちの 2 人はその飛行機に乗ることができなかったのは，航空会社がオーバーブッキングをしたからだ）

　　iii.　The airline had overbooked, so that two of us couldn't get on the plane. ［結果］
　　　　（航空会社がオーバーブッキングをした結果，私たちのうちの 2 人はその飛行機に乗ることができなかった）

　目的と理由は，より一般的なカテゴリー 'cause'「原因」に属すると考えられる．それは，たとえば目的と理由は，原因と同様，why によって問うことができるからである．つまり，(1i) は Why did you book early?（なぜあなたは早く予約したの）という疑問文に対する答えになり得るし，(1ii) は Why couldn't two of you get on the plane?（なぜあなたたちのうちの 2 人はその飛行機に乗ることができなかったの）という疑問文の答えになり得るのである．

　上記の例は原因と結果の関係も示している．so は，(1i, iii) に示すように，目的を意味するのにも，結果を意味するのに用いることもできる．また，(1ii) と (1iii) が意味的に等価であるということから，原因に属する理由は，結果とは対称的な関係にあるということが理解できる．つまり，もし X が Y を引き起こしたならば，Y は X に起因するということになり，その逆もまた成り立つということになる．それらの違いは単にどちらの状況が主節として提示さ

377

れているか，あるいは，従属節として提示されているかの違いだけになる．具体的には，(1ii) では，航空会社がオーバーブッキングしたということが従属節として表され，それが原因を表す付加部（より具体的には，理由を表す付加部）として扱われているのに対して，(1ii) では，飛行機に乗ることができなかったということが従属節として表され，それが結果の付加部として扱われているのである．

しかし，ここで強調しておくべきことは，文法的な観点から原因を表す付加部をみてみると，それが用いられる頻度と現れることができる構文の範囲は結果を表す付加部よりも多いため，前者のほうが後者よりもはるかに重要なものになると考えられるということである．このことを示す1つの側面として，以下の例をみてみよう．(2) では，原因も結果もそれぞれ主節で表現されている．

(2) i. Two of us couldn't get on the plane: the airline had overbooked.
      （私たちのうちの2人はその飛行機に乗ることができなかった．つまり，その航空会社がオーバーブッキングしていたのだ）

   ii. The airline had overbooked: two of us couldn't get on the plane.
       （その航空会社はオーバーブッキングしていた．つまり，私たちのうちの2人はその飛行機に乗ることができなかった）

   iii. The airline had overbooked; <u>for this reason</u>/<u>as a result</u>/<u>because of this</u>/<u>consequently</u> two of us couldn't get on the plane.
        （その航空会社はオーバーブッキングしていた．そのような理由で／結果として／それのせいで／それ故，私たちのうちの2人はその飛行機に乗ることができなかった）

(2i, ii) では，原因と結果の関係が表されていないので，その関係性は実際の会話に照らし合わせながら推測することになる．一方，(2iii) では，後の節がはじめの節と照応的に関連づけられる付加部で始まっており，それらの付加部はいずれも原因（理由）のカテゴリーに属している．ここで注意すべきは，as a result は（「結果」の意味をもつ）名詞 result を含んでいるが，それ自体は原因の付加部であるということである．すなわち，ここでの状況は，"as a result of the airline having overbooked"「航空会社がオーバーブッキングした結果として」と理解することができ，ここでの as a result という付加部自体は，やはりはじめの節を原因として後の節に接続しており，as a result 以下の後ろの節で述べられていることが結果になる．

第 12 章　原因と結果　　　　379

12.1　原因を表す付加部の 2 つの下位群

原因は一般的に why や what … for の形で問うことができるが，その場合，上述したように，目的あるいは理由という 2 種類の異なった答えを導き出すことができる.

(3) i.　Why did you get up early?/What did you get up so early for?
　　　　（なぜあなたは早く起きたの）　（なぜあなたはそんなに早く起きたの）

　　ii.　(I got up early) in order to do some gardening while it was still cool.
　　　　　　　　　　　　　　　　　　　　　　　　　　　　　　　［目的］

　　　　（まだ涼しい間にちょっとガーデニングをするために（わたしは早く起きた））

　　iii.　(I got up early) because I couldn't sleep.　　　　　［理由］

　　　　（眠れなかったので（わたしは早く起きた））

■ 目的と理由の違い

目的を表す付加部は意思や意図を表すが，ほとんどの場合，主節に現れる動作主の意志や意図を表す働きをする. そのため，目的を表す付加部は理由を表す付加部とさまざまな点で異なっているが，以下ではそれらの違いをみていくことにする.

・時間的関係

目的を表す付加部で表現されている（あるいは暗示されている）状況の時間は，主節の状況が表している時間よりも後の時間を表すという特徴がある. したがって，目的を表す付加部は一般的に，未来志向型ということになるが，2 つの状況を同時に表すこともできる.

(4) i.　He borrowed $50 from me in order to pay his rent.
　　　　　　　　　　　　　　　　　　　　　　　　　［主節より後の時間］

　　　　（彼は家賃を払うために私から 50 ドル借りた）

　　ii.　He walked home in order to save the bus fare.　　　［主節と同時］
　　　　（彼はバス代を節約するために家まで歩いて帰った）

対照的に，理由を表す付加部では，その従属節の表現する状況の時間は，主節の状況の時間よりも前か同時の場合が通常である. ただし，(5iii) のように，主節の状況が表している時間よりも後の時間を表す場合もある.

(5) i.　He was angry because he couldn't find his keys.　　［主節と同時］

（彼はカギをみつけることができなかったので怒っていた）

ii. He was late <u>because he had overslept.</u>　　　　［主節より早い時間］

（彼は寝過ごしたので遅刻した）

iii. He didn't want to go with them <u>because it would be dark soon.</u>

［主節より後の時間］

（すぐに暗くなりそうだったので，彼は彼らと一緒に行きたくなかった）

・含意

従属節の命題は，そこで表現されている状況の時間が主節のそれよりも後の場合，理由を表す付加部では含意されるが，目的を表す付加部では含意されない．たとえば，理由を表す付加部が用いられている (3iii) や (5i-iii) では，「私が眠れなかった」「彼がカギをみつけることができなかった」「彼が寝過ごした」「まもなく暗くなる」ということがそれぞれ含意されているが，これとは対照的に，目的を表す付加部が用いられている (3ii) では，ガーデニングをしたという推意は得られるものの，そのようなことが必然的に含意されてはいない．つまり，たとえば突然の雷雨によってガーデニングの計画を変更せざるをえないということもありうるわけである．これと同様に，(4i) では，彼が家賃を払ったということが含意されてはいない．たとえば，彼は我慢できずお酒にお金を使ってしまうということもありうるわけである．つまり，これらの未来志向型の目的を表す付加部には，目的と意図が関与してくるが，それらの目的と意図が実現されるという保証はないのである．

■理由が目的を推意する場合

目的を表す付加部と理由を表す付加部の間には密接な関係があることをこれまでみてきた．これは，理由を表す付加部から，目的を表す付加部が表すような内容の推意を得られることがよくあること，あるいは逆に，目的を表す付加部から，理由を表す付加部が表す内容の推意を得られることがよくあるという事実に反映されている．たとえば，(3ii) が (6i) の内容を推意すると同時に (6i) によって (3ii) の内容が推意される．そのような関係が以下の (6iia) と (6iib) の間にも成り立つ．

(6) i. I got up early because I wanted to do some gardening while it was still cool.（まだ涼しい間にちょっとガーデニングをやりたかったので早く起きた）

ii. a. He got up at 4.30 because his plane left at six.　　　　［理由］

（彼は乗る飛行機が 6 時に出発するので 4 時 30 分に起きた）

第 12 章　原因と結果　　　　　　　　　　　　　381

b.　He got up at 4.30 in order to catch the six o'clock plane.［目的］
　　（彼は 6 時に出発する飛行機に乗るために 4 時 30 分に起きた）

ただし，ここで注意すべきは，含意に関してこれまで上で述べてきたような違いが依然として当てはまるということである．すなわち，理由を表す because の補部は，その内容を必然的に含意するが，目的を表す in order の補部にはそのような保証はないのである．具体的には，(6i) では，話者がまだ涼しい間にちょっとガーデニングをやりたかったということが含意されている（が，実際にガーデニングをしたことは当然含意されていない）．さらに，(6iia) の従属節は，過去のある時点からの未来を表しており，"his plane was scheduled to leave at six"「彼の飛行機は 6 時に出発する予定であった」と解釈されるが，ここでもやはり，6 時に飛行機の出発予定があったこと自体は含意されている．しかし，その一方で，(6iib) の目的を表す従属節では，実際に彼が飛行機に乗ったということは含意されていないのである．

12.2　目的

■ 具現化
(a)　定形節や不定詞節の補部をもつ PP
ここでみる前置詞は（定形節と不定詞節をともなう）in order，（定形節をともなう）so，そして，（不定詞節をともなう）so as である．

(7)　i.　May I request a postponement in order that I might make adequate preparation?（ちゃんと準備をするために延期をお願いしてもいいですか）

　　ii.　He withdrew the remark in order to appease his colleagues.
　　　　（彼は同僚をなだめるために自分の発言を撤回した）

　　iii.　Please phone everybody before the meeting so that we can be sure of a quorum.（定足数を確保できるように会議の前に皆に電話してください）

　　iv.　He phoned everybody before the meeting so as to be sure of a quorum.（彼は定足数を確保するために会議の前に皆に電話した）

(7) の例のうち，前置詞が定形節をともなった構文において，so の後に続く従属節標識の that を省略することはあるが，in order の後の that を省略することはほとんどない．in order that は so より形式的であり，あまり用いられない．ここでの定形節は通常，(7i) の might や (7iii) の can のように，法助動詞を含む．法助動詞を含まない節が容認されるケースは，否定文や in order

をともなう仮定法などの特定の構文に限られる.

(8) i. We think we have to fight in order that Cuba is integrated into the Latin American system. (キューバをラテン・アメリカのシステムに統合するために,私たちは戦わなければいけないと考えている)

ii. I'll try and get home a little earlier than usual so we don't have to rush. (慌てなくてもいいように,いつもより早めに帰宅できるようにやってみるよ)

iii. The administration had to show resolve in order that he not be considered a lame-duck president. (政府は彼が役に立たない大統領だと思われないように強い決意を示さなければならなかった)

(b) 統率されない節:不定詞節及び may/might をともなう定形節

(9) i. We left early to miss the rush-hour.
(私たちはラッシュアワーを避けるために早く出発した)

ii. He requested an adjournment that he might have adequate time to study the documents. (彼はその文書を調べるのに十分な時間を確保するため,会議の中断を要請した)

ここでの従属節は,前置詞などによって統率されているというよりもむしろ,目的を表す付加部そのものとして機能している.(9i) の例は,最も典型的なタイプの目的を表す付加部であり,それに対して (9ii) は,あまりみられない形式的なタイプの付加部である.通常は,内容節が (9ii) のように直接現れるのではなく,in order や so が主要部となる PP をともなって現れる.[1] 一方,前置詞などに統率されない不定詞節は常に肯定的要素であり,否定を表す場合はそれらを統率する前置詞を必要とする.したがって,たとえば,He modified the story somewhat in order not to offend his parents. (彼は両親の気分を害さないように,その話をいくぶん修正した) では,in order を省略することはできない.

(c) 名詞句補部をもつ前置詞句

(10) i. I did it for fun/for your sake/for her benefit.

---

[1] 伝統文法では,(7)-(9) に例示されているタイプの従属節は 'final clause'「目的節」とよばれ,in order, so (that), so as は従属節の一部を構成する従位接続詞として扱われる.

第 12 章 原因と結果　　　383

（私はそれを楽しむために／あなたのために／彼女のためにやった）

　　ii.　He called in Kim [with a view to / with the intention of obtaining
　　　　some professional advice].
　　　　（彼は専門的なアドバイスを得る目的で／得るつもりでキムを訪ねた）

（10i）の例では for が目的を表しているが，（10ii）の例ではそのような目的の
意味は，view, intention といった当該付加部の名詞主要部がもつ語彙内容に
よって表されている．なお，（10ii）の intention は（語彙的に「目的」の意味
をもつ）purpose で置き換えることもできる．

■ 統語的機能
目的を表す要素は普通，付加部として現れるが，This is in order that the lo-
cal　delegates can be officially informed.（これは地域の代表者が正式に通知を受
けられるようにするためのものだ）のように，叙述補部として現れる場合もある．

■ 不定詞節に関するさらなる注意点
(a)　可視的な主語をともなう不定詞節
so + as によって統率される不定詞節は主語を含むことができない．もし so の
後で主語を表現する必要があるのであれば，定形節が必要になる．また，in
order によって統率される不定詞節は，統率されない不定詞節と同様，従属詞
の for によって導かれる形で主語を表すことができる．しかし，このような構
文はあまり用いられず，どちらかと言えば，主語が表されない形のほうが多く
用いられる．

（11）　(In order) for the flavors to mingle properly, the dish should be
　　　cooked very slowly in a low oven.
　　　（その料理の味がちゃんと混ざり合う（ようにする）ためには，じっくり低温の
　　　オーブンで加熱する必要がある）

(b)　主語のない統率された不定詞節
in order や so as によって統率されている主語のない節では，その欠けた主語
の先行詞は，主節の主語になる．

（12）　He resigned in order / so as to avoid any conflict of interest.
　　　（彼は利害の衝突を避けるために辞任した）

(c) 主語だけが欠けている統率されない不定詞節

(13) i. He resigned to avoid any conflict of interest.

　　　（彼は利害の衝突を避けるために辞任した）

　　ii. They sent Sue to New York to manage the photography department.

　　　（彼らは（スーに）撮影部門を指揮してもらうために，スーをニューヨークへ送った）

　　iii. The meeting was adjourned by the Head of Department to provide time for consultation with course committees. （その会議は，専攻委員会との協議時間が設けるために学部長によって中断された）

　　iv. The goods were sold at a loss to make room for new stock.

　　　（その商品は，新着品のスペースを確保するために，採算を度外視して投げ売りされた）

　　v. The new prison has no outside windows to make it more secure.

　　　（安全性を高めるため，新しい刑務所には外窓がない）

(13i) のように従属節の欠けている主語の先行詞は，通常，主節の主語になる．しかし，統率されない不定詞節では，ほかの可能性もある．(13ii) の例では，不定詞節内で欠けている主語の先行詞は，主節の目的語，つまり，Sue になり，Sue が撮影部門を指揮するという意味になる．また，(13iii) の例では，不定詞節内で欠けている主語の先行詞は，受動態となっている主節の by の補部，つまり，the Head of Department と解釈できるが，主節で述べられている状況全体を先行詞としてとることもできる（つまり，会議を中断した部長によって協議時間が設けられたというような解釈ではなく，会議が中断されたことによって協議時間が設けられたというような解釈である）．このことは，The Head of Department provided time for consultation by adjourning the meeting.（学部長がその会議を中断することによって協議時間を与えた）が Adjourning the meeting provided time for consultation.（会議を中断したことが協議の時間をもたらした）ということを含意するということからも明らかである．さらに，(13iv) の例では by 句は現れていないものの，不定詞節の主語に対応する先行詞を，商品を売る人たちと解釈することもできれば，商品を売ること自体とみなすこともできるのである．そして，(13v) の例では，主節が能動態になっており，主語は the new prison（新しい刑務所）であるが，実際にその安全性を高めているのは，外窓を設けないという刑務所のデザインそのものや建築様式を指している．したがって，(13) のこれらの例が示していることは，目的を表す不定詞節内の欠けている主語というのは，統語的にコントロールさ

第 12 章　原因と結果　　　385

れる必要はないということである.

(d)　主語以外の要素が欠けている統率されない不定詞節

(14)　i.　I bought them_i for the children to play with ___i.
　　　　　（私は子供たちが（それで）遊べるようにそれを買った）

　　　ii.　Ibought them_i to read ___i on the train.
　　　　　（私は電車で（それを）読むためにそれを買った）

　　　iii.　She gave methis box_i to put the loose change in ___i.
　　　　　（彼女は（私がその箱の中に）小銭を入れるために私にその箱を渡した）

　　　iv.　They gave the flowers_i to Lindato present ___i to the soloist.
　　　　　（彼らは（リンダが）ソリストに花をあげるためにリンダに（花を）あげた）

　　　v.　The flat_i was bought (by Ralph) to use ___i as a pied à terre in
　　　　　London.　（そのアパートはセカンドハウスとして用いられるために（ラルフ
　　　　　によって）購入された）

ここでの従属節は，'hollow'「穴開きの」非定形節（詳細は本シリーズ第 1 巻『動
詞と非定形節，そして動詞を欠いた節』の第 II 部を参照）になっており，'___i' は，
動詞あるいは前置詞の欠けた目的語の位置を表し，同じ指標をもった主節の要
素と照応的に結びつけられている．具体的には，(14i-iv) の欠けた目的語に
とって，それは主節の目的語であり，(14v) の欠けた目的語にとって，それは
主節の主語である．(14i) の不定詞節内では，主語の the children が現れ，目
的語が欠けているが，そのほかの例の不定詞節では，主語も目的語も欠けてい
る．これらの従属節の主語の先行詞は二重下線で表されている．このような構
文は，統率されない不定詞節のみでみられるため，(14i-v) の例に in order
や so as を挿入することはできない.

■ 目的を表す不定詞節と非有界的依存構造

(15)　i.　Who have they gone to Paris to see ___ this time?
　　　　　（彼らは今回誰に会うためにパリに行ったの）

　　　ii.　These are the kinds of student [that this school exists to cater for
　　　　　___].　（この学校が存在するのはこのような生徒のためである）

(15) の例が示しているように，目的を表す付加部として振る舞う不定詞節内
の非主語要素は，wh 句によって疑問の対象とすることもできるし，関係節の
先行詞になることもできる．その際，実際の疑問節形成や関係節形成の適用を

受けるのは，不定詞節ではなく主節になる．このような構文は，(15i) のように主節で主題の移動が表現される場合によくみられるが，ただし，そのような場合にのみ限られるということでもない．

■ 節内の不定詞節と NP 構造内の不定詞節

(16)　i.　Two other books to read on holiday were lent to me by Fay.

[NP の修飾語句]

(フェイが私に休日に読むのに別の 2 冊の本を貸してくれた)

　　 ii.　She lent me them to read on holiday.　　　　　[節の付加部]

(休日に読むようにと，彼女はそれらを私に貸してくれた)

　　iii.　She lent me two books to read on holiday.　　　　[あいまい]

(彼女は私に休日に本を読むために 2 冊の本を貸してくれた／彼女は私に休日に読む 2 冊の本を貸してくれた)

これまでみてきたような不定詞節は，(16i) の例が示しているように，NP 構造内の修飾語句として振る舞うこともある．(16i) の例に現れている不定詞節 to read on holiday は，その位置関係から，句構造内の付加部としてではなく，主語 NP の一部として分析される．また，(16ii) の例に現れている不定詞節 to read on holiday は，代名詞の them がそのような不定詞節による修飾を許さないということから，句構造内の付加部として分析される．一方，(16iii) のような例における不定詞節 to read on holiday は，NP の修飾語句として分析することもできるし，節の付加部として分析することもできるのであるが，この場合，どちらの場合で分析したとしても意味上の違いはほとんどない．つまり，節の付加部として分析した場合，それは彼女が私に 2 冊の本を貸す目的を示し，NP の修飾語句として分析した場合，それは本についての記述的情報，すなわち，"books which were for reading on holiday"「休日に読むための本」という情報を提示するので，これらの解釈の間に意味上の有意義な違いはない．

■ 暗黙の目的

理由を表す付加部は，目的を推意することもしばしばあると上では述べた．たとえば，(6ia) の He got up at 4.30 because his plane left at six.（彼は彼が乗る飛行機が 6 時に出発するので 4 時 30 分に起きた）では，理由を表す付加部 because が現れているが，実際には，彼は 6 時の飛行機に乗るために早く起きたという目的の推意を得ることができる．このように目的の意味が推意されるケースは，条件を表す付加部でもみられる．

第 12 章　原因と結果　　　387

(17) i. If you want to catch the six o'clock plane, you will have to get up at 4.30. (6 時の飛行機に乗りたければ，4 時 30 分に起きなければならない)

ii. In order to catch the six o'clock plane, you will have to get up at 4.30. (6 時の飛行機に乗るためには，4 時 30 分に起きなければならない)

　とくに，何かある望ましくない状況を避ける場合には，目的の意味が推意される用法がよく用いられる．

(18) i. Come in before you get wet. (濡れる前に中に入りなさい)

ii. The children had to be watched carefully lest they stray with their new rubber surf-floats beyond the orange and yellow flags.
(子どもたちが新しいゴムの浮輪といっしょにオレンジと黄色の旗を超えて流されないようにちゃんとみておかなければならなかった)

iii. Keep well away in case you get hurt.
(怪我をするといけないからちゃんと離れておいて)

iv. He delayed his departure for fear of missing something.
(何かを見逃すことのないように彼は出発を遅らせた)

(18) の下線部の付加部はそれぞれ，「濡れないように」「彼らがオレンジと黄色の旗を超えて … 流されないように」「怪我しないように」「何も見逃さないように」と解釈することができるが，これらの内容を導入している前置詞自体が "so that … not"「… しないように」ということを意味しているわけではない．それゆえ，目的の解釈は，従属節と主節の内容がそのような解釈を誘発するときにのみ生じると考えられる．たとえば，(18) の例と以下の (19) の例を比べてみよう．

(19) i. Come in before your father gets home.
(お父さんが帰って来る前に家の中に入りなさい)

ii. He trembled lest they should see through his disguise.
(彼は彼らに自分のごまかしを見透かされはしないかと身震いした)

iii. Take your umbrella in case it rains.
(雨が降るといけないから傘をもって行きなさい)

iv. She was never game to join for fear of being ridiculed.
(彼女は冷やかされるのが嫌だったので，決して進んでは参加しなかった)

これらの例を so that … not「… しないように」の形で言い換えることはできない．しかしだからといって，(19) の前置詞が (18) の前置詞とまったく違っ

た意味をもつものというわけでもない。ただし、ここで注目しなければいけないことは、たとえば（19iii）でも目的の意味が推意されるが、その内容は、実際に表現されていることから直接得られるような類のものではないということである。つまり、ここで得られる解釈というのは、「雨が降った場合に濡れるのを避けるために傘をもって行きなさい」というような解釈なのである。（19i）もまた、文脈によっては（19iii）と同様に、目的を表す意味が推意される場合がある。具体的には、「お父さんが帰宅した時に、もしあなたがまだ家の中に入っていないのをみたら、不愉快なことが起きるかもしれないので、それを避けるために、お父さんが帰って来る前に家の中に入りなさい」というような解釈が得られるケースである。

■ 目的と義務的な必要性

目的を表す付加部が義務的な必要性を表す主節とともに現れることも一般的である。この構文は、なんらかの規則や規定を満たすことが話題になっている場合によく用いられる。以下、（20）にその例をあげる。

(20) i. Significantly more permanent positions will have to be created to fulfill the requirements of the day-to-day running of the museum from 1988. (1988 年からの日々の博物館の運営上の必要条件を満たすためには、今よりはるかに多く正社員の職を創出せねばならない)

　　 ii. How many credit points are needed to obtain a degree?
　　　（学位を得るためには何単位必要ですか）

■ 作用域と焦点

目的を表す付加部が否定文に現れた場合、その付加部は否定よりも広い作用域をとることもできるし、否定よりも狭い作用域をとることもできる。そして、後者の場合、目的を表す付加部は、焦点要素としての特徴を示す。これは二者択一の疑問文においてもみられる特徴である。

(21) i. He doesn't eat much, to keep his weight down.
　　　　　　　　　　　　　　　　　　　　［否定よりも広い作用域をとる場合］
　　　（体重が増えないように彼はあまり食べない）

　　 ii. I didn't come here to have a quarrel. ［否定よりも狭い作用域をとる場合］
　　　（私はここに喧嘩をするために来たのではない）

　　 iii. Did you say that to please her or to annoy her?
　　　（彼女を喜ばせるために、それとも困らせるためにそんなことをいったの）

第 12 章　原因と結果　　　　389

12.3　理由

■ 具現化

理由を明示的に述べる時に用いられる付加部は，ほとんどが PP の形をしている．また，consequently（その結果），therefore（それゆえ），thus（したがって）などのような理由を表す副詞もあり，これらの語は接続詞的な働きもする．

(a)　前置詞＋平叙節

(22) に例示される前置詞は補部に時制節をとる．

(22)　as　　　　　　　because　　　　for　　　　　　inasmuch as　　seeing
　　　（…だから）　（…だから）　（…だから），（…だから）　（…だから）
　　　since
　　　（…ので）

seeing を除いて，(22) にあげられているすべての前置詞は，非拡張的内容節（つまり，従位接続詞である that が現れることがない節）を補部にとる．for は，比較的形式ばった表現であり，たとえばその補部をとり出して前置することができないなど，等位接続詞と共通した統語的特徴がある．because についてはすでにみたが，それ以外の前置詞を用いた例を (23) にあげておく．

(23)　i.　As I still have work to do, I can't come to the film tonight.
　　　　　（しなければならない仕事がまだあったので，今晩，映画にいけない）

　　　ii.　He avoided answering, for he was afraid of implicating his wife.
　　　　　（彼は奥さんを巻き込むのを恐れて，返答を避けた）

　　　iii.　Inasmuch as they have apologised, I consider the matter closed.
　　　　　（彼らが謝罪したので，その問題は済んだと思う）

　　　iv.　Seeing (that) you have come, you might as well stay.
　　　　　（せっかく来てくれたんだから，泊まっていってよ）

　　　v.　Since Mars has an elliptical orbit its distance from the sun varies considerably.（火星は楕円軌道であるので，太陽からの距離は（短い場合と長い場合とで）かなり異なる）

(22) の理由を表す前置詞の中で，because がもっとも便利でさまざまな場面で用いられる．(24) に例示されるように，because を主要部とする PP は，付加部だけでなく主語や叙述補部が生じる位置にも現れることができる．

(24) i. Because some body parts have already been turned into commodi-
ties does not mean that an increasing trade in kidney is desirable.
(体の部位がすでに商品になっているからといって，増え続ける腎臓売買が望
ましいということではない)

ii. The reason I didn't call you was because the phone was out of or-
der. (あなたに連絡できなかったのは，電話が故障していたからなんだ)

(24) の例中の because は，(24i) では the fact that に，(24ii) では that に置
き換えることができ，形式的な場面では置き換えた例のほうが好んで用いられ
る。(24i) のように because 節が主語として機能している場合，because が
just によって修飾されることがよくあり，主節の VP はほとんどの場合が
doesn't mean である（例：Just because you're older than me doesn't mean
you can order me around. (あなたが私より年上だからといって，私にあれこれ命令
できるわけではないんだよ))。

(b) 前置詞＋PP もしくは NP

(25) because (of)　　　due [to]　　　for　　　　　from
　　（…だから）　　（…のために）　（…のために）　（…だから）
　　in view [of]　　　on account [of]　out [of]　　owing [to]
　　（…なので）　　（…のために）　（…によって）　（…のおかげで）
　　through
　　（…によって）

(26) i. The lecture was cancelled [due to / owing to / on account of her in-
disposition]. (講義は彼女の体調不良のために休講となった)

ii. [Because of / In view of her political activities], they treated her
with suspicion. (彼女の政治活動ゆえ，彼らは彼女を怪しんでいた)

iii. He said it out of sheer spite.
(彼はまったくの悪意からそれをいった)

iv. They were unable to concentrate [for / through lack of sleep].
(彼らは寝不足のため，集中できなかった)

たとえば He died of a heart attack. (彼は心臓発作のため亡くなった) のように，
of も理由を表す前置詞として用いられ，その場合，補部には NP をとる。し
かし，(26) に例示されている PP とは異なり，この場合の of は die の補部で
あり，通常 of 句は why で尋ねる疑問文の答えにならないと考えられている。

第 12 章　原因と結果　　　　391

(c)　推意によって得られる理由

分詞構文など，状況に応じて意味が決まる構文の多くが，適切な文脈が与えられた場合に，主節の表す状況についての理由を表すことができる.

(27)　i.　<u>Having known the candidate for ten years</u>, I can vouch for his reliability.（その候補者を 10 年間知っているので，私は彼が信頼できる人であることを保証できる）

　　　ii.　<u>With six people away sick</u>, we can't meet the deadline.
　　　　　（6 人が病気で不在なので，我々は締め切りに間に合わすことができない）

■ 作用域と焦点

理由を表す付加部は，否定の作用域内に入ることもできるし，否定よりも広い作用域をとることもできる.

(28)　i.　I'm not going just <u>because Sue will be there</u>.
　　　　　　　　　　　　　　　　　　　　　　［否定が付加部より広い作用域］
　　　　　（スーがそこにいるから，私はいくのではない）

　　　ii.　I'm not going <u>because I can't afford to</u>.
　　　　　　　　　　　　　　　　　　　　　［付加部が否定よりも広い作用域］
　　　　　（余裕がないので，私はいかない）

　　　iii.　I'm not going <u>because Sue will be there</u>.　　　　［あいまい］
　　　　　（スーがそこにいるから，私はいくのではない）［否定が付加部より広い作用域］
　　　　　（スーがそこにいるから，私はいかない）　　［付加部が否定よりも広い作用域］

(28i) では，否定が付加部よりも広い作用域をとっており，「スーがそこにいるという事実が，私がいくことの理由になっているわけではない」という解釈になる. 反対に，(28ii) では，付加部が否定よりも広い作用域をとっており，「私に余裕がないことが，私がいかないことの理由になっている」という解釈になる. また (28iii) では，どちらの解釈も許す. つまり，否定が付加部よりも広い作用域をとった場合，(28i) と同様に「スーがそこにいることが，私がいくことの理由にはなっていない」という解釈となり，付加部が否定よりも広い作用域をとった場合は，(28ii) と同様に「スーがそこにいることが，私がいかない理由になっている」という解釈となる. ただし，(28iii) がどちらの解釈をとるかは，通常，音律の違いから判断することができる（本シリーズ第 5 巻『前置詞と前置詞句，そして否定』の第 II 部を参照）.

　このように because は否定よりも広い作用域でも狭い作用域でも，どちら

でもとることが可能であるが，この特徴がすべての理由を表す付加部に当てはまるわけではない．理由を表す語で補部に節をとるものの中では，because のみが否定の作用域の中に入ることができる．たとえば，since を用いた I'm not going since Kim suggested it.（キムがいかないことを提案したので，私はそうするつもりだ）は，(28ii) のような付加部が否定よりも広い作用域をとる解釈しかもたない．また，補部に句をとる語のほとんどは，because のように否定よりも広い作用域でも狭い作用域でも，どちらでもとることができるが，die の補部である of 句の場合は，否定よりも広い作用域をとることができない．そういうわけで，He didn't die of a broken heart.（彼は傷心で亡くなったわけではない）が適切であるのに対し，*He didn't die, of a new wonder drug. は「彼は新しい特効薬のおかげで死ななかった」という意味はもたず，非文法的となる．

　また，(29) に例示されるように，否定の作用域内に入ることのできない PP は，焦点化されることもできず，why 疑問文の答えになることもできない．

(29) i. It was [because / *since / *as he lied] that he was sacked.
　　　　（彼が首にされたのは，彼が嘘をついたからだ）

　　 ii. Are you going [because / *since / *as Sue will be there]?
　　　　（スーがそこにいるから，君もいくのかい）

　　iii. A: Why aren't coming with us?（どうして我々と一緒に来ないの）
　　　　 B: [Because / *Since / *As I'm not well].（体調がすぐれないからだよ）

これらの特徴から，since や as などが主要部である PP は，because が主要部である PP ほどには節構造に組み込まれてはいないということがわかる．つまり，since や as などが主要部である PP は，VP の構成素にはなっておらず，節の階層構造上もっと高い位置に生じているか，もしくは挿入部になっているということである．

　Why は否定よりも広い作用域をとることができる．これは，疑問副詞の中では比較的まれなことである．また，(30iib) に例示されるように，what … for（なぜ）は，否定文に現れることができない．

(30) i. a. Why did you miss the lecture?
　　　　　　（君はなぜ講義に出なかったの）

　　　 b. Why didn't you go to the lecture?
　　　　　　（君はなぜ講義に行かなかったの）

　　 ii. a. What did you miss the lecture for?
　　　　　　（君はなぜ講義に出なかったの）

第 12 章 原因と結果　　　　393

b. *What didn't you go to the lecture for?

12.4　結果

結果を表す付加部は，so が主要部になり内容節を補部にとるか，with が主要
部になり「the result＋内容節」を補部にとるかのどちらかであるという特徴が
ある．

(31)　They had gambled away all the money [so / with the result that they
　　　didn't even have the fare to get home].（彼らはギャンブルですべての金を
　　　失ってしまい，家に帰るための運賃さえもっていなかった）

with the result タイプの PP の場合，with の補部になっている NP の主要部
が result であるので，語彙的に結果の意味が示されている．一方，so を用い
た構文の場合，so が結果のほかに目的を表す場合があり，どちらの意味で用い
られているかを検討する必要がある．(32i, ii) の対比をみてみよう．

(32)　i.　He left early so that he could have some time with his son.　［目的］
　　　　　（彼は，息子と過ごす時間をもてるように早く帰った）
　　　ii.　He had to work late so that he couldn't have any time with his son.
　　　　　　　　　　　　　　　　　　　　　　　　　　　　　　　　　［結果］
　　　　　（彼は遅くまで働かなければならなかったので，息子と過ごす時間がもてな
　　　　　かった）

(32i) では，彼がなぜ早く帰ったのか，早く帰る目的は何であったのかが，so
PP によって表されている．一方，(32ii) では，彼が遅くまで働かなければな
らなかった結果どうなったのかが，so PP によって表されている．[2]

■ 結果を表す付加部と目的を表す付加部の意味的な違い

(33)　i.　結果の付加部で表される内容は，それが実際に起こったということ
　　　　　が，（論理的に）含意される．一方，目的の付加部で表される内容は，
　　　　　通常，含意されない．
　　　ii.　結果の付加部は，意図性や動作主性を示唆しない．

---

　[2] (32ii) にある so＋内容節は，伝統的に**結果節**（**consecutive clause**）とよばれる副詞節の
一種であり，そこでは so that が従属接続詞としてみなされる．

第 II 部　付加部となる節

(33i) については 12.1 節で言及したが，典型的な目的を表す付加部をともなう文では，その目的が達成されたということが含意されない．たとえば，目的の付加部をともなう (32i) の例は，「彼が息子と過ごす時間を実際にもてた」ということを含意していない．したがって，この例の後に but when he got home he found that his son had gone to visit some friends. (しかし，彼が家に着いた時，彼の息子はすでに友達の家に遊びにでかけていたことがわかった) をつけ加えても矛盾は生じない．それに対し，結果の付加部をともなう (32ii) の例では，「彼は息子と過ごす時間が実際にもてなかった」ということが含意されている．結果の付加部の場合には，このような含意関係が常にみられる．また (33ii) については，すでにみた通り，目的を表す付加部では，(明白に表現されていない場合もあるが) 主節に現れる動作主の意思や意図が示唆されている．それに対し，結果を表す付加部では，(34) に例示されるように意図性は示唆されていない．

(34)　We'd had 6 inches of rain overnight, so that the track was completely flooded.
　　　(夜のうちに6インチもの雨が降り，その結果，道路が完全に浸水してしまった)

■結果を表す付加部と目的を表す付加部の統語的な違い

(35)　i.　結果の付加部の so は，in order に置き換えられない．
　　　ii.　結果の付加部は前置されず，通常，文末に現れる．
　　　iii.　法性：結果の付加部は，仮定法の文に現れることはない．また，法助動詞がなくても自由に現れることができる．
　　　iv.　結果の付加部は，音律的に主節から切り離されて発話され，挿入部のステータスをもつ．
　　　v.　結果の付加部から従位接続詞である that を脱落させると，so の統語的なステータスに影響する．

まず，(35i) に関してだが，so とは異なり in order は目的を表す付加部にしか用いられない．それゆえ，目的の付加部が用いられている (32i) では so を in order に置き換えることが可能であるが，結果の付加部が用いられている (32ii) ではそれができない．(35ii) については，すでに言及したことであるが，目的の so PP は前置されることがある．しかし，結果の so PP は前置することができない．また，(35iii) の特徴は，(33i) の意味的な特徴 (つまり，結果の付加部が表す内容は，実際に起きたということが含意されているという

特徴）と関連している．つまり，(34) のように，結果節の意味内容は実際に起きたということが含意されているので，法助動詞によって法性を示す必要がないのである．(35iv) の特徴は，(36) に例示されるように，結果の付加部が否定の作用域に入ったり焦点化されたりすることができないということにつながる．

(36) i. He has never spent much, so that he now has a tidy sum saved up.
　　　　　（彼は一度も散財したことがなく，その結果，今や小金が貯まっている）
　　 ii. *It's so that the track was completely flooded that we'd had six inches of rain overnight.

(36i) では，付加部が否定の作用域内に入ることはできないので，付加部が「彼が散財しなかったことの結果」を意味する解釈となる．

・結果と目的があいまいである場合や両者の違いがはっきりしない場合

(35) に列挙されている結果の付加部と目的の付加部の統語的な違いだけでは，すべての so PP がどちらの付加部であるかを見分けるには不十分である．(37) をみてみよう．

(37) i. He's come home early <u>so we can all go to the movies together.</u>
　　　　　（彼が早く帰ってきたので，みんなで映画にいくことができる）
　　　　　（みんなで映画にいけるよう，彼は早く家に帰ってきた）
　　 ii. A relatively simple switching mechanism reverses the cycle <u>so that the machine literally runs backward, and the heat is extracted from outdoor air and turned indoors.</u>
　　　　　（比較的単純なスイッチング機構は，サイクルを反転させ，その結果，機械が文字通り逆に動き，外部から熱が抽出され室内に向けられる）
　　　　　（比較的単純なスイッチング機構は，機械が文字通り逆に動いて外部から熱を抽出して室内に向けるよう，サイクルを反転させる）

(37i) は，音律による情報がなければあいまいで，結果の付加部の場合と目的の付加部の場合とで意味の違いがはっきりと区別できる．しかし，(37ii) の場合は，下線部が結果の付加部であるのか目的の付加部であるのか，両者の区別がはっきりとつかない．つまり，(37ii) では，従属節（つまり，so より後の部分）によって表される状況が実際に起こったということが含意されていると考えられ，従属節は結果の付加部であると考えることができる．しかし同時に，従属節によって表される状況は，スイッチング機構のデザインによって引

き起こされたものであるとも考えられ，その場合，従属節は目的や意図も表している と考えられる．つまり，結果の付加部の場合でも目的の付加部の場合でも，(37ii) は同じ状況を描写しており，両者の区別がはっきりとつかないのである．

■結果の付加部を示すマーカーとしての so と程度を表す副詞としての so

(38i) と (38ii) の 2 つの例は同じような意味をもっている．

(38) i. He loves her passionately, so that he is even willing to give up his job for her. (彼は彼女を熱烈に愛しており，彼女のためなら自分の仕事をやめようとさえ思っている)

    ii. He loves her so passionately that he is even willing to give up his job for her. (彼はあまりにも彼女を熱烈に愛しているので，彼女のためなら自分の仕事をやめようとさえ思っている)

(38i) の構文はこれまでみてきたものであるが，so は PP の主要部で，so PP は結果を表す付加部として機能している．一方 (38ii) の構文では，so は passionately を修飾する程度を表す副詞である．この構文では，passionately の後ろの内容節が，「彼があまりにも彼女のことを愛している結果がどうであるか」を表現しており，so がその内容節を認可している．したがって，結局のところ，両者は同じ内容を意味している．

■until による結果を推意する構文

(39) に例示されるように，until の補部である内容節が結果を推意する場合がある．

(39) He drank until he couldn't walk in a straight line any more.
    (彼は，まっすぐ歩けなくなるまで酒を飲んだ)

until PP は期間を表す付加部であり，彼が酒を飲んでいる期間の最終時点を提示している．同時に，until PP により，彼が酒を飲んだ結果，まっすぐ歩けなくなったという推意が生じる．

第13章　譲歩を表す付加部

13.1　譲歩的な意味

譲歩を表す付加部をともなう基本的な例をみてみよう.

(1)　Sonia doesn't speak French <u>although she grew up in Paris</u>.
　　　（ソニアはパリで育ったにもかかわらず, フランス語を話さない）

譲歩を表す前置詞 although は, 従属節である she grew up in Paris（彼女はパリで育った）と上位節である Sonia doesn't speak French（ソニアはフランス語を話さない）との対比を表している. 譲歩的な意味には, 以下の3つの特徴がある.

(2)　i.　従属節によって表される内容が実際に起こった（起こっている）ということが論理的に含意されている.
　　ii.　従属節で表される内容が真であれば, 上位節で表される内容は偽であることが予期されそうである.
　　iii.　しかし, 実際は, 従属節で表される内容が真であっても, 上位節で表される内容も真のままである.

(1) を例にとってみると, (1) の文全体のもつ譲歩的な意味にはつぎの3つの特徴がある. 1) 彼女は（実際）パリで育った. 2)「彼女がパリで育った」という事実があれば,「彼女は（パリで話される母語の）フランス語を話すであろう」ということが予期される. 3) しかし実際は, 彼女はフランス語を話さない.

　(1) の例から,「ソニアはパリで育った」ということと「ソニアはフランス語を話さない」ということが真であるとわかるのであるが, 主節と従属節の2つを入れ替えることも可能である.

397

(3)　Sonia grew up in Paris, although she doesn't speak French.
　　　（ソニアはフランス語を話さないにもかかわらず，パリで育った）

（1）でもともと従属節であったものが，（3）では主節になっており，（1）で主節であったものが，（3）では従属節になっている．（1）と（3）の主な違いは情報内容の提示方法にあり，主節になっている部分がとりわけ重要な情報を示していると認識される．つまり，（1）では主節によって表される「ソニアはフランス語を話さない」という情報が重要であると認識され，（3）では主節によって表される「ソニアはパリで育った」という情報が重要であると認識される．また，（2ii）の特徴に関して，主節と従属節が入れ替わっている（1）と（3）では，それぞれ異なる推意をもつ．つまり，（1）では「彼女がパリで育った」という事実から「彼女はフランス語を話すであろう」ということが予期されるのに対し，（3）では，「彼女はフランス語を話さない」という事実から「彼女はパリでは育っていない」ということが予期される．

　また，譲歩を表す副詞を用いて，（1）や（3）の例を2つの主節を並置させるような構文に書き換えることもできる．

(4)　i.　Sonia doesn't speak French; nevertheless, she grew up in Paris.
　　　　（ソニアはフランス語を話さない．それにもかかわらず，彼女はパリで育った）
　　ii.　Sonia grew up in Paris; nonetheless, she doesn't speak French.
　　　　（ソニアはパリで育った．それにもかかわらず，彼女はフランス語を話さない）

（4）で用いられている譲歩を表す副詞の内部の形に着目してみると never-the-less, none-the-less となっており，（2iii）の譲歩的な意味の特徴がそのまま形に表れている．

■予想に反する推意の強さの違い
（1）では，従属節の意味する「ソニアがパリで育った」ということから，「彼女はフランス語を話すだろう」ということが強く予想される．しかし実際には，上位節では「彼女はフランス語を話さない」ということが述べられており，上位節で述べられている事実と従属節から推意される予想の間には大きな食い違いがある．しかし，従属節から予期される上位節の内容が偽であるはずだという推意は，必ずしもこの場合のように強いものでなくてもよい．具体的に，（譲歩を表す付加部が前置されている）（5）の例を比べてみよう．

(5)　i.　Although Sam was extremely rude to her, Beth defended him.
　　　　（サムはベスにとても失礼だったが，ベスは彼を弁護した）

ii. Although many Gurkhas speak English, almost none speak Cantonese. （多くのグルカ人が英語を話すが，ほとんど誰も広東語を話さない）

iii. Although carrots are good for you, eating too many can actually be harmful. （にんじんは体にいいが，食べ過ぎると害になりうる）

(5i) では，「サムがベスにとても失礼だった」という事実から，「ベスはサムを弁護しない」ということが，ある程度予想される．(5ii) は，香港におけるグルカ人のプライベートボディーガードとしての雇用について書かれた記事から引用したものである．この場合，「英語を話すグルカ人が大勢いる」という事実から，「広東語を話すグルカ人が多少はいる」ということは，それほど強く予想されない．この例での主要な関心ごとは，英語と広東語の対比である．また，(5iii) の場合，「にんじんは体に良い」という事実から，「にんじんが害になることはない」ということが明らかに予想される．しかし，(5iii) では，過度であることを表す too が上位節に用いられており，「何でも食べ過ぎると害になる」ということはありうることなので，上位節の内容が偽であるはずだ（つまり，「にんじんを食べ過ぎても害にならない」）という推意はそれほど強いものではない．この場合も，にんじんの一般的な利点とそれを食べ過ぎた場合の弊害との対比が主要な関心ごとになっている．

13.2 統語的に重要な点

■ 具現化

譲歩を表す付加部は，主に PP であり，(6i) にあげられる接続語（句）が主要部となる．さらに，(6ii) にあげられる副詞の形をとることもある．

(6) i. although   though   despite
       （…にもかかわらず）（…にもかかわらず）（…にもかかわらず）
       in spite   notwithstanding albeit
       （…にもかかわらず）（…にもかかわらず）（…にもかかわらず）

   ii. nevertheless nonetheless   still
       （それにもかかわらず）（それにもかかわらず）（それにもかかわらず）
       yet
       （それにもかかわらず）

(6ii) の副詞は接続付加部として振る舞うが，これについては第 19 章で詳しくみていくこととする．

・**although** と **though**

although と though は，後者のほうが若干くだけた形ではあるが，どちらも同じように使われる．これらの補部は，(1) や (5) のように完全な内容節である場合もあるし，(7) に例示されるように分詞構文や動詞を欠いた節である場合もある．

- (7) i. <u>Though living in Holland</u> he works in Germany.
  (彼はオランダに住んでいるが，ドイツで働いている)
  - ii. <u>Although elected to the Council</u> he can't take up his seat.
    (彼は評議会に選ばれたが，彼は議員になることができない)
  - iii. <u>Though an American citizen</u>, he has never lived in the States.
    (彼はアメリカ国民だが，合衆国に一度も住んだことがない)

また，though はよく even と一緒に用いられるが，その場合，譲歩の意味がより強くなる．

- (8) He knew they were there <u>even though he couldn't see them</u>.
  (彼は彼らに会うことができなかったが，彼らがそこにいるということを知っていた)

・**despite**, **in spite**, **notwithstanding**, **for**, **albeit**

- (9) i. [In spite of / Despite the recession,] travel agents seem to be doing well. (不景気にもかかわらず，旅行業者はうまくやっているようだ)
  - ii. [In spite of / Despite having grown up in Paris,] Sonia doesn't speak French. (パリで育ったにもかかわらず，ソニアはフランス語を話さない)
  - iii. [Notwithstanding Ed's reservations,] the agreement is the best I could hope for.
    (エドは条件をつけたが，その契約は私が望みうる最良のものだ)
  - iv. [For all our good intentions,] the meeting soon broke up in acrimony.
    (我々皆の良い心がけにもかかわらず，その集会はすぐに刺々しく解散した)
  - v. The book covers the whole field, [albeit somewhat superficially].
    (やや浅薄な部分もあるが，その本はその分野全体をカバーしている)

despite は NP を，in spite は of が主要部である PP をそれぞれ補部にとる．また，despite の場合は動名詞節をそのまま補部にとることができ，in spite の場合はそれを of の補部としてとることができる．notwithstanding は NP を補部にとるが，補部の NP は notwithstanding の前に現れることもできる

（本シリーズ第5巻『前置詞と前置詞句，そして否定』の第I部を参照）．for が譲歩的な意味で用いられる場合は，all で始まる NP を補部にとる．albeit は形式的な場面でしか用いられず，動詞を欠いた節のみを補部にとる．

■ 作用域と焦点，疑問化

譲歩を表す付加部は，その部分を直接尋ねる疑問文をつくることができない．つまり，たとえば，although she was ill（彼女は病気だったにもかかわらず）が答えとなる疑問文は存在しない．また，そのほとんどが主節の要素の作用域に入ることができないが，それが可能である構文が2つある．

(10) i. She didn't reject his offer in spite of his wealth but because of it.
    （彼女は，彼が裕福であるにもかかわらず彼の申し出を断ったのではなく，
    （むしろ）彼が裕福であるから断ったのだ）

   ii. Shall we go for a walk even though it does look like rain?
    （雨がふっているようだが，散歩にでかけないかい）

(10i) では，付加部により譲歩と理由の対比が表されている．つまり，「彼の裕福さをもってしても，彼女は彼の申し出を断るのをやめなかったということではなく，むしろ彼の裕福さゆえに，彼女は彼の申し出を断った」という解釈になっている．この対比をみると，譲歩を表す構文は，2つの否定をともなうことで理由を使って大まかに言い換えられるということがわかる．つまり，She rejected his offer in spite of his wealth.（彼女は彼が裕福であるにもかかわらず，彼の申し出を断った）は，His wealth was not (as you might have expected) a reason for not rejecting his offer.（（君の予想に反して）彼が裕福であることは，彼女が彼の申し出を断らない理由にはならなかった）と言い換えることができる．このような言い換えは，despite か in spite of の場合のみ可能であり，一般的に，ほかの意見を否定したり，ジョークをいったりする場合に限られている．

　(10ii) では，主節が疑問の効力をもっており，譲歩の付加部はその疑問の作用域に入っている．しかしこのような疑問文は，中立の立場で答えを求めているわけではなく，偏った意見を提示している．つまり，(10ii) では，「散歩にでかけよう」ということを提案しているのである．この構文には，in spite of や despite も用いられるが，even をともなわない though や although はほとんど用いられない．

13.3 譲歩と意味的に関連のある構文

(a) whereas, while/whilst, when

(11) i. Whereas many Gurkhas speak English, almost none speak Cantonese. (多くのグルカ人が英語を話すが, ほとんど誰も広東語を話さない)

ii. While/Whilst the first act was excellent, the second seemed rather dull. (第 1 幕は素晴らしかったが, 第 2 幕はかなりつまらなさそうだった)

iii. He gave me a beer when what I'd asked for was a shandy.
(私が頼んだのはシャンディーだったのだが, 彼は私にビールをくれた)

whereas は, ほとんどの場合 although の代わりに用いることができるが, 最初にみた (1) のような例では, whereas を使うと不自然になる. つまり, [#]Sonia doesn't speak French, whereas she grew up in Paris. では, 主節と従属節の対比を表すことはできても, 主節で表される内容が偽であると予期するような推意はもたない. つまり, 譲歩的な意味に特有の (2ii) の特徴をもっていないため, whereas は本質的に譲歩の前置詞の周辺的なものと考えられる. while と whilst のもつ意味上の役割は主に期間を示すことである. しかし, (11ii) に例示されるように, 副次的な意味として whereas と同様の意味をもち, 主節によって表される状況と従属節によって表される状況が同じ期間に起こっているということを示すのではなく, 両者の対比を示している. when は通常, 時を表すが, (11iii) のような場合には主節の状況と従属節の状況の対比も表す. このような使われ方にはかなり制限があり, たとえば, when PP は文末に現れなければならず, また, (11i) や (11ii) のような例には用いられない. when は第 1 に, 時について言及するものであるため, ここでの用法もそれと親和性の高い文脈が必要となってくる. それゆえ, when が「時」とは別の意味として「対比」や「譲歩」の意味をもっていると考えるのではなく, 後者の意味は**推意**によって得られるものと考えられる.

(b) but を用いた等位接続
譲歩の副詞を含む節によって表される対比は, (12iii) のように, but を用いた等位接続構文によっても表現される.

(12) i. Sonia doesn't speak French although she grew up in Paris. [従位接続]
(ソニアはパリで育ったにもかかわらず, フランス語を話さない)

ii. Although she grew up in Paris, Sonia doesn't speak French. [従位接続]

第 13 章　譲歩を表す付加部　　　　403

（ソニアはパリで育ったにもかかわらず，フランス語を話さない）

iii.　Sonia grew up in Paris, but she doesn't speak French.　　［等位接続］

（ソニアはパリで育ったが，フランス語を話さない）

(12i) と (12ii) に示されるように，従位接続の場合，従属節である although
PP は上位節の前に現れても後に現れてもよい．しかし，(12iii) のような等位
接続の場合，although PP に相当する節は主節であり，等位接続される 2 つの
節のうち，前の方に現れなければならない（従位接続構文に現れる前置詞 although
と，等位接続構文に現れる等位接続詞 but の統語的な違いについては，本シリーズ第 8
巻『接続詞と句読法』の第 I 部を参照）．また，but のほうが although よりも幅広
く使用される．中でも注目すべきは，but を用いた等位接続構文は，（しばし
ば，but rather の形で）「… ではなく … である」という対照否定を表現するこ
とができるが，although の場合はそれに対応する構文がない．

(13)　i.　She doesn't sit and mope but (rather) makes the best of the situa-
tion.（彼女は座ってふさぎ込むのではなく，そんな状況でもやれるだけのこ
とをする）

ii.　#Although she doesn't sit and mope, she makes the best of the situ-
ation.（彼女は座ってふさぎ込まないにもかかわらず，そんな状況でもやれ
るだけのことをする）

(c)　条件

譲歩を表す though と条件を表す if の間には密接に関係がある．まず，even
とともに用いられることで，両者は通常，対照的な意味を表す．

(14)　i.　I'm going out, <u>even if it rains</u>.　　　　　　　　　　　　　［条件］

（もし雨が降っても，私は出かけるつもりだ）

ii.　I'm going out, <u>even though it's going to rain</u>.　　　　［譲歩］

（雨が降るようだが，私は出かけるつもりだ）

(14ii) は，雨が降るようだ（が，それにもかかわらず，私は出かけるつもり
だ）ということを伝えているのに対し，(14i) は，雨が降るかどうかについて
は判断していない（が，雨が降ろうが降るまいが，私は出かけるつもりだとい
うことを伝えている）．このように，even if は通常，if の補部によって表され
る内容が真であるかわからない場合に用いられる．ただし，(15i) のように，
それが真であるとわかっているのにもかかわらず用いられる場合もある．一
方，even though は通常，though の補部によって表される内容が真である場

404　　　第 II 部　付加部となる節

合に用いられるが，(15ii) のように，そうでない場合に用いられることもある．

(15)　i.　You don't have to defend everything Ed does, even if he is your brother.
　　　　　（君は，たとえエドが兄弟であっても，彼のしたすべてのことを弁護する必要はないんだよ）

　　　ii.　Will mere debate on that proposition, even though it be free and untrammelled, remove the dross and leave a residue of refined gold?
　　　　　（たとえ自由で拘束されないものであったとしても，あの問題に関して単に議論するだけで，不純物をとり除き，精製した金の残留物だけを手にすることになるのだろうか）

(15i) では，通常，「エドが君の兄弟である」ということは疑いなく，条件節は実用上，譲歩と同様の解釈となる．(15ii) では，従属節に仮定法が用いられており，従属節によって表される内容が事実とは異なることがわかる．

　また，通常，条件を表す if でも，(16) のような構文では譲歩的に解釈されることがある．

(16)　i.　The respect he inspires demonstrates the moral authority of his heroic, if contradictory, personality.
　　　　　（彼が受ける敬意が，彼の二律背反的であるものの勇ましい人格のもつ道徳的権威を示していた）

　　　ii.　It's funny, it's good, and it's a parody, if a little blunt.
　　　　　（それは面白く，見事であり，少し品がないもののパロディーとして成立している）

(16) の例中の if は，譲歩の though（もしくは albeit）と同じ意味をもっている．つまり，(16i) では「彼の人格は二律背反的である」ことが含意されており，(16ii) では，「それは少し品がない」ということが含意されている．このような譲歩の意味は，(16) のように if が名詞修飾語句や叙述補部を繋げる時に得られる．最後に，if と though は，as と一緒に現れてイディオムの解釈をもつ場合，どちらを使うことも可能である（例：He behaves as if/though he owned the place.（彼はあたかもその土地を所有しているかのように振る舞う））．

第14章 条件を表す付加部と条件構文

■ 条件節と帰結節

典型的な条件を表す付加部は，if を主要部とした PP からなり，内容節を補部にとる．

(1) i. If you touch that wire, you will get an electric shock.
　　　　（あの針金に触れば，電気ショックを受けるだろう）

　　 ii. If she earns $1,000 a week, she is better off than me.
　　　　（もし彼女が週に 1000 ドル稼げば，彼女は私より裕福だ）

　　 iii. If she bought it at that price, she got a bargain.
　　　　（もし彼女がそれをあの値段で買っていたら，彼女はお買い得な買い物をした）

if の補部になっている従属節（一重下線のついている部分）を**条件節**（**protasis**）といい，主節から付加部である if 節をのぞいた部分（二重下線のついている部分）を**帰結節**（**apodosis**）という．また，if 節も含めた主節（つまり，(1) のそれぞれの文全体）を**条件構文**（**conditional construction**）という．[1]

---

[1] 伝統文法では if を前置詞ではなく従属接続詞として扱っており，現代の多くの研究もこの分析にしたがっている．それゆえ，if は通例，条件節を導入する要素と考えられている．それを踏まえて，ここでは，if を含む構成素全体を「条件を表す付加部」とよび，if の補部となっている従属節を「条件節」をよぶことで，両者を区別することとする．protasis と apodosis という用語は，ギリシャ語に由来している．たとえば，prologue（プロローグ，序幕）にみられるように，before（前）を意味する接頭辞「pro-」が用いられていることに注目するとわかりやすいかもしれない．また，条件節で表される状況は，論理的に帰結節で表される状況よりも前に起こる．論理学の用語である「antecedent（先件）」と「consequent（後件）」は，それぞれ「protasis」と「apodosis」に相当するが，後でみていくように，antecedent, consequent と protasis, apodosis とは完全に一致するわけではない（antecedent という用語

405

■条件節および帰結節への真偽の概念の適用

(1) の例から明らかなように，条件節も帰結節も，未来，現在もしくは過去について述べることができる．条件節と帰結節が表す時間帯には，解釈上，多少の制限があるが，条件節と帰結節の基本的な意味は未来，現在，過去の3つすべてにおいて同等であるので，時間帯に関係のない一般的な記述によって，条件節と帰結節の真理値を判定すればよい．たとえば，(1ii, iii) のような現在や過去について述べた例では，条件節や帰結節が表す命題が真か偽かを問題なく判断することができるので，(1i) のような未来のことについて述べた例も，それと同じように扱えばよい．つまり，(1ii, iii) の条件節が真となる状況とは，「彼女が実際1000ドルを1週間でかせぐ」ことが現在起こっている場合や「彼女が実際にそれをあの値段で買う」ことが過去に起こった場合である．同様に，(1i) の条件節が真となる文脈は，「君が実際にあのワイヤーに触る」ということが未来で起こる場合（つまり条件節で述べられている条件が**満たされる (be satisfied)** ようになる場合）である．帰結節もまた同様に，時間帯がいつであっても，その命題が真か偽かを判断することができる．

■開放条件構文と隔たり条件構文の違い

条件構文は多種多様なタイプのものが存在するのだが，それが**開放**条件 (**open** conditional) であるか**隔たり**条件 (**remote** conditional) であるかで大別することができる．この区別を (2) に例示する．(2i) の例では帰結節の時の解釈が未来であり，(2ii) の例では現在となっている．

(2) i. a. If you get it right, you'll win $100.　　　　　　　［開放条件］
      （正解すれば100ドル獲得できるよ）

   b. If you got it right, you'd win $100.　　　　　　　　［隔たり条件］
      （正解すれば100ドル獲得できるだろうけど）

   ii. a. If Ed is here, he can come too.　　　　　　　　　　［開放条件］
      （もしエドがここにいれば，彼も来られる）

   b. If Ed was / were here, he could come too.　　　　　　［隔たり条件］
      （もしエドがここにいれば，彼も来られるだろうけど）

に使われている接頭辞「ante-」はラテン語由来であるのだが，これも before の意味を表している．しかし，ここでいう「antecedent（先件）」は，文法で用いられる「antecedent（先行詞）」とはかなり違うものである）．また，本巻では，「条件構文」という用語が使われていることに注意されたい．これは，「条件節」といってしまうと，文全体ではなく従属節あるいは上位節だけを指すものと理解されてしまうためである．

第 14 章　条件を表す付加部と条件構文　　　407

隔たり条件の場合，帰結節の動詞は法助動詞（通常 would, should, could か might）をともない，条件節には法性を表す単純過去時制か非現実形の were が用いられなければならない．2 つの構文のうち，開放条件構文のほうが基本の構文であると考えられる．以下ではまず開放条件構文について，また，その次の節（14.2 節）で隔たり条件構文についてみていこう．

14.1　開放条件構文

14.1.1　開放 if 条件構文の意味と推意

便宜上，if 条件構文を「if P, (then) Q（もし P なら Q）」と簡略化して表すことにする．これにしたがうと，If it rains we'll cancel the match.（もし雨なら我々は試合を中止する）のように，付加部である if 節が主節よりも先にくる場合でも，We'll cancel the match if it rains.（もし雨なら我々は試合を中止する）のように，if 節が主節の後に続く場合でも，どちらの場合も同じように，P が「it rains（雨が降る）」であり Q が「we'll cancel the match（我々は試合を中止する）」となる．開放条件構文の解釈には，つぎの 4 つの特徴がある．

(3) i.　不変的意味：P が真でかつ Q が偽であるという真理値の組み合わせはあり得ないというのが，「if P, (then) Q」における P と Q の真理値の関係である．（つまり，「if P, (then) Q」は，P が真で Q が偽である組み合わせの場合のみ偽となり，それ以外の場合はすべて真となる）

ii.　結果の推意：Q は P の結果である．

iii.　Only-if 推意：もし P でないなら，Q でない．

iv.　Don't-know 推意：話者は P と Q が真であるか偽であるかを知らない．

■不変的意味：P が真でかつ Q が偽である組み合わせはあり得ない

「if P (then) Q」の図式にあてはまるすべての条件構文では，P が真でかつ Q が偽である場合が排除される（つまり，P が真の時に Q が偽である場合のみ，文全体が偽になる）．(1) を例にとってみると，(1i) では「あなたが針金にさわっても，ショックを感じない」場合，(1ii) では「彼女は一週間で 1000 ドル稼いでも，私より裕福ではない」場合，(1iii) では「彼女がその値段でそれを買っても，お買い得ではなかった」場合，それぞれの文は明らかに偽となる．

■結果の推意：Q は P の結果である

条件構文の解釈について，ほとんどの場合が，単に「P が真の時に Q も真であ

る」ということだけを述べているわけではない．一般的に条件構文は，P と Q の間に因果関係があると解釈され，非常に多くの場合，「Q は P の結果である」や「Q は P から得られる」といった意味をもつ．それを典型的に示している例が（1i）である．つまり，「針金に触る」ということが「電気ショックを受ける」ということを引き起こすと解釈される．同様に，（2ia）の場合も，「それに正解する（ここでは，実際に正しく答えると想定しよう）」ことにより「あなたが 100 ドル獲得する」という結果になると解釈される．これらの 2 つの例では，主節の時制が未来形であるが，それ以外の時制の場合にも同じように因果関係が存在する（例：If they touched the wire they (invariably) got an electric shock.（もし彼らがあの針金に触っていたら，（必ず）電気ショックを受けていた））．

条件構文の結果の推意において，「Q は P の結果である」という解釈のつぎによくみられるのが，「P が真であることの当然の結果として Q が真であるだろう」という推論である．つぎの例をみてみよう．

(4)　i.　If Ed is your brother and Max is Ed's son, then Max is your nephew.
　　　　（もしエドがあなたの兄弟で，マックスがエドの息子であれば，マックスはあなたの甥である）

　　ii.　If the key is not in my pocket, I have left it in the door.
　　　　（もしカギが私のポケットになかったら，私はそれをドア（のカギ穴）に差し込んだままにしてしまっている）

　　iii.　If Jill was at the meeting she probably told / may have told him the news.（もしジルが会議に出ていたら，おそらく彼女は彼にそのニュースを伝えた／伝えているだろう）

(4i) では，「兄弟」，「息子」，「甥」の関係から，推論が証明と同様のものとなっているが，通常は P から Q へ至る推論の必然性は（4i）のものほど強くなくてもよい．たとえば（4ii）の場合，原理的にカギのある場所はほかにもあるはずだが，とくに明確な根拠もないまま私が「カギがポケットになかった場合はドアについている」という可能性以外をすべて排除している．(4iii) は，よくみられるケースだが，帰結節が認識様態的法性（epistemic modality）（14.1.2 節および第 16 章を参照）をもつ表現を含んでいる場合の例となっている．

このように，開放条件構文では P（が真であること）から Q（が真であること）が帰結として導き出されるのだが，これは論理的含意ではなく，推意として扱われなければならない．なぜなら，if が特別な用法で用いられた場合，このような P と Q の関係が成立しないことがあるからである．

第 14 章　条件を表す付加部と条件構文　　　409

(5)　i.　If he won the coveted prize, it was because of his divine playing
　　　　of the rondo.（彼が誰もがあこがれる賞をとったというなら，それは彼がロ
　　　　ンドをものの見事に演奏したからである）

　　ii.　If our house was spacious, the place next door was immense.
　　　　（我々の家が広かったというなら，隣の家はとてつもなく広かったことになる）

(5i) が発話されるような文脈では，彼がその賞をとったということがすでに
成立しており，この場合の帰結節（つまり Q）は，彼がその賞をとった結果で
はなく原因について述べている．(5ii) では，P（つまり「我々の家が広かっ
た」）も Q（つまり「隣の家はとてつもなく広かった」）も，どちらも真である
と考えることができるが，この場合，「隣の家がとてつもなく広かった」こと
は「我々の家が広かった」ことの結果ではない．また，(5ii) の例は，Our
house was spacious and/but the place next door was immense.（我々の家は広
く／広かったが，隣の家はとてつもなく広かった）とは，統語的にも意味的にも異
なっている．つまり，後者の場合は 2 つの節が等位接続されているのに対し，
(5ii) では，はじめの節が従属節になっており，私が自分の家について話し，
そのつぎに隣の家のサイズに話が移るという文脈になっている．さらに意味的
には，(5ii) では，「隣の家」が「我々の家」を「広さ」で勝っているというよ
うな尺度上の特性が，この 2 軒の家の関係において示されていると捉えられる．
　ここでみた開放条件構文での推意から生じる「Q は P の結果である」とい
う意味は，通常は明確に取り消すことができない．その点で，後でみていく
only-if 推意や Don't-know 推意とは異なっている．

・関連性条件節
条件構文が「Q は P の結果である」という推意をもたないそのほかの例とし
て，「関連性条件節 (relevance protasis)」をともなう (6) のような例があげら
れる．

(6)　i.　If you need some help, Helen is willing to lend a hand.
　　　　（もし助けが必要なら，ヘレンが喜んで手を貸してくれるだろう）

　　ii.　If you're interested, Dick's coming to the party too.
　　　　（興味があるなら教えてあげるけど，ディックもパーティーに来るよ）

ここでは，P が真であるかどうかに関係なく，Q は真となる．それにもかか
わらず，これらの例でも，P が真でかつ Q が偽の場合（のみ）を排除すると
いう (3i) の if の不変的意味が保持されている．(6) に例示される「関連性条

件節」を含む条件構文は，Q に**関連する**（**relevance**）条件を表す P を提示することで，Q を主張するような場合に用いられる．また，(6i, ii) の例は，それぞれ，If you need some help you will be interested to know that Helen is willing to lend a hand. （もし助けが必要なら，ヘレンが喜んで手をかしてくれることをあなたは知りたいだろう），If you're interested it is worth telling you that Dick is coming to the party. （興味があるなら教えてあげるけど，ディックもパーティーに来る予定だということを君に伝える価値がある）を簡潔にいったものであると考えることができる．したがって，このような例には明示されていない上位構造（つまり，you will be interested to know that と it is worth telling you that）があり，その中で，実際に明示された Q （つまり Helen is willing to lend a hand と Dick is coming to the party）が話者の主張であると考えられる．

■**Only-if 推意：if not-P, then not-Q**（もし P でないなら，Q でない）

一般的に条件構文では，もしその条件が満たされなければ，主節で表現される状況も起こらないという推意が生じる．つまり，もし P が真でなければ，Q も真ではないと推意されるということである．これを，ここでは Only-if 推意（すなわち条件構文に生じる「if not-P, then not-Q （もし P でないなら，Q でない）」という推意）とよぶ．このような推意は，結果の推意と関連性がある．P と Q との間に因果関係がある場合，原因となることが起こらなければ，結果も生じないからである．(1i) では，もし針金に触れなければ，電気ショックを受けることもないし，(2ia) では，もし正解しなければ，100 ドルを獲得することもない．通常，P と Q との間に因果関係がある場合，「もし P が真であるなら Q も真である」か「もし P が真でないなら Q も真でない」かのどちらかである．したがって，(4ii) の例では，「もしカギが私のポケットにあるなら，私はカギをドアにつけっぱなしにしてはいない」ということになる．また，このような only-if 推意は，「If P (then) Q」という陳述が「Q」のみの陳述よりも情報量が少ないという事実から生じるものであると考えられる．(7) の例を比べてみよう．

(7) i. I'm going to the beach this week-end if it's fine.
   （もし天気が良ければ，今週末にビーチにいく予定だ）
 ii. I'm going to the beach this week-end. （今週末にビーチにいく予定だ）

(7i) は，天気が良い場合の情報しか与えておらず，(7ii) よりも限定的で情報量が少ない．もし，天気がよかろうが悪かろうが，いずれにせよビーチにいく予定ならば，話者は (7i) ではなく (7ii) を発話するのが自然である．それゆ

え，話者がより情報量の少ない（7i）を発話したとすれば，「天気が良い場合のみビーチに行く」，つまり「天気が良ければビーチにいくが，天気が良くなければビーチに行かない」ということを伝えていると推測されるのである．

　しかしここで注意しておきたいことが，この only-if 推意は，会話における情報量（**conversational informativeness**）から生じる推意であり，論理的含意ではない．つまり，「If P (then) Q」は「If not-P (then) not-Q」を論理的に含意しない．このことは，（8）に例示されるように，only-if 推意を取り消すような表現をつけ足しても，文全体に矛盾が生じていないことからわかる．

(8)　i.　If it's fine this week-end I'm going to the beach, and in fact I'll probably go even if it's wet. （今週末，もし天気が良ければ，ビーチにいく予定であり，実際，雨降りでもおそらくビーチにいくだろう）

　　ii.　If you invite the Smiths as well, there won't be enough room for everybody—indeed I think you've already invited too many as it is. （もしスミス一家も招待するなら，全員分のスペースがなくなってしまう．実際，現状でも，君はすでにたくさんの人を招待しすぎだ）

また，（6）にみられるような関連性条件節構文でも同様に，P の真理値にかかわらず，Q が真となりうる．

　only-if 推意が一般的に条件構文に生じることから，if-PP は典型的には「条件」を表すものと考えられる．たとえば，（7i）は通常，「私は天気が良いという条件で，ビーチにいく」と解釈される．しかしこのような「... という条件で」という解釈は，（5），（6），（8）の例には当てはまらない．したがって，ここでは if を用いた構文を「条件構文」とよび，「条件」が if 構文の基本的な用法であると考える一方で，それが当てはまらない場合もあるということに留意する必要もある．

■Don't-know 推意：話者は P と Q が真であるか偽であるかを知らない

条件構文は未来について述べることが多いが，その場合，通常，発話時点で話者はその条件が満たされるかどうかを知らない．たとえば（2ia）では，話者は，君が正解するかどうかを知らないが，もし正解したなら君が 100 ドルを獲得することを知っている．このような Don't-know 推意（すなわち，条件構文に生じる「話者は P と Q が真であるか偽であるかを知らない」という推意）は，未来だけでなく，現在や過去について言及した場合にも当てはまる．

(9)　i.　If Jill is still here, she is / will be in her office.

（もしジルがまだここにいるなら，彼女は自分のオフィスにいるだろう）

ii. If she bought it, she got a bargain.

（もし彼女がそれを買っていたら，彼女はお買い得な買い物をした）

(9i) では，話者はジルがまだここにいるのかどうかを知らないものと思われる．同様に (9ii) でも，やはり話者は彼女がそれを買ったかどうかを知らないものと思われる．ここでの推意もまた，only-if 推意の時と同じように，「情報の量」が関係しており，ここでは「If P (then) Q」は「P and Q」よりも情報量が少ないということからこのような推意が生じる．[2] たとえば，(9) の例と「Jill is still here: she's in her office.（ジルはまだここにいる．彼女は自分のオフィスにいるのだ）」，「She bought it and got a bargain.（彼女はそれを買って，掘り出し物を得た）」を比べてみよう．後者のほうが，(9) の条件構文よりも多くの情報を伝えており，「P が真である」ということを知っていた場合には後者を用いるほうが一般的である．よって，話者が (9) の例をあえて用いた場合，話者が「P が真である」ことを知らないということが推測される．only-if 推意と同じように，条件構文において「話者は P が真であるか偽であるかを知らない」という Don't-know 推意は，あくまで会話での情報提供にかかわる推意であり，論理的含意ではない．また，現在や過去の時について述べられている場合，結果の推意や only-if 推意に比べると，Don't-know 推意が生じないことがしばしばある．たとえば，これまでみてきた例の中では，(5) の例がそれに当たる．Don't-know 推意が生じない場合に多いのは，P が今まさに断言されたり立証されたりした時，話者がそのことについて何かコメントしたり，そのことから何か判断を下したりする場合である．たとえば，(1iii) の If she bought it at that price, she got a bargain. も Don't-know 推意が生じない例であるが，これは，彼女がある値段でそれを買ったということを話者が知った時に発話することができる．

また，条件構文には P が自明であるような場合に用いられる特別な用法がある．

(10) She's eighty if she's a day.

（直訳：もし彼女が生後 1 日でも生きていれば，彼女は 80 歳だ．（彼女は間違いなく／少なくとも 80 歳である））

---

[2] 訳者注：「「If P (then) Q」は「P and Q」よりも弱い」という代わりに「「P and Q」は「If P (then) Q」よりも強い」ということもできるが，ここでは後者を立証することは難しいため，「より弱い」という前者を用いることとする．

第 14 章　条件を表す付加部と条件構文　　　413

（10）の例は，彼女が 80 歳（以上）であることを強調したいい方である．つまり，彼女は明らかに生後 1 日以上生きているので，条件節は真であると判断できる．「P（条件節で述べられている命題）が真でかつ Q（帰結節で述べられている命題）が偽である組み合わせはあり得ない」という不変的意味から，帰結節で述べられている「彼女は 80 歳（以上）である」ことが真であると判断できる．したがって，（10）を発話することにより，話者は「彼女は確実に 80 歳（以上）である」ということを伝えている．また，この例は，結果の推意が成立しない例であることに注意されたい．つまり，「彼女が 80 歳（以上）である」ことは，「彼女が 1 日以上生きている」ことの結果でもないし，それから正当に推論されることでもない．

　そのほかの特徴として，（11）に例示されるように，Don't-know 推意は，はっきりと取り消すことができる．

(11)　If he proposes—and he will—she'll probably turn him down.
　　　（もし彼がプロポーズするなら，いや，実際するだろうが，そうしたら彼女はおそらく断るだろう）

　Don't-know 推意は論理的含意ではなく推意の一種であり，それが生じない場合や取り消される場合があるということを論じてきたが，これまでみてきた例は，すべて「P が真である」ことを知っているような場合に発話されるものであった．もし話者が「P が偽である」ことを知っている場合には，通常，開放条件構文ではなく，隔たり条件構文が用いられる．

(12)　i.　a.　#If I am you I will accept the offer.
　　　　　　　（もし私が君であれば，そのオファーを受けるつもりだ）
　　　　b.　If I were you I would accept the offer.
　　　　　　　（もし私が君であれば，そのオファーを受けるだろうけど）
　　ii.　a.　If Ed broke it he will have told her.
　　　　　　　（もしエドがそれを壊していたら，彼女にいうだろう）
　　　　b.　If Ed had broken it he'd have told her.
　　　　　　　（もしエドがそれを壊していたら，彼女にいっていただろうけど）

（12ia）は，実用上，容認性が低い．つまり，当然，私は君ではないということはわかるはずであり，このような場合には，（12ib）のような隔たり条件構文が用いられるべきである．（12iia）は完全に容認可能であるが，この場合，通常 Don't-know 推意が生じ，話者は彼がそれを壊したかどうかを知らないということが示唆されている．もし話者が「「彼がそれを壊した」ことは偽で

ある（つまり，彼がそれを壊してはいない）」ということを知っていたり確信していたりする場合には，通常，隔たり条件構文である (12iib) が用いられる.

しかし，話者が「P は偽である」ということを知っているという文脈で，開放条件構文が用いられると矛盾が生じるかというと，そうではない. 実際，話者が「P が偽である」ことを確信している場面で，以下のような if- 構文が用いられることがある.

(13)　If that is Princess Anne, I'm a Dutchman.
　　　（もしあれがアン王女なら，私はオランダ人だ）

(13) は「あれはアン王女ではない」ということを強調していいたい時に用いられるお決まりの用法である. これは，「If P (then) Q」が「If not-Q (then) not-P」と論理的に同値であること（つぎに扱う項目を参照）を利用しており，if- 構文において，明らかに偽である「Q」（つまり not-Q）を提示することにより，論理的推論に基づいて「P が偽である」こと（つまり not-P）を伝えている. (13) では，僕は明らかにオランダ人ではないので（もし仮に話者がオランダ人なら，帰結節には「ブタは空が飛べる」のような，はっきりと偽であるとわかる別の命題を用いなければならないのだが），帰結節が偽であることから，条件節である P も偽であるということがわかる. このような用法は隔たり条件節を用いると不適切となるのだが，これについては，14.2 節でとり上げる.

■ 論理的同値
(3i) の不変的意味に関して，「If P (then) Q（もし P なら Q）」は「If not-Q (then) not-P（もし Q でないなら P でない）」や「Q or not-P（Q か P でない）」と論理的に同値である. たとえば，(14) の例を比べてみよう.

(14)　i.　If Jill is here she is in her office.　　　　　　　　　[If P (then) Q]
　　　　　（もしジルがここにいるなら，彼女は自分のオフィスにいる）
　　　ii.　If Jill is not in her office then she is not here. [If not-Q (then) not-P]
　　　　　（もしジルが自分のオフィスにいないなら，彼女はここにはいない）
　　　iii.　Jill is in her office, or she is not here.　　　　　　[Q or not-P]
　　　　　（ジルは自分のオフィスにいるか，そうでなければここにはいない）

(14) の 3 つの例はどれも，「ジルはここにいるが，自分のオフィスにはいない」というシナリオ以外の状況で真となりうる. しかし，if 条件構文には上でみてきたような推意が生じるので，論理的に同値である (14) の 3 つの例の 1

第 14 章　条件を表す付加部と条件構文　　　　415

つからほかのものに変えると，解釈に大きな違いが出ることがよくある．今度は (15) の例を比べてみよう．

(15)　i.　If she leaves, I leave.　　　　　　　　　　　　[If P (then) Q]
　　　　（もし彼女が辞めれば，私も辞める）

　　　ii.　If I don't leave, she doesn't leave.　　　　　[If not-Q (then) not-P]
　　　　（もし私が辞めなければ，彼女も辞めない）

　　　iii.　I leave or she doesn't leave.　　　　　　　　　[Q or not-P]
　　　　（私が辞めるか，そうでなければ彼女は辞めない）

(15) の 3 つの例は，実用上の解釈はかなり異なっている．(15i–iii) によって描写されている状況が未来で 1 度だけ起こるという解釈の場合，(15i) から「私が辞めること」は「彼女が辞める」の結果である（つまり，「彼女が辞めること」が「私が辞めること」を引き起こす）ことがわかる．たとえば，考えられるひとつのシナリオは，話者が「もし君が彼女をクビにするなら，私を失うことになるんだよ」と脅しているような場合である．しかし，(15ii) （と(15iii)）では，P と Q の因果関係が逆になっており，「彼女が辞めないこと」が「私が辞めないこと」の結果となっている．

■ 複数の状況

これまでみてきた例は，すべて，1 つの状況について述べたもの（つまり，描写されている状況が 1 度きりだけ起こるという解釈のもの）であった．複数の状況について述べる（つまり，描写されている状況が複数回起こるという解釈の）場合，条件を表す付加部は一般的に，複数の状況の量化よりも狭い作用域をとる．

(16)　She cycled to work if she got up early enough.
　　　（彼女は余裕をもって早起きしたときには，自転車で仕事にでかけた）

ここで注目したいことは，(16) の優勢な解釈では，「自転車で仕事にでかけた」という状況は 1 度きりではなく複数回起こった，つまり，そのような習慣があったということである．そして，「余裕をもって早起きする」という条件は，習慣である「自転車で仕事にでかけること」の 1 回 1 回の状況にかかっている．したがって，「余裕をもって早起きしたら自転車で仕事にでかけた」ということは，1 度きりではなく複数回起こったということになる．このような場合，if は when と同じような意味をもつ．また，when のような時間的場所を示す付加部が用いられた場合のように，頻度を表す副詞が主節に現れること

がよくある．たとえば，She always / often / sometimes cycled to work if she got up early enough. （彼女は余裕をもって早起きしたときには，いつも／よく／時々，自転車で仕事にでかけた）のように，頻度を表す付加部が主節に現れることにより，(16) では暗示されていただけの「状況が複数回起こる」ということが明示される．また，上述のように，(16) の発話から「彼女が早起きして自転車で仕事にでかける場合が少なくとも数回はあった」ということが伝わるのだが，(16) が「条件が満たされることが時々あった（つまり，彼女が時々早起きをした）」ということを実際に含意しているわけではない．しかし，もし彼女がこれまで1度も早起きをしたことがなかったのならば，話者が (16) を断言するだけの十分な証拠がないはずであり，話者が (16) を断言していることから，「彼女は時々早起きをした」ということが推測される．このように，if 条件構文で複数の状況について述べる場合，条件節で表される状況が実際に数回は起こっているというような意味が推意として生じるのだが，たとえば，These machines switch themselves off if the temperature rises above 40°Celsius. （この機会は温度が摂氏40度をこえると，自動的に電源がオフになる）は，実際にこれまで1度も試したことはないが，そうなるように機械が設計されているというような文脈においても用いることができる．[3]

14.1.2 時・法性・極性の問題
■条件節の時とは独立した帰結節の時
これまで検討してきた例のほとんどは，条件節の状況と帰結節の状況が，どちらも未来，どちらも現在，あるいはどちらも過去というように同じ時間帯 (time-sphere) で発生するものだった．しかし，必ずしもそうでなければならないということではない．ある組み合わせがほかの組み合わせよりも使われる頻度が高いということはあるが，(17) のように基本的にはすべての組み合わせが可能である（(17vii) において法性の時は無視している．未来において起こるのは勝つこと (winning) である）．

---

[3] たとえば，She cycled to work if I remember correctly. （もし私の記憶が正しければ，彼女は自転車で仕事にいった）のように，条件を表す付加部が複数回起こる状況よりも広い作用域をとることができる．しかし，この場合の付加部は，第16章扱われている法性のカテゴリーに属している．

第 14 章　条件を表す付加部と条件構文　　　417

(17)　　　　　　　　　　　　　　　　　　　　　　　　　　　　　条件節　帰結節

  i. If she leaves, I leave too.   未来
   （もし彼女が辞めるなら，私も辞める）

  ii. If they don't come, we're wasting our time.   現在
   （もし彼らが来なければ，我々は時間を無駄にしている） 未来

  iii. If it doesn't rise, you didn't put enough bicarb in. 過去
   （もしそれが上昇しなければ，君が十分に重曹を入れな
   かったからだ）

  iv. If that's Jill over there, I'll ask her to join us. 未来
   （もしあそこにいるのがジルであれば，私は彼女に我々に
   加わるよう頼みます）

  v. If she's here, she's in her office.   現在
   （もしここにいれば，彼女は自分のオフィスにいます） 現在

  vi. If he knows the answer, he got it from you. 過去
   （もし彼が答えを知っていれば，彼はそれを君から教えて
   もらったのだ）

  vii. If they batted first they will probably win. 未来
   （もし彼らが先に打てば，おそらく彼らが勝つだろう）

  viii. If Kim said that, you are entitled to compensation. 現在
   （もしキムがそれをいったのだとしたら，君には賠償を受 過去
   ける権利がある）

  ix. If Kim didn't do it, Pat did.   過去
   （もしキムがそれをしなかったら，パットがした）

■ **未来時条件節（future time protases）における法助動詞を用いない現在時制**
条件節で未来を表現する場合は，通常，現在時制を使い，その際，法助動詞を
ともなうことはない．具体例を以下にあげる．

(18) i. If <u>you see Ed at tomorrow's meeting</u>, tell him I'll phone him at the
   week-end.
   （もし明日の会議でエドに会ったら，週末に電話すると伝えておいてください）

  ii. If <u>it rains tomorrow</u>, we'll postpone the match until next week-end.
   （もし明日雨が降れば，来週末まで試合を延期します）

(18) の下線部の従属節は現在時制を使って未来を表現している．一方，(19)
のように，主節で現在時制を使った場合は，このような解釈は不可能である．

(19) i. a. You see Ed at tomorrow's meeting.
（あなたは明日の会議でエドに会うことになっている）

　　 b. You will see Ed at tomorrow's meeting.
（あなたは明日の会議でエドに会うだろう）

　 ii. a. #It rains tomorrow.（明日雨が降ることになっている）

　　 b. It will rain tomorrow.（明日雨が降るだろう）

(19ia) の解釈は現在未来時指定（present futurate）であり，"The arrangement is that you see him then." 「あなたがその時彼に会うことが予定に組み込まれている」のような意味を表す．(19iia) は実用上の容認度が低い．なぜなら雨が降るという状況は，あらかじめ手配したり予定に組み込んだりすることができないからである．(19ib) と (19iib) は (18) の従属節の場合と異なり，文の主張（assertion）を修飾する法助動詞（will）を含んでいる（will が時ではなく法を表現しているという主張の根拠に関しては，本シリーズ第 1 巻『動詞と非定形節，そして動詞を欠いた節』の第 I 部を参照).

　一般的に認識的法助動詞（epistemic modal）を条件節の中で使うことはないが，まったく使うことができないということではない．たとえばつぎのような例をみてみよう．

(20)　If we will have an unusually wet winter (as the meteorological office predicts), the threat of a serious water shortage will recede, for the time being at least.（（気象庁の予測どおり）もし例年になく雨の多い冬になれば，少なくともしばらくの間は，深刻な水不足への懸念は弱まるだろう）

「気象庁の予測どおり」というカッコ内の表現が，この種の用法が使用できる文脈を提示している．例年になく雨の多い冬になるという命題は気象庁によって出されたものであり，発話者はその命題を根拠として，そこから結論を導き出している．この例の認識様態的法は，条件節のもつ命題で示されており，If it is true that we will have an unusually wet winter, … （例年になく雨の多い冬になるということが事実なら，…）のように言い換えることができる．この種の構文についてのより詳しい考察に関しては，本シリーズ第 1 巻『動詞と非定形節，そして動詞を欠いた節』の第 I 部を参照してほしい．

■ 帰結節内の法
すでにみたように，隔たり条件構文の帰結節では，法助動詞が必ず用いられる．開放条件構文ではそのような制約はないが，この場合も法助動詞の使用が

第 14 章　条件を表す付加部と条件構文　　　419

極めて一般的である．条件構文は法性表現の使用を促すのである．以下に例を
あげる．

(21)　i.　If it rains tomorrow it <u>will</u>/<u>may</u> make things very difficult for us.

　　　　　　　　　　　　　　　　　　　　　　　　　　　　　　　　　　［未来］

　　　　（もし明日雨が降れば，我々にとってとても厄介なことになるだろう／かもし
　　　　れない）

　　ii.　If he is not at work he <u>will</u>/<u>may</u> be watching the cricket.　　［現在］

　　　　（もし仕事中でなければ，彼はクリケットを見ているだろう／かもしれない）

　　iii.　If the meeting finished on time, he <u>will</u>/<u>may</u> have caught the 3:15
　　　　train.　　　　　　　　　　　　　　　　　　　　　　　　　　　　　［過去］

　　　　（もし会議が時間どおりに終わったら，彼は 3 時 15 分の電車に乗れただろう
　　　　／かもしれない）

もちろんこれ以外の法助動詞を使うこともできる．たとえば，Q が P から導
き出された結論が演繹的であっても帰納的であっても，must が使われること
が多い．(21i) では法助動詞が義務的であるが，それは主節が未来の状況を表
している場合に課される一般的な制約にしたがった結果である．If the report
isn't ready by tomorrow, you lose your job. （もしレポートが明日までに用意でき
なければ，あなたは失職する）のようにいうこともできるが，この場合の lose は
現在未来時指定である．つまり，失職に関する決定は発話時点ですでに行われ
ており，そのような未来の状況は現時点で決められているというのがここでの
解釈である．未来の状況がすでに決められているというこのような解釈は，
will を使った場合（If the report isn't ready by tomorrow, you will lose your
job.）よりも，現在未来時指定の文のほうがほんの少し強く感じられるかもし
れない．(21ii) から法助動詞をとり除いて，If he is not at work he is watch-
ing the cricket. としても自然なままである．この例は will を使った場合より
も少しだけ（may の場合と比べるとかなり）結論に対する自信の度合いが強
い．帰結節に法助動詞を用いない単純過去形を使っても原理的には問題がな
い．たとえば，(1iii) がその例である（If she bought it at that price, she got
a bargain. （もし彼女がそれをあの値段で買っていたら，彼女はお買い得な買い物をし
た））．この場合は，間違いなく彼女がお買い得な買い物をしたというニュアン
スが感じられる．(21iii) の will/may have caught を単純過去形動詞の
caught に置き換えることも不可能ではないが，法助動詞を使ったほうがより
自然である．なぜなら，会議が時間どおりに終わった場合，3 時 15 分の電車
に乗るという彼の意図を邪魔するものが何もないという確固たる自信がないか

ぎり，caught に置き換えることはできないからである．

■条件節内の仮定法構文

条件節の内容が事実ではないことを表現するため，原形動詞を使って仮定法構文を作ることもできる．

(22) If such a demonstration be made, it will not find support or countenance from any of the men whose names are recognized as having a right to speak for Providence.
（もしそのようなデモ活動が行われれば，プロヴィデンスを代表して発言する権利があると目されている人たちの支援を得ることはできないだろうけど）

しかし現代英語においてこのような構文は，隔たり条件構文における非現実形の were を使用した構文とは比較にならないほど，非常に稀で形式ばった構文である．さらに使用できる動詞は実質的に be に限定される．

■極性感応項目 (polarity-sensitive items)

If 節は意味的にも統語的にも疑問節と共通点が非常に多い．たとえば，If Jill is here, she's in her office. （もしジルがここにいれば，自分のオフィスにいます）では，暗にジルがここにいるかどうかという疑問が提示されるが，その疑問に対する答えは与えられないままである．さらに，(23) が示しているように，if 節は疑問節と同様，極性感応項目を認可する．

(23) i. a. It will give us an advantage if they are already here.
（もし彼らがすでにここに来ていれば，我々にとって有利だろう）
b. I'll be surprised if they are here yet.
（もし彼らがすでにここに来ていれば，僕はびっくりするだろう）
ii. a. If anyone has a solution to this problem, please let me know.
（もしこの問題の解決法を知っている人がいれば，私に教えてください）
b. If someone has a solution to this problem, please let me know.
（この問題の解決法を知っている人は私に教えてください）

already は**肯定指向的** (**positively-oriented**)，yet は**否定指向的** (**negatively-oriented**) であり，どちらも疑問節内に生起可能である（例：Are they already here?, Are they here yet? （彼らはもうここにいますか））．(23ia) は条件節の内容が実現するかについて肯定的であるが，(23ib) は否定的である．またこの例での I'll be surprised は彼らがまだここに来ていないだろうという話者

第 14 章　条件を表す付加部と条件構文　　　421

の見込みを示唆しているのである．肯定指向的ではない anyone が使われている (23iia) と肯定指向的な someone の (23iib) との違いは，Has anyone a solution to this problem?（誰かこの問題の解決法を知りませんか）と Has someone a solution to this problem?（誰かこの問題の解決法を知らないんですか）との違いと同じである．someone を使った場合のほうが，anyone の場合よりも答えが肯定的であると期待する傾向がやや強い．

　このような要因によって以下の例の違いを説明することができる．

(24)　i.　If you are at all worried about the project, don't get involved.
　　　　　（もしそのプロジェクトに関して少しでも不安があれば，かかわってはいけない）

　　　ii.　?If you were at all worried about the project, why didn't you let me know?（万が一そのプロジェクトに関して少しでも不安があれば，なぜ教えてくれなかったのですか）

　　　iii.　?If you improve your performance at all, we give you a bonus.
　　　　　（もしあなたの成績が上がれば，ボーナスをあげましょう）

at all は平叙肯定文には現れることができない特性をもつ極性感応項目だが，(24i) における at all の生起は何の問題もない．この節では聞き手（you）にまったく不安がない場合も想定されているからである．一方，(24ii) の非難を含んだ why didn't you という表現は，聞き手が不安を感じていたと話者が思っているということを示唆している．ここで at all を使うと不自然に感じられるのは，そのような肯定的指向が if 節に内包されているためである．同様に，(24iii) で話し手（we）は条件付きの提案をしているため，その条件が満たされるであろうという肯定指向的なニュアンスが感じられる．そのため，ここでの at all は不自然なのである．

14.1.3　if と only および even との組み合わせ
■ Only if

(25)　i.　I'll cook only if you clean up.
　　　　　（あなたが掃除をする場合だけ，私は料理をする）

　　　ii.　Students are admitted into the second year only if they achieve a grade of 5 or higher in the first year.（1 年次に 5 以上の成績をとっている場合だけ，学生は 2 年への進級が許される）

　　　iii.　She cycled to work only if it was fine.
　　　　　（晴れの時だけ，彼女は自転車で仕事に行った）

if 節は only の作用域の焦点になることが多い．(25) のように only は if の直前にきてもよいし，あるいは if から離れた場所に生起してもよい（例：I'll only cook if you clean up. など）．直前にくる場合は，only if 節全体は帰結節に先行してもよい（Only if you clean up will I cook.）．しかし，(25) のように only if 節が帰結節の後にくるほうがより一般的なので，この構文の意味を記述するのには Q only if P という記号を使用する．

(26) i. 不変的意味：P が偽でかつ Q が真という真理値の組み合わせはあり得ないというのが Q only if P における P と Q の真理値の関係である．

　　 ii. 十分条件推意：Q if P

・不変的意味：P が偽でかつ Q が真という真理値の組み合わせはあり得ない
Q only if P 構文では，P が偽でかつ Q が真である場合が排除される．したがって (25i) では，私が料理をしてかつあなたが掃除をしないという可能性はない．(25ii) が排除しているのは，1 年次に 5 以上の成績をとることなしに学生が 2 年に進級するケースである．さらに (25iii) では，悪天候の中，彼女が自転車で仕事に行ったことはなかったことになる．したがって，**P は必要条件**（**necessary condition**），つまり Q が真になるためには必ず満たされなければならない条件なのである．

・十分条件推意：Q if P
必要条件を表現することに加えて，P は十分条件（つまり，Q が真であるためにはそれを満たすだけで十分な条件）を表現するために使われることが多い．(25i) の自然な解釈は，君が掃除をするという条件で僕は料理をするという解釈である．同様に，1 年次に 5 以上の成績をとった学生なら誰でも 2 年に進級できると，我々は (25ii) から推測する．さらに (25iii) からは，晴れの時に実際に彼女は自転車で仕事に行ったということが推測される．しかし，論理的には，Q only if P が Q if P を**含意**（**entail**）しないということは明らかである．たとえば次のような例を考えてみよう．

(27) i. A will is valid only if it has been signed in the presence of two witnesses. (2 人の証人の前で署名が行われた場合だけ，遺言は有効だ)

　　 ii. You are entitled to a pension only if you are a permanent resident. (あなたが永住者である場合だけ，年金を受けとる資格を得る)

　　 iii. The red light goes on only if the blue light is on, but it doesn't go on if the green light is also on. (青のライトがついた場合だけ，赤のラ

イトがつくが，もし緑のライトもついたら赤のライトはつかない）

有効な遺言の条件が，2人の証人の前で署名をすること以外にもあることは常識である．たとえば，遺言者は正常な判断ができなければならないし，脅されていてもいけない．(27ii) は年金をもらう条件として，年齢や健康に関してなど明らかに満たされなければならないほかの条件を明示していない．すべての永住者に現在年金受給の資格があるとは誰も考えないだろう．(27iii) では but 以下に第2の条件が付け足されているが，その条件と最初の条件が矛盾しているとは感じられない．P が必要条件でかつ十分条件であることを明示するためには，if と only if を組み合わせるか，あるいはそれと同等の表記法を用いる必要がある（例：I will accept your proposal if and only if my lawyer assures me that it is legal.（私があなたの提案を受け入れるのは，私の弁護士がその提案の合法性を私に保証した場合，そしてその場合に限る））．

・論理的同値 (logical equivalences)

不変的意味 (26i) から，Q only if P は If not-P (then) not-Q および If Q (then) P と同値であるといえる．以下の例を比較してみよう．

(28) i. You qualify for a rebate only if your annual income is less than $70,000.
（あなたの年収が7万ドル未満の場合だけ，払戻金を受けとる権利を得る）

ii. If your annual income is not less than $70,000 you don't qualify for a rebate.
（あなたの年収が7万ドル未満でなければ，払戻金を受けとる権利はない）

iii. If you qualify for a rebate your annual income is less than $70,000.
（あなたに払戻金を受けとる権利があれば，あなたの年収は7万ドル未満だ）

これら3つの例は論理的には同値だが，実用上は (28iii) だけがほかの例とは別物と感じられる．法助動詞 will をともなった以下の2例を比較してみよう．

(29) i. I'll do it only if you pay me.
（あなたが私にお金を支払ってくれた場合だけ，私はそれをする）

ii. You'll pay me if I do it.
（私がそれをすれば，あなたは私にお金を支払うことになる）

(29i) は，お金を支払うか否かの判断はあなたに委ねられている（ただし，お金を払わなければ私はそれをしない）と解釈される場合が多い．それとは対照

的に，（29ii）には有無をいわせない強制的な感じが強い．

[専門的解説]
Q only if P は条件節と帰結節を入れ替えた P if Q と論理的に同値であるということをみてきた．この事実は一見すると不思議に感じられるかもしれないが，実際は if と only の意味から予測可能なことである．これはつまり only if を一種のイディオムと考える必要がないということを意味する．Only permanent residents qualify for a rebate.（永住者のみが払戻金を受けとる権利をもつ）という（条件構文ではない）例の only の意味を考えてみよう．ここでは，永住者以外の人には払戻金を受けとる権利がないということを含意する（本シリーズ第4巻『形容詞と副詞』を参照）．同じように（28i）は，あなたの年収が7万ドル未満である場合以外の状況では，あなたに払戻金を受けとる権利がないことを含意する．言い換えると，この例が排除する状況は，You qualify for a rebate.（あなたには払戻金を受けとる権利がある）が真で，かつ Your annual income is less than \$70,000.（あなたの年収は7万ドル未満である）が偽であるような状況だということである．すでに述べたように，if の不変的意味は真の条件節と偽の帰結節の組み合わせを排除するということである．したがって，If you qualify for a rebate, your annual income is less than \$70,000.，つまり（28iii）が導かれるのである．

■ even if

(30) i. I'm going to the party even if Kim is going too.
        （たとえキムも行くとしても，私はそのパーティーに行く）

   ii. I'm going to the party if Kim is going too.［(30i) の含意 (entailment)］
        （もしキムも行くなら，私もそのパーティーに行く）

   iii. I'm going to the party.   ［(30i) の推意 (implicature)］
        （私はそのパーティーに行く）

Q even if P は Q if P を含意する．つまり，(30i) は (30ii) を含意する．さらに Q even if P からは Q そのものが推意される．これは (30i) から (30iii)，つまり私はそのパーティーに行くということが推意されるということである．ここでの even は作用域の焦点として Kim is going too という節全体をとっている．そして，キムが行かない場合に私がパーティーに行くという事態よりも，キムが行く場合に私もパーティーに行く事態が生じる可能性が低いという

ことがうかがえる（本シリーズ第4巻『形容詞と副詞』を参照）．しかし，より可能性が低い場合にでさえ私がパーティーに行くなら，より可能性の高い場合において私がパーティーに行くということはもっともなことである．したがって，いずれの場合でも私はパーティーに行くと推測される．

even の作用域の焦点が節全体ではなく節内の尺度表現である場合には，このような推意は出ない．以下の例を考えてみよう．

(31) i. You'll have to repeat the whole year even if you fail (just) one exam.
  （たった1つでも試験を落とせば，あなたは留年しなければならないだろう）

  ii. You'll have to repeat the whole year.　　　　[(31i) の推意ではない]
  （あなたは留年しなければならないだろう）

試験に1つしか落ちていないのに留年することは，複数の試験に落ちて留年するよりも予想外の出来事であるが，まったく試験に落ちていないのに留年するよりは予想外のことではない．(30) では，肯定と否定の間，つまり Kim is going.（キムは行く）と Kim is not going.（キムは行かない）との間の比較である．一方，(31) はある尺度上の点（落とした試験1つと落とした試験2つ以上）の間での比較である．したがって，(30) と (31) からはそれぞれ以下のような解釈が得られる．

(32) i. I'm going whether Kim is going or not.
  （キムが行こうが行くまいが私は行く）

  ii. You'll have to repeat the year whether you fail one exam or more.
  （試験を1つ落とそうがそれ以上落とそうがあなたは留年しなければならないだろう）

この場合の尺度は明示的でなくてもよい．You'll have to repeat the whole year even if you fail PE.（たとえ体育を落としたとしても，あなたは留年しなければならないだろう）からは，体育を落とそうが落とすまいが，あなたは留年しなければならないということではなく，体育を落とそうがより重要なほかの科目を落とそうが，あなたは留年しなければならないということが推意される．

14.1.1 節で述べたように，P の真偽が問題になっていない場合でも，even if P を使うことができる（例：Even if you are my elder brother, you haven't the right to tell me what to do.（たとえあなたが私の兄だとしても，私に何をすべきかをいう権利はあなたにはない））．このような条件構文からは，Although you are my elder brother you haven't the right to tell me what to do.（あなたは私の兄だが，私に何をすべきかをいう権利はあなたにはない）のような譲歩が推意される．

14.2 隔たり条件構文

14.2.1 意味と推意

まずは隔たり条件構文と開放条件構文の意味の違いを考えてみよう。両者の違いを示した例文を以下にあげる（(a) が開放条件構文，(b) が隔たり条件構文の例である）．

(33) i. a. If he tells her she will be furious.
（もし彼が彼女にいえば，彼女は激怒するだろう）

b. If he told her she would be furious.
（もし彼が彼女にいえば，彼女は激怒するだろうけど）

ii. a. If you are under 18 you need parental approval.
（もしあなたが 18 歳以下であれば，両親の許可が必要だろう）

b. If you were under 18 you would need parental approval.
（もしあなたが 18 歳以下であれば，両親の許可が必要だろうけど）

iii. a. If he bought it at that price, he got a bargain.
（もし彼がそれをあの値段で買っていたら，彼はお買い得な買い物をした）

b. If he had bought it at that price, he would have got a bargain.
（もし彼がそれをあの値段で買っていたら，彼はお買い得な買い物をしたのだろうけど）

(3) では開放条件構文の解釈にかかわる 4 つの項目をとり上げて，そのうちの最初の 3 項目が隔たり条件構文にも同じように当てはまることを示した．第 1 に，隔たり条件構文は開放条件構文と同じように，P が真でかつ Q が偽である可能性を排除する．したがって，(33ib) は (33ia) と同じように，彼が彼女にいってなおかつ彼女が激怒しない可能性を排除している．(33ii) および (33iii) に関しても同様で，(a) も (b) もあなたが 18 歳以下でかつ両親の許可がいらない可能性，そして彼がそれをその値段で買ってかつお買い得でない可能性をそれぞれ排除する．第 2 に，隔たり条件構文からは Q が P の帰結であるということが推意される．第 3 に，隔たり条件構文もまた only-if 推意をもつ．たとえば，もしあなたが 18 歳以下でなかったなら，あなたは両親の許可がいらなかったなどである．

　一方，隔たり条件構文が開放条件構文と違うのは，前者が現実とは潜在的に異なる状況で満たされる条件を表現している点である．

第 14 章　条件を表す付加部と条件構文　　427

■現在時条件節と過去時条件節

(33ii, iii) のように条件節が表している時が現在，あるいは過去である場合を
最初に考えてみよう．一般的にこのタイプの隔たり条件構文からは，P が偽，
あるいは少なくとも偽の可能性が高いということが推意される．さらに，
only-if 推意によって Q もまた偽，あるいはおそらく偽であるということが推
意される．たとえば (33iiib) では，彼がその値段でそれを買う機会を逃した
ことを私は知っているというのが非明示的なコンテクストである．つまり，P
が偽であり，P が表す条件は現実では満たされていないということである．に
もかかわらず，P が真であるという現実と異なる状況を想像して，その状況に
おけるほかの事実に関する結論（つまり Q もまた真であり，お買い得だった
という結論）を導き出しているのが (33iiib) なのである．また，現実に関し
て何らかの推論をするために，現実と異なる状況の特性に関する推論を行うこ
とは極めて多い．たとえば次のような例を考えてみよう．

(34)　If Ed had been here at ten o'clock, it wouldn't have been possible for
　　　him to attend the departmental staff meeting at 10:30, as he did. So it
　　　wasn't Ed who committed the crime. （もし仮にエドが 10 時にここにいた
　　　のだとしたら，彼が実際にそうしたように，10 時 30 分の部局員会議に出席する
　　　ことは不可能だっただろう．したがって，その罪を犯したのはエドではない）

まずエドが 10 時にここにいたということが真であるような状況を想定し，さ
らに，エドが 10 時にここにいたということ以外は現実と同じであると仮定す
る．この状況では，（30 分でここから会議場に移動することは不可能なため）
エドは会議に出席できなかったことになる．一方，現実ではエドは会議に出席
していた．よって現実は P の真偽に関して想定された状況と異なっていなけ
ればならない．つまり現実で P は偽でなければならないのである．さらに，
犯罪が 10 時にここで行われたという事実がすでに確定済みであると仮定する．
そうするとその罪を犯した人物はエドではあり得ないという結論が導き出せる
のである．

　しかしここで重要なのは，現在時隔たり条件構文あるいは過去時隔たり条件
構文は P が（現実では）偽であるということを含意しないということである．
つまり，隔たり条件構文は現実とはあくまで**潜在的**に異なる状況で満たされる
条件を表現しているということである．たとえば私が，P が真であるか偽であ
るか知らなくても，隔たり条件構文を用いる場合がある．以下のような例でこ
れが当てはまる．

(35) I don't know whether he broke it or not, but I doubt it; if he had done he would probably have told her about it. （実際に彼がそれを壊したのかどうかは知らないが，私は壊していないのではないかと思っている．もし仮に彼が壊したのだとしたら，彼はおそらくそのことを彼女に伝えただろう）

つぎに，一般的ではないものの，P が現実で真であることを私が知っている，あるいは自信をもって真であるといえるような隔たり条件構文がある．以下がその例である．

(36) If he had escaped by jumping out of the window he would have left footprints in the flower-bed beneath. And that is precisely what we found. （もし仮に彼がその窓から飛び出して逃げたのだとしたら，窓の下にある花壇に足跡が残っているはずだ．そして実際に足跡を我々は発見した）

(36) では，まず現実とは異なりうる想定として，彼が窓から飛び出したという状況を設定する．しかしながら，Q が設定された状況だけでなく現実においても真であることが，その後に明らかになる．Q が真であることに対する自然な説明は，P が真であるということである．したがって，P は現実において真であるという推論が成り立つのである．結果からその原因へと遡ることによって実際に起きたことを再構築するというのがここで採用された推論方法である．[4]
　さらに，たとえ P が現実世界で偽であることがわかっていたとしても，隔たり条件構文を使えない場合があるということにも注目して欲しい．以下の例をみてみよう．

(37) i. If Grannie is here she is invisible.
　　　（グラニーがここにいれば，彼女は透明人間だろう）
ii. If Grannie were here she'd be invisible.
　　　（もしグラニーがここにいれば，彼女は透明人間だろうけど）

誰かがグラニーがここにいるといっているが，話者はその考えをあり得ないものとして一笑に付したいというのがここで想定される話者のねらいである．開放条件構文である (37i) においては，その考えから馬鹿げた帰結が導かれる

---

[4] このように隔たり条件構文では P が現実世界で偽であることが含意されないので，**反実仮想**（**counterfactual conditional**）という一般的によく使われる用語はこの構文にふさわしくない．たとえこのことが過去時条件節・現在時条件節にしか当てはまらないとしても，反実仮想という用語はやはり適切ではなく，この用語は，P が偽である場合の隔たり条件節の**用法**に対してのみ用いるのが最良と思われる．

ということを示すことによって，話者のこのねらいは達成されている．つまり，Q（グラニーは透明人間である）は明らかに偽なので，P（彼女はここにいる）も偽でなければならないということである．隔たり条件構文ではこのような修辞的効果が大幅に薄れる．この場合は，Pが真であるという点で現実と異なる状況が想定される．しかし，この点において現実と異なる状況を想定した時点で，この状況がほかの点に関しても現実と異なるという可能性が出てくる．つまり，この状況では透明人間が存在しうると想定することができるのである．それでもまだ（37ii）からグラニーが現実にはここにいないと主張することも可能である（（34）からエドが10時にここにいなかったと主張するのと同じ方法で）．しかしながら，その論証の仕方は開放条件構文である（37i）に比べるとより間接的になる．これは上述した（13）の場合も同様であり，If that's Princess Anne, I'm a Dutchman.（もしあれがアン王女なら，私はオランダ人だ）という開放条件構文は，あれがPrincess Anneであるという考えをバカにするための常套手段であるが，#If that were Princess Anne I would be a Dutchman のように隔たり条件構文を使うことはできない．

　また，Pが真であることが文脈から明らかな場合，あるいは文脈がなくてもそれが自明な場合は，隔たり条件構文を使うことはできない（14.1.1節を参照）．具体例を以下にあげる．

(38) i. a. If our house was spacious, the place next door was immense.
（我々の家が広かったというなら，隣の家はとてつもなく広かったことになる）

b. If our house had been spacious, the place next door would have been immense. （もし我々の家が広かったというなら，隣の家はとてつもなく広かったということになるだろうけど）

ii. a. Even if you are my elder brother you haven't the right to tell me what to do. （たとえあなたが私の兄だとしても，私に何をすべきかをいう権利はあなたにはない）

b. Even if you were my elder brother you wouldn't have the right to tell me what to do. （たとえあなたが私の兄だとしても，私に何をすべきかをいう権利はあなたにはない）

iii. a. She's eighty if she's a day. （彼女は少なくとも80歳である）

b. #She'd be eighty if she were a day.

(38ib) と (38iib) は容認可能であるが，我々の家が広いのが当然であるような文脈や，私が自分の兄に話しかけているような文脈ではこれらを使うことができない．

■ 未来時条件節

条件節の時が未来である場合，隔たり条件構文は P が現実世界で真である可能性が開放条件構文に比べて低いということになる．たとえば隔たり条件構文である (33ib) は開放条件構文の (33ia) よりも「彼が彼女にいう」可能性が低いことを示唆する．したがって，開放条件構文に比べて隔たり条件構文のほうが，P が偽であると主張された後に使われることが多い．

(39) He won't resign. If he did he would lose most of his superannuation entitlement. （彼は辞めないだろう．もし彼が辞めたら，老齢退職年金の権利のほとんどを喪失するだろう）

しかしながら，この構文において P が真である可能性がほとんどないということもやはり（含意ではなく）推意である．したがって，P が真である可能性が低いからといって必ず隔たり条件構文を使わなければならないわけでも，P が真である可能性が低ければいつでも隔たり条件構文を使えるわけでもない．つまり，P の真である可能性の低さは，隔たり条件構文を使うための必要条件でもなければ十分条件でもないということである．この点を以下の例文で確認する．

(40) i. I would be most grateful if you would/could give me the benefit of your advice. （助言を頂けると大変ありがたいのですが）

　　ii. If we offered you the post, when could you start?
　　　（もしこの仕事をあなたにやって頂くとしたら，いつから始められますか）

　　iii. If you die in a few minutes that was an overdose you just took.
　　　（もしあなたがあと数分で死んだとしたら，それは薬を飲みすぎたせいだ）

(40i) によって，聞き手から助言をもらえる可能性が低いと話者がみなしているということが意図されているわけではない．この場合に隔たり条件構文が使われる理由は，I will be more grateful if you will/can give me the benefit of your advice. のような開放条件構文よりも隔たり条件構文のほうが丁寧だと感じられるからである．なぜ隔たり条件構文のほうが丁寧に感じられるかというと，聞き手に助言を強制しているわけではないということをより明確に伝えているからである．同様に，(40ii) はあなたに仕事を与える可能性が低いことを示唆しているわけではない．ここでは開放条件構文を使った場合よりも，あくまで仮定の話であるというニュアンスがうかがえる．一方，開放条件構文である (40iii) は，あなたが死ぬ可能性は低いと，話者が考えている場合に適切な表現である．このような場合に開放条件構文が好まれる理由は，上記の (37)の場合と基本的に同じである．(40iii) を If you died in a few minutes that

第14章 条件を表す付加部と条件構文　　431

would have been an overdose you just took. （もしあなたがあと数分で死んだとし
たら，それは薬を飲みすぎたせいだろうけど）のように隔たり条件構文にすると，
現実とは異なりうる状況が想起される．しかし，そのような状況を想起するこ
とによって，今問題になっていることがうやむやになってしまう．つまり，今
問題になっていることは，あくまであなたが薬の過剰摂取をしたかどうかとい
うことであり，この疑問はあなたが現実世界で数分以内に死ぬかどうかを確か
めれば，それで解決できるということである．

■only if と even if

隔たり条件構文と開放条件構文の違いは，only if を使ったとしても変わらな
い．次の例を比較してみよう．

(41) i. a. I'll cook only if you clean up.
　　　　　　（あなたが掃除をする場合だけ，私は料理をする）
　　　 b. I'd cook only if you cleaned up.
　　　　　　（あなたが掃除をする場合だけ，私は料理をする）
　　 ii. a. I'm going to the party even if Kim is going too.
　　　　　　（たとえキムも行くとしても，私はそのパーティーに行く）
　　　 b. I'd be going to the party even if Kim was going too.
　　　　　　（たとえキムも行くとしても，私はそのパーティーに行く）
　　iii. a. You'll have to repeat the whole year even if you fail just one
　　　　　　exam. （たとえ1つでも試験を落とせば，あなたは留年しなければならな
　　　　　　いだろう）
　　　 b. You'd have to repeat the whole year even if you failed just one
　　　　　　exam. （たとえ1つでも試験を落としたとしたら，あなたは留年しなけれ
　　　　　　ばならないだろう）

このうち，開放条件構文（(41ia), (41iia), (41iiia)）に関してはすでにそれぞ
れ (25i), (30i), (31i) で検討した．隔たり条件構文である (41ib) では，
(41ia) よりもあなたが掃除をしないことが許される度合いがはるかに高い．
なぜそれを許してしまうかというと，おそらくここでは，あなたが掃除をする
という頼みを聞いてくれないだろうと予測しているからである．その予測から
派生する丁寧さあるいは遠慮が，隔たり条件構文を使うことに反映されている
と考えられる．しかしながら only if が使われているので，この条件が私が料
理をするための十分条件であるという推意は依然として存在する．only if と
同じように，even if も隔たり条件構文で使われた場合と同じ解釈を開放条件

構文でももつ. よって, (41iib) からは, キムがパーティーに行かないという
推意が生じるが, (41iia) においてはキムが行くか行かないかはよく分からな
いままである. しかしながら, どちらからも私はパーティーに行くということ
が伝わる. (43iiib) は, あなたが試験を落とす可能性が比較的低いということ
を示唆しているが, やはり開放条件構文である (43iiia) は, それに関してど
うなるか分からないということである. ただし, どちらの例でも, 1つかある
いはそれ以上の試験を落とした場合にのみ留年しなければならないのであっ
て, それ以外の場合は留年しなくてもよいということを示している.

■ if only

only if とはまったく異なり, if only の場合は only が条件節内に生起してお
り, そのため条件節が表す条件が満たされることを願っているといったニュア
ンスが感じられる. 具体例を以下にあげる.

(42) i. He would get a distinction if only he would buckle down to some
hard work.
(もう少し真面目に頑張りさえすれば, 彼なら優秀な成績をとるだろうけど)

ii. I could have solved the problem myself if only I'd had a little
more time.
(あともう少し時間がありさえすれば, 私はその問題を自力で解くことができ
ただろうけど)

条件節が表す条件が満たされることを願うというニュアンスは, 帰結節が省略
された場合により顕著に感じられる (例:If only I'd had a little more time!
(あともう少し時間があれば良かったけど)). このような意味の if only は隔たり
条件節と共起する場合が圧倒的に多いが, 開放条件節と共起する場合もある
(例:He'll get a distinction if he will only buckle down to some hard work.
(もう少し真面目に頑張りさえすれば, 彼なら優秀な成績をとるだろう)).

14.2.2 隔たり条件構文の形式
■時制と法に関する制約
隔たり条件構文において, 条件節の動詞は非現実形の were か法的隔たり (mod-
al remoteness) の意味を表す単純過去形でなければならない. また, 帰結節に
は法助動詞を用いなければならない. この場合の法助動詞も, 現在形しか存在
しないもの以外は, 法的隔たりの意味を表す単純過去形でなければならない.
主語が1人称単数あるいは3人称単数である場合, 単純過去形の was を用

いると非現実形の were を使った場合に比べるとややくだけた印象を与える．帰結節に現れる法助動詞の中でもっとも一般的なのは，would，should，could そして might である．ほかの法助動詞に関しては本シリーズ第 1 巻『動詞と非定形節，そして動詞を欠いた節』を参照されたい．[5]

■ 条件節の時と帰結節の時

開放条件構文と同じように，隔たり条件構文も条件節の時と帰結節の時に関してはすべての組み合わせが可能である．以下に具体例をあげる．

(43)

		条件節	帰結節
i.	If I went tomorrow, I would have more time in Paris. （もし明日行けば，パリでもっと時間がとれるだろうけど）		未来
ii.	If they didn't carry out tomorrow's inspection after all we would be wasting our time clearing up like this. （もし彼らが結局明日の点検を実施しなかったら，このように片付けても時間の無駄だろうけど）	未来	現在
iii.	If tomorrow's experiment didn't work, the Russians' original prediction would have been wholly accurate. （もし明日の実験がうまくいかなければ，ロシアによる元々の予測が完全に正しかったことになる）		過去
iv.	If you loved me you would come with me. （もしあなたが私のことを愛していれば，私と一緒に来るだろうけど）		未来
v.	If she were here she would be in her office. （もし彼女がここにいれば，彼女は自分のオフィスにいるだろうけど）	現在	現在
vi.	If I were ill I would have stayed at home. （もし私が病気なら，家にいただろうけど）		過去

---

[5] 哲学者は，開放条件構文と隔たり条件構文を，それぞれ**直説法条件構文**（**indicative conditional**），**仮定法条件構文**（**subjunctive conditional**）という用語でよぶことがある．このような用語法は，ラテン語におけるこの 2 種類の条件構文の区別を反映したものである．しかし，英語とラテン語では文に関する表現形式がまったく異なる．そして，ここでとり上げた 2 つのタイプの条件構文の文法的な表現形式も言語間で大きく違うことを考慮して，ここでは英語に関して開放条件構文と隔たり条件構文という用語を採用して分類した．

第 II 部　付加部となる節

vii. If I had won the lottery I would buy a sports car.　　　未来
（もし宝くじが当たっていたら，私はスポーツカーを買う
だろうけど）

viii. If I had followed your advice, I would be rich now.　　　現在
（もしあなたの助言に従っていたら，私は今頃金持ちだっ
ただろうけど）　　　　　　　　　　　　　　　　　　過去

ix. If Kim hadn't told her, I would have done so.　　　　　過去
（もしキムが彼女にいわなければ，私がいっていただろう
けど）

（43ii, iii）のように，未来時条件節が現在時帰結節あるいは過去時帰結節と組み合わされる場合は極めて稀である．たとえば，（43iii）では would have been vindicated（立証されるだろう）のような表現を用いるほうがより自然だろう．この立証は未来の出来事であり，（条件節によって）想定された実験の失敗と同時に成立する．

　（43）のような例において，動詞の単純過去形は過去時ではなく法的隔たりを表現する．したがって，過去時を表現するためには，（43vi-ix）の下線部の have が示しているように，2 次的過去時制である完了形によって標示されなければならない．過去時帰結節において完了の have は，would あるいはそのほかの法助動詞の後ろに生起するので原形になる．一方，過去時条件節では，完了の have 自体が法的な単純過去形 had で現れる．条件節では had've のような形も可能である（例：If I had've followed your advice, I would be rich now.（もしあなたの助言に従っていたら，今頃私は金持ちだっただろうけど））．そのほかにもたとえば I'd've のような形も可能であるが，この 'd が would の接辞化した形（cliticised form）であるか否かは議論の余地がある．これらの異形（variants）はくだけた会話において使われるようになりつつあるが，それでも非標準的な用法と考えるのが一般的である．過去完了形も未来時を表現するのに使うことができる．これが後でとり扱う二重隔たり条件構文である．

■帰結節における法助動詞の必要性

隔たり条件構文では，帰結節が必ず法助動詞を含まなければならないということはすでに述べた．このことは，多くの開放条件構文には対応する隔たり条件構文が存在しないということを意味する．たとえば，命令形では動詞の原形が使われるため，法助動詞を使うことができない．したがって，帰結節が命令文の場合，隔たり条件構文では表現することができない．具体例を以下にあげる．

第14章　条件を表す付加部と条件構文　　435

(44) a.　If it rains, bring the washing in.
　　　　　（もし雨が降ったら，洗濯物をとり込んでください）
　　 b.　［対応する隔たり条件構文はない］

［専門的解説］

(45) のような平叙文の場合も考えてみよう.

(45)　i. a.　If Ed's still here he'll be in his office.
　　　　　　（もしエドがまだここにいれば，彼は自分のオフィスにいるだろう）
　　　 b.　If Ed were still here, he'd be in his office.
　　　　　　（もしエドがまだここにいれば，彼は自分のオフィスにいるだろうけど）
　　 ii. a.　If Ed's still here, he's in his office.
　　　　　　（もしエドがまだここにいれば，彼は自分のオフィスにいる）
　　　 b.　［対応する隔たり条件構文はない］
　 iii. a.　If Jill didn't sign the cheque, her husband will have.
　　　　　　（もしジルがこの小切手にサインをしていなければ，彼女の夫がする
　　　　　　だろう）
　　　 b.　If Jill hadn't signed the cheque, her husband would have.
　　　　　　（もしジルがこの小切手にサインをしていなかったら，彼女の夫がし
　　　　　　ただろうけど）
　 iv. a.　If Jill didn't sign the cheque, her husband did.
　　　　　　（もしジルがこの小切手にサインをしていなかったら，彼女の夫がした）
　　　 b.　［対応する隔たり条件構文はない］

(45i, ii) における条件節の時は現在である. (45ib) は (45ia) に対応する隔
たり条件節であり，どちらの帰結節にも法助動詞 will が含まれている（同じよ
うに，If Ed's still here he may be in his office. (もしエドがまだここにい
れば，彼は自分のオフィスにいるかもしれない) と If Ed were still here he
might be in his office. (もしエドがまだここにいれば，彼は自分のオフィスにい
るかもしれないけど) を比較してほしい). (45iia) では，帰結節に法助動詞が
含まれておらず，よってそれに対応する隔たり条件文が存在しない. (45ia)
と (45iia) にはほとんど違いがなく，(45ib) が (45iia) に対応する隔たり条
件構文とみなされるのが一般的である. ただ一方で，(45ib) は (45ia) と
(45iia) の両方に対応する隔たり条件構文だとみなされることもあるが，この
点に関しては文法上はっきりと区別することは難しい.
　(45iii, iv) では条件節の時が過去である. ここでみられる文法的な違いは，

(45i, ii) の場合と同じであるが，(45iiia) と (45iva) との間には実用上大きな違いがある．ジルと彼女の夫は共同名義で銀行口座をもっており，2 人のうちどちらが小切手にサインしてもよいと仮定しよう．そうすると，もし小切手にサインがされていたということを話者が知っていれば（かつサインの偽造を疑う理由がなければ），(45iva) のように発話することができる．このような場合，法助動詞は一切必要ない．これに対し，(45iiia) のように法助動詞 will を使うことによって，話者は実際に小切手がサインされたかどうかを知らないということを示唆することができる．そのため (45iiia) では，ジルがサインしなかったということから，彼女の夫がサインしたということを，(45iva) の場合ほど明確に断定することができない．(45iiib) の優勢な解釈は，ジルが実際は小切手にサインした（つまり P は偽である）という解釈である．しかし，P が真であるような現実とは異なりうる状況を想定してみると，その状況では，小切手がサイン済みではないと仮定することも可能なので，(45iva) とは異なって，ジルの夫がサインしたと結論づけるための根拠が存在しないことになる．P から Q を結論づけるための根拠という観点からみると，(45iiib) は (45iva) よりも (45iiia) に近い．なぜなら，(45iiia) と (45iiib) は，隔たり条件構文であるか開放条件構文であるかという点でのみ異なる一方，(45iiib) と (45iva) は 2 つの点（隔たり条件構文か開放条件構文かという点と帰結節における will が存在するか否かという点）で異なるからである．そして，先ほど想定したコンテクストにおいては，(45iva) が真で (45iiib) が偽ということも十分に考えられる．[6]

　will をともなった開放条件構文である (45iiia) はあまり一般的な用法とはいえない．その代わりに probably（おそらく）や surely（確かに）といった法を表す副詞などを使って，同じ意味を表現することが可能である．しかし，隔たり条件構文では，帰結節に必ず法助動詞が含まれるため，このような代替手段を用いることができない．そのため，would を使った (45iiib) のような隔たり条件構文は頻繁に使われるのである．しかしながら，このような頻度の差があるからといって，(45iiib) が形式的にも意味的にも (45iva) よりも (45iiia) に近いという見方が否定されるわけではない．

---

　[6] この点は (37) での If Grannie is here she's invisible. と If Grannie were here she'd be invisible. に関する分析の説得力を高める．関連した分析に関しては本シリーズ第 3 巻『名詞と名詞句』も参照．

■be+to あるいは should をともなった条件節

(46) i. a. #If it is to rain, I'll cancel the show.

   b. If it were to rain, I'd cancel the show.

   （もし雨が降ったら，公演を中止するだろう）

   ii. a. If Kim should die, Ed will take over.

   （もしキムが死んだら，エドが引き継ぐだろう）

   b. If Kim should die, Ed would take over.

   （もしキムが死んだら，エドが引き継ぐだろう）

(46ib) のような隔たり条件構文のみに現れる擬似法助動詞（quasi-modal）の be にはイディオム的な用法がある．If we are to survive we'll have to drastically reduce expenditure.（もし存続したければ，我々は大胆に支出を削らなければならないだろう）という開放条件構文の条件節は（存続するためという）目的を表現している．(46ia) の実用上の容認度が低いのはこのためである．一方，隔たり条件構文におけるこの擬似法助動詞 be は，P が真である可能性が低いという隔たり条件構文特有の推意を単に強化する機能をもっているにすぎない．したがって，(46ib) の条件節は If it rained（もし雨が降ったら）を意味しているが，真の可能性が低いという推意が少しだけ強くなっている．このような be は未来時条件節に生起する場合が非常に多い.[7] (46ii) には，特殊な条件用法の should が使われている．開放条件構文においても隔たり条件構文においても，この用法の should が生起する条件節の形式にはまったく違いがない．

■if の省略と主語・助動詞倒置

これまで扱ってきた例では，条件節の形は PP であった（主要部である if が内容節を補部としてとる PP）．しかし，特定の環境では，条件節が主語・助動詞倒置によって if のない内容節のみで現れることが可能である．

(47) i. Had I had any inkling of this, I would have acted differently.

   （もしそのことを知っていたら，私は異なった振る舞いをしただろうけど）

   ii. Were that to happen we would be in a very difficult situation.

   （もしそんなことが起こったら，我々は極めて困難な状況に陥るだろうけど）

---

[7] 隔たり条件構文に使用が限定される be のほかの用法は，If it hadn't been for you, I would have missed the train.（もしあなたがいなければ，私は電車に乗り遅れていただろう）のような例に現れる be である．

(47i, ii) の条件節は，それぞれ If I had had any inkling of this と If that were to happen と同じ意味を表す．ほかにも倒置可能な助動詞がいくつかあるが，主に使われるのは had と were である（本シリーズ第6巻『節のタイプと発話力，そして発話の内容』の第 II 部を参照）．これらの助動詞は否定形で使うことができない（例：had Jill not signed the cheque.（ジルがその小切手にサインしなかったら）は可能であるが，*hadn't Jill signed the cheque. は不可能である）．この構文は基本的には隔たり条件構文のみで可能である．ただし，(46) で検討した条件用法の should は例外で，開放条件構文でも隔たり条件構文でも倒置を許容する．たとえば，(46iia) でも (46iib) でも If Kim should die を Should Kim die に書き換えることができる．

■二重隔たり条件構文

(48) i. If you had told me you were busy I would have come tomorrow.
   （忙しいといってくれていたら，私は明日来ただろうけど）

 ii. If you had come tomorrow you would have seen the carnival.
   （あなたが明日来てくれていたら，カーニバルをみられただろうけど）

 iii. If your father had been alive today he would have been distraught to see his business disintegrating like this.
   （もし今あなたの父親が生きていたら，彼の商売がこんなにひどい状態になっているのをみてとてもつらい思いをしただろうけど）

上述したように，隔たり条件は法的隔たりを表す単純過去時制（あるいは非現実法）で表現される．そして，(48) における下線部の完了の助動詞 have も時間的意味ではなく法的意味を表現しており，それは (48i) の帰結節の状況が未来であること，(48ii) では条件節も帰結節も未来であることからも理解できる．また，(48iii) ではどちらの節も現在である．隔たりが，単純過去形の屈折と完了の have によって二重に表現されているため，このような条件構文を二重隔たり条件構文とよぶ．

　時が未来の場合，二重隔たり条件構文は P および Q が偽であることのみならず，未来の状況が実現する可能性が過去の出来事によってすでに排除されているということも意味する．たとえば，(48i, ii) では私あるいはあなたは今日来ていたのかもしれない．そして，今日来てしまったことから，明日はもう来ることはないものと推測される．

第14章 条件を表す付加部と条件構文　　439

■ 法的単純過去形とそのほかの単純過去形

法的隔たりではなく過去時を表す単純過去形をともなった開放条件構文と，隔たり条件構文の区別があいまいな場合もある．具体例を以下にあげる．

(49)　If we weren't home by ten o'clock the landlady <u>would</u> lock us out.

　　　（10 時までに帰宅していなければ，大家さんに玄関のカギを閉められてしまうだろう）

　　　（10 時までに帰宅しなかった場合は，（いつも）大家さんに玄関のカギを閉められてしまった）

(49) は，If we aren't home by ten o'clock the landlady will lock us out.（10 時までに帰宅しなければ，大家さんに玄関のカギを閉められてしまうだろう）という開放条件構文に対応する隔たり条件構文と解釈することが可能である．この場合，未来の単一の状況を指すというのが優勢な解釈である（If we weren't home by ten o'clock tonight, ...（今夜 10 時までに帰宅していなければ）と比較）．しかし，(49) を過去の複数の状況を表現している開放条件構文と解釈することも可能である（すなわち，ここでの条件節は Whenever we weren't home by ten o'clock（10 時までに帰宅しなかった時はいつでも）と同義）．ただし，the landlady locked us out のように法助動詞をともなわない帰結節を使った場合は，開放条件構文としての解釈が唯一可能な解釈である．一方，条件節の主語を単数にした if I weren't home by ten o'clock では，were は非現実形の were としか考えられないので，この場合は隔たり条件構文として解釈される．この 2 つの解釈には非常に明確な違いがあるので，(49) は 1 つの文が解釈上のあいまい性をもつことを示す好例といえる．

[専門的解説]

あいまい性がもう少し複雑なケースは，隔たり条件構文を表す単純過去形と時制の一致にともなう単純過去形の区別である．次の例を比較してみよう．

(50)　i.　He said that if they <u>were</u> convicted they would be liable to a life sentence.

　　　　（もし彼らが有罪を宣告されれば，終身刑に処されるだろうと彼はいった）

　　　ii.　He said that if Sue <u>hadn't</u> signed the cheque her husband would have.

　　　　（もしスーがその小切手にサインをしていなければ，彼女の夫がするだろうけどと彼はいった）

(50i) は，If they are convicted they will be liable to a life sentence. の
ような開放条件構文が時制の一致を起こしているとみなすこともできるし，If
they were convicted they would be liable to a life sentence. のような隔
たり条件構文で時制の一致が起きていない場合と解釈することも可能である．
(50ii) も同様で，If Sue didn't sign/hasn't signed the cheque her hus-
band will have. のような開放条件構文の時制の一致が起きたものと考えるこ
ともできれば，If Sue hadn't signed the cheque her husband would
have. のような隔たり条件構文で時制の一致が起きていないものと考えること
もできる．しかし (50ii) の場合はさらに，If Sue didn't sign the cheque
her husband would. のような隔たり条件構文に時制の一致を適用したケー
スと考えることも可能である．(50) のようなケースでは，時の解釈の違いで
はなく条件構文の法性の違いが問題になるので，意味の違いが (49) よりもは
るかに微妙である．そのため，(50) のような例を実際に発話する時に，文法
上このようなあいまい性が潜んでいるということに話者が気づいていないこと
も多い．

■混合タイプ
隔たり条件構文を表す単純過去形は，条件節には現れるが帰結節には現れない
場合もある．

(51) i. If you needed some help, Helen is willing to lend a hand.
          (もし助けが必要であれば，ヘレンが喜んで手を貸してくれる)
     ii. I'll come on Tuesday if that would suit you better.
          (もしそのほうが都合が良ければ，火曜日に来ます)

(51i) では関連条件節が使われている．(6i) で検討した If you need some
help, Helen is willing to lend a hand. のような開放条件構文に相当する隔
たり条件構文である．帰結節で単純過去形動詞が使われていないので，隔たり
条件構文にみえないかもしれないが，明示されていない上位節を加えると，If
you needed some help, you would be interested to know that Helen
is willing to lend a hand. (もし助けが必要であれば，ヘレンが喜んで手を貸し
てくれるということをあなたは知りたいと思うだろう) のような隔たり条件構文
の帰結節の通常の形式になる．If you'd needed some help, Helen was
willing to lend a hand. (もし助けが必要だったら，ヘレンが喜んで手を貸して
くれた) のように，過去の状況を振り返るような表現にすると，隔たり条件構
文としての解釈がより明確になる．(51ii) では，I will come on Tuesday if
it would suit you better if I came on Tuesday. (もし火曜日に来たほうがあ

第 14 章　条件を表す付加部と条件構文　　　　　441

なたにとって都合がよければ，火曜日に来ます）のように，開放条件構文の中に
非明示的な隔たり条件構文が埋め込まれている．(51ii) において明示されてい
る条件節は法助動詞を含んでいるので，(20) で考察した条件節と同じタイプ
に属する．

14.3　Unless

通常 unless（もし … でなければ）は開放条件構文に用いられるが，頻度は低い
ものの隔たり条件構文に用いられることもある．

(52) i.　The report will be ready soon unless the printer
　　　　breaks down again.
　　　　（印刷機がまた故障しなければ，報告書はすぐに準備できる
　　　　だろう）

　　ii.　He will be in London now, unless the plane was
　　　　delayed.　　　　　　　　　　　　　　　　　　　　　　［開放条件］
　　　　（飛行機が遅れなければ，彼は今頃ロンドンにいるだろう）

　　iii.　She always cycled to work unless it was rainining.
　　　　（雨でなかったら，彼女はいつも自転車で出勤していた）

　　iv.　I wouldn't suggest such a plan unless I thought it
　　　　was feasible.　　　　　　　　　　　　　　　　　　　［隔たり条件］
　　　　（実行可能だと思わなければ，そんな計画は提案しないだろ
　　　　うけど）

unless は，"except if"「… である場合以外」，より明示的には "in all circum-
stances except if"「… である場合を除くすべての場合に」を意味する．した
がって，Q unless P は (53) のような論理的含意関係をもつことになる．

(53) a.　もし P でなければ Q である
　　 b.　もし P であれば Q でない

言い換えれば，「P でない」は「Q である」ことの必要十分条件である．たと
えば (52i) は，もし印刷機がまた故障しなければ報告書はすぐに準備できる
ことを論理的に含意し，同時に，もし印刷機がまた故障すれば報告書はすぐに
準備できないことを論理的に含意する．(52iv) のような隔たり条件構文の場
合の会話の推意は，「P でない」ことは偽であるか，あるいは偽である可能性

が高いということである．つまり（52iv）は，話者がその計画が実行可能であると思っているということを伝えているのである．

たいていの場合，unless をともなう条件構文は否定をともなう条件節をもつ if 条件構文と事実上同じ意味をもつ．たとえば（52i）を（54）と比べてみるとよい．

(54) The report will be ready soon if the printer doesn't break down again.
（印刷機がまた故障しなければ，報告書はすぐに準備できるだろう）

もし（54）において P と Q が（52i）の場合と同じである（つまり，P が "the printer breaks down again"「印刷機がまた故障する」，Q が "the report will be ready soon"「報告書がすぐに準備できるだろう」である）ならば，（54）は（53a）の「もし P でなければ Q である」を明示していることになる．（53b），つまり「もし P であれば Q でない」については，先に扱った only-if 推意から得られることになる．したがって，Q unless P と Q if not P が事実上等価であることが導かれる．しかし，unless が if not で置き換えられない場合は多くみられ，また if not が unless に置き換えられない場合も存在するなど，これら2つの間にはさまざまな違いがある．

[専門的解説]
■if not が unless で置き換えられない場合

(55) i. We're going to the beach this week-end if it does not rain — and indeed we may still go even if it does.
（もし雨が降らなければ，私たちはこの週末にビーチに行く予定だ．もし降ったとしても行くかもしれないが）

ii. If it wasn't exactly a bargain, it wasn't unreasonably expensive either.（正確にはお買い得ではなかったとしても，むやみに高いというわけでもなかった）

iii. I'm cancelling the order if the goods aren't ready yet.
（もし商品が用意できていなければ，注文をキャンセルする）

iv. Will you be going to the beach if it isn't fine / if it isn't raining?
（もし晴れていなくても／もし雨が降っていなくてもビーチに行くつもりかい）

v. It'll be better if you don't say where you're going.
（どこへ行くつもりかいわないほうがよい）

第 14 章　条件を表す付加部と条件構文　　　　443

> vi. If Philip doesn't find a better job and if Paula doesn't get a substantial pay-rise, they won't be able to pay the mortagage. （もしフィリップによりよい仕事がみつからず，かつポーラに十分な昇給がなければ，彼らは住宅ローンを払うことができないだろう）
>
> vii. I'll invite Jill only / even if Kim isn't coming.
> 　　（キムが来なければ／来なかったとしても，ジルを招待する）

(55i, ii) は，only-if 推意が成り立たない場合である．したがって，これらの例は unless の意味と矛盾するため，置き換えることができない．(55iii) において unless が現れることができないのは，yet（まだ）という否定文に現れる要素のためである．この yet は，unless をともなう条件構文の含意のうち，(53a) の「もし P でなければ Q である」（つまり (55iii) によって実際に言及されている部分）においては問題ないが，*If the goods are ready yet I'm not cancelling the order. という文が非文法的であることからもわかるように，(53b) の「もし P であれば Q でない」と相容れない．(55iv) では，疑問の作用域は条件を表す付加部を含むが，ここで疑問化されているのは「もし P でなければ Q である」場合のことであり，「もし P であれば Q でない」場合のことは念頭に置かれていない．疑問文に unless が現れることが不可能というわけではないが，それは聞き手が前もって答えを予想しているような疑問文に限られる．たとえば，How can you ever face them again unless you apologise?（もし謝罪しなければ，一体どうやって彼らに再び顔向けできるのか）では，聞き手が謝罪しなければ彼らに再び顔向けできないということを話者はあらかじめ想定しているのである．(55v) は，現在の状況と条件が満たされた時の状況が比較されている．この場合も，「もし P でなければ Q である」の部分だけが問題となっているので，unless は現れることができない．(55vi, vii) において unless を if not と置き換えることができないのは，unless に含まれる except の意味によるものである．(55vi) については，*Unless Philip finds a better job and unless Paula gets a substantial pay-rise, they won't be able to pay the mortgage. が非文法的であるのは *They've questioned everybody except Kim and except Pat. が非文法的であるのと同じ理由による．いずれの場合も，unless Philip finds a better job and Paula gets a substantial pay-rise（フィリップによりよい仕事がみつかり，かつポーラに十分な昇給があるということがなければ）や except Kim and Pat（キムとパット以外）のように等位接続全体が前置詞の補部にならなければならない．同様に，(55vii) は *They are inviting only / even everybody except Jill. が非文法的であるのと同じ理由で unless が現れることを許さないのである．

444 第 II 部　付加部となる節

■unless が if not で置き換えられない場合

(56) i. I'm going climbing tomorrow <u>unless it's wet</u>, in which case I'll do my tax-return. (明日雨模様でなければ登山に行くつもりだが，雨模様であれば所得税申告書を作成するだろう)

　　 ii. We can go now <u>unless you would rather wait till it stops raining</u>. (雨がやむまで待ちたいということでなければ，今すぐ出発できる)

(56i) では，in which case は it's wet (雨模様だ) という肯定文を先行詞にとるため，関係節全体は "If it is wet I'll do my tax-return"「雨模様であれば所得税申告書を作成するだろう」と解釈される．もし unless を if not で置き換えると if it's not wet という付加部が得られるが，これに含まれる否定文を先行詞としてとった場合，関係節全体の意味は "If it is not wet I'll do my tax-return" となり，意図された解釈とは逆の解釈が得られることになってしまう．(56ii) では，would rather は肯定指向極性感応項目であり，否定文には通常現れないため，unless を if not で置き換えることができないのである．

14.4　そのほかの明示的もしくは明示的でない条件構文

(a)　条件構文前置詞の補部が縮約される場合

これまでのところでは，if (あるいは unless) が完全な節を補部にとっている構文を検討してきたが，(57) のようにそうでない場合も存在する．

(57) i. This product will / would stay fresh for two weeks, <u>if kept refrigerated</u>. (この製品は，冷蔵保存すれば 2 週間は新鮮なままである / 冷蔵保存しておけば 2 週間は新鮮なままだろうけど)

　　 ii. There'll probably be a vacancy in June; <u>if so</u>, we'll let you know. (おそらく 6 月には空きが出るでしょう．もしそうならばお知らせします)

　　 iii. We may be able to finish tomorrow; <u>if not</u> it will certainly be done by Friday. (明日には終わらせることができるでしょう．もしそうでなくとも金曜までには必ず終わらせます)

　　 iv. You won't get your money till next month, <u>if then</u>. (お金をもらえるとしても，少なくとも来月まではもらえないだろう)

　　 v. Some, <u>if not all</u>, of your colleagues will disagree with that view. (全員ではないかもしれないが，その見方に賛同しない同僚がいるだろう)

第 14 章　条件を表す付加部と条件構文　　445

vi.　We'll get it finished by tomorrow if necessary / possible.
　　（もし必要／可能なら，明日までに終わらせる）

(57i) は，条件節は過去分詞形の動詞を含む．この形式は，開放条件構文および隔たり条件構文の両方にみられる．縮約しなければ，それぞれ if it is kept refrigerated（冷蔵保存すれば）および if it were kept refrigerated（冷蔵保存しておけば）となる．過去分詞形を用いた縮約は，たとえば，Do not take any further action unless requested to do so.（そうするように求められない限りそれ以上の行動はとらないように）のように unless をともなう条件節でも可能である．(57ii, iii) の条件節には，節の代用表現として，肯定文を代用する so と否定文を代用する not が現れている．[8] したがって，(57ii) の if so は "if there is a vacancy in June"「もし 6 月に空きが出れば」として，(57iii) の if not は "if we aren't able to finish tomorrow"「もし明日終わらせられなければ」として解釈される．(57iv, v) の例は，if- 句が帰結節の会話の推意を打ち消す場合を示している．たとえば，you won't get your money till next month（来月までお金をもらえないだろう）からは，来月にはお金をもらえるという推意が生じるが，if then があることによりこの推意が打ち消され，来月になってもお金をもらえないかもしれないことを意味するようになる．(57vi) の例では，if の補部は necessary（必要だ）や possible（可能だ）のような法性を表す形容詞を主要部とする AP である．ここでの AP は，if absolutely necessary（もし絶対に必要なら），if at all possible（もしひょっとして可能なら）のように修飾要素を加えることは可能だが，*if useful のように法性を表さない形容詞で置き換えることはできない．条件節の主語は省略されているが，その内容は帰結節から復元することができる．つまり，(57vi) の省略された部分を復元すれば，"if getting it finished by tomorrow is necessary / possible"「もし明日までに終わらせることが必要／可能なら」のようになる．

---

　[8] 訳者注：たとえば，Will Kim be there?（キムはそこにいるだろうか）に対して，I hope so.（私はそう望む）という返答は "I hope Kim will be there."「私はキムがそこにいることを望む」と解釈され，I hope not.（私はそうでないことを望む）という返答は "I hope Kim will not be there."「私はキムがそこにいないことを望む」と解釈される．ただし，say（いう）と tell（伝える）の場合は，(i) にみられるように so は否定文も指すことができ，not は現れにくい．
　(i)　She didn't approve of the idea and told them so / *not.
　　　（彼女はその考えを承認せず，彼らにそのように伝えた）
代用表現としての so のその他の用法については，本シリーズ第 9 巻の『情報構造と照応表現』を参照されたい．

・条件と譲歩

necessary（必要である），possible（可能である）以外の述語的要素をともなうとき，この種の付加部は譲歩の解釈をもつことがある．(58) の例を比べてみよう．

(58) i. The house is sumptuous, if slightly smaller than we'd have liked.
    （この家は，我々が望んでいたものよりは狭いが，豪華だ）
   ii. She is bright, if not a genius.
    （彼女は天才ではないけれども，頭がいい／彼女は頭がいい，ひょっとすると天才だ）

(58i) は譲歩の解釈しかもたず，その点で if は though と同じである．(58ii) では，条件節と帰結節がともに段階づけ可能な述語を含み，条件節は否定をともなっている．この場合，2つの明らかに異なる解釈が得られる．つまり，(58i) と同様に if が though として解釈される，"She is bright, though she is not a genius." 「彼女は天才ではないけれども，頭がいい」という譲歩の解釈と，"She is bright, perhaps even a genius." 「彼女は頭がいい，ひょっとすると天才だ」あるいは "If she is not a genius, she is at least bright." 「もし天才でなければ，彼女は少なくとも頭がいい」のような条件の解釈をもつことができるのである．譲歩の解釈では，P（ここでは "she is not genius" 「彼女が天才でない」）は真であるとあらかじめ仮定されているが，条件の解釈では P が真である可能性も偽である可能性も残されている．

・if only

(59) i. I'll go with them, if only to get some exercise.
    （少し体を動かすだけになるかもしれないが，彼らと一緒に行こう）
   ii. It was hard work, if only because of the searing heat.
    （焼けつくような暑さだったからかもしれないが，大変な仕事だった）

14.1.3 節でみたものとは異なる if only の用法に，only の焦点が節の単一要素であるものがあげられる．(59i) では目的を表す節がその焦点となっており，彼らと一緒に行くつもりだが，自分の目的が体を動かすことだけであることを認めているという解釈になる．(59ii) では only の焦点は理由を表す付加部であるが，大変な仕事だった理由は気温がとても高かったことだけかもしれないということを意味している．同様の意味は，if for no other reason that ... という形式でも表現することができる．

第 14 章　条件を表す付加部と条件構文　　　447

(b)　if … then
if 節が主節に先行する場合，相関を表す then が現れることがある．とくに，条件節と帰結節の関係が推論によるものである場合によくみられる．

(60)　If it wasn't Jill who left the gate open then it must have been Nat.
　　　（もし門を開けたままにしたのがジルでなければ，すなわちそれはナットだったに違いない）

この then が現れるのは主節の場合がほとんどである．従属節では，?Since if it wasn't Jill who left the gate open, then it must have been Nat, we'd better call him in for questioning.（もし門を開けたままにしたのがジルでなければ，すなわちそれはナットだったに違いないので，彼をよんで尋問したほうがよい）のように容認度は低下することが多い．

(c)　条件節を統率するそのほかの要素[9]
条件を表す付加部において if の代わりに現れうる要素として，(61) のようないくつかの語句があげられる．

(61)　i.　provided　　　　as/so long as -т　on condition
　　　　　（もし … ならば）（… する限り）　　　（… という条件で）

　　　ii.　assuming　　　　supposing　　　　in the event　　　in case -т
　　　　　（… と仮定して）（… と仮定して）　　（… の場合には）　（… の場合には）

(62)　i.　The meeting will start at 5.30, provided (that) there is a quorum.
　　　　　（定足数が満たされれば，会議は 5 時半から開始されるだろう）

　　　ii.　You can go wherever you like, as long as you are back by 7.
　　　　　（7 時までに戻ってくれば，どこでも好きなところへ行ってよい）

　　　iii.　You may borrow the book on condition (that) you return it tonight.
　　　　　（今晩返してくれれば，その本を借りてもよい）

　　　iv.　Assuming (that) everybody agrees, the project will get under way next month.（全員が同意すると仮定して，計画は来月には実行される）

　　　v.　The announcement would look well in 'The Times', supposing (that) one were to waste money in that way.（そのように金を無駄に

---

[9] 訳者注：第 I 部で述べた通り，本シリーズでは「統率する (govern)」という用語について，より伝統的な「主要部（動詞や前置詞）が補部の格を決定する」という語義を採用している．しかし，ここでのように，接続表現が節を導く場合にも「統率する」という表現を用いる．

すると仮定すれば，その発表は The Times 紙で人目を惹くだろうけど）

vi. In the event (that) they are again indicted their case will be ram-domly assigned to a federal judge. （彼らが再び起訴される場合には，彼らの訴訟は連邦裁判所に無作為に割り当てられるだろう）

vii. You can call this toll-free number in case you need emergency ser-vice. （緊急サービスが必要な場合にはこの無料の電話番号におかけください）

(61) で -T がつけられている語句の場合には，従属接続詞の that は許されないが，そのほかの語句の場合，that を用いるかどうかは随意的である．(62i, iii) において下線が引かれた表現は必要十分条件を表しているため，if and only if （… の時そしてその時に限り）と等価である．(62iv) の assuming と (62v) の supposing は動名分詞節の主要部となる動詞である．(62vii) のように in case が条件として用いられるのは，（目的の推意をもつ）理由を表す付加部を導く場合と比較すると（とくにイギリス英語では）まれである．たとえば，Many shoppers are starting to hold back on spending in case the econo-my falters. （多くの消費者は，経済が低迷するのに備えて消費行動を控え始めた）において，in case 以下の部分は条件の解釈ではなく "because of / to guard against the possibility that the economy might falter"「経済が低迷するかもしれないという可能性のために / から自衛するため」という理由の解釈をもつ．これらの 2 つの用法が近い関係にあることは，以下のような例からわかる．

(63) All major airlines that travel between Canada and Britain have contin-gency plans to reroute airplanes in case negotiations fail.
（カナダとイギリス間を運航する主要航空会社はすべて，交渉が失敗した時のために航空機の運行区間を変更する緊急時対応策を有している）

この例において，in case 以下は have 節を修飾する理由節としても reroute 節を修飾する条件節としても解釈できる．つまり，前者の解釈では航空会社が緊急時対応策を有している理由を表し，後者の解釈では航空機の運行区間が変更される条件を表すことができるのである．

(d) 節よりも小さい句をともなう条件節

(61) の in the event と in case は，たとえば In the event of a tie, the chair shall have a casting vote. （同数の場合は，議長が決裁権をもつ）のように，内容節よりも小さい PP を補部にとることもできる．また，assuming は動詞として NP をとることができるため，"if the weather is favourable"「もし天候が

良ければ」という解釈をもつ assuming favourable weather という表現が可能である．これらのほかには，barring（… がなければ）や，隔たり条件構文に生起する but＋for（… がなかったら）が句補部をとって条件を表すことができる．さらに，PP でも，その中に生起する名詞（たとえば case（場合）や condition（条件））の意味そのものによって条件の解釈が生じる場合がある．

(64) i. Barring any futher delays, the project should be completed on time.
（これ以上の遅れがなければ，計画は時間通り完了するだろう）

ii. But for this hitch, the project would have been completed on time.
（この遅れがなかったら，計画は時間通り完了していただろうけど）

iii. In that case／On that condition I will／would accept your offer.
（その場合／条件なら，あなたの申し出を受けよう／受けただろうけど）

(e) 条件の解釈をともなう関係節

(65) i. Anyone who thinks they can take advantage of us will be disappointed.（我々を利用できると考えている人は皆がっかりするだろう）
ii. Anyone who thought they could take advantage of us would be disappointed.（我々を利用できると考えている人は皆がっかりするだろうけど）

限定詞の any をともなう NP の中に関係節が埋め込まれた場合，それを条件構文で言い換えることができる．たとえば (65i) は，If anyone thinks they can take advantage of us, they will be disappointed.（もし我々を利用できると考えている人がいれば，その人はがっかりするだろう）と言い換えることができる．(65ii) のように関係節と主節に過去形の法助動詞が現れることも可能であり，この場合は If anyone thought they could take advantage of us they would be disappointed.（もし我々を利用できると考えている人がいれば，その人はがっかりするだろうけど）という隔たり条件構文で言い換えることができる．

(f) 条件の解釈をともなう等位接続および並置構文

(66) i. Say that again and you're fired.（もう一度いってみろ，首にするぞ）
ii. Ask them to stay after five, they'll demand 50% overtime.
（5 時以降も残るようにいってごらん，50％の超過手当を要求されるよ）
iii. One more remark like that and you're fired.
（もう一度同じようなことをいえば，首になる）
iv. Hurry up or we'll miss the train.（急げ，さもないと電車を逃すよ）

v. Either you agree to my terms or the deal is off.
（こちらの条件に同意するか，取引を止めるかだ）

vi. Suppose I had the same number of peas as there are atoms in my body, how large an area would they cover?
（私の体を構成している原子の数と同じだけのエンドウマメがあると仮定しよう，その場合それらはどれくらいの範囲を覆うだろうか）

これらの構文は，形式上，あるいは字面での意味からは条件構文ではないが，間接的に条件構文の意味を伝えることができる．(66i) では，and で接続された前部の等位項は命令文である．しかし，この例は命令をしているというよりは，むしろ条件の形をした脅迫と捉えられる．つまり，"If you say that again you're fired."「もしもう一度いえば，首になる」という解釈になるのである．(66ii) においても最初の節は命令文であるが，この場合は等位接続されているのではなく2つの節が並置されている．この場合は，条件節で言い換えれば "If you ask them to stay after five they'll demand 50% overtime."「もし彼らに5時以降も残るように頼めば，彼らは50%の超過手当を要求するだろう」となる．(66iii) では前部の等位項は NP だが，この表現は "If you make one more remark like that, you're fired."「もう一度同じようなことをいえば，首になる」というように解釈される．(66iv) は or が接続詞に用いられた例で，この場合前部の等位項を否定したものが条件構文の条件節になる．つまり，(66iv) は "If you don't hurry up, we'll miss the train."「もし急がなければ，電車を逃すだろう」と言い換えることができる．同様に，(66v) では前部の等位項は平叙文であるが，"If you don't agree to my terms the deal is off."「もしこちらの条件に同意しなければ，取引は終了だ」と言い換えることができる（このような文法形式と発話行為がずれる構文については，本シリーズ第6巻『節のタイプと発話力，そして発話の内容』の第Ⅰ部および第8巻『接続詞と句読法』の第Ⅰ部を参照のこと）．

(66vi) は動詞 suppose（仮定する）の特殊な用法である．最初の節は統語的には命令文であるが，実用上は if 句と等値である．したがって，この例は "If I had the same number of peas as there are atoms in my body, how large an area would they cover?"「もし私の体を構成している原子の数と同じだけのエンドウマメがあったとしたら，それらはどれくらいの範囲を覆うだろうか」と言い換えることができる．典型的には，命令文の suppose 節に後続するのは疑問文である．事実，suppose 節はしばしばそれ自身が疑問の発話力をもつことがある．たとえば，Suppose I hadn't brought along enough money? は

第 14 章　条件を表す付加部と条件構文　　451

"What would we do if I hadn't brought along enough money?"「もし私が十分なお金をもってきていなかったらどうしていただろう」という解釈をもつ.また，supposing もしばしばこの用法で用いられる.つまり，Supposing he was seen? は "What would happen if he was seen?"「もし彼がみられたら何が起こっただろう」という解釈になるのである.

(g)　NP

(67)　i.　The appointment of his nephew as finance minister will／would be a mistake.（自分の甥を財務大臣に任命することは過ちである／過ちだろうけど）

　　　ii.　A ban on federal funding for stem cell research will／would be very damaging.
（幹細胞研究への連邦政府資金提供の禁止は大変な痛手である／だろうけど）

　　　iii.　Any contribution towards defraying our costs will／would be most appreciated.
（費用を負担する貢献はもっとも高く評価される／されるだろうけど）

　　　iv.　With another $100,000 he will／would be able to buy that luxurious town-house.（あと 100,000 ドルあれば，彼はあの豪華な邸宅を買えるだろう／買えるだろうけど）

(67i–iii) の主語，あるいは (67iv) の with の補部である NP は，それぞれ何らかの任命，禁止，貢献あるいは金額を実際に指示しているわけではなく，動詞の形態によって開放条件構文あるいは隔たり条件構文の条件節のように解釈される.たとえば (67i) は，開放条件構文であれば "If his nephew is appointed finance minister, this will be a mistake."「もし自分の甥を財務大臣に任命するなら，それは過ちである」，隔たり条件構文であれば "If his nephew were appointed finance minister, this would be a mistake."「もし自分の甥を財務大臣に任命したら，それは過ちだろうけど」と解釈される.(67iv) は，下線部の NP が実際に指示対象をもつ With the $500,000 inherited from his father he bought a luxurious town-house.（彼の父親から受け継いだ 500,000 ドルで彼は豪華な邸宅を購入した）と比べてみると違いがはっきりする.

14.5　作用域，焦点および積み重ね

条件を表す付加部は，一般的に主節の否定より広い作用域をとるが，否定が広い作用域をとる場合もある.(68i) と (68ii) を比較してみよう.

(68) i. We won't go bankrupt if we budget carefully.　［付加部が広い作用域］

　　　（もし予算を慎重に組めば，破産しないだろう）

　　ii. We won't go bankrupt if we get the carpets cleaned.

　　　　　　　　　　　　　　　　　　　　　　［否定が広い作用域］

　　　（もしカーペットを清掃しても破産はしないだろう）

(68i) は，破産しないことは予算を慎重に組むことの帰結であると解釈される．この場合，否定は帰結節の中で作用域をとっており，したがって実用上等価な肯定文で置き換えることができる．つまり，We will overcome our financial problems if we budget carefully. （もし予算を慎重に組めば，財政危機を乗り越えることができるだろう）と言い換えることができるのである．しかし，(68ii) では破産することはカーペットを清掃することの帰結ではない．つまり，(68i) は「P であれば Q」と分析でき，Q がたまたま否定文であったに過ぎない例だが，(68ii) は「「P であれば Q」ではない」という否定が広い作用域をとる意味をもつ例なのである．[10] また，(68ii) では if を because で置き換えることができる．しかし，条件節が only/even if （…の時だけ／さえ），unless （もし … でなければ），provided （もし … ならば）によって導かれる場合，否定が広い作用域をとることはできない．

　条件を表す付加部は一般に広い作用域をとるため，二者択一の疑問文および対照を表す否定の焦点や it- 分裂文における前景化要素にはなりにくい．

(69) i. Do you fill in this form if you're a citizen or if you're an alien?

　　　（この用紙は自国民であれば記入するのですか，あるいは外国人であれば記入するのですか）

　　ii. Here you don't get promoted if you show initiative but if you put in long hours.

　　　（ここでは，もし独創性をみせても昇進はせず，長時間働くほうが昇進する）

　　iii. It's if Herbert is appointed that I foresee trouble.

　　　（問題が予見できるのはもしハーバートが任命されたらだ）

---

[10] したがって，(68ii) は本章の注 1 で触れた，統語的な帰結節が論理的帰結と合致しない例の 1 つである．つまり，we won't go bankrupt （我々は破産しないだろう）は統語的には帰結節となるが，当該の文の論理的帰結ではない．別の例としては，(16) の She cycled to work if she got up early enough. （彼女は余裕をもって早起きしたときには，自転車で仕事にでかけた）のように，過去の習慣という複数の状況から生じる量化の作用域に，条件を表す付加部が含まれる場合があげられる．

第 14 章　条件を表す付加部と条件構文　　　453

これらの構文は座りが悪く，たとえば (69i) よりも Is this form for citizens or for aliens?（この用紙は自国民用ですか，それとも外国人用ですか），(69ii) よりも Here you don't get promoted for showing initiative but for putting in long hours.（ここでは独創性をみせるより長い時間働くほうが昇進する）のように，条件構文を含まない形式のほうが好まれる．(69iii) のような it- 分裂文の場合は，It's only if Herbert is appointed that I foresee trouble.（問題が予見できるのはもしハーバートが任命された時に限る）のように only を付加するとかなり座りがよくなる．また，条件節が unless（もし … でなければ）によって導かれる場合，これらの構文に生起することはできない．

　条件を意味する疑問詞は存在しない．したがって，<u>Under what conditions/On what terms</u> would you agree to sell?（どんな条件でなら販売に同意しますか）のように，疑問文においては適切な意味をもつ名詞を含む PP が用いられる．

[専門的解説]

■ 積み重ね

条件節は，異なる構成素を修飾しているのであれば，同一文中で複数現れることができるという回帰性をもつ．

(70)　If the proposal is adopted prisoners will be entitled to a personal TV set if they enrol for a course at the Open University.
　　　（もしその提案が受諾されれば，囚人たちは，通信制大学の授業に登録することを条件に個人用 TV の使用権を与えられるだろう）

(70) では，if the proposal is adopted（もしその提案が受諾されれば）は主節に付加され，節全体をその作用域としてとる．他方，if they enrol for a course at the Open University（通信制大学の授業に登録することを条件に）は従属節に付加し，prisoners will be entitled to a personal TV（囚人たちは個人用 TV の使用権を与えられる）を修飾している．この種の回帰性は積み重ね（**stacking**）とよばれる．条件を表す付加部の積み重ねは比較的まれであるが，これは複数の条件を表す付加部が現れ，とくにそれらが隣接している場合，その処理が難しくなるためである．

454 第 II 部 付加部となる節

14.6 網羅的条件構文

網羅的条件構文の具体例は以下のようなものである.

(71) i. a. I'm buying it [regardless of whether we can really afford it (or not)]. [統率型]
(実際に余裕があるか（ないか）にかかわらずそれを買う)

b. I'm buying it [whether we can really afford it or not]. [非統率型]
(実際に余裕があってもなくてもそれを買う)

ii. a. The business will fail [no matter who takes over as manager]. [統率型]
(誰が経営者として引き継いでも事業は失敗するだろう)

b. The business will fail [whoever takes over as manager]. [非統率型]
(誰が経営者として引き継いでも事業は失敗するだろう)

(71i) の両例はどちらも, I'm buying it if we can really afford it and I'm buying it if we can't really afford it. (私はそれを買う余裕が実際にあればそれを買い, かつ私はそれを買う余裕が実際になくてもそれを買う) と等価である. つまり, いずれにせよ話者はそれを買うのである. この場合, ありうる可能性は買う余裕があるか買う余裕がないかのいずれかでしかなく, したがってありうる可能性のすべてが網羅されている. このため, この構文を**網羅的条件構文 (exhaustive conditional**) とよぶのである. この種の付加部は非制限的, つまり表わされている命題の真理値を変えることなく省略可能であり, したがって (71i) はどちらも話者がそれを買うことを論理的に含意している.

(71) の 4 つの例文はすべて従属節をともなうが, a の各例ではそれらは前置詞の補部であるのに対して b の各例では従属節が直接的に付加部として機能している. そこで, 前者を**統率型 (governed**), 後者を**非統率型 (ungoverned**) とよんで区別することにする. 14.6.1 節でまず統語的により単純な統率型構文を検討し, 14.6.2 節で非統率型を検討することにする.

14.6.1 統率型網羅的条件構文

この構文では, 付加部は (72) にみられるような語句をその主要部としている.

(72) inpendently   irrespective   regardless   no matter
(…とは独立に／関係なく) (…とは無関係に) (…にかかわらず) (…であろうとも)

これらの要素のうち, independently は副詞, irrepspective および regardless

は（ここでの用法では）前置詞である．他方，no matter は NP の形態をもつイディオムであるが，前置詞として再分析されていると考えることもできる．(71iia) にみられるように，no matter は従属節を補部としてとるが，ほかの語句は (71ia) のように従属節の前に of を必要とする．

　これらの付加部に現れる従属節は疑問節であり，whether によって導かれる閉鎖疑問節でも，who, what, which, when, where などの疑問詞をともなう開放疑問節でもよい．そして，(72) の語句自体の意味により，ここでの疑問節の問いに対する答えが実際どのようなものであっても，主節の表す内容，たとえばそれが表す命題の真偽などは影響を受けない．たとえば，(71ia) の閉鎖疑問節の問いに対する答えになりうるのは買う余裕があるか買う余裕がないかであるが，いずれの場合も話者はそれを買うことになる．そして，開放疑問節の (71iia) では，誰が新しい経営者になるかについてとくに制限はないが，誰が経営者になった場合も事業が失敗することを表している．

■ 網羅性前提

通常，疑問文は前提をもつので，網羅的条件構文の付加部内の疑問節も前提をもつことになる．たとえば (71iia) の付加部内の疑問節が独立の疑問文として用いられている "Who will take over as manager?"「誰が経営者として引き継ぎますか」は，誰かが経営者として引き継ぐということを前提としている．したがって，(71iia) の付加部内の疑問節も同様の前提をもつことになる．[11] あ

---

　[11] 訳者注：本シリーズ第 6 巻『節のタイプと発話力，そして発話の内容』では，(ia) のような開放疑問文が (ib) のような前提をもつことを導く方法として，(ii) に示す 2 通りのものが論じられている．

　(i) a. Who wrote the editorial? （誰が社説を書きましたか）
　　 b. "Someone wrote the editorial"「誰かが社説を書いた」
　(ii) a. "Person x wrote the editorial"「ある人 x が社説を書いた」
　　 b. "Ian wrote the editorial"「イアンが社説を書いた」；"I wrote the editorial"「私が社説を書いた」；"One of the directors wrote the editorial"「論説委員の一人が社説を書いた」；…

1 つ目の方法は，当該の疑問文によって表される開放命題の変項を適切な不定名詞句によって置き換えることによって前提を導くというものである．より具体的には，(iia) の person x を someone によって置き換えることによって (ib) が得られる．2 つ目の方法においては，(iib) のように当該の開放疑問文に対する答えとなりうるものすべてからなる集合を仮定し，そこから前提が導かれることになる．

　開放疑問文および二者択一の疑問文の前提は，聞き手の返答によって棄却されうる．

　(iii) A: Will Kim or Pat chair the meeting? （キムかパットが会議の議長を務めますか）

るいは，I'll be attending the meeting regardless of whether it is held on Thursday or Friday. （会議が開かれるのが木曜日でも金曜日でも，それに参加する）という例を考えてみよう．この例の自然な解釈では，付加部内の疑問節は，"Will the meeting be held on Thursday or Friday?"「会議が開かれるのは木曜日ですか，それとも金曜日ですか」という二者択一の疑問文に対応する．この二者択一の疑問文の答えは "Thursday" か "Friday" である．可能性としてはほかの曜日にも会議が開かれうるが，前提となっているのはこのいずれかの曜日に会議が開かれることである．したがって，現実的に起こりうる可能性が網羅されており，そのいずれであっても話者は会議に参加することになる．

■ 開放疑問文の代わりに用いられる定性名詞句

(73) I'm buying it [regardless of what the price is] / [regardless of the price].
（値段がいくらであれ／値段によらず）それを買うだろう）

統率型構文には NP が現れることもできる．(73) の例にみられる交替は，I don't know what the price is / the price. （値段がいくらだか／値段がわからない）のように従属節に疑問節が現れるほかの構文でも同様に観察される．この種の NP は疑問節と同じ解釈を受け，そのため潜在疑問文（concealed question）とよばれることもある．[12]

        B: Neither. I'm chairing it this time. （どちらでもありません．今回は私が務めます）
  (iv) A: Who helped her? （誰が彼女を助けたのですか）
        B: Nobody—she did it herself. （誰も助けていません．彼女は自分でやりました）
(iii) の二者択一の疑問文ではキムが会議の議長を務めるか，パットが会議の議長を務めることが前提となっているが，B の応答はこの前提を棄却している．同様に，(iv) の開放疑問文は誰かが彼女を助けたことが前提となっているが，B の応答はこれを棄却しているのである．しかし，網羅的条件構文の場合は，聞き手に対して疑問文を発しているわけではないので，前提が棄却されることはない．
[12] 訳者注：NP が潜伏疑問文として解釈されるのは，それが疑問節と交替できるときに限られる．たとえば the kind of pizza she likes という NP は，(ia) では潜伏疑問文としての解釈を受けるが，(ib) ではそのような解釈を受けない．これは，remember（思いだす）は疑問節を認可するが，like（好きだ）は認可しないからである．
  (i) a. I can't remember [the kind of pizza she likes / what kind of pizza she likes].
          （どんな種類のピザを彼女が好きだか思い出せない）
      b. I don't like [the kind of pizza she likes / *what kind of pizza she likes].
          （彼女が好きな種類のピザを好きではない）
また，(ii) のように疑問節が認可される環境であっても，潜伏疑問文が現れることができない場合も存在する．

14.6.2 非統率型網羅的条件構文

この構文では，付加部は従属節（あるいは等位接続）の形をもつ．とくに
(71iib) のような非統率型構文の従属節は，疑問詞が -ever をともなう開放疑
問節であり，全体が NP として機能する融合関係詞に類似している．しかし，
本シリーズ第 6 巻『節のタイプと発話力，そして発話の内容』で詳述されてい
るように，この非統率型構文の従属節が統語的に NP ではなく疑問節である
と考える根拠がある．[13] また，疑問節が補部ではなく付加部として機能するの
は，非統率型網羅的条件構文のみである．

■ 閉鎖疑問文

非統率型構文に閉鎖疑問節が現れる場合は，常に or による等位接続が含まれ
なければならないため，統率型構文に現れうる閉鎖疑問節のすべてが非統率型
構文に現れることができるわけではない．(74) において (74ib) のみが非文
法的であるのはこのことを示している．

(74) i. a. I'm buying it [regardless of whether we can afford it].　　［統率型］
　　　　　（実際に余裕があるかにかかわらずそれを買う）

　　 b. *I'm buying it [whether we can afford it].　　　　　　　　［非統率型］

　 ii. a. I'm buying it [regardless of whether we can afford it or not].
　　　　　（実際に余裕があるかないかにかかわらずそれを買う）　　　 ［統率型］

　　 b. I'm buying it [whether we can afford it or not].　　　　　 ［非統率型］
　　　　　（実際に余裕があってもなくてもそれを買う）

　 iii. a. He'll resign [regardless of whether he is found guilty or innocent].
　　　　　（彼は有罪か無罪かにかかわらず辞職するだろう）　　　　　 ［統率型］

　(ii)　I wonder what time it is / *the time.（今何時か知りたい）

[13] 訳者注：この主張の根拠となる観察の 1 つに以下のようなものがある．

　(i) a. He always antagonised [whoever he worked with / *with whomever he worked].
　　　　（彼はいつも一緒に働く人を敵に回す）

　　 b. Now, in whatever way government may be theoretically conceived, it is in
　　　　practice a matter of the adjustment of a multiplicity of private interests.
　　　　（今や，政府を理論的にどのように理解しようとも，現実的にはそれは個人の利
　　　　益の多様性を調整するもだけのものである）

(ia) の融合関係詞では，前置詞残留が義務的である．これは他動詞の antagonise がその補部
に NP を要求するため，融合関係詞全体が NP とならなければならないからである．一方，
(ib) では whatever の前に前置詞が現れることができる．このことは，in whatever way 全体
が PP として下線部の非統率型構文内で前置されていることを示唆している．

b. He'll resign [whether he is found guilty or innocent]. [非統率型]
（彼は有罪でも無罪でも辞職するだろう）

　閉鎖疑問文は，その疑問文の答えがどのように定められるかによって極性疑問文か二者択一の疑問文のどちらかになる．具体的に，(75) の例を比べてみよう．

(75) i. Can we afford it?　　　　　　　　　　　　　　　[極性疑問文]
　　　　　（それを買う余裕があるか）

　　 ii. Can we afford it or not?
　　　　　（それを買う余裕があるかないか）
　　　　　　　　　　　　　　　　　　　　　　　　　　　　[二者択一の疑問文]
　　 iii. Will he be found guilty or innocent?
　　　　　（彼は有罪になるか無罪になるか）

極性疑問文への答えは，疑問文そのものが表す命題に対する肯定か否定である．たとえば (75i) への答えとなるのは，"We can afford it." 「それを買う余裕がある」と "We can't afford it." 「それを買う余裕がない」である．二者択一の疑問文の答えとなりうるものは，疑問文自体の一部，つまり or によって等位接続されている要素によって表されている．たとえば (75iii) では，答えとなりうるのは "He will be found guilty." 「彼は有罪になるだろう」と "He will be found innocent." 「彼は無罪になるだろう」のどちらかである．(75ii) は極性疑問文ではなく二者択一の疑問文である．これはその答えが (75iii) と同様 or によって結ばれた等位接続によって与えられているからである．[14] よって，(74ib) と (74iib) / (74iiib) を文法的に区別する制約を，(76) のように述べることができる．

_____

　[14] 訳者注：(75ii) のような疑問文は，とくに**二者択一の極性疑問文**（**polar-alternative question**）とよばれることもある．(75i) のような極性疑問文と (75ii) のような二者択一の極性疑問文は論理的には等価であるが，実用上いくつかの違いがみられる．そのような違いの 1 つとして (i) の各例に対する応答の仕方があげられる．

　(i) a. Was it good? （それはよかったですか）

　　　 b. Was it good or not? （それはよかったですか，それともよくなかったですか）

いずれの場合も，答えとしてありうるのは It was good. （それはよかった）か It wan't good. （それはよくなかった）である．しかし，(ia) に対しては，It was okay. （まあまあだった）や It wasn't too bad. （そんなに悪くはなかった）のような中間の応答ができるのに対して，(ib) に対してはそのような応答はできない．さらなる詳細については，本シリーズ第 6 巻の『節のタイプと発話力，そして発話の内容』も参照のこと．

(76) 非統率型構文に現れる閉鎖疑問節は二者択一の疑問文に相当していなければならない

単に or による等位接続を含むだけで二者択一の疑問文とみなされるというわけではないことに注意が必要である．たとえば Will one or other of your colleages be elected?（あなたの同僚のうち誰かが選ばれますか）は等位接続を含むが，極性疑問文にしかならない．なぜなら，この疑問文に対する可能な答えは "Yes, one or other of them will be elected."「はい，彼らのうち誰かが選ばれます」と "No, one or other of them won't be elected."「いいえ，彼らのうち誰も選ばれません」であり，or によって等位接続されている要素をそれぞれ答えの一部として含む "One of them will be elected."「彼らのうちの誰かが選ばれる」と "Other of them will be elected."「彼らのうちほかの人が選ばれる」ではないからである．したがって，対応する節を含む非統率型網羅的条件構文の *I'll be happy whether one or other of your colleges is elected. は非文法的となる．

二者択一の疑問節を導く従属接続詞は whether であり，if ではないことも注意しておきたい．条件構文では，if はこの単語の第一義的な意味である条件の意味にしかならない．よって，I won't serve on the committee if you're on it or if I'd be expected to chair it.（もし君が委員会に入るか，あるいは私がその議長をするのでなければ，私は委員会には入らない）は網羅的条件構文ではない．統率型構文においても if によって導かれる疑問文は排除されるが，これは閉鎖疑問文が前置詞の補部になる場合は whether が要求されるという一般的な規則から導かれる．

■開放疑問文

開放疑問文の場合，統率型と非統率型では後者のみ疑問詞が -ever をともなう複合語になるという大きな相違がある．通常の疑問文では，疑問詞につく ever は話者の感情を表す意味をもつだけであり，つづりの上でも独立した語として扱われることが多いが，網羅的条件節の場合は「自由選択」の意味をもつ．(77) の各例を比較してみよう．

(77) i. What ever did she give him?　　　　　　　　　　　　［感情的］
　　　　（いったい何を彼女は彼にあげたの）

　　 ii. Whatever she gave him, he grumbled.　　　　　　　　［自由選択］
　　　　（彼女が何をあげようが，彼は文句をいった）

(77i) の what ever は what on earth (いったい何) のような表現に類似しているが，(77ii) ではその意味は自由選択の any に近い．つまり，"she gave him x."「彼女は彼に x をあげた」の x の値が何であれ，彼は文句をいったということである．[15] 統率型構文では，この自由選択の意味は疑問節を統率する語句である regardless (... にかかわらず)，irrespective (... とは無関係に)，no matter (... であろうとも)，independently (... とは独立に/関係なく) によって表されるが，非統率型構文ではこのように疑問詞の中で表される．したがって，(77ii) は No matter what she gave him, he grumbled. (彼女があげたものが何であれ，彼は文句をいった) と同じ意味になる．

・融合関係詞との関係

上で触れたように，自由選択の -ever はほかの疑問文ではみられないが，融合関係詞には現れる．形式の上では，開放疑問節を含む非統率型条件節は，融合関係詞に類似しているが，その意味と統語的に許される環境について決定的に異なっている (本章注 13 も参照)．(78) の各例を比較してみるとよい．

(78) i. a. The business will fail whoever takes over as manager.　　　[条件]
　　　　　(誰が経営者として引き継いでも事業は失敗するだろう)

　　　b. Whoever takes over as manager will have a hard job ahead.

　　　　　　　　　　　　　　　　　　　　　　　　　　[融合関係詞]
　　　　　(経営者として引き継いだ人が誰であっても苦労するだろう)

　　ii. a. Whatever she gave him, he grumbled.　　　　　　　　　[条件]
　　　　　(彼女が何をあげても，彼は文句をいった)

　　　b. Whatever she gave him he devoured voraciously.　　[融合関係詞]
　　　　　(彼は彼女があげたものは何でも貪るようにたいらげた)

(78ia) の下線部は付加部として機能する条件節であるが，(78ib) の下線部は主語として機能する NP である．(78ia) の条件節とは異なり，(78ib) の融合関係詞は人を意味するので，下線部は "the/any person x such that x takes over as manager"「x が経営者として引き継いだところのその人/いかなる人 x」と分析することができる．融合関係詞と異なり，条件節は閉鎖疑問節をと

---

[15] 自由選択の範囲は主節によって制限されることはありうる．たとえば，Whatever (else) that bird is, it isn't a kookaburra. (その鳥が何であれ，それはワライカワセミではない) における会話の推意は，話者はその鳥が何であるか知らないが，ワライカワセミではないことは知っているというものである．

もなう The business will fail whether Smith or Jones takes over as manager.
（経営者として引き継ぐのがスミスでもジョーンズでも事業は失敗するだろう）や The
business will fail irrespective of who takes over as manager.（誰が経営者とし
て引き継ごうとも事業は失敗するだろう）のような開放疑問節をともなう統率型構
文と言い換えられる．（78ii）でも同様に，（78iib）の融合関係詞は（主節の動
詞である devour（たいらげる）との関係から）食べ物を意味する．自由選択の
any をともなう（通常の）関係節と通常の条件構文の類似性については 14.4 節
で触れたが，同様に自由選択の -ever をともなう融合関係詞と網羅的条件構文
の間にも類似性がみられる．したがって，（78ib）は The person, <u>whoever it</u>
<u>is,</u> who takes over as manager will have a hard job ahead.（それが誰であれ，
経営者として引き継ぐ人は苦労するだろう）と等価であり，この例の下線部は網羅
的条件構文における疑問節に相当する．

［専門的解説］
網羅的条件構文と融合関係詞の意味の違いは，wherever と whenever の場
合は区別しにくいが，（79）のような例を考えると明らかである．

(79) i. a. You must get this message to him, <u>wherever he is.</u> ［条件］
            （彼がどこにいようとも，このメッセージを伝えなければならない）
       b. Put it back <u>wherever you found it.</u>   ［融合関係詞］
            （どこでみつけたとしてもそこへ戻しなさい）
      ii. a. I'm determined to go to the wedding, <u>whenever it is.</u> ［条件］
            （それがいつであろうとも，結婚式に行くと決めた）
       b. He blushes <u>whenever he sees her.</u>   ［融合関係詞］
            （彼は彼女をみるといつでも顔が赤くなる）

(79ia) は "Irrespective of where he is, you must get this message to
him." 「彼がどこにいるかにかかわらず，このメッセージを伝えなければならな
い」という意味であるが，(79ib) は "Put it back in the place where you
found it." 「それをみつけたところに戻しなさい」という意味である．同様に，
(79iia) は "I'm determined to go to the wedding, no matter when it is
held." 「それがいつ行われようとも，結婚式に行くと決めた」という意味であ
り，(79iib) は "He blushes on any occasion when he sees her." 「彼は
彼女をみるという場合にはいかなる時も顔が赤くなる」という意味である．

462　　　第 II 部　付加部となる節

・現れうる疑問詞に関する制限

(80)　i.　*Whyever he behaved as he did, he owes us an apology.

　　　ii.　Regardless of why he behaved as he did, he owes us an apology.

　　　　　（彼がそのように振る舞った理由が何であれ，彼は我々に謝罪すべきだ）

非統率型構文において，自由選択の -ever は why とともに複合語を形成することはできない（これは融合関係詞の場合も同様である）．したがって，(80)では統率型構文のみが文法的となる．等位接続の場合を除けば，-ever をともなう疑問詞が 1 つしか生起できない点でも，非統率型構文は融合関係詞に類似している．[16]

14.6.3　さらなる論点
・従属節の縮約

(81)　i.　a.　However arbitrary the decision, you can't change it.

　　　　　　　（その決定がいかに恣意的であってもそれを変えることはできない）

　　　　b.　Such proposals, however promising, must be uncompromisingly rejected.

　　　　　　　（そのような提案は，いかに見込みがあっても，断固として拒否すべきだ）

　　　ii.　a.　Whether eaten raw or cooked, fennel is good for you.

　　　　　　　（生でも調理しても，ウイキョウは体に良い）

　　　　b.　Whether intentionally or not, she had deeply offended him.

　　　　　　　（わざとであってもなくても，彼女は彼を深く怒らせた）

網羅型条件構文の従属節は，非定形節あるいは動詞を欠いた節に縮約されることもある．(81ia) では，be 動詞が省略されることで，主語と述語のみからなる構文に縮約されている．一方 (81ib) の従属節には述語だけが含まれているが，この部分は "however promising they might be"「それらがいかに見込みのあるものでも」と解釈される．(81iia) の付加部は過去分詞節であり，(81iib)

---

[16] 訳者注：本シリーズ第 6 巻『節のタイプと発話力，そして発話の内容』に次のような例があげられている．

　　(i)　*Whoever said whatever to whomever, we've got to put the incident behind us and work together as a team.　　　　　　　　　　　　　　　［非統率型条件構文］

　　(ii)　*Whoever said whatever to whoever will be severely dealt with.　　　［融合関係詞］

　　　　　（誰が誰にどんなことをいったのかはすべて厳密に取り扱われる）

第14章 条件を表す付加部と条件構文 463

では動詞を欠いた節となっている．これらの例は非統率型構文であり，統率型構文の場合はそれほど多くはみられない．しかし，とくに no matter が用いられる場合，Such proposals, no matter how promising, must be uncompromisingly rejected. (そのような提案は，いかに見込みがあっても，断固として拒否すべきだ) のようにこのような縮約が可能である．[17]

・仮定法形と法助動詞の may

網羅的条件構文の従属節は，(82) のように仮定法の形式をとることがある．

(82)　i.　Whenever and wherever a number of human beings are gathered for a common purpose—whether it be a sporting club or a multinational corporation, a Kindergarten committee or a state—there will inevitably be a struggle for power. (それがスポーツのクラブであれ多国籍企業であれ，幼稚園の委員会であれ州であれ，多数の人間がある共通の目的のために集まる場合はいつでもどこでも必ず権力闘争が起こる)

　　ii.　Whatever republican model be proposed, it is unlikely to be approved at the referendum. (どのような共和制の仕組みが提案されようとも，それが国民投票によって承認されるということは起こりにくい)

　　iii.　There isn't a single state-subsidised company, be it drama or opera or dance, that is not in a state of crisis. (それが演劇であれオペラであれダンスであれ，危機に瀕していない国家助成団体は1つとしてない)

この構文は比較的改まった文体で用いられ，実質的に動詞が be である時に限られている．しかし，とくに (82) のような非統率型構文においては，これらの構文は決してまれというわけではない．(82iii) によって示されるように，whether によって導かれる節が be をともなう場合は，従属接続詞を用いる代わりに倒置が起こる．[18] このような whether it be good or bad と be it good orbad (それが良かれ悪しかれ) との構造的関係は，仮定法における if it were possible と were it possible (もしそれが可能であれば) との構造的関係と類似し

---

[17] また，no matter の場合には疑問節をイディオム的に no matter what にまで縮約することができる．たとえば，He wouldn't go back, no matter what. (彼は戻らない，何があっても) の no matter what は "no matter what might happen"「何が起こったとしても」というように解釈される．

[18] ただし，このような表現はイディオム的であり，また古めかしいいい方である（come の主語として融合関係詞をもつ）come what may が "whatever happens"「何が起ころうとも」と解釈されることと似ている．

ている.

　開放疑問節を含む構文では，認識的法助動詞の may が現れることが非常に多い.

(83)　Whatever people may say, my mind is made up.
　　　（人々が何をいおうとも，私の心は決まっている）

ここでは，法助動詞 may のもつ可能性の意味によって，"What will/do people say?"「人々は何というだろうか」という疑問文に対するあらゆる答えが念頭にあることが示唆されている.

・隔たり網羅型条件構文

これまでみてきた網羅型条件構文はすべて開放条件構文である．しかし，非常にまれではあるものの，隔たり条件構文も (84) のように網羅型条件構文に現れることができる.

(84)　[Whatever/Irrespective of what we had decided,] someone would
　　　have objected.（我々が決めたものがたとえ何であっても/何を決めたかにかか
　　　わらず，誰かが反対しただろうけど）

・類似の構文

(85)　i.　It doesn't matter what we say: he's going to give up the course
　　　　　anyway.
　　　　　（我々が何をいっても意味がない．彼はいずれにせよ履修を諦めるだろう）
　　 ii.　Believe it or not, Eric has been short-listed for a managerial posi-
　　　　　tion.（信じる信じないにかかわらず，エリックは管理職の最終選考に残った）
　　iii.　Say what you like: it's a big improvement on his last effort.
　　　　　（何をいおうと，それは彼の前回の試みからの大きな進歩である）

(85i) は No matter what we say/Whatever we say, he's going to give up the
course (anyway).（我々が何をいおうと，彼は（いずれにせよ）履修を諦めるだろう）
と等しいが，it doesn't matter what we say（我々が何をいっても意味がない）は
主節に埋め込まれた付加部ではなく，独立の節である．同様に，(85ii, iii) で
は，下線部は独立の節として命令文の形式をとっているが，それぞれ "wheth-
er you believe it or not"「信じるか信じないかにかかわらず」および "what-
ever you say"「何をいおうと」と解釈される.

第15章　領域付加部

この種の付加部は，付加部を除いた残りの部分があてはまる領域を限定する．

(1) i. Economincally, the country is in sharp decline.
　　　（経済的には，その国は急激に衰退している）

　　ii. Officially, we sholdn't really be discussing the matter.
　　　（公式には，そのことを実際には議論すべきではない）

　　iii. As far as the law is concerned, what he did is not a crime.
　　　（法律上からいうと，彼がしたことは犯罪ではない）

　　iv. From a linguistic point of view, there are no primitive languages.
　　　（言語学的な観点からすれば，原始的な言語というものはない）

(1i) は，その国があらゆる点について急激に衰退しているということは含意しない．たとえば，その国が文化的には繁栄しているということがありうるからである．したがって，急激に衰退しているという性質が帰せられるのは経済的な領域だけに限られることになる．この種の付加部は，状態を表す節を修飾することが多いが，それ以外の節，たとえば，From an economic perspective, we acted foolishly. （経済的な観点からすれば，我々は愚かな行動をした）のような行為を表す節を修飾することも可能である．

■具現化
領域付加部は，一般に以下のような AdvP あるいは PP の形であらわれる．

(2) i. AdvP　morally（道徳的には），wheatherwise（天気に関しては）

　　ii. PP　　from a moral point of view／perspective（道徳的観点／視点からすれば），as far as the weather (is concerned)（天気が関す

465

466 第 II 部 付加部となる節

る限り), as regards the weather (天気が関する限り), regarding the weather (天気が関する限り), with respective to the weather (天気に関しては)

副詞の場合は, ほとんどのものは形容詞に接辞 -ly (あるいは -ally) を付加することによって形成されるが, (とくにアメリカ英語では) 名詞に接辞 -wise を付加することによって形成されることもある. 領域付加部は段階づけができるものではなく, また語彙的に否定することもできない. したがって, たとえば very morally (とても道徳的に) や immorally (不道徳的に) といった副詞は領域付加部としては機能しない. また, 形容詞を語根にもつ副詞を領域付加部とする節は, その形容詞を述語とし, 節主語をもつような節で言い換えることはできない. つまり, (1i) に対応する *It is ecnomic that the country is in sharp decline. は非文法的になる. 前置詞をともなう as far as ... be concerned (... が関する限り) から be concerned を省略することは, 口語では次第に増えてきている. たとえば, We're a lot better off than we were, as far as conditions of work. (我々は以前よりいい状態にある, 労働条件に関しては) や As far as dealing with teenagers, he doesn't have a clue. (思春期の子の扱いに関しては, 彼は手掛かりをもっていない) のような例があげられる. 規範文法においてはこの種の構文は禁止されており, 改まった文体では一般に避けられる.

　上述のような AdvP と PP に加え, 領域付加部がある種の動詞の動名分詞形あるいは過去分詞形から形成される場合もある. たとえば, economically speaking (経済的にいえば), speaking economincally (経済的にいえば), considering the matter from an economic point of view (経済的な観点から考慮すれば), considered/looked at from an economic perspective (経済的な観点から考えれば／みれば) などの例があげられる. また, ほかの意味範疇に属する付加部, とくに空間的場所や条件構文の一部が同時に領域付加部の機能をもつこともある.

(3) i. In this country giving bribes to secure foreign contracts is permitted.
(この国では, 海外との契約を確保するために賄賂をおくることは許されている)

ii. If we consider the matter from an economic point of view, the country is in sharp decline.
(もし経済的な観点から考えたならば, この国は急激に衰退している)

(3i) において in this country (この国で) を省略した場合, その節の内容は普遍的に成立するものであると解釈される. したがって, この付加部が単に空間

的な場所の情報を追加しているだけではなく，節が表していることがあてはまる領域を定義していると考えることができる．

■焦点と疑問化

領域付加詞は閉鎖疑問文および否定の焦点になることができ，分裂文において前景化することもできる．また，前置詞型の場合，開放疑問文の疑問詞部分になることもできる．

(4) i. Can the country stand on its own feet econominally?
(その国は経済的に自立することができますか)

ii. Linguistically but not ethically the inhabitants have much in common with their northern neighbours.
(倫理的にではなく言語的に，そこの住民はその北部に住む住民と多くの共通点をもつ)

iii. It is only from an economic-rationalist viewpoint that the policy is defensible.
(その方針を正当化できるのは経済合理主義的な観点からだけである)

iv. From what point of view, then, do you think the country is in decline?
(では，どのような観点からその国が急激に衰退していると考えていますか)

第16章　法に関する付加部

■法性の種類

necessarily, probably, surely といった副詞は法性を表す．法に関する要素は多種多様なものがあり，典型的なものは法助動詞で，ほかにも necessary や probable といった形容詞もその仲間に数えることができる．法助動詞は動詞とともに述部を構成する．一方，形容詞は補部位置に現れて述部をなす．すなわち，(1) の (a) にあるように，助動詞と形容詞を用いた場合には法性が述部において表現される．それに対し，(1) の (b) にあるように副詞は主に修飾部として法性を表現する．

(1)　　法に関する述部　　　　　　　　法に関する修飾部

　i. a. He must have made a mistake.　b. He has surely made a mistake.
　　　（彼は間違いを冒したに違いない）　　（彼は確実に間違いを冒した）

　ii. a. They should be in Berlin by　　b. They are probably in Berlin by
　　　　now.　　　　　　　　　　　　　　now.
　　　（彼らはもうベルリンにいるはずだ）　（多分，彼らはもうベルリンにいる）

　iii. a. It is possible that they are related.　b. They are possibly related.
　　　（彼らが親戚同士である可能性がある）　（もしかすると彼らは親戚同士だ）

さらに付加部が助動詞と協働することも可能である．これは**法の調和（modal harmony）**とよばれるもので，これによって単一の法的意味を重ねて表現したり強めたりする（例：He must surely have made a mistake.（彼は確実に間違いを冒したに違いない），They should probably be in Berlin by now.（多分，彼らはもうベルリンにいるはずだ））．

　法助動詞は，認識的（epistemic），義務的（deontic），動的（dynamic）と

468

いった様々な種類の法性を表現することができる.[1] 一方，法に関する付加部は認識的法性を表現する場合がほとんどであり，その付加部が修飾する節がもつ命題の真偽に対して話者がどの程度信じているのかについて記述している．法に関する付加部が，責任や許可を意味する働きをもつ義務的法性を表現することはない．以下の (2) の例を比べてみよう．

(2) i. a. You <u>must</u> return it to her tomorrow.
（あなたはそれを明日彼女に返さねばならない）
   b. You <u>surely</u> return it to her tomorrow.
（あなたは必ずそれを明日彼女に返すことになる）
  ii. a. He <u>can</u>/<u>may</u> stay until six. （彼は 6 時まで居ることができる）
   b. <u>Possibly</u> he stays until six. （もしかしたら，彼は 6 時まで居る）

(2ia) は，私はあなたにそれを彼女に返すことの責任を課すという意味で通常は解釈される．しかし，(2ib) にはこのような義務的な解釈はない．(2ib) の surely は認識的法性を表現し，また，ここでの現在形は未来時制を表す．よって，この例は，"Surely the arrangement is that you return it to her tomorrow."「確実に，あなたがそれを明日彼女に返す取り決めになっている」と書き換えることができる．(2iia) は，彼が 6 時まで居ることについて許可されているという意味に解釈されるが，やはり (2iib) にはこのような義務的な解釈はない．ここでの possibly は認識的法性を表現するため，(2iib) は，"Possibly he habitually stays until six."「もしかしたら，彼はいつも 6 時まで居るのかもしれない」といった習慣を表すものと解釈されるか，あるいは "Possibly the arrangement is that he stays until six."「もしかしたら彼は 6 時までいる取り決めになっているのかもしれない」のように未来を表すものと解釈される．

　以上のことから，法に関する付加部は**認識的付加部**（**epistemic adjunct**）とよばれることもあるが，ここでは法に関する付加部という，より一般性の高い用語を採用する．なぜなら，上述した解釈上の縛りに反して，これらの付加部が認識的用法以外の意味をもつ場合があるためである．

---

[1] 訳者注：認識的法性とは，命題について話者がどの程度，確信をもっているのかについて表現するものである．義務的法性は，義務，許可，禁止など，状況を統制する働きをもつものである．そして，動的法性とは，主に発話の主語についての事実・特徴に関与する法性である．以下，can による 3 つの法性の具体例をあげる．

(i) It can snow this evening. （今夜は雪が降るかもしれない）　　　　　［認識的法性］
(ii) You can go now. （もう，行って構いません）　　　　　　　　　　［義務的法性］
(iii) Mary can speak French. （メアリーはフランス語が話せます）　　　　［動的法性］

470 第 II 部　付加部となる節

(3) i. You're his uncle, so <u>necessarily</u> he's your nephew.
（あなたが彼の叔父ということは，必然的に彼はあなたの甥ということですね）

ii. Twice as many people turned up as we had been told to expect, so <u>necessarily</u> things were a little chaotic for a while.（いわれていたよりも倍の人々がやって来たので，必然的に多少の混乱がしばらく続いた）

(3i) の necessarily は認識的解釈をもち，「あなたが彼の叔父である」という命題が真である限りにおいて，「彼があなたの甥である」という命題が必ず真であることを示している．これに対し (3ii) では，ある命題が真であるということが別の命題から導かれるかということを問題としていない．むしろ，ここでの necessarily はある状況がその結果として別の状況を引き起こすということに言及しているといえる．具体的に (3ii) では，予想を上回る人々の来場が混乱を引き起こしたということであり，たとえば (3ii) の necessarily を un-avoidably（やむをえず）に置き換えることができる．このように 2 つの状況を結びつける働きをする (3ii) のような付加部は，むしろ動的法性を表現していると分析される．

法に関する付加部は単独で義務的法性を表現することができない．ただし，義務的法性を表す can との法の調和のもとで possibly を用いることは可能である．

(4) i. Could I <u>possibly</u> borrow your bicycle for half an hour?
（良ければ，30 分だけ自転車を貸してもらえませんか）

ii. Could you <u>possibly</u> come a little earlier next week?
（できれば，来週はもう少し早めに来てもらえますか）

さらに，以下の例での hopefully の用法について考えてみよう．

(5) The good weather will <u>hopefully</u> last for another week.
（うまくいけば，良い天気があと 1 週間続いてくれるだろう）

上の例では，話者の知識や予想についてではなく，期待あるいは希望について語られている．この種の法性は，英語の法助動詞では表現しきれないタイプのものであるが，これに近い用法がないわけでもない．たとえば，"You must come in now."「今すぐ入ってきなさい」といった場合，これは話者が相手にすぐに入ってきてほしいということを意味するものと思われる．[2]

---

[2] He was looking hopefully around.（彼は望みをもちつつ辺りをみまわした）のように

第 16 章　法に関する付加部

■ 法性の強さ

話者がどの程度命題を真であると信じているか，あるいは，語られた状況が実現することをどの程度確信しているかによって法性の強さをレベル分けすることができる．たとえば，法助動詞の場合，must, need, will, そして shall は強い法性をもち，should と ought は中程度の法性，can と may は弱い法性をもつと区別することができる．同様に法を表す副詞 necessarily, probably, possibly はそれぞれ強い法性，中程度の法性，弱い法性をもつものとみなすことができる．

　ただし，法を表す副詞は法助動詞とは比べものにならないほどの語数があり，このようなレベル分けは容易ではない．よって以下のリストでは，やや強い法性というレベルをさらに加えて法を表す副詞を分類した．

(6) i. 強い法性

assuredly	certainly	clearly	definitely
（確実に）	（確かに）	（疑いもなく）	（きっと）
incontestably	indubitably	ineluctably	inescapably
（議論の余地なく）	（疑いようもなく）	（必然的に）	（免れがたく）
manifestly	necessarily	obviously	patently
（明らかに）	（必ず）	（明白に）	（はっきりと）
plainly	surely	truly	unarguably
（明らかに）	（確実に）	（偽りなく）	（議論の余地なく）
unavoidably	undeniably	undoubtedly	unquestionably
（やむをえず）	（紛れもなく）	（疑いようもなく）	（疑う余地なく）

ii. やや強い法性

apparently	doubtless	evidently	presumably
（一見したところ）	（たぶん）	（どうやら）	（思うに）
seemingly			
（みたところでは）			

iii. 中程度の法性

arguably	likely	probably
（議論の余地はあるが）	（おそらく）	（おそらく）

---

hopefully が様態を表す付加部として用いられている場合とは異なり，上記のように法性を表す用法での hopefully は 1960 年代までほとんどみられなかった．この用法が一般的に使われるようになると，当初は保守的な話者からの強い抵抗が示されたが，近年，このような抵抗は弱まりつつある．

iv. 弱い法性

conceivably	maybe	perhaps	possibly
（想像するに）	（もしかすると）	（もしかすると）	（ことによると）

上記の副詞には様態を表す付加部として用いることができるものもあり，その場合は，VP を修飾する働きをする．

(7) 様態を表す付加部　　　　　　　法に関する付加部

i. a. I could see her <u>clearly</u>.　　b. He had <u>clearly</u> been irresponsible.
　　（私には彼女がはっきりみえた）　　（明らかに彼は責任を放棄していた）

ii a. He was flirting too <u>obviously</u>.　b. He was <u>obviously</u> flirting.
　　（彼はあからさまにいちゃついていた）　（明らかに彼はいちゃついていた）

ただし，このような副詞は少なく，(6) の副詞の多くは様態を表すことができない．

　(6i) にあげた法性が強い副詞は，命題が真であると話者が強く主張していることを表現している．法に関する要素を含まない Kim chaired the meeting. （キムがその会議の議長を務めた）や Pat is in love. （パットは恋をしています）のような例でも話者は同様の主張をしていることにはなるが，(6i) の副詞を加えることによって，その主張の強さが明確になる．たとえば，Kim definitely chaired the meeting. （キムはきっとその会議の議長を務めた）は，ここでの命題に疑いがもたれていた状況で用いられるのに適している．Pat is obviously in love. （パットは明らかに恋をしています）は，ここでの命題が真であることが外見から把握できることを示唆している．surely は (6i) の (6ii) の境界に位置する副詞であり，話者が絶対的な確信をもっていることを表現しているわけではない．また，この副詞は聞き手に対して確認を求めたり念を押したりする場合に，よく用いられる．unavoidably と ineluctably はどちらも命題が真であるというよりはむしろ，そこで語られた状況が実現するということを示唆する．

　対照的に (6iv) は法性が弱い副詞のグループである．このグループの代表的な例である maybe, perhaps, possibly が用いられた時は，その節のもつ命題は偽であると決まったわけではないが，それが真である可能性は低く，良くて五分五分といったところであることを意味している．よって，これらの副詞は，Maybe he told her, maybe he didn't. （彼は彼女にいったかもしれないし，いってないかもしれない）のように，命題とその否定とともに用いられることがよくある．口語表現の as like as not （おそらく）もこのグループに属する例と考えられるかもしれないが，この表現の意味は，法性が中程度の probably に

むしろ近い．conceivably は，節が表現する命題が真であることの可能性あるいは状況の実現性がとくに低い場合に用いられる副詞である．

probably が用いられた時は，たしかに命題が偽である余地も残すが，それが真である可能性は限りなく高いことを意味する．次の（8）の2つの例を検討してみよう．

(8) i. He may be still in his office, but he's probably gone home by now.
（彼はまだオフィスにいる可能性もないわけではないが，きっともう帰ってしまっただろう）

ii. He's probably gone home by now, though he could be still in his office. （彼はまだオフィスにいる可能性もないわけではないが，きっともう帰ってしまっただろう）

法性の解釈を除いた命題だけに注目すると，（8）の2つの節はそれぞれ相反することを述べているが，法性が弱い要素と法性が中程度の要素を組み合わせることで，（8i）と（8ii）の例は矛盾のない表現となっている．likely も probably と同様の意味をもっているが，イギリス英語では He has quite likely gone home by now.（彼はもう帰ってしまっただろう）のように，修飾要素をともなって現れるという統語上の制限がある．arguably の意味するところは，命題が真であると思われるだけ議論が尽くされているということであり，そしてそれを話者が納得いくものであると考えていることを示している．

（6ii）の法性がやや強い副詞の中でも apparently, seemingly, そして presumably は，命題が真であることを話者が確信するところまでは至らなくとも，みかけ上そのように判断しているということ，または推察しているということを表す．これらの法を表す副詞は probably よりも法性が強いと考えられる．なぜなら，これらの副詞が用いられた場合には，命題が偽である余地を probably が用いられた時ほどは残していないからである．つまり，これらの法を表す副詞には，命題が真であることが，ある程度確かであるという意味が込められているのである．さらに apparently とこれに対応する動詞である appear を比べてみると，たとえば He appeared to like them but in fact couldn't stand the sight of them.（彼はそれらを気に入っているようにみえたが，実は見るのも耐えられなかったのだ）とはいえるが，#He apparently liked them but in fact couldn't stand the sight of them.（彼は明らかにそれらを気に入っていたが，実は見るのも耐えられなかったのだ）とはいえない．このような顕著な違いは seemingly と seem の間にも同様にみられる．evidently もまた，They said they would come, but have evidently changed their minds.（彼らは来るといっ

ていたが，どうやら気が変わったようだ）のように，話者が確証を得られないまま
推察を行うような状況で用いることができる．また，法性が強い副詞として，
clearly のかわりに evidently を用いることもできる．この場合は，ほかの (6i)
の副詞と同じように quite によって意味を強調することができる（例：Quite
evidently, the man's a fraud.（その男が詐欺師であることは非常に明白である））．
doubtless はその形に反して，(6i) ではなく (6ii) のグループに属する副詞と
考えられる．とくに，類似した表現 without doubt（疑いなく）より法性が弱い
ことに注目されたい．

　典型的な法を表す副詞であるものの，(6) の記載から漏れたものに alleged-
ly（伝えられるところでは）がある．

(9)　Max allegedly falsified the account.
　　（聞いたところマックスは帳簿をごまかしたとのことだ）

allegedly が用いられた場合，話者はその節の命題が真であるかどうかを他者
の申し立てにゆだねており，話者自身はそれが真であるかどうかの判断を回避
している．また，apparently（あるいは seemingly）と同様に，法に関する要
素が述語動詞でなく副詞として現れた場合，#Max allegedly falsified the ac-
count but I'm sure he hadn't.（聞いたところマックスは帳簿をごまかしたとのこと
だが私は彼がそんなことはしていないと確信している）のように，その節の命題を
否定する内容が続くことは不自然である．これに対して，allegedly に対応す
る動詞 allege を用いた場合，It was alleged that Max had falsified the ac-
counts but I'm sure he hadn't.（マックスが帳簿をごまかしたという申し立てがあっ
たが私は彼がそんなことはしていないと確信している）のように続けることはまっ
たく問題がない．

・否定を表す接辞をともなう形
法を表す副詞の中には in- あるいは un- といった否定を表す接辞をともなっ
たものもみられる．ただし，(6) には possibly は含まれるが impossibly（途
方もなく）は含まれず，逆に indubitably と unquestionably は含まれるが，du-
bitably（疑わしげに）や questionably（疑わしく）は含まれない．このように，
相反するペアの両方が (6) に含まれるということはない．arguably と unar-
guably については，これらは反意語同士というわけではなく，前者は命題が
真であるとする主張が存在することを意味し，後者は命題に対して異論がない
ことを意味している．否定を表す接辞と結合した法を表す副詞は，どれも強い
法性をもつが，improbably（信じられないことに）は上記の (6i) には属さない．

第 16 章　法に関する付加部　　475

これは improbably が例外ということではなく，Improbably he had accepted our proposal without hesitation. （信じられないことに，彼は私たちの提案をあっさりと受け入れた）にあるように，この副詞はそもそも法に関する付加部として機能しないのである．この例は "Improbable as it may seem, he had accepted our proposal without hesitation."「信じられないことのように思われるが，彼は私たちの提案をあっさりと受け入れた」という意味であり，improbably は第 17 章で扱う評価を表す付加部の一種と考えられる．

■ 否定
一般的に，法に関する付加部は否定より広い作用域をもつ．

(10) i. a. She obviously didn't enjoy it.
　　　　　　（彼女は明らかにそれを楽しんでいなかった）
　　　 b. She didn't enjoy it, obviously.
　　　　　　（彼女は明らかにそれを楽しんでいなかった）
　　 ii. a. He probably hasn't told her.
　　　　　　（彼は多分それを彼女に伝えていない）
　　　 b. He hasn't told her, probably.
　　　　　　（彼は多分それを彼女に伝えていない）

(10ia) と (10ib) はどちらも "It is obvious that she didn't enjoy it."「彼女がそれを楽しんでいなかったのは明らかだ」という意味であり，(10iia) と (10iib) はどちらも "It is probable that he hasn't told her."「彼がそれを彼女に伝えてないということはまず確実である」という意味である．そして，法性を否定の作用域内に収めるには，法に関する述部として表現しなければならない（例：It isn't obvious that she enjoyed it. （彼女がそれを楽しんだかは明らかでない），It isn't likely that he has told her. （彼が彼女にそれを伝えてしまったということはまずない））．

このように，ほとんどの法に関する付加部は否定より広い作用域をもつが，中には例外も存在する．以下の (11) にいくつか例をあげる．

(11) i. Those who do best at school aren't necessarily the cleverest.
　　　　　（学校の成績が一番いい学生が必ずしも最も賢い学生とは限らない）
　　 ii. It wasn't definitely sabotage but that is the most likely explanation.
　　　　　（絶対にサボタージュだったとはいえないが，その可能性は十分にある）
　　iii. He couldn't possibly have done it by himself.

（彼が1人でそれをやったとはとても思えない）

義務的法性を表す necessarily は否定の作用域内に収まる解釈を受けるほうがむしろ一般的であり，(3i) のような例は，実際はあまりみられない．not necessarily（必ずしもそうではない）は論理的には possibly not（ことによるとそうではない）と同義であるが，前者のほうが頻繁に用いられる．(11ii) にあるように not definitely という表現を使うことはできるが，むしろ It is not certain that …（… であることは確実ではない）のような叙述表現を用いるほうが一般的であろう．possibly が否定の作用域内に収まるケースは (11iii) のように can と法の調和を起こす場合に限られる．また，ここでの possibly の代わりに perhaps を置くことはできない．

■ 法性についての疑問文
法性について尋ねる場合には，叙述表現を用いるほうが，修飾表現を用いるよりも一般的である．(12) の例を比較してみよう．

(12) i. a. Are they likely to be offended?
（彼らを怒らせた可能性が高いですか）

b. #Will they probably be offended?
（彼らを怒らせた可能性が高いですか）

ii. a. Is it possible that he was poisoned?
（彼が毒を盛られた可能性がありますか）

b. Was he perhaps poisoned?
（もしかしたら，彼は毒を盛られたのではないか）

(12i) では，(a) のように法性を叙述表現に用いた疑問文のほうが一般的に用いられ，(b) のように法性を修飾表現とする疑問文は，通常不自然である．(12ii) の (a) は，明らかに法性について尋ねる疑問文であるが，(b) の perhaps はむしろ疑問の作用域からは外れていると捉えられる．つまり，ここでの perhaps は，彼が毒を盛られた可能性も考えられるということを強調しているだけで，(12iib) は，単に「彼が毒を盛られた」という命題について尋ねる疑問文ということである．

　一方で，法に関する付加部が疑問の作用域内に収まるケースもみつけることができないわけではない．Will he probably die?（彼は死んでしまうの）はまったく不自然な疑問文ではないし，さらに Won't he probably die?（彼は死なないよね）はごく自然な疑問文である．後者の否定疑問文は，He will probably die.（彼は多分，死んでしまうだろう）という肯定の答えを想定したときに用いられるものである．また，(11)にあげた3つの例およびその肯定形もすべて疑問文にすることが可能である．認識的法性表現である necessarily は否定の作用域内で解釈を受ける場合がほとんどであり，たとえば Are those who do best at school necessarily the cleverest?（学校の成績が一番の学生が必ず一番賢い学生となるのですか）は通常，否定の答えを想定したものになる．

■2重の法性表現

複数の法性を同一節に含めることは可能である．ただし (13ii) にあるように，法を表す副詞を重ねて用いることはあまりない．

(13) i.　It is certainly possible that he told her./Certainly he may have told her.（確かに，彼が彼女にそれを伝えてしまったという可能性がある）

　　 ii. *Certainly he possibly/perhaps told her.

■ そのほかの形

PP の中にも without doubt/question（疑いなく）や in all probability/likelihood（十中八九）のように上記の副詞と同様の意味をもつものがある．さらに in my opinion/judgement（私の考えでは）など，副詞のみでは表現できない意味を表すことができるものもある．また，according to Kim（キムによれば）は allegedly と同じく，そこでの主張が他者によって提示されたことを意味しており，さらにその出どころも示している．また，(14) のように，挿入部や条件節として振る舞う付加部もまた認識的表現として用いられることがよくある．

(14) i. a.　You didn't do it on purpose, I'm sure.
　　　　　（とてもじゃないが，わざとやったわけじゃないだろう）

　　　 b.　One of you, she suggests, should write a report for the local paper.（彼女がいうには，あなたがたの誰かがその地方紙にレポートを書くべきだということだ）

　　 ii. a.　If I'm not mistaken, that's a kookaburra over there.
　　　　　（たしか，あれはワライカワセミのはずだ）

　　　 b.　We're in for a wet week-end if the weather forecast is anything to go by.（天気予報から考えると週末は雨だろう）

第 17 章　評価を表す付加部

(1) i. <u>Fortunately</u> the commandos got away before their presence was discovered. (幸運にも，その部隊はみつかる前に撤収することができた)

ii. <u>Ironically</u> he did best in the subject he liked least.
(皮肉なことに，彼は一番嫌いな科目の成績が一番良かった)

iii. <u>Ominously,</u> these two economic trends are connected.
(不気味にも，これら 2 つの経済トレンドには相関性がある)

(1) の付加部は，それが修飾する節の命題が事実であることを前提として，その命題に対する話者の評価を表現している．よって，これらの付加部の表す意味は主観的なものであり，この点においては，第 3 章で扱った行為関連付加部の一部と似ている．評価を表す副詞は数多く存在する．以下の (2) にその例をあげる．

(2)

absurdly	amazingly	annoyingly	appropriately
（ばかげたことに）	（驚くべきことに）	（うるさいことに）	（適切なことに）
bewilderingly	curiously	disappointingly	fortunately
（途方に暮れることに）	（奇妙にも）	（残念なことに）	（幸運にも）
funnily	happily	importantly	improbably
（おかしなことに）	（幸いにも）	（重要なことには）	（ありそうもなく）
inexplicably	ironically	luckily	mercifully
（不可解なことに）	（皮肉にも）	（幸運にも）	（ありがたいことに）
miraculously	oddly	ominously	paradoxically
（奇跡的にも）	（奇妙なことに）	（不気味にも）	（逆説的にいえば）
predictably	regrettably	sadly	shamefully
（予想通りに）	（残念にも）	（悲しいことに）	（恥ずかしくも）

strangely	surprisingly	thankfully	unaccountably
（不思議にも）	（驚くべきことに）	（ありがたいことに）	（不可解なことに）

understandably	unfortunately
（当然のことながら）	（不運にも）

また，to my amazement（驚くべきことに）や by good fortune（幸いにも），contrary to what we'd been led to expect（想像に反して）など，PP にも同様の意味合いをもつものがある．

　(3) にあるように，(2) にあげた副詞を用いた構文は，対応する形容詞を使って 2 通りに書き換えることができる（ただし，importantly, thankfully, そして unaccountably は除く）．

(3) i.　Amazingly he escaped with only a scratch.　　　　［評価を表す付加部］
　　　　（驚いたことに，彼はかすり傷 1 つ負っただけで逃げ切った）

　　ii.　He escaped with only a scratch, which was amazing.［補足的関係節］
　　　　（彼はかすり傷 1 つ負っただけで逃げ切ったが，それは驚くべきことだった）

　　iii.　It was amazing that he escaped with only a scratch.

　　　　　　　　　　　　　　　　　　　　　　　　　　　［上位節内の形容詞］
　　　　（彼はかすり傷 1 つ負っただけで逃げ切ったのは驚くべきことだった）

(3ii) では，形容詞 amazing が補足的関係節の述部になっており，その主語を表す関係代名詞 which の先行詞は，主節全体となっている．(3iii) では，(3i) で副詞 amazingly が修飾する主節の残りの部分が that 節として外置されており，形容詞 amazing が主節の述部を構成している（このように意味上の主語を外置せず，That he escaped with only a scratch was amazing. という形をとることも可能であるが，通常は好まれない）．ここでは，"amazing" という評価が前景化され焦点となっている一方，that 節の内容はここでの前提として背景化されている．これに対し，(3i) では he escaped with only a scratch がここでの新情報として焦点が当てられている．また，(3ii) では "amazing" という評価に関する部分が補足的扱いとなり，主部に比して背景化されている．ただし，この場合でも評価に関する要素が (3i) のような副詞としてではなく述部として用いられているため，たとえば He escaped with only a scratch, which was amazing, wasn't it? のように，関係節が付加疑問の対象になることができる．一方，評価を表す付加部を付加疑問の対象にすることはできない．この場合，付加疑問は付加部が修飾する主節の残りの部分についてのものとなる（例：Fortunately, he'll be away for at least three weeks, won't he?

（幸い，彼は少なくとも3週間は不在だよね））.

■否定
評価を表す付加部は，節全体を否定する要素より広い作用域をとる性質を一般的にはもっている．ただし，節全体に作用域が及ばないタイプの否定辞を付加部そのものにとり込むケースはある．

(4) i. Surprisingly, he hadn't been detected.

［付加部が否定より広い作用域をもつ］

（驚くべきことに，彼はみつからなかった）

  ii. *He hadn't been surprisingly detected.

［否定が付加部より広い作用域をもつ］

  iii. Not surprisingly, he had been detected.

［否定辞は節全体に作用域が及ばない］

（驚くほどのことではないが，彼はみつかった）

(4i) は，「彼がみつからなかったことは驚くべきことである」という解釈をもつ．(4ii) は否定が "Surprisingly he had been detected." にかかっていることになるが，このような例は容認されない．ただし，surprisingly を音律的に残りの部分から独立して発音した場合には，この例も (4i) と同様の解釈をもつものとして容認される．(4iii) の否定辞 not は surprisingly にかかっているだけなので，この節全体は肯定の意味をもつ．

■被修飾部の特徴
評価を表す付加部が修飾する主節の残りの部分は，ある事実を新情報として伝える役割がある．そのため，この節で扱ってきた構文を疑問文，命令文，または文脈上で前提を表す従属節として用いることはできない．

(5) i. *Did the soldiers fortunately get away?
  ii. *Fortunately catch the last bus.
  iii. *Since Deidre fortunately recovered from her illness, she has lived in California.

(5iii) の since は，… 以来という起点を表すものである．これに対して，理由を表す since は新情報を導入する役割をはたすため，その補部に評価を表す付加部が現れることができる（例：Since she is unfortunately too ill to travel, she can't attend the wedding. （あいにく彼女は体調が悪く移動が困難なため，結婚

第 17 章 評価を表す付加部　　481

式には出席できません)).

■間接話法

(6) Jill told me she had <u>unfortunately</u> been too ill to attend the wedding.

　　(ジルは,あいにく彼女は体調が悪く,結婚式には出席できないと私に伝えてきた)

ここでの unfortunately は当該の状況に対するジルの評価を示しており,話者の評価を示しているわけではない.ただし,評価を表す付加部の役割は,文全体の意味からすると周辺的である.そのため間接話法では省略される傾向にある.

第18章　発話行為関連の付加部

ここで扱う付加部は，節が伝える状況や命題にかかわりがない，話者の発話行為（もしくはこちらからの質問に対する返答として期待される発話行為）に関するものである．そういうわけで，ここで扱う付加部はそれが修飾する節の真偽値に影響を及ぼすことがない．よって本章で扱う付加部は，第 II 部でこれまで扱ってきた付加部よりも周辺的なタイプといえる．

■ 様態を表す付加部
まず，以下の様態を表す 2 種類の付加部を比べてみよう．

(1) i. a. Ed spoke <u>frankly</u> about his feelings. 　　　　［状況的付加部］
（エドは率直に自分の気持を話した）

b. <u>Frankly</u>, it was a waste of time. 　　　　［発話行為関連の付加部］
（率直にいって，時間のムダだった）

ii. a. His daughter spoke <u>briefly</u> about her ordeal. 　　　　［状況的付加部］
（彼の娘は手短に自分のつらい過去を話した）

b. <u>Briefly</u>, your expenditure must not exceed your income.
［発話行為関連の付加部］
（手短にいえば，支出は収入を超えてはならないということだ）

iii. a. Ruth told me <u>confidentially</u> that she is thinking of resigning.
［状況的付加部］
（ルースは，彼女が辞任を考えていることを密かに私に伝えた）

b. <u>Confidentially</u>, Ruth is thinking of resigning.
［発話行為関連の付加部］
（ここだけの話しだが，ルースは辞任を考えている）

第 18 章　発話行為関連の付加部　　　483

(1a) の例の副詞は，その節で描写されている状況を修飾していることから，ここでは「状況的付加部」とよぶことにする．たとえば，(1ia) と (1iia) の frankly と briefly はそれぞれエドあるいは彼の娘の話し方を描写したものであり，(1iiia) の confidentially もやはり，ルースが話者に自分のことについてどのように打ち明けたのか表現している．これに対し，(1b) の例での副詞は，いずれも話者の発話行為を表現したものである（たとえば，(1ib) は，"I tell you frankly that it was a waste of time."「時間のムダだったと君に率直にいわせてもらう」と言い換えることができる）．そして，ここでの副詞の意味は，節の命題からは切り離されており，その命題の真偽値に影響を及ぼすことはない．たとえば，誰かが (1ib) の例を発話したものの，実際は率直な話し方をしていなかった場合，その発話は不自然なものととられるであろうが，だからといって (1ib) の真偽値が偽とはならない．

　疑問文で用いられた場合，発話行為関連の付加部は，発話者の行為について言及していることもあれば，その返答の際の行為について言及していることもある．以下の例を考えてみよう．

(2)　i.　Confidentially / Frankly, what do you think of the plan?
　　　　　　　　　　　　　　　　　　　　　　［聞き手の行為に関する付加部］
　　　　（ここだけの話／率直にいって，君はこの計画をどう思っているの）

　　ii.　Frankly, who gives a damn anyway?　［発話者の行為に関する付加部］
　　　　（率直にいって，そんなこと誰が気にするんだ）

　　iii.　Briefly, what are the chances of success?
　　　　　　　　　　　　　　　　　　　［聞き手あるいは発話者の行為に関する付加部］
　　　　（手短に，成功する確率はどれくらいあるかな）

(2i) の confidentially と frankly は聞き手の返答のしかたにかかわっており，ここで，聞き手は内密にあるいは率直に答えるように頼まれているのである．(2ii) の who gives a damn anyway? は間接的な発話行為の例である．ここでは，"Nobody gives a damn anyway."「誰もそんなことは気にしない」と実際にはいいたいところを婉曲的に表現したものであり，(2ii) で率直に話しているのは話者の方である．このような婉曲表現が用いられた場合を除けば，疑問文における発話行為関連の付加部は (2i) のように聞き手の行為にかかるのが普通である．しかし，(2iii) にあるように，この類いの付加部が発話者の行為にかかるものとして解釈される場合もある．ここでの briefly は，聞き手に短く返事をしてもらうことを意図したものとも，話者が簡潔に質問するということを聞き手に伝えるものとも解釈できる（後者の場合では，まず答えを聞いて

484　　第 II 部　付加部となる節

から，話し手がさらに話をふくらませようと意図していることもある）.

・付加部の形態

発話行為関連の付加部は（1），（2）のように AdvP の形をとる場合もあれば，
in brief（手短に），in all honesty（正直なところ）などのような PP の形をとる
こともある．また，Candidly speaking, they both drink far too much.（正直に
いうと，2 人ともひどく飲み過ぎである）のように副詞と speak を組み合わせた動
名分詞構文の形もみられる．ここでの candidly は様態を表す状況的付加部で
あり，さらにこの付加部が含まれる動名分詞構文が，主節全体を修飾する発話
行為関連の付加部として機能している.

■ 目的，理由，譲歩，条件

目的，理由，譲歩あるいは条件など，その他一般の付加部が発話行為関連の付
加部として用いられることもある.

- (3) i. <u>To cut a long story short</u>, Ed accepted their offer and left the country.（手短にいうと，エドは彼らのオファーを受け入れて国を去った）
  - ii. Well, <u>since you ask</u>, I shan't be seeing her again.
    （君が聞くからいうけど，僕はもう彼女に 2 度と会わないよ）
  - iii. Dick's coming to the party, <u>in case you're interested</u>.
    （念のためだけど，ディックがパーティーに来るからね）
  - iv. Jill's on the verge of a breakdown, <u>though I don't suppose you could care less</u>.
    （気にしてもいないだろうけど，ジルは気が触れる寸前だからね）
  - v. <u>If you must know</u>, I wasn't even short-listed.
    （知りたいなら教えてあげるけど，僕は最終選考にも残らなかったよ）

(3i) の不定詞節は目的を表す付加部であるが，エドの目的は述べられていな
い．むしろ，ここでは話を短く要約して伝えるという話者の意図が明示されて
いるのである．そういうわけで，ここでの目的を表す付加部はある意味，様態
を表現しているところもあり，ほかにもこれと同様の例の 1 つとして to put it
bluntly（あからさまにいえば）があげられる．(3ii) の since 句は理由を表す付
加部であり，ここでは話者が彼女に 2 度と会わないことについての理由では
なく，どうして聞き手に話者がそれを打ち明けたのかについて述べたものであ
る．(3iii) は，ディックがパーティーに来るのかを聞き手が気にしているかも
しれないので，念のためそれを伝えるということである．(3iv) の though 句

第 18 章　発話行為関連の付加部　　　485

は譲歩を表す付加部であるが，ここでもやはり主節の内容には直接かかわっていない．ここでの though 句は，そのことについて聞き手に伝える行為と関連している．(3v) の条件を表す付加部も聞き手に主節の内容について話す上での条件を述べたものである．さらに似たような例に You promised to do the cooking, if you remember.（今日はあなたが料理すること，覚えているでしょう）の if you remember（あるいは if you recall）があるが，これは以前に取り決めしたことを思い出させる確認の意味合いをもって使われている．また，この表現は，字面上の意味，つまり「もしあなたが覚えていれば」という一般的な条件を表す付加部として用いられることがなく，その点ではイディオム的表現と考えられる．

　上述のようなタイプの付加部は疑問文でも用いることができる．

(4) i. Are you nearly ready, because the bus leaves in ten minutes?
　　　　（バスがあと 10 分で出ますが，準備はよろしいでしょうか）

　　 ii. What time will you be back, in case anyone calls?
　　　　（誰かが電話してくるといけないので聞きますが，いつ戻られますか）

　　iii. Where are you going, if I may ask?
　　　　（もし差し支えなければ，どこへ行くのか教えていただけますか）

また，たとえば Have you ever been to Pontefract?（ポンテフラクトに行ったことがありますか）と聞かれた際に Why? と返答するようなケースがあるが，ここでの Why? も聞き手がなぜそんなことを聞くのかについて尋ねるものである．

■発話行為の適切性条件に関連する付加部

(5) i. It's going to be a hard winter, because the storks are migrating early.
　　　　（コウノトリがもう渡っていくので，厳しい冬になるだろう）

　　 ii. Is Irene still in Rome, because I've not heard from her since August?
　　　　（8 月から音信不通だから，アイリーンはまだローマにいるのかな）

　　iii. Since you're so clever, what's the square root of 58,564?
　　　　（君は賢いから聞くけど，58564 の平方根はいくつですか）

(5i) の付加部は話者の主張についての根拠があることを示しており，ここでの**発話力**（**illocutionary force**）が適切に作用するための条件が満たされているということができる．[1] この付加部は，主節の命題に対する認識的判断を表

---

[1] 訳者注：発話行為には，主張，問いかけ，命令など，その発話行為によって意図される役

すという点で第16章の法に関する付加部と共通している．しかし，一方で，これは（3ii）の since 節や（4i）の because 節と同じく，どうしてその様な発言をするのかについての理由を表す付加部であるため，本章でとり上げた．また，（5ii, iii）にあるように適切性条件に関連するこれらの付加部は，法に関する付加部と異なり，疑問文でも容易に用いることができる．（5ii）では発話者が答えを知らないこと，（5iii）では聞き手なら答えを知っているかもしれないことという，それぞれの疑問文を発話するのに適切な条件が満たされていることを示している．

■ メタ言語付加部

発話行為関連の付加部の中には，それが修飾する節の残りの部分にある特定の表現が現れた時に，特殊な機能をはたすものがある．

(6) i. Metaphorically (speaking), French is descended from Latin.
       （比喩的にいえば，フランス語はラテン語の子孫である）

    ii. They literally live in glass-houses.
        （彼らは，文字通りガラスの家に住んでいる）

    iii. To use a fashionable term, their decor looks postmodern.
         （しゃれた言葉を使えば，彼らの装飾はポストモダンといえる）

    iv. The place stinks, if you will pardon the expression.
        （こう申しては何ですが，ここは臭いですね）

    v. You may take the 'elevator', as you are American.
       （アメリカでいうところの 'エレベーター' をご使用になってください）

metaphorically と literally はこれらのタイプの副詞の代表的なものであり，それぞれ（6i）では descended，（6ii）では glass-house をどのように解釈するべきかについて明確にしている．また（6iii）から（6v）の例でも，それぞれ下線部の付加部は postmodern, stinks, elevator が使われたことに対応して機能している．以上，ここで紹介した付加部は，当該節に含まれる対象表現にかかわりをもつものとして，**メタ言語的**（**metalinguistic**）なものとよばれる．

割がある．この発話行為内の役割のことを発話力（illocutionary force）とよぶ．たとえば，That's mine.（あれは私のものだ）という発話には主張という発話力があるということができる．

第19章 連結付加部

第 II 部で扱う最後の付加部は，節と前後の文章（もしくはコンテクスト）を関連づける働きをするもので，**連結付加部（connective adjuncts）**として分類されるものである.

(1) i. Jill was the only one with a Ph.D. Moreover, she had considerable teaching experience.

（ジルはここでただ 1 人博士号をもっていて，さらに豊富な教育経験もある）

ii. There's a good movie on at the Regal. Alternatively we could have a quiet evening at home.

（リーガル劇場で面白い映画がやっている. あるいは家で静かに過ごす手もある）

iii. Right, last week we were examining the Bloomfieldian concept of the morpheme.

（そうでしたね，先週はブルームフィールド派の形態素の概念について検討しました）

ここでの moreover と alternatively は，これらが導入する節と直前の節を関連づける働きをしている. moreover は，前出の内容を踏まえてこの後に情報が追加されるということを意味しており，(1i) ではジルについてのセールスポイントが moreover に引き続いてさらにアピールされている. alternatively は，前出の内容の代案がこの後に提示されることを意味しており，(1ii) では，今晩の予定を決めるのに際して，alternatively の前に 1 つ目の案が（間接的に）提示されており，その後にもう 1 つの案が続いている. (1iii) の right は話しの始まりに使われているものの，広い意味において上述の例と同様に連結付加部と考えることができる. ここでの right は，この節の残りの部分とコンテクストを関連づける働きをしており，具体的には聴衆に講義や授業の開始を喚起

487

する役割をはたしている.

連結付加部は節よりも小さい要素同士を繋げる働きをすることもできる. た
とえば An unexpected and, moreover, very significant piece of information
has just come to hand. (思いがけない, そしてもっといえば非常に重要な情報が手
に入った) では, moreover が AdjP の very significant と unexpected を繋い
でいる (このような用例は本シリーズ第8巻『接続詞と句読法』にて詳しく扱われてい
るので参照されたい). これらの付加部は (1i) や (1ii) のように直前の文を受け
て使われることもあれば, 前出の文脈の大まかな内容を受けて使われることもも
ある. また, 前後の節を接続するのと同様に, 同じ節の一部分と残りの部分を
接続することもできる. たとえば, 以下の (2) で nevertheless が同じ節内の
さまざまな要素同士を関連づける役割をはたしていることが理解できる.

(2) i. He has never had the disease himself but he can <u>nevertheless</u> iden-
tify it.
(彼自身はその病気にかかったことはなかったが, それにもかかわらず彼には
それがどういうものであるかを特定することができる)

ii. The shoes are expressly designed for those of us whose feet are no
longer youthful, but who <u>nevertheless</u> like to be fashionably shod.
(足は年月を重ねても, それでもおしゃれに靴をはきこなしたい, そんな方々
向けにデザインされた靴です)

iii. Although he affects a gruff exterior in many instances, <u>nevertheless</u>
he is fundamentally a man of warm heart and gentle disposition.
(彼はぶっきらぼうな態度をみせることがよくあるが, そうはいっても実のと
ころは心の広い優しい男だ)

iv. Challenged by the passiveness of the music-hall and, later, by the
twanging whines of American country and western music, it has
<u>nevertheless</u> survived and is now undergoing a revival.
(それはミュージックホールの消極性とその後の西洋音楽およびアメリカの停
滞に勢いを失った時期もあったが, それでも生き残り, そして今また見直さ
れつつある)

v. This almost trivial example is <u>nevertheless</u> suggestive, for there are
some elements in common between the antique fear that the days
would get shorter and shorter and our present fear of war.
(このどうでもよいような例にも, しかしながら示唆的なところがある. なぜ
なら, 古代の日が短くなることへの恐怖と現在の戦争への恐怖には共通点が

第 19 章　連結付加部　　　　489

みられるからだ）

(2i) は，nevertheless が主節とそれに等位接続されている前半の節とを関連づけている例であり，nevertheless の典型的な用法といえる．(2ii) も等位接続がかかわる例であるが，ここでは関係節の中で 2 つの節が関連づけられている．nevertheless のもう 1 つの典型的な用法に**重複**（**reduplicative**）用法があげられる．(2iii) では，すでに主節と従属節は although で関連づけられており，nevertheless はこの 2 つの節の関連性を反復して表現しているだけである．(2iv) の nevertheless は，文頭の過去分詞（つまり challenged）を主要部とする非定形節と主節の関連性を表現している．ここでの非定形節は (2iii) の although のような接続詞を含んでいない．そのため，この例での nevertheless は重複用法には該当しない．むしろ，この nevertheless によって，この非定形節が，譲歩の意味で用いられていることが理解できる．最後の (2v) では，nevertheless が節とその主語に含まれる要素とを関連づけている．具体的には，(2v) で主語としてあげられている例が示唆的であることと，それがとるに足らないものであることが対比されている．

　連結付加部のほとんどが，上で述べた moreover, alternatively, そして nevertheless のように，それが含まれる節とその直前の部分を繋げる役割をもつ．しかし，(3) の on the one hand... on the other hand~ のように，接続を表す要素が 2 つ（あるいは 3 つ以上）に分離して，はじめの要素がそれが含まれる節と後続部を関連づけるとともに，次の（あるいは最後の）要素がそれが含まれる節とその前出部を関連づける形をとるものもある．

(3)　<u>On the one hand</u>, normal daily life is largely concerned with the problems of the present or those of the quite near future; <u>on the other hand</u>, the universities live in a world with a quite different time-scale, and the problems which exercise the academic mind belong to that world.

（一方で，普通の日常生活では主に現在のあるいはごく近い将来の問題ばかりを私たちは気にしているが，もう一方で，大学では人々はそれとは異なった時間尺度で生活しており，学問上での問題探求はまさにこの時間尺度の中で営まれているのだ）

典型的な連結付加部には以下のような特徴がある．

(4)　i.　連結付加部はそれが含まれる節の真偽値に影響を及ぼさない．
　　ii.　連結付加部は否定の作用域内で解釈を受けることはできず，焦点化

の対象にもならない. また, 連結付加部の部分を問う疑問文をつくることもできない.

たとえば, (1i) の "Moreover, she had considerable teaching experience." で, この節の命題が真か偽かどうかは, 彼女に豊富な教育経験が実際にあったかどうかにかかっている. この条件が満たされているのにもかかわらず, この命題が, その直前の節と moreover で適切に繋げられていないという理由で, 偽となることはない. さらに, 次の例を検討してみよう. (5i) は (4i) の特徴を反映した例であり, 一方, (5ii) は (4ii) の特徴を反映した例である.

(5) i. Jill was the only one without a Ph.D. She did not, moreover, have any teaching experience.
   （ジルはここで 1 人だけ博士号をもっていない. その上教育経験もまったくない）
   ii. *Jill had just finished her Ph.D. She didn't have considerable teaching experience moreover but nevertheless.

(5i) において, moreover は not の後に現れているにもかかわらず, not より広い作用域をもっており, ここでは前出部の否定的な内容を受け継ぎながら当該節ではそれがさらに上積みされることを示している. 一方, (5ii) では, "She had considerable teaching experience."「彼女に豊富な教育経験がある」ということとその直前のパートの内容が moreover で結ばれる関係ではなく nevertheless で結ばれる関係であるということを意図したものである. しかし, このような例は非文であり, not … but … (… でなく …) のような構文を用いて, moreover と nevertheless という 2 つの連結付加部を対比させることは不可能であることがわかる.

　(4) にあげた 2 つの特徴は, 節と周囲の文脈を関連づける要素ならどんなものにでも備わっていてもおかしくない特徴であり, 連結付加部だけでなく, たとえば第 18 章で扱った発話行為関連の付加部にもみられるものである. また, 連結付加部を用いる以外にも 1 つの節とほかの節を接続する方法は数多く存在する. その典型的なものの 1 つが等位接続詞を用いることである. 一般的に等位接続詞と連結付加詞は統語的に別のカテゴリーに属するものと分析される. しかしながら, これら 2 つの要素が必ずしも明確に区別できるわけではない. yet や so などは明らかに連結付加部として用いられる場合もあれば, あたかも等位接続詞のように用いられる場合もある（詳しくは本シリーズ第 8 巻『接続詞と句読法』を参照）.

第 19 章　連結付加部　　　491

■単一機能の連結付加部と複合機能の連結付加部

連結付加部は，**単一機能の連結付加部**（**pure connective adjunct**）と**複合機能の連結付加部**（**impure connective adjunct**）という分類をすることもできる．たとえば，典型的な単一機能の連結付加部である moreover や also は，それが含まれる節と周囲の文脈を関連づける機能しかもたない．それに対して，連結付加部としての機能に加えて，これまでの章で紹介してきた用法も同時に併せもつ付加部も存在する．このような複合機能の連結付加部は，以下の例の therefore にみることができる．

(6)　i.　Because his son had been charged with importing illegal drugs, Ed had decided to resign from the School Board.

（自分の息子が違法ドラッグを輸入していたことで起訴されたため，エドは教育委員会を辞めた）

　　ii.　His son had been charged with importing illegal drugs, and for this reason Ed had decided to resign from the School Board.

（自分の息子が違法ドラッグを輸入していたことで起訴されたので，この理由からエドは教育委員会を辞めた）

　　iii.　His son had been charged with importing illegal drugs, and Ed had decided to resign from the School Board.

（自分の息子が違法ドラッグを輸入していたことで起訴され，そしてエドは教育委員会を辞めた）

　　iv.　His son had been charged with importing illegal drugs; Ed had therefore decided to resign from the School Board.

（自分の息子が違法ドラッグを輸入していたことで起訴された．そういうわけでエドは教育委員会を辞めた）

(6i) では，従属節の because 句が理由を表す付加部として機能している．(6ii) では2つの節が and によって等位接続されており，(6i) では従属節で表現されていた部分が主節として現れている．ここでの for this reason は，その主節の内容を受ける形で照応的に用いられており，(6i) の because 節と同様に理由を表す付加部としての役割をはたしている．(6iii) では理由を表す付加部そのものが省略されており，前後の節は and によって等位接続されているだけである．そういうわけで，ここでの因果関係はとくに明示されているわけではないが，それを文脈から推察することは容易であり，前後の因果関係は and に含まれるものと考えられる（詳細は本シリーズ第8巻『接続詞と句読法』参照）．(6iv) では，等位接続詞は省略されており，therefore が前後の節を接続

する役割とエドの決断の理由を示す役割を同時に担っている．(6iv) の意味は (6ii) と非常に似ているが，(6iv) のほうが 2 つの節の因果関係がより間接的に表現されている．また，(7i) と (7ii) にあるように for this reason は it- 分裂文で前景化の対象となるが，therefore を前景化することはできない．さらに (7iii) と (7iv) にあるように，for this reason は否定の作用域内で解釈を受けることが可能であるが，therefore はそれが不可能である．

(7) i. It was for this reason that Ed had decided to resign.
      (これが理由でエドは辞職することを決断した)

    ii. *It was therefore that Ed had decided to resign.

    iii. However, Ed hadn't decided to resign for this reason but because of his disagreement with the school's policy on corporal punishment.
      (ただ，エドはこれが理由で辞職することを決断したのではなく，体罰に関する学校方針と彼の考えが異なったためである)

    iv. *However, Ed hadn't decided to resign therefore but because of his disagreement with the school's policy on corporal punishment.

また，for this reason と同様，therefore が節の真理値に影響を及ぼすことはないと思われる．たとえば，自分の息子が告発され，かつエドは辞職を決断したが，辞職の理由が (7iii) にあるように体罰に関する学校方針と彼の考えが異なったためだとする．この状況では，(6i, ii) の命題は偽ということになる．一方，(6iii) の命題は真であるといえるが，この状況を記述するのにはふさわしくない．(6iv) の命題については真とも偽とも考えられ，断定することはできない．

■ 単一機能の連結付加部の分類
ここでは単一機能の連結付加部を細かくいくつかに分類していく．ただし，ここでの分類ははっきりと明確なものではなく網羅的でもないことに留意されたい．

(a) 順序

(8) I have two objections to your proposal. In the first place, it hasn't been adequately costed. Secondly, it violates the spirit of our agreement with Father.
      (あなたの提案に対して 2 点の反論があります．1 つ目は予算的なことです．2

つ目は，それが私たちの父なる神との協定における精神に反するものであること
です）

(8) の in the first place や secondly のように，1 つの発話中にいくつかある
論点の順番を示す連結付加部がある．(9) にこのタイプの付加部の例をあげる．

(9) i. | first | firstly | in the first place | first of all |
	（まず）	（第一に）	（第一に）	（まず第一に）
	for a start	for one thing	on the one hand	
	（はじめに）	（ひとつには）	（一方で）	

ii. | second | secondly | in the second place | second of all |
	（2番目に）	（2番目に）	（2番目に）	（米語）（そのつぎに）
	on the other hand	third ...	for another (thing)	next
	（他方では）	（3番目に）...	（また別に）	（つぎに）
	then			
	（それから）			

iii. | finally | last | lastly | last of all |
	（終わりにあたって）	（最後に）	（最後に）	（最後に）
	in conclusion			
	（結論として）			

(9i) の付加部はこの後に 1 つ目の論点が紹介されることを示すタイプのもの
である．よってこれらの付加部は，その節を後続の内容と繋ぐ働きをする．英
語母語話者には firstly より first を好むものもいるが，それは序数に -ly をつ
ける形はその数・種類が限られているからだと考えられる．(9ii) の付加部は
この後に 2 つ目の論点が紹介されることを示すタイプのものである．(9iii) は
一連の論点のなかで最後のものが紹介されることを示すタイプのものである．
また，in sum（要するに）は順番を示す以外の働きをもっているが，(9iii) に
属するものと考えられるかもしれない．(9) にあげた付加部を用いる代わりに，
(1) などの数字や A，(a) のような文字で論点の順序を表現することも一般的
である．

(b)　追加と（類似または対照を表す）比較

(10) | alternatively | by contrast | also | besides |
| | （あるいは） | （対照的に） | （また） | （加えて） |

conversely	either	equally	further (more)
(逆に)	(いずれか)	(同様に)	(さらに)
however	in addition	in comparison	instead
(しかし)	(加えて)	(並べてみると)	(その代わりとして)
likewise	moreover	neither	nor
(同様に)	(さらに)	(どちらも ... ない)	(どちらも ... ない)
on the contrary	rather	similarly	too
(反対に)	(むしろ)	(同様に)	(その上)

(10) のリストには焦点を表す付加部が多く含まれている (本シリーズ第 4 巻『形容詞と副詞』参照)．neither と nor は等位接続詞としても連結付加部としても使うことができる．either と too は極性感応的項目であり前者は否定の環境で使用され，後者は肯定の文脈で主に使用される．それを踏まえて以下の (11) の例を検討してみよう．

(11) i.　Kim didn't like it, and Pat wasn't greatly impressed either.
　　　　 (キムはそれを好きではなかったし，パットも大して気に入ってもいなかった)
　　 ii.　Kim thought it was wonderful, and Pat enjoyed it too.
　　　　 (キムはそれを素晴らしく思っていたし，パットもそれを楽しんでいた)

either や too が 2 つの節を関連づけるには，話者の主張として前景化されている命題に共通性がなければならない．具体的に (12) の例を比較してみよう．

(12) i.　Kim has stopped smoking and Pat has given it up too.
　　　　 (キムも禁煙したし，パットも禁煙した)
　　 ii.　#Kim has stopped smoking and Pat used to smoke too.

(12i) では "Pat has given up smoking." と "Kim has stopped smoking." が話者の主張である．この 2 つの命題には「タバコを吸わなくなった」という共通性があるため too によって 2 つの節を関連づけることができる．しかし，(12ii) では，"Pat used to smoke."「パットは以前たばこを吸っていた」は話者の主張であるものの，それに対応する "Kim used to smoke."「キムは以前たばこを吸っていた」は "Kim has stopped smoking." の前提でしかない．(12ii) の 2 つの節の命題に共通性はあるが，一方の節の命題は，話者の主張ではなくその前提である．そのため，ここでは too を用いることができない．

　また，again と at the same time はそれぞれ順序と時間的な場所を表すのが主な役割であるものの，これらを (10) のリストに加えることもできる．

第 19 章　連結付加部　　　495

(13) i. If you have 12 hours to spare, put your feet up and over-indulge. 'War and Peace' it is not but then <u>again</u>, in these grim times, maybe that's a blessing.

（もしあなたに 12 時間ほどの暇があれば，気ままにくつろぎ思いにふけりなさい．それは『戦争と平和』ではない．しかし，それでもやはり，この薄暗い時代において，これは恵みである）

ii. He did not want to appear to be running hat in hand to Premier Krushchev's doorstep. <u>At the same time</u> he took pains not to rule out an eventual meeting with the Soviet leader.

（彼はフルシチョフ首相のもとへかしこまってすり寄っていくようにみえることは避けたかったが，それと同時にフルシチョフとの会談の可能性を繋ぎとめておくように腐心した）

上の例では，again も at the same time も比較を表す連結付加部として機能している．同様のことが in the same way （同じように）にも当てはまるが，by the same token （同じように）には連結の機能しかない．また，better や what is more important （さらに重要なことに）のような比較を表す表現は連結付加部あるいは第 17 章で扱った評価を表す付加部のどちらともみなすことができる．

(c)　詳述と例示

(14)　for example　　　for instance　　　in other words　　　more precisely
　　　（たとえば）　　　（たとえば）　　　（言い換えれば）　　　（もっと正確には）
　　　that is (to say)
　　　（すなわち）

(15)　The proposal has a lot to commend it. It would, <u>for example</u>, considerably reduce the amount of time spent travelling from one centre to another.

（この提案には長所がいくつもある．たとえば，これによってセンター間の移動時間を大幅に節約することができる）

(14) の more precisely のように，ここでも比較を表す表現が用いられることがある．

(d)　情報の重要度を表す標識

by the way （ところで），incidentally （ついでながら），parenthetically （ちなみに）

といった付加部は，それらが含まれる節のもつ情報の重要度を表す．これらの付加部は，話題が変わることあるいは本題から外れることを知らせる役割をはたしている．そして，たいていの場合これらが含まれる節が伝達する新情報の重要度はあまり高くはない．

■複合機能の連結付加部

最後に，連結付加部として機能しながら，ほかの意味も表す複合的機能をもつものの例を (16) にあげる．

(16) i. 譲歩

nevertheless　　　　nonetheless　　　　still
（それにもかかわらず）（それにもかかわらず）（それにもかかわらず）

though　　　　yet
（にもかかわらず）（それなのに）

ii. 条件

anyway　　　　in that case　　otherwise　　　then
（とにかく）　（その場合は）　（でなければ）　（それなら）

iii. 理由／結果

accordingly　　as a result　　consequently　　hence
（したがって）（結果として）（結果的に）（よって）

in consequence　so　　　　therefore　　　thus
（その結果として）（だから）（それゆえ）（それゆえ）

第 20 章　付加部の位置

20.1　前部位置，中央部位置，後部位置

(1) にあるように，付加部が現れる位置を 3 つに区別することができる.

(1) i.　The next day she sold her car.　　　　　　　　　［前部位置］
　　　　（次の日，彼女は車を売った）

　　ii.　They probably saw her.　　　　　　　　　　　　［中央部位置］
　　　　（彼らはおそらく彼女に会った）

　　iii.　She spoke very confidently.　　　　　　　　　　［後部位置］
　　　　（彼女は自信満々に話しをした）

一般動詞を用いた節では，前部位置は主部の前，中央部位置は動詞の前，そして後部位置は動詞の後と定義することができる.

　付加部がどの位置に現れるかは（a）付加部そのものの形と（b）付加部の属する意味カテゴリーによって，おおよそ決定される. たとえば，長い（あるいは別のいい方をすれば重い）付加部は中央部位置には現れにくい. それゆえ，従属節をともなう付加部はこの位置には現れることはない（ただし，音律的に切り離された挿入部はこれに該当しない）. また，AdvP に比べて PP と NP は中央部位置に現れることが少ない. 上記 3 つのいずれの位置にも AdvP は現れることができる（意味カテゴリーによって付加部の現れることができる位置が制限される場合があるが，この点についての詳細は本シリーズ第 4 巻『形容詞と副詞』の第 7 章を参照）.

■複数の付加部が同一位置に現れる場合

上記 3 つの位置のいずれも 複数の付加部が同時に現れることができる（また，この場合，位置とよばず領域とよぶほうが適切かもしれない）.

497

(2) i. For this reason, as soon as the meeting was over, he called his so-
licitor. (この理由から，会議が終わるとすぐに彼は自分の弁護士に電話した)

ii. He probably deeply regretted having agreed to take part.
(たぶん，彼は参加に同意したことを心から後悔しただろう)

iii. She left immediately in order to catch the early train.
(彼女は早朝の電車に乗るために，すぐに家を出た)

とくに後部領域には，複数の付加部が比較的容易に現れることができる．

■一般動詞と助動詞
ある特定の付加部との位置関係において，一般動詞と助動詞に違いがみられる．具体的に，一般動詞 see と付加部の位置関係を (3ia) と (3iia) で，助動詞 have と付加部の位置関係を (3ib) と (3iib) で比べてみよう．

(3) 一般動詞 　　　　　　　　　　　　　助動詞
i. a. They probably saw her. (= (1ii)) b. They probably had seen her.
(たぶん彼らは彼女に会った) 　　　　　(たぶん彼らは彼女に会った)

ii. a.*They saw probably her. 　　　　　b. They had probably seen her.
　　　　　　　　　　　　　　　　　　　　(たぶん彼らは彼女に会った)

法に関する付加部 probably は一般動詞に先行することはできるが，一般動詞とその目的語の間に現れることはできない．これに対し，助動詞 have との位置関係においては，(3iib) のような語順が可能というだけではなく，むしろこちらの語順のほうが (3ib) の語順よりも自然である．そのため，(3ia) と (3ib) のように動詞に先行する位置だけでなく (3iib) のように助動詞の直後の位置も中央部位置として考えることとする．そういうわけで，一般動詞に対して中央部位置の付加部はその前に置かれなければならないが，助動詞に対しては，そのあとに置かれることが好まれる．これは一般動詞と助動詞の統語上の違いの1つである．また，疑問文などで**主語・助動詞倒置 (subject-auxiliary inversion)** が起こった場合，Have they really gone to Montreal? (彼らは本当にモントリオールに行ってしまったの) のように助動詞のみが前部位置に現れ，中央部位置の付加部は主語の後ろにとどまったままとなる．

■to 不定詞節での付加部の位置
中央部位置に現れる付加部が to 不定詞節内で用いられる場合，それは to の前にも to の後ろにも現れることができる．

第 20 章　付加部の位置　　　　499

(4)　i.　[For him never to play again] would be a great pity.　　　[to より前]
　　　　（彼が 2 度と演奏しないとは何とも残念だ）

　　ii.　[For him to never play again] would be a great pity.　　　[to より後]
　　　　（彼が 2 度と演奏しないとは何とも残念だ）

(4ii) のように付加詞が to と動詞の間に現れている形は "split infinitive"「分裂不定詞節」とよばれている.

■ 主語のない節
節に主語が存在しないケースでは, みかけ上, 前部位置と中央部位置の区別はできなくなる. しかし, それでも付加部がどちらの位置に現れているのかを判断できる場合がほとんどである.

(5)　i.　If it rains, bring the washing in.　　　　　　　　　　　[前部位置]
　　　　（雨が降ったら, 洗濯物をとり込みなさい）

　　ii.　He complained about [never receiving any support from the boss].
　　　　　　　　　　　　　　　　　　　　　　　　　　　　　[中央部位置]

　　　　（彼は, 上司からサポートが一切ないことに文句をいっていた）

(5i) の条件を表す付加部の位置は, 主語が明示された If it rains, you bring the washing in. と同様, 前部位置と考えられる（一方, You, if it rains, bring the washing in. に対応した文中の挿入部とは考えにくい）. (5ii) の never は中央部位置にあるといえる. なぜなら, この要素が動名分詞節内の意味上の主語に先行することはできないからである（He complained about the staff never receiving any support from the boss.（彼は社員が上司から一切サポートがないことに文句をいっていた）と *He complained about never the staff receiving any support from the boss. を比較参照のこと）.

■ 複文内での構造
1 つの節の中にさらにもう 1 つの節が埋め込まれている場合には, 付加部が主節にかかっているのか, それとも従属節にかかっているのかという問題が生じる.

(6)　i.　He says [he saw her yesterday].　　　　　　　　　　　[従属節を修飾]
　　　　（彼は彼女に昨日会ったという）

　　ii.　He told me [you're getting married] yesterday.　　　　　[主節を修飾]
　　　　（昨日, 彼は私に君が結婚することを教えてくれた）

iii. He told me you wanted it yesterday. ［あいまい］
　　（彼は昨日君がそれを欲しがっていたと教えてくれた）

(6i) と (6ii) でカッコにくくられている部分が従属節である．(6i) では yes-terday が従属節を修飾しており，彼が彼女に会った時を表している．一方，(6ii) では，yesterday は主節にかかっているので，彼が教えた時を表している．(6iii) の yesterday は主節にかかり，彼が教えた時を表す解釈，あるいは従属節にかかり，聞き手がそれを欲しがった時を表す解釈の両方が考えられる．(6ii) の yesterday は従属節の直前に置くこともできる．また，同じように (6iii) で yesterday を He told me yesterday you wanted it. というように従属節の前に置くと，この yesterday は主節にかかる解釈しか許されなくなる．

　従属節が非定形節の時に，付加部が主節とその従属節との間にある場合を検討してみよう．

(7) i. I regret [impetuously volunteering to take part]. ［従属節を修飾］
　　　（私は血気にはやって自ら進んで参加したことを悔やんでいる）
　　ii. I regret deeply [volunteering to take part]. ［主節を修飾］
　　　（私は自ら進んで参加したことをひどく悔やんでいる）

(7i) で impetuously は volunteering を修飾しており，(7ii) の deeply は regret を修飾している．前者は従属節内で動詞の直前の位置を占めており，後者は主節内で動詞の直後の位置を占めている（ただし，従属節には先行している）．これらの付加部がほかのどのような位置に現れることができるのかを調べることで，これら 2 つの付加部が統語上違う位置に現れていることが確かめられる．たとえば，(7i) の impetuously は I regret [volunteering so impet-uously to take part]. のように，（so のような修飾語をともなって）動詞の後に現れることも可能である．一方，(7ii) の deeply は，I deeply regret volun-teering to take part. のように主節の主語と動詞の間に現れることも可能である．このような違いからも，(7) の impetuously と deeply は一見，同様の位置に現れているものの，それぞれが異なる節を修飾しているのがわかる．

20.2　助動詞を含む構文での中央部位置

■助動詞と付加部の位置関係
助動詞を含む構文において，中央部位置の付加部は助動詞の前ではなく後に現

第 20 章　付加部の位置　　501

れるほうが比較的好まれる．be 動詞が用いられている例をみてみよう．[1]

(8)　　　助動詞の後（比較的好ましい）　　　　　助動詞の前（比較的好ましくない）

 i. a. It was <u>certainly</u> very good. b. It <u>certainly</u> was very good.
   （それは確かにとても良かった）   （それは確かにとても良かった）

 ii. a. They are <u>always</u> cheerful. b. They <u>always</u> are cheerful.
   （彼らはいつも明るい）   （彼らはいつも明るい）

 iii. a. He is <u>already</u> in hospital. b. He <u>already</u> is in hospital.
   （彼はすでに入院している）   （彼はすでに入院している）

これらの付加部と助動詞の位置関係はさまざまな要因に影響される．たとえば
(8i) の法に関する付加部の場合よりも (8ii) の頻度を表す付加部の場合のほ
うが，付加部を助動詞の後に置く語順がより好まれる．また (8iii) のアスペ
クト解釈に関する付加部の場合，(8iiib) のように付加部を助動詞の前に置く
ことは，アメリカ英語の場合ほうがイギリス英語の場合よりも容認度が高い．
また，一般的に助動詞に強勢を置いて発音することで，付加部がより違和感な
く助動詞の前に現れることができる．とくに，(9) のように助動詞の後に続く
要素が省略された場合は，それが顕著となる．

(9) i. A: They seem very cheerful today.（彼らは今日，元気ですね）
   B: They always ARE ＿＿．（彼らはいつもです）
 ii. A: He should be in hospital.（彼は入院すべきだ）
   B: He already IS ＿＿．（もうしています）

---

[1] 助動詞が一般動詞とは別のカテゴリーに属することは，疑問文や否定文でのそれぞれの振
る舞いを比較すれば明らかである．
 (i) a. Has she seen them?   b. *Saw she them?   ［疑問文］
   （彼女は彼らに会いましたか）
 (ii) a. She has not seen them. b. *She saw not them. ［否定文］
   （彼女は彼らに会っていません）
(i) のような疑問文では，助動詞は前部位置に現れるが，一般動詞にこのような振る舞いは許
されない．また，(ii) の否定文では，助動詞は直後に否定要素 not を従えることになるが，こ
の語順は一般動詞と否定要素の間には適用されない．また，ここでは，They will buy it. での
will や I have seen it. の have のように動詞の二次的な形を従えた助動詞は，非定形節を補部
としてとる連結動詞の主要部であると考えられる（連結動詞とは，She promised [not to
forget it].（彼女はそれを忘れないことを約束した）の promise のように，動詞が別の動詞を
含む非定型節を補部とする動詞のことである．助動詞を連結動詞とみなす分析の詳細について
は第 1 巻『動詞と非定型節，そして動詞を欠いた節』を参照）．

502 第 II 部 付加部となる節

・否定文での語順
助動詞が否定辞をともなう場合，付加部の位置は否定と付加部のどちらがより広い作用域をとる解釈をもつかによって左右される.

(10)　助動詞よりも後：狭い作用域　　　　助動詞よりも前：広い作用域
　i. a. It wasn't regularly available.　　b. It regularly wasn't available.
　　　　（それは定期的に入手できるものでもなかった）　（それは通常手に入らなかった）
　ii. a. They aren't always co-operative.　b. They sometimes aren't co-operative.

　　　　（彼らはいつも協力的というわけではない）　（彼らは時々，協力的でない）
　iii. a. It wasn't necessarily his fault.　b. It probably wasn't his fault.
　　　　（それは必ずしも彼のせいではなかった）　（それは多分，彼のせいでなかった）

助動詞より後に現れる付加部は否定の作用域に収まる解釈を受ける. よって (10ia) は "It isn't the case that it was regularly available." 「それが定期的に入手できたというわけではない」という意味になる. 一方，(10ib) は "It is regularly the case that it wasn't available." 「それが手に入らなかったということが定期的に起こった」という意味である. 程度に違いはあるものの，否定より広い作用域をとりやすい付加部と，逆に否定より狭い作用域をとりやすい付加部が存在する. たとえば，(10iia) の (10iiia) と always と necessarily は否定より狭い作用域をとる傾向があり，(10iib) と (10iiib) の sometimes と probably には否定より広い作用域をとる強い傾向がある.

■ 助動詞と動詞の間に現れる付加部
(11) のように助動詞が非定形補部をとる場合，助動詞と動詞の間に現れる付加部が，助動詞を含んだ主節に現れているのか，それとも従属節に現れているのかが問題となる.

(11)　i.　a.　He had [deeply offended her].　　　　　［従属節の付加部］
　　　　　　（彼は深く彼女を傷つけた）
　　　　b.　He had probably [offended her].　　　　　［主節の付加部］
　　　　　　（彼は多分，彼女を傷つけた）
　　ii.　a.　He may [regularly write his own speeches].　［従属節の付加部］
　　　　　　（彼は普段から自分でスピーチ原稿を書いていると考えられる）
　　　　b.　He may obviously [write his own speeches].　［主節の付加部］
　　　　　　（彼は明らかに自分のスピーチ原稿を書いていると考えられる）

第 20 章　付加部の位置　　503

この 2 つの構文内での位置の違いは，(7) でみた助動詞のない一般動詞のみが存在する例での対比と同様のものである．ここでもやはり，主節内に位置する付加部であれば，助動詞の前に現れることが可能であるが，従属節内にある付加部の場合，そのような位置に現れることはできない．

(12) i. a. *He deeply had offended her.
　　　 b. *He regularly may write his own speeches.
　　 ii. a. 　He probably had offended her.（彼は多分，彼女を傷つけた）
　　　 b. 　He obviously may write his own speeches.
　　　　　（彼は明らかに自分のスピーチ原稿を書いていると考えられる）

(12ib) は may が認識的法性を示す解釈（"It may be that he regularly writes his own speeches." 「彼は普段から自分でスピーチ原稿を書いていると考えられる」）においては容認されないということである．一方，この may が義務的法性を示す解釈（"He is regularly allowed to write his own." 「彼は普段から自分のスピーチ原稿を書くことを許されている」）においてであれば，この例は容認される．ただし，ここで注意すべき点は，後者の場合，付加部 regularly は主節内に位置していることである．よって，この解釈では (11iia) の語順が今度は容認されなくなる．

　(12) の例の統語構造は，(7) の regret の例と同様に，解釈上の作用域と対応関係がある．一方で，助動詞（とくに have, be, そして will）には，それ自体に具体的な意味内容がほとんどない．そのため，助動詞と付加部の位置関係から，(7) や (11) のような意味の違いがはっきりと出ないこともある．よって，助動詞と動詞の間に付加部が現れた場合に，それが主節内にあるのか，それとも従属節内にあるのかが明確でない場合がある．次の例を考察してみよう．

(13) a. 　She is still working.（彼女はまだ働いている）
　　 b. 　Do you often have lunch together?
　　　　（あなたたちはよく一緒にお昼を食べるのですか）

(13) の still と often の構文上の位置は今までみた例での付加部の位置と比べると判別しづらいが，(12) でみたように，これらの付加部が助動詞の前に現れることができるかどうかを確かめることで，これらが主節に置かれているのか，従属節にとどまっているのかを判断することができる．そして，(13a) では，She still IS ＿．といった形，(13b) では，この問いに対する答えとして Yes, we often DO ＿．といった形が実際に可能である．よって (13) の still

と often は主節内で機能している付加部ということになる.

■構文上の位置と作用域に対応関係がない場合

上でみたように助動詞を含んだ例では，解釈上の違いを基準にして付加部の構文上の位置を判断することが難しい場合がある．この点に関するさらに顕著な例として，中央部位置に置かれた付加部がその解釈上の作用域と相容れない統語上の位置にあると分析される，いわば意味と構造が一致していない場合があげられる.

(14) i. a. He undoubtedly must have misinterpreted her letter. [助動詞より前]
　　　　　　（彼は明らかに彼女の手紙の内容を誤解してしまったのだ）

　　　b. He must undoubtedly have misinterpreted her letter. [助動詞より後]
　　　　　　（彼は明らかに彼女の手紙の内容を誤解してしまったのだ）

　　　c. He must have undoubtedly misinterpreted her letter. 　　[不一致]
　　　　　　（彼は明らかに彼女の手紙の内容を誤解してしまったのだ）

ii. a. The party will be long remembered. 　　　　　　[動詞より前]
　　　　　　（そのパーティーは長く思い出に残るものになるでしょう）

　　　b. The party will long be remembered. 　　　　　　　[不一致]
　　　　　　（そのパーティーは長く思い出に残るものになるでしょう）

(14i) は "It is undoubtedly the case that he must have misunderstood her letter." 「彼が彼女の手紙の内容を誤解したに違いないことは明らかだ」の意味であり，undoubtedly は解釈上，広い作用域をもつことがわかる．(14i) の 3 つの語順の中で，付加部が must の直後に現れている (14ib) の例がもっとも自然であるが，(14ia) のように付加部が must の前に現れていても問題はない．しかし，(14ic) の例では，undoubtedly は，have 以下の非定形節内に含まれているにもかかわらず，この作用域は (14iab) と同じく，文全体に及んでいる．よって，この例での undoubtedly の位置では意味と構造の不一致が起こっていると分析される．このような意味と構造に不一致が起こっている例は，頻繁にではないものの出現することがしばしばある．(14ii) では long は remember にかかっているが，(14iia) では remember 句の中に long が含まれている一方で，(14iib) では 1 つ上の be 句の中に含まれている．このように，付加部が解釈上の然るべき位置より（(14i) の例のように右側でなく）左側に現れるケースはまれである（例：The supply will be drastically reduced.（供給量は劇的に減少するだろう），*The supply will drastically be reduced.）.

文献情報：もっと知りたい人のために

英文法に関する膨大な文献をカバーする解説書，これをつくるのは私たちにとってほとんど不可能といってもいいくらいの試みである．また，もしできたとしても，かなりの大著になってしまうであろう．本シリーズを準備するにあたって，参照したすべての著作に解説をつけようとするならば，それはそれでページ数を超過してしまうことになるだろう．しかし，本シリーズを執筆するにあたって参考にし，大いに影響を受けた文献が実際にあるわけであり，読者の皆さんがさらに研究を進めるためにどういった文献に目を向ければよいかをここで説明しておくことは，著者としての務めであると考える．とはいうものの，やはりここでの注釈も，また以下にあげる文献も，けっして代表的なサンプルとはいえないし，さらに，本シリーズではここにあげている以外にもたくさんの本や論文にあたり，それらからも有益な情報を得ていることを強調しておきたい．もう1つ明記しておきたいことがある．それは，以下の文献リストにあげられているからといって，私たちがその参考文献の立場を採用しているわけでもなければ，そこでいわれていることが正しいと考えているわけでもないということである．巻によっては，そこで示されている分析を直接使うためではなく，その分析がどう改良できるかを読者の皆さんに考えてもらうために言及した場合もある．そういった場合も，ほかの著者の分析に従って忠実に説明を行っている場合と同じように，本シリーズへの貢献として，適切に評価されるべきことは当然である．（もちろん，本シリーズに間違いや欠点があるとすれば，それは私たち著者のみに帰せられるべきものであることはいうまでもない．）

■英語

英語とその使用に関し，世界中の何千という書物のなかで英語の主要な地域差について概説しているものとして Trudgill and Hannah (1985) がある．また，英語がいかにして現在の国際語としての地位を獲得したかについては Crystal (1997) の解説がある．

■辞書

英語に関する辞書類のなかでもっとも重要なものは *Oxford English Dictionary* (*OED*) 第2版である．これは言語を問わず，これまでに編纂された辞書

のなかでもっとも優れ，もっとも完成されたものといえる．アメリカ英語の辞書で，とくに「問題のある語法」にもしかるべき注意を払ったものとして *American Heritage Dictionary*（第4版，2000）がある．オーストラリア英語の標準的辞書で本シリーズでも利用したものとしては *Macquarie Dictionary of Australian English* がある．上記以外にも，実際のコーパスからの優れた用例集で，本シリーズを編纂するにあたって助けとなった辞書に Paul Procter (1995) 編の *Cambridge International Dictionary of English* と John Sinclair (1987) 編の *Collins COBUILD English Language Dictionary* の2冊がある．

■ 用語集

非常に有益な言語学用語集で，本シリーズで頻繁に活用したものとして，Peter Matthews の *Concise Oxford Dictionary of Linguistics* （Matthews (1997)）と Larry Trask の *Dictionary of Grammatical Terms in Linguistics* (Trask (1993)) の2冊がある．

■ 文法書

20世紀前半のもっとも完成された英文法書の1つとして Otto Jesperson による7巻本（1909-1949）があげられる．真摯な英文法学者であれば，誰もが定期的に紐解く著作であろう．それより幾分前に書かれた同類の著作として Poutsma (1926-1929) がある．20世紀後半に出版され，もっとも充実し，もっとも影響力のある文法書としては Quirk et al. (1985) があげられる．同書は，The Survey of English Usage at University College London の調査をもとに，1970年代初め以来出版されてきた文法書の集大成である．Biber et al. (1999) のコーパスに基づく文法書は基本的に同じ分析手法を用いている．しかし，話しことばと書きことばの文体やレジスターの違いによる異なった構文とそれらの出現頻度を定量的に細かく見ることに，通常の文法書には見られないほどの紙面を割いている．*Collins COBUILD English Grammar* には，さまざまな文法特性を共有する多くの単語リストが掲載されており，非常に有益な文法書である．また，Renaat Declerck の *A Comprehensive Descriptive Grammar of English* (1991a) も本シリーズを編纂するにあたり参考にした文献の1つである．変形生成文法学者による英語統語論の包括的な著作は比較的少ないが，そうしたなかでも，Stockwell, Schacter and Partee (1973) はかなり広い射程をもった生成文法初期の共同研究であり，McCawley (1998) は，それ以降に出版された最良にしてもっとも詳しい変形文法に基づく著作となっている．

■ 語法マニュアル

権威主義的な語法マニュアルの古典的なもので，第0巻で批判的に論じたものに Phythian（1979）がある．権威主義的でない，経験的データに基づく現代の著作の好例としては *Merriam-Webster's Dictionary of Contemporary English* があり，本シリーズ執筆にあたっても有益な例文を提供してくれた．*American Heritage Dictionary*（2000）の用例解説もまた有益である．本シリーズが参照したそのほかの語法マニュアルとしては，Fowler の古典 *Modern English Usage* の第3版となる Burchfield（1996）や Reader's Digest から出版されている *The Right Word at the Right Time*（1985）がある．

■ 歴史

第0巻でも強調したように，本シリーズは英語の歴史的な説明を目指すものではない．他方，Jespersen（1909-1949）は明らかに歴史的アプローチをとっており，今なお高い価値のある著作である．*OED* も英文法史にかかわる巨大な資料集である．英語統語論の歴史に関する研究としては Visser の4巻本（1963-1973）がきわめて重要である．また，*The Cambridge History of the English Language*（6巻本：Hogg（1992-2002））は，英語の歴史に関する綿密な調査書であり，おそらく現在入手できるものとしてはもっとも完成されたものである．

■ 発音と綴り

本シリーズでは，英語の音声および音韻は扱っていない．ただし，屈折形態にかかわる資料で必要となる音声表記法については，第10巻で紹介している．英語の発音についてさらに知りたい人は Wells（1990）を読むことをお薦めする．これは，イギリス英語とアメリカ英語の両方の標準語をカバーする，現在もっとも信頼のおける発音辞典である．音声学の専門知識がない人には，Pullum and Ladusaw（1996）が発音記号とその使い方を知る参考図書として使いやすいであろう．Mountford（1998）は，近年発行された英語の綴りに関する重要な著作であり，第10巻で使っている書記記号について重要な概念を紹介している．

■ 動詞

英語の動詞体系についてこれまで多くの研究がなされてきた．第1巻の内容に影響を与えたもっとも重要な著作として Palmer（1987）と Leech（1987）があげられる．時制一般に関する概説書としては Comrie（1985）が，英語の

時制にかかわる重要な研究としては Binnick（1991），Declerck（1991b），McCoard（1978）などがある．また，本シリーズで採用している分析と同じ立場に立つ Huddleston（1995a, 1995b）の論文も参照．アスペクトについては，Comrie（1976）および Tobin（1993）を参照．モーダル動詞およびモダリティ一般については，Coates（1983）と Palmer（1990, 2001），さらに Duffley（1994）の *need* と *dare* の特徴を扱った議論を参照．英語の仮定法と関連する研究については Jacobsson（1975）の研究がある．

■節構造と補部

本シリーズ第2巻では節構造と補部について扱ったが，そこで参考にした多くの文献のなかでも，とくに，初期の重要な研究としては Halliday（1967-1968）を，便利な概説書としては Matthews（1981）と Dixon（1991）を，そして補文特性についての非常に有用な語彙集としては Levin（1993）をあげておきたい．主題役割に関しては，Wilkins（1988）と Dowty（1991）にある論文で詳しく論じられている．主題役割について概観した文献としては Palmer（1994）を参照．非標準的な構文の主語に関しては Seppänen, Granath and Herriman（1995）が，目的語と述語的補部の区別については Seppänen and Herriman（1997）が有用である．連結節に関しては Declerck（1988）に詳しい説明があり，非常に重要な文献となっている．そのほか，本シリーズでとくに参考にした著作としては，Wierzbicka（1982）の軽動詞に関するものがある．前置詞をともなう動詞についてはさまざまな先行研究があるが，ここではそのなかでもとりわけ，Bolinger（1971），Cattell（1984），Cowie and Mackin（1993）を参考にした．

■名詞

名詞の数と可算性に関する研究として，Reid（1991），Wickens（1992），Allan（1980）などの研究があげられる．性に関して広範に扱った対照言語学的研究としては Corbett（1991）がある．Bauer（1998）は，複合名詞と「修飾語＋主要部名詞」構文の関係について，本シリーズとは異なる見方を提示している．

■限定詞と限定要素

本シリーズでは，限定詞を名詞句構造における主要部としてではなく，ある種の依存要素つまり限定要素として扱っている．これに関して理論的な議論を行っているものとして，Payne（1993）がある．定・不定限定詞の用法について

は John Hawkins（1991）の研究がある．属格（「所有格」）限定要素について
は，Roger Hawkins（1981）と Alexiadou and Wilder（1998）に有益な言語資
料が収められている．一般的に数量詞（all や some など）として知られてい
る限定詞は，意味論および論理学の分野で極めて重要なテーマとなっており，
現代意味論の代表的な研究としては（そうした研究は一般的にとても難解で専
門性を要する研究ではあるが），Barwise and Cooper（1981），Keenan and
Stavi（1986），Bach, Jelinek, Kratzer and Partee（1995）などがあげられる．

■ 名詞句

名詞句（NP）構造に関する一般的な研究としては，変形生成文法の枠組みだ
と，Jackendoff（1977）と Selkirk（1977）がある．部分詞構文については，
Hoeksema（1996）編の論文集で広範に論じられている．NP の定性・不定性
については，Reuland and ter Meulen（1987）および Christopher Lyons
（1999）で詳しく論じられている．意味的に確定記述としての機能をもつ NP
については，これまで言語学者だけでなく哲学者によっても精力的に研究が行
われてきた．このテーマに関する論集としては Ostertag（1998）がある．
Carlson and Pelletier（1995）には総称名詞句に関する論文がいくつかまとめ
られている．名詞化については，Lees（1960）および Koptevskaya-Tamm
（1993）の研究を，同格については Acuña-Fariña（1999）の研究を参照．

■ 形容詞と副詞

限定用法の形容詞の位置とその複雑な意味的対応関係に関しては，その重要な
文献として Ferris（1993）がある．また，形容詞句および副詞句の内部構造を
扱った生成文法の研究に Jackendoff（1977）がある．また，Dixon（1982）で
は，英語よりも形容詞の数が圧倒的に少ない言語が存在するのはなぜかという
興味深い問題が論じられている．

■ 前置詞と前置詞句

本シリーズの前置詞に関する記述および前置詞と副詞との区別に関しては，と
くに強く影響を受けた変形生成文法に基づく重要文献として，Emonds（1972）
と Jackendoff（1973）の 2 つをあげることができる．また前置詞と副詞の違
いに関する論考としては，Burton-Roberts（1991）や Lee（1998）なども参照．
教育的観点から英語の前置詞の多様な意味と用法を記述した著作としては
Hill（1968）が有益である．in front of のような複合前置詞に関する本シリー
ズの説明に関しては，Seppänen, Bowen and Trotta（1994）からいろいろ影響

を受けている．前置詞の意味に関する学際的な研究に関しては Herskovits (1986) を参照．

■付加詞

第2巻で付加詞を扱っているが，以下でとりあげる著作以上のものに負うところが大きい．変形生成文法の立場で書かれた入門的なものとしては，Jackendoff (1991) の9章，Jackendoff (1995) の9章，Baker (1995) の11章がある．付加詞の統語論に関するより専門的で理論的な論考としては，Bellert (1977)，Cinque (1999)，(Cinque の説明に対する代案を提示している) Ernst (2001) をあげることができる．特定の付加詞を扱った研究としては，とくに Parsons (1990) の (修飾語一般に関する) 4章と (時間的修飾語に関する) 11章，程度修飾語を扱った Bolinger (1972)，頻度修飾語を扱った Lewis (1975)，条件節を扱った Traugott (1986) や Dudman (1994) などをあげることができる．

■否定

否定に関する古典的な変形生成文法研究としては Klima (1964) が，また幅広いデータを扱った生成文法初期の研究としては Stockwell, Schachter and Partee (1973) がある．また，そのほかの変形文法による研究としては McCawley (1998: 17章) がある．含意の方向性に関する概念および第5巻での極性項目の扱いについては，Ladusaw (1980) に負うところが大きい．第5巻の増加特定性の説明については，否定に関する多くの意味的特徴を詳述している Horn (1989) をとくに参考にした．

■節タイプと発話の力

発話の力に関する一般的な問題は，言語哲学分野の研究のなかでも，とくに Austin (1962) に端を発している．Cole and Morgan (1975) には，それに関連する論文が収められているが，そのなかでもとりわけ，間接発話行為に関する Searle の論考が重要である．疑問文についてはかなりの数の文献が存在するが，ここであげておきたいものとしては，極性 ('yes/no') 疑問文と選択疑問文の区別に関する Bolinger (1978)，多変数疑問文に関する Hirschbühler (1985)，不定詞疑問節に関する Duffley and Enns (1996)，従属疑問節に関する Ohlander (1986)，疑問補文をとる語彙素の意味分類に関する Karttunen (1977)，統語範疇としての疑問文と意味範疇としての疑問の区別をより精密に扱っている Huddleston (1994) がある．また，命令文については，

Bolinger（1977: 8-9章）と Davies（1986）を，感嘆文については Elliott
（1974）を参照．

■ 関係詞節の構造

変形文法の枠組みで関係詞節を扱った，包括的かつ重要な研究に McCawley
（1981）がある．また，変形を用いない理論的な分析に Sag（1997）がある．
Bresnan and Grimshaw（1978）は，融合関係詞（彼らの用語では「自由関係
詞」）を扱っている．不定詞目的節と不定詞関係詞節の関係については Green
（1992）を参照．関係詞 that の範疇の問題については Auwera（1985）を，（本
シリーズの用語でいうところの）統合関係詞節および補足関係詞節の違いにつ
いては Jacobsson（1994）を参照．

■ 非局所的依存関係

変形生成文法初期の文献で，非局所的依存構文に課せられる制約を扱っていて
重要なものに，1967 年の自身の博士論文に基づく Ross（1986）がある．変形
文法理論の立場から非局所的依存を扱った文献は数多く存在するが，ここでは
そうした先行研究を振り返ることはしていない．第 7 巻では変形を用いない
分析がとられているが，同じ路線のものが Gazdar（1981）や Gazdar et al.
（1985）でも提案ならびに展開されている．

■ 比較構造

比較構文（第 7 巻）を説明するにあたって本シリーズが参照した文献として，
変形生成文法研究の重要な 1 つである Bresnan（1973）および機能主義的な概
念を記述に取り入れた Kuno（1981）がある．意味論的な視点を含む研究とし
ては，Allan（1986）および Mitchell（1990）があげられる．

■ 非定形節

不定詞構文の研究では Mair（1990）と Duffley（1992）が重要である．第 1
巻で紹介した連鎖動詞構文の分析は Palmer（1987: 9章）に多くを負っている．
本シリーズで複合連鎖動詞構文とよんでいるものを包括的に扱った研究として
は Postal（1974）を，知覚動詞の連鎖動詞補文をとくに扱った研究としては
Akmajian（1977）を参照．動詞およびその補文の主部動詞の屈折に課せられ
る統語的制約に関しては Pullum and Zwicky（1998）を参照．コントロール
の研究としては，それがいかに意味的な現象であるかを示した Sag and Pol-
lard（1991）が有益である．

■等位接続と補足

等位接続全般に関する有益な研究としては Oirsouw（1987）が，言語間の比較対照研究としては Payne（1985）がある．Gazdar et al.（1985: 8章）では，第8巻で紹介したものと同じくらい詳しい（かつかなり専門的な）記述がなされている．等位接続の一般的な特徴をいくつか紹介した文献に Ross（1986）がある．等位接続要素間に求められる近似性の問題については Schachter（1977）が，また統語的に異なる範疇間の等位接続については Sag et al.（1985）を参照．本シリーズで「補足」とよぶ現象については Peterson（1998）を参照．

■情報のまとめ方

第9巻で扱った情報パッケージ構文（補文前置，後置，主語・依存詞倒置，右方転移，存在・提示節，長距離受動文）に課せられる語用論的制約については Birner and Ward（1998）で詳しく論じられており，本シリーズの説明の基盤となっている．談話的新情報・旧情報の区別と聞き手の新情報・旧情報の区別に関する議論は Prince（1992）をもとにしている．また，存在文の転移主語に適用される聞き手の新情報条件に関する本シリーズの説明は，Prince（1992）を修正したものとなっている．存在文に関する初期の重要な研究については Erdmann（1976）と Lumsden（1988）を参照．本シリーズの命題肯定に関する議論は Horn（1991）によるところが大きい．左方転移に関する議論は Prince（1997）に負っている．受動文に関しては Tomlin（1986）が有益である．分裂文の機能に関しては Prince（1978）および Delin（1995）に重要な考え方が示されている．また，Collins（1991）にはこれらの構文に関する有益なデータが含まれている．英語のトピックとフォーカスの区別に関する総合的な情報源としては Lambrecht（1994）がお勧めである．

■直示と照応

直示と照応を扱った理論的な研究で重要なものに John Lyons（1977: 11章）がある．直示については，ほかに，Anderson and Keenan（1985），Jarvella and Klein（1982），Fillmore（1997）も参照．照応を変形文法の枠組みで説明したものとしては McCawley（1998: 11章）が有益であり，照応表現の分類を扱った研究としては Hankamer and Sag（1976）が重要である．英語の照応構文について詳細かつ包括的な記述をしているものに Halliday and Hasan（1976）が，代名詞をとくに取り上げたものに Wales（1996）がある．第9巻の再帰代名詞の取り扱いについては，Pollard and Sag（1992），Reinhart and

Reuland（1993），Zribi-Hertz（1989）に多くを負っている．強調的再帰代名詞の使用範囲を詳細に扱ったものに Edmondson & Plank（1978）がある．相互代名詞だと，Kim & Peters（1998）が近年の重要な成果としてあげられる．本シリーズの予期的照応の議論は，とくに，Carden（1982）および Mittwoch（1983）によるところが大きい．再帰代名詞と予期的照応については Van Hoek（1997）にためになる議論がある．

■屈折

屈折を論じる際，発音に注意を向ける必要がある．第10巻では主に，発音については，Wells（1990）を参考にした．第10巻で紹介したような形態論分析の入門としては Matthews（1991）が，また本シリーズのアプローチとは矛盾せず，しかもより専門的な理論にかかわる議論を行っているものとしては Anderson（1992）がある．動詞の形態（およびそのほかの特徴）は Palmer（1987）で詳しく論じられている．形容詞の比較級と最上級の屈折については Rowicka（1987）を参照．接語的助動詞の発音に課せられる統語条件を詳しく論じた理論的研究には，Selkirk（1980, 1984）や Kaisse（1985）がある．

■語彙的語形成

語彙的語形成（第10巻）との関連でとくに有益な辞書として，Barnhart et al.（1990）や Knowles（1997）がある．語形成の標準的な研究としては，Jespersen（1909-1949, part vi: Morphology, 1942），Marchand（1969），Adams（1973），Bauer（1983），Szymanek（1989）がある．変形生成文法の枠組みでの研究としては，Lees（1960），Aronoff（1976），Plag（1999）がある．複合語については Ryder（1994）を，その生産性に関するコーパス研究については Baayen and Renouf（1996）を参照．

■句読法

英語の句読法（第8巻）を包括的に扱っているものとして *Chicago Manual of Style* の5章をあげることができる．また，よく参考にされるものとして Partridge（1953）がある．句読法だけを扱った便利な本としては，Sumney（1949）と Meyer（1987）がある．後者には句読法のパターンに関する豊富な統計的な情報が含まれている．句読点の規則についてより理論的な議論を行っているものに Nunberg（1990）がある．句読法の歴史については Parkes（1992）を参照．

参 考 文 献

以下の文献リストは，本シリーズ『英文法大事典（全11巻）』（原著 *The Cambridge Grammar of the English Language*）で触れているものに限定されている．よく知られている辞書やそのほかの主だった参考書籍は，編者名ではなく書名で示してある．出版都市名は出版社の名称から直接わからない場合に限って記してある．アメリカおよびオーストラリアで出版された著作については，はっきりしない場合に限り，郵便で使う州名の略語を付け加えてある．

Acuña-Fariña, J. C. (1999) "On Apposition," *English Language and Linguistics* 3, 59-81.

Adams, Valerie (1973) *An Introduction to Modern English Word-Formation*, Longman, London.

Akmajian, Adrian (1977) "The Complement Structure of Perception Verbs in an Autonomous Syntax Framework," *Formal Syntax*, ed. by Peter W. Culicover, Thomas Wasow and Adrian Akmajian, 427-460, Academic Press, Orlando, FL.

Alexiadou, Artemis and Chris Wilder, eds. (1998), *Possessors, Predicates and Movement in the Determiner Phrase*, Linguistik Aktuell, 22, John Benjamins, Amsterdam.

Allan, Keith (1980) "Nouns and Countability," *Language* 56, 541-567.

Allan, Keith (1986) "Interpreting English Comparatives," *Journal of Semantics* 5, 1-50.

American Heritage Dictionary of the English Language (2000), 4th ed., Houghton Mifflin, Boston, MA.

Anderson, Stephen R. (1992) *A-Morphous Morphology*, Cambridge University Press, Cambridge.

Anderson, Stephen R. and Edward L. Keenan (1985) "Deixis," *Language Typology and Syntactic Description*, Vol. iii, ed. by Timothy Shopen, 259-309, Cambridge University Press, Cambridge.

Aronoff, Mark (1976) *Word Formation in Generative Grammar*, MIT Press, Cambridge, MA.

Austin, J. L. (1962) *How to Do Things with Words*, Clarendon Press, Oxford.

Auwera, Johan van der (1985) "Relative *That*—a Centennial Dispute," *Journal of Linguistics* 21, 149-179.

Baayen, H. and A. Renouf (1996) "Chronicling the *Times*: Productive Lexical Innova-

515

tions in an English Newspaper," *Language* 72, 69-96.

Bach, Emmon, Eloise Jelinek, Angelika Kratzer and Barbara Partee, eds. (1995) *Quantification in Natural Languages*, Kluwer, Dordrecht.

Baker, C. L. (1995) *English Syntax*, 2nd ed., MIT Press, Cambridge, MA.

Barnhart, R. K., C. Steinmetz and C. L. Barnhart (1990) *Third Barnhart Dictionary of New English*, H. W. Wilson, New York.

Barwise, Jon and Robin Cooper (1981) "Generalized Quantifiers and Natural Language," *Linguistics and Philosophy* 4, 159-219.

Bauer, Laurie (1983) *English Word-formation*, Cambridge University Press, Cambridge.

Bauer, Laurie (1998) "When Is a Sequence of Two Nouns a Compound in English?" *English Language and Linguistics* 2, 65-86.

Bellert, Irena (1977) "On Semantic and Distributional Properties of Sentential Adverbs," *Linguistic Inquiry* 8, 337-351.

Biber, Douglas, Stig Johansson, Geoffrey Leech, Susan Conrad and Edward Finegan (1999) *Longman Grammar of Spoken and Written English*, Longman, Harlow.

Binnick, Robert I. (1991) *Time and the Verb*, Oxford University Press, Oxford.

Birner, Betty and Gregory Ward (1998) *Information Status and Noncanonical Word Order in English*, John Benjamins, Amsterdam.

Bolinger, Dwight (1971) *The Phrasal Verb in English*, Harvard University Press, Cambridge, MA.

Bolinger, Dwight (1972) *Degree Words*, Mouton, The Hague.

Bolinger, Dwight (1977) *Meaning and Form*, Longman, London.

Bolinger, Dwight (1978) "Yes-No Questions Are Not Alternative Questions," *Questions*, ed. by Henry Hiˑz, 87-105, Reidel, Dordrecht.

Bresnan, Joan (1973) "Syntax of the Comparative Clause Construction in English," *Linguistic Inquiry* 4, 275-343.

Bresnan, Joan and Jane Grimshaw (1978) "The Syntax of Free Relatives in English," *Linguistic Inquiry* 9, 331-391.

Burchfield, R. W. (1996) *The New Fowler's Modern English Usage*, 3rd ed., Clarendon Press, Oxford.

Burton-Roberts, Noel (1991), "Prepositions, Adverbs and Adverbials," *Language Usage and Description*, ed. by Ingrid Tieken-Boon van Ostade and J. Frankis, 159-172, Rodopi, Amsterdam.

Cambridge International Dictionary of English (1995), ed.-in-chief Paul Procter, Cambridge University Press.

Carden, Guy (1982) "Backwards Anaphora in Discourse Context," *Journal of Linguistics* 18, 361-387.

Carlson, Gregory N. and Francis J. Pelletier, eds. (1995) *The Generic Book*, University of Chicago Press, Chicago.

Cattell, Ray (1984) *Syntax and Semantics 17: Composite Predicates in English*, Academic Press, Orlando, FL.

Chicago Manual of Style (1993), 14th ed., University of Chicago Press.

Cinque, Guglielmo (1999) *Adverbs and Functional Heads*, Basil Blackwell, Oxford.

Coates, Jennifer (1983) *The Semantics of the Modal Auxiliaries*, Croom Helm, London.

Cole, Peter and Jerry L. Morgan, eds. (1975) *Syntax and Semantics 3: Speech Acts*, Academic Press, New York.

Collins, Peter (1991) *Cleft and Pseudo-cleft Constructions in English*, Routledge, London.

Collins, Peter and David Lee (1998) *The Clause in English: In Honour of Rodney Huddleston*, John Benjamins, Amsterdam.

Collins COBUILD English Grammar (1990), Collins, London.

Collins COBUILD English Language Dictionary (1995), ed. John Sinclair, Harper-Collins, New York.

Comrie, Bernard (1976) *Aspect*, Cambridge University Press, Cambridge.

Comrie, Bernard (1985) *Tense*, Cambridge University Press, Cambridge.

Corbett, Greville G. (1991) *Gender*, Cambridge University Press, Cambridge.

Cowie, A. P. and R. Mackin (1993) *Oxford Dictionary of Phrasal Verbs*, Oxford University Press, Oxford.

Crystal, David (1997) *English as a Global Language*, Cambridge University Press, Cambridge.

Culicover, Peter W., Thomas Wasow and Adrian Akmajian, eds. (1977) *Formal Syntax*, Academic Press, Orlando, FL.

Davies, Eirlys E. (1986) *The English Imperative*, Croom Helm, London.

Declerck, Renaat (1988) *Studies on Copular Sentences, Clefts and Pseudo-Clefts*, Louvain University Press, Louvain.

Declerck, Renaat (1991a) *A Comprehensive Descriptive Grammar of English*, Kaitakusha, Tokyo.

Declerck, Renaat (1991b) *Tense in English: Its Structure and Use in Discourse*, Routledge, London.

Delin, Judy (1995) "Presupposition and Shared Knowledge in *It*-Clefts," *Language and Cognitive Processes* 10, 97–120.

Dixon, Robert M. W. (1982) *Where Have All the Adjectives Gone?: And Other Essays in Semantics and Syntax*, Mouton de Gruyter, Berlin.

Dixon, Robert M. W. (1991) *A New Approach to English Grammar, on Semantic Principles*, Clarendon Press, Oxford.

Dowty, David (1991) "Thematic Proto-Roles and Argument Selection," *Language* 67, 547-619.

Dudman, V. H. (1994) "On Conditionals," *Journal of Philosophy* 3, 113-128.

Duffley, Patrick J. (1992) *The English Infinitive*, Longman, London.

Duffley, Patrick J. (1994)" *Need* and *Dare*: The Black Sheep of the Modal Family," *Lingua* 94, 213-243.

Duffley, Patrick J. and Peter J. Enns (1996)" *Wh*-Words and the Infinitive in English," *Lingua* 98, 221-242.

Edmondson, Jerry and Franz Plank (1978) "Great Expectations: An Intensive Self Analysis," *Linguistics and Philosophy* 2, 373-413.

Elliott, Dale (1974) "Toward a Grammar of Exclamations," *Foundations of Language* 11, 231-246.

Emonds, Joseph E. (1972) "Evidence that Indirect Object Movement Is a Structure-Preserving Rule," *Foundations of Language* 8, 546-561.

Erdmann, Peter (1976) *'There' Sentences in English*, Tudov, Munich.

Ernst, Thomas (2001) *The Syntax of Adjuncts*, Cambridge University Press, Cambridge.

Ferris, D. Connor (1993) *The Meaning of Syntax: A Study in the Adjectives of English*, Longman, Harlow.

Fillmore, Charles W. (1997) *Lectures on Deixis*, CSLI Publications, Stanford, CA.

Gazdar, Gerald (1981) "Unbounded Dependencies and Coordinate Structure," *Linguistic Inquiry* 12, 155-184.

Gazdar, Gerald, Ewan Klein, Geoffrey K. Pullum and Ivan A. Sag (1985) *Generalized Phrase Structure Grammar*, Basil Blackwell, Oxford; and Harvard University Press, Cambridge, MA.

Green, Georgia M. (1992) "Purpose Infinitives and Their Relatives," *The Joy of Grammar: A Festschrift in Honor of James D. McCawley*, ed. by Diane Brentari, Gary N. Larson and L. A. Mcleod, 95-127, John Benjamins, Amsterdam.

Halliday, M. A. K. (1967-1968) "Notes on Transitivity and Theme in English," *Journal of Linguistics* 3, 37-81 and 199-244, and 4, 179-215.

Halliday, M. A. K. and Ruqaiya Hasan (1976) *Cohesion in English*, Longman, London.

Hankamer, Jorge and Ivan A. Sag (1976) "Deep and Surface Anaphora," *Linguistic Inquiry* 7, 391-426.

Haspelmath, Martin (1999) "Explaining Article-Possessor Complementarity: Economic Motivation in Noun Phrase Syntax," *Language* 75, 227-243.

Hawkins, John (1991) "On (In)definite Articles," *Journal of Linguistics* 27, 405-442.

Hawkins, Roger (1981) "Towards an Account of the Possessive Constructions: *NP's N* and *the N of NP*," *Journal of Linguistics* 17, 247-269.

Herskovits, Annette H. (1986) *Language and Spatial Cognition: An Interdisciplinary Study of the Prepositions in English*, Cambridge University Press, Cambridge.

Hill, L. A. (1968) *Prepositions and Adverbial Particles: An Interim Classification, Semantic, Structural and Graded*, Oxford University Press, Oxford.

Hirschbühler, Paul (1985) *The Syntax and Semantics of Wh-Constructions*, Garland, New York.

Hoeksema, Jacob, ed. (1996), *Partitives: Studies on the Syntax and Semantics of the Partitive and Related Constructions*, Mouton de Gruyter, Berlin.

Hogg, Richard M., gen. ed. (1992-2002) *The Cambridge History of the English Language* (6 vols.), Cambridge University Press, Cambridge.

Horn, Laurence R. (1989) *A Natural History of Negation*, University of Chicago Press, Chicago.

Horn, Laurence R. (1991) "Given as New: When Redundant Information Isn't," *Journal of Pragmatics* 15, 305-328.

Huddleston, Rodney (1994) "The Contrast between Interrogatives and Questions," *Journal of Linguistics* 30, 411-439.

Huddleston, Rodney (1995a) "The English Perfect as a Secondary Tense," *The Verb in Contemporary English: Theory and Description*, ed. by Bas Aarts and C. F. Meyer, 102-122, Cambridge University Press, Cambridge.

Huddleston, Rodney (1995b) "The Case against a Future Tense in English," *Studies in Language* 19, 399-446.

Jackendoff, Ray (1973) "The Base Rules for Prepositional Phrases," *A Festschrift for Morris Halle*, ed. by Stephen R. Anderson and Paul Kiparsky, Holt, Rinehart and Winston, New York.

Jackendoff, Ray (1977) $\overline{X}$ *Syntax: A Study of Phrase Structure*, MIT Press, Cambridge, MA.

Jackendoff, Ray (1991) *Semantics and Cognition*, MIT Press, Cambridge, MA.

Jackendoff, Ray (1995) *Semantic Structures*, MIT Press, Cambridge, MA.

Jacobsson, Bengt (1975) "How Dead Is the English Subjunctive?" *Moderna Språk* 69, 218-231.

Jacobsson, Bengt (1994) "Non-Restrictive Relative *That*-Clauses Revisited," *Studia Neophilologica* 62, 181-195.

Jarvella, Robert J. and Wolfgang Klein, eds. (1982) *Speech, Place and Action: Studies in Deixis and Related Topics*, John Wiley, Chichester.

Jespersen, Otto (1909-1949) *A Modern English Grammar on Historical Principles* (7 vols.), Munksgaard, Copenhagen. [Republished, Carl Winter, Heidelberg; George Allen and Unwin, London.]

Kaisse, Ellen (1985) *Connected Speech: The Interaction of Syntax and Phonology*, Academic Press, New York.

Karttunen, Lauri (1977) "Syntax and Semantics of Questions," *Linguistics and Philosophy* 1, 3–44.

Keenan, Edward L. and Jonathan Stavi (1986) "A Semantic Characterization of Natural Language Determiners," *Linguistics and Philosophy* 9, 253–326.

Kim, Yookyung and P. Stanley Peters (1998) "Semantic and Pragmatic Context-Dependence: The Case of Reciprocals," *Is the Best Good Enough?*, ed. by Pila Barbosa, Danny Fox, Paul Hagstrom, Martha McGinnis and David Pesetsky, 221–247, MIT Press, Cambridge, MA.

Klima, Edward S. (1964) "Negation in English," *The Structure of Language: Readings in the Philosophy of Language*, ed. by Jerry A. Fodor and Jerrold J. Katz, 246–323, Prentice-Hall, Englewood Cliffs, NJ.

Knowles, Elizabeth (1997), with Julia Elliot, *The Oxford Dictionary of New Words*, Oxford University Press, Oxford.

Koptevskaya-Tamm, Maria (1993) *Nominalizations*, Routledge, London.

Kuno, Susumo (1981) "The Syntax of Comparative Clauses," *Papers from the 17th Regional Meeting, Chicago Linguistic Society*, ed. by Roberta A. Hendrick, Carrie S. Masek and Mary Frances Miller, 136–155, Chicago Linguistic Society.

Ladusaw, William A. (1980) *Polarity Sensitivity as Inherent Scope Relations*, Garland, New York.

Lambrecht, Knud (1994) *Information Structure and Language Form*, Cambridge University Press, Cambridge.

Lee, David (1998) "Intransitive Prepositions: Are They Viable?" *The Clause in English: In Honour of Rodney Huddleston*, ed. by Peter Collins and David Lee, 133–147, John Benjamins, Amsterdam.

Leech, Geoffrey N. (1987) *Meaning and the English Verb*, Longman, London.

Lees, Robert B. (1960) *The Grammar of English Nominalizations*, Mouton, The Hague.

Levin, Beth (1993) *English Verb Classes and Alternations*, University of Chicago Press, Chicago.

Lewis, David K. (1975) "Adverbs of Quantification," *Formal Semantics of Natural Languages*, ed. by Edward L. Keenan, 3–15, Cambridge University Press, Cambridge.

Lumsden, Michael (1988) *Existential Sentences: Their Structure and Meaning*, Croom-Helm, London.

Lyons, Christopher (1999) *Definiteness*, Cambridge University Press, Cambridge.

Lyons, John (1977) *Semantics* (2 vols.), Cambridge University Press, Cambridge.

Macquarie Dictionary (1991), 2nd ed., ed. by Arthur Delbridge et al., McMahon's Point, NSW, Macquarie Library, Australia.

Mair, Christian (1990) *Infinitival Complement Clauses in English: A Study of Syntax in Discourse*, Cambridge University Press, Cambridge.

Marchand, Hans (1969) *The Categories and Types of Present-Day English Word-Formation*, Beck, Munich.

Matthews, Peter H. (1981) *Syntax*, Cambridge University Press, Cambridge.

Matthews, Peter H. (1991) *Morphology*, 2nd ed., Cambridge University Press, Cambridge.

Matthews, Peter H. (1997) *The Concise Oxford Dictionary of Linguistics*, Oxford University Press, Oxford.

McCawley, James D. (1981) "The Syntax and Semantics of English Relative Clauses," *Lingua* 53, 99–149.

McCawley, James D. (1998) *The Syntactic Phenomena of English*, 2nd ed., University of Chicago Press, Chicago.

McCoard, Robert W. (1978) *The English Perfect: Tense-choice and Pragmatic Inferences*, North-Holland, Amsterdam.

Merriam-Webster's Dictionary of Contemporary English Usage (1994), Merriam-Webster, Springfield, MA.

Meyer, Charles F. (1987) *A Linguistic Study of American Punctuation*, Peter Lang, New York.

Mitchell, Keith (1990) "On Comparisons in a Notional Grammar," *Applied Linguistics* 11, 52–72.

Mittwoch, Anita (1983) "Backward Anaphora and Discourse Structure," *Journal of Pragmatics* 7, 129–139.

Mountford, John D. (1998) *An Insight into English Spelling*, Hodder and Stoughton Educational, London.

Nunberg, Geoffrey (1990) *The Linguistics of Punctuation*, CSLI Publications, Stanford, CA.

Ohlander, S. (1986) "Question-Orientation versus Answer-Orientation in English Interrogative Clauses," *Linguistics across Historical and Geographical Boundaries*, Vol. ii: *Descriptive, Contrastive and Applied Linguistics*, ed. by D. Kastovsky and A. Szwedek, 963–982, Mouton de Gruyter, Berlin.

Oirsouw, Robert R. van (1987) *The Syntax of Coordination*, Croom Helm, London.

Ostertag, Gary, ed. (1998) *Definite Descriptions: A Reader*, MIT Press, Cambridge, MA.

Oxford English Dictionary (1989), 2nd ed. (20 vols.), prepared by J. A. Simpson & E. S. C. Weiner, Oxford University Press, Oxford.

Palmer, F. R. (1987) *The English Verb*, 2nd ed., Longman, London.

Palmer, F. R. (1990) *Modality and the English Modals*, Longman, London.

Palmer, F. R. (1994) *Grammatical Roles and Relations*, Cambridge University Press, Cambridge.

Palmer, F. R. (2001) *Mood and Modality*, 2nd ed., Cambridge University Press, Cambridge.

Parkes, Malcolm (1992) *Pause and Effect: An Introduction to the History of Punctuation in the West*, Scolar Press, Aldershot.

Parsons, Terence (1990) *Events in the Semantics of English*, MIT Press, Cambridge, MA.

Partridge, Eric (1953) *You Have a Point There*, Routledge and Kegan Paul, London.

Payne, John (1993) "The Headedness of Noun Phrases: Slaying the Nominal Hydra," *Heads in Grammatical Theory*, ed. by Greville G. Corbett, Norman M. Fraser and Scott McGlashan, 114-139, Cambridge University Press, Cambridge.

Payne, John (1985) "Complex Phrases and Complex Sentences," *Language Typology and Syntactic Description*, Vol. ii, ed. by Timothy Shopen, 3-41, Cambridge University Press, Cambridge.

Peterson, Peter (1998) "On the Boundaries of Syntax: Non-Syntagmatic Relations," in Collins and Lee (1998), 229-250.

Phythian, B. A. (1979) *A Concise Dictionary of Correct English*, Teach Yourself Books, London; Littlefield, Adams, Totowa, NJ.

Plag, I. (1999) *Morphological Productivity: Structural Constraints in English Derivation*, Mouton de Gruyter, Berlin.

Pollard, Carl and Ivan A. Sag (1992) "Anaphors in English and the Scope of Binding Theory," *Linguistic Inquiry* 23, 261-303.

Postal, Paul M. (1974) *On Raising*, MIT Press, Cambridge, MA.

Poutsma, Hendrik (1926-1929) *A Grammar of Late Modern English*, Noordhoof, Groningen.

Prince, Ellen F. (1978) "A Comparison of *Wh*-Clefts and *It*-Clefts in Discourse," *Language* 54, 883-906.

Prince, Ellen F. (1992) "The ZPG Letter: Subjects, Definites and Information-Status," *Discourse Descriptions: Diverse Analyses of a Fundraising Text*, ed. by William C. Mann and Sandra A. Thompson, 295-325, John Benjamins, Amsterdam.

Prince, Ellen F. (1997) "On the Functions of Left-Dislocation in English Discourse," *Directions in Functional Linguistics*, ed. by Akio Kamio, 117-143, John Benjamins, Amsterdam.

Pullum, Geoffrey K. and William A. Ladusaw (1996) *Phonetic Symbol Guide*, 2nd ed., University of Chicago Press, Chicago.

Pullum, Geoffrey K. and Arnold Zwicky (1998) "Gerund Participles and Head-Complement Inflection Conditions," *The Clause in English: In Honour of Rodney Huddleston*, ed. by Peter Collins and David Lee, 251-271, John Benjamins, Amsterdam.

参考文献 523

Quirk, Randolph, Sidney Greenbaum, Geoffrey Leech and Jan Svartvik (1985) *A Comprehensive Grammar of the English Language*, Longman, London.

Reader's Digest (1985) *The Right Word at the Right Time: A Guide to the English Language and How to Use it*, Reader's Digest, London.

Reid, Wallis (1991) *Verb and Noun Number in English: A Functional Explanation*, Longman, London.

Reinhart, Tanya and Eric Reuland (1993) "Reflexivity," *Linguistic Inquiry* 24, 657-720.

Reuland, Eric and Alice ter Meulen, eds. (1987) *The Representation of (In)definiteness*, MIT Press, Cambridge, MA.

Ross, John R. (1986) *Infinite Syntax!*, Erlbaum, Hillsdale, NJ.

Rowicka, G. (1987) "Synthetical Comparison of English Adjectives," *Studia Anglica Posnaniensa* 20, 129-149.

Ryder, M. E. (1994) *Ordered Chaos: The Interpretation of English Noun-Noun Compounds*, University of California Press, Berkeley.

Sag, Ivan A. (1997) "English Relative Clause Constructions," *Journal of Linguistics* 33, 431-483.

Sag, Ivan A., Gerald Gazdar, Thomas Wasow and Steven Weisler (1985) "Coordination and How to Distinguish Categories," *Natural Language and Linguistic Theory* 3, 117-171.

Sag, Ivan A. and Carl Pollard (1991) "An Integrated Theory of Complement Control," *Language* 67, 63-113.

Schachter, Paul (1977) "Constraints on Coordination," *Language* 53, 86-103.

Searle, John R. (1975) "Indirect Speech Acts," in Cole and Morgan (1998), 59-82.

Selkirk, Elisabeth O. (1977) "Some Remarks on Noun Phrase Structure," in Culicover, Wasow and Akmajian (1977), 285-316.

Selkirk, Elisabeth O. (1980) *The Phrase Phonology of English and French*, Garland, New York.

Selkirk, Elisabeth O. (1984) *Phonology and Syntax: The Relation between Sound and Structure*, MIT Press, Cambridge, MA.

Seppänen, Aimo, Rhonwen Bowen and Joe Trotta (1994) "On the So-Called Complex Prepositions," *Studia Anglica Posnaniensia* 29, 3-29.

Seppänen, Aimo, Solveig Granath and Jennifer Herriman (1995) "On So-Called "Formal" Subjects/Objects and "Real" Subjects/Objects," *Studia Neophilologica* 67, 11-19.

Seppänen, Aimo and J. Herriman (1997) "The Object/Predicative Contrast and the Analysis of "She Made Him a Good Wife"," *Neuphilologische Mitteilungen* 98, 135-146.

Stockwell, Robert P., Paul Schachter and Barbara Hall Partee (1973) *The Major Syn-*

tactic Structures of English, Holt, Rinehart and Winston, New York.

Sumney, G. (1949) *Modern Punctuation*, Ronald Press, New York.

Szymanek, B. (1989) *Introduction to Morphological Analysis*, Panstwowe Wydawnictwo Naukowe, Warsaw.

Tobin, Yishai (1993) *Aspect in the English Verb*, Longman, London.

Tomlin, Russell S. (1986) *Basic Word Order: Functional Principles*, Croom Helm, London.

Trask, R. L. (1993) *A Dictionary of Grammatical Terms in Linguistics*, Routledge, London.

Traugott, Elizabeth C., ed. (1986) *On Conditionals*, Cambridge University Press, Cambridge.

Trudgill, Peter and Jean Hannah (1985) *International English: A Guide to Varieties of Standard English*, 2nd ed., Edward Arnold, London.

Van Hoek, Karen (1997) *Anaphora and Conceptual Structure*, University of Chicago Press, Chicago.

Visser, F. T. (1963-1973) *An Historical Syntax of the English Language* (4 vols.), E. J. Brill, Leiden.

Wales, Katie (1996) *Personal Pronouns in Present-day English*, Cambridge University Press, Cambridge.

Wells, John C. (1990) *Longman Pronunciation Dictionary*, Longman, London.

Wickens, Mark A. (1992) *Grammatical Number in English Nouns: An Empirical and Theoretical Account*, John Benjamins, Amsterdam.

Wierzbicka, Anna (1982) "Why Can You *Have a Drink* When You Can't **Have an Eat?*" *Language* 58, 753-799.

Wilkins, Wendy, ed. (1988) *Syntax and Semantics 21: Thematic Relations*, Academic Press, New York.

Zribi-Hertz, Anna (1989) "Anaphor Binding and Narrative Point of View: English Reflexive Pronouns in Sentence and Discourse," *Language* 65, 695-727.

索　引

1. 日本語は五十音順に並べてある．英語（などで始まるもの）は
   アルファベット順で，最後に一括してある．
2. 〜は直前の見出し語を代用する．
3. 数字はページ数を示し，n は脚注を表す．

[あ行]

アスペクト解釈（aspectuality）　149n,
　239, 314-316, 327, 340, 345
値（value）　112, 114, 116-122, 356
穴開き節（hollow clause）　80
暗黙の主語　35n, 46
暗黙の目的　386
異形（variants）　434
意志的（volitional）　263-266
依存要素（dependent）　2, 5, 51, 251, 255,
　279, 311, 326
一次的様態（primary manner）　254-255
一項他動詞（monotransitive verb）　5, 9-
　10, 12, 15, 177-179, 204, 213, 216
一項動詞（monadic verb）　10n
一致（agreement）　49-52, 54, 57-60, 64-
　65, 87-91, 99, 115
移動（movement）　38, 40, 67, 95-97, 150,
　200
移動可能な（mobile）　129-132
意味上の主語（predicand）　7-8, 62, 79,
　83-85, 87-89, 92, 102-105, 140
意味的述部（semantic predicate）　23-24
意味役割　4, 26-46, 56-57, 65, 67
音放出動詞　281
音律　51, 391, 395

[か行]

外項（external argument）　4n
外置化　47, 58, 61-62
外置構文　56-58, 61-62
外置主語（extraposed subject）　62, 72-
　73
外置目的語　62, 72-73
下位範疇化（subcategorisation）　11-12
外部補部（external complement）　4, 14,
　56
開放疑問節（open interrogatives）　50,
　55, 57, 61, 455, 460-461, 464
開放条件（open conditional）　406
会話における情報量（conversational
　informativeness）　411
格（case）　48-49, 54, 65, 87
核前位（prenuclear position）　72, 75,
　77-79, 81-82
獲得動詞（verb of obtaining）　210
活動（activity）　167, 167n, 245-246, 281,
　323, 337
過程（processes）　167n, 324, 326
仮定法（subjunctive）　394, 63n, 382, 404,
　463
仮定法条件構文（subjunctive condi-
　tional）　433n
含意（entail）　422, 424, 427, 428n, 430,

525

441

関係節 20, 59-60, 113, 129-133, 144

関係代名詞 60, 87, 121, 289, 479

完結 (perfective) 149n, 245

間接性 (indirectness) 35n

間接目的語 (indirect object) 5, 92, 155, 169-172, 174, 177-179

間接話法 481

感嘆節 (exclamative) 13, 127

完了 (perfect) 149n

関連性条件節 409

関連動詞 (associated verb) 165, 170-171, 174n

期間 293, 295, 302, 314, 320-338

　～を表す付加部 245-246, 323, 396

帰結節 (apodosis) 405-409, 413-414, 416-419, 422

疑似分裂文 (pseudo-cleft) 113-114, 129n

擬似法助動詞 (quasi-modal) 437

起点 (source) 28, 33, 39-40, 85, 93, 95-100

基本語順 50, 117

基本節 4

義務性 14-15, 17, 51-52, 56, 62, 69

義務的 (obligatory) 14-18, 85, 100-104, 110, 272

義務的法性 (deontic modality) 469, 476

義務的補部 14-15

疑問詞化 15, 299

疑問節 (interrogative clause) 12-14, 118, 339n, 343, 361, 364

逆意的 (converse) 32-33

逆行的 (retrospective) 287

強勢 72, 115, 117n, 143, 144n, 146, 151

極性感応項目 (polarity-sensitive item) 339, 420-421

局面が強まる状態 344-345

拠点要素 (anchor) 242

空間的場所 (spatial location) 95, 97-98, 227, 239, 270, 275, 293, 300, 320-321

具現化 264, 276, 284, 286-287, 296, 330, 333, 381, 389

屈折 (inflection) 9, 48-49, 63, 85, 141, 438

句動詞 (phrasal verb) 128

繰り上げられた (raised) 25

経験者 (experiencer) 27, 37, 41-43, 84, 89, 106, 199, 258, 260

継続 (durative) 167n, 203n, 326, 339, 364

継続性 (duration) 149

軽動詞 (light verb) 164-176, 214

形容詞句 (adjective phrase) 6

経路 (path) 39-40, 125, 239, 271, 279, 281, 284n, 286-288, 290, 295, 321-322

結果 240, 253, 326, 368, 377-378, 393-396, 408, 410, 413, 415

　～の推意 407, 410, 412-413

　～を表す付加部 378, 393-394, 396

結果構文 (resultative construction) 83

結果節 (consecutive clause) 393n, 395

結果的 (resultative) 83, 101-103, 107, 110-111, 189

結合価 (valency) 9-11, 179

結合した補部 179-180, 234

原因を表す付加部 378-379

言語使用域 (register) 186-187

現在時制 49, 54, 59, 63, 304, 308, 417

現在未来時指定 (present futurate) 418-419

限定詞 86, 127, 165-166, 186n, 235, 235n, 326, 449

行為関連 239, 254-255

行為関連付加部 (act-related adjunct) 261-269, 478

索　引 527

降格（demotion）　46, 56

後続物（subsequent）　32

肯定指向極性感応項目（positive-oriented polarity-sensitive item: PPI）　339n

肯定指向的（positively-oriented）　420

後部（end）　247-248, 367-368, 370, 497-498

固定された（fixed）　129-134, 144

［さ行］

再帰代名詞　185, 188, 191-192, 235

最大定形節削除（maximal finite reduction）　52, 56

再分析（reanalysis）　134, 455

作成主題（factitive theme）　39, 194, 196

作成物（factitive）　27, 166, 222

作用域（scope）　120, 243, 329, 354, 356

三重結合価動詞　9, 230

使役者（causer）　33, 41, 197, 201

時間帯（time-sphere）　314, 335, 406, 416

時間的場所　2, 247, 293, 300, 321, 335, 350, 415

　〜を表す付加部　2, 301, 353, 357

時間幅（intervals of time）　314, 316, 329, 331

時間を表す付加部　65, 314, 353

刺激（stimulus）　27, 37, 41, 84, 89

指向性動詞　182

指示性（referentiality）　114, 121

指示的（referential）　66, 83, 86, 112, 121, 297, 312

四重結合価動詞　11

時制（tense）　149n, 317, 389, 408, 432

指定（specifying）　88, 112, 114, 118, 120

指定前置詞（specified preposition）　125, 129, 145

始点（starting point）　271, 320-321, 325, 333, 336

時点（points of time）　314, 336

自動詞節（intransitive clause）　5, 9, 82, 201

自動的前置詞（intransitive preposition）　124, 141, 146-147, 150, 156, 277, 333

斜格（oblique）　3-4, 56, 73, 84, 89

斜格名詞句　4, 106, 208, 217, 221, 230, 236

尺度変化（scalar change）　292, 294, 298

従位接続詞　382n, 389, 394

自由間接話法（free indirect style）　319

自由結合（free combination）　142, 147, 150, 155, 162

修飾要素（modifier）　2, 104, 238, 242, 352, 445, 473

従属節　3, 21, 47, 72, 120, 308, 319, 380, 397, 457, 462

終点（endpoint）　271, 320, 333

終末点　40

受益者（beneficiary）　40, 74, 174, 204, 209, 215, 218

主格　36n, 48, 54, 58, 65, 87

主格代名詞　58, 88

主観的（subjective）　263, 359, 478

主語（subject）　2, 4, 29, 40, 45

　〜の後置（subject postposing）　48, 63

主語指向的（subject-oriented / subjective）　6, 300, 322

主語-助動詞倒置（subject-auxiliary inversion）　48, 50, 54, 61, 63, 437, 498

主語卓立言語（subject-prominent language）　4

主節　3, 23, 51n, 149n, 244, 312, 377, 405, 451, 479

主題（theme）　32, 38, 45, 80n, 95, 112, 184, 208, 219, 279, 300, 322

手段（means）　239, 249, 256

〜を表す付加部　257, 259

述語動詞（predicator）　2, 10n, 23, 29, 47, 63, 84, 162, 238, 474

出発点　40, 293

受動文　31, 53, 70, 76, 131, 160, 201, 267

　〜テスト　71

主要部（head）　2-3, 73, 89, 127, 134, 195, 204, 229, 238, 309

受領者（recipient）　4, 28, 40, 67, 74, 80n, 174, 204, 208

瞬時（punctual）　167n, 329, 335

上位節　13, 32n, 79, 397, 403, 440, 479

照応（anaphora）　17, 279, 296, 303, 306, 314, 378, 385, 491

照応表現（anaphoric experession）　17, 103, 109, 117-118, 306n

昇格（promotion）　35n, 36n, 46, 56

条件　240, 403, 484, 496

　〜を表す付加部　241, 386, 405, 416n, 443, 447, 451, 485, 499

条件構文（conditional construction）　342, 405, 464, 466

条件節（protasis）　240, 339n, 404-405, 409

状態（states）　167n, 168, 200, 233, 245, 253, 266, 277, 290, 326

焦点　45, 115, 129n, 130n, 149n, 207, 241, 242n, 255, 265, 357, 388, 391, 395, 401, 422, 424, 446, 451-452, 467, 479, 489, 494

譲歩　240, 397, 425, 446, 484, 489, 496

　〜を表す付加部　397, 485

使用法（use）　5

情報の焦点（informational focus）　241

情報パッケージ（information packaging）　207

叙述斜格（predicative obliques）　89-90, 97

叙述補部（predicative complement）　5, 6, 10, 65, 73, 83, 135, 177, 247, 298, 383, 389, 404

助動詞　3, 23, 49-50, 52, 55, 61, 63-64, 149n, 247, 438, 468, 498, 500

所有（possession）　38, 95, 99-100

推意　253, 330, 334, 337, 360, 364, 371, 378, 380, 387, 391, 396, 398, 402, 408-410, 412, 422, 424, 426, 430, 432, 437, 441, 445, 448, 460n

随意的（optional）　14, 18, 85, 92, 100, 102-103, 124, 147, 283, 448

　〜付加部　15

　〜補部　14

数量詞　166, 244n, 347, 351, 356

数量名詞句（quantified NP）　356

生起（occurrences）　167n

制御（control）　79-80

制限的（restrictive）　242, 265

静的（static）　40, 101, 167n, 168, 175, 197, 200, 233, 291, 293

接辞化した形（cliticised form）　434

前景化（foregrounded）　129, 144, 157, 242, 452, 467, 479, 492, 494

先行詞（antecedent）　17, 60, 117, 147, 289, 297, 306, 314, 383, 406, 444, 479

先行物（prior）　32

潜在疑問文（concealed question）　212, 456

潜在的な動作主性（potential agentivity）　41

前進的（prospective）　287

全体の解釈（holistic interpretation）　219, 229-230

全体的範囲（overall extent）　292, 295, 320, 325, 330

選択制限（selection restriction）　25-26

前置がかかわる節　53

前置詞句（preposition） 3, 382

前置詞付き受動文（prepositional passive） 131, 156, 159-161

前置詞付き動詞（prepositional verb） 125, 128, 135, 144, 148, 156

前部（front） 247-248, 450, 497-498, 501n

相（aspect） 149n

　〜の一致（aspectual agreement） 119

総記（exhaustiveness） 122

創造動詞（verb of creating） 210

挿入部（supplement） 2, 104, 240, 242, 392, 394, 477, 497, 499

属格（genetive） 100, 127, 235-236

属性（ascriptive） 112, 114-116, 119-120

存在構文 56, 58n, 59-62, 64

［た行］

第 1 主題（primary theme） 38-39

第 1 目的語の受動文（first passive） 76

第 2 主題（secondary theme） 38-39

第 2 目的語の受動文（second passive） 76

対照（contrast） 122, 241, 452, 493

対称的（symmetric） 32, 183, 190, 377

達成動詞（accomplishment verb） 167

他動詞節（transitive clause） 5, 70

他動性（transitivity） 5

他動的前置詞 124-125

ダミー要素（dummy） 24, 47, 52, 57-58, 60-62

単一機能の連結付加部（pure connective adjunct） 491-492

単一結合価動詞 9-10, 236

段階づけ（grading） 250, 250n

　〜可能な副詞（gradable adverb） 250

段階的（gradable） 121, 364, 366-367

探求（quest） 223-224, 224n

単純述部（simple predicate） 24n

着点（goal） 28, 40, 95-97, 209, 271, 278-281, 284-291

中央部（central） 247-248, 262, 367, 369, 497-500, 504

中核的（な）補部（core complement） 3-4, 10-12, 177, 217-218, 228, 230, 238

中間（態）（middle） 201-203

中間地点 40, 287

中程度の法性 471-473

直示的（deictic） 302-305, 311, 317-318

直説法条件構文（indicative conditional） 433n

直接目的語（direct object） 5, 26-27, 29-30, 35n, 36n, 40, 67, 81, 87, 170, 297

積み重ね 451, 453

強い法性 471

提示ステータス（presentational status） 31, 32n, 44-46

定性（definiteness） 66, 66n, 121-122, 187, 456

定性解釈（definite interpretation） 187

程度 239, 250n, 254, 352, 363-376, 396

　〜を表す付加部 363-376

定名詞句（definite NP） 66n, 185, 187, 215-216, 219, 297-298, 311

適切性条件（felicity condition） 485-486

転移（transfer） 38

転移主語（displaced subject） 62

等位接続 51-61, 129, 131, 133-134, 137, 144, 251, 291, 402-403, 409, 443, 449-450, 457-459, 462, 489, 491

道具（instrument） 36, 225-226, 233, 238, 249-250, 252, 256-258

　〜を表す付加部 256-257

動作主（agent） 26-27, 29, 31-46, 67, 103, 107, 175, 197, 200, 250, 257-258,

263, 266, 268, 323, 327, 394

動作主性 (agentivity) 35n, 41-42, 46, 189, 200, 233, 393

動詞イディオム (verbal idioms) 126-127, 147, 153, 158, 161, 301

動詞句 (verb phrase) 4, 15, 220, 238, 365

動詞を欠いた節 6n, 8n, 247, 400, 462-463

同族目的語 (cognite object) 195

統率する (govern) 30n, 123, 143, 252, 382-385, 447

到達 (achievements) 167n, 230n, 245, 323, 326-327, 336

動的 (dynamic) 40, 42, 101, 167n, 168, 291

動的法性 (dynamic modality) 469n

動名分詞 (gerund-participial) 13, 309-310

動名分詞構文 247, 312, 484

動能的 (conatives) 181

度量句 (measure phrase) 292-293, 307

[な行]

内項 (internal argument) 4n, 219, 223, 230-231

内部化された補部 (internalised complement) 56, 70, 258-259, 267-268

内部補部 (internal complement) 4-5, 9, 14, 16, 18, 37, 80-82, 90-91, 102, 123, 214, 217-219, 235

内容節 (content clause) 21, 247, 333, 382, 393, 396, 400, 405, 437

二項動詞 (dynadic verb) 10n

二次的様態 (secondary manner) 254-255, 262

二者択一の極性疑問文 (polar-alternative

question) 458n

二重結合価動詞 9-10, 230-231

二重隔たり条件構文 (doubly remote conditional) 434, 438

二重目的語他動詞 (ditransitive verb) 5, 10, 67, 73, 76-81, 169, 177-179, 204, 216

二面他動性動詞 (dual-transitivity verb) 5, 15, 180, 197

認可 (license) 11-16, 104, 106, 120, 127, 163, 281-282, 295, 396, 420, 456n

認識的 (epistemic) 468-470, 477, 485, 503

認識的付加部 (epistemic adjunct) 469

認識的法助動詞 (epistemic modal) 418, 464

人称代名詞 (personal pronoun) 20, 48, 54, 72, 74n, 76n, 87-88, 121, 143, 146, 150-151, 155, 184

能動文 16, 31, 33, 56, 68, 70-72, 201, 207, 267, 269

[は行]

場所 (location) 38-40, 93-100, 219-234, 270-291

　～を表す付加部 274-276

場所的着点 (locative goal) 209

裸役割名詞句 (bare role NP) 86

発話行為関連 240

　～の付加部 482-486

発話力 (illocutionary force) 485

範囲 (extent) 239, 246, 292-299, 320-338

反復性 (repetition) 149

反復動詞 (iterative verb) 349

非完結 (imperfective) 149n, 245

非肯定的項目 (non-affirmative items) 119-120, 368-369

非指示的な（non-referential） 83, 312-313

非制限的（non-restrictive） 243

非中核的補部（non-core complement） 3-4, 11-12, 177-179, 217-233

必要条件（necessary condition） 422

非定形節（infinitival） 13

否定指向極性感応項目（negatively-oriented polarity-sensitive item: NPI） 339n, 341

否定指向的（negatively-oriented） 420

否定の作用域 329-330, 354-355, 373, 391-392, 475-477, 502

非動作主（non-agentive） 34-35
　　〜的な使役者（non-agentive causer） 35

被動作主（patient） 26, 36, 197, 200

非標準的な節 45-46, 53-56

非明示的な 185-193, 201, 268-269

非有界的な付加部 324, 348-352, 354

非有界的要素 323-324

評価 240, 262-263, 478-481

描写構文（depictive construction） 83, 98n

描写的（depictive） 83, 101-105, 108, 111

標準的な節 45-46, 53-57, 67, 74-75, 81

頻度 239, 363
　　〜を表す付加部 347-359, 415-416

付加疑問（tags） 50-51, 55, 61, 64-65, 479

複合機能の連結付加部（impure connective adjunct） 491, 496

複雑自動詞構文（complex-intransitive） 6, 8-9, 138, 162

複雑述語（complex predicate） 24n

複雑他動詞構文（complex-transitive） 6, 92, 109, 140

複雑連鎖（complex catenative） 162

不定詞節 46, 79-80, 162, 173, 381-386, 498-499

不定名詞 185, 192-194

不定名詞句 66, 215-216, 311, 455n

不変化詞（particle） 71, 77-78n, 126, 141-146, 151-152, 162-163

不変的意味 407, 414, 422-423

分詞構文 312

分裂文 113-114, 117, 129-130, 133-134, 241-242, 452-453, 467, 492

閉鎖疑問節（closed interrogative main clauses） 49-50, 55, 265, 455, 457-460

平叙節（declarative clause） 12-14, 21, 50-51, 55, 118, 173, 307, 389-390

隔たり条件（remote conditional） 406-409, 413-414, 418, 420, 426-441, 445, 449, 451, 464

変項（variable） 112-122

法（modal） 241, 418, 432, 436
　　〜に関する付加部 468-477, 486, 498, 501
　　〜の調和（modal harmony） 468, 470, 476

方向（direction） 239, 271, 279-285, 287-288, 290

法助動詞 201, 394-395, 407, 417-419, 432-436, 463-464, 468-471

法性 240, 394-395, 407-408, 416-419, 468-471, 503

法的隔たり（modal remoteness） 432, 434, 438-439

補足的関係節（supplementary relative clause） 479

補部パターン（complementation） 10n, 11-12, 91-92, 124-163, 168-170, 177-236, 306

[ま行]

末端点による範囲 (terminal-point extent) 292, 325, 333

未完了 (non-perfect) 149n, 314-316, 323-324, 326-329, 339-340, 345, 348

未来時条件節 (future time protases) 417, 430, 434, 437

無指定前置詞 (unspecified preposition) 125, 129-134

名詞句 (noun phrase) 3-4, 58, 66n, 86, 297, 310, 347, 356, 456

命題 (proposition) 23n, 241, 413-414, 469-476, 478, 482-483

メタ言語的 (metalinguistic) 374, 486

メタ言語付加部 486

網羅的条件構文 (exhaustive conditional) 454-464

目的 239, 243, 377, 381-388, 393-396, 446, 484
　〜を表す付加部 35, 247, 379-382, 385, 388, 393-395, 484

目的語 (object) 1-7, 40-41, 47-48, 67-82, 86-93, 141-147, 177-236, 238, 256

目的語指向的 (object-oriented / objective) 6, 300-301, 318, 322

[や行]

やや強い法性 471

有界化 (bounding) 245-246, 280, 296, 352

有界的 (telic) 167n

有界的付加部 324, 326-329, 336-337
　〜要素 323-324

融合関係詞 113-114, 116, 122, 277, 285, 308

有標の叙述補部 (marked predicative complement) 89

様態 (manner) 19, 249-256, 238, 247
　〜を表す付加部 250, 253, 261-262, 264, 366, 472, 482
　〜を表す補部 251

弱い法性 471-472

[ら行・わ行]

理由 239, 243-244, 247, 377-381, 386, 389-392

領域 240, 465, 467

領域付加部 465-467

連結 240, 495

連結詞節 8-9, 21, 112

連結性 (connectedness) 118-119

連結付加部 (connective adjuncts) 487-491, 493-496

連続順序 239
　〜を表す付加部 360-361

論理的同値 414, 423

[英語]

Don't-know 推意 407, 409, 411-413

Only-if 推意 407, 409-412, 426-427, 442-443

原著者・編集委員長・監訳者・訳者紹介

【原著者】
Rodney Huddleston　クイーンズランド大学 名誉教授
Geoffrey K. Pullum　エジンバラ大学 教授

【編集委員長】
畠山雄二　　東京農工大学 准教授

【監訳者】
藤田耕司　　京都大学 教授
長谷川信子　神田外語大学 教授
竹沢幸一　　筑波大学 教授

【責任訳者】
木口寛久　　宮城学院女子大学 准教授

【共訳者】
船越健志　　獨協大学 専任講師
船越さやか　青山学院大学 非常勤講師
後藤　亘　　東洋大学 准教授
瀧田健介　　明海大学 准教授

「英文法大事典」シリーズ　第2巻

補部となる節，付加部となる節

著　者	Rodney Huddleston・Geoffrey K. Pullum
編集委員長	畠山雄二
監訳者	藤田耕司・長谷川信子・竹沢幸一
訳　者	木口寛久・船越健志・船越さやか・後藤　亘・瀧田健介
発行者	武村哲司
印刷所	日之出印刷株式会社

2018年12月7日　第1版第1刷発行©

発行所　　株式会社　開拓社

〒 113-0023 東京都文京区向丘 1-5-2
電話　（03）5842-8900（代表）
振替　00160-8-39587
http://www.kaitakusha.co.jp

ISBN978-4-7589-1362-1　C3382

JCOPY ＜出版者著作権管理機構　委託出版物＞

本書の無断複製は，著作権法上での例外を除き禁じられています．複製される場合は，そのつ
ど事前に，出版者著作権管理機構（電話 03-3513-6969，FAX 03-3513-6979，e-mail: info@
jcopy.or.jp）の許諾を得てください．